Gans
Ente
Kiebitz
Mauersegler
Schwalbe

Naturführer

Pflanzen und Tiere

Christoph Needon

Dr. Johannes Petermann

Peter Scheffel

Bernd Scheiba

Mit 1900 farbigen

Illustrationen

auf 240 Tafeln

NATURFÜHRER
Pflanzen und Tiere

Urania-Verlag
Leipzig · Jena · Berlin

Illustrationen:
Johannes Breitmeier, Hans-Jürgen Ehricht,
Irene Hein, Kurt Herschel †,
Elisabeth Illert, Wolfgang Leuck,
Michael Lissmann, Gerd Ohnesorge,
Ute Pank, Gerhard Raschpichler,
Annemierl Riehl, Almke Sickert,
Ruth Weber, Renate Welt, Reiner Zieger

Naturführer : Pflanzen u. Tiere / von Christoph
Needon ... – 2. Aufl. – Leipzig ; Jena ; Berlin :
Urania-Verlag, 1989. – 280 S. : 2 530 Ill. (z. T. farb.)

NE: Needon, Christoph [Mitarb.]

ISBN 3-332-00256-2

2. Auflage 1989

VLN 212-475 · LSV 1309
Buchgestaltung: Helmut Selle
Lektorin: Annette Bromma
Printed in the German Democratic Republic
Lichtsatz: INTERDRUCK Graphischer Großbetrieb Leipzig – III/18/97
Druck: Militärkartographischer Dienst
(VEB), Halle
Buchbinderische Weiterverarbeitung:
INTERDRUCK Graphischer Großbetrieb Leipzig – III/18/97
Best.-Nr.: 654 292 1

02750

Inhaltsverzeichnis

Vorwort

Groß ist die Zahl der Tier- und Pflanzenarten, und immer wieder begegnen wir ihnen bei Spaziergängen oder auf Wanderungen im Urlaub, auf dem Wege zur Arbeit, vor dem eigenen Fenster oder selbst in der Wohnung. In dem gleichen Maße, wie sich immer mehr Menschen in ihrer Freizeit an der Natur erfreuen, wächst auch das Bedürfnis, Näheres über das einzelne Tier oder die einzelne Pflanze zu erfahren.

Das 1971 erstmals erschienene Buch »Pflanzen und Tiere – Ein Naturführer« sollte dazu beitragen, dieses Bedürfnis zu befriedigen. Inzwischen erlebte es 17 Auflagen und war nahezu ständig vergriffen, ein Zeichen dafür, daß es einen breiten Leserkreis erreichte und großes Interesse bei Naturinteressierten fand.

Aufbauend auf diesem Buch haben Verlag, Illustratoren und Autoren ein weitgehend neues Werk geschaffen, das die Nachfolge des »Naturführers« antreten und einen ebenso breiten und interessierten Leserkreis finden soll. Es war dabei unser Bestreben, einerseits Bewährtes und Gutes beizubehalten, andererseits Erweiterungen und Verbesserungen vorzunehmen, wobei wir auch zahlreiche Vorschläge und Hinweise sowohl von Fachkollegen als auch von Nutzern berücksichtigten. Nicht zuletzt ist es das Entgegenkommen des Verlages, das es uns ermöglichte, weitere Arten, vor allem aber Details, die das Bestimmen erleichtern, aufzunehmen. Neu sind die Darstellung von Einzelheiten zu den beschriebenen Pflanzen- und Tierarten in den Mittelleisten, Tafeln zu Insektenlarven, Puppen, Gallen, Vogel-, Hummel- und Wespennestern, Fraßbildern, Vogelfedern, Tierbauen, Spinnennetzen, Baumborken, Blütenknospen und Keimlingen.

So werden auch in diesem Buch auf nunmehr 240 Farbtafeln mehr als 1500 Tier- und Pflanzenarten vorgestellt. Unser Hauptaugenmerk galt dabei den wichtigsten und häufigsten Formen des mitteleuropäischen Raumes. In den kurzen Artbeschreibungen sind ergänzend zu den Abbildungen interessante biologische und wirtschaftliche Einzelheiten zusammengefaßt.

Auch mit diesem Buch wenden wir uns nicht an den ausgebildeten Biologen, sondern an die zahlreichen Naturfreunde, Urlauber und Jugendlichen. Wir hoffen, daß wir ihnen einen Einblick in die heimische Pflanzen- und Tierwelt geben können und neue Freunde für Fauna und Flora gewinnen.

Die Verfasser

Christoph Needon

Dr. Johannes Petermann

Die Pflanzen

♂ männlich ♀ weiblich † giftig

Einleitung

Die Pflanzen begegnen uns in vielen verschiedenen Formen: als zarte grüne Algenfäden, als Pilze, als mehr oder weniger große Kräuter oder als Bäume und Sträucher. In dieser kurzen Einführung soll ein Einblick in das Leben und die verschiedenen Erscheinungsformen der Pflanzen gegeben werden, wobei das Hauptaugenmerk auf die Samenpflanzen gerichtet ist. Zu ihnen gehören die weitaus meisten der hier dargestellten Pflanzen. Dabei ist es notwendig, einige immer wiederkehrende Fachausdrücke zu erläutern.

Nach der Lebensdauer werden mehrere Pflanzengruppen unterschieden. Zu den Holzpflanzen, die stets mehrere oder viele Jahre leben und nach einer mehr oder weniger langen Entwicklungszeit in jedem Jahr blühen, gehören Bäume, Sträucher, Zwergsträucher sowie windende und kriechende Holzpflanzen. Unter den Kräutern finden sich unterirdisch – mit Knollen, Zwiebeln, Rhizomen – oder oberirdisch ausdauernde Formen, die jedes Jahr blühen (Stauden), sowie mehrjährige Pflanzen, die zwar auch einige Jahre leben, aber nur einmal blühen und fruchten. Die einjährigen Kräuter gehen meist im Frühjahr aus den Samen hervor und sterben nach der Samenreife ab, die einjährig-überwinternden beginnen dagegen ihre Entwicklung im Herbst, durchlaufen eine Winterruhe und blühen im nächsten Frühjahr. Bei zweijährigen Pflanzen werden im ersten Jahr meist nur Stengel, Blätter und Speicherorgane gebildet, im zweiten Jahr erscheinen dann die Blüten. Nach der Samenreife sterben diese Pflanzen ebenfalls ab.

Betrachten wir die Pflanzen nach ihrem Bau, so können wir ebenfalls zwei große Gruppen unterscheiden, Thallophyten und Kormophyten. Die Thallophyten oder Lagerpflanzen bestehen aus einem Thallus oder Lager, einem nicht in Wurzel, Sproßachse und Wurzel gegliederten Pflanzenkörper, der sehr verschiedenartig ausgebildet sein kann. Zu dieser Gruppe gehören Algen, Pilze und Flechten. Der Körper der Kormophyten oder Sproßpflanzen, der Bärlappe, Schachtelhalme, Farne und Samenpflanzen, besteht in der Regel aus Wurzel, Sproßachse und Blättern, wobei allerdings das eine oder andere Organ bisweilen rückgebildet sein kann. Eine gewisse Sonderstellung nehmen die Moose ein, da unter ihnen zahlreiche Arten vorkommen, die zwar in Stengel und Blättchen gegliedert sind, aber niemals echte Wurzeln, sondern wie die Thallophyten

höchstens wurzelähnliche Organe, sogenannte Rhizoide, aufweisen.
Die einzelnen Organe der Samenpflanzen, die oft auch für das Bestimmen der einzelnen Arten wichtig sind, sollen nun kurz vorgestellt werden.
Die in der Regel unterirdische Wurzel dient der Befestigung der Pflanze im Boden sowie der Aufnahme von Wasser und den darin gelösten Mineralstoffen. Sie ist im Gegensatz zu unterirdischen Teilen der Sproßachse nie in Abschnitte gegliedert und entwickelt niemals Blätter oder Knospen. Die Hauptwurzel ist die direkte Fortsetzung der Sproßachse. Manchmal ist sie rübenartig verdickt, fleischig, holzig oder auch fädig. Oft gehen von ihr noch kleinere Nebenwurzeln ab. Bei vielen Pflanzen ist die Hauptwurzel nicht mehr vorhanden, sondern durch ein Büschel von Nebenwurzeln ersetzt. Abhängig von der Pflanzenart und ihren Bodenansprüchen ist die Wurzellänge recht unterschiedlich, und sie kann ein Mehrfaches der oberirdischen Höhe der Pflanze betragen.
Die Sproßachse ist der blättertragende Teil der Pflanzen, in dem auch die Leitung des Wassers und der Nährstoffe erfolgt. Sie ist entweder holzig oder krautig und oft in Knoten (Nodien) und die dazwischenliegenden Internodien gegliedert. An den Knoten entwickeln sich die Blätter und die Seitenzweige. Unterirdische Teile der Sproßachse sind Wurzelstöcke (Rhizome), Knollen und Zwiebeln. Der Vermehrung dienen oberirdische oder unterirdische Ausläufer, meist kriechende Seitentriebe, die sich bewurzeln und nach Absterben des Verbindungsstücks zu selbständigen Pflanzen heranwachsen.
Mit den Blättern nimmt die Pflanze das Kohlendioxid der Luft auf und gibt Sauerstoff und Wasserdampf wieder ab. Das Blatt ist in der Regel in Stiel und Spreite gegliedert, die von den Nerven oder Adern durchzogen werden. Die einzelnen Teile von zusammengesetzten Blättern bezeichnet man als Blättchen oder Fiedern. Die Blattscheide ist der bei manchen Arten verbreiterte untere Teil des Blattstiels. Sie ist besonders bei den Gräsern entwickelt. Nebenblätter sind kleine oder größere blattähnliche Gebilde an der Anheftungsstelle der Blätter. In der Nähe des Blütenstandes kommen manchmal umgebildete Blätter vor, sie werden Hochblätter (Deckblätter, Vorblätter, Hüllblätter) genannt.
Die Oberfläche der Pflanzen ist in vielen Fällen nicht glatt, sondern von verschiedenartigen flaumigen, filzigen, wolligen, borstigen oder anderen Haaren bedeckt oder mit reifartigen Wachsausscheidungen überzogen. Stacheln sind Bildungen der Oberhaut der Pflanzen und der darunterliegenden Gewebe, Dornen und Ranken dagegen umgewandelte Organe.
Ein wichtiges Bestimmungsmerkmal sind die Fortpflanzungsorgane der Pflanzen. Nach der Art und Weise der Fortpflanzung unterscheiden wir zwei große Gruppen: die Sporenpflanzen und die Samenpflanzen. Sporenpflanzen vermehren sich durch Sporen, die ohne Befruchtungsvorgang in ein- oder mehrzelligen Sporenbehältern oder Sporenkapseln, den Sporangien, gebildet werden. Die Sporangien sind bei den verschiedenen Pflanzengruppen sehr unterschiedlich, oft stehen sie zusammen in Sporangienhäufchen (Sori) wie bei vielen Farnen oder in Ähren wie bei den Schachtelhalmen. Bei einigen Arten sind die Sporen bereits geschlechtlich differenziert. Wir sprechen dann von den weiblichen (♀) Gynosporen und den männlichen (♂) Androsporen. Aus den Sporen gehen oft besondere Pflanzen, die Vorkeime (Gametophyten), hervor, auf denen dann die Vereinigung der ♀ und ♂ Geschlechtszellen erfolgt.
Die Samenpflanzen vermehren sich durch Samen und sind durch echte Blüten ausgezeichnet. Eine vollständige Blüte besteht aus der Blütenachse, der Blütenhülle, den Staubblättern und dem Stempel. Die Blütenachse setzt sich aus dem Blütenstiel und

dem Blütenboden, der die anderen Organe trägt, zusammen. Die Blütenhülle wird bei vielen Pflanzen durch den grünen Kelch und die meist anders gefärbte Krone gebildet. Bei beiden können die einzelnen Blätter getrennt oder miteinander verwachsen sein. Die Form der Krone ist für die einzelnen Pflanzenarten oder ganze Verwandtschaftskreise meist sehr charakteristisch. Bei manchen Pflanzen ist auch nur eine einfache Blütenhülle vorhanden, oder die Blütenhüllblätter sind zu Borsten, Haaren usw. umgebildet.

Die Staubblätter bestehen aus den mehr oder weniger langen Staubfäden und den Staubbeuteln, die den Blütenstaub (Pollen) enthalten. Der Stempel setzt sich aus dem Fruchtknoten, dem Griffel und der Narbe zusammen. Der Fruchtknoten enthält die Samenanlagen und entwickelt sich nach der Befruchtung zur Frucht; die Narbe dient der Aufnahme des Pollens. In vielen Blüten finden wir neben den erwähnten Organen noch Nektar- oder Honigdrüsen, die sehr unterschiedlich aussehen können.

Wenn eine Blüte sowohl Staubblätter als auch einen oder mehrere Stempel enthält, bezeichnen wir sie als zwittrig (⚥). Männliche (♂) Blüten enthalten nur Staubblätter, weibliche (♀) nur Stempel. Auf einhäusigen Pflanzen entwickeln sich ♂ und ♀, auf zweihäusigen nur ♂ oder nur ♀ Blüten.

Durch die Bestäubung wird der Pollen auf die ♀ Blüten oder Blütenteile übertragen. Vielfältige Anpassungen verhindern bei den meisten Pflanzen eine Selbstbestäubung durch eigenen Pollen. Als Überträger des Pollens wirken vor allem Wind, Wasser und Insekten. Windbestäubte Blüten sind in der Regel weit geöffnet, unscheinbar und klein und erscheinen vor oder weit über den Blättern. Ähnlich sind die Blüten bei Wasserbestäubung gebaut. Bei Insektenbestäubung weisen sie oft eine auffällige Hülle, Duftstoffe und Nektar als Anlockungsmittel auf. Manche Pflanzen sind sehr bestimmten Insektenarten angepaßt und dadurch recht eigentümlich gebaut. Bei ausbleibender Fremdbestäubung kann es bei einigen Arten auch nach Selbstbestäubung zur Samenbildung kommen, während andere ohne Bestäubung Samen entwickeln (Apomixis).

Bei vielen Pflanzen stehen die Blüten nicht einzeln, sondern in lockeren oder dichten Blütenständen. Die Blütenstände sind vor allem bei den Korbblütlern, aber auch in anderen Pflanzengruppen so dicht, daß sie wie eine einzelne Blüte aussehen und die Einzelblüten nicht mehr deutlich zu erkennen sind. Oft sind die Blütenstände noch von besonderen Hüllblättern umgeben.

Die aus dem Fruchtknoten hervorgehenden Früchte und die Samen sind bei vielen Pflanzenarten sehr auffällig und werden bei manchen Gruppen auch zur Bestimmung herangezogen. Oft sind besondere Verbreitungseinrichtungen für den Transport durch Wind, Wasser, Tiere oder zur Selbstverbreitung (Schleudermechanismen) vorhanden. Manchmal bleiben auch die Blütenstände nach der Samenreife noch als Fruchtstände zusammen. Sie werden teils geschlossen verbreitet, teils dienen sie auch in dieser Form dem Anlocken von Tieren.

Die geographische und umweltabhängige Verbreitung der Pflanzen ist recht unterschiedlich: In jeder Höhenlage über dem Meeresspiegel finden wir charakteristische Pflanzen, während andere Arten in dieser wie auch in anderer Hinsicht nicht anspruchsvoll sind und von der Ebene bis ins Hochgebirge vorkommen. Andere Umweltansprüche der Pflanzen beziehen sich auf den Boden und die darin enthaltenen Nährstoffe sowie die Feuchtigkeit. Manche Arten wachsen auch nur in einer bestimmten Umgebung, im Wald, auf der Wiese, an Ufern usw. Einige Arten sind erst in historischer Zeit in unsere Heimat eingeschleppt worden. Man bezeichnet sie als Neophyten.

Da die Pflanzen nicht gleichermaßen häufig sind, wurde in diesem Buch auch ihre Verbreitungsdichte angegeben. Gemeine Arten kommen mehr oder weniger überall in unserer Heimat vor. Bei den häufigen und verbreiteten Arten sind zwischen den einzelnen Verbreitungsgebieten größere oder kleinere Zwischenräume vorhanden, die zerstreuten Arten fehlen in größeren Gebieten. Seltene Pflanzen sind nur auf wenige Stellen beschränkt.

Die meisten Pflanzen ernähren sich autotroph, das heißt, sie bilden die körpereigenen Stoffe mit Hilfe des Blattgrüns aus dem Kohlendioxid der Luft sowie dem Wasser und den Mineralstoffen des Bodens. Heterotrophe Pflanzen sind dazu nicht in der Lage. Sie leben als Saprophyten von faulenden Stoffen oder als Vollschmarotzer (Parasiten) auf Kosten anderer Pflanzen. Halbschmarotzer (Halbparasiten) nehmen von den Wirtspflanzen nur bestimmte Stoffe auf und besitzen deshalb im Gegensatz zu den Parasiten und Saprophyten grüne Blätter.

Durch die Tätigkeit des Menschen sind nicht wenige Pflanzenarten so stark zurückgegangen, daß ihre Bestände gefährdet oder die Arten gar vom Aussterben bedroht sind. Viele von diesen Arten sind durch entsprechende Gesetze oder Anordnungen geschützt. Geschützte Pflanzen dürfen nicht beschädigt, ausgerissen oder ausgegraben werden. Das Abpflücken einzelner Teile ist ebenfalls verboten. Das besagt jedoch nicht, daß ungeschützte Pflanzen sinnlos vernichtet oder übermäßig aus der Natur entnommen werden können, sondern für jeden Naturfreund sollte es selbstverständlich sein, zur Erhaltung der Vielfalt und Schönheit in der Natur beizutragen.

Bestimmungsschlüssel für die Hauptgruppen der Pflanzen

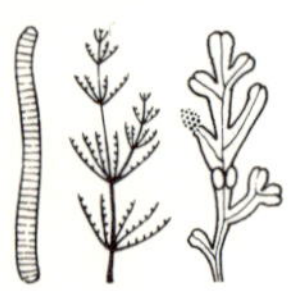

1. Algen
Meist im Wasser, seltener auf feuchtem Untergrund lebende, einfach gebaute, grüne oder bräunliche Pflanzen. Bilden fädige, bandartige oder höheren Pflanzen ähnelnde Formen mit zartem Thallus. Die in dem Buch enthaltenen Algen gehören sehr verschiedenen verwandtschaftlichen Gruppen an, die durch den Bau, die Fortpflanzungsorgane und die Farbstoffe unterschieden sind. Seite 16

2. Pilze
Pflanzen mit einem unterirdischen Fadengeflecht (Myzel) und ohne grüne Farbstoffe, die saprophytisch (von faulenden Stoffen) oder parasitisch (auf anderen Pflanzen) leben. Die Sporen entwickeln sich in den meist oberirdischen Fruchtkörpern, den eigentlichen Pilzen.

Pilze mit deutlich in Stiel und Hut gegliedertem Fruchtkörper und lamellenartigem Futter an der Unterseite des Hutes, das die Sporen enthält Seite 18–22

Pilze mit deutlich in Stiel und Hut gegliedertem Fruchtkörper und röhrenförmigem Futter an der Unterseite des Hutes Seite 22–23

Pilze mit sehr verschiedengestaltetem, meist nicht die typische Pilzform zeigendem Fruchtkörper Seite 17

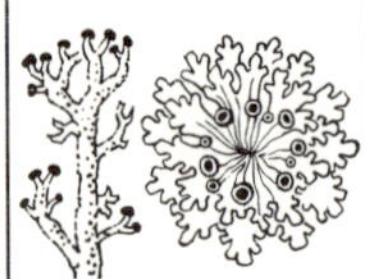

3. Flechten
Meist krustenartige Pflanzen auf lebendem oder totem Holz, auf Steinen oder seltener auf dem Boden. Die Flechten sind Lebensgemeinschaften zwischen Pilzfäden und einzelligen grünen Algen. Sie haben große Bedeutung als Erstbesiedler von kahlen Felsen und ähnlichen Stellen. Sie vermehren sich durch Brutkörperchen (einige von Pilzfäden umgebene Algen) sowie getrennt nach Pilzen und Algen. Seite 24

4. Moose
Kleine, zarte, grüne, wurzellose Pflanzen. Körper flach, bandartig oder aus einem Stämmchen mit Blättchen bestehend. Die meist

gestielten Fortpflanzungsorgane (Kapseln) entwickeln sich endständig oder flächenständig auf den Moospflanzen. Seite 25–26

5. Bärlappe
Immergrüne, gabelig verzweigte Pflanzen mit dicht spiralig stehenden, kleinen, schmalen Blättchen. Die Sporenbehälter entwickeln sich einzeln in den Blattachseln oder in endständigen Ähren. Seite 26

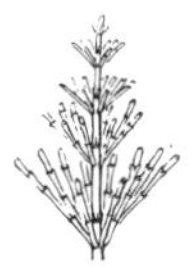

6. Schachtelhalme
Pflanzen mit hohlem, gegliedertem Stengel. An den Knoten stehen die quirlig angeordneten Seitenzweige und die kleinen, zu einer gezähnten Scheide verwachsenen Blätter. Die Sporangien entwickeln sich in einer endständigen Ähre. Seite 27

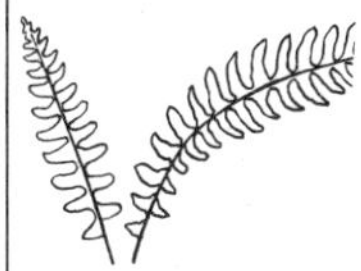

7. Farne
Pflanzen mit meist großen, mehr oder weniger geteilten, jung schneckenartig eingerollten Blättern (Wedeln). Die Sporangien entwickeln sich in Sporangienhäufchen (Sori) auf der Wedelunterseite oder ährig an umgewandelten Fiederchen. Seite 27–28

8. Samenpflanzen
Pflanzen mit deutlichen Blüten, die entweder Stempel oder Staubfäden oder beides enthalten.

Bestimmungsschlüssel der Hauptgruppen der Samenpflanzen

1. Nadelbäume
Pflanzen mit Nadelblättern. Die eingeschlechtigen Blüten stehen in Zapfen oder einzeln in den Blattachseln. Die Früchte sind verholzte oder beerenartige Zapfen oder von einem fleischigen roten Samenmantel umgebene Steinfrüchte. Seite 29

2. Laubbäume
Pflanzen mit stärkerem Stamm und Zweigen. Die netznervigen Blätter werden im Winter meist abgeworfen. Seite 30–33

3. Laubsträucher
Meist weniger als 5 m hohe Holzpflanzen mit netznervigen, im Winter meist abfallenden Laubblättern und schwachem Hauptstamm oder mehreren gleichstarken Stämmen Seite 34–39

4. Windende oder kriechende Sträucher
Oft mehrere Meter lange, windende oder am Boden kriechende Pflanzen mit verholztem Haupttrieb Seite 38–39

5. Zwergsträucher
Meist weniger als 1 m hohe Pflanzen mit verholzten Zweigen, aber ohne Hauptstamm Seite 40–41

6. Kräuter
Nicht oder nur selten im untersten Teil des Stengels verholzte Pflanzen

6.1. Wasserpflanzen
Schwimmende, untergetauchte oder wenigstens mit dem untersten Teil des Stengels ständig im Wasser wachsende Samenpflanzen Seite 42–44

6.2. Einkeimblättrige Pflanzen
Pflanzen von grasartigem Aussehen oder mit deutlich streifennervigen, ganzrandigen Blättern (Ausnahme: S. 54) und meist dreizähligen Blüten. Siehe Bestimmungsschlüssel unten

6.3. Zweikeimblättrige Kräuter
Pflanzen mit meist deutlich netznervigen Blättern und 4- oder 5zähligen Blüten
Siehe Bestimmungsschlüssel unten

6.4. Pflanzen ohne grüne Blätter
Pflanzen stets oder wenigstens zur Blütezeit ohne grüne Blätter. Blätter fehlend oder als Schuppen entwickelt
Seite 97, 101, 103, 111, 115

Bestimmungsschlüssel der einkeimblättrigen Pflanzen

1. Pflanzen mit rundem, hohlem, knotigem Stengel und schmalen, streifennervigen, stengelumfassenden Blättern. Blüten einzeln oder zu mehreren in Ährchen, die zu Ähren, Rispen oder Trauben vereinigt sind.
Gräser Seite 45–50

2. Pflanzen mit meist 3kantigem, knotenlosem Stengel und 3zeiligen, grasartigen Blättern. Blüten zwittrig oder eingeschlechtig, einzeln oder zu mehreren in Ährchen, die zu ährigen, kopfigen oder rispigen Blütenständen vereinigt sind.
Riedgräser Seite 51–52

3. Grasartige Pflanzen mit meist knotenlosem, markigem, nie kantigem Stengel und schmalen, grasartigen oder stengelähnlichen runden Blättern. Blüten mit einfacher trockenhäutiger Hülle, in Blütenständen vereinigt. Binsen und Hainsimsen Seite 52–53

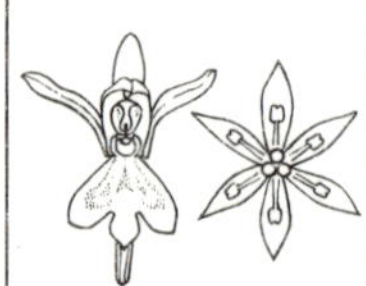

4. Pflanzen mit meist deutlichen, auffallend gefärbten Blüten und streifennervigen, aber nicht oder nur wenig grasartigen Blättern
Seite 54–58

Bestimmungsschlüssel der zweikeimblättrigen Kräuter

1. Blüten in mehr oder weniger dichten Blütenständen. Einzelblüten meist nicht deutlich zu erkennen

1.1. Blüten in Körbchen

1.1.1. Äußerste Blüten weiß, selten rosa Seite 109–111

1.1.2. Äußerste Blüten nicht weiß oder gelb Seite 111–114

1.1.3. Äußerste Blüten gelb, Pflanzen ohne Milchsaft
Seite 115–118

1.1.4. Äußerste Blüten gelb, Pflanzen mit Milchsaft
Seite 119–120

1.2. Blüten in deutlichen, meist zusammengesetzten Dolden Seite 89–92

1.3. Blüten schmetterlingsartig, Blätter gefiedert oder dreizählig Seite 82–85

1.4. Blüten und Blütenstände anders gestaltet

1.4.1. Blätter wechselständig

1.4.1.1. Blüten von einer gemeinsamen Hülle umgeben Seite 107

1.4.1.2. Blüten in dichten kopfigen oder knäueligen Blütenständen, Blätter gefiedert oder halbkreisförmiglappig und gefaltet Seite 79

1.4.1.3. Blüten und Blätter anders gestaltet Seite 63, 68–69

1.4.2. Blätter gegenständig Seite 63, 96

1.4.3. Blätter grundständig Seite 103

1.4.4. Blätter kreuzgegenständig Seite 104–106

2. Einzelblüten deutlich erkennbar, Kronblätter nicht miteinander verwachsen (mit Pinzette prüfen)

2.1. Blätter dickfleischig oder umgebildet Seite 76, 81

2.2. Blätter gegenständig Seite 64–67, 69, 86–88

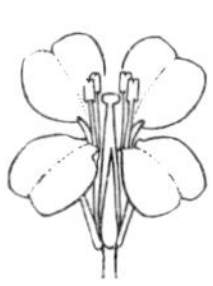

2.3. Blätter wechsel- oder grundständig

2.3.1. Blüten mit 4 Kelch- und 4 Kronblättern, die sich kreuzweise gegenüberstehen Seite 72–75

2.3.2. Blüten schmetterlingsförmig, Blätter fiederig oder dreizählig Seite 82–85

2.3.3. Blüten zweiseitig oder unregelmäßig, aber nicht schmetterlingsförmig Seite 59, 62, 71, 76, 87

2.3.4. Blüten regelmäßig, strahlig Seite 59–62, 70–71, 79–81

3. Einzelblüten deutlich erkennbar, Kronblätter wenigstens am Grunde miteinander verwachsen (mit Pinzette prüfen)

3.1. Blätter kreuzgegenständig, Stengel meist 4kantig, Blüten zweiseitig, meist 2lippig Seite 104–106

3.2. Blätter quirlständig, Blüten 4- oder 5zipfelig Seite 95

3.3. Blätter wechsel-, gegen- oder grundständig

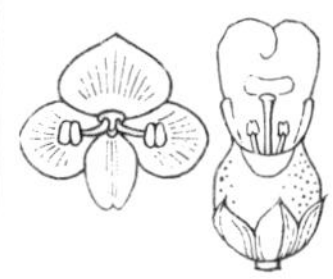

3.3.1. Blüten unregelmäßig vierteilig, meist 2lippig Seite 99–102

3.3.2. Blüten regelmäßig strahlig oder fast strahlig Seite 77–78, 93–94, 97–98, 107–108

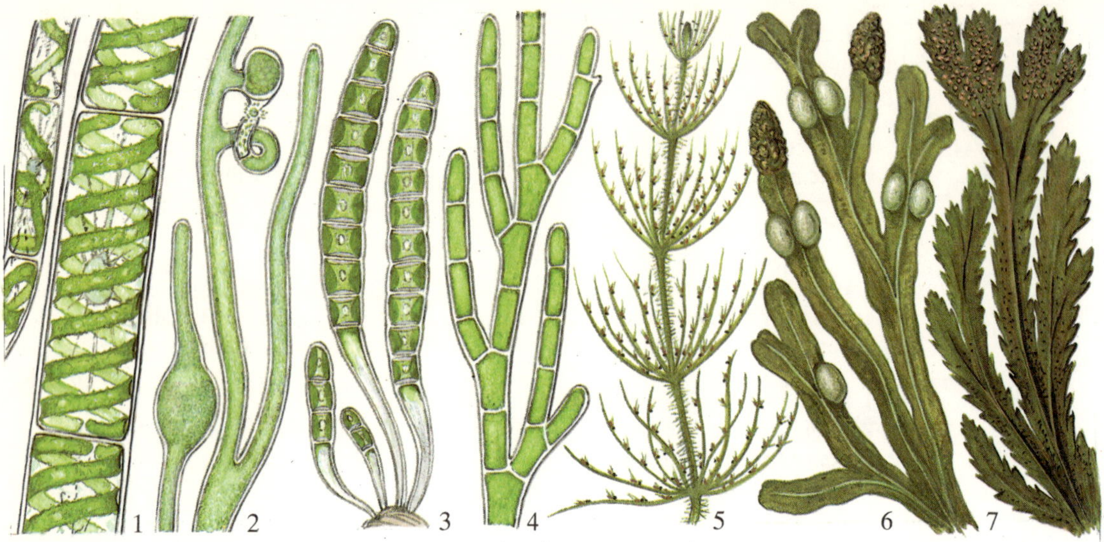

ALGEN

Die Algen sind einfach gebaute, nicht in Wurzel, Stengel und Blätter gegliederte, doch sehr verschiedenartige Pflanzen. Neben einzelligen kommen koloniebildende, faden- und scheibenartige Formen vor, selbst solche, die äußerlich höheren Pflanzen ähneln. Meist leben die Algen im Wasser, wo sie auf dem Grund, aber auch auf Holz und Steinen dichte schleimige Beläge, watteartige Büschel oder auch dichte Rasen bilden. Durch das massenhafte Auftreten von einzelligen Algen wird das Wasser bisweilen völlig grün gefärbt, man spricht dann von »Wasserblüte«.
Ein- und mehrzellige Algen leben auch auf dem Festland und bilden an feuchten Mauern, Baumborken sowie auf feuchtem Boden grüne oder gelbgrüne Beläge. Im Aquarium breiten sie sich oft rasch aus.
Die eigenartige Schönheit und Vielfalt ist in den meisten Fällen nur unter dem Mikroskop erkennbar (Abb.). Aus diesem Grunde wurden in das vorliegende Buch nur einige wenige typische und sehr häufige Vertreter dieser großen Pflanzengruppe aufgenommen.

1 Die **Schraubenalgen** *Spirogyra* (Jochalgen, Conjugatophyta) sind weit verbreitet in Teichen, Seen, Bächen, Flüssen, Tümpeln und Gräben. Sie bilden besonders im Frühjahr hellgrüne, watteartige, freitreibende Anhäufungen aus schleimigen, weichen Fäden.

2 Die **Schlauchalgen** *Vaucheria* (Grünalgen, Chlorophyta) wachsen in stehenden und fließenden Gewässern, auch im Schlamm, auf feuchtem, schattigem Boden und in Blumentöpfen. Sie bilden verzweigte Fäden, die durch wurzelartige Fortsätze verankert sind.

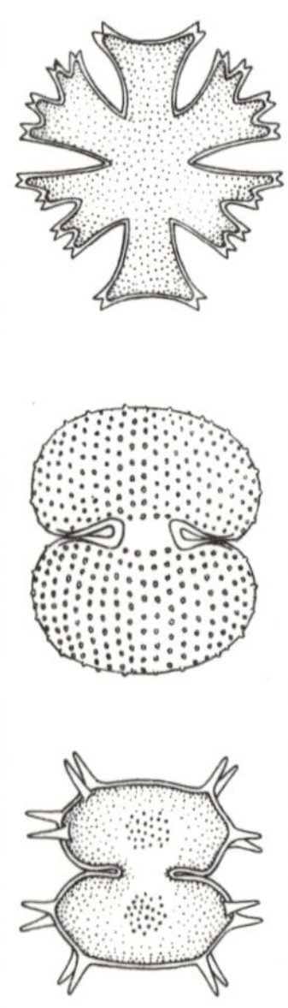

mikroskopisch kleine Algen

3 Die **Kraushaaralgen** *Ulothrix* (Grünalgen, Chlorophyta) bilden im Süßwasser und in der Brandungszone an den Küsten auf Steinen, Holz und ähnlichem Untergrund grüne Massen aus dünnen Fäden, die mit einer farblosen Zelle festgewachsen sind.

4 Die **Zweigalgen** *Cladophora* (Grünalgen, Chlorophyta) sind in fließenden Gewässern und im Meer weit verbreitet. Sie bilden angewachsene, harte, grünlichgelbe, buschartige Thalli aus verästelten Fäden.

5 Die **Armleuchteralgen** *Chara* (Armleuchteralgen, Charophyta) wachsen auf Schlamm und Sand am Grund von Teichen, Seen, Flüssen und Bächen und bilden oft ausgedehnte Wiesen. An den Seitenzweigen sind die rötlichen ♂ und grünen ♀ Fortpflanzungsorgane erkennbar.

6 Der **Blasentang,** *Fucus vesiculosus* (Braunalgen, Phaeophyta), kommt häufig im flachen Wasser an unseren Küsten vor und bildet oft größere Wiesen. Der bräunliche, bandförmige, mehrfach gabelig verzweigte, lederige, über 1 m lange und bis 4 cm breite Thallus hat eine feste Mittelrippe, luftgefüllte Blasen und ist mit einer Haftscheibe auf Steinen usw. festgewachsen.

7 Der **Sägetang,** *Fucus serratus*, ist etwas seltener und kleiner als der ähnliche Blasentang, hat aber keine Luftblasen und ist an den Thallusrändern gesägt.

PILZE

1 Echter Zunderschwamm, *Fomes (Polyporus) fomentarius.* Konzentrisch gefurchter Fruchtkörper mit dicker Kruste und 40 cm Durchmesser, den Baumstämmen ansitzend. Pilz innen mit fahlbrauner Zunderschicht. Häufig an Laubbäumen, besonders Buchen, Birken, Erlen und Ahorn. Holzzerstörung durch Weißfäule. Früher als Feuerschwamm verwendet.

2 Herkuleskeule, *Clavariadelphus pistillaris.* Fruchtkörper oft bis 25 cm hoch, glatte bis runzlige, gelbbraune Haut. Fruchtfleisch weiß und schwammig bis zäh, nur jung eßbar. Wächst auf kalkreichem Boden, oft truppweise, vor allem unter Buchen von August bis Spätherbst.

3 Krause Glucke, *Sparassis crispa.* Blumenkohlähnlicher Fruchtkörper 25 cm breit und 30 cm hoch. Besteht aus einem in der Erde steckenden Stiel, der sich über dem Boden vielfach verästelt. Fleisch sehr brüchig, wachsartig, weiß, jung eßbar, von nußartigem Geschmack. Wächst von Juli bis Frostbeginn an alten Stämmen und Baumstümpfen von Nadelhölzern, wie Kiefern und Fichten.

4 Pfifferling, *Cantharellus cibarius.* Kleiner, eßbarer Pilz mit pfirsichartigem Geruch und pfefferigem Geschmack, der bei der Zubereitung verschwindet, und bis 15 cm breitem Hut. Stiel bis zum Leistenbeginn 5 cm hoch. Wohlschmeckender, eßbarer Pilz. In Laub- und Nadelwäldern verbreitet von Juni bis Frostbeginn. Sehr ähnlich ist der Falsche Pfifferling mit echten Blättern.

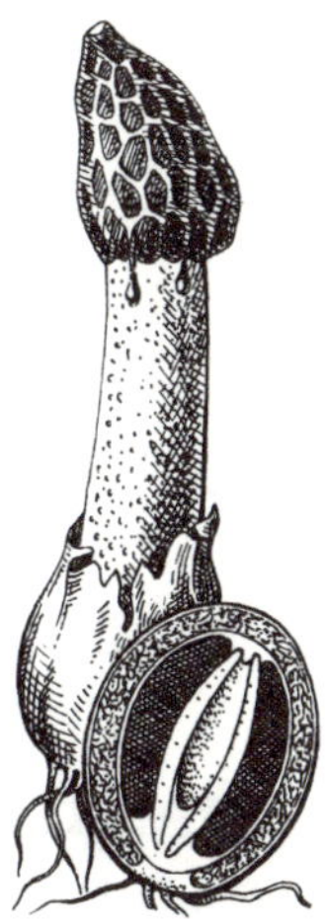

Entwicklung der Stinkmorchel aus dem Hexenei

Querschnitt der Speisemorchel

5 Kartoffelbovist, *Scleroderma vulgare (citrinum).* Kartoffelähnlicher (Name) Fruchtkörper von 3 bis 10 cm Durchmesser. Innenmasse weißlich bis bläulichschwarz, bei der Reife in den schwarzbraunen Sporenstaub zerfallend, widerlich riechend. Der giftige Pilz wächst gesellig von Juni bis Frostbeginn häufig in Laub- und Nadelwäldern, Heiden und Triften, auf saurem Boden.

5a Flaschenbovist, *Lycoperdon perlatum.* Bis 8 cm hoher Fruchtkörper, jung eßbar. In Laub- und Nadelwäldern von Juli bis Frostbeginn verbreitet und an freien, humushaltigen Stellen sowohl auf saurem als auch kalkhaltigem Boden gesellig wachsend.

6 Gemeine Stinkmorchel, *Phallus impudicus.* Fruchtkörper entwickelt sich aus einem hühnereigroßen Hexenei bis zu 30 cm Höhe. Der Stiel ist 2–4 cm dick und trägt ein glockiges Gebilde mit grünem, abtropfendem Schleim, das durch Aasgeruch Insekten anlockt. Der ungenießbare Pilz wächst von Sommer bis Herbst in Laub- und Nadelwäldern.

7 Speisemorchel, *Morchella esculenta.* Der etwa 15 cm hohe Pilz hat einen zerbrechlichen, wabenartigen Hut. Das weiße Fleisch schmeckt würzig. Der gute Speisepilz wächst in Laubwäldern und Parks von April bis Mai auf Kalk- und Lehmboden.

8 Frühjahrslorchel, *Gyromitra (Helvella) esculenta.* Das Fleisch des bis 10 cm breiten Hutes ist wachsartig und riecht würzig. Der Giftpilz wächst von März bis Mai in Kiefernwäldern auf Sand- oder Gesteinsboden vom Flachland bis ins Gebirge.

1 Gelber Knollenblätterpilz, *Amanita citrina.* Pilz mit 10 cm breitem Hut und 12 cm hohem Stiel. Geruch des weißen Fleisches nach Kartoffelkeimen. Der schwach giftige Pilz wächst von Juli bis Frostbeginn in Laub- und Nadelwäldern, besonders unter Buchen, Eichen, Birken, Kiefern und Fichten.

2 Grüner Knollenblätterpilz, *Amanita phalloides.* Pilz mit bis 12 cm breitem Hut und 15 cm hohem Stiel. Geruch des weißlichen oder grünlichen, zarten Fleisches im Alter widerlich. Der tödlich giftige Pilz wächst von Juli bis Oktober meist in Laubwäldern und Parks, besonders unter Eichen, Buchen oder Linden, auf nährstoffreichen Böden.

3 Kegeliger Knollenblätterpilz, *Amanita virosa (A. verna).* Der dem vorigen ähnliche Pilz mit bis 10 cm breitem Hut und 15 cm hohem Stiel hat weißes, unangenehm süßlich-rettichartig riechendes Fleisch. Er ist ebenfalls tödlich giftig. Von Juli bis Oktober vor allem in Fichtenwäldern, selten in Laubwäldern unter Buchen, Birken und Eichen auf sauren Böden. Der gefährdete Pilz kommt im Mittel- und Hochgebirge vor.

4 Perlpilz, *Amanita rubescens.* Pilz mit 5 bis 15 cm breitem Hut. Der Hut mit abziehbarer Oberhaut, die weißlich-graue Hüllfetzen zurückläßt. Fleisch zart, sich rötlich verfärbend, ohne Geruch mit anfangs süßlichem, später unangenehmem Geschmack. Der eßbare, aber roh giftige Pilz wächst in Laub- und Nadelwäldern vom Flachland bis in die Kammlagen der Mittelgebirge häufig von Mai bis Oktober. Ähnlich giftiger Pantherpilz.

Entwicklung von Fruchtkörpern aus dem Pilzmyzel

Aufbau der Ständerpilze

5 Fliegenpilz, *Amanita muscaria.* Pilz mit bis 20 cm breitem Hut und 10–25 cm hohem Stiel. Der Hut kann scharlach-, aber auch gelbrot sein. Das weiße, unter dem Hut orange bis zitronengelbe Fleisch ist fast geruch- und geschmacklos, giftig. Wächst von Juli bis Frostbeginn in allen Nadel- und Laubwäldern, besonders unter Birken, Fichten und Kiefern, meist auf sauren Sand-, Torf- oder Silikatböden, bis ins Gebirge. Gezuckerte Fliegenpilzstücke mit Milch wurden früher zur Fliegenbekämpfung verwendet (Name).

6 Pantherpilz, *Amanita pantherina.* Der Pilz hat einen bis 10 cm breiten Hut und bis 15 cm hohen Stiel. Das weiße, sehr zerbrechliche Fleisch riecht rettichartig, schmeckt aber angenehm süßlich. Der sehr giftige, nicht überall häufige Pilz wächst von Juli bis Oktober in Laub- und Nadelwäldern. Ähnlich eßbarer Perlpilz.

7 Riesenschirmpilz, Parasolpilz, *Macrolepiota procera.* Der Pilz hat eine Hutbreite bis 30 cm und einen bis 40 cm hohen Stiel. Das weiße, zuerst saftige, dann zähe Fleisch ist bei jungen Pilzen zart und schmackhaft. Der jung gute Speisepilz ist im Alter nicht mehr genießbar. Der Pilz wächst von Juli bis Oktober häufig in lichten Nadel- und Laubwäldern, auch in Parks und Gärten, oft in Trupps. Ähnlich, aber etwas kleiner, ist der Safranschirmpilz, *Macrolepiota rhacodes*, mit safranfarbig anlaufendem Fleisch. Der eßbare Pilz wird leicht mit dem unbekömmlichen, schlecht riechenden Gartenschirmpilz, *M. rhacodes* var. *hortensis*, verwechselt, der oft in Gärten auf Komposthaufen wächst.

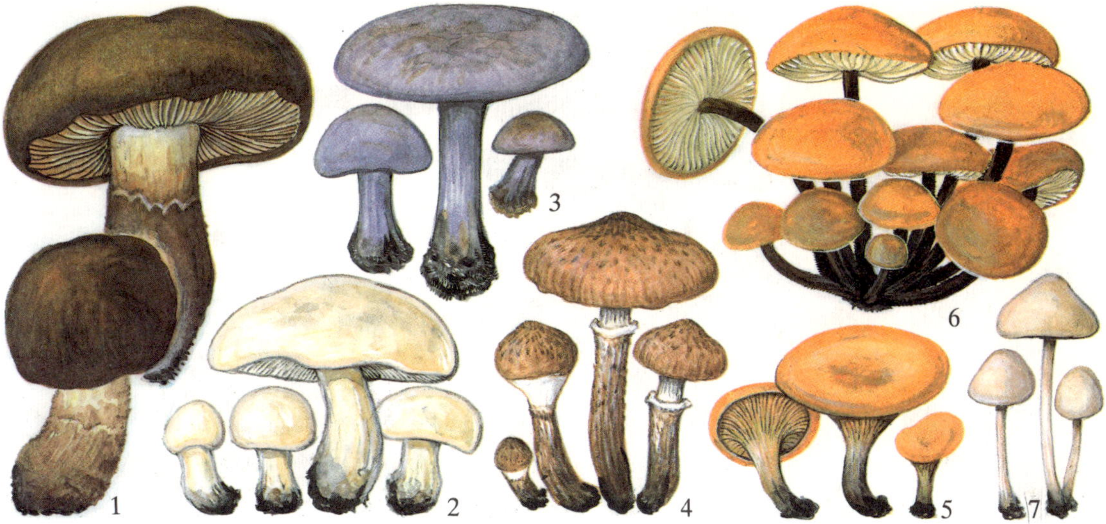

1 Riesenritterling, Hartpilz, *Tricholoma colossum.* Pilz mit bis 20 cm breitem Hut und 10 cm hohem, 2–5 cm dickem Stiel. Das weiße Fleisch ist geruchlos und schmeckt nußartig mild, oft etwas bitter. Der eßbare, aber schwer verdauliche, gefährdete Pilz wächst von September bis Frostbeginn besonders in trockenen Kiefernwäldern.

2 Mairitterling, Maipilz, *Calocybe georgii (C. gambosa).* Der Pilz hat einen bis 12 cm breiten Hut und bis 8 cm hohen, 1–3 cm dikken Stiel. Das weiße und feste Fleisch besitzt einen mehlartigen Geruch und Geschmack. Der gute Speisepilz wächst bereits ab Ende April und im Mai (Name) an Grasplätzen im Wald oder am Waldrand, aber auch in Gärten, meist massenhaft in Ringen. Bevorzugt neutrale und Kalkböden. Leicht verwechselt mit Ziegelrotem Rißpilz.

3 Violetter Rötelritterling, *Lepista nuda.* Pilz mit bis 15 cm breitem Hut und 10 cm hohem Stiel. Fleisch violett, zart, mit angenehmem Aroma und mildem Geschmack. Der Speisepilz wächst von September bis Frostbeginn häufig in Laub- und Nadelwäldern, auf Wiesen und in Gärten. Leicht mit schwach giftigem Lila Dickfuß zu verwechseln.

4 Hallimasch, *Armillariella mellea.* Pilz mit bis 15 cm breitem Hut und 20 cm hohem Stiel. Die erst weißen, dann bräunlich gefleckten Blätter laufen am Stiel herab. Das weiße, z. T. auch rosa, zähe Fleisch mit mildem, später etwas zusammenziehendem Geschmack ist roh nicht genießbar, nach längerem Dünsten aber schmackhaft. Der jung eßbare Pilz kommt massenhaft von September bis Frostbeginn an Stümpfen und Wurzeln von Laub- und Nadelbäumen, vor allem von Eichen und Buchen vor. An lebenden Bäumen arger Holzzerstörer. Die Myzelhäute leuchten im Dunkeln.

Hallimasch am Baumstumpf, Holzzerstörung

5 Falscher Pfifferling, *Hygrophoropsis aurantiaca.* Der Pilz mit bis 8 cm breitem Hut und 6 cm hohem Stiel sieht dem Echten Pfifferling ähnlich, gehört aber zu den Echten Blätterpilzen. Fleisch zäh und unbedeutender Geschmack, kann Verdauungsstörungen hervorrufen. Wächst von Juli bis Frostbeginn vor allem in Nadelwäldern, auch auf Baumstümpfen.

6 Winterpilz, Winterrübling, Samtfußrübling, *Collybia (Flammulina) velutipes.* Pilz mit bis 10 cm breitem Hut und 10 cm hohem Stiel. Fleisch gelblichweiß, geruchlos, mit bitterem Geschmack, der beim Abbrühen verschwindet. Hüte ohne Stiel eßbar. Wächst in milden Wintern nicht selten von Oktober bis März an lebendem oder totem Laub- und Nadelholz, vor allem von Fichte, Kiefer, Weide, Pappel, Linde und Esche, in Trupps.

7 Nelkenschwindling, *Marasmius oreades.* Pilz mit bis 6 cm breitem Hut und 7 cm hohem Stiel. Stiele zäh, ebenso das Fleisch. Wächst von Mai bis Frostbeginn oft massenhaft in Kreisen und Reihen auf grasigen Plätzen im lichten Walde und an Weg- und Feldrändern. Ohne die zähen Stiele guter Speise-, besonders Suppenpilz, getrocknet auch als Würzpilz für Soßen. Oft mit kleinen, giftigen Pilzarten zu verwechseln. Schwindlinge schrumpfen bei trockenem Wetter und leben bei Feuchtigkeit auf.

1 Austernseitling, *Pleurotes ostreatus.* Pilz mit bis 15 cm, teilweise 25 cm breitem Hut und 4 cm dickem Stiel. Das weiße Fleisch schmeckt jung angenehm, im Alter ist es etwas zäh. Der eßbare Pilz wächst nicht selten an Laubgehölzen, vor allem an Buchen, Hainbuchen und Weiden, auf totem oder auch lebendem Holz von September oft den ganzen Winter über. Gärtnerische Kultur auf Holzstubben oder Sägespänen ist möglich.

2 Riesenrötling, *Rhodophyllus lividus (Entoloma sinuatum).* Pilz mit bis 15 cm breitem Hut und 12 cm hohem Stiel. Hut erst gewölbt, dann ausgebreitet, Fleisch nach Mehl, später widerlich riechend, sonst aber wohlschmeckend. Der Pilz ist stark giftig und wächst von Mai bis September in Laubwäldern, besonders unter Eichen und Buchen, sowie auf Waldwiesen, vor allem auf schweren Lehm- oder Kalkböden.

3 Mairißpilz, Ziegelroter Rißpilz, *Inocybe patouillardii.* Pilz mit bis 10 cm breitem Hut und 10 cm hohem Stiel. Hut reißt am Rand strahlig ein (Name), an Druckstellen ziegelrot werdend. Fleisch weiß, beim Schnitt rötlich verfärbend mit mildem, später widerlichem Geschmack und süßlichem Geruch. Der sehr giftige Pilz wächst meist von Mai bis Juni, aber auch noch bis August auf grasigen Plätzen in lichten Laubwäldern, besonders unter Buchen, Eichen und Linden, in Nadelwäldern unter Fichten.

4 Reifpilz, *Rozites caperata.* Pilz mit bis 12 cm breitem Hut und 12 cm hohem Stiel. Fleisch weißgelblich, mild schmeckend und gut riechend. Der gute Speisepilz wächst von Juli bis Oktober in Trupps, besonders in Kiefernwäldern, aber auch unter Fichten und Buchen, nur auf sauren Böden, bis ins Hochgebirge. Leicht mit verspätetem giftigem Ziegelrotem Rißpilz zu verwechseln.

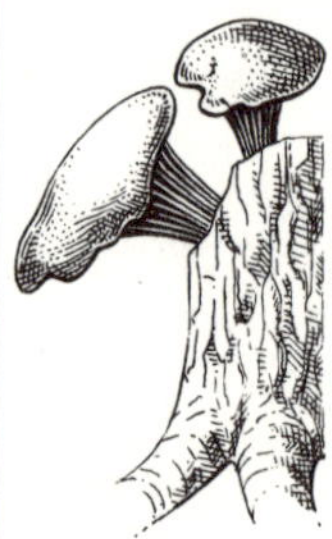
Kultur des Austernseitlings auf Holzstücken

Entwicklung des Schafchampignons

5 Stockschwämmchen, *Kuehneromyces (Pholiota) mutabilis.* Pilz mit bis 8 cm breitem Hut und 8 cm hohem Stiel. Hut erst gewölbt, dann ausgebreitet, Stiel dünn, zäh, meist gekrümmt. Fleisch mit würzigem, kräftigem Geschmack. Die Pilze wachsen büschelig-rasig von April bis Frostbeginn meist an morschen Laubholzstümpfen, besonders von Buchen, Birken, Erlen, Linden und Weiden, seltener an Fichten, Eschen und Eichen. Ohne Stiel wohlschmeckender Speisepilz (Suppenpilz).

6 Anisegerling, Schafchampignon, *Agaricus arvensis.* Der Pilz hat einen bis 15 cm breiten Hut und 15 cm hohen Stiel. Geruch des weißen, unter der Oberhaut oft gelblichen Fleisches deutlich nach Anis (Name). Geschmack nußartig. Der gute Speisepilz ist von Juni bis Oktober auf Waldwiesen, Triften, Weiden und Parks auf Sand- und Kalkboden bis zum Hochgebirge häufig. Verwechslung mit giftigen weißen Knollenblätterpilzen und dem Giftegerling möglich.

7 Grüner Anistrichterling, *Clitocybe odora.* Pilz mit bis 10 cm breitem Hut und 7 cm hohem Stiel. Das blaßgrünliche Fleisch schmeckt würzig und riecht nach Anis (Name). Der eßbare Pilz ist als Misch- und Würzpilz brauchbar und wächst von Juni bis Frostbeginn häufig in Laub- und Nadelwäldern, besonders an feuchten Stellen.

1 Edelreizker, Echter Reizker, *Lactarius deliciosus.* Der Pilz hat einen bis 12 cm breiten, ziegelroten Hut und 8 cm hohen Stiel. Das brüchige, weiße Fleisch sondert einen karottenfarbigen Milchsaft ab, riecht würzig und schmeckt mild, später etwas herb. Als guter Speisepilz häufig von Juli bis Spätherbst truppweise an grasigen Stellen von Fichten- und Kiefernwäldern, besonders auf Sand- und Kalkboden.

2 Birkenreizker, *Lactarius torminosus.* Der Pilz hat einen bis 12 cm breiten Hut und 6 cm hohen Stiel. Das brüchige, fleischrötliche Fleisch hat einen obstartigen Geruch. Es sondert einen weißen Milchsaft ab. Der Pilz ist roh giftig und nur nach Abkochen und Abgießen des Kochwassers verwendbar. Er kommt von August bis Oktober in lichten Wäldern unter Birken vor.

3 Frauentäubling, *Russula cyanoxantha.* Pilz mit bis 15 cm breitem Hut und 10 cm hohem Stiel. Das Fleisch ist weich (Name), geruchlos und von mildem Geschmack. Guter Speisepilz, der von Juli bis Oktober besonders unter Buchen und Eichen in Laubwäldern auf Kalk- und Silikatboden verbreitet vom Flachland bis ins höhere Gebirge vorkommt.

4 Brauner Ledertäubling, *Russula integra.* Pilz mit bis 12 cm breitem Hut. Stiel 8 cm hoch und innen schwammig. Das Fleisch ist weiß, mild schmeckend und geruchlos. Der gute Speisepilz kommt häufig von Juli bis Oktober im Nadelwald, besonders unter Fichten, seltener unter Kiefern vor. Meist auf Kalk- oder Lehmboden, vor allem in den Gebirgen anzutreffen.

Hexenring am Baumstumpf

5 Fleischroter Speisetäubling, *Russula vesca.* Der Pilz hat einen bis 10 cm breiten Hut und 7 cm hohen Stiel. Der Hut ist zuerst weiß, dann fleischrot und im Alter bräunlich. Das feste, geruchlose Fleisch schmeckt mild, nußartig. Kommt vor allem unter Eichen, Buchen und Kiefern auf sandigem, saurem oder kalkhaltigem Boden, jedoch nicht auf Moorboden von Juni bis Oktober vor. Guter Speisepilz, aber leicht mit anderen roten Täublingen zu verwechseln.

6 Kirschroter Speitäubling, Speiteufel, *Russula emetica.* Der Pilz hat einen bis 10 cm breiten Hut und 8 cm hohen, festen, etwas gerunzelten Stiel. Das weiße, zerbrechliche Fleisch riecht angenehm obstartig, hat aber einen brennend scharfen Geschmack. Der leicht giftige Pilz wächst von Juli bis Oktober in Laub- und Nadelwäldern an feuchten, sauren Standorten, z. B. Hochmooren.

6a Zitronentäubling, *Russula ochroleuca.* Pilz mit bis 9 cm breitem Hut, weißlichem Fleisch, obstartigem Geruch und scharfem Geschmack. Der eßbare Pilz kommt im Nadel- und Laubwald vor.

7 Frostschneckling, *Hygrophorus hypothejus.* Der Pilz hat einen bis 6 cm breiten Hut und 10 cm hohen Stiel. Der Hut ist anfangs mit einer Schleimschicht überzogen. Schleimiger Stiel mit schwachem Ringansatz. Das weißgelbe Fleisch schmeckt angenehm süßlich und riecht obstartig. Der Pilz wächst häufig von Ende Oktober nach dem ersten Frost (Name) bis in den Winter hinein in sandigen Kiefernwäldern und Heiden. Guter Speisepilz.

1 Kahler Krempling, *Paxillus involutus.* Pilz mit bis 15 cm breitem Hut und 7 cm hohem Stiel. Hut mit vertiefter Mitte und stark eingerolltem Rand (Krempe, siehe Name). Das zarte Fleisch schmeckt zwar angenehm säuerlich, es sind aber nicht nur mit rohen, sondern auch mit intensiv geschmorten Pilzen Vergiftungen aufgetreten. Er wächst häufig von Juli bis Frostbeginn auf grasigen Plätzen im Nadel- oder Laubwald, vor allem unter Kiefern, Fichten, Eichen und Birken.

2 Samtfußkrempling, *Paxillus atromentosus.* Der Pilz hat einen bis 18 cm breiten Hut und bis 6 cm hohen und 4 cm dicken Stiel. Der Hut mit eingerolltem Rand (Krempe, siehe Name). Das weiche, weißliche bis blaßgelbe Fleisch hat einen säuerlichen Geruch und im Alter widerlichen Geschmack. Der ungenießbare Pilz wächst nicht selten von Juli bis Frostbeginn auf Stümpfen von Nadelbäumen, besonders Kiefern und Fichten, sowie an moderndem Holz.

3 Goldröhrling, *Suillus grevillei (Boletus elegans).* Pilz mit bis 12 cm breitem Hut und 10 cm hohem Stiel sowie gelben bis olivgrauen Röhren. Das weiche, gelbe Fleisch läuft beim Schnitt grünbräunlich an. Der gutschmeckende Speisepilz wächst von Juni bis Oktober häufig nur unter Lärchen (in Symbiose mit den Lärchenwurzeln) im Wald, aber auch in Parkanlagen, sowohl auf sauren als auch auf kalkhaltigen Böden, bis ins Hochgebirge.

4 Butterpilz, *Suillus (Boletus) luteus.* Pilz mit bis 12 cm breitem Hut und 7 cm hohem Stiel. Das hellgelbe, weiche Fleisch mit obstartigem Geruch schmeckt leicht säuerlich. Der eßbare Pilz wächst auf grasigen Wegen in Kiefernforsten auf Sand- und Kalkböden bis ins Hochgebirge von Juni bis Oktober.

Mykorrhiza Maronenröhrling – Kiefer

5 Rotfußröhrling, *Xerocomus (Boletus) chrysenteron.* Pilz mit bis 8 cm breitem Hut und 8 cm hohem Stiel. Das weiche Fleisch riecht angenehm und schmeckt mild. Der jung eßbare Pilz wächst von Juni bis Frostbeginn häufig in Laub- und Nadelwäldern.

6 Maronenröhrling, *Xerocomus (Boletus) badius.* Pilz mit bis 15 cm breitem Hut und 12 cm hohem Stiel sowie gelben Röhren, bei Druck blau werdend. Stiel oft verbogen. Das weißgelbliche Fleisch läuft beim Schnitt blau an und schmeckt mild. Der sehr gute Speisepilz eignet sich auch gut als Trockenpilz und wächst von Juni bis Frostbeginn häufig im Nadelwald, besonders unter Fichten und Kiefern. Seltener kommt er auch im Laubwald unter Buchen und Eichen, besonders auf sauren Sand-, Lehm- und Gesteinsböden vor und ist vom Flachland bis ins Hochgebirge in guten Jahren als Massenpilz anzutreffen.

7 Ziegenlippe, *Xerocomus (Boletus) submentosus.* Pilz mit bis 10 cm breitem Hut und 10 cm hohem Stiel. Das weiche, weiße bis gelbliche, selten blau anlaufende Fleisch riecht angenehm würzig und schmeckt mild, wird aber im Alter oft schwammig. Der nur jung gute Speisepilz ähnelt dem Rotfußröhrling und wächst von Juli bis Frostbeginn häufig in Laub- und Nadelwäldern, oft im Gras. Er ist nicht so häufig anzutreffen wie der Maronenröhrling.

1 Rotkappe, *Leccinum aurantiacum (Boletus versipellis).* Pilz mit bis 20 cm breitem Hut und 20 cm hohem Stiel. Das feste, weiße Fleisch von angenehmem Geschmack und Geruch läuft beim Schnitt schwärzlich an. Auch beim Braten und Kochen oder Trocknen wird das Fleisch schwarz. Der eßbare, roh aber giftige Pilz wächst häufig von Juni bis Oktober in Laub- und Nadelwäldern, besonders unter Birken und Zitterpappeln.

2 Birkenpilz, *Leccinum scabrum (Boletus scaber).* Der Pilz hat einen bis 12 cm breiten Hut und 15 cm hohen Stiel. Das meist weiße Fleisch schmeckt angenehm, wird aber im Alter und auch beim Schmoren und Braten grau. Der jung gute, im Alter aber etwas wäßrige Speisepilz wächst häufig von Juni bis Oktober in Heiden, lichten Wäldern, nur unter Birkenarten (Name).

3 Gallenröhrling, *Tylopilus (Boletus) felleus.* Pilz mit bis 12 cm breitem Hut und 12 cm hohem Stiel. Das weißgelbliche Fleisch hat einen gallebitteren Geschmack. Der deshalb ungenießbare Pilz wächst häufig von Juni bis Oktober in Nadelwäldern, besonders unter Fichten und Kiefern, sowie in Buchen- und Birkenwäldern, meist auf kalkhaltigen Böden bis ins höhere Mittelgebirge. Verwechslung mit Maronenröhrling und Steinpilz möglich.

4 Netzstieliger Hexenpilz, Hexenröhrling, *Boletus luridus.* Der Pilz hat einen bis 15 cm breiten Hut und 7 cm hohen Stiel. Das gelbliche Fleisch wird im Schnitt blau und schmeckt mild. Den roh giftigen, nach längerem Schmoren aber schmackhaften Pilz darf man nicht zusammen mit Alkohol genießen. Er kommt meist auf Kalkboden in Laub- und Nadelwäldern sowie Parks, besonders unter Buchen, Eichen und Fichten von Juni bis Oktober vor. Ähnlich sind der Flockenstielige Hexenpilz und Satanspilz.

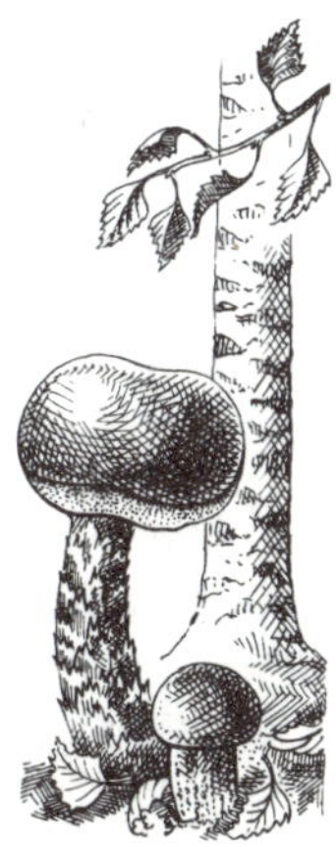

Mykorrhiza Birkenpilz – Birke

5 Flockenstieliger Hexenpilz, Hexenröhrling, *Boletus miniatoporus.* Der Pilz hat einen bis 20 cm breiten Hut und 10 cm hohen Stiel. Er ist dem vorigen in Form und Farbe ähnlich, der Stiel aber rotflockig punktiert. Das gelbliche Fleisch läuft bei Druck blau an und hat keinen besonderen Geruch und Geschmack. Der ebenfalls roh giftige, geschmort aber schmackhafte Pilz wächst nicht selten von Mai bis Frostbeginn in Laub- und Nadelwäldern, besonders unter Fichten, Eichen und Buchen. Mit Satanspilz zu verwechseln.

6 Satanspilz, *Boletus satanas.* Gedrungener Pilz mit bis 30 cm breitem Hut und 8 cm hohem Stiel. Das im Schnitt bläulich anlaufende Fleisch riecht unangenehm aasartig und ist stark giftig. Der gefährdete Pilz wächst nur selten von Juli bis September im Laubwald, besonders unter Buchen, Hainbuchen und Eichen, nur auf Kalkböden. Kommt nur in warmen Gegenden im Süden vor.

7 Steinpilz, *Boletus edulis.* Der Pilz hat einen bis 25 cm breiten Hut und 20 cm hohen, oft 6 cm kräftigen Stiel. Das weiße, feste Fleisch schmeckt nußartig, wird aber im Alter schwammig. Ältere Pilze sind meist madig. Der vielseitig verwendbare Steinpilz wächst häufig in Laub- und Nadelwäldern, oft einzeln von Juni bis Oktober.

FLECHTEN Lichenes

1 Schildflechte, Blattflechte, *Hypogymnia (Parmelia) physodes.* Eine der bekanntesten Flechten, sehr vielgestaltig, auf Holz und Rinde, besonders von Nadelbäumen, aber auch auf bemoostem Gestein. Der Unterlage stets fest aufsitzend. Kann auf den verschiedensten Substraten gedeihen. Häufig von der Ebene bis in höhere Gebirgslagen. Sehr empfindlich gegen SO_2 in der Luft, deshalb wie zahlreiche Flechtenarten im Rückgang befindlich.

2 Isländische Flechte, »Isländisches Moos«, *Cetraria islandica.* Thallus bis 10 cm hoch mit oft mehreren Zentimetern Zuwachs im Jahr und 1–1,5 cm breit, je nach der Besonnung des Standorts an der Oberseite grünlich bis dunkelbraun. Auf Sand-, Heide- und Moorböden, auch in niedrigen Grasbeständen, seltener an bemoosten Felsen und am Grunde alter Baumstämme vor allem in Nadelwäldern, aber auch im Heidekraut. Häufig von der Ebene bis in höhere Gebirgslagen. Alte Arzneipflanze, in Notzeiten auch als Nahrung verwendet.

3 Astflechte, *Ramalina calicaris.* Thallus 3 bis 7 cm lang mit 1–2 mm breiten Abschnitten. Häufig bis verbreitet auf der Rinde verschiedener Baumarten, insbesondere von Pappeln, vor allem in den Mittelgebirgen. Sehr empfindlich gegen SO_2 in der Luft, deshalb vielerorts im Rückgang befindlich.

4 Rentierflechte, *Cladonia rangiferina.* Thallus 5–10 cm hoch. Auf trockenen Wald- und Heideböden oft dichte Polster bildend, an trockenen und sonnigen Standorten vielfach mit Heidekraut und Heidelbeere vergesellschaftet. Verbreitet von der Ebene bis in hohe Gebirgslagen, wegen der großen Empfindlichkeit gegen SO_2 vielerorts im Rückgang. Kann durch Ausnutzen der Luftfeuchtigkeit auch lange Trockenperioden gut überstehen. Da sie im Norden im Winter oft die einzige Nahrung für die Rentiere bildet, wird durch sie in vielen Gebieten die Rentierhaltung erst möglich.

5 Becherflechte, *Cladonia pyxidata.* Thallus mit meist 2–4 cm langen Sprossen. Auf verschiedenen organischen Substraten, z. B. oft auf in Auflösung befindlichen Aststücken, auch im lichten Heidel- und Preiselbeerkraut in Heiden, Mooren und an Waldrändern, auf Trockenrasen. Verbreitet von der Ebene bis selten in hohen Gebirgslagen.

6 Schüsselflechte, Gelbe Baumflechte, *Xanthoria parietina.* Auf Rinde, altem Holz, Mauern und Gestein. Kann als eine der wenigen Flechten auf den verschiedensten Standorten vorkommen. Verbreitet von der Ebene bis selten in höheren Gebirgslagen. Erzeugt den Flechtenfarbstoff Parietin.

7 Lungenflechte, *Lobaria (Sticta) pulmonaria.* Thallus 10–30 cm breit. Schattenflechte auf Baumrinde, Felsen und verschiedensten Böden, dem Substrat meist eng anliegend, vorwiegend in Bergwäldern. Früher verbreitet in den Mittel- und Hochgebirgen, heute nach Westen zurückgedrängt und selten geworden. Die Lungenflechte wurde wegen des lungenähnlichen Aussehens als Heilmittel gegen Lungenkrankheiten verwendet.

Bildung der Fortpflanzungskörper bei Flechten

LEBERMOOSE Hepaticae

1 Brunnenlebermoos, *Marchantia polymorpha.* Sehr vielgestaltig mit 1–2 cm breitem, bis 20 cm langem Thallus. Geschlechtsorgane im Juni–Juli erscheinend. Ungeschlechtliche Vermehrung durch in Brutbechern gebildete Brutkörperchen. Auf frischen bis feuchten, nährstoffreichen Böden an Mauern, in alten Brunnen, in Bächen auf Gestein, auf dem Erdboden, in Mooren und Wiesen. Verbreitet von der Ebene bis in hohe Gebirgslagen. Früher auch als Arzneipflanze verwendet.

2 Zweizahnlebermoos, *Lophocolea bidentata.* Thallus 2–3 mm breit. Fortpflanzungsorgane selten zu sehen, April–Mai, zweihäusig. Auf feuchten Lehmböden an Wegrändern, Gräben, in Wäldern und Wiesen, auch über anderen Moosen wachsend oder dem Boden aufliegend. Häufig von der Ebene bis in mittlere Gebirgslagen. Etwas duftend.

LAUBMOOSE Musci

3 Haartragendes Bürstenmoos, *Polytrichum pilosum.* Thallus 1–3 cm hoch, Blättchen 5–10 mm lang. Sporenreife: Mai–Juni, zweihäusig, oft auch steril. Auf trockenen, sandigen Böden in Wäldern und an Felsen. Gemein von der Ebene bis in hohe Gebirgslagen über die Schneegrenze (über 3 700 m).

4 Spitzblättriges Torfmoos, *Sphagnum nemoreum.* Thallus mehrere Zentimeter hoch, dichte, oft auch etwas rötliche Polster bildend. Blättchen bis 2 cm lang. Sporenreife: Mai–August. Auf feuchten, moorigen Böden in Wäldern, Heiden und an Moorrändern. Gemein bis verbreitet von der Ebene bis in hohe Gebirgslagen über die Waldgrenze (über 2 700 m). Weitere Arten dieser Gattung sind ebenfalls sehr häufig. Nach dem Absterben in den Mooren torfbildend.

5 Besenmoos, Goldzahnmoos, *Dicranum scoparium.* Sehr formenreiches, lockere Rasen bildendes, mehrjähriges, 5–10 cm hohes Moos. Blättchen bis 8 mm lang. Kapseln selten auftretend. Sporenreife: Mai–August. Auf vorwiegend trockenen, sauren, humosen, kalkfreien Böden in Laub- und Nadelwäldern, auch auf Felsen und Bäumen. Verbreitet bis häufig von der Ebene bis in hohe Gebirgslagen über der Waldgrenze (über 3 000 m).

6 Weißgrünes Polstermoos, *Leucobryum glaucum.* Große, weißliche, halbkugelige Polster bildendes, mehrere Zentimeter hohes Moos. Blättchen bis 7 mm lang. Kapseln selten. Sporenreife: Herbst. Auf trockenen bis feuchten, nährstoffarmen, kalkfreien, anmoorigen, auch sandigen Böden in Nadelwäldern und Heiden. Verbreitet bis häufig von der Ebene bis in hohe Gebirgslagen über die Waldgrenze (über 2 500 m).

7 Mauerdrehzahnmoos, *Tortula muralis.* Kleine, oft grauschimmernde Polster oder Rasen bildendes, bis 1 cm hohes Moos. Blättchen 3–4 mm lang. Kapseln mit leicht abfallendem Deckel, oft massenhaft. Sporenreife: Mai–August. Auf frischen bis trockenen, steinigen oder sandigen Böden an Mauern und Felsen. Gemein bis verbreitet von der Ebene bis in hohe Gebirgslagen.

Einzelblättchen

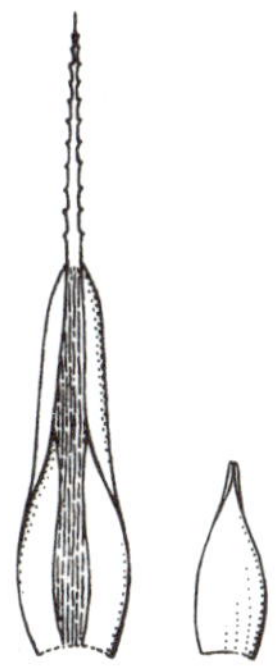

Haartragendes Bürstenmoos
Spitzblättriges Torfmoos

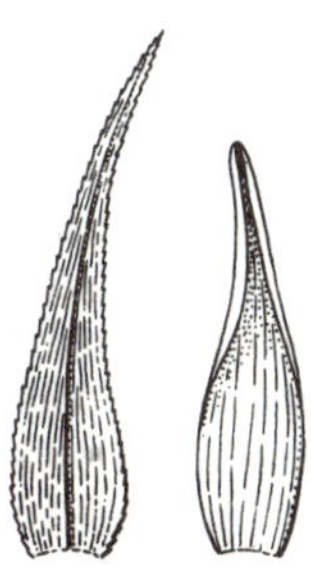

Besenmoos
Weißgrünes Polstermoos

1 Silberbirnmoos, *Bryum argenteum.* Dichte, oft ausgedehnte Polster oder Rasen bildendes, bis 2 cm hohes Moos. Blättchen bis 1,5 mm lang. Kapseln oft massenhaft auftretend. Sporenreife: Mai–Oktober. Auf trockenen Sand-, Kies und Schuttböden an Weg- und Straßenrändern, auch zwischen Pflastersteinen, an Felsen, Mauern und auf Brandstellen. Häufig bis verbreitet von der Ebene bis in hohe Gebirgslagen oberhalb der Schneegrenze. Weitere Arten dieser Gattung sind teilweise im Gebiet auch ziemlich häufig.

2 Wellenblättriges Sternmoos, *Mnium undulatum.* Unten braunfilzige Rasen bildendes, bis 5 cm hohes Moos. Blättchen bis 10 mm lang. Zweihäusig. Sporenreife: Mai–Juni. Auf feuchten, humusreichen Böden in Wäldern, auf Wiesen, in Bachtälchen. Gemein von der Ebene bis in hohe Gebirgslagen unterhalb der Waldgrenze. Im Norden etwas seltener. Ähnliche Arten der Gattung sind auch oft häufig.

3 Quellmoos, *Philonotis fontana.* Lockere Polster bildendes, 5–12 cm hohes Moos. Blättchen bis 2 mm lang. Zweihäusig. Sporenreife: April–Mai. Auf feuchten bis nassen, kalkfreien Böden in kalten Quellen, Mooren, an Bächen und auf feuchten Wiesen. Häufig von der Ebene bis in hohe Gebirgslagen über die Schneegrenze. Ähnliche weitere Arten dieser Gattung oft ebenfalls sehr häufig.

4 Zypressenmoos, *Hypnum cupressiforme.* In Form und Farbe sehr vielgestaltiges, rasenbildendes, 4–10 cm langes Moos. Blättchen 2–3 mm lang. Sporenreife: Januar–April. Auf verschiedenen Böden in Wäldern, auch fädig dünn von Baumstämmen, Wurzeln und Steinen herabhängend. Gemein von der Ebene bis in hohe Gebirgslagen oberhalb der Waldgrenze. Ähnliche Arten dieser Gattung ebenfalls ziemlich häufig vorkommend.

Sporenblätter

Tannenteufelsklaue

Keulenbärlapp

5 Dreieckblättriges Schopfmoos, Kranzmoos, *Rhytidiadelphus triquetrus.* Lockere Rasen bildendes, bis 15 cm langes Moos. Blättchen 3–5 mm lang. Kapseln selten. Sporenreife: März–Mai. Auf feuchten Böden in Wäldern, Wiesen und Heiden. Häufig bis gemein von der Ebene bis in hohe Gebirgslagen oberhalb der Waldgrenze. Ähnliche Arten dieser Gattung ebenfalls ziemlich häufig.

BÄRLAPPE Lycopsida

6 Tannenteufelsklaue, *Huperzia selago.* Ausdauernde, 5–30 cm hohe Pflanze. Blättchen bis 9 mm lang. Sporenreife: Juli–Oktober. Sporenbehälter in den Achseln normaler Laubblätter. Auf frischen, moosigen, sauren Sand-, Stein-, auch Torfböden in schattigen Nadel- und Laubwäldern sowie Blockmeerspalten. Zerstreut von der Ebene bis in hohe Gebirgslagen, die Schneegrenze erreichend.

7 Keulenbärlapp, *Lycopodium clavatum.* Ausdauernde, bis über 1 m lange, kriechende Pflanze, Blättchen klein. Sporenreife: Juli–August. Lichtpflanze auf frischen bis mäßig trockenen Lehmböden, auch auf Torf oder Sand in Heiden, Magerrasen, an Wegen und Waldrändern, in lichten Nadelwäldern. Zerstreut von der Ebene bis in höhere Gebirgslagen. Gebietsweise gefährdet. Früher Arznei- und Nutzpflanze (Sporenpulver).

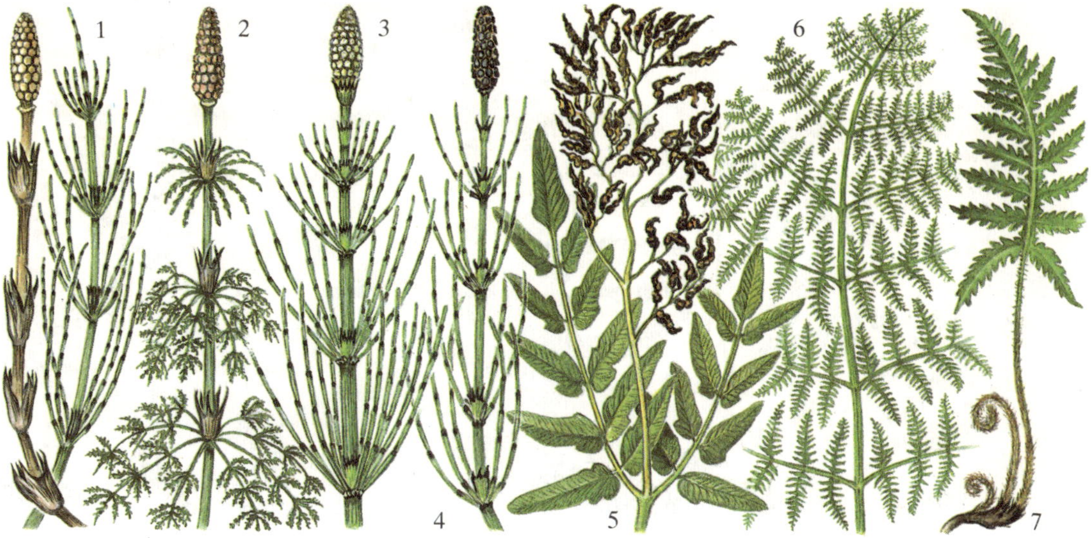

SCHACHTELHALME Sphenopsida

1 Ackerschachtelhalm, *Equisetum arvense.* Unterirdisch ausdauernde Pflanze mit bis 20 cm hohen fruchtbaren und später erscheinenden, bis 50 cm hohen unfruchtbaren Stengeln. Sporenreife: März–April. Bis 160 cm tief wurzelnder Rohbodenpionier auf offenen Ton- und Lehmböden in Äckern, an Wegen und Gräben, auch auf Wiesen und in Wäldern. Wurzelkriecher. Gemein von der Ebene bis in höhere Gebirgslagen (bis 1 550 m). Arzneipflanze.

2 Waldschachtelhalm, *Equisetum sylvaticum.* Unterirdisch ausdauernde, 15–60 cm hohe Pflanze mit nahezu gleichgestalteten Stengeln. Sporenreife: April–Juni. Wurzelkriecher auf meistens sickernassen, humosen Tonböden in schattigen, moosigen Fichten- und Auenwäldern, Gebüschen und auf Sumpfwiesen. Häufig und meist gesellig vor allem im Bergland bis in höhere Gebirgslagen (bis etwa 1 500 m).

3 Teichschachtelhalm, *Equisetum fluviatile.* Unterirdisch ausdauernde, 50–150 cm hohe Pflanze mit gleichgestalteten Stengeln. Sporenreife: Mai–August. Oft Bestände bildender Verlandungspionier auf meist flach überschwemmten Böden im Röhricht, in Großseggensümpfen, an den Ufern stehender und fließender Gewässer. Verbreitet von der Ebene bis in höhere Gebirgslagen.

4 Sumpfschachtelhalm, Duwock, *Equisetum palustre.* Unterirdisch ausdauernde, 20 bis 60 cm hohe Pflanze mit gleichgestalteten Stengeln. Sporenreife: Juni–September. Über 1 m tief wurzelndes Wiesenunkraut auf feuchten, nährstoffreichen Ton- und Sumpfhumusböden in Naß- und Moorwiesen, Weiden und Verlandungszonen. Gemein bis häufig von der Ebene bis in höhere Gebirgslagen (bis etwa 1 800 m). Giftig für Weidevieh.

Stengelquerschnitte und Scheiden

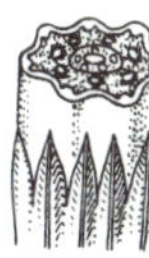

Ackerschachtelhalm

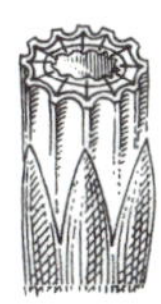

Waldschachtelhalm

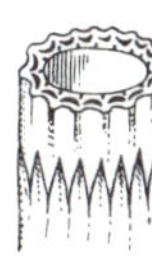

Teichschachtelhalm

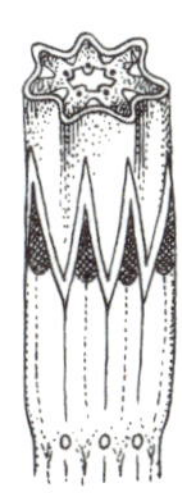

Sumpfschachtelhalm

FARNE Pteropsida

5 Königsfarn, *Osmunda regalis.* Ausdauernde Pflanze mit unterirdischem Stamm und 50 bis 150 cm hohen Wedeln. Sporenreife: Juni–Juli. Auf Sand- und Tonböden in luftfeuchten, wintermilden Bruchwäldern und Gebüschen, an Gräben und Waldquellmooren. Zerstreut von der Ebene bis ins Gebirge, im Süden seltener, in höheren Lagen fehlend. Gefährdet. Bisweilen auch als Zierpflanze in Gärten.

6 Adlerfarn, *Pteridium aquilinum.* Unterirdisch ausdauernde, 50–150 cm hohe Pflanze. Sporenreife: Juli–August. Tiefwurzler auf mäßig trockenen bis frischen oder wechselfrischen, kalkarmen Lehm- und Sandböden in Laub- und Nadelwäldern, an Waldrändern und auf Wiesen. Häufig von der Ebene bis in mittlere Gebirgslagen.

7 Buchenfarn, *Phegopteris connectilis.* Unterirdisch ausdauernde, 15–30 cm hohe Pflanze. Sporenreife: Juni–August. Mull- und Moderwurzler auf sickerfrischen bis feuchten, kalkarmen Lehmböden in krautreichen Buchen- und Fichtenmischwäldern, an Quellen und auf schattigen Felsen. Verbreitet von der Ebene bis in höhere Gebirgslagen, im Norden seltener.

1 Gemeiner Frauenfarn, *Athyrium filix-femina.* Unterirdisch ausdauernde, 30–100 cm hohe Pflanze. Sporenreife: Juli–September. Auf grund- oder sickerfrischen, basenreicheren, meist kalkarmen, oft neutralen, sandigen, steinigen oder reinen Lehm- und Tonböden in krautreichen Laub- und Nadelwäldern, auf Bergweiden und Steinschutt. Verbreitet bis häufig von der Ebene bis in höhere Gebirgslagen. Ähnlich ist der vor allem in Gebirgen bis über 2000 m vorkommende Gebirgsfrauenfarn, *Athyrium distentifolium*, mit rundlichen Sporenhäufchen.

2 Zerbrechlicher Blasenfarn, *Cystopteris fragilis.* Unterirdisch ausdauernde, 10–40 cm hohe Pflanze. Sporenreife: Juli–September. Auf sickerfeuchten, basenreichen, kalkhaltigen Stein- und Felsböden an Mauern und Felswänden, in Steinschluchtwäldern und Brunnen. Verbreitet von der Ebene bis in hohe Gebirgslagen, im Norden seltener.

3 Echter Eichenfarn, *Gymnocarpium dryopteris.* Unterirdisch ausdauernde, 10–40 cm hohe Pflanze. Sporenreife: Juli–September. Mull- und Moderwurzler auf sickerfrischen, mäßig sauren, lockeren Lehmböden in krautreichen Buchen-, Tannen- und Fichtenmischwäldern, an Böschungen und Mauern. Verbreitet bis zerstreut und meist gesellig von der Ebene bis in höhere Gebirgslagen (über 2 300 m), im Norden seltener.

4 Gemeiner Wurmfarn, *Dryopteris filix-mas.* Unterirdisch ausdauernde, 50–150 cm hohe Pflanze. Sporenreife: Juli–September. Mullbodenwurzler auf grund- oder sickerfrischen, nährstoffreichen, lockeren, humosen Lehmböden in krautreichen Laub- und Nadelwäldern und Hochstaudengebüschen. Verbreitet bis häufig von der Ebene bis in höhere Gebirgslagen (manchmal bis über 1 700 m), im Norden etwas seltener. Früher Arzneipflanze, Wurzel als Wurmmittel verwendet.

5 Dorniger Wurmfarn, *Dryopteris carthusiana.* Unterirdisch ausdauernde, 30–100 cm hohe Pflanze. Sporenreife: Juli–September. Humuswurzler auf frischen bis staufeuchten, sauren Lehm- und Tonböden in Eichen- und Kiefernwäldern, Erlenbrüchen, Heiden und an Moorrändern. Häufig bis verbreitet von der Ebene bis vor allem in die unteren und mittleren Gebirgslagen.

6 Rippenfarn, *Blechnum spicant.* Ausdauernde, 15–50 cm hohe Pflanze. Sporenreife: Juli–September. Rohhumuspflanze auf feuchten bis frischen, kalkarmen, sauren Lehmböden in schattigen, artenarmen Laub- und Kiefernwäldern, Erlenbrüchen und an Böschungen. Verbreitet vom Bergland bis in höhere Gebirgslagen, in der Ebene vereinzelt oder selten. Auch Zierpflanze.

7 Gemeiner Tüpfelfarn, Engelsüß, *Polypodium vulgare.* Ausdauernde, 10–50 cm hohe Pflanze mit oft an der Oberfläche kriechendem Wurzelstock. Sporenreife: August–September. Moderhumuswurzler auf mäßig trokkenen, flachgründigen, steinigen Lehm-, Sand- und Felsböden in artenarmen Laubwäldern, an Felsen und Mauern. Verbreitet von der Ebene bis in mittlere Gebirgslagen. Wurzelstock süß, als Hustenmittel und zur Likörherstellung (besonders Boonekamp) verwendet.

Anordnung der Sporenhäufchen

KIEFERNGEWÄCHSE Pinaceae

1 Europäische Lärche, *Larix decidua (L. europaea).* Bis 40 m hoher Baum mit hängenden Ästen und graubraunem Stamm sowie tiefreichendem Wurzelsystem. Die weichen Nadeln werden im Herbst abgeworfen. ♂ Blüten an allen Zweigen, ♀ rote, selten grünliche Zäpfchen, einhäusiger Baum. Windbestäubung. Blütezeit: April–Mai. Häufig im Hochgebirge bis zur Baumgrenze, im östlichen Mitteleuropa auch in der Ebene.

2 Weißtanne, *Abies alba.* Bis 50 m hoher, schlanker Baum mit silberweißer Rinde. Die Nadeln unterseits mit 2 weißlichen Längsstreifen. ♂ Blüten grüngelb–rötliche Kätzchen, ♀ Blüten bleichgrüne Zäpfchen, einhäusiger Baum. Windbestäubung. Blütezeit: Mai–Juni. Anspruchsvoller, durch Luftverunreinigungen gefährdeter Baum in Bergwäldern der Mittel- und Hochgebirge südlich von Vogesen und Südharz bis Nordpolen.

3 Gemeine Fichte, *Picea abies (P. excelsa).* Bis 50 m hoher, schlanker Baum mit rötlichbrauner Rinde und spitz pyramidenförmiger Krone. Weit ausstreichendes, flaches Wurzelsystem ohne Hauptwurzel. ♂ Blüten purpurrote bis gelbe Kätzchen, ♀ Blüten leuchtend purpurrote, gelbgrün werdende Zäpfchen, einhäusiger Baum. Windbestäubung. Blütezeit: Mai. Bildet natürliche Wälder in hohen Berglagen. Forstbaum, aber empfindlich gegen Luftverunreinigungen.

4 Waldkiefer, Föhre, *Pinus sylvestris.* Bis 40 m hoher Baum mit gelber bis rotgelber Rinde und im Alter unregelmäßig schirmförmiger Krone. Tiefreichende Pfahlwurzel. Bis 8 cm lange, stechende Nadeln. ♂ Blüten an Maitrieben, ♀ an jungen Endtrieben, einhäusiger Baum. Windbestäubung. Blütezeit: Mai. Meist auf sandigen Böden in der Ebene.

Samen

Waldkiefer

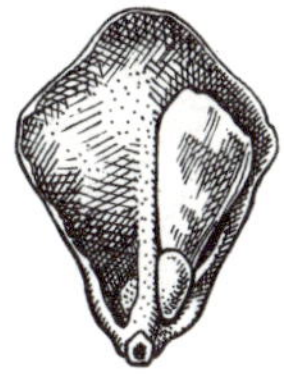

Gemeine Fichte

Wuchs Bergkiefer im Gebirge

5 Bergkiefer, *Pinus mugo (P. montana).* Kleiner bis mittelgroßer, buschig wachsender Baum mit verzweigtem Stamm und graubrauner Rinde. Nadeln mit stechender Spitze. Blüten wie vorige Art, etwas größer, einhäusiger Baum. Windbestäubung. Blütezeit: Mai–Juli. In Gebirgen in Krummholzzone und auf Hochmooren.

ZYPRESSENGEWÄCHSE Cupressaceae

6 Gemeiner Wacholder, *Juniperus communis.* Bis 10 m hoher Strauch, auch baumförmig, mit tiefgehendem Wurzelsystem. Die steifen Nadeln mit Stachelspitze. ♂ Kätzchen und ♀ Zäpfchen, zweihäusig. Windbestäubung. Frucht unreif grüne, reif blauschwarze Beerenzapfen, durch Tiere verbreitet. Blütezeit: April–Mai. Zerstreut an trockenen Standorten bis ins Gebirge, oft angepflanzt. Arznei- und Gewürzpflanze. Wertvolle Art.

EIBENGEWÄCHSE Taxaceae

7 Eibe, *Taxus baccata.* Nur selten bis 15 m hoher Baum, oft mehrstämmig wachsend oder strauchartig mit rotbrauner Rinde. 2–3 cm lange, giftige Nadeln. ♀ Blüten sehr klein, auf der Unterseite der Zweige, zweihäusig. Windbestäubung. Frucht becherartige Scheinbeere, durch Tiere verbreitet (Vögel). Blütezeit: März–April. Vereinzelt in Ebene und Gebirge. Rauchharte Art.

WEIDENGEWÄCHSE Salicaceae

1 Schwarzpappel, *Populus nigra.* 20–25, auch bis 40 m hoher Baum mit weißgrauer Rinde und im Alter tiefrissiger Borke, zweihäusig. Kapselfrüchte. Samen mit wolligem Haarschopf, durch Wind verbreitet. Blütezeit: März–April. Verbreitet in Auwäldern, an Flußufern, auf Sand- und Lehmböden. Rasch wachsender Allee- und Parkbaum. Pionierpflanze auf Ödland. Arzneipflanze.

2 Zitterpappel, Espe, *Populus tremula.* Bis 30 m hoher Baum mit hell olivfarbener, glatter Rinde, später schwarzgrauer Borke. Die wechselständigen Blätter zittern bei leichter Luftbewegung (Name). Zweihäusig mit dunkelbraunen ♂ oder roten ♀ Kätzchen. Kapselfrüchte mit runden, gelblichen Nüßchen und wolligem Haarschopf. Windverbreitung. Blütezeit: März–April. Verbreitet auf allen, vor allem feuchten Böden.

3 Silberpappel, *Populus alba.* Bis 30 m hoher, zweihäusiger Baum mit hellgrauer Rinde. ♂ Kätzchen mit karminrotem Staubbeutel, hängend, ♀ Kätzchen mit gelbgrünen Narben. Die hellbraunen Kapselfrüchte mit wolligen, birnenförmigen Samen. Windverbreitung. Blütezeit: März–April. In Flußauen, auch an Flußufern auf sickerfeuchten Ton- und Lehmböden. Als Allee- und Parkbaum angepflanzt.

4 Silberweide, *Salix alba.* Bis 25 m hoher, zweihäusiger, rasch wachsender Baum mit rissiger, graubrauner Rinde. Die graufilzige Kapselfrucht mit kleinen, am Grunde weiß behaarten Samen. Windverbreitung. Blütezeit: April–Mai. Verbreitet an Ufern von Flüssen, an Gräben, feuchten Wiesenrändern, meist im Tiefland auf tonigen, nassen Böden. Die Rinde war früher Arzneimittel. Blütentragende Zweige Bienenweide.

HASELGEWÄCHSE Corylaceae

5 Hainbuche, Weißbuche, *Carpinus betulus.* Bis 25 m hoher, einhäusiger Baum mit glatter, weißgrauer Rinde und typischen, dunkleren Streifen sowie tiefreichenden Wurzeln. ♂ und ♀ Kätzchen mit roter Narbe. Windbestäubung. Die Früchte stehen in Kätzchen als Nüßchen, durch Wind und Tiere verbreitet. Blütezeit: April–Mai. Verbreitet in Laubwäldern und Gebüschen.

BIRKENGEWÄCHSE Betulaceae

6 Hängebirke, Gemeine Birke, *Betula pendula (B.verrucosa).* Bis 25 m hoher, einhäusiger Baum mit weißer, glatter, später rissiger, abschälender Rinde, flachem Wurzelsystem und hängenden Zweigen. Frucht bräunlicher Zapfen mit geflügelten Nüßchen, durch Wind verbreitet. Blütezeit: April–Mai. Auf allen Böden, besonders in trockenen Wäldern und an Waldrändern oder steinigen Hängen, anspruchslos. Arzneipflanze.

7 Moorbirke, *Betula pubescens.* Bis 25 m hoher Baum mit weißer, unten schwarzrissiger Rinde. Zweige aufwärts gerichtet. Blüten und Früchte der vorigen ähnlich. Nüßchen aber mit 1-1 ½mal so breiten Flügeln. Windverbreitung. Blütezeit: April–Mai. Verbreitet in Hoch- und Flachmooren, in Sümpfen und feuchten Wäldern. Arzneipflanze.

Fruchtstände

Pappel

Birke

Hainbuche

1 Schwarzerle, *Alnus glutinosa.* Bis 30 m hoher, einhäusiger Baum mit rissiger, dunkler Rinde. Frucht dunkelbrauner Zapfen, durch Wind verbreitet. Blütezeit: März–April. Verbreitet in Flußauen, Brüchen, an Bächen, auf anhaltend feuchtem, nährstoffreichem Boden, auch in Wäldern. Verträgt hohe Bodennässe. Besitzt Wurzelknöllchen, die Stickstoff binden.

2 Grauerle, *Alnus incana.* Bis 25 m hoher Baum mit hellgrauer Rinde. Braune ♂ und grünrötliche ♀ Kätzchen. Früchte schwarze Zapfen, etwas kleiner als vorige, zu 3–6 zusammenstehend, durch Wind verbreitet. Blütezeit: Februar–April. Verbreitet in Auwäldern und an feuchten Abhängen, auf kalkhaltigen Tonböden. Vertragen stehende Nässe nicht so gut wie vorige Art.

BUCHENGEWÄCHSE Fagaceae

3 Stieleiche, *Quercus robur.* Bis 40 m hoher, einhäusiger Baum mit knorrigen Ästen und grober schwarzer Rinde sowie tiefreichenden Wurzeln. Gelblichgrüne, hängende ♂ und knopfförmige ♀ Blütenkätzchen durch Wind bestäubt. Verbreitung der Früchte durch Tiere. Blütezeit: Mai. Verbreitet in Laub- und Nadelwäldern sowie in Auwäldern auf nährstoffreichen, humosen Böden. Früher Gerbstoffgewinnung. Arzneipflanze.

4 Traubeneiche, *Quercus petraea.* Bis 35 m hoher, einhäusiger Baum mit grauer Rinde. Hängende ♂ Kätzchen grünlich, ♀ Blüten kleine rote Knöpfe, zu 2–5 auf gemeinsamem, kurzem Stiel. Windbestäubung. Tierverbreitung der Früchte. Blütezeit: Mai. Verbreitet in Wäldern, besonders auf sonnigen, trockenen Abhängen, aber auch auf frischen Lehmböden. Arzneipflanze.

Früchte Schwarzerle

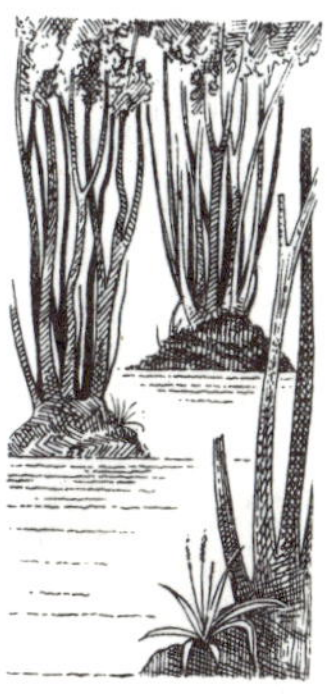

Erlenwald im Wasser

5 Roteiche, *Quercus rubra.* Der bis 25 m hohe Baum stammt aus Nordamerika. Die Blätter färben sich im Herbst stark rot (Name). Die kurzen Früchte werden durch Tiere verbreitet. Blütezeit: Mai. Wird zunehmend als Wald- und Zierbaum auf lockerem, kalkarmem Boden angepflanzt.

6 Gemeine Buche, Rotbuche, *Fagus sylvatica.* Bis 50 m hoher, einhäusiger Baum mit glatter, grauweißer Rinde und tiefem Wurzelsystem. Hängende ♂ Kätzchen und ♀ zu 2 gestielte Köpfchen. Windbestäubung. Gute Samenbildung nur aller 5–10 Jahre. Tierverbreitung. Blütezeit: April–Mai. Häufiger Waldbaum, auch einzeln auf Abhängen. Arzneipflanze.

ULMENGEWÄCHSE Ulmaceae

7 Feldulme, *Ulmus minor (U. carpinifolia).* Bis 40 m hoher, schlanker Baum mit längsrissiger Rinde und tiefreichendem Wurzelsystem. Blütezeit: März–Mai. In warmen Flußtälern, Auwäldern, auf nährstoffreichen, feuchten, humosen Tonböden. Heute durch Ulmensterben stark dezimiert und selten.

8 Bergulme, *Ulmus glabra (U. montana).* Bis 30 m hoher Baum mit rissiger Borke und tiefreichendem Wurzelsystem. Blütezeit: März–April. In Berg- und Auwäldern auf humosen, steinigen Lehm- und Tonböden, oft angepflanzt, aber durch Ulmensterben ebenfalls stark dezimiert.

PLATANENGEWÄCHSE Platanaceae

1 Bastardplatane, *Platanus × hispanica (P. hybrida, P. acerifolia).* Der bis 30 m hohe, einhäusige Baum mit grauer, abblätternder Rinde ist ein Bastard von *P. occidentalis* und *P. orientalis.* Kleine, kugelige, grünliche, gestielte Blütenköpfchen, ♀ größer als ♂ Blüten. Blütezeit: Mai–Juni. Staubunempfindlicher Zierbaum.

ROSSKASTANIENGEWÄCHSE Hippocastanaceae

2 Gemeine Roßkastanie, *Aesculus hippocastanum.* Bis 20 m hoher Baum mit glatter, braunschwarzer Rinde und flachem Wurzelsystem. Blätter gegenständig. Blüten meist ♂, einige ♀ und zwittrig, durch Hummeln bestäubt. Frucht kugelige, stachlige, 1–3fächerige Kapsel mit rotbraunen Samen. Blütezeit: Mai–Juni. Aus Südeuropa und Asien stammender Zier- und Alleebaum, auch in Wäldern als Einzelbaum. Arzneipflanze.

ROSENGEWÄCHSE Rosaceae

3 Eberesche, Vogelbeere, *Sorbus aucuparia.* Bis 15 m hoher Baum mit zwittrigen Blüten, zahlreich in großen Trugdolden stehend, durch Bienen bestäubt. Kernfrucht mit 3 spitzen Samen. Tierverbreitung. Blütezeit: Mai–Juni. Verbreitet auf Lehm- oder Felsböden im höheren Gebirge.

4 Wildapfel, Holzapfel, *Malus sylvestris.* Bis 10 m hoher Baum mit schuppiger, grauer Rinde und dornigen Zweigen. Zwittrige Blüten in Doldentrauben, durch Insekten bestäubt. Kernfrucht mit hellbraunen Samen und saurem Fruchtfleisch. Tierverbreitung. Blütezeit: Mai. Zerstreut in Gebüschen und lichten Wäldern.

Frucht Roßkastanie

Kernfrüchte

Eberesche

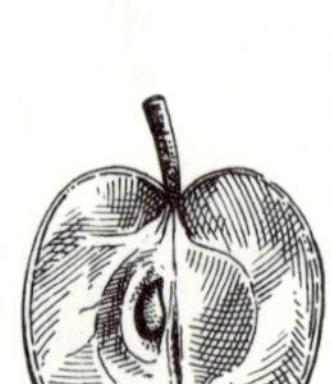

Wildapfel

5 Wildbirne, Holzbirne, *Pyrus pyraster (P. achras).* Bis 20 m hoher Baum mit aufreißender, dunkler Rinde und dornigen, sparrigen Zweigen. Zwittrige Blüte in Doldentrauben zu 6–10, durch Insekten bestäubt. Kernfrucht mit dunkelbraunen Samen. Tierverbreitung. Blütezeit: April–Mai. Zerstreut in trockenen Laubwäldern.

6 Vogelkirsche, Süßkirsche, *Cerasus avium (Prunus avium).* Bis 30 m hoher Baum mit zwittrigen, zu 2–6 in Büscheln stehenden Blüten. Insektenbestäubung (Bienen). Frucht an langen Stielen mit 1 Steinkern, durch Vögel verbreitet. Blütezeit: April–Mai. Zerstreut in Wäldern, aber immer nur einzeln eingestreut.

SCHMETTERLINGSBLÜTENGEWÄCHSE Fabaceae

7 Robinie, Falsche Akazie, *Robinia pseudoacacia.* Bis 25 m hoher Baum mit hellgraubrauner, giftiger Rinde und langer Pfahlwurzel. Stickstoffanreicherung durch Wurzelknöllchen. Zu Dornen umgewandelte Nebenblätter. Blüten zwittrig, besonders abends stark duftend, von Bienen bestäubt. Frucht hängende Hülsen, bis zum Winter am Baum bleibend. Blütezeit: Mai–Juni. Der im Frühjahr spät austreibende Baum stammt aus dem östlichen Nordamerika. Seit dem 17. Jhd. besonders auf trockenen Böden angepflanzt. Pionierbaum auf Rohböden.

LINDENGEWÄCHSE Tiliaceae

1 Sommerlinde, *Tilia platyphyllos.* Bis 30 m hoher Baum mit breit-gewölbter Krone, glatter gelblich-braunroter Rinde sowie kräftiger Pfahlwurzel. Junge Zweige behaart, ebenso zuweilen die Blätter. Zwittrige Blüten zu 2–5 in Trugdolden, durch Insekten (Bienen) bestäubt. Frucht 5kantiges, kugeliges Nüßchen mit Flugblatt. Windverbreitung. Blütezeit: Juni. Zerstreut in Laub- und Mischwäldern. Als Allee- und Parkbaum angepflanzt. Blüten Arzneidroge.

2 Winterlinde, *Tilia cordata.* Bis 20 m hoher, voriger Art ähnlicher Baum mit kräftiger, verzweigter Pfahlwurzel. Junge Zweige kahl. Blätter stets unbehaart. Blüten zu 5–11 in Trugdolden, durch Insekten (Bienen) bestäubt. Frucht birnenförmiges Nüßchen mit zerdrückbarer Schale. Windverbreitung. Blütezeit: Juni–Juli. Verbreitet in Wäldern auf Lehm- oder Tonböden. Auch als Alleebaum angepflanzt. Arzneipflanze.

ÖLBAUMGEWÄCHSE Oleaceae

3 Gemeine Esche, *Fraxinus excelsior.* Bis 40 m hoher Baum mit geradem Stamm und grünlichgrauer bis graubrauner, längsrissiger Rinde sowie starkem, tiefgehendem Wurzelsystem. Meist zwittrige, aber auch ♂ und ♀ Blüten, nur aus roten Staubgefäßen und grünen Fruchtknoten bestehend, durch Wind bestäubt. Frucht einsamige Nuß in hängenden Rispen. Windverbreitung. Blütezeit: April–Mai. Verbreitet in Auen und Laubwäldern sowie an Bachufern. Auch als Straßenbaum angepflanzt. Sehr wertvolles Holz.

Blatt Sommerlinde Behaarung

AHORNGEWÄCHSE Aceraceae

4 Bergahorn, *Acer pseudoplatanus.* Bis 25 m hoher Baum mit blättrig abschuppender hellgraubrauner Rinde. Blüten z. T. scheinzwittrig mit 5 Blütenblättern, durch Insekten (Bienen) bestäubt. Frucht einsamiges Nüßchen mit 2 Flügeln. Windverbreitung. Blütezeit: Mai. Zerstreut bis verbreitet vor allem in den Mittelgebirgen an Bachufern auf feuchten, tiefgründigen Lehmböden. Auch als Allee- und Parkbaum angepflanzt. Der zuckerhaltige Saft dient stellenweise zur Zuckergewinnung.

5 Feldahorn, *Acer campestre.* Bis 20 m hoher, zweihäusiger Baum mit braungrauer, netzrissiger Rinde und knorrigem Stamm, auch strauchartig. Insektenbestäubung (Bienen). Die Früchte graufilzige Nüßchen mit 2 Flügeln, durch Wind verbreitet. Blütezeit: Mai–Juni. Verbreitet in der Ebene und im Hügelland in Laubwäldern, Hecken und an Feldrainen. Benötigt viel Sonnenwärme, steigt deshalb im Gebirge nicht so hoch wie die beiden anderen Ahornarten. Verträgt auch trockene Standorte an sonnigen Abhängen. Verwendung als Heckenpflanze.

6 Spitzahorn, *Acer platanoides.* Bis 25 m hoher Baum mit kräftigem, kurzem Stamm, grauer, netzrissiger Rinde und tiefem Wurzelsystem. Meist scheinzwittrige, selten ♂ und ♀ Blüten. Insektenbestäubung (Bienen). Plattgedrückte Nüßchen mit 2 im stumpfen Winkel abstehenden Flügeln. Windverbreitung. Blütezeit: April–Mai. Verbreitet in Flußtälern auf feuchten Lehm- und Steinschuttböden. Allee- und Parkbaum.

WEIDENGEWÄCHSE Salicaceae

1 Salweide, *Salix caprea.* Bis 6 m hoher, zweihäusiger Strauch, selten kleiner Baum mit grauer, glatter, später aufreißender Rinde. Die wechselständigen Blätter oben dunkel-, unten bläulichgrün, filzig. Bienenbestäubung. Frucht langlanzettliche Kapsel, mit 2 Klappen aufspringend. Windverbreitung. Blütezeit: März–April. Verbreitet an Flußläufen, in Wäldern und in Parks angepflanzt. Arzneipflanze.

2 Korbweide, *Salix viminalis.* Bis 4 m hoher, zweihäusiger Strauch oder kleiner Baum mit bis 2,50 m langen Ruten. Blätter unten silbergrau, oben grün. Bienenbestäubung. Blütezeit: März–April. Häufig an Bächen auf nährstoffreichen Böden. Arzneipflanze. Rutengewinnung.

3 Ohrweide, *Salix aurita.* Kleiner, 0,5–2 m hoher Strauch mit sparrig abstehenden Ästen. Blattunterseite graufilzig. Ohrförmig ausgebildete Nebenblätter (Name). Blütenkätzchen halbe Größe der Salweide. Bienenbestäubung. Walzig-kegelförmige, silbergraufilzige Fruchtkapseln. Windverbreitung. Blütezeit: April–Mai. Verbreitet auf nassen Wiesen, Mooren, an Gräben, auf feuchten Abhängen, meist in der Ebene, nur selten im Gebirge. Arzneipflanze.

4 Grauweide, *Salix cinerea.* 2–4 m hoher Strauch mit sparrig abstehenden Ästen und weißlichgrauer Rinde, von braunen Korkwarzen durchsetzt. Blüten von Bienen bestäubt. Silbergraue, filzige Kapselfrucht, mit zurückgekrümmten Klappen aufspringend. Windverbreitung. Blütezeit: März–April. Verbreitet auf nassen Wiesen, in Flußauen, Sümpfen, Mooren und Gräben auf Sand- und Tonböden. Arzneipflanze.

Querschnitt Frucht Gemeine Hasel

HASELGEWÄCHSE Corylaceae

5 Gemeine Hasel, *Corylus avellana.* 2–6 m hoher, einhäusiger Strauch, selten kleiner Baum mit hell-olivbrauner Rinde, die von braunen Korkwarzen durchsetzt ist. ♂ Kätzchen und ♀ Blüten zu 2–5 in Hüllen stehend. Windbestäubung. Früchte zu 2–3 zusammenstehende, braune Nüsse in becherartiger Hülle. Tierverbreitung (Säugetiere, Vögel). Blütezeit: Februar–April. Verbreitet in Hecken, Gebüschen, an Bachufern, in Brüchen, an Waldrändern, auf frischen Stein- und Lehmböden. Wegen der Nüsse in Gärten kultiviert.

ROSENGEWÄCHSE Rosaceae

6 Himbeere, *Rubus idaeus.* Kleiner, 60 bis 100 cm hoher, sich durch Wurzelbrut verbreitender Strauch mit Bienenbestäubung der Blüten. Eßbare Sammelfrüchte mit Steinkernen, an zweijährigen Zweigen. Tierverbreitung. Blütezeit: Mai–Juni. Verbreitet in Gebüschen, Gräben und auf Waldblößen. Arzneipflanze und Wildfrucht.

7 Bereifte Brombeere, Kratzbeere, *Rubus caesius.* Kleiner, 30–60 cm hoher Strauch mit bläulich bereiften, bestachelten, sich wieder bewurzelnden Zweigen. Sammelfrucht, durch Tiere verbreitet. Blütezeit: Mai–August. Verbreitet auf Äckern, in Hecken, an Wegrändern und Wäldern.

1 Heckenbrombeere, Hainbrombeere, *Rubus nemorosus (R. dumetorum).* 30–150 cm hoher, zwittriger Strauch mit bestachelten Blättern und Stielen. Eßbare Sammelfrüchte (Brombeeren), unreif grün bis rot. Tierverbreitung. Blütezeit: Mai–September. Verbreitet an Wegrändern und auf Waldblößen auf kalkarmem Sand- oder Lehmboden bis ins Gebirge. Gute Wildfrucht zu Marmelade und Kompott. Arzneipflanze.

2 Hundsrose, *Rosa canina.* 1–3 m hoher Strauch mit tiefem Wurzelsystem und weit überhängenden langen, bestachelten Zweigen. Zwittrige Blüten von Insekten bestäubt. Fleischige Frucht mit behaarten, einsamigen Nüßchen, sehr reich an Vitamin C. Vogelverbreitung. Blütezeit: Juni. Häufig in Hecken, an Waldrändern, auf Weiden und in Laubwäldern auf warmen, humosen Lehmböden. Arzneipflanze. Verwendung der Vitamin C-reichen Früchte (Hagebutten) als Tee oder Marmelade.

3 Heckenrose, *Rosa corymbifera (R. dumetorum).* 1–2,5 m hoher Strauch mit Blättchen, die unterseits auf den Nerven wie auf den Blattstielen behaart sind. Wuchs und Bestachelung etwas geringer als bei der Hundsrose, Blüten ähnlich, doch Griffel meist verlängert. Frucht, Blütezeit und Verbreitung ebenfalls wie bei der Hundsrose.

4 Zweigriffliger Weißdorn, *Crataegus laevigata (C. oxyacantha).* Bis 10 m hoher, zwittriger Strauch oder Baum mit bedornten Zweigen und tiefreichendem Wurzelsystem. Insektenbestäubung der Blüten. Kernfrucht mit 2–3 Kernen, durch Vögel verbreitet. Blütezeit: Mai. Verbreitet in lichten Gebüschen und Wäldern, besonders auf kalkhaltigem Lehmboden. Arzneipflanze.

5 Eingriffliger Weißdorn, *Crataegus monogyna.* Nur bis 8 m hoher Strauch mit bedornten Zweigen. Zwittrige Blüten mit 1 Griffel (Name). Früchte, Blütezeit und Verbreitung ähnlich Zweigriffligem Weißdorn, aber meist häufiger als dieser vorkommend.

6 Gewöhnliche Traubenkirsche, *Padus avium (Prunus padus).* Strauch oder kleiner, bis 15 m hoher Baum mit unterirdischen Ausläufern. Blüten in bis 15 cm langen, hängenden Trauben, durch Insekten (Bienen) bestäubt. Steinfrüchte durch Vögel verbreitet. Blütezeit: Mai–Juni. Verbreitet in feuchten Laubwäldern, an Flußufern, in feuchten Gebüschen, auf Flachmooren, im Gebirge auf Felsabhängen. Oft auch angepflanzt. Früher Arzneipflanze. Beeren stellenweise als Wildfrucht verwendet.

7 Späte Traubenkirsche, *Padus serotina (Prunus serotina).* Bis 12 m hoher Strauch oder Baum mit fast lederartigen, dunkelgrün glänzenden Blättern. Blüten in langen Trauben, durch Insekten bestäubt. Die eiförmig-kugeligen Früchte schwach bitter schmeckend, aber eßbar, durch Vögel verbreitet. Blütezeit: Juni. Die aus Nordamerika stammende Pflanze wurde ursprünglich in Europa in Gärten und Parkanlagen angepflanzt, hat sich dann aber besonders in Kiefernwäldern Mitteleuropas verbreitet. Sie ist gegen Trokkenheit und Spätfröste ziemlich unempfindlich. Die Früchte werden in manchen europäischen Ländern genutzt.

Querschnitt Früchte

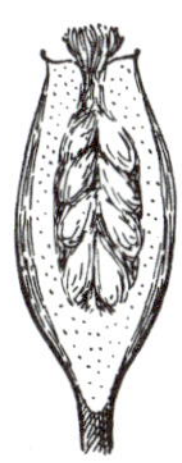

Hundsrose

Zweigriffliger Weißdorn

1 Schwarzdorn, Schlehe, *Prunus spinosa.* 1–3 m hoher, sparrig wachsender, bedornter Strauch mit weit kriechendem Wurzelsystem. Zwittrige kleine Blüten, durch Bienen bestäubt. Kirschgroße Steinfrüchte, Vogelverbreitung. Blütezeit: April–Mai. Verbreitet auf trockenen, kalkhaltigen Lehmböden in Hecken, an Weg- und Feldrändern, auf Waldblößen, an Hängen in sonniger Lage, von der Ebene bis ins Gebirge. Arzneipflanze. Als Wildfrucht (Obst) verwendet.

HAHNENFUSSGEWÄCHSE Ranunculaceae

2 Gemeine Waldrebe, *Clematis vitalba.* Bis 10 m hoher, klimmender Strauch mit knotigem Wurzelstock. Linkswindende Stengel, im Alter verholzend. Zwittrige Blüten durch Insekten bestäubt. Frucht kleine braune Nüßchen mit federartig behaarter Flugvorrichtung zur Windverbreitung. Blütezeit: Juni–August. Verbreitet in feuchten Wäldern und Gebüschen, an Waldrändern, Mauern und Dämmen, meist auf tonigen Lehmböden, von der Ebene bis ins Gebirge.

BERBERITZENGEWÄCHSE Berberidaceae

3 Berberitze, Sauerdorn, *Berberis vulgaris.* Bis 3 m hoher Strauch mit hellgrauer Rinde und in den Achseln der Kurztriebe stehenden Dornen. Blüten durch Insekten bestäubt. Früchte längliche, säuerlich schmeckende, eßbare Beeren (Name). Vogelverbreitung. Blütezeit: April–Juni. An sonnigen, trockenen, steinigen Hängen, in Gebüschen, gern auf kalkreichen Lehmböden, bis ins Gebirge. Häufig auch angepflanzt.

Querschnitt Frucht Schwarzdorn

Wuchs Gemeine Waldrebe

Einzelfrucht Maulbeerbaum

MAULBEERGEWÄCHSE Moraceae

4 Weißer Maulbeerbaum, *Morus alba.* Strauch oder bis 10 m hoher Baum mit im Alter längsrissiger Borke. Einhäusig mit ♂ und ♀ Blütenständen, aus denen sich der fade schmeckende Fruchtstand (Maulbeere) entwickelt. Windbestäubung der Blüten und Tierverbreitung der Früchte. Blütezeit: Mai. Aus Zentralasien stammend, oft in Hecken und Wäldern. Futter für Seidenraupe.

SPATZENZUNGENGEWÄCHSE Thymelaeaceae

5 Gemeiner Seidelbast, *Daphne mezereum.* 40–120 cm hoher, sehr giftiger Strauch mit nur an den Spitzen der rutenförmigen Äste stehenden Blättern. Zwittrige Blüten vor den Blättern erscheinend mit verwachsener Blütenhülle, durch Insekten (Falter, Bienen) bestäubt. Fleischige Steinfrüchte. Vogelverbreitung. Blütezeit: März–April. Zerstreut in lichten Laubwäldern und Gebüschen. Ziergehölz. Arzneipflanze.

ÖLWEIDENGEWÄCHSE Elaeagnaceae

6 Sanddorn, *Hippophae rhamnoides.* Strauch mit tiefreichender Pfahlwurzel. Dornige Triebe mit ♂ kugeligen Blütenständen, vor den Blättern erscheinend, und ♀ ährenförmigen Blütentrauben mit Wind- und Insektenbestäubung. Frucht meist einsamige Scheinbeere, durch Vögel verbreitet. Blütezeit: April. Zerstreut besonders an Meeresküsten, auf Hängen, Dämmen, Böschungen, kalkliebend. Zur Kippenrekultivierung angepflanzt. Vitamin C-reiche Beeren als Wildobst.

HEIDEKRAUTGEWÄCHSE Ericaceae

1 Sumpfporst, *Ledum palustre.* Bis 1,5 m hoher Strauch mit immergrünen, lederartigen Blättern und Blütendolden. Kapselfrucht, die 5klappig aufspringt. Blütezeit: Mai–Juni. Selten auf Moor- oder Torfböden, auch an Felsen, im Nordosten häufiger. Früher Arzneipflanze und Mittel gegen Motten.

STACHELBEERGEWÄCHSE Grossulaceae

2 Wilde Stachelbeere, *Ribes uva-crispa.* Bis 1,5 m hoher Strauch mit bestachelten Zweigen. Aus büschelig stehenden, durch Insekten (Hautflügler) bestäubten Blüten entwikkelt sich eine rote, grüne oder gelbe Beere. Tierverbreitung. Blütezeit: April–Mai. Zerstreut in Gebüschen und lichten Wäldern, bis ins Gebirge. Obstpflanze.

3 Alpenjohannisbeere, *Ribes alpinum.* Bis 1,5 m hoher, unbestachelter Strauch. Blüten durch Insekten (Fliegen) bestäubt. Fade schmeckende Beeren. Blütezeit: April–Mai. Zerstreut an steinigen Hängen, in lichten Wäldern, auf sonnigen Felsen. Zierstrauch oder Heckenpflanze.

SCHMETTERLINGSBLÜTENGEWÄCHSE Fabaceae

4 Besenginster, *Sarothamnus scoparius (Cytisus scoparius).* 1–2 m hoher Strauch mit seidig behaarten Blättern an langen, besenförmigen Ästen. Kräftige, lange Pfahlwurzel und Wurzelknöllchen an den Seitenwurzeln. Blüten im oberen Zweigteil gehäuft, durch Hummeln und Bienen bestäubt. Gelblichbraune giftige Samen, durch Ameisen verbreitet. Blütezeit: Mai–Juni. Verbreitet an Waldrändern, in lichten Wäldern, Heiden, auf trockenen, kalkarmen Lehm-, Sand- und Steinböden. Verwendung zur Kippenrekultivierung. Erfriert leicht in kalten Wintern.

5 Färberginster, *Genista tinctoria.* 30–80 cm hoher Strauch mit kräftiger Pfahlwurzel. Selbst- und Insektenbestäubung der Blüten. Braune, länglich-linealische Hülse mit dunkelbraunen, rundlichen Samen. Blütezeit: Juni–August. Auf trockenen, sonnigen Sand- und Lehmböden in lichten Wäldern, auf mageren Wiesen oder trockenen Mooren. Früher zum Gelbfärben von Stoffen und Wolle benutzt.

HARTRIEGELGEWÄCHSE Cornaceae

6 Blutroter Hartriegel, *Cornus sanguinea.* 2–5 m hoher Strauch mit sehr hartem Holz (Name) und roten Zweigen. Zwittrige Blüten durch Insekten (Bienen) bestäubt. Erbsengroße Steinfrüchte auf roten Stielen. Vogelverbreitung. Blütezeit: Mai–Juni. Verbreitet in Hecken, an Waldrändern und Hängen, von der Ebene bis ins Hügelland. Als Zierstrauch angepflanzt.

7 Kornelkirsche, *Cornus mas.* 2–5 m hoher Strauch mit abblätternder Borke. Blüten vor Laubblättern erscheinend, durch Insekten (Bienen) bestäubt. Elliptische, eßbare Steinfrucht hängend. Vogelverbreitung. Blütezeit: Februar–März (April). In trockenen Laubwäldern, Gebüschen, auf Felsen und sonnigen Hängen. Zierstrauch und Heckenpflanze. Wildfrucht (Obst).

Längsschnitt Frucht Wilde Stachelbeere

Querschnitt Frucht Kornelkirsche

Wuchs Besenginster

ARALIENGEWÄCHSE Araliaceae

1 Gemeiner Efeu, *Hedera helix.* 0,5–20 m langer Kletterstrauch mit Haftwurzeln, oft an Bäumen und Mauern emporwachsend. Immergrüne, lederige Blätter. Kleine, unscheinbare Blüten in kugeligen Dolden, durch Insekten bestäubt. Beeren mit 3–5 schwach giftigen Samen. Vogelverbreitung. Blütezeit: September–November. Verbreitet in schattigen Wäldern, Parks, Friedhöfen. Oft in Gärten angepflanzt. Vorliebe für Kalkboden.

BAUMWÜRGERGEWÄCHSE Celastraceae

2 Europäisches Pfaffenhütchen, *Evonymus europaea.* 1,5–5 m hoher Strauch, selten kleines Bäumchen mit sparrigen, grau- bis rotbraunen Ästen und dichtem Wurzelwerk. Zwittrige Blüten durch Insekten bestäubt. Die Kapselfrucht springt mit 4 Klappen auf und entläßt 4 orangefarbene, giftige Samen. Vogelverbreitung. Blütezeit: Mai–Juni. Verbreitet in lichten Wäldern und an Waldrändern, in Hecken und Gebüschen, von der Ebene bis ins Hügelland. Das harte, zähe, schwer spaltbare Holz wurde früher zu Spindeln (deshalb auch der Name Spindelbaum) verarbeitet.

KREUZDORNGEWÄCHSE Rhamnaceae

3 Faulbaum, *Frangula alnus (Rhamnus frangula).* 1–4 m hoher, schwach giftiger Strauch, selten kleiner Baum mit zwittrigen Blüten. Glatte Rinde mit grauweißen Stellen (Lentizellen). Blüten mit Insekten- und Selbstbestäubung. Steinfrüchte mit 3 Samen, in allen Reifestadien (grün, rot, schwarz) nebeneinander vorkommend. Vogelverbreitung. Blütezeit: Mai–Juli. Verbreitet in lichten Wäldern, Hecken und Gebüschen, vorwiegend auf feuchten Böden. Die Rinde hat einen faulen Geruch (Name). Arzneipflanze.

4 Purgierkreuzdorn, *Rhamnus cathartica.* Meist 3 m hoher Strauch, selten kleiner Baum mit niederliegenden, sparrig abstehenden Ästen. Teilweise bedornte Zweige und große grauweiße Stellen an der Rinde (Lentizellen). Getrenntgeschlechtige Blüten durch Insekten bestäubt. Erbsengroße Früchte mit Vogelverbreitung. Blütezeit: Mai–Juni. Verbreitet in sonnigen, trockenen Gebüschen, Laubwäldern, aber auch feuchten Auwäldern sowie Mooren. Früher Arzneipflanze.

ÖLBAUMGEWÄCHSE Oleaceae

5 Gemeiner Liguster, Rainweide, *Ligustrum vulgare.* 1–5 m hoher, reich verzweigter Strauch mit Ausläufer treibendem Wurzelstock und lederigen Blättern. Zwittrige Blüten durch Insekten (Bienen) bestäubt. Die erbsengroßen Beeren mit violettem Fleisch und violettbraunen Samen. Vogelverbreitung. Blütezeit: Juni-Juli. Verbreitet in sonnigen lichten Wäldern, Gebüschen und Hekken. Zierstrauch und Heckenpflanze. Früher zur Tintenbereitung.

6 Gemeiner Flieder, *Syringa vulgaris.* Der 2–10 m hohe Strauch oder kleine Baum mit zwittrigen, stark duftenden Blütchen durch Insekten bestäubt. Früchte 2fächrige Kapseln. Blütezeit: Mai. Häufig angepflanztes Ziergehölz, oft verwildernd an Hängen, Dämmen und in Wäldern.

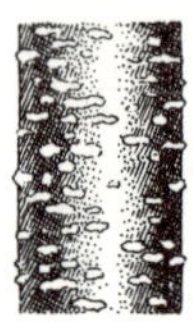

Rinde Faulbaum

Wuchs Gemeiner Efeu am Baum mit Haftwurzeln

GEISSBLATTGEWÄCHSE
Caprifoliaceae

1 Schwarzer Holunder, *Sambucus nigra.* 5–8 m hoher Strauch mit hellgrauer Rinde und grauen Rindenporen (Lentizellen). Zweige mit weißem Mark. Blüten durch Insekten (Fliegen, Bienen) bestäubt. Gestielte, eßbare, grün giftige Beeren mit blutrotem Saft. Vogelverbreitung. Blütezeit: Juni–Juli. Häufig in Gebüschen, an Wald- und Wegrändern, auf Ödland und Schutt. Saftbereitung aus Beeren. Arzneipflanze (Blüten).

2 Roter Holunder, Bergholunder, *Sambucus racemosa.* 1,5–3 m hoher Strauch mit dunkelbrauner Rinde und braunem Mark. Blüten durch Insekten bestäubt. Beeren mit Steinsamen, stark durch Vögel verbreitet. Blütezeit: April–Mai. Verbreitet in lichten, sonnigen Nadel- und Laubwäldern, auf Waldblößen, von der Ebene bis ins Gebirge.

3 Gemeiner Schneeball, *Viburnum opulus.* 1,5–4 m hoher Strauch oder kleiner Baum. Blüten mit Insekten- (Fliegen) und Selbstbestäubung. Giftige Beeren mit Steinkern. Vogelverbreitung. Blütezeit: Mai–Juni. Zerstreut in feuchten Gebüschen und Auwäldern, an Ufern, auf feuchten Wiesen und Weiden, auf nährstoffreichen, humosen Ton- und Lehmböden, von der Ebene bis ins Gebirge. Oft als Ziergehölz angepflanzt.

4 Wolliger Schneeball, *Viburnum lantana.* 1–3 m hoher, buschiger Strauch mit ungeschützten Blattknospen (ohne Schuppen). Blüten mit Insekten- und Selbstbestäubung. Grüne, rote und schwarze Beeren mit Steinkern. Vogelverbreitung. Blütezeit: April–Mai. Auf felsigen Hängen, an sonnigen Waldrändern, in lichten Kiefernwäldern, besonders auf kalkhaltigen, steinigen Ton- und Lehmböden.

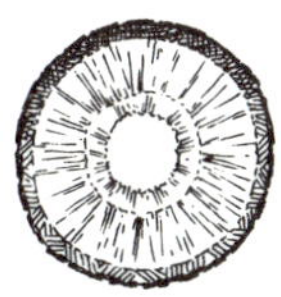

Querschnitt Mark Schwarzer Holunder

Wuchs Echtes Geißblatt

5 Echtes Geißblatt, Jelängerjelieber, *Lonicera caprifolium.* 4–8 m langer Kletterstrauch. Insektenbestäubung. Erbsengroße Beeren, dem oberen Blattpaar aufsitzend. Vogelverbreitung. Blütezeit: Mai–Juni. Zerstreut in Gebüschen, an Waldrändern, von der Ebene bis ins Hügelland. Ziergehölz.

6 Rote Heckenkirsche, *Lonicera xylosteum.* 1–2 m hoher, aufrechter Strauch mit dunkelbrauner Rinde. Blüten durch Insekten (Bienen) bestäubt. Erbsengroße, giftige Beeren, durch Vögel verbreitet. Blütezeit: Mai–Juni. Zerstreut in Gebüschen, an Waldrändern und in Wäldern, bis ins Gebirge. Ziergehölz in Gärten und Parks.

NACHTSCHATTENGEWÄCHSE
Solanaceae

7 Gemeiner Bocksdorn, *Lycium barbarum (L. halimifolium).* 1–3 m hoher Strauch mit dünnen, rutenförmigen Zweigen. Zwittrige Blüten am Zweig von unten nach oben aufblühend, durch Insekten (Bienen und Hummeln) bestäubt. Vielsamige, giftige Beeren in allen Reifestadien. Vogelverbreitung. Blütezeit: Juni–September. Kommt verwildert an Wegrändern, Mauern und Zäunen, auf Ödland und Schutt, auf sandigen oder lehmigen Böden vor. Der im Mittelmeergebiet heimische Strauch wird auch als Hecke angepflanzt.

WEIDENGEWÄCHSE Salicaceae

1 Kriechweide, *Salix repens.* 20–100 cm hoher, zweihäusiger Zwergstrauch mit unterirdisch kriechendem Stamm. ♂ Kätzchen mit roten, dann gelben Staubbeuteln, ♀ Blüten mit gelbroten Narben, zu 4–5 in den Achseln einjähriger Triebe. Blütezeit: April–Mai. Zerstreut auf Mooren, feuchten Wiesen, in Sümpfen, aber auch auf trockenen Heiden, meist auf Torf- oder Tonböden.

KRÄHENBEERENGEWÄCHSE Empetraceae

2 Gemeine Krähenbeere, *Empetrum nigrum.* Bis 20 cm hoher, immergrüner, zweihäusiger Zwergstrauch mit niederliegenden Stengeln und immergrünen Blättern. Sehr kleine Blüten in ährigen Trauben, durch Insekten und Wind bestäubt. Erbsengroße, eßbare Beeren mit 6–9 kleinen Steinfrüchten. Vogelverbreitung. Blütezeit: April–Juni. Zerstreut bis selten auf Dünen, in Mooren der Ebene und der Mittelgebirge.

HEIDEKRAUTGEWÄCHSE Ericaceae

3 Gemeine Moosbeere, *Oxycoccus palustris (Vaccinium oxycoccus).* 15–80 cm langer Zwergstrauch mit kriechenden Stengeln. Immergrüne Blätter lederig-derb. Blüten mit Insekten- und Selbstbestäubung. Eßbare Beeren. Blütezeit: Mai–August. Zerstreut in Torfmoospolstern der Moore. Arzneipflanze.

4 Preiselbeere, Kronsbeere, *Vaccinium vitis-idaea.* 5–20 cm hoher, aufrechter Zwergstrauch mit unterirdischen Kriechtrieben und immergrünen, lederigen Blättern. Blüten durch Insekten (Bienen, Hummeln) bestäubt. Eßbare Beeren durch Vögel verbreitet. Blütezeit: Mai–Juni (August). Verbreitet in trockenen Nadelwäldern, meist Kiefernwäldern, armen, aber humusreichen Heiden von der Ebene bis ins Gebirge. Wildfrucht (Obst) und Arzneipflanze.

5 Heidelbeere, Blaubeere, *Vaccinium myrtillus.* 15–50 cm hoher, stark verzweigter Zwergstrauch mit weithin kriechenden, unterirdischen Trieben. Blüten mit Insekten-(Bienen, Hummeln) und Selbstbestäubung. Eßbare, vitaminreiche Beeren mit Vogelverbreitung. Blütezeit: April–Mai. In lichten Nadelwäldern und Zwergstrauchheiden bis ins höhere Gebirge, wo Schneeschutz nötig. Wildfrucht (Obst) und Arzneipflanze.

6 Heidekraut, *Calluna vulgaris.* 30–60 cm hoher Zwergstrauch mit niederliegenden, wurzelnden Sprossen. Blüten mit glockigen Kelchblättern. Insektenbestäubung (Bienen). 4fächerige Kapseln. Windverbreitung. Blütezeit: August–September. Häufig in Kiefernwäldern, Torf- und Hochmooren, auf sandigen Böden. Bienenfutter. Arzneipflanze.

LIPPENBLÜTENGEWÄCHSE Lamiaceae

7 Sandthymian, Echter Quendel, *Thymus serpyllum.* 10–30 cm langer Zwergstrauch. Blüten durch Insekten bestäubt. Kleine, runde Nüßchen durch Ameisen verbreitet. Blütezeit: Juni–Oktober. Zerstreut auf Triften, Felsen, in Wäldern auf trockenen Sandböden. Arzneipflanze. Gewürzpflanze.

Wuchs

Gemeine Moosbeere

Preiselbeere

Echter Quendel

HEIDEKRAUTGEWÄCHSE Ericaceae

1 Bewimperte Alpenrose, Almrausch, *Rhododendron hirsutum.* 20–100 cm hoher, vielästiger, immergrüner, giftiger Kleinstrauch. Blätter lederig, am Rande bewimpert. Blüten durch Insekten bestäubt. 5fächrige Kapselfrüchte. Windverbreitung. Blütezeit: Juni–August. Nur auf kalkhaltigen Stein- und Lehmböden in lichten Wäldern, auf Hochgebirgsmatten, an Hängen und in Schluchten.

2 Zwergalpenrose, Zwergrösel, *Rhodothamnus chamaecistus.* 15–30 cm hoher, immergrüner Zwergstrauch mit liegenden oder büschelig aufsteigenden Zweigen. Blätter lederig glänzend, am Rande gewimpert. Blüten mit Insekten- oder Selbstbestäubung. Blütezeit: Mai–Juli. In lichten Wäldern, an Felshängen, im Bergkieferngebüsch der Ostalpen auf Dolomit- und Kalksteinböden.

3 Rostblättrige Alpenrose, *Rhododendron ferrugineum.* 30–100 cm hoher, immergrüner, giftiger Kleinstrauch mit kräftigen Zweigen. Blätter am Rande eingerollt, nicht bewimpert. Blüten durch Insekten (Hummeln) bestäubt. Blütezeit: Mai–Juli. Auf nährstoffarmen, torfigen Hochgebirgsmatten und Felshängen im Unterholz lichter Wälder.

4 Glockenheide, *Erica tetralix.* 15–20 cm hoher, immergrüner, buschiger Zwergstrauch. Blätter steifhaarig gewimpert. Blüten mit 4spaltiger Krone, diese länger als der 4teilige Kelch, durch Insekten bestäubt. Wie alle *Erica*-Arten 4fächerige Kapselfrucht. Windverbreitung (Staubsamen). Blütezeit: Juli–August. Zerstreut in moorigen Wäldern, auf nassen Torfböden, in Heiden auf humosen Sandböden, besonders im Norden und Westen, im Südosten fehlend. Gartenpflanze.

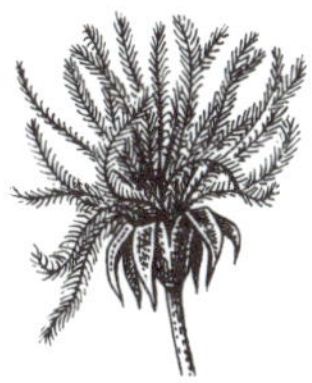

Frucht Silberwurz

Wuchs Silberwurz

5 Schneeheide, *Erica herbacea (E. carnea).* 15 bis 30 cm hoher, immergrüner, niederliegender, reichverzweigter Zwergstrauch. Blüten mit 4zähniger Krone schon im Herbst angelegt. Insektenbestäubung (Bienen). Windverbreitung der Staubsamen. Blütezeit: Februar–Mai. Zerstreut auf Felsen, in Kiefern- und Bergkiefernwäldern, auf Geröllboden und in Heiden im Süden, vor allem im Hochgebirge, nur auf kalkhaltigen Ton- und Lehmböden. Nordgrenze im Vogtland. Gartenpflanze. Seltene Pflanzenart.

6 Poleigränke, Rosmarinheide, *Andromeda polifolia.* 10–30 cm hoher, immergrüner, giftiger Zwergstrauch mit sich bewurzelnden, weit kriechenden Trieben. Lederige Blätter am Rande zurückgerollt. Blüten mit Insekten- (Hautflügler) und Selbstbestäubung. Blütezeit: Mai–Juli. Charakteristische Art im Norden auf Torfmoospolstern, im Süden nur im höheren Gebirge. Gefährdete Pflanzenart im Süden.

ROSENGEWÄCHSE Rosaceae

7 Silberwurz, *Dryas octopetala.* 2–15 cm hoher, immergrüner Zwergstrauch mit langer, spindelförmiger Pfahlwurzel. Lederige Blätter. Blüten mit Insekten- und Selbstbestäubung. Nußartige, einsamige Früchte. Windverbreitung. Blütezeit: Juni–August. Kommt auf Matten und Felsschutt der Hochgebirge oberhalb der Baumgrenze vor. Relikt der Eiszeit (Dryas-Zeit). Steingartenpflanze.

ROHRKOLBENGEWÄCHSE Typhaceae

1 Breitblättriger Rohrkolben, *Typha latifolia.* 1–2 m hohe, ausdauernde Pflanze mit dikkem, kriechendem Wurzelstock. ♀ und ♂ Blütenkolben berühren sich. Windverbreitung der Samen. Blütezeit: Juli-August. Stellenweise auf humosen Schlammböden von Gewässern, bis 1 m Wassertiefe.

2 Schmalblättriger Rohrkolben, *Typha angustifolia.* 1–3 m hohe, ausdauernde Pflanze mit schmaleren Blättern. ♀ und ♂ Blütenkolben durch ein Stengelstück 3–5 cm entfernt. Stellenweise an Ufern von Teichen, in Sümpfen und Mooren.

IGELKOLBENGEWÄCHSE Sparganiaceae

3 Einfacher Igelkolben, *Sparganium emersum.* 20–60 cm hohe, ausdauernde Pflanze mit kriechendem Wurzelstock und Ausläufern. Blätter aufrecht oder lang flutend. Lang geschnäbelte Frucht. Blütezeit: Juni–Juli. Stellenweise an Gewässerufern, in Sümpfen, bis ins Gebirge. Ähnlich Ästiger Igelkolben, *Sparganium erectum (ramosum)*, mit rispig verzweigtem Blütenstengel.

LAICHKRAUTGEWÄCHSE Potamogetonaceae

4 Krauses Laichkraut, *Potamogeton crispus.* Bis 2 m lange, ausdauernde Pflanze mit verzweigtem Wurzelstock. Blätter untergetaucht. Blüten aus dem Wasser ragend. Blütezeit: Mai–September. Verbreitet in stehenden und langsam fließenden Gewässern bis 4 m Wassertiefe, nur in der Ebene.

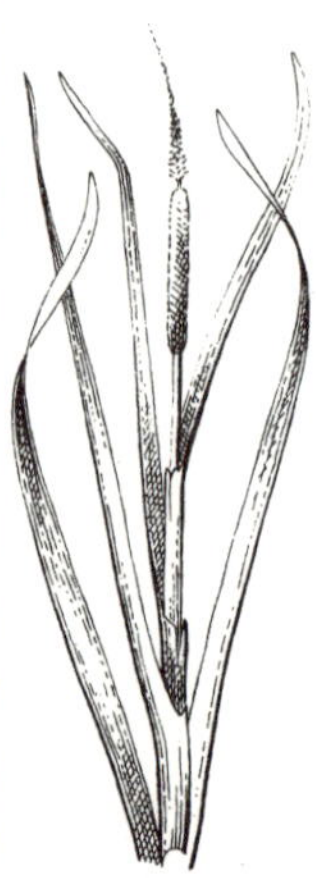

Breitblättriger Rohrkolben Gesamtpflanze

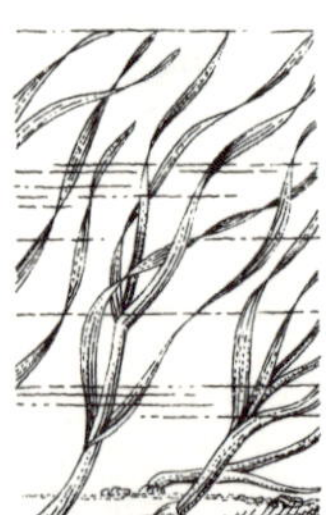

Echtes Seegras Wuchsform im Wasser

5 Schwimmendes Laichkraut, *Potamogeton natans.* 60–150 cm hohe, ausdauernde Pflanze mit langem, kriechendem Wurzelstock. Schwimmblätter elliptisch-herzförmig, untergetauchte Blätter lineal-lanzettlich. Blütenstand über dem Wasser. Schwimmfrüchte. Blütezeit: Juni–August. Häufig in Seen und langsam fließenden Gewässern.

SEEGRASGEWÄCHSE Zosteraceae

6 Echtes Seegras, *Zostera marina.* 30 bis 100 cm lange, ausdauernde Pflanze mit kriechendem Wurzelstock. Lange, flutende Blätter. Unscheinbare Blüten, von Blattscheide eingeschlossen. Kolbenförmiger Blütenstand unter Wasser blühend. Blütezeit: Juni–September. An Küsten bis 10 m Wassertiefe.

FROSCHLÖFFELGEWÄCHSE Alismataceae

7 Gemeiner Froschlöffel, *Alisma plantago-aquatica.* Bis 120 cm hohe, ausdauernde Pflanze mit knolligem, giftigem Wurzelstock. Wasserblätter bandartig, löffelartige (Name) Luftblätter. Blüten mit Insektenbestäubung. Frucht ein Nüßchen. Wasser- und Vogelverbreitung. Blütezeit: Juni–September. Häufig in Sümpfen, Gräben und Seen.

8 Pfeilkraut, *Sagittaria sagittifolia.* 30–100 cm hohe, ausdauernde Pflanze, mit walnußgroßen Knollen überwinternd. Untere Blätter bandförmig, flutend. Schwimmblätter ovalpfeilförmig, Luftblätter pfeilförmig (Name). Blüten mit Insektenbestäubung. Wasserverbreitung. Blütezeit: Juni–August. Zerstreut auf Schlamm an Gewässern.

WASSERLIESCHGEWÄCHSE
Butomataceae

1 Schwanenblume, Blumenbinse, *Butomus umbellatus.* 60–150 cm hohe Pflanze mit ausdauerndem, kurzem, dickem Wurzelstock (Rhizom). Blätter bis über 1 m lang. Blüten mit Insektenbestäubung. Balgfrüchte durch Wasser verbreitet. Blütezeit: Juni-August. Zerstreut in und an Gewässern.

FROSCHBISSGEWÄCHSE
Hydrocharitaceae

2 Kanadische Wasserpest, *Elodea canadensis.* 30–60 cm lange, nur in sauberem Wasser bis 5 m Tiefe verbreitete Pflanze, die selten von Mai–August einzelne eingeschlechtliche Blüten bildet. Vermehrung durch Triebstücke und Winterknospen.

3 Froschbiß, *Hydrocharis morsus-ranae.* 15–30 cm hohe, ausdauernde, zweihäusige, rosettige Schwimmpflanze. Ausläufer bildend. Blüten mit Insektenbestäubung. Wasserverbreitung und vegetative Selbstvermehrung. Blütezeit: Juni–August. Zerstreut in kalkarmen Gewässern. Gefährdete Art.

SÜSSGRÄSER Poaceae

4 Gemeines Schilf, *Phragmites australis (Ph. communis).* 1–4 m hohes, ausdauerndes Gras mit unterirdisch kriechendem Wurzelstock. Ährchen 3–7blütig. Windbestäubung. Windverbreitung der Samen. Blütezeit: Juli–September. Häufig in der Verlandungszone von Gewässern bis 1 m Wassertiefe, in Gräben, Sümpfen und auf feuchten Äckern.

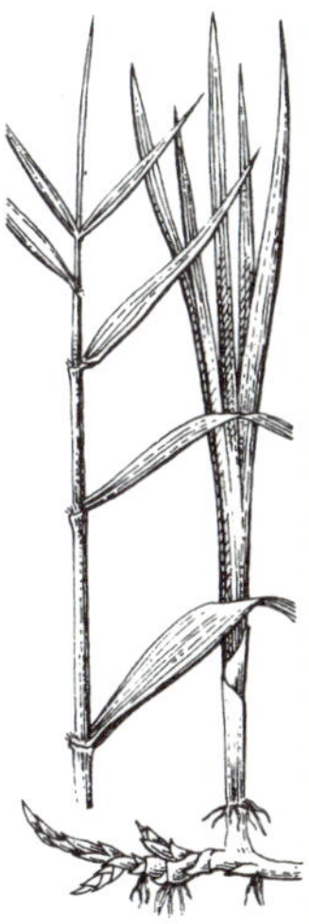

Gemeines Schilf Gesamtpflanze

Kanadische Wasserpest Wuchsform im Wasser

5 Wasserschwaden, *Glyceria maxima (G. aquatica).* Bis 2 m langes, ausdauerndes Gras mit kriechendem Wurzelstock. Kein Blattöhrchen und weißes Blatthäutchen. 5–8blütige Ährchen. Blütezeit: Juli–August. Verbreitet in den Verlandungszonen von Teichen, in Gräben und Bächen.

ARONSTABGEWÄCHSE Araceae

6 Sumpfcalla, Sumpfschlangenwurz, *Calla palustris.* Bis 50 cm hohe, ausdauernde, giftige Pflanze mit kriechendem Wurzelstock. Zwittrige Blüten in Blütenkolben, durch widerlichen Geruch Insekten (Aasfliegen) und Schnecken anlockend. Giftige Beeren mit Klett- und Wasserverbreitung. Blütezeit: Mai–August. Zerstreut in Gewässern, Sümpfen und Mooren. Stellenweise gefährdet.

WASSERLINSENGEWÄCHSE Lemnaceae

7 Kleine Wasserlinse, *Lemna minor.* Schwimmpflanze mit 0,3–0,5 cm großen Blättchen. Einhäusig, selten 1 ♀ und 2 ♂ Blüten. Vermehrung meist durch Sprossung. Wasser- und Wasservogelverbreitung. Blütezeit: Mai–Juni. Zerstreut in Gräben, Teichen, Sümpfen.

SCHWERTLILIENGEWÄCHSE Iridaceae

8 Wasserschwertlilie, *Iris pseudacorus.* 60 bis 100 cm hohe, ausdauernde, giftige Pflanze mit dickem Wurzelstock. Blüten mit Insektenbestäubung. Kapseln mit Schwimmfrüchten. Blütezeit: Mai–Juni. Verbreitet an Ufern von Gewässern, in Sümpfen und Brüchen. Früher Arzneipflanze.

SEEROSENGEWÄCHSE Nymphaeaceae

1 Weiße Seerose, *Nymphaea alba.* Ausdauernde Pflanze mit dickem, kriechendem Wurzelstock. Schwimmblätter und große Blüten mit langem Stiel. Insekten- und Selbstbestäubung. Kugelige Frucht mohnkapselähnlich. Wasserverbreitung. Blütezeit: Juni–August. Verbreitet in Gewässern, meist in 1–1,5 m Wassertiefe. Wasserbeckenart.

2 Große Mummel, *Nuphar lutea.* Ausdauernde Pflanze mit langgestielten, lederartigen Schwimmblättern. Grüne, flaschenförmige Früchte mit Wasserverbreitung. Blütezeit: Juni–August. Verbreitet in Gewässern, meist 1–2 m Wassertiefe.

HAHNENFUSSGEWÄCHSE Ranunculaceae

3 Gemeiner Wasserhahnenfuß, *Ranunculus aquatilis.* Bis 2 m lange, ausdauernde Pflanze. Schwimmblätter nierenförmig, Unterwasserblätter zerteilt. Blüten über dem Wasser. Insekten- und Selbstbestäubung. Früchte mit Wasserverbreitung. Blütezeit: Juni–September. Verbreitet in stehenden und langsam fließenden Gewässern.

HORNBLATTGEWÄCHSE Ceratophyllaceae

4 Gemeines Hornblatt, *Ceratophyllum demersum.* 50–100 cm hohe, ausdauernde, einhäusige, wurzellose Pflanze. Blüten unter Wasser bleibend. Wasserbestäubung. Blütezeit: Juni–September. Verbreitet in stehenden oder langsam fließenden Gewässern.

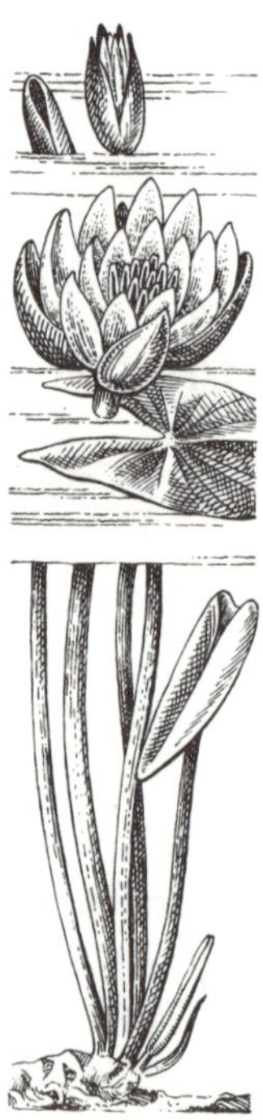

Weiße Seerose Wuchsform mit unterirdischen Organen

WASSERSTERNGEWÄCHSE Callitrichaceae

5 Gemeiner Wasserstern, *Callitriche palustris.* 5–30 cm hohe, ausdauernde oder einjährige, einhäusige Pflanze. Linealische Unterwasser-, eiförmige Schwimmblätter. Windbestäubung der Blüten. Eiförmige Früchte. Blütezeit: Mai–Oktober. Häufig meist in stehenden, kalkarmen Gewässern.

SEEBEERENGEWÄCHSE Haloragaceae

6 Ährentausendblatt, *Myriophyllum spicatum.* Bis 2 m lange, ausdauernde, einhäusige Pflanze mit meist im Schlamm des Wassers kriechenden Wurzeln. ♂ und ♀ kleine Blüten durch Wind bestäubt. Wasserverbreitung der Früchte. Blütezeit: Juli–August. Verbreitet in kalkreichen Gewässern.

TANNENWEDELGEWÄCHSE Hippuridaceae

7 Tannenwedel, *Hippuris vulgaris.* Meist 10–50 cm hohe, ausdauernde Pflanze. Zwittrige Blüten durch Wind bestäubt. Früchte mit Wasser- und Vogelverbreitung. Blütezeit: Mai–August. Zerstreut in kalkhaltigen Gewässern. Gefährdet.

PRIMELGEWÄCHSE Primulaceae

8 Wasserfeder, Wasserprimel, *Hottonia palustris.* 15–50 cm hohe, ausdauernde Pflanze mit untergetauchtem Stengel. Blüten über dem Wasser, durch Insekten bestäubt. Kapselfrüchte. Blütezeit: Mai–Juni. Zerstreut in Altwässern. Gefährdet.

SÜSSGRÄSER Poaceae

1 Blutrote Fingerhirse, *Digitaria sanguinalis.* Das bis 50 cm hohe, einjährige Gras ist blutrot angelaufen. Der niederliegende Stengel verzweigt sich und wurzelt am Boden. Blätter ohne Blattöhrchen. Die einblütigen Ährchen zu 2–5. Wie bei allen Süßgräsern Windbestäubung. Blütezeit: Juli–August. Verbreitet als Unkraut auf Gartenland, sandigen Äkkern, Wegen und Ödland.

2 Hühnerhirse, *Echinochloa crus-galli.* Bis 1 m hohes, einjähriges Gras mit kräftigem, am Grunde knickig aufsteigendem Stengel, über 1 m tief wurzelnd. Die Blätter ohne Blatthäutchen und Blattöhrchen. Sehr kleines, einblütiges Ährchen mit 3 Hüllspelzen. Eine Spelze mit langer Granne. Blütezeit: Juli–August. Verbreitetes Unkraut auf feuchten Äckern, Gartenland, an Wegen, in Gräben, oft sehr lästig werdend. Auf der ganzen nördlichen Erdhälfte anzutreffen.

3 Borstgras, *Nardus stricta.* Ausdauerndes, horstbildendes Gras mit bis 30 cm hohen, steifen Stengeln, unterirdisch kurz kriechende Grundachse. Borstliche (Name) Blätter ohne Blattöhrchen, mit Blatthäutchen. Einblütige Ährchen mit sehr reduzierter Hüllspelze. Blütezeit: Mai–Juni. Verbreitet auf Ödland, feuchten, moorigen Torfwiesen, Hochmooren, in lichten Wäldern, aber auch auf trockenen, kalkarmen Sandböden, sonnigen Hängen, Dünen und Kiefernheiden.

4 Deutsches Weidelgras, Englisches Raigras, *Lolium perenne.* Ausdauerndes, 30 bis 60 cm hohes, horstbildendes Gras mit rotem Triebgrund, keine Ausläufer bildend. Geriefte Blätter mit kurzen Blattöhrchen und deutlichen Blatthäutchen. Ährchen 5–10blütig mit einer halb so langen Hüllspelze. Nur Femdbestäubung. Blütezeit: Mai–Juni. Häufig auf Wiesen, Triften, Rainen, Matten, an Wegen, auf Schuttplätzen, von der Ebene bis ins Hochgebirge. Wichtigstes Weidegras auf schweren Böden.

5 Waldzwenke, *Brachypodium sylvaticum.* Ausdauerndes, bis 1 m hohes, horstbildendes Gras mit knickigen, aufsteigenden Stengeln. Schlaffe, lange Blätter mit unterseits weißem Mittelnerv. Behaarte Blattscheiden ohne Öhrchen. Ährchen mit 6–15 Blüten, obere Blüten mit langen Grannen. Blütezeit: Juli–August. Verbreitet in schattigen Wäldern und Gebüschen.

6 Gemeine Quecke, *Agropyron repens (Elytrigia repens).* Bis 1,20 m hohes, ausdauerndes Gras mit kriechendem, ausläuferbildendem Wurzelstock. Blätter dünn, mit derben Öhrchen und sehr kurzen Blatthäutchen. Ährchen 5–7blütig. Kurz begrannte Deckspelze. Blütezeit: Juni–August. Sehr lästiges, schwer bekämpfbares Unkraut an Wegrändern, auf Äckern, Garten- und Ödland.

7 Strandquecke, Strandweizen, *Agropyron junceum (Elytrigia juncea).* 30–80 cm hohes, ausdauerndes Gras mit weitkriechender Grundachse, lange Ausläufer treibend. Meist eingerollte Blätter. Ährchen mit stumpfen Hüll- und Deckspelzen. Blütezeit: Juni–August. Verbreitet am sandigen, salzhaltigen Meeresstrand und auf Dünen. Stellenweise angepflanzt zur Befestigung von Dünen.

Ährchen

Blutrote Fingerhirse

Hühnerhirse

Deutsches Weidelgras

Strandquecke

Gemeine Quecke

1 Mäusegerste, *Hordeum murinum.* Bis 40 cm hohes, ein- oder zweijähriges Gras von büscheligem Wuchs und mit knickig aufsteigenden Stengeln. Geriefte Blätter mit häutigen Blattöhrchen und mittellangen Blatthäutchen. Die einblütigen Ährchen sitzen zu je 3 an einer Ansatzstelle. Die Deckspelzen aller Ährchen tragen gleichlange Grannen. Klettverbreitung. Blütezeit: Juni–September. Häufig an sandigen Wegen und Straßen, an Mauern, Zäunen, auf Schutt und Ödland, von der Ebene bis ins Gebirge.

2 Fuchsrote Borstenhirse, *Setaria pumila (S. glauca).* 10–30 cm hohes, niederliegendes oder aufsteigendes, graugrünes Gras. Blätter behaart, ohne Blattöhrchen. Ährchen kurzgestielt, 3blütig mit roten Hüllborsten (Name). Blütezeit: Juli–Oktober. Verbreitet auf sandigen Äckern, Brachland, Dämmen, an Wegrändern, bis ins Gebirge.

3 Weidekammgras, *Cynosurus cristatus.* 30 bis 60 cm hohes, ausdauerndes, horstbildendes Gras. Blätter gerieft, kein Blattöhrchen, lappiges Blatthäutchen. Ährchen 2- bis mehrblütig. Deckspelzen mit kammförmiger Hülle (Name). Blütezeit: Juni–Juli. Verbreitet auf trockenen Wiesen, Triften, Matten, in lichten Wäldern auf Lehm- und Tonböden bis ins Gebirge. Weidefestes Futtergras für Bergwiesen, wo es für Düngung dankbar ist.

4 Gemeines Ruchgras, *Anthoxanthum odoratum.* Ausdauerndes, bis 50 cm hohes, horstbildendes Gras. Blätter gerieft, mit kleinen Blattöhrchen und mittelgroßen Blatthäutchen, am Blattgrund gewimpert. Mittelgroßes, 3blütiges Ährchen. Mittlere Blüte unbegrannt, zwittrig, 2 Narben, die seitlichen verkümmerten ♂ Blüten mit begrannten Spelzen. Blütezeit: Mai-Juni. Häufig auf Triften, vernachlässigten Wiesen, in Wäldern, Gärten, auf kalkarmen Lehmböden bis ins Gebirge. Der hohe Kumaringehalt ist in großen Mengen giftig.

Ährchen

Mäusegerste

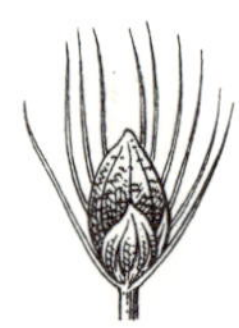

Fuchsrote Borstenhirse

Gemeines Ruchgras

Gemeiner Strandhafer

Federgras

5 Gemeiner Strandhafer, *Ammophila arenaria.* Bis 1 m hohes, ausdauerndes, dichte Rasen bildendes Gras mit langen Ausläufern. Schmale bis mittelbreite, geriefte, steife Blätter ohne Blattöhrchen und sehr langes, tief gespaltenes Blatthäutchen. Große, einblütige Ährchen mit langen Hüllspelzen. Blütezeit: Juli–August. Häufig auf Dünen und am Sandstrand von Meeresküsten, sonst zerstreut auf Sand im Binnenland. Zum Befestigen von Dünensand häufig angepflanzt.

6 Federgras, *Stipa pennata.* 30–80 cm hohes, ausdauerndes, horstbildendes, dichtrasiges Gras. Einblütiges Ährchen. Hüllspelze länger als lang fedrig begrannte Deckspelze (Name) mit steifen Haaren. Blütezeit: Mai–Juni. Zerstreut an sonnigen Hängen, an Felsen, in trockenen Wäldern auf Kalk- oder Sandboden, fehlt im Nordwesten. Bestandsgefährdete Pflanzenart.

7 Wiesenlieschgras, *Phleum pratense.* Bis 1 m hohes, ausdauerndes, horstbildendes Gras ohne Ausläufer. Weiche Blätter ohne Blattöhrchen mit großem, gezähneltem Blatthäutchen, das in kleine Spitze ausläuft. Ährchen klein, einblütig, an Hüllspelzen in kurzer Granne endend. Blütezeit: Juni–Juli. Verbreitet auf Triften und Ackerrändern. Hochwertiges Futtergras.

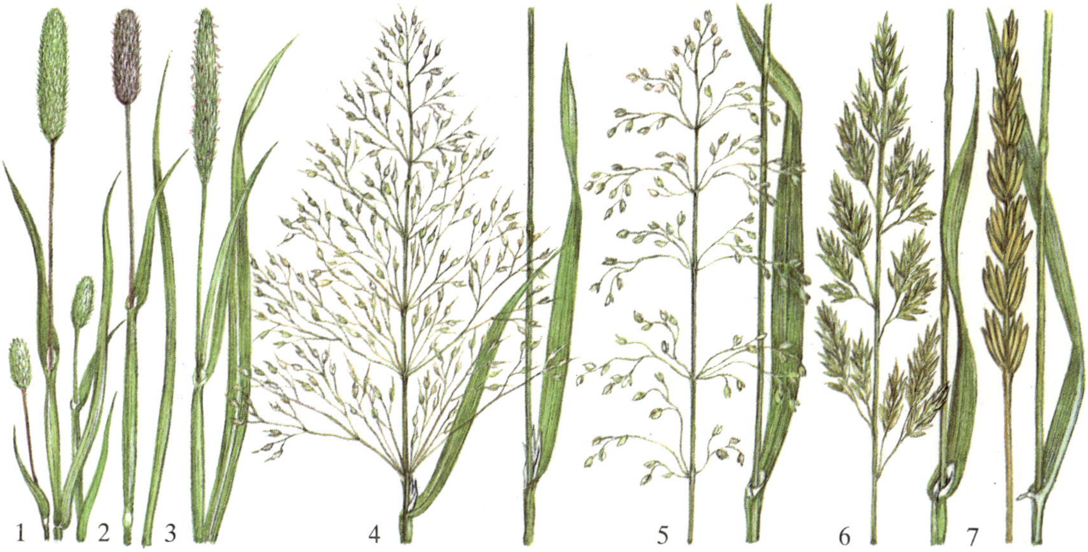

1 Sandlieschgras, *Phleum arenarium.* 8 bis 20 cm hohes, büschelig verzweigtes, einjähriges Gras mit bauchigen Blattscheiden und länglich-spitzen Blatthäutchen. Das einblütige Ährchen mit einer 2. unfruchtbaren Blüte. Die Hüllspelze kurz begrannt, 2–3mal so lang wie die bewimperte Deckspelze. Blütezeit: Juni–August. Zerstreut auf Dünen, an sandigen Stellen der Küste, vereinzelt im Binnenland. Vom Aussterben bedrohte, stellenweise stark gefährdete Art.

2 Alpenlieschgras, *Phleum alpinum (P. rhaeticum).* 15–30 cm hohes, ausdauerndes Gras mit glatten Stengeln. Scheide des obersten Halmblattes aufgeblasen. Einblütiges Ährchen. Granne der Hüllspelze bewimpert. Blütezeit: Juli–August. Verbreitet auf Felsmatten, Weiden und Triften, auf oft kalkarmen Lehm- und Tonböden sowie an Bachufern im Mittel- und Hochgebirge. Futtergras.

3 Wiesenfuchsschwanz, *Alopecurus pratensis.* Bis 1 m hohes, ausdauerndes Gras, kurze unterirdische Ausläufer treibend. Blätter kein Blattöhrchen und kurzes Blatthäutchen. Einblütiges Ährchen mit langer Deckspelzengranne. Blütezeit: Mai–Juni. Gemein auf nährstoffreichen Wiesen und Matten, vom Tiefland bis ins Hochgebirge. Ertragreiches, nicht weidefestes Futtergras, das Winterfrost und Schneebedeckung gut verträgt.

4 Gemeiner Windhalm, *Apera spica-venti.* Bis 1 m hohes, einjähriges oder überwinterndes Gras, am Grunde büschelig verzweigt. Geriefte Blätter ohne Öhrchen mit langem, zerschlitztem Blatthäutchen. Kleines, einblütiges Ährchen. Begrannte Deckspelze. Hüllspelze länger als Deckspelze. Blütezeit: Juni–Juli. Verbreitet auf sandigen Wegrändern und Dämmen, lästiges Ackerunkraut auf sandhaltigen Lehmböden.

Ährchen

Gemeiner Windhalm

Waldflattergras

Rohrglanzgras

5 Waldflattergras, *Milium effusum.* Bis 1 m hohes, ausdauerndes Rispengras, mit unterirdischer Grundachse kriechend und kurze Ausläufer treibend. Blätter nach oben und unten verjüngt. Mittelgroßes Blatthäutchen, kein Blattöhrchen. Ährchen klein, einblütig, eiförmig, grannenlose, kurz zugespitzte Deckspelze, 3nervige Hüllspelzen. Blütezeit: Mai–Juli. Verbreitet auf humosen Lehmböden in schattigen Wäldern und Gebüschen, besonders unter Buchen und Erlen.

6 Rohrglanzgras, *Phalaris (Thyphoides) arundinacea.* Bis 3 m hohes, ausdauerndes, tiefwurzelndes Gras mit unterirdisch kriechenden Ausläufern. Blätter mit großem, weißem, kragenförmigem Blatthäutchen, kein Blattöhrchen. Einblütiges Ährchen, 4 Hüllspelzen behaart. Blütezeit: Mai–Juli. Verbreitet auf tonhaltigen, nassen Wiesen, an Gewässern, oft in reinen Beständen.

7 Strandroggen, *Leymus (Elymus) arenarius.* 60–150 cm hohes, ausdauerndes, bläulichgrünes Gras mit weitkriechendem Wurzelstock, lange Ausläufer bildend. Dicker, steifer Stengel, Blätter mit langem Blatthäutchen. Meist 3blütiges Ährchen mit unbegrannter Deckspelze. Blütezeit: Juli–August. Ursprünglich auf sandigem Meeresstrand und auf Dünen. Heute oft auf sandigen Stellen angepflanzt, wo Pflanze stellenweise eingebürgert. Dient zum Befestigen des Flugsandes auf Dünen und am Strand.

1 Landreitgras, *Calamagrostis epigejos.* Bis 1,5 m hohes, ausdauerndes Gras mit unterirdisch kriechendem Wurzelstock und langen, dünnen Ausläufern. Blätter breit und hart mit Riefen und langen, derben Blatthäutchen ohne Blattöhrchen, ein Wachs ausscheidend. Einblütige Ährchen, lanzettliche Hüllspelzen, doppelt so lang wie begrannte Deckspelze, die aber aus dem Ährchen nicht herausragt. Ährchen sitzen in Knäueln. Klettverbreitung der Samen. Blütezeit: Juli–August. Verbreitet an sandigen Flußufern, auf trockenen Hügeln und Waldwiesen. Waldunkraut in Schonungen.

2 Waldreitgras, *Calamagrostis arundinacea.* 60 bis 120 cm hohes, ausdauerndes, horstbildendes, Ausläufer treibendes Gras mit dikken, glatten Stengeln. Die Blätter mit kurzem Blatthäutchen. Einblütiges Ährchen mit stark begrannter Hüllspelze, kaum länger als die Deckspelze. Blütezeit: Juni–August. Verbreitet in schattigen, feuchten Wäldern und Erlenbrüchen, kalkmeidend.

3 Rotstraußgras, *Agrostis capillaris (A. tenuis).* 30–90 cm hohes, ausdauerndes Gras, kurze Ausläufer treibend. Geriefte Blätter auf dünnem Stengel ohne Öhrchen und mit kurzem, gestutztem Blatthäutchen. Einblütiges kleines Ährchen. Hüllspelzen länger als unbegrannte Deckspelze. Blütezeit: Juni–Juli. Häufiges Unkraut auf kalkarmen Äckern, Wiesen, an Rainen, in lichten Wäldern, von der Ebene bis ins Gebirge. Futtergras.

4 Weißes Straußgras, *Agrostis stolonifera (A. alba).* Bis 1,5 m hohes, ausdauerndes, horstbildendes Gras mit an den Knoten wurzelnden Ausläufern. Geriefte Blätter ohne Blattöhrchen mit langem, spitzem, oft gestutztem Blatthäutchen. Einblütige Ährchen. Hüllspelze länger als Deckspelze. Blütezeit: Juni–Juli. Verbreitet auf feuchten Wiesen, an Gräben, auf Äckern, feuchten Waldblößen. Geeignetes Untergras für Dauerweiden in regenreichen Gebieten.

5 Alpenstraußgras, *Agrostis alpina.* 10 bis 30 cm hohes, ausdauerndes Gras mit unterirdisch kriechenden Ausläufern. Grundständige, borstliche, graugrüne Blätter, obere schmal, beide mit länglichem Blatthäutchen. Kleine, einblütige Ährchen mit begrannter Deckspelze, zu 1–3. Blütezeit: Juli–August. Verbreitet auf steinigen, kalkarmen Wiesen und Weiden, auf humosen, grasigen Felsen der Gebirge und Hochgebirge.

6 Rasenschmiele, *Deschampsia cespitosa.* Bis 1,5 m hohes, ausdauerndes, Horste bildendes Gras, oben rauhe, geriefte Blätter, ohne Blattöhrchen mit langem, derbem, oft zerschlitztem Blatthäutchen. Sehr kleines, 2–3blütiges Ährchen. Hüllspelze etwas länger als Deckspelze, begrannt. Blütezeit: Juni–August. Verbreitet auf feuchten Böden von Wiesen, Weiden und Wäldern, an Ufern. Unkraut auf feuchtem Grünland.

7 Drahtschmiele, *Avenella flexuosa (Deschampsia flexuosa).* 30–60 cm hohes, ausdauerndes, Horste bildendes Gras mit borstigen Blättern. Kein Blattöhrchen, stumpfes Blatthäutchen. 2blütiges Ährchen. Deckspelzen kürzer als Hüllspelzen, begrannt. Blütezeit: Mai–August. Häufig in lichten Wäldern, auf Bergwiesen, in Felsspalten.

Ährchen

Waldreitgras

Landreitgras

Rasenschmiele

Drahtschmiele

Wurzelstock Weißes Straußgras

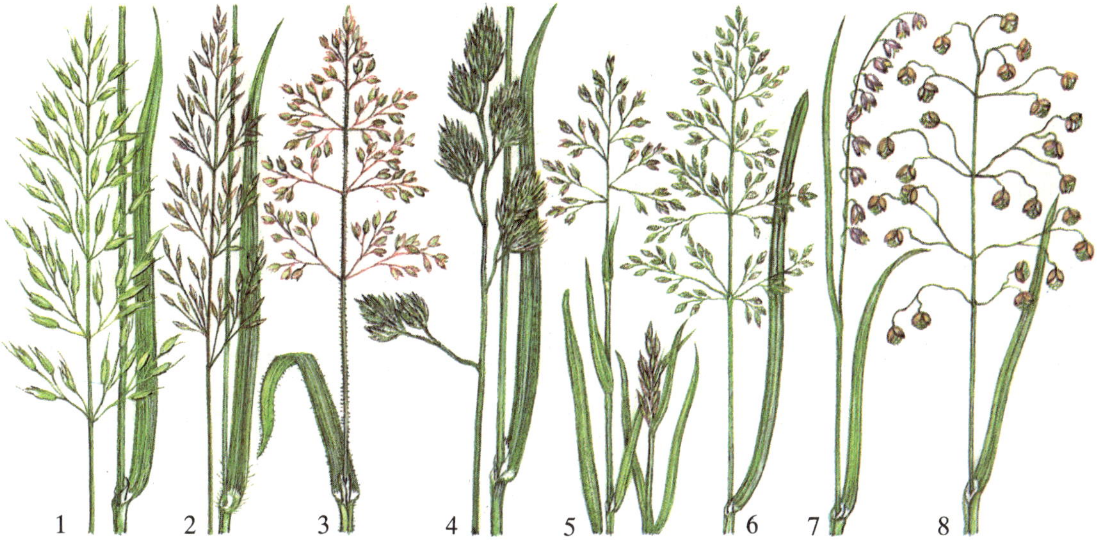

1 Glatthafer, *Arrhenatherum elatius.* Bis 1,5 m hohes, ausdauerndes Gras. Geriefte Blätter ohne Öhrchen, Großes, weißes Blatthäutchen, gezähnt. Großes, 2blütiges Ährchen, eine Hüllspelze kürzer, die andere so groß und lang wie Ährchen. Untere ♂ Blüte mit langer Rückengranne, obere Blüte zwittrig, meist ohne Granne. Blütezeit: Juni–Juli. Verbreitet in lichten Wäldern, an Wegrändern, auf Wiesen. Futtergras im Gebirge.

2 Pfeifengras, Besenried, *Molinia caerulea.* Bis über 1 m hohes, ausdauerndes, horstbildendes Gras, Ausläufer treibend. Blätter ohne Blattöhrchen und mit Haarkranz. Meist 2blütige Ährchen, ohne Grannen. Blütezeit: August–September. Verbreitet in moorigen Wäldern, Sümpfen und auf Wiesen.

3 Wolliges Honiggras, *Holcus lanatus.* 30 bis 100 cm hohes, ausdauerndes Gras, dichte Horste bildend. Schwach geriefte, beiderseits weichhaarige Blätter ohne Blattöhrchen mit gefransten, großen Blatthäutchen. 2blütiges, kleines Ährchen, obere Blüte ♂ mit gebogener, von Hüllspelzen eingeschlossener Rückengranne. Blütezeit: Juni–August. Häufig auf humosen Matten, feuchten Wiesen, Rainen, seltener in Wäldern.

4 Gemeines Knäuelgras, *Dactylis glomerata.* 30–120 cm hohes, horstbildendes, ausdauerndes Gras. Blätter mit Mittelrinne. Kein Blattöhrchen, großes, weißes, in eine Spitze ausgezogenes Blatthäutchen. 3–5blütige, mittelgroße Ährchen, grannenspitzige Deck- und Hüllspelze. Blütezeit: Mai–Juli. Häufig auf Wiesen, in lichten Wäldern, an Wegrändern mit sauren Lehmböden. Futtergras.

Ährchen

Glatthafer

Pfeifengras

Gemeines Knäuelgras

Einjähriges Rispengras

Gemeines Zittergras

Wiesenrispengras

5 Einjähriges Rispengras, *Poa annua.* Bis 30 cm hohes, einjähriges oder zweijähriges, büschelig verzweigtes Gras. Blätter geschient, ohne Blattöhrchen, mit länglichem, großem Blatthäutchen. Ährchen 3–7blütig, ohne Grannen. Blütezeit: ganzjährig. Häufig auf Wegen, Äckern und in Gärten als Kulturbegleiter, bis ins Gebirge.

6 Wiesenrispengras, *Poa pratensis.* Bis 90 cm hohes, ausdauerndes Gras mit langen unterirdischen Ausläufern. Blätter geschient, ohne Blattöhrchen, mit kurzem, geradem, abgestutztem Blatthäutchen. Ährchen 3–5blütig, ohne Grannen. Deckspelzen mit weißen Wollhaaren. Blütezeit: Mai–Juni. Häufig auf Wiesen, an Weg- und Waldrändern, auf Äckern. Wertvolles Dauerweidegras.

7 Nickendes Perlgras, *Melica nutans.* 30 bis 60 cm hohes, ausdauerndes, unterirdisch kriechendes Gras. Oben eingerollte Blätter. Sehr kurzes, abgestutztes Blatthäutchen, kein Blattöhrchen. 2blütige, stark nickende (Name) Ährchen. Die braunroten Hüllspelzen mit weißem, häutigem Rand. Blütezeit: Mai–Juni. Verbreitet in lichten Wäldern und Gebüschen, an Felsen, kalkliebend.

8 Gemeines Zittergras, *Briza media.* Bis 50 cm hohes, ausdauerndes, lockerrasenförmiges Gras. Unbehaarte Blätter ohne Blattöhrchen, mit sehr kurzem Blatthäutchen. 3–12blütige Ährchen an dünnen Stielen, die schon bei leichter Luftbewegung erzittern (Name). Blütezeit: Mai–September. Zerstreut auf trockenen, mageren Wiesen, steinigen Abhängen sowie in lichten Wäldern und Gebüschen bis ins Hochgebirge.

1 Weiche Trespe, *Bromus hordeaceus (Br. mollis).* Bis 80 cm hohes, einjährig überwinterndes Gras. Weiche Blätter, kein Blattöhrchen, kleines, gezähneltes Blatthäutchen. Begranntes Ährchen mit mehr als 4 Blüten. Blütezeit: Mai–Juni. Häufig auf Wiesen, Ackerrändern, Wegen, in Gebüschen auf Sand- und Lehmböden. Ergibt schlechtes, hartes Futter auf lückenhaften Wiesen.

2 Taube Trespe, *Bromus sterilis.* 50–70 cm hohes, einjährig überwinterndes Gras, am Grunde büschelig verzweigt. Leicht geriefte Blätter ohne Blattöhrchen, mit weißem, gefranstem Blatthäutchen. Großes, 5–9blütiges Ährchen mit Grannen. Klettverbreitung der Samen. Blütezeit: Mai–Juni. Verbreitet auf Schutt, in Gebüschen, an Rainen.

3 Dachtrespe, *Bromus tectorum.* Bis 45 cm hohes, einjährig überwinterndes Gras, am Grunde büschelig verzweigt. Pflanze oft rot angelaufen. Blätter ohne Blattöhrchen mit kurzem Blatthäutchen. Großes 5–9blütiges Ährchen mit unter der Deckspelzenspitze angesetzten Grannen. Klett- und Ameisenverbreitung der Samen. Blütezeit: Mai–Juni. Häufig auf Schutt, an Weg- und Waldrändern, auf trockenen, sandigen Äckern.

4 Echter Schafschwingel, *Festuca ovina.* Bis 50 cm hohes, ausdauerndes Gras von horstartigem, borstigem Wuchs mit langen, schwingenden (Name) Halmen. Blätter ohne Blattöhrchen und sichtbares Blatthäutchen. 4–8blütige Ährchen mit lanzettlicher Deckspelze, länger als Hüllspelzen. Blütezeit: Mai–Juli. Häufig auf Wegen, sandigen Triften, in Kiefernwäldern. Kulturgras.

5 Rotschwingel, *Festuca rubra.* Bis 1 m hohes, ausdauerndes, rasen- und ausläuferbildendes Gras. Unten borstliche, oben flache, geriefte Blätter ohne Blattöhrchen, kurzes Blatthäutchen. Ährchen 4–6blütig, oft rötlich überlaufen (Name). Deckspelze mit Spitzengranne. Blütezeit: Juni–Juli. Häufig in trockenen Wiesen und Wäldern, auf nährstoffreichen Lehm- und Tonböden, von der Ebene bis ins Hochgebirge. Liebt lockere, humose Böden. Futtergras.

6 Wiesenschwingel, *Festuca pratensis.* Bis 120 cm hohes, lockere Rasen bildendes, ausdauerndes Gras. Geriefte Blätter mit Blattöhrchen und kurzem Blatthäutchen. 5–10blütige, längliche, unbegrannte Ährchen. Blütezeit: Juni–Juli. Häufig auf humosen Ton- und Lehmböden von feuchten Wiesen, Grasplätzen und Wegen. Futtergras.

7 Gemeiner Salzschwaden, *Puccinellia (Festuca) distans.* 15–50 cm hohes, ausdauerndes, horstbildendes Gras. Die Blätter mit langen Scheiden und kurzem Blatthäutchen. 4–6blütige Ährchen, oft violett überlaufen. Blütezeit: Mai–Oktober. Verbreitet auf nährstoffreichen, feuchten Salzböden, an salzhaltigen Straßenrändern, bis ins Gebirge.

8 Strandsalzschwaden, *Puccinellia maritima.* 20–70 cm lange, ausdauernde, ausläuferartig niederliegende Pflanze mit aufrechten oder knickig aufsteigenden Stengeln. Blätter ohne Blattöhrchen, kurzes rundliches Blatthäutchen. Ährchen 5–9blütig, grannenlos. Blütezeit: Juni–September. Verbreitet auf Strandwiesen und salzigen Stellen an der Küste. Futterpflanze.

RIEDGRASGEWÄCHSE Cyperaceae

1 Scheidiges Wollgras, *Eriophorum vaginatum.* 30–60 cm hohes, ausdauerndes, graugrünes, dicke Polster bildendes Wollgras. Die rauhen, 3kantigen Stengelblätter mit aufgeblasener Scheide. Ährchen aus zwittrigen Blüten bestehend. Wie bei allen Riedgräsern Windbestäubung. Aufrecht stehende Früchte. Windverbreitung. Blütezeit: März–Mai. Zerstreut auf torfigen Wiesen, Waldsümpfen und Hochmooren.

2 Schmalblättriges Wollgras, *Eriophorum angustifolium.* 30–60 cm hohes, ausdauerndes, lockere Rasen bildendes und Ausläufer treibendes Wollgras. An der Spitze 3kantige Blätter. Zwittrige Blüten, von Hüllhaaren umgeben, meist 3–5 Ährchen zusammen. Reife Früchte hängend, Windverbreitung. Blütezeit: April–Mai. Verbreitet auf Mooren, sauren Torfböden, nassen Wiesen.

3 Gemeine Sumpfsimse, *Eleocharis palustris.* 10–60 cm hohe, ausdauernde Simse mit langem, unterirdisch kriechendem Wurzelstock. Blüten wie bei allen Simsen von 6 Blütenhüllborsten umgeben. Blütezeit: Juni–August. Häufig auf humosen Schlickböden, in Gräben, Sümpfen, Teichen, an Ufern, aber auch in Flachmooren und Riedwiesen, oft Bestandteil der Verlandungszone von Teichen.

4 Gemeine Teichsimse, *Schoenoplectus (Scirpus) lacustris.* 1–3 oder 4 m hohe, ausdauernde Simse mit langem, kriechendem Wurzelstock. 10–40 cm lange Blätter. Simsenblüte mit glatten Spelzen und rotbraunen Deckblättern. Blütezeit: Mai–Juli. Verbreitet im Schlammboden langsam fließender Gewässer, Teiche und Seen bis 6 m Wassertiefe. Diente früher als Flechtmaterial.

Ährchen

Gemeine Sumpfsimse

Schmalblättriges Wollgras

Waldsimse

5 Gemeine Strandsimse, *Bolboschoenus (Scirpus) maritimus.* 30–100 cm hohe, ausdauernde Simse mit knolligen, kurzen, unterirdischen Ausläufern. Simsenblüten mit braunen bestachelten Spelzen, meist zu 2–5 zusammen. Blütezeit: Juni–August. Verbreitet auf salzhaltigen Schlickböden an Ufern und am Meeresstrand, nur im Tiefland.

6 Waldsimse, *Scirpus sylvaticus.* 40–100 cm hohe, ausdauernde, Ausläufer und nur kurze Sprosse treibende Simsenart mit einem stielrunden Halm, der oben oft übergebogen ist. Hüllborsten so lang wie die Frucht, stumpfe Spelzen, die in feine Spitzen auslaufen. Blütenährchen zu 3–6 zusammenstehend. Blütezeit: Mai–Juli. Verbreitet auf Flachmooren, Wiesen, in Wäldern, an Ufern von Flüssen, auf feuchten, humosen Böden.

7 Wiesensegge, *Carex nigra (C. fusca, C. stolonifera).* Bis 50 cm hohe, ausdauernde Segge mit unterirdischen Ausläufern, lockere Rasen bildend. Scharf 3kantige Knickrandblätter. Alle Seggenblüten eingeschlechtig. ♂ Blüten aus 3 Staubblättern, ♀ Blüten aus Fruchtknoten und Narbe bestehend. 1 ♂ Ährchen endständig am Stengel, 2–4 sitzende oder kurzgestielte ♀ Ährchen darunter. Blütezeit: April–Juli. Häufig auf nährstoffreichen, nassen Wiesen, Flachmooren, Dünenmooren und Strandwiesen, an Ufern und Gräben. Bildet Sumpfwiesen mit sehr minderwertigem Heu.

1 Hasenpfotensegge, *Carex leporina.* 20 bis 60 cm hohe, ausdauernde, dichthorstige Segge mit Ausläufern und starr aufrechten 3kantigen Stengeln. 50 cm lange Blattschläuche mit langem, 2zähnigem Schnabel. Stengel stumpfkantig, glatt, 2–3 mm breit, starr, linealisch zugespitzt. Blütezeit: Mai–Juli. Verbreitet auf nährstoffreichen, sauren Torfböden, nassen Wiesen, sandigen Triften und Wäldern.

2 Blaugrüne Segge, *Carex flacca.* 20–60 cm hohe, ausdauernde Segge mit unterirdischen Ausläufern. Knickrandblätter bis 50 cm lang, steif, Stengel glatt. 2 ♂ Ährchen an der Spitze des Stengels. 2–3 walzlich-kugelige ♀ Ährchen oft darunter. Blütezeit: April–Juli. Verbreitet auf feuchten Wiesen, an Bachufern, Waldrändern, auf kalkreichen Böden.

3 Gelbsegge, *Carex flava.* Bis 50 cm hohe, ausdauernde, gelbgrüne, borstig wachsende, dichte Rasen bildende Segge. Nur am Grunde beblätterte Stengel mit flachen oder rinnigen Knickrandblättern. ♀ Ährchen kugelig bis eiförmig, 2–3 ziemlich genähert stehend. 1 ♂ Ährchen darüber im Blütenstand angeordnet. Blütezeit: Mai–August. Verbreitet auf feuchten Wiesen, Flach- und Zwischenmooren, an Gräben, Ufern, sumpfigen Waldstellen, auf kalkreichen Böden.

4 Hirsesegge, *Carex panicea.* Bis 50 cm hohe, ausdauernde, graugrüne Segge mit unterirdischen Ausläufern. Lange Knickrandblätter am Rande rauh. 1 ♂ Seggenährchen, oben im Blütenstand stehend, darunter 2 walzlige ♀ Ährchen mit stumpfen Deckspelzen. Blütezeit: Mai–Juli. Häufig auf feuchten Wiesen, Mooren, Strandwiesen, an Ufern, Quellen und in Sümpfen, auf nährstoffreichen Sumpfhumusböden, bis ins Gebirge.

♀ Blüte

Hasenpfotensegge

Blaugrüne Segge

Gelbsegge

Hirsesegge

Behaarte Segge

Blüte Krötenbinse

5 Rispensegge, *Carex paniculata.* Bis 1 m hohe, ausdauernde Segge, dichte Polsterhorste bildend. Über 5 mm breite, hohlrinnige Blätter an kräftigem, scharfkantigem Stengel. ♂ und ♀ Seggenblüten zusammen in Ährchen. Blütezeit: Mai–Juni. Verbreitet in Sümpfen, Erlenbrüchen, an Ufern, in quelligen Wiesen auf nährstoffreichen Tuff- und Torfböden, bis ins Gebirge.

6 Behaarte Segge, *Carex hirta.* Bis 80 cm hohe, ausdauernde Segge mit dicken, unterirdischen Ausläufern und 3kantigen, aufrechten Stengeln. Beiderseitig behaarte Blattspreiten (Name). ♀ Seggenährchen zu 2–4 aufrecht. Darüber 2–3 ♂ Ährchen mit Deckspelze. Klebverbreitung der Samen. Blütezeit: Mai–Juni. Häufig auf Wiesen, an Ufern, Gräben, Dämmen, auf tonigen Sand- und Lehmböden, sowohl Trockenheit als auch Nässe vertragend. Recht häufige Art.

BINSENGEWÄCHSE Juncaceae

7 Krötenbinse, *Juncus bufonius.* Bis 50 cm hohe einjährige Binse von büscheligem Wuchs. Sehr schmale Blattspreiten. Wie alle Binsenblüten zwittrig mit 3–6 Staubblättern. Blumenhüllblätter lanzettlich, grau, einzeln oder 1–3 zusammenstehende Blüten. Wie bei allen Binsen Windbestäubung. Klebverbreitung der Samen. Blütezeit: Juni–Oktober. Häufig auf Waldwegen, Äckern, in Gräben, auf feuchten, kalkarmen Böden, bis ins Gebirge.

1 Gliederbinse, *Juncus articulatus.* Bis 60 cm hohe, ausdauernde, lockerrasige Binse mit kurzen Ausläufern. Knotig gegliederte, röhrige Grund- und Stengelblätter. Binsenblüte mit 3 stumpfen und 3 spitzen Blütenhüllblättern. Blütezeit: Juli–September. Häufig auf nassen Wiesen, Mooren, feuchtnassem Grünland, an Gräben, Ufern, auf feuchtem Ackerland, in Sümpfen und Strandwiesen.

2 Blaugrüne Binse, *Juncus inflexus.* Bis 60 cm hohe, ausdauernde Binse mit gestreiftem Stengel, dichthorstig, rasenbildend. Grundblätter gestreift oder gerollt, röhrige Binsenblätter ohne Knoten. Blütezeit: Juni–August. Verbreitet an feuchten, quelligen Stellen, in Gräben, auf Heiden, an Straßenrändern, bis ins Gebirge.

3 Flatterbinse, *Juncus effusus.* 30–80 cm hohe, ausdauernde Binse mit kurzkriechendem Wurzelstock, bultige Horste bildend. Grundblätter glatt, glänzend, runde Binsenblätter ohne Knoten. Blütezeit: Juni–August. Verbreitet auf feuchten Wiesen, in Sümpfen, an Ufern, in sumpfigen Wäldern, auf kalkarmen Lehm- und Tonböden. Ergibt schlechtes Heu. Waldpionierpflanze.

4 Knäuelbinse, *Juncus conglomeratus.* Bis 70 cm hohe, ausdauernde, dichte Horste bildende Binse. Deutlich geriefte Grundblätter, röhrige, knotenlose Binsenblätter. Binsenblüte mit Vorblättern. Blütezeit: Mai–Juni. Auf feuchten moorigen oder sandigen, kalkarmen Lehmböden von Gräben, Sümpfen und grasigen Wäldern sehr häufig von der Ebene bis ins Gebirge anzutreffende Horstbinse.

5 Zusammengedrückte Binse, *Juncus compressus.* Bis 50 cm hohe, ausdauernde Binse mit kriechender Grundachse, in dichten Horsten. Grasartige Binsenblätter mit derben Blattspreiten. Klebverbreitung der Samen. Blütezeit: Juni–August. Verbreitet auf feuchten, kalkhaltigen Wiesen, an Wegrändern und Ufern, von der Ebene bis ins Gebirge.

6 Haarhainsimse, *Luzula pilosa.* 15–30 cm hohe, ausdauernde, rasenbildende Hainsimse mit Ausläufern und runden, aufrechten Stengeln. Grundständige Bätter 5–10 mm breit, stengelständige schmaler, an der Mündung der Blattscheiden weiß behaart. Alle Hainsimsen haben Binsenblüte mit 6 Staubblättern. Ameisenverbreitung der Samen. Blütezeit: März–Mai. Verbreitet in lichten Laub- und Nadelwäldern, auf Waldwiesen, in Gebüschen, an Abhängen, auf Kahlschlägen, von der Ebene bis ins Gebirge.

7 Gemeine Hainsimse, Hasenbrot, *Luzula campestris.* 5–40 cm hohe, ausdauernde, lokkerrasige, zuweilen rötlich angehauchte Hainsimse, Ausläufer treibend. Grasartige Blätter. Blütezeit: März–Mai. Häufig auf Wiesen, Triften, Feldrainen, Dünen, Heiden, an Waldrändern, bis ins Gebirge.

8 Vielblütige Hainsimse, *Luzula multiflora.* 20–50 cm hohe, ausdauernde, dichtrasige Hainsimse ohne Ausläufer. Flache, grasartige Blätter. 8–20blütige Ährchen, die in 3–10ästigem Blütenstand stehen. Blütezeit: April–Juni. Verbreitet auf moorigen Heiden, Waldwiesen, in Wäldern.

ARONSTABGEWÄCHSE Araceae

1 Gefleckter Aronstab, *Arum maculatum.* 15–40 cm hohe, ausdauernde Pflanze mit unterirdischem Sproß (Rhizom). Grundständige, scheidenförmige Blätter. Oben ♂, unten ♀ Blüten, an einem keulenförmigen Kolben sitzend. Gleitfallenblume mit Bestäubung durch gefangene Insekten (Fliegen). Beeren wie die ganze Pflanze giftig. Vogelverbreitung. Blütezeit: April–Mai. Zerstreut in schattigen, feuchten Laubwäldern, besonders Auwäldern, in Gebüschen.

LILIENGEWÄCHSE Liliaceae

2 Waldgoldstern, *Gagea lutea.* 10–30 cm hohe, ausdauernde Pflanze mit einer umhüllten Zwiebel. Blüten mit Insekten- und Selbstbestäubung. Kapselfrucht. Ameisenverbreitung der Samen. Blütezeit: April–Mai. Verbreitet in Wäldern, Gebüschen, auf Wiesen, in Obstgärten.

3 Wiesengoldstern, *Gagea pratensis.* 8–20 cm hohe, ausdauernde Pflanze mit einer Hauptzwiebel, 2 nackte Nebenzwiebeln. Blätter schmaler als bei vorigem und oben nicht zusammengezogen. Blütenblätter länger. Blüten mit Insektenbestäubung. Blütezeit: März–Mai. Verbreitet auf Grasplätzen, Äkkern, in Weinbergen auf kalkreichen Böden.

4 Zweiblättrige Schattenblume, *Maianthemum bifolium.* 5–15 cm hohe, ausdauernde Pflanze mit kriechender, dünner Grundachse. Meist 2 Laubblätter. Kleine Blüten mit Insektenbestäubung. Beeren giftig. Tierverbreitung. Blütezeit: Mai–Juni. Häufig in schattigen Laub- und Nadelwäldern, auf Bergwiesen, schattigen Felsen, auf sauren humosen Böden.

5 Vielblütige Weißwurz, *Polygonatum multiflorum.* 30–80 cm hohe, ausdauernde Pflanze mit unterirdisch kriechender, fleischig dicker Sproßachse (Rhizom). Duftende Blüten durch Hummeln bestäubt. Giftige Beeren mit Tierverbreitung. Blütezeit: Mai–Juni. Verbreitet in schattigen Laubwäldern und Gebüschen auf lockeren Lehmböden.
Ähnlich ist die Duftende Weißwurz, *P. odoratum,* mit 1–2blütigen Trauben, die in trockenen Laub- und Kiefernwäldern vorkommt. Gartenpflanze.

6 Maiglöckchen, *Convallaria majalis.* 10 bis 25 cm hohe, ausdauernde Pflanze mit kriechendem Wurzelstock. Duftende Blüten mit Insekten- und Selbstbestäubung. Beeren, wie ganze Pflanze, giftig. Tierverbreitung. Blütezeit: Mai–Juni. Verbreitet in lichten Laub- und Nadelwäldern, in Gebüschen. Gartenpflanze. Arzneipflanze.

AMARYLLISGEWÄCHSE Amaryllidaceae

7 Frühlingsknotenblume, Märzbecher, *Leucojum vernum.* 10–30 cm hohes, ausdauerndes, giftiges Zwiebelgewächs mit über 2 cm dicker Zwiebel. Duftende Blüten durch Bienen oder Tagfalter bestäubt (auch Selbstbestäubung). Kapselfrüchte, dem Boden aufliegend, durch Tiere verbreitet. Blütezeit: Februar–April. Zerstreut in Auwiesen und -wäldern sowie feuchten Gebüschen. Fehlt im Norden. Gartenpflanze. Gefährdete Art.

Früchte Gefleckter Aronstab

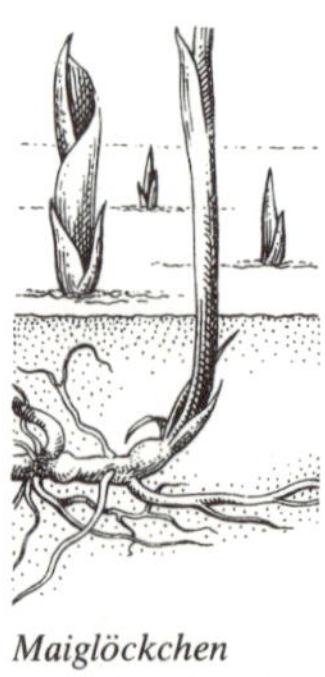

Maiglöckchen Wurzelstock und Ausläufer

1 2† 3† 4 5 6

LILIENGEWÄCHSE Liliaceae

1 **Kelchsimsenlilie,** *Tofieldia calyculata.* 10 bis 30 cm hohe, ausdauernde, rasige Pflanze mit kurzem Wurzelstock. Blüten mit Kelch und 3lappigem Außenkelch. Vielsamige Kapselfrüchte. Blütezeit: Juni–August. Zerstreut auf feuchten oder trockenen Wiesen, an steinigen Abhängen, feuchten Felsen und in Flachmooren, besonders im Hochgebirge. Kalkliebend. Vom Aussterben bedroht, stellenweise gefährdet.

2 **Weißer Germer,** *Veratrum album.* 50 bis 150 cm hohe, ausdauernde Pflanze mit fleischigem Wurzelstock und sehr kräftigem, aufrechtem Stengel. Die weißen, außen grünlichen Blüten unten zwittrig, oben meist ♂, durch Insekten bestäubt. 3klappig aufspringende Kapselfrüchte. Blütezeit: Juni–August. Verbreitet auf Matten, feuchten Wiesen, Flachmooren und in lichten Wäldern im Hochgebirge. Stark giftige Pflanze, wird vom Vieh auf den Almen gemieden.

3 **Herbstzeitlose,** *Colchicum autumnale.* 5 bis 20 cm hohe, ausdauernde Pflanze mit halbeiförmiger, schuppiger Knolle. Die Blätter fehlen meist während der Blüte, die durch Insekten bestäubt wird. Der Fruchtknoten sitzt tief im Boden. Im Frühjahr bildet sich eine aufgeblasene Kapselfrucht mit fast kugeligen Samen. Kleb- und Ameisenverbreitung. Blütezeit: August–Oktober. Zerstreut im Süden auf feuchten Wiesen, im Norden selten oder fehlend. Ganze Pflanze giftig. Für das Vieh gefährliches Wiesenunkraut. Wird stark bekämpft und ist dadurch gefährdet. Gartenpflanze. Arzneipflanze.

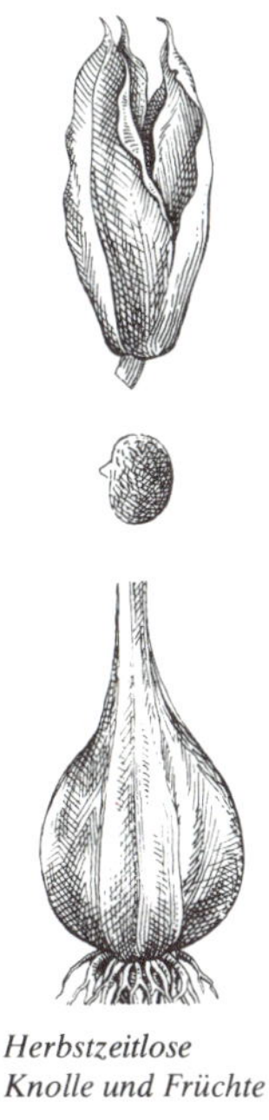

Herbstzeitlose Knolle und Früchte

Frühlingskrokus Knolle

4 **Bärenlauch,** *Allium ursinum.* 15–30 cm hohes, ausdauerndes Zwiebelgewächs mit länglicher Zwiebel, die von weißlichen Häuten umgeben ist und kaum Nebenzwiebeln bildet. Grundständige Blätter erscheinen zeitig im Frühjahr. Blüten mit Insekten- und Selbstbestäubung. Kapselfrüchte. Windverbreitung der Samen. Blütezeit: April–Juni. Verbreitet in feuchten Laub-, besonders Auwäldern, in Schluchten, an Bächen.

5 **Türkenbundlilie,** *Lilium martagon.* 30 bis 100 cm hohes, ausdauerndes Zwiebelgewächs mit großer, gelblicher, eiförmiger Schuppenzwiebel. Die Blüten ohne Kelch, oft reich-, aber auch nur wenigblütige Traube bildend, durch Insekten (Schwärmer) bestäubt. Einfächerige Kapselfrucht. Windverbreitung der Samen. Blütezeit: Juni–Juli. Zerstreut in Laub- und Buchenwäldern, in Gebüschen, auf Bergwiesen bis ins Hochgebirge, besonders auf kalkreichen Böden im Süden. Fehlt im Norden. Gartenpflanze.

SCHWERTLILIENGEWÄCHSE Iridaceae

6 **Frühlingskrokus,** *Crocus albiflorus.* 5 bis 15 cm hohes, ausdauerndes Knollengewächs. Die Blätter erscheinen nach der Blüte in Büscheln aus der Knolle. Blüten mit Insekten- oder Selbstbestäubung. Die längliche Kapsel tritt erst nach der Reife über die Erdoberfläche. Ameisenverbreitung der Samen. Blütezeit: März–April, im Hochgebirge nach der Schneeschmelze. Verbreitet vor allem auf feuchten, humusreichen Wiesen und Weiden sowie Mulden auf basenreichen Lehmböden im Hochgebirge oder hohen Mittelgebirge. Verbreitete Gartenpflanze.

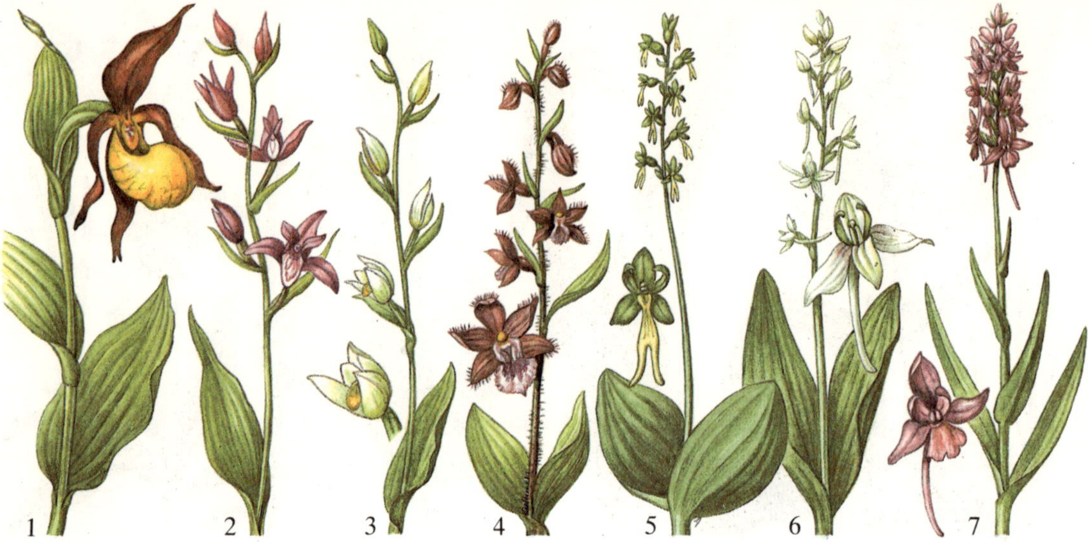

KNABENKRAUTGEWÄCHSE
Orchidaceae

1 Frauenschuh, *Cypripedium calceolus.* 15 bis 25 cm hohe, ausdauernde Orchidee mit langem, kriechendem, unterirdischem Wurzelstock (Rhizom). Kesselfallenblume für kleine Insekten, die die Blüte bestäuben. Braune Kapselfrucht. Windverbreitung der Samen. Blütezeit: Mai–Juni. Selten in schattigen, warmen, meist kalkreichen, trockenen Laub- und Kiefernwäldern. Im Rückgang begriffene, stark gefährdete Orchideenart. Fehlt im Norden.

2 Rotes Waldvöglein, *Cephalanthera rubra.* 30–50 cm hohe, ausdauernde Orchidee mit unterirdisch kriechendem Wurzelstock (Rhizom). Blüten durch Bienen bestäubt. Windverbreitung der Samen. Blütezeit: Mai–Juli. Zerstreut in lichten, trockenen Laub- und Kiefernwäldern, auf Waldwiesen und bebuschten Hügeln, besonders auf kalkreichen Böden, örtlich gefährdet.

3 Bleiches Waldvöglein, *Cephalanthera damasonium (C. alba).* 30–60 cm hohe, ausdauernde Orchidee mit unterirdisch kriechendem Wurzelstock (Rhizom). 3–8 Blüten am Ende des Stengels. Insekten- oder Selbstbestäubung. Frucht eine Kapsel. Windverbreitung der Samen. Blütezeit: Mai–Juni. Zerstreut in lichten, schattigen Laubwäldern (meist Buchenwäldern) und Gebüschen auf kalkreichen Böden.

4 Braunrote Sitter, *Epipactis atrorubens (E. atropurpurea).* 30–60 cm hohe, ausdauernde Orchidee mit kurzem Wurzelstock und zahlreichen fleischigen Wurzeln. Orchideenblüte nach Vanille duftend. Insekten- (Bienen-) und Selbstbestäubung. Kapselfrucht. Windverbreitung der Samen. Blütezeit: Juni–August. Zerstreut an Waldrändern und sonnigen Hängen, auf kalkreichen Sand- und Steinböden, stellenweise auf Kippen und Halden.

5 Großes Zweiblatt, *Listera ovata.* 20–50 cm hohe, ausdauernde Orchidee mit tief im Boden kriechendem Wurzelstock. Orchideenblüte mit Insektenbestäubung (Schlupfwespen, Käfer). Kapselfrucht. Blütezeit: Juni–Juli. Zerstreut in lichten Laubwäldern, auf feuchten Wiesen und in Gebüschen an quelligen Stellen, bis ins Gebirge.

6 Weiße Waldhyazinthe, *Platanthera bifolia.* 20–45 cm hohe, ausdauernde Orchidee mit länglich-eiförmiger, ungeteilter Knolle. Nach Hyazinthen (Name) duftende Orchideenblüte, durch Kleinschmetterlinge (Nachtfalter) bestäubt. Kapselfrucht. Windverbreitung der Samen. Blütezeit: Juni–Juli. Zerstreut in lichten Wäldern, Gebüschen, auf Heiden. Gefährdete Orchideenart.

7 Große Händelwurz, *Gymnadenia conopsea.* 20–60 cm hohe, ausdauernde Orchidee mit 2lappiger, handförmig geteilter, plattgedrückter Knolle. Duftende Orchideenblüte durch Tag- und Nachtfalter bestäubt. Kapselfrucht. Windverbreitung der Samen. Blütezeit: Juni–Juli. Zerstreut auf Wiesen, grasigen Hängen, in lichten Kiefern- und Heidewäldern, besonders an sonnigen warmen Stellen, vorwiegend auf kalkreichen Böden bis ins Hochgebirge. Im Norden nur selten.

unterirdische Organe

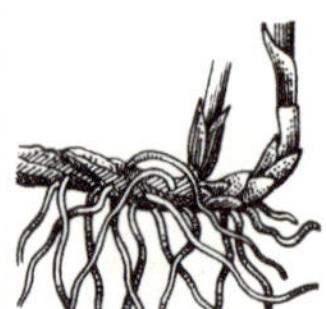

Frauenschuh

Rotes Waldvöglein

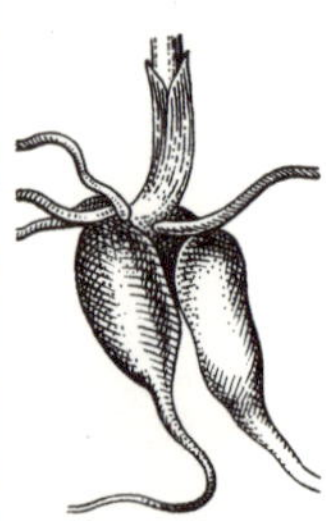

Weiße Waldhyazinthe

1 Fliegenragwurz, *Ophrys insectifera.* 15 bis 40 cm hohe, ausdauernde Orchidee mit ungeteilter, rundlicher Knolle und fadenförmigen Nebenwurzeln. Bis 20 Blüten in Scheinähre (einer Fliege ähnlich). Sexualtäuschblume, durch Grabwespenmännchen u. a. Insekten bestäubt. Kapselfrucht. Windverbreitung der Samen. Blütezeit: Mai–Juni. Zerstreut auf trockenen Wiesen, an steinigen Abhängen, vor allem in lichten Kiefernwäldern auf kalkreichen Lehm- und Tonböden. Gefährdete Orchideenart.

2 Kleines Knabenkraut, *Orchis morio.* 8–40 cm hohe, ausdauernde Orchidee mit runder, ungeteilter Knolle. Wohlriechende Blüte, durch Bienen und Hummeln bestäubt. Kapselfrucht. Blütezeit: April–Juni. Selten auf Wiesen, in lichten Wäldern, meist auf Lehm- und Tonböden, von der Ebene bis ins Gebirge. Vom Aussterben bedroht.

3 Purpurknabenkraut, *Orchis purpurea.* 30 bis 80 cm hohe, ausdauernde Orchidee mit ovaler Knolle und zahlreichen dicken Nebenwurzeln. Orchideenblüte mit Insektenbestäubung. Kapselfrucht. Windverbreitung der Samen. Blütezeit: Mai–Juni. Zerstreut in Laub-, selten Nadelwäldern, auf trockenen Wiesen, auf kalkreichen, tiefgründigen Lehmböden bis ins Hügelland. Gefährdete Orchideenart.

4 Helmknabenkraut, *Orchis militaris.* 25 bis 50 cm hohe, ausdauernde Orchidee mit eiförmiger, ungeteilter Knolle und fadenförmigen Nebenwurzeln. Wohlriechende Orchideenblüte mit Insektenbestäubung (Bienen, Hummeln). Kapselfrucht. Windverbreitung der Samen. Blütezeit: Mai–Juni. Zerstreut auf Bergwiesen, in Waldlichtungen, meist auf kalkreichen Löß-, Lehm- und Tonböden. Gefährdete Orchideenart.

5 Stattliches Knabenkraut, *Orchis mascula.* 15–50 cm hohe, ausdauernde Orchidee mit länglich- runder, ungeteilter, ziemlich großer Wurzelknolle. Blüten durch Insekten bestäubt. Kapselfrucht. Windverbreitung der Samen. Blütezeit: Mai–Juni. Zerstreut bis selten auf sonnigen, bebuschten Magerrasen und Wiesen, an Waldrändern, bis ins Hochgebirge. Gefährdete Orchideenart.

6 Breitblättriges Knabenkraut, *Dactylorhiza (Dactylorchis) majalis.* 15–50 cm hohe, ausdauernde Orchidee mit handförmig 3teiligen Wurzelknollen und Nebenwurzeln. Orchideenblüte mit Insektenbestäubung. Kapselfrucht. Windverbreitung der Samen. Blütezeit: Mai–Juli. Auf feuchten Wiesen, Flachmooren, in lichten Wäldern, an quelligen Orten, bis ins Gebirge. Verbreitetste Orchidee, aber zurückgehend und gefährdet.

7 Geflecktes Knabenkraut, *Dactylorhiza (Dactylorchis) maculata.* 25–60 cm hohe, ausdauernde Orchidee mit handförmig 3–4teiliger Knolle und Nebenwurzeln. Laubblätter schmaler als bei Breitblättrigem Knabenkraut. Orchideenblüte mit Hummelbestäubung. Kapselfrucht. Windverbreitung der Samen. Blütezeit: Juni–Juli. Zerstreut in lichten Laub- und Nadelwäldern, auf feuchten und trockenen Waldwiesen, feuchten Heiden, an Waldrändern und in Gebüschen, in Flachmooren, bis ins Gebirge. Im Rückgang begriffene Orchideenart.

unterirdische Organe

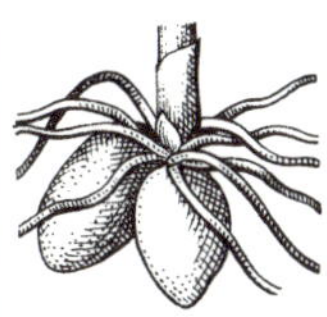

Fliegenragwurz

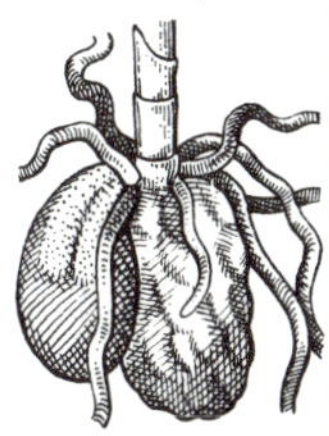

Purpurknabenkraut

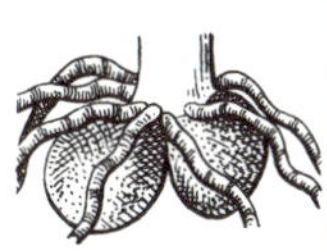

Kleines Knabenkraut

Breitblättriges Knabenkraut

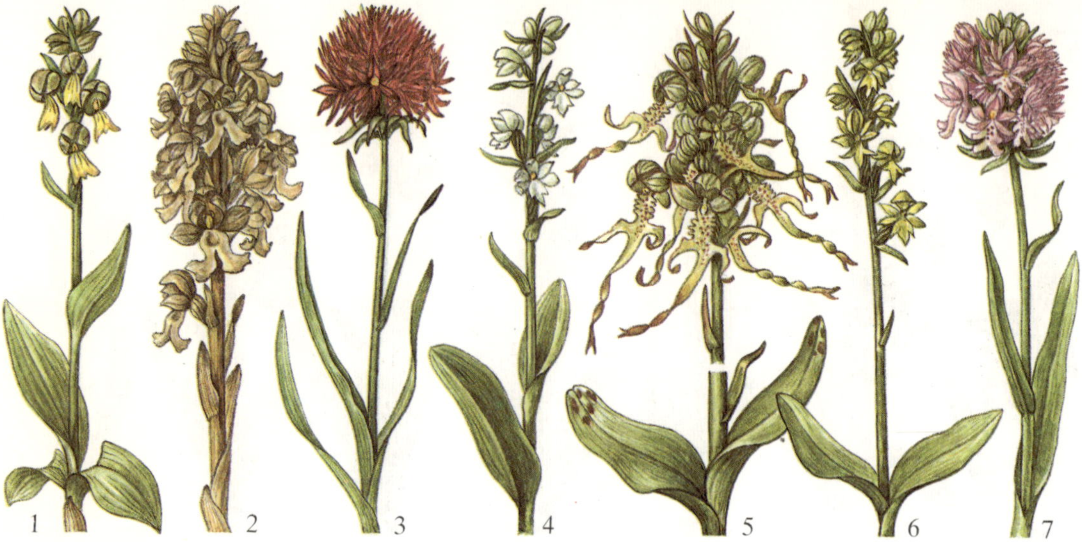

1 Grüne Hohlzunge, *Coeloglossum viride.* 10–30 cm hohe, ausdauernde Orchidee mit tief zweiteiliger Knolle und zarten Nebenwurzeln. Orchideenblüte durch Nachtfalter bestäubt. Kapselfrucht mit Windverbreitung der Samen. Blütezeit: Mai–Juli. Selten auf feuchten, moorigen, oft kalkhaltigen Wiesen, in Wäldern und auf Waldlichtungen, auf steinigen oder sandigen Böden, bis ins Hochgebirge. Vom Aussterben bedroht, stellenweise gefährdet.

2 Nestwurz, *Neottia nidus-avis.* 20–35 cm hohe, ausdauernde, gelblichbraune Orchidee mit kräftigem, walzlichem Wurzelstock und fleischigen, nestartig angeordneten Wurzeln (Name). Blüten mit Insekten- und Selbstbestäubung. Ovale Fruchtkapsel. Windverbreitung der Samen. Fäulnisbewohner ohne Chlorophyll. Verpilzte Wurzeln (Mykorrhiza). Blütezeit: Mai–Juni. Zerstreut vor allem in Buchenwäldern zwischen Laub auf meist kalkreichen humosen Lehmböden, bis ins Gebirge.

3 Schwarzes Kohlröschen, *Nigritella nigra.* 5–25 cm hohe, ausdauernde Orchidee mit handförmig geteilter Knolle. Duftende Orchideenblüten durch Insekten (Falter) bestäubt. Kapselfrucht mit Windverbreitung der Samen. Blütezeit: Juni–August. Selten auf kalkreichen Wiesen und Weiden im Hochgebirge. Gefährdete Orchideenart.

4 Weißzunge, *Leucorchis (Gymnadenia) albida.* 10–20 cm hohe, ausdauernde Orchidee mit bis zum Grunde geteilten handförmigen Knollen und langen, dicken Nebenwurzeln. Kleine Orchideenblüten, durch Insekten bestäubt. Kapselfrucht mit Windverbreitung der Samen. Blütezeit: Mai–August. Zerstreut auf Bergwiesen und Abhängen auf kalkfreien, sauren Lehmböden im Mittel- und Hochgebirge, sonst selten anzutreffen.

5 Bocksriemenzunge, *Himantoglossum hircinum.* Bis 90 cm hohe, ausdauernde Orchidee mit ungeteilten Knollen und kräftigem Stengel, Blätter zur Blütezeit bereits gelblich werdend. Blüten mit langem Sporn, durch Insekten bestäubt. Kapselfrucht mit Windverbreitung der Samen. Blütezeit: Mai–Juni. Sehr selten an sonnigen Hängen, Waldrändern und in lichten Gebüschen auf kalkreichen Böden. Vom Aussterben bedrohte Art.

6 Einknollige Honigorchis, *Herminium monorchis.* 10–30 cm hohe, ausdauernde Orchidee mit kleiner, rundlicher Knolle und Ausläufern. Nach Honig duftende Orchideenblüten, von Insekten bestäubt. Kapselfrucht. Windverbreitung der Samen. Blütezeit: Mai–August. Selten auf kalkreichen Wiesen und grasigen Abhängen. Vom Aussterben bedrohte, stellenweise gefährdete Art.

7 Kugelorchis, *Traunsteinera (Orchis) globosa.* 30–50 cm hohe, ausdauernde Orchidee mit ungeteilten, länglichen Knollen und kurzen Nebenwurzeln. Orchideenblüten mit halb so langem Sporn wie der Fruchtknoten in fast kugeliger Ähre (Name), durch Falter bestäubt. Kapselfrucht mit Windverbreitung der Samen. Blütezeit: Juni–August. Sehr selten auf feuchten Gebirgswiesen, an grasigen Hängen, im Mittel- und vor allem Hochgebirge. Vom Aussterben bedrohte, stellenweise gefährdete Orchideenart.

unterirdische Organe

Nestwurz

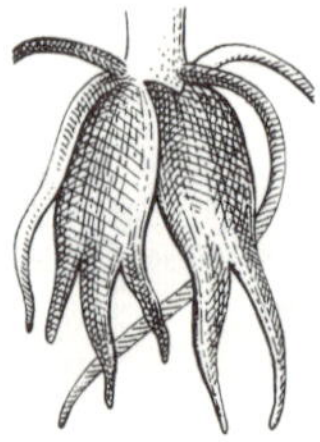

Schwarzes Kohlröschen

HAHNENFUSSGEWÄCHSE Ranunculaceae

1 Grüne Nieswurz, *Helleborus viridis.* 30 bis 80 cm hohe, ausdauernde, giftige Pflanze mit schwarzem, kräftigem Wurzelstock. Blüten mit Insektenbestäubung (Bienen). 4klappige Kapselfrucht (Balgfrucht). Ameisenverbreitung der Samen. Blütezeit: März–April. Im Süden zerstreut auf kalkhaltigen, lockeren Stein- und Lehmböden, in lichten Gebirgswäldern, unter Gebüsch, auf sumpfigen Wiesen, im Norden selten. Sehr selten ist in Hochgebirgen in Wäldern die Schwarze Nieswurz oder Schneerose, *Helleborus niger*, eine beliebte Gartenpflanze anzutreffen.

2 Christophskraut, *Actaea spicata.* 30 bis 60 cm hohe, ausdauernde Pflanze mit kräftigem, knotigem, schwarzbraunem Wurzelstock. Blüten mit Insektenbestäubung. Mehrsamige Beerenfrucht mit rotem, giftigem Saft, durch Tiere verbreitet. Blütezeit: Mai–Juni. Zerstreut in lichten Laubwäldern, Sumpfwiesen, auf humosen Lehmböden, im Süden bis ins Hochgebirge, im Norden fehlend.

3 Sumpfdotterblume, *Caltha palustris.* 15 bis 30 cm hohe, ausdauernde, giftige Pflanze mit kräftigem vielkopfigem Wurzelstock und fleischigem Stengel. Blüten durch Insekten bestäubt. 5–8 Balgfrüchte mit Wasserverbreitung. Blütezeit: April–Mai. Zerstreut auf sumpfigen Wiesen, an Bachufern, Gräben, Quellen, Teichen, in feuchtem Gebüsch und Erlenbrüchen, auf nährstoffreichen, humosen Ton- und Lehmböden, von der Ebene bis ins Hochgebirge. Gartenpflanze mit gefüllten Blüten für feuchte Stellen und die Ufer von Gartenteichen.

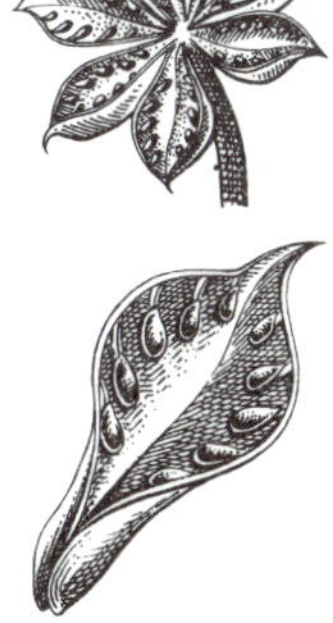

Frucht Sumpfdotterblume mit Samen

4 Trollblume, *Trollius europaeus.* 30–60 cm hohe, ausdauernde, giftige Pflanze mit reich verzweigten Wurzelstock. Blüten mit vielen Kronblättern, die die Staubgefäße als Honigblättchen umhüllen. Insekten und Selbstbestäubung. Schwarzbraune Balgfrüchte (Kapseln). Selbstverbreitung der Samen. Blütezeit: Mai–Juni. Selten auf moorigen Wiesen, in feuchten Gebüschen und auf Flachmooren, vor allem im Gebirge und Hochgebirge. Fehlt im Nordwesten. Durch Meliorationen zurückgehende, bestandsgefährdete Art. Gartenpflanze für feuchte Stellen.

5 Blauer Eisenhut, *Aconitum napellus.* 50 bis 150 cm hohe, ausdauernde, giftige Pflanze mit ausläuferartig verdickter, knolliger Wurzel. Blüten mit sturmhutförmigem Kelch (Name), durch Hummeln bestäubt. Balgfrüchte aufreißend. Selbstverbreitung der Samen. Blütezeit: Juni–August. Seltene Art auf humosen Ton- und Lehmböden in feuchten Wäldern, an Bachufern, auf Matten im Mittel- und Hochgebirge. Arznei- und Gartenpflanze. An ähnlichen Standorten kommen der Gelbe Eisenhut, *Aconitum vulparia*, und der Bunte Eisenhut, *Aconitum variegatum*, vor allem im Gebirge vor.

6 Feldrittersporn, *Consolida regalis (Delphinium consolida).* 20–40 cm hohe, ein- bis zweijährige Pflanze mit kurzer Pfahlwurzel. Blüten mit oberem gesporntem Blütenblatt und 2 inneren gespornten Blütenhüllblättern, von Hummeln bestäubt. Balgkapsel. Selbstverbreitung der Samen. Blütezeit: Mai–September. Zerstreut meist auf kalkhaltigen, lehmigen oder tonigen Ackerböden und an Rainen.

1 Buschwindröschen, *Anemone nemorosa.* 10–25 cm hohe, ausdauernde, giftige Pflanze mit dicker Sproßachse (Rhizom), waagerecht im Boden kriechend, bis 15 cm tief wurzelnd. Blüten bei Regen geschlossen. Insekten- und Selbstbestäubung (Pollenblume). Vierteilige Frucht mit Ameisenverbreitung. Blütezeit: März–April. Häufig in Laubwäldern, feuchten Gebüschen, Erlenbrüchen, auf Wiesen und Weiden, auf frischen, humosen, lockeren Lehmböden. Gartenpflanze.

2 Gelbes Windröschen, *Anemone ranunculoides.* 15–30 cm hohe, ausdauernde, giftige Pflanze mit unterirdisch kriechender, waagerechter Sproßachse (Rhizom). Blütenhülle ohne Kelch. Insekten- und Selbstbestäubung. Ameisenverbreitung. Blütezeit: März–Mai. Verbreitet bis zerstreut in Laubwäldern, Gebüschen, auf schattigen Wiesen, in Parks auf humosen, lockeren, vorwiegend kalkhaltigen Lehm- und Tonböden.

3 Großes Windröschen, *Anemone sylvestris.* 15–40 cm hohe, ausdauernde, zottig behaarte, giftige Pflanze mit starkem Wurzelstock. Blüten mit Insekten- und Selbstbestäubung. Filzige, dicht behaarte Früchte in besenförmigen Samenständen mit Windverbreitung. Blütezeit: Mai–Juni. Zerstreut im Süden in Laub- und Nadelwäldern, auf Halbtrockenrasen, in Gebüschen, auf trockenen, meist kalkreichen Löß- und Lößlehmböden. Gartenpflanze. Stellenweise gefährdet.

4 Leberblümchen, *Hepatica nobilis.* 8–15 cm hohe, ausdauernde Pflanze mit kurzem, rasigem Wurzelstock. Laubblätter lederig und überwinternd. Blüten ohne Kelchblätter, nachts und bei Regen geschlossen. Insektenbestäubung (Bienen, Käfer). Früchte mit fleischigem Anhang, von Ameisen verbreitet. Blütezeit: März–April. Zerstreut in mäßig trockenen, nährstoffreichen Laubwäldern und Gebüschen sowie auf schattigen Felsabhängen. Früher Arzneipflanze. Gartenpflanze.

Fruchtstand Gemeine Kuhschelle

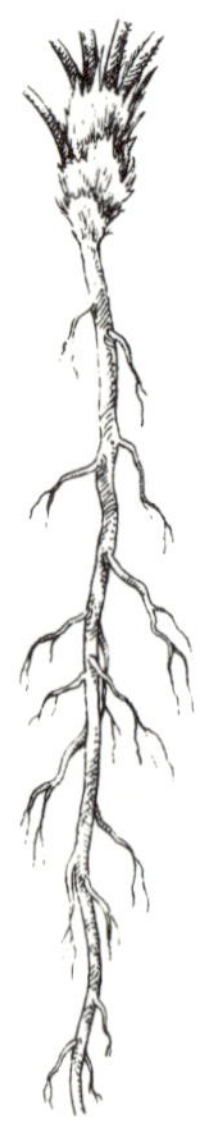

Wurzelstock Wiesenkuhschelle

5 Gemeine Kuhschelle, *Pulsatilla vulgaris.* 10 bis 50 cm hohe, ausdauernde, behaarte, giftige Pflanze mit kräftigem, über 1 m langem Wurzelstock. Laubblätter erst nach der Blüte erscheinend. Blüten mit Kelchblättern, statt Kronblättern Drüsen, nur bei Sonne geöffnet. Bienen- und Hummelbestäubung. Früchte einsamige Nüßchen mit langen Haaren. Wind- und Klettverbreitung. Blütezeit: April–Mai. Selten auf sonnigen Hügeln, in lichten, trockenen Wäldern, auf kalkhaltigen Böden. Gartenpflanze. Gefährdete Art.

6 Wiesenkuhschelle, *Pulsatilla pratensis.* Ausdauernde, 7–30 cm hohe Pflanze mit langem, mehrköpfigem Wurzelstock. Blätter nach der Blüte erscheinend. Blüten nickend. Insektenbestäubung. Früchte ähnlich vorige Art. Windverbreitung. Blütezeit: April–Mai. Selten auf trockenen Wiesen mit kalkreichen Sandböden. Gefährdet.

7 Alpenkuhschelle, *Pulsatilla alpina.* 10 bis 30 cm hohe, ausdauernde Pflanze. Blüten nur mit blumenkronähnlichen Kelchblättern und 3 Hochblättern. Früchtchen mit haarartiger Flugvorrichtung, aus dem Griffel entstanden. Blütezeit: Mai–August. Zerstreut auf kalkreichen Triften und Matten im höheren Gebirge. Gefährdete Pflanzenart.

1 Knolliger Hahnenfuß, *Ranunculus bulbosus.* 10–40 cm hohe, ausdauernde, stark giftige Pflanze mit knollig verdicktem Wurzelstock und Stengelgrund. Blüten mit Fliegen- und Bienenbestäubung. Früchtchen glatt mit kurzem, etwas gekrümmtem Schnabel. Blütezeit: April–Juli. Verbreitet auf Äckern, trockenen Wiesen, an Hecken und Mauern, in trockenen, lichten Wäldern, auf humosen, lockeren Lehmböden.

2 Kriechender Hahnenfuß, *Ranunculus repens.* 15–50 cm hohe, ausdauernde Pflanze mit weit kriechenden (Name), an den Knoten wurzelnden Ausläufern. Blüten mit Selbst- und Insektenbestäubung (Schwebfliegen). Frucht eingestochen punktiert, mit kurzem, geradem Schnabel. Blütezeit: Mai–Juli. Häufig auf Wiesen, in Gebüschen, Sümpfen und Wäldern, an den Ufern von Bächen und Teichen, auf feuchten, humosen Ton- und Lehmböden.

3 Goldschopfhahnenfuß, *Ranunculus auricomus.* 15–50 cm hohe, ausdauernde, giftige Pflanze mit kurzem, abgebissenem Wurzelstock und behaartem Stengel. Blüten durch Insekten bestäubt. Behaarte, bauchige Früchtchen (Schließfrucht) mit hakigem Schnabel und einem durch Ameisen verbreiteten Samen. Blütezeit: April–Juni. Verbreitet in lichten Laubwäldern, Gebüschen und Wiesen, auf feuchten, oft kalkhaltigen, humosen Ton- und Lehmböden.

4 Scharfer Hahnenfuß, *Ranunculus acris.* 30–100 cm hohe, ausdauernde, giftige Pflanze mit kurzem, verdicktem Wurzelstock. Blüten durch Fliegen und Bienen bestäubt. Kahle Früchtchen mit geradem Schnabel. Klettverbreitung. Blütezeit: Mai–September. Häufig auf Wiesen, in Gebüschen und Wäldern auf feuchten Lehmböden sowie Flachmooren, bis ins Hochgebirge. Früher Arzneipflanze.

5 Scharbockskraut, *Ranunculus ficaria (Ficaria verna).* Bis 20 cm hohe, ausdauernde Pflanze mit fleischigem, giftigem Wurzelstock. In den Blattwinkeln der Vermehrung dienende Brutknöllchen. Blüten durch Fliegen und Bienen bestäubt. Früchtchen mit Ameisenverbreitung. Blütezeit: März–Mai. Häufig in schattigen, feuchten Laubwäldern, Parks, Gärten, Gebüschen, auf Wiesen und an Bachufern. Früher Gemüse- und Arzneipflanze (Antiskorbutmittel).

6 Frühlingsadonisröschen, *Adonis vernalis.* 10–50 cm hohe, ausdauernde, giftige Pflanze mit kräftigem, langfaserigem, tiefreichendem Wurzelstock. Blüten mit Insektenbestäubung (Bienen, Käfer). Nußartige Früchtchen von Ameisen verbreitet. Blütezeit: April–Mai. Selten auf mäßig trockenen, kalkreichen sonnigen Abhängen, Heiden und in Kiefernwäldern. Arzneipflanze. Gartenpflanze. Gefährdete Pflanzenart.

7 Sommeradonisröschen, *Adonis aestivalis.* 30–50 cm hohe, einjährige Pflanze mit spindelförmiger Pfahlwurzel. Blüten mit bei Sonne weit ausgebreiteten Kelchblättern. Bienenbestäubung. Frucht Nüßchen mit Anhängsel, von Ameisen verbreitet. Blütezeit: Mai–Juli. Zerstreut als Unkraut auf trockenen, kalkreichen Äckern und Brachland, nur in der Ebene. Gefährdete Pflanzenart.

Früchte Scharbockskraut

Wurzelstöcke

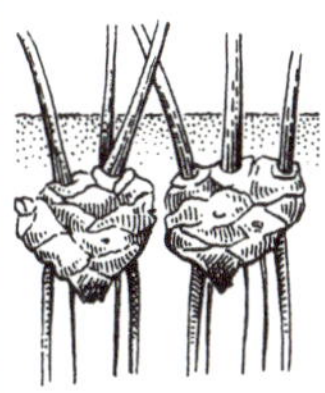

Knolliger Hahnenfuß

Scharbockskraut

MOHNGEWÄCHSE Papaveraceae

1 Schöllkraut, *Chelidonium majus.* 30 bis 70 cm hohe, ausdauernde Pflanze mit kurzem, ästigem Wurzelstock und graugelbem, giftigem Milchsaft. Blüten mit abfallenden Kelchblättern. Insektenbestäubung. Bei schlechtem Wetter Blüten geschlossen, und Blütenstiele senken sich. Schotenähnliche Kapsel. Ameisenverbreitung der Samen. Blütezeit: Mai–Oktober. Häufig an Mauern, Wegrändern, Gebüschen, auf Schutt, bis ins Gebirge. Arzneipflanze.

2 Saatmohn, *Papaver dubium.* 30–60 cm hohe, einjährige bis einjährig-überwinternde Pflanze, steif behaart. Kapseln mit 5–12 Narbenstrahlen. Windverbreitung der Samen. Blütezeit: Mai–Juli. Verbreitet auf trockenen Äckern, Rainen und Ödland, meist nur in der Ebene.

3 Klatschmohn, *Papaver rhoeas.* 30–80 cm hohe, einjährige oder einjährig-überwinternde, giftige Pflanze, bis 1 m tief wurzelnd, steif behaart. Blüten mit abfallenden Kelchblättern. Insektenbestäubung. Durchlöcherte Deckelkapsel (Streukapsel) mit Windverbreitung der Samen. Blütezeit: Mai–Juli. Verbreitetes Getreideunkraut auf Äckern, Brachland, Schutt, an Rainen, auf trockenen, humosen Lehmböden. Arzneipflanze.

4 Alpenmohn, *Papaver alpinum (P. sendtneri).* 5–20 cm hohe, ausdauernde Sammelart, aus mehreren Unterarten bestehend. Kurzer, mehrköpfiger Wurzelstock (Schuttkriecher). Blätter in grundständiger Rosette, bei einigen Unterarten behaart. Blüten gelb, weiß oder rötlich. Verkehrt-eiförmige Kapselfrüchte mit Windverbreitung der Samen. Kapseln mit 4–8 Narbenstrahlen. Blütezeit: Juli–August. Nur in höheren Lagen der Alpen auf Kalkgestein anzutreffen.

5 Sandmohn, *Papaver argemone.* 10–30 cm hohe, einjährige Pflanze mit borstig behaarten Stengeln. 2 grüngelbe, behaarte, abfallende Kelchblätter. Blüte mit Insektenbestäubung (Pollenblume). Keulenförmige Fruchtkapsel. Windverbreitung der Samen. Blütezeit: Mai–Juli. Zerstreut auf Äckern, Brachland, Sandplätzen, auf kalkfreien, im Sommer trockenen, humosen, lockeren Sandböden, vor allem in der Ebene.

ERDRAUCHGEWÄCHSE Fumariaceae

6 Hohler Lerchensporn, *Corydalis cava.* 20–30 cm hohe, ausdauernde Pflanze mit hohler Knolle (Name). Purpurfarbene, violette oder weiße Blüten mit Bestäubung durch langrüsselige Bienen. Früchte mehrsamige, 2klappige Schoten. Wind- und Ameisenverbreitung der Samen. Blütezeit: März–April. Zerstreut in feuchten Gebüschen, Laubwäldern, an Flüssen und Bächen. Früher Arzneipflanze.

7 Gemeiner Erdrauch, *Fumaria officinalis.* 15–30 cm hohe, einjährige Pflanze mit gerilltem Stengel. Blüten mit oberem sackförmigem Kronblatt. Insektenbestäubung (Bienen). Frucht kugelige Nuß. Ameisenverbreitung. Blütezeit: Mai–Oktober. Verbreitet auf Äckern, in Gärten, auf humosen Lehmböden, bis ins Gebirge. Früher Arzneipflanze.

Klatschmohn Streukapsel und Samen

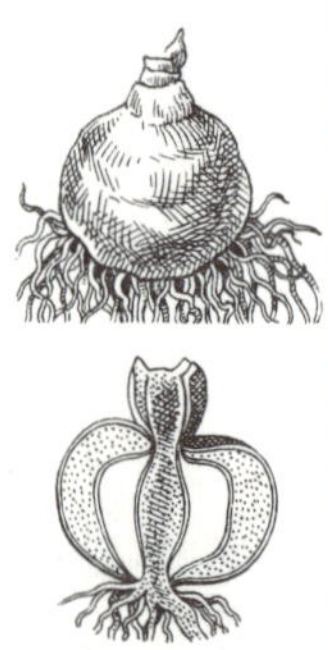

Hohler Lerchensporn Knolle von außen und im Längsschnitt

GÄNSEFUSSGEWÄCHSE Chenopodiaceae

1 Weißer Gänsefuß, *Chenopodium album.* 20–60 (auch 150) cm hohe, einjährige, mehlig bestäubte Pflanze mit ästigem Stengel. Blüten wie bei allen Gänsefuß- *(Chenopodium-)* Arten mit 5 Blüten- und 5 Staubblättern. Windbestäubung. Frucht eine Nuß mit glänzendem Samen. Blütezeit: Juli–Oktober. Gemein auf Schutt, Äckern, in Gärten, vor allem auf nährstoffreichen Böden. Früher Gemüsepflanze mit abführender Wirkung.

2 Dorfgänsefuß, Guter Heinrich, *Chenopodium bonus-henricus.* 20–60 cm hohe, ausdauernde Pflanze mit kräftigem, mehrköpfigem, fleischigem Wurzelstock, mehlig bestäubt. Blüten oft nur mit 2–5 Staubgefäßen oder ♀. Nußfrucht mit einem Samen. Klebverbreitung durch den Menschen. Blütezeit: Mai–August. Zerstreut auf Schutt, an Wegrändern, nahe Dungstätten, vorwiegend in Dorfnähe. Früher Gemüse- und Arzneipflanze.

3 Vielsamiger Gänsefuß, *Chenopodium polyspermum.* 15–60 cm hohe, einjährige, nicht bestäubte Pflanze, oft rot angelaufen. Blütezeit: Juli–September. Verbreitet bis zerstreut auf nährstoffreichen Äckern, an Wegrändern, Ufern, in Gärten, bis ins Gebirge.

4 Spreizende Melde, *Atriplex patula.* 30 bis 80 cm hohe, einjährige Pflanze mit aufsteigendem, stumpfkantigem Stengel, in der Jugend mehlig bestäubt. Eingeschlechtliche Blüten mit Insekten- und Windbestäubung. Frucht ein Nüßchen mit fast 3eckiger Fruchthülle und Zipfeln. Windverbreitung. Blütezeit: Juli–Oktober. Gemein auf Äkkern, an Wegrändern, auf humosen Ton- und Lehmböden, bis ins Gebirge. Ähnlich Spießmelde, *Atriplex hastata.*

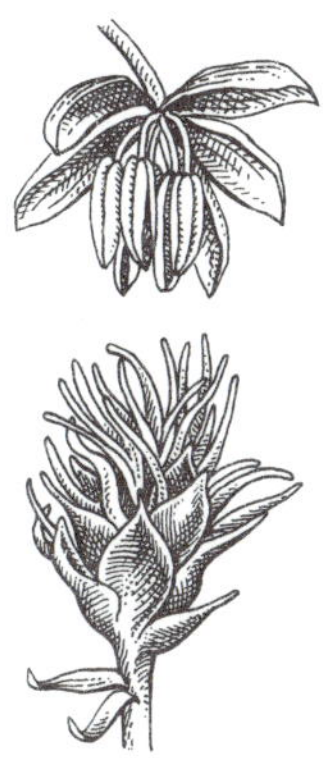

♂ und ♀ Blütenstand Gemeiner Hopfen

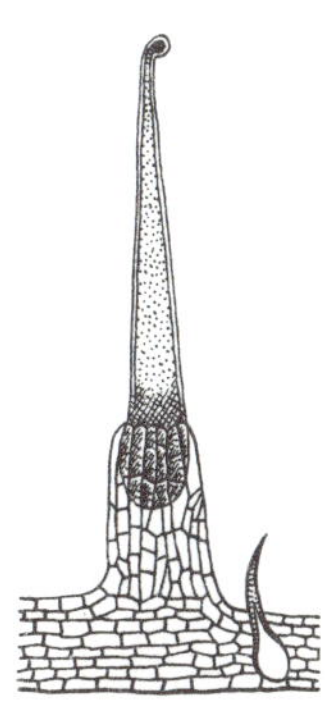

Brennhaar Brennessel (vergr.)

5 Kalisalzkraut, *Salsola kali.* 15–60 cm hohe, einjährige Pflanze. Untere Blätter mit dorniger Spitze. Blüte mit Wind- und Insektenbestäubung. Blütezeit: Juli–September. Zerstreut auf Sandböden am Meeresstrand und auf Strandwiesen, im Binnenland auf sandigen, salzigen Orten.

HANFGEWÄCHSE Cannabaceae

6 Gemeiner Hopfen, *Humulus lupulus.* 2 bis 6 m lange, ausdauernde, zweihäusige Schlingpflanze mit rechtswindenden Stengeln. Rauhhaarige Blätter. ♀ Blüten zapfenartige Scheinähre bildend, ♂ Blütenstände rispig mit weißgrüner Blütenhülle. Windbestäubung. Fruchtzapfen mit Harzdrüsen. Windverbreitung. Blütezeit: Juli–August. Verbreitung in Hecken, Auwäldern, Brüchen. Arzneipflanze. Bierwürze.

BRENNESSELGEWÄCHSE Urticaceae

7 Große Brennessel, *Urtica dioica.* 60 bis 150 cm hohe, ausdauernde, zweihäusige Pflanze mit kriechendem Wurzelstock (Rhizom). Blätter mit Brennhaaren. ♂ Büten in hängender Blütenrispe. Windbestäubung der Blüten. Frucht einsamiges Nüßchen mit Windverbreitung. Blütezeit: Juli–Oktober. Gemein in Brüchen, feuchten Wäldern, an Wegrändern, auf Schutt. Rohstoffpflanze (Nesselfaser). Arzneipflanze.

NELKENGEWÄCHSE Caryophyllaceae

1 Einjähriger Knäuel, *Scleranthus annuus.* 5–20 cm hohe, einjährige oder einjährig-überwinternde Pflanze mit dünner, bis 20 cm tief reichender Pfahlwurzel. Blüten mit 5 kleinen, verwachsenen Kelchblättern, keine Kronblätter. Selbstbestäubung, selten Insektenbestäubung. Früchte von spitzen Hüllzipfeln umgeben. Klettverbreitung (Tiere). Blütezeit: April–September. Häufig auf Äckern und Grasland, auf Felsen und Mauern, an Ufern, bis ins Hochgebirge.

2 Kahles Bruchkraut, *Herniaria glabra.* 5–15 cm hohe, einjährige bis ausdauernde Pflanze mit niederliegendem, ausgebreitetem Stengel. Kronblätter der Blüten kürzer als die Frucht. Insekten- und Selbstbestäubung. Einsamiges Nüßchen. Blütezeit: Juli–September. Verbreitet auf trockenen Wegen, Triften, Grasland, aber auch an Ufern. Früher Arzneipflanze.

3 Gemeiner Wasserdarm, *Myosoton (Malachium) aquaticum.* 20–100 cm hohe, einjährige bis ausdauernde Pflanze mit ausläuferartig kriechendem Erdstock und kletterndem Stengel. Blüten mit Blütenblättern, die länger sind als die 5 Kelchblätter. Fliegen- und Bienenbestäubung. Eiförmige Fruchtkapsel mit 5 spitzen, 2zähnigen Klappen. Blütezeit: Juni–September. Verbreitet an Ufern, in Gräben, Erlenbrüchen, nassen, lichten Auwäldern und Gebüschen.

4 Doldenspurre, *Holosteum umbellatum.* 5 bis 30 cm hohe, einjährige oder einjährig-überwinternde Pflanze mit kurzer, spindelförmiger Wurzel. Blüten mit Insekten- und Selbstbestäubung. Vielsamige Kapselfrüchte. Windverbreitung der Samen. Blütezeit: März–Mai. Verbreitet auf Äckern als Unkraut, auf Grasplätzen, sonnigen Hängen.

Blüten

Einjähriger Knäuel

Kahles Bruchkraut

Doldenspurre

Vogelsternmiere

5 Vogelsternmiere, Vogelmiere, *Stellaria media.* 5–50 cm hohe, einjährige oder einjährig-überwinternde Pflanze mit spindelförmigen, flachen Wurzeln und niederliegendem Stengel. Blüten mit Kronblättern, die kürzer sind als der Kelch. Insekten- und Selbstbestäubung. Kugelförmige, dunkelbraune Kapselfrucht, bis zum Grunde aufspringend. Windverbreitung der Samen. Blütezeit: März–November, auch in milden Wintern. Häufiges Unkraut auf Äckern, Schutt, in Gärten, besonders auf Böden mit hohem Stickstoffgehalt, bis ins Hochgebirge. Als Vogelfutter verwendet. Früher Arzneipflanze.

6 Echte Sternmiere, *Stellaria holostea.* 10 bis 30 cm hohe, ausdauernde, lockerrasig kriechende, flach wurzelnde Pflanze. Kronblätter der Blüte doppelt so lang wie der Kelch. Insektenbestäubung. Einfächerige Kapselfrucht mit Windverbreitung der Samen. Blütezeit: April–Juni. Verbreitet in Gebüschen und Hecken, trockenen Laubwäldern, an Wegen, bis ins Gebirge.

7 Grassternmiere, *Stellaria graminea.* 20 bis 40 cm hohe, ausdauernde Pflanze. Kronblätter der Blüten so lang wie Kelch. Blüten mit Fliegenbestäubung. Blütezeit: Mai–August. Verbreitet auf Äckern, Wiesen, in lichten Wäldern und Gebüschen, auf kalkarmen, humosen, meist sandigen Lehmböden, bis ins Hochgebirge.

1 Knäuelhornkraut, *Cerastium glomeratum (C. viscosum).* 5–45 cm hohe, einjährige oder einjährig-überwinternde Pflanze. Kronblätter der Blüten meist länger als der Kelch. Insekten- und Selbstbestäubung. Blütezeit: März–September. Verbreitet bis zerstreut an Waldwegen, auf Äckern, Grasplätzen, in Gärten und Gräben sowie an Ufern, auf feuchten, kalkarmen Lehm- und Tonböden, bis ins Hochgebirge.

2 Gemeines Hornkraut, *Cerastium holosteoides (C. vulgatum).* 10–50 cm hohe, ausdauernde, rasig wachsende Pflanze mit an den Ästen wurzelndem Stengel. Kronblätter der Blüten etwas länger als der Kelch. Fliegen- und Selbstbestäubung. Frucht zylindrische Kapsel. Blütezeit: Mai–Oktober. Häufig an Wegrändern, Ufern, auf Äckern, Wiesen, in lichten Wäldern, auf feuchten, humosen Lehm- und Tonböden, bis ins Hochgebirge.

3 Ackerhornkraut, *Cerastium arvense.* 5 bis 30 cm hohe, ausdauernde Pflanze mit am Grunde wurzelnden Laubtrieben. Blätter kurz behaart. Blüten mit Kronblättern, die viel länger sind als der Kelch. Insektenbestäubung. Früchte walzenförmige Kapseln mit Ameisen- und Windverbreitung der Samen. Blütezeit: April–Juli. Häufig auf trokkenen Wiesen, Äckern, steinigen Hängen und an Waldrändern, auf nährstoffreichen Böden, bis ins Hochgebirge.

4 Liegendes Mastkraut, *Sagina procumbens.* Bis 10 cm hohe, ausdauernde Pflanze mit am Grunde wurzelndem Stengel. Blätter kurz stachelspitzig. Blüten mit Selbstbestäubung. Fruchtkapsel mit Klebverbreitung der Samen. Blütezeit: Mai–September. Häufig auf feuchten Sand- und Lehmböden, an Gräben, Mauern, Teichrändern, auf Mooren, auch auf salzhaltigem Boden am Meeresstrand.

5 Dreinervige Nabelmiere, *Moehringia trinervia.* 15–30 cm hohe, einjährige, einjährigüberwinternde oder mehrjährige Pflanze. 3nervige (Name) Blätter. Kronblätter der Blüten kürzer als der Kelch. Fliegen- und Selbstbestäubung. Vielsamige, 4–6klappige Kapsel. Samen mit weißem Anhängsel, durch Ameisen verbreitet. Blütezeit: Mai–Juli. Verbreitet in feuchten Wäldern und Hecken, an Bachrändern, Ufern von Flüssen, an Zäunen und Mauern, auf humosen, kalkfreien Lehmböden.

6 Quendelsandkraut, *Arenaria serpyllifolia.* 5–20 cm hohe, einjährige oder einjährigüberwinternde Pflanze, bis 20 cm tief wurzelnd. Blüten mit Insekten- und Selbstbestäubung. 6klappige Kapselfrüchte. Fruchtstiel länger als Kelch, punktierte Samen. Blütezeit: Mai–September. Häufiges Ackerunkraut auf trockenen, sandigen Äckern, in Gärten, an Wegrändern, Mauern, trockenen Rainen, besonders auf sonnigen Stellen.

7 Ackerspark, Spörgel, *Spergula arvensis.* 10–50 cm hohe, einjährige Pflanze, bis 50 cm tief wurzelnd. Zerstreut behaarte Blätter. Blüten nur nachmittags bei Sonne geöffnet. Insekten- und Selbstbestäubung. Kapselfrüchte von bleibendem Kelch umgeben, der sich mit 5 Zähnen öffnet. Windverbreitung der Samen. Blütezeit: Juni–Oktober. Verbreitet als Unkraut auf Äckern, Waldblößen und an Wegen, auf frischen Böden.

Blüten

Knäuelhornkraut

Liegendes Mastkraut

Dreinervige Nabelmiere

Quendelsandkraut

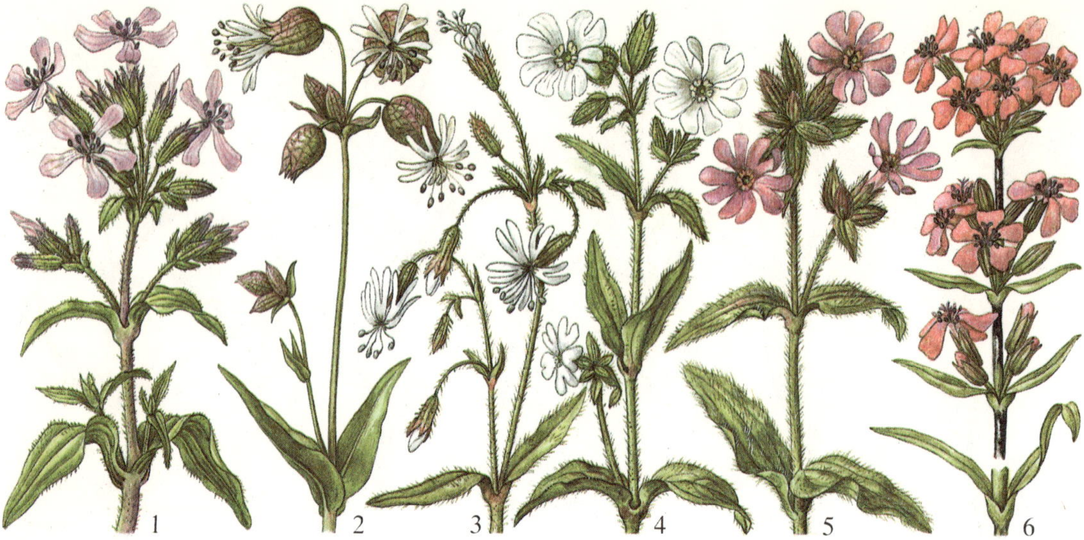

1 Echtes Seifenkraut, *Saponaria officinalis.* 30–80 cm hohe, ausdauernde Pflanze mit unterirdisch kriechender, walzlicher, stark verzweigter Grundachse. Nachtfalterblume mit starkem Duft abends und nachts. Einfächerige, vielsamige Kapsel, die sich mit 5 Zähnen öffnet. Windverbreitung der Samen. Blütezeit: Juni–September. Zerstreut an Ufern, Wegrändern, in Hecken, auf Schutt, auf trockenen bis feuchten, nährstoffreichen, humosen Stein-, Sand- und Kiesböden. Früher häufig als Arzneipflanze sowie für Fleckenwasser und Waschmittel verwendet.

2 Gemeines Leimkraut, Taubenkropf, *Silene vulgaris (S. cucubalus).* 15–50 cm hohe, ausdauernde Pflanze mit ästigem, vielköpfigem Wurzelstock, der bis über 1 m tief reichen kann. Blüten mit kropfartig aufgeblasenem Kelch (Name). Nachtfalter- und Bienenbestäubung. Kugelrunde, gestielte Kapselfrucht. Blütezeit: Juni–September. Verbreitet auf Wiesen, an Rainen, grasigen Hängen, auf Äckern, Felsen, an Wegrändern, Ufern, in Gebüschen und Wäldern, auf frischen, nährstoffreichen Böden aller Art, von der Ebene bis ins Gebirge.

3 Nickendes Leimkraut, *Silene nutans.* 20–60 cm hohe, ausdauernde Pflanze mit mehrköpfigem, ästigem Wurzelstock, zottig rauhhaarigen Stengeln und weichhaarigen Blättern. Nachtfalterblume, die 3 Nächte lang blüht. Langgestreckte, bei Reife sich an der Spitze öffnende Kapsel. Windverbreitung der Samen. Vermehrung auch durch Wurzelsprosse. Blütezeit: Mai–August. Verbreitet auf Grasplätzen, sonnigen, trockenen Hügeln, in lichten Gebüschen und Wäldern, auf nährstoffreichen, oft kalkarmen Stein- und steinigen Lehmböden.

Nickendes Leimkraut
Blüte bei Tag und bei Nacht

4 Weiße Lichtnelke, *Silene alba (Melandrium album).* 25–100 cm hohe, einjährige, einjährig-überwinternde oder ausdauernde Pflanze, bis 60 cm tief wurzelnd. ♂ Blüten mit walzen-keulenförmigem, ♀ Blüten mit eiförmigem Kelch. Blüten öffnen sich am Abend, Bestäubung durch Nachtfalter. Aufrechte Kapsel mit 10 Zähnen aufspringend. Windverbreitung der Samen. Blütezeit: Mai–September. Verbreitet auf Äckern, Schutt, sonnigen Hängen, an Waldrändern und in Gebüschen, auf trockenen, nährstoffreichen Sand- und Lehmböden, bis ins Gebirge.

5 Rote Lichtnelke, *Silene dioica (Melandrium rubrum).* 30–90 cm hohe, zweijährige bis ausdauernde, drüsig behaarte Pflanze. ♂ Blüten mit röhrenförmigem, ♀ Blüten mit eiförmigem Kelch, der sich am Abend öffnet. Hummel- und Falterbestäubung. Kapselfrucht mit Windverbreitung der Samen. Blütezeit: April–September. Verbreitet in feuchten Laub- und Auwäldern, an Bachufern, auf Bergwiesen, bis ins Hochgebirge.

6 Pechnelke, *Lychnis viscaria (Viscaria vulgaris).* 20–60 cm hohe, ausdauernde Pflanze mit mehrköpfigem Wurzelstock und Stengel mit pechartiger (Name), klebriger Leimstelle als Schutz vor unerwünschten Insekten. Blüten von Tagfaltern bestäubt. Kapselfrucht mit Windverbreitung der Samen. Blütezeit: Mai–Juli. Zerstreut auf sonnigen Wiesen, Felsabhängen, in lichten Wäldern auf kalkarmen, sandigen Lehmböden.

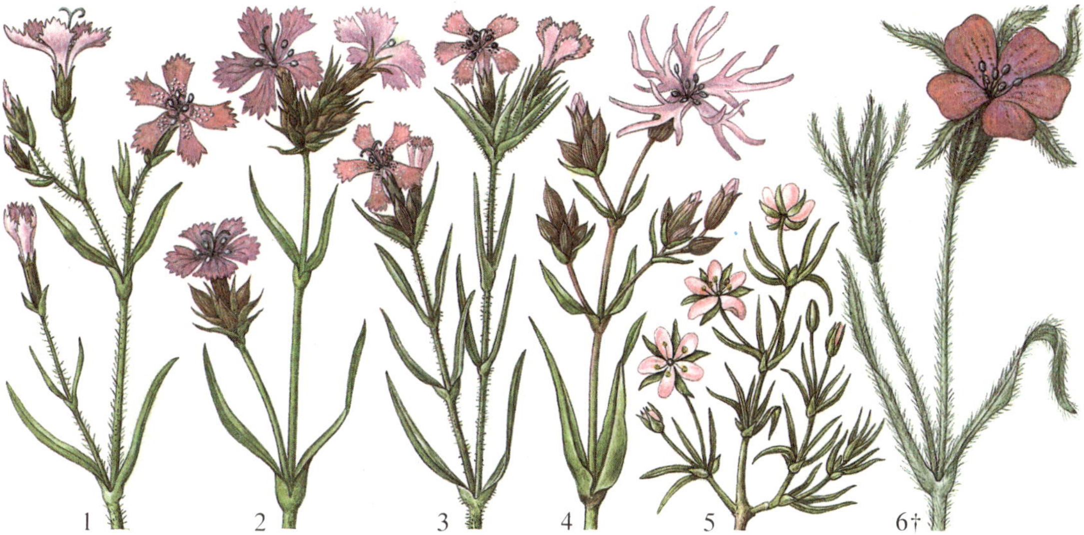

1 Heidenelke, *Dianthus deltoides.* 15–50 cm hohe, ausdauernde Pflanze mit kriechender, ästiger Grundachse und knotig gegliederten, kurzhaarig-rauhen Stengeln. Die weißpunktierte Blüte mit einem Paar Hochblättern – halb so lang wie der Kelch, von Tagfaltern bestäubt. Kapselfrucht mit Windverbreitung der Samen. Blütezeit: Juni–September. Verbreitet in lichten Wäldern, auf Wiesen, Wegen und Heiden, auf meist trockenen, kalkarmen Sand- und mäßig feuchten, steinigen Lehm- oder Torfböden, bis ins Gebirge.

2 Kartäusernelke, *Dianthus carthusianorum.* 15–50 cm hohe, ausdauernde Pflanze mit kriechenden, verästelten Stengeln und linealischen Blättern in Scheiden. Blumenkrone der Blüte mit braunen, trockenhäutigen Hochblättern – halb so lang wie die Kelchröhre. Blüten von Tagfaltern bestäubt. Kapselfrucht mit zahlreichen kleinen Samen, die durch Wind verbreitet werden. Blütezeit: Juni–September. Zerstreut auf grasigen Hügeln und Triften, in Laub- und Nadelwäldern, an Ufern und in lichten Gebüschen, auf basen- und kalkreichen, humosen, trokkenen, steinigen oder sandigen Lehm- und Lößböden, bis ins Hochgebirge.

3 Rauhe Nelke, *Dianthus armeria.* 30–60 cm hohe, zweijährige Pflanze mit spindelförmiger Wurzel und gabelig verästeltem Stengel. Blüten mit oben gezähnelter Blumenkrone und lanzettlich-pfriemlichen Kelchschuppen, von Tagfaltern bestäubt. Blütezeit: Juni–August. Zerstreut bis selten auf Waldblößen und an Waldrändern, sonnigen Hügeln, in trockenen Gebüschen, gelegentlich aus Gärten verwildert. Gartenpflanze.

Blüte Rote Schuppenmiere

Frucht Kornrade

4 Kuckuckslichtnelke, *Lychnis flos-cuculi.* 30–60 cm hohe, ausdauernde Pflanze mit kurzem, kriechendem Wurzelstock und rauh behaarten Stengeln. Blüten mit röhrig-glokkigem, verwachsenem Kelch, von Tagfaltern bestäubt. Langgestreckte, 5zähnige, einfächerige Kapsel mit zahlreichen kleinen Samen, die durch den Wind verbreitet werden. Blütezeit: Mai–Juli. Verbreitet auf Wiesen, in Flachmooren, an Ufern, in Gebüschen und lichten Wäldern, auf feuchten, nährstoffreichen, humosen Lehm- und Tonböden, von der Ebene bis ins Hochgebirge.

5 Rote Schuppenmiere, *Spergularia rubra.* 10–25 cm hohe, einjährige, einjährig-überwinternde oder mehrjährige Pflanze mit dünnem, flachem Wurzelsystem. Stachelspitzige Blätter und silberweiße, verlängerte Nebenblätter. Blüten öffnen sich nur bei Sonne am Tag. Fliegen- und Selbstbestäubung. 3teilige Kapsel, so lang wie der Kelch, mit ungeflügeltem Samen. Klebverbreitung. Blütezeit: Mai–September. Verbreitet an Wegen, auf Brachfeldern, feuchten Äckern, auf kalkarmen, sandigen Lehm- und Tonböden.

6 Kornrade, *Agrostemma githago.* Bis 100 cm hohe, einjährig-überwinternde Pflanze mit langer, tiefgehender Pfahlwurzel. Blüten mit röhrenförmigem Kelch, durch Falter und Bienen bestäubt. Aufrechte, 5klappige Kapselfrucht mit giftigen, nierenförmigen, schwarzen Samen. Blütezeit: Juni–Juli. Früher häufiges Getreideunkraut auf mäßig sauren, humosen Böden, heute durch Saatgutreinigung selten und vom Aussterben bedroht. Durch giftige Samen Mehl ungenießbar. Gartenpflanze (Sommerblume).

KNÖTERICHGEWÄCHSE Polygonaceae

1 Stumpfblättriger Ampfer, *Rumex obtusifolius.* 60–100 cm hohe, ausdauernde Pflanze mit ästigem, mehrköpfigem, bis 1 m tiefem Wurzelstock und aufsteigenden Trieben. Blüten wie bei allen Arten der Gattung Ampfer *(Rumex)* mit 6 Blütenhüllblättern. Nüßchen mit zerschlitztem Flügel. Blütezeit: Juni–August. Häufig auf humosen Lehm- und Tonböden von Wiesen, Feldern, Wegrändern, Gräben, feuchten Gebüschen und Laubwäldern, bis ins Gebirge.

2 Sumpfampfer, *Rumex palustris.* Bis über 1 m hohe, einjährig-überwinternde Pflanze mit aufrechtem Stengel. Nüßchen mit einer Schwiele. Blütezeit: Juli–September. Verbreitet auf feuchten Böden in Gewässernähe, auf Mooren, an Teich- und Seeufern, Gräben und auf feuchten Äckern, bis ins Gebirge.

3 Knäuelampfer, *Rumex conglomeratus.* 30–80 cm hohe, ausdauernde Pflanze mit spindelförmigem, ästigem Wurzelstock. Frucht scharfkantiges Nüßchen mit Schwielen, durch Wasser verbreitet. Blütezeit: Juni–August. Häufig an Ufern, in Gräben, Sümpfen, feuchten Gebüschen, an Wegrändern, auf nährstoffreichen Ton- und Lehmböden, bis ins Gebirge.

4 Krauser Ampfer, *Rumex crispus.* 60 bis 100 cm hohe, ausdauernde Pflanze mit langem, bis 1 m tiefem Wurzelstock. Zipfel der inneren Fruchthülle des Nüßchens am Grunde gezähnelt. Blütezeit: Juni–August. Häufig auf Wegen, Wiesen, feuchten Äckern, Schuttplätzen, bis ins Gebirge.

Früchte

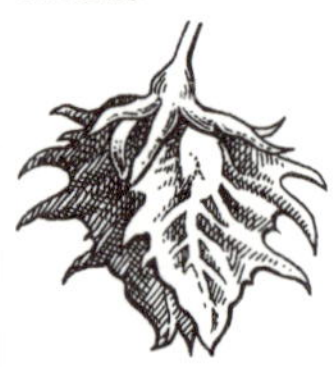

Stumpfblättriger Ampfer

Krauser Ampfer

Kleiner Sauerampfer

Wiesensauerampfer

5 Kleiner Sauerampfer, *Rumex acetosella.* 10–30 cm hohe, mehrjährige Pflanze mit ein- bis mehrköpfigem, spindelförmigem, bis 1 m tiefem Wurzelstock, Adventivwurzeln (Wurzelsprosse) bildend. Blüten mit Windbestäubung. Nicht geflügelte Nüßchen. Innere Zipfel der Fruchthülle kantig, äußere halb angedrückt. Windverbreitung. Blütezeit: Mai–August. Häufig in trockenen Wäldern, Heiden, Äckern, Triften, an Wegrändern, auf kalkarmen Böden.

6 Wiesensauerampfer, *Rumex acetosa.* Bis 100 cm hohe, ausdauernde Pflanze mit langer, ästiger, mehrköpfiger Pfahlwurzel. Blüten mit Windbestäubung. Schwarzbraune, scharfkantige Früchte an roten Stielen. Innere Zipfel der Fruchthülle häufig mit Schuppe. Windverbreitung. Blütezeit: Mai–Juli. Häufig auf frischen, stickstoffreichen Wiesen und Grasplätzen, in Gebüschen, an Bächen, auf humosen, lockeren Lehm-, Ton- und Torfböden, von der Ebene bis ins Gebirge. Futterunkraut auf Wiesen und Weiden.

7 Wiesenknöterich, *Polygonum bistorta.* 30–100 cm hohe, ausdauernde Pflanze mit Ausläufern und tiefreichendem, dickwalzlichem, schlangenförmig gekrümmtem Wurzelstock. Sehr kleine Blüten, durch Insekten bestäubt (Bienen, Fliegen). Frucht braune, scharf 3kantige, ungeflügelte Nuß. Blütezeit: Mai–Juli. Verbreitet bis zerstreut auf Wiesen und in lichten Wäldern, aber auch an Bachufern und in Flachmooren, von der Ebene bis ins Gebirge. Pflanze wird vom Weidevieh als Futter verschmäht. Früher diente das Rhizom für Arzneizwecke.

1 Wasserknöterich, *Polygonum amphibium.* 30–100 cm hohe, ausdauernde Pflanze mit kriechendem, kurze Ausläufer treibendem Wurzelstock und aufrechten oder im Wasser flutendem Stengel. Blätter der Wasserform länglich, der Landform lanzettlich. Früchte mit gewölbten Seiten und scharfem Rand, durch Wasser verbreitet. Blütezeit: Juni–September. Verbreitet in Gewässern (Wasserform) oder an schlammigen Ufern, Gräben, auf feuchten Stellen (Landform).

2 Flohknöterich, *Polygonum persicaria.* 20 bis 80 (auch 100) cm hohe, einjährige Pflanze mit spindelförmigen Wurzeln und aufrechtem oder niederliegendem Stengel. Frucht schwarzes Nüßchen. Blütezeit: Juli–Oktober. Häufig auf feuchten Sand-, Lehm- oder Tonböden von Äckern, Gräben und Wegrändern, bis ins Gebirge.

3 Wasserpfeffer, Pfefferknöterich, *Polygonum hydropiper.* 25–60 cm hohe, einjährige Pflanze mit giftigen, pfefferartig schmeckenden Blättern (Name) und tiefreichenden Wurzeln. Blüten mit 4teiliger Blütenhülle. Früchte in Blütenhülle eingeschlossen, mit flacher oder gewölbter Seite. Blütezeit: Juli–September. Verbreitet in Gräben, an Teichen, auf feuchten Waldstellen und Äckern, in Sümpfen, an Wegen, auf meist kalkarmen, humosen Ton- und Schlammböden, bis ins Gebirge. Der pfefferartige Geschmack schützt die Pflanze vor Tierfraß.

4 Vogelknöterich, *Polygonum aviculare.* 10–50 cm hohe, einjährige Pflanze mit meist niederliegendem, kriechendem, ästigem Stengel und vielköpfiger, spindelförmiger Wurzel. Selbstbestäubung der Blüten. Frucht fein gestreift, am Grunde am dicksten. Klebverbreitung der Samen. Blütezeit: Mai–November. Häufig auf Wegen, Pflaster, Äckern, Triften, Schutt, auf Stein-, Sand- und Lehmböden, bis ins Gebirge. Schwer bekämpfbares Unkraut. Früher Arzneipflanze.

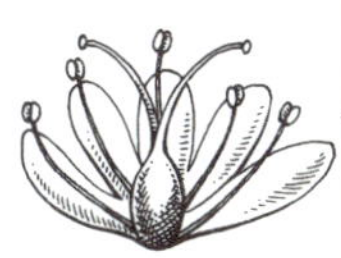

♀ Blüte Wasserknöterich

Blüte Vogelknöterich

Frucht Gemeines Sonnenröschen

5 Gemeiner Windenknöterich, *Fallopia (Polygonum) convolvulus.* 15–100 cm hohe, einjährige Pflanze mit spindelförmiger Wurzel und dünnem, windendem Stengel. Blüten in der Regel mit Selbstbestäubung. Frucht kleine, ungestielte Nuß mit stumpfem Kiel. Blütezeit: Juli–Oktober. Häufig auf Äckern, in Gärten, auf bebautem Boden, in Gebüschen, auf humosen Lehmböden.

AMARANTGEWÄCHSE Amaranthaceae

6 Zurückgebogener Fuchsschwanz, *Amaranthus retroflexus.* 15–100 cm hohe, einjährige Pflanze mit aufrechtem oder ausgebreitet ästigem, zottig behaartem Stengel. Blüten mit 5teiliger Blütenhülle. 2–3spitzige Deckelfrucht. Blütezeit: Juli–September. Verbreitet auf Ödland, Äckern, an Wegen. Aus Nordamerika eingewandert.

CISTROSENGEWÄCHSE Cistaceae

7 Gemeines Sonnenröschen, *Helianthemum nummularium.* 20–30 cm hoher, ausdauernder, kleiner Halbstrauch. Blätter filzig behaart. Blüten nur bei Sonne geöffnet, Insekten- und Selbstbestäubung. Kapselfrucht. Blütezeit: Juni–Oktober. Zerstreut auf trokkenen Wiesen und Heiden, bis ins Hochgebirge.

HARTHEUGEWÄCHSE Hypericaceae

1 Liegendes Hartheu, Johanniskraut, *Hypericum humifusum.* 5–20 cm hohe, einjährige oder ausdauernde Pflanze mit spindelförmiger, verästelter Wurzel. Nur die oberen Blätter durchscheinend punktiert. Blüte meist mit Selbstbestäubung. Frucht 3fächerige Kapsel. Blütezeit: Juni–Oktober. Verbreitet bis zerstreut auf Ödland, Äckern, Heiden, an Waldrändern auf nährstoffreichen Böden.

2 Rauhhaariges Hartheu, Johanniskraut, *Hypericum hirsutum.* 40–100 cm hohe, ausdauernde, behaarte Pflanze mit spindelförmiger Wurzel. Blätter durchscheinend punktiert. Blüte Pollenblume mit Insektenbestäubung. Samtartig behaarte Samen. Blütezeit: Juni–August. Zerstreut in lichten Laubwäldern und Gebüschen, auf schattigen Wiesen, meist auf kalkhaltigen Ton- und Lehmböden.

3 Tüpfelhartheu, Johanniskraut, *Hypericum perforatum.* 30–60 cm hohe, ausdauernde Pflanze mit spindelförmigem Wurzelstock. Blätter durchscheinend punktiert. Blüten mit Insekten- und Selbstbestäubung. Vielsamige, eiförmige, 3klappige Kapselfrucht mit dunkelbraunen Samen. Windverbreitung. Blütezeit: Juni–September. Häufig auf Triften, in Wäldern, Gebüschen, auf Wiesen und Äkkern, auf humosen Böden. Früher Rohstoffpflanze. Arzneipflanze.

4 Kantenhartheu, Johanniskraut, *Hypericum maculatum.* 20–60 cm hohe, ausdauernde Pflanze mit 4kantigem Stengel und ästigem, spindelförmigem Wurzelstock. Blätter kaum punktiert. Blumenblätter drüsig punktiert. Blüte mit Insektenbestäubung. Vielsamige Kapselfrucht. Windverbreitung der Samen. Blütezeit: Juni–September. Verbreitet auf Waldwiesen, Triften, in feuchten Wäldern, auf kalkarmen Lehm- und Tonböden.

RESEDENGEWÄCHSE Resedaceae

5 Gelbe Resede, *Reseda lutea.* 20–60 cm hohe, ein- bis mehrjährige Pflanze. Blüten schwach duftend, von Insekten (kurzrüsseligen Bienen) bestäubt. Früchte bei Reife aufrecht. Samen durch Wind verbreitet. Blütezeit: Mai–September. Verbreitet an Wegrändern, auf Schuttplätzen, Äckern, sonnigen Hängen, besonders auf kalkhaltigen Böden. Früher Färbepflanze.

MALVENGEWÄCHSE Malvaceae

6 Wilde Malve, *Malva sylvestris.* 30–100 cm hohe, ausdauernde oder zweijährige, rauhhaarige Pflanze mit spindelförmiger, fleischiger Wurzel. Die 5 Kronblätter 3–4mal so lang wie der 5zählige Kelch der Blüte. Insektenbestäubung. 9–11 scheibenartige Teilfrüchte mit Selbstverbreitung. Blütezeit: Juni–Oktober. Verbreitet auf Wiesen, an Wegen, auf Schutt. Arzneipflanze. Früher Gemüsepflanze.

7 Wegmalve, *Malva neglecta.* 15–60 cm hohe, ausdauernde oder einjährige Pflanze mit dünner, spindeliger Wurzel. Blüten mit Insekten- und Selbstbestäubung. Scheibenartige Teilfrüchte mit Selbstverbreitung. Blütezeit: Juni–Oktober. Häufig auf Schutt, Äckern, Dämmen. Arzneipflanze.

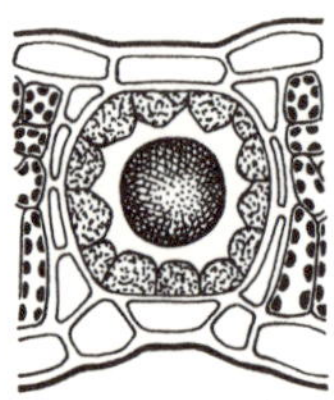

Tüpfelhartheu Ölbehälter im Blatt (vergr.)

Kantenhartheu Stengelquerschnitt

Frucht Wilde Malve

VEILCHENGEWÄCHSE Violaceae

1 Wildes Stiefmütterchen, *Viola tricolor.* 10–30 cm hohe, ein-, zweijährige oder ausdauernde Pflanze. Nebenblätter leierförmig-fiederspaltig. Untere Blütenblätter mit Sporn. Insektenbestäubung (Bienen). 3klappige Kapselfrucht. Selbst- und Ameisenverbreitung der Samen. Blütezeit: Mai–Oktober. Häufig auf sandigen Lehmböden von Äckern, Wiesen und Brachland, von der Küste bis ins Gebirge. Früher Arzneipflanze.

2 Waldveilchen, *Viola reichenbachiana.* Bis 20 cm hohe, ausdauernde Pflanze mit grundständiger Blattrosette und vielköpfigem Wurzelstock. Nebenblätter lineal-lanzettlich, gefranst-gesägt. Blüten mit Insekten- und Selbstbestäubung. Selbst- und Ameisenverbreitung der Samen. Blütezeit: April–Juni. Verbreitet auf Braunerden von Laub- und Nadelwäldern, Hecken und Hainen.

3 Hainveilchen, *Viola riviniana.* 10–40 cm hohe, ausdauernde Pflanze. Lanzettliche, wenig gefranste Nebenblätter. Blüten mit Insektenbestäubung. Ameisenverbreitung der Samen. Blütezeit: April–Mai. Verbreitet auf sandigen Lehm- und Tonböden von lichten Laubwäldern, aber auch Nadelwäldern und Hochstaudenwiesen im Gebirge.

4 Hundsveilchen, *Viola canina.* Bis 30 cm hohe, ausdauernde Pflanze mit mehrköpfigem Wurzelstock. Nebenblätter meist gefranst-gesägt. Blüten mit Insektenbestäubung. Blütezeit: April–Juni. Verbreitet auf Magerwiesen, Heiden, in lichten Wäldern, bis ins Gebirge. Kalkmeidend.

Kapsel von Veilchenart und Samen

5 Sumpfveilchen, *Viola palustris.* 8–15 cm hohe, ausdauernde Pflanze mit dünnem, kriechendem Wurzelstock und grundständiger Blattrosette. Eiförmige, fransig-gezähnte Nebenblätter. Blüten mit kurzem Sporn. Insekten- und Selbstbestäubung. Ameisenverbreitung der Samen. Blütezeit: Mai–Juni. Zerstreut auf feuchten Wiesen, in Torfsümpfen, auf Hoch- und Flachmooren.

6 Märzveilchen, *Viola odorata.* Bis 10 cm hohe, ausdauernde Pflanze mit kurzem, dikkem Wurzelstock und sich bewurzelnden Ausläufern. Ganzrandige, aber etwas gefranste Nebenblätter. Violetter Sporn der duftenden Blüten mit Nektar, der Insekten als Nahrung dient. Insekten- und Selbstbestäubung. Ameisen- und Selbstverbreitung der Samen. Stellenweise auf trockenen Wiesen, in Gebüschen, an Mauern. Früher Arzneipflanze. Gartenpflanze.

HERZBLATTGEWÄCHSE Parnassiaceae

7 Sumpfherzblatt, *Parnassia palustris.* 10–25 cm hohe, ausdauernde Pflanze mit dichtem, kurzem Wurzelstock und rosettig angeordneten, grundständigen Blättern. Neben den Staubblättern in der Blüte 5 gefranste, umgewandelte Staubblätter mit langen Drüsen. Die Fransenköpfchen locken kleine Fliegen und Käfer an, von denen aber nur bestimmte Arten zum Nektar am Blütengrund gelangen und die Bestäubung durchführen (Insektentäuschblume). Einfächerige Kapsel mit 4 Klappen aufspringend. Windverbreitung der Samen. Blütezeit: Juli–September. Selten auf feuchten Wiesen und Flachmooren. Früher Arzneipflanze.

KREUZBLÜTENGEWÄCHSE Brassicaceae

1 Knoblauchsrauke, *Alliaria petiolata (A. officinalis).* 25–100 cm hohe, einjährig-überwinternde Pflanze mit spindelförmiger Wurzel. Riecht beim Zerreiben nach Knoblauch (Name). Blüten durch Bienen bestäubt und Selbstbestäubung. 4kantige, linealische Schote. Windverbreitung der Samen. Blütezeit: April–Juni. Verbreitet in lichten Laubwäldern und Gebüschen, an Rainen, auf Schutt, lästiges Unkraut in Gärten. Früher Arzneipflanze.

2 Wegrauke, *Sisymbrium officinale.* 30–80 cm hohe, einjährige Pflanze mit behaartem Stengel. Selbstbestäubung der Blüten. Kurzgestielte Schote. Blütezeit: Mai–Oktober. Häufig an Wegen (Name), auf Dämmen, Schutt, an Ufern. Früher Arzneipflanze.

3 Ackerschmalwand, *Arabidopsis thaliana.* 8–30 cm hohe, einjährige oder einjährigüberwinternde Pflanze mit spindelförmiger, reich verästelter, bis 40 cm tief reichender Wurzel und rauhhaarigem Stengel. Insekten- und Selbstbestäubung der Blüten. Fadenförmige, zusammengedrückte Schote. Blütezeit: April–August, oft auch Herbst und Winter. Verbreitet auf Äckern, Wegen, Rainen, Dämmen, Grasland, in Kiefernwäldern, meist auf kalkarmen, steinigen oder sandigen Lehmböden, bis ins Gebirge.

4 Ackerschöterich, *Erysimum cheiranthoides.* 20–80 cm hohe, einjährige oder einjährigüberwinternde Pflanze mit kurzer, spindelförmiger, bis 50 cm tief reichender Wurzel. Bienen- und Selbstbestäubung der Blüten. 4kantige, aufrechte Schoten. Blütezeit: Mai–September. Verbreitet an Zäunen, Wegrändern, auf Äckern (Name), in Gärten, auf sandigen Lehm- und Tonböden.

5 Wiesenschaumkraut, *Cardamine pratensis.* 20–40 cm hohe, ausdauernde Pflanze mit reich bewurzeltem Wurzelstock. Blüten mit Insektenbestäubung. Aufrecht stehende Schoten mit 2 Klappen aufspringend. Selbstverbreitung der Samen. Vermehrung auch durch Ausläufer. Blütezeit: April–Juni. Verbreitet auf Wiesen, Flachmooren, in Auwäldern und an Bächen. Oft Schaumhäufchen einer Zikade (Name).

6 Bittteres Schaumkraut, *Cardamine amara.* 10–40 cm hohe, ausdauernde Pflanze mit Ausläufern. Blüten mit Insektenbestäubung. Lange, dünne Schoten, die sich mit 2 Klappen öffnen. Blütezeit: April–Juni. Verbreitet an Bächen, Gräben, Quellen, auf sickernassen, nährstoffreichen, humosen Wiesen und in Wäldern von der Ebene bis ins Hochgebirge. Früher Arzneipflanze und Gemüsepflanze.

7 Echte Winterkresse, Barbarakraut, *Barbarea vulgaris (B. iberica).* 30–80 cm hohe, ein- bis zweijährige Pflanze mit spindelförmiger Wurzel. Untere Blätter rosettenförmig angeordnet. Blüten mit Insektenbestäubung. Schoten mit einreihigem Samenfächer. Blütezeit: April–Juni. Verbreitet auf feuchten, nährstoffreichen Wiesen, Äckern, Wegrändern, an Ufern von Flüssen und Seen, auf humosen oder kiesig-sandigen Lehmböden. Stromtalpflanze. Früher Arznei- und Gemüsepflanze.

Früchte und Samen

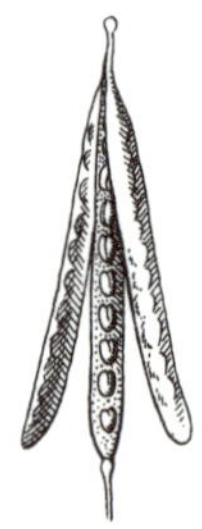

Wiesenschaumkraut

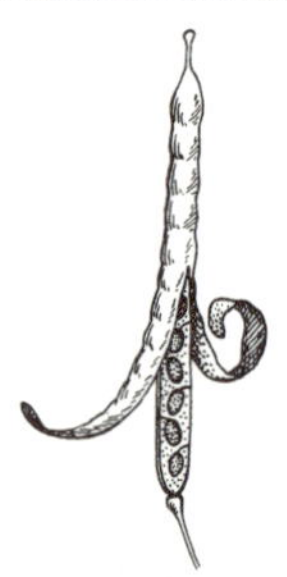

Bitteres Schaumkraut

Wiesenschaumkraut Wurzelsystem

1 Gemeine Sumpfkresse, *Rorippa palustris (R. islandica).* 15–60 cm hohe, einjährige oder einjährig-überwinternde Pflanze mit spindelförmiger Wurzel, bis 75 cm tief wurzelnd. Kronblätter der Blüten meist gleichlang wie Kelchblätter, meist Insektenbestäubung. Elliptische stielrunde Schoten. Blütezeit: Juni–September. Verbreitet in der Ebene entlang großer Ströme auf kiesigem und sandigem, nährstoffreichem Schlammboden, auf feuchten Wiesen, Äckern und Mooren, meist im Tiefland.

2 Wilde Sumpfkresse, *Rorippa sylvestris.* 15–50 cm hohe, ausdauernde Pflanze mit spindelförmiger, bis 80 cm tief reichender Wurzel, Ausläufer treibend. Blüten mit fast doppelt so langen Kron- wie Kelchblättern, meist Insektenbestäubung. Linealische Schoten mit 2 gewölbten Klappen. Wasserverbreitung der Samen. Blütezeit: Juni–September. Verbreitet an Fluß- und Seeufern, auf Wiesen, Äckern, Dämmen, in Gärten, auf nährstoffreichen, nassen Lehm- und Tonböden.

3 Meerrettich, *Armoracia rusticana (A. lapathifolia).* 60–125 cm hohe, ausdauernde Pflanze mit dicker Wurzel, unterirdische, fleischige Ausläufer (Wurzelsprosse) treibend. Große, grundständige, längliche Blätter mit herz-eiförmigem Grund, etwas wellig. Gedunsene, elliptische Schötchen mit 3–5samigem Fächer, wenig Samen bildend. Blütezeit: Mai–Juli. Zerstreut an Bachufern, in Gräben, auf Schuttplätzen, an Mauern, Zäunen und Ackerrändern, auf feuchten, nährstoffreichen, tiefgründigen, lockeren Lehmböden, in Gärten stellenweise als Gewürzpflanze und appetitanregende Arzneipflanze angebaut.

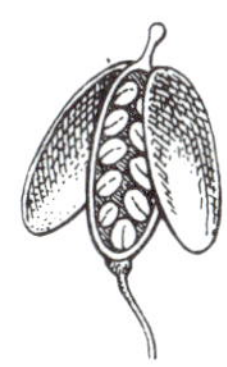

Frucht und Samen Gemeine Sumpfkresse

Wurzel Meerrettich

4 Sandschaumkresse, *Cardaminopsis arenosa.* 15–40 cm hohe, zweijährige oder ausdauernde Pflanze mit verästelter, spindelförmiger Wurzel. Blüten mit Insektenbestäubung. Blütezeit: April–August. Zerstreut bis selten auf sandigen, oft kalkhaltigen, lockeren Stein- und Sandböden, auf Dämmen, Felsen, Wegen, trockenen Wiesen und Hängen.

5 Kahle Gänsekresse, Turmkraut, *Arabis (Turritis) glabra.* 50–125 cm hohe, einjährig-überwinternde Pflanze. Blüten meist mit Selbstbestäubung. Schmale, steif-aufrechte Schoten, viel länger als Stielchen mit 2reihigem Samenfächer. Blütezeit: Mai–Juli. Verbreitet auf sonnigen Hügeln, Ackerrändern, Kahlschlägen, in Gebüschen, meist auf kalkhaltigen Böden, aber auch Rohbodenpionier, bis ins Gebirge.

6 Rauhhaarige Gänsekresse, *Arabis hirsuta.* 10–60 (auch 120) cm hohe, zweijährige oder ausdauernde Pflanze mit langer, spindelförmiger Wurzel. Alle Blätter mit rauhen Sternhaaren besetzt (Name). Kleine Blüten mit Insektenbestäubung. Schoten aufrecht, schmal-linealisch. Blütezeit: Mai–Juli. Häufig auf Hügeln, in Gebüschen, auf trockenen Wiesen, in lichten Laub- und Kiefernwäldern, auf Schutt, auf meist kalkhaltigen Böden, im Gebirge nur in den Tälern.

7 Alpengänsekresse, *Arabis alpina.* 5–40 cm hohe, ausdauernde Pflanze mit ästiger, spindelförmiger Wurzel. Blüten mit Insekten- und Selbstbestäubung. Kleine Schoten mit geflügelten Samen. Blütezeit: April–August. Zerstreut im Gebirge und Hochgebirge auf kalkhaltigem Geröll und Fels.

1 Kelchsteinkraut, *Alyssum alyssoides.* 5 bis 30 cm hohe, ein- oder zweijährige Pflanze mit langer, spindelförmiger, ästiger, flacher Wurzel. Blätter mit grauen Sternhaaren. Blüten mit Insekten- und Selbstbestäubung. Die rundlichen Schötchen wenig länger als breit, 2samig, grau behaart. Blütezeit: April–September. Verbreitet bis zerstreut auf trockenen, kalkhaltigen Äckern, Felsen, Eisenbahndämmen, Rasenflächen, in lichten Kiefernwäldern. Steingartenpflanze.

2 Graukresse, *Berteroa incana.* 30–65 cm hohe, einjährige oder zweijährige Pflanze mit spindelförmiger, weißlicher Wurzel und aufrechtem, ästigem Stengel. Blüten mit Bienen- und Selbstbestäubung. Kleine Schötchen. Blütezeit: Juni–Oktober. Verbreitet auf sonnigen Hängen, Äckern, Schutt, an Wegrändern, Dämmen, auf kalkarmen, trokkenen Kies- oder Sandböden. Breitet sich an ruderalen sandigen Stellen stark aus.

3 Frühlingshungerblümchen, *Erophila verna.* 3–12 cm hohes, einjähriges oder einjährigüberwinterndes Pflänzchen mit reich verästelter, spindelförmiger, grundständiger Wurzel und grundständiger Blattrosette. Blüten mit gespaltenen Blütenblättern. Insekten- und Selbstbestäubung. Rundlich-längliche, elliptisch-lanzettliche Schötchen. Blütezeit: März–Mai. Verbreitet bis gemein auf trockenen Äckern, Triften, Wegen und Felsen, auf Böden aller Art, besonders lockeren Sandböden, bis ins Hochgebirge.

4 Immergrünes Felsenblümchen, *Draba aizoides.* 3–15 cm hohes, ausdauerndes Pflänzchen mit kugeliger, lederartiger Blattrosette. Blüten mit Insektenbestäubung, bei Regen halb geschlossen. Vielsamige, längliche Schötchen, den Winter überdauernd, im Frühjahr Windverbreitung der Samen. Blütezeit: April–August. Verbreitet im höheren Gebirge auf kalkreichem, steinigem Ödland, Steinschutt und in Felsspalten.

5 Gebräuchliches Löffelkraut, *Cochlearia officinalis.* 10–30 cm hohe, einjährig-überwinternde oder zweijährige Pflanze mit reichfaserigem Wurzelstock. Wohlriechende Blüten. Kleine, elliptische, fast kugelige Schötchen mit rundlichen rauhen Samen. Blütezeit: Mai–Juni. Zerstreut, stellenweise selten am Meeresufer, auf Salzwiesen, an Bächen. Arznei- und Gemüsepflanze.

6 Felsenkugelschötchen, *Kernera saxatilis.* 10–30 cm hohe, ausdauernde Pflanze mit mehrköpfigem, kräftigem Wurzelstock. Blätter in Rosette, rauh behaart. Runde, kugelige (Name) Schoten mit 2reihig stehenden, glatten Samen. Blütezeit: Juni–August. Verbreitet an Felsen, Hängen, in lichten Wäldern, auf steinigen Kalk- und Dolomitböden im Hochgebirge und höheren Bergland.

7 Gemeines Hirtentäschel, *Capsella bursa-pastoris.* Bis 50 cm hohe, einjährige oder einjährig-überwinternde Pflanze mit spindelförmiger, bis 50 cm tief gehender Wurzel und grundständiger Blattrosette. Blüten mit doppelt so langen Kron- wie Kelchblättern. Insekten- und Selbstbestäubung. Vielsamige, 3eckige Schötchen. Windverbreitung der Samen. Blütezeit: März–November. Häufig auf Ödland, Äckern, Weiden. Früher Arzneipflanze.

Frucht Kelchsteinkraut

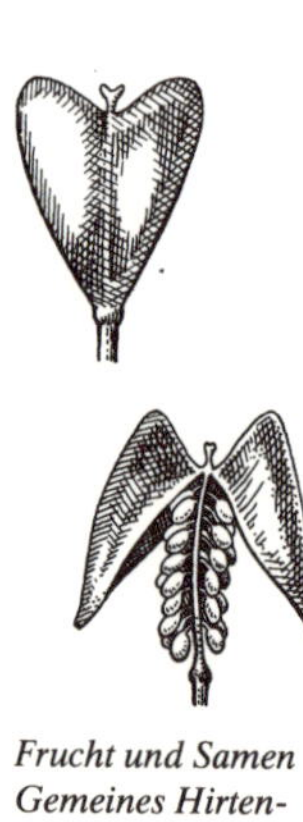

Frucht und Samen Gemeines Hirtentäschel

1 Alpengemskresse, *Hutchinsia alpina.* 5 bis 12 cm hohe, ausdauernde Pflanze mit mehrköpfiger, spindelförmiger Wurzel. Blüten mit Insektenbestäubung. Kurze Schötchen mit 1–2 Samen je Fach. Blütezeit: Mai–August. Zerstreut in den Alpen und deren Vorland, auf Geröll der Bäche, kalkreichen, feuchten Triften und Weiden und in Felsspalten.

2 Ackerhellerkraut, *Thlaspi arvense.* 10 bis 30 cm hohe, einjährige oder einjährig-überwinternde Pflanze, 50 cm tief wurzelnd. Blüten mit Insekten- und Selbstbestäubung. Vielsamige Schötchen mit breitem Flügel. Blütezeit: Mai–Oktober. Häufig auf Äckern, Wegrändern, Ödland, auf humosen Ton- und Lehmböden. Früher Arzneipflanze.

3 Steintäschel, *Aethionema saxatile.* 5–20 cm hohe, ausdauernde, bläulich bereifte Pflanze. Oft auch im ersten Jahr blühend und nach Bildung der geflügelten, 2klappigen Schötchen absterbend. Blütezeit: April–Juni. Auf trockenen, kalkhaltigen Schutt- und Kiesböden der Gebirge im Süden, im Rückgang.

4 Pfeilkresse, *Cardaria draba (Lepidium draba).* 20–50 cm hohe, ausdauernde Pflanze mit verzweigter, tiefgehender Wurzel. Wohlriechende Blüten mit Fliegen- und Selbstbestäubung. Herzförmige bis elliptische Schötchen. Blütezeit: Mai–Juli. Zerstreut auf Ödland und an Dämmen, auf trockenen, nährstoffreichen Böden.

5 Schuttkresse, *Lepidium ruderale.* 10–30 cm hohe, ein- oder zweijährige, flaumig behaarte, unangenehm riechende Pflanze mit dünner, spindelförmiger Wurzel. Untere Blätter fiederspaltig. Blüten mit gelblichweißem Kelch. Selbstbestäubung. Abstehend gestielte Schötchen mit schmalem Flügel. Blütezeit: Mai–Oktober. Verbreitet auf Dämmen, Wegen, Ödland und an Ufern, auf humusarmen, nährstoffreichen und auch salzhaltigen Sand-, Kies- oder Lehmböden.

6 Ackersenf, *Sinapis arvensis.* 30–60 cm hohe, einjährige Pflanze mit dünner, spindelförmiger Wurzel und meist kurzborstigem Stengel. Obere Blätter sitzend, untere gestielt. Blüten mit grünem, länglichem, waagerecht abstehendem Kelch, meist von Fliegen und Bienen bestäubt. Stielrunde, kahle oder kurzborstige Schote, 2klappig aufspringend. Windverbreitung der Samen, die lange keimfähig bleiben. Blütezeit: Juni–Oktober. Verbreitetes, lästiges Unkraut auf Äckern, in Gärten, auf Grasland, Schutt und Wegrändern, vorzugsweise auf kalkhaltigen Lehm- oder Tonböden, von der Ebene bis ins Gebirge. Früher Gemüse- und Rohstoffpflanze (Senf).

7 Ackerrettich, Hederich, *Raphanus raphanistrum.* 30–60 cm hohe, einjährige Pflanze mit rübenförmiger, dünner, bis 1 m tief reichender Wurzel. Blüten mit aufrechten Kelchbättern (im Gegensatz zum Ackersenf). Insekten- und Selbstbestäubung. Aufrecht stehende, in einem Schnabel endende Schoten, in einsamige Teile zerfallend. Blütezeit: Juni–Oktober. Häufig auf Äckern, Schutt, Ödland, an Wegen und Rainen als gefürchtetes Samenunkraut kalkarmer Sand- und Lehmböden, von der Ebene bis ins Gebirge. Früher Arzneipflanze. Rohstoff- (Senfersatz) und Gemüsepflanze.

Früchte

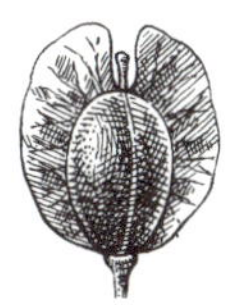

Ackerhellerkraut

Steintäschel

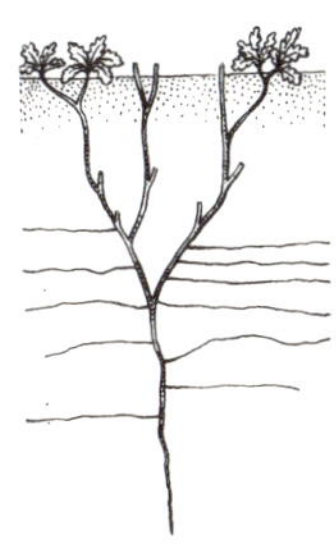

Pfeilkresse Wurzelsystem

WOLFSMILCHGEWÄCHSE
Euphorbiaceae

1 Sonnenwendwolfsmilch, *Euphorbia helioscopia.* 10–30 cm hohe, einjährige Pflanze mit pfahlartiger, kurzfaseriger Wurzel. ♂ und ♀ unscheinbare Blüten wie bei allen Wolfsmilchgewächsen von Hüllblättern umgeben. Die Blütenstände neigen sich der Sonne entgegen (Name). Fliegenbestäubung der Blüten. Kapselfrucht mit Selbst- und Ameisenverbreitung der Samen. Blütezeit: Mai–Oktober. Verbreitet als Unkraut auf Äckern und in Gärten, auf Schutt, an Wegrändern, bis ins Gebirge. Giftig.

2 Zypressenwolfsmilch, *Euphorbia cyparissias.* 15–30 cm hohe, ausdauernde Pflanze mit ästigem Wurzelstock und kriechenden Ausläufern. Blüten in becherförmiger Hülle. Insektenbestäubung (Fliegen). Kapselfrucht mit Ameisenverbreitung der Samen. Blütezeit: April–Mai. Verbreitet auf sonnigen Weiden, an Dämmen, Wegen, in lichten Wäldern und Gebüschen, meist auf kalkhaltigen Böden, bis ins Gebirge. Giftig.

3 Gartenwolfsmilch, *Euphorbia peplus.* 10 bis 30 cm hohe, einjährige Pflanze mit spindeliger, dünner, meist verästelter Wurzel. Blüten in Trugdolden. Kapselfrucht. Blütezeit: Juli–Oktober. Häufiges Unkraut auf Äckern, in Gärten und auf Schutt, auf trokkenen, humosen Lehmböden. Giftig.

4 Einjähriges Bingelkraut, *Mercurialis annua.* 20–50 cm hohe, einjährige Pflanze, selten überwinternd, mit spindelförmiger Wurzel. An den Knoten verdickte Stengel. ♂ und ♀ Blüten mit Wind- und Insektenbestäubung. Kapselfrucht mit borstigen Haaren. Windverbreitung der Samen. Blütezeit: Juni–Oktober. Verbreitet bis zerstreut auf Feldern, Schutt, in Gärten, an Zäunen und Mauern. Früher Gemüsepflanze und Arzneipflanze.

5 Ausdauerndes Bingelkraut, Waldbingelkraut, *Mercurialis perennis.* 15–30 cm hohe, ausdauernde, zweihäusige Pflanze mit kriechendem Wurzelstock. ♂ und ♀ Blüten mit Insekten- (kleine Fliegen) und Windbestäubung. Kapselfrucht. Ameisen- und Selbstverbreitung der Samen. Blütezeit: April–Mai. Zerstreut auf feuchten Wiesen, Mooren, in Erlenbrüchen und feuchten Wäldern, auf steinigen oder sandigen Lehmböden.

SONNENTAUGEWÄCHSE Droseraceae

6 Rundblättriger Sonnentau, *Drosera rotundifolia.* Ausdauernde Pflanze mit grundständiger Blattrosette und zahlreichen beweglichen Drüsenhaaren (Tentakeln), die eine klebrige, Insekten fangende und verdauende Flüssigkeit ausscheiden. Blüten meist mit Selbstbestäubung. Einfächerige Kapselfrucht. Windverbreitung der Samen. Blütezeit: Juli–August. Zerstreut in Sümpfen und Mooren, auf Torfböden oder humosem Sandboden, zusammen mit Torfmoos. Früher Arzneipflanze. Stellenweise gefährdete Art.

7 Mittlerer Sonnentau, *Drosera intermedia.* Ähnlich voriger Art, aber selten auf Torfschlamm und in Schlenken von Flach- und Hochmooren.

Blüten

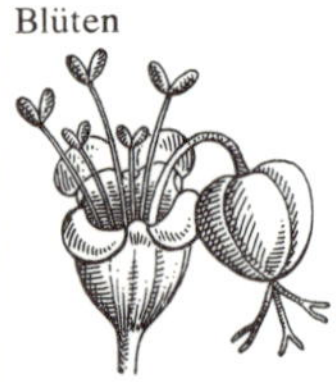

Sonnenwendwolfsmilch

Zypressenwolfsmilch

Einjähriges Bingelkraut ♀ ♂

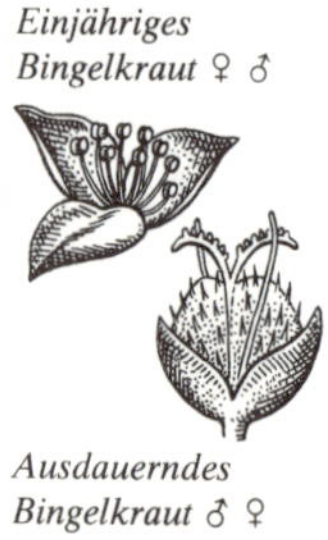

Ausdauerndes Bingelkraut ♂ ♀

PRIMELGEWÄCHSE Primulaceae

1 Waldschlüsselblume, *Primula elatior.* Ausdauernde, 10–30 cm hohe Pflanze. Blütezeit: März–Mai. Insektenbestäubung (Bienen, Hummeln), Windverbreitung (Schüttelfrüchtler). Nährstoffzeiger auf frischen Lehmböden in Laubwäldern, Gebüschen und auf Wiesen. Verbreitet von der Ebene bis ins Hochgebirge, im Norden seltener. Im Gegensatz zur folgenden fast geruchlos.

2 Wiesenschlüsselblume, *Primula veris.* Ausdauernde, 10–30 cm hohe, wohlriechende Pflanze. Blütezeit: April–Juni. Insektenbestäubung, Verhinderung der Selbstbestäubung durch unterschiedliche Blüten (Abb.). Licht- bis Halbschattenpflanze auf Ton- und Lehmböden in mageren Wiesen, an Rainen und Waldrändern. Verbreitet von der Ebene bis in mittlere Gebirgslagen, im Norden seltener. Arzneipflanze.

3 Gamsblume, Alpenaurikel, *Primula auricula.* Ausdauernde, 5–25 cm hohe Pflanze. Blütezeit: März–Juni. Insektenbestäubung, Windverbreitung. Spaltenwurzler auf kalkhaltigen Stein- oder Torfböden in Felsspalten, Steinrasen und Moorwiesen. Selten vom Hochgebirge bis ins Vorland. Gefährdet.

4 Zwergprimel, Habmichlieb, *Primula minima.* Ausdauernde, bis 5 cm hohe Pflanze. Blütezeit: Mai–August. Insektenbestäubung. Wetterfeste Lichtpflanze auf frischen, steinigen Lehmböden in Magerrasen, steinigen Wiesen und auf Schneeböden. Hochgebirgspflanze. Durch seltenes Vorkommen stark gefährdet.

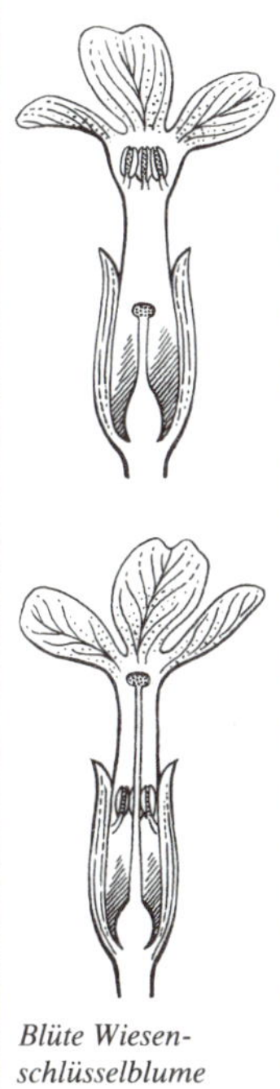

Blüte Wiesenschlüsselblume (Längsschnitt)

5 Pfennigilbweiderich, *Lysimachia nummularia.* Ausdauernde, 10–60 cm lange, Ausläufer bildende Pflanze. Blütezeit: Juni–Juli. Fremd- und Selbstbestäubung (Fliegen), Ausläuferverbreitung. Flachwurzler auf frischen bis feuchten Lehm- und Tonböden in Fettwiesen, Weiden, Gärten und Auenwäldern. Verbreitet von der Ebene bis in mittlere Gebirgslagen. Auch als Zierpflanze in Gärten.

6 Gemeiner Gilbweiderich, *Lysimachia vulgaris.* Unterirdisch ausdauernde, 50–150 cm hohe, Ausläufer bildende Pflanze. Blütezeit: Juni–August. Insekten- und Selbstbestäubung (Fliegen, Hautflügler). Tiefwurzler auf nassen, basenreicheren, sandigen oder reinen, tiefgründigen Lehm- und Tonböden an Quellen, Gräben, in Erlenbruch- und Auenwäldern, Gebüschen, Moorwiesen. Verbreitet von der Ebene bis in höhere Gebirgslagen.

7 Europäischer Siebenstern, *Trientalis europaea.* Unterirdisch ausdauernde, Ausläufer bildende, 5–20 cm hohe Pflanze. Blütezeit: Mai–Juli. Bis 15 cm tief wurzelnde Rohhumuspflanze auf frischen Sand- und Lehmböden in Fichten- und Mischwäldern, Birkenmooren und Naßweiden. Zerstreut vor allem im Norden und Osten.

8 Salzmilchkraut, *Glaux maritima.* Ausdauernde, 5–20 cm hohe Pflanze ohne Blumenkrone, mit hellrosa Kelch. Blütezeit: Mai–August. Insekten- und Selbstbestäubung, Windverbreitung. Nur auf salzigen, feuchten, sandigen Tonböden, selten auf Salzwiesen, an Wegrändern im Küstengebiet und auf Salzstellen im Binnenland.

1 Roter oder Ackergauchheil, *Anagallis arvensis.* Einjährige, 5–30 cm hohe Pflanze. Blütezeit: Juni–Oktober. Insekten- und Selbstbestäubung (Pollenblume), Wind- und Selbstverbreitung (Abb.). Lehm- und Nährstoffanzeiger auf frischen, neutralen bis mäßig sauren Lehmböden in Äckern, Gärten, an Wegrändern und auf Schuttplätzen. Häufig von der Ebene bis in mittlere Gebirgslagen. Schwach giftig. Die Blüten öffnen sich nur von 9 Uhr bis gegen 15 Uhr.

2 Milchweißer Mannsschild, *Androsace lactea.* Ausdauernde, bis 20 cm hohe, lockere Rasen bildende Pflanze. Blütezeit: Juni–August. Insekten- und Selbstbestäubung (Fliegen), Windverbreitung. Spaltenwurzler auf frischen, kalkigen Böden in Felsspalten, auf Kalkfelsen und Geröll. Verbreitet im Hochgebirge, seltener auch in mittleren Lagen.

3 Schweizer Mannsschild, *Androsace helvetica.* Ausdauernde, bis 10 cm hohe Pflanze. Blütezeit: Mai–August. Meist Selbstbestäubung, Windverbreitung (Wintersteher). Spaltenwurzler auf kalkigen Böden in Felsspalten. Zerstreut in höheren Gebirgslagen (über 1 800 m) auf Kalk. Erträgt größere Temperatur- und Feuchtigkeitsschwankungen.

4 Alpentroddelblume, Alpenglöckchen, *Soldanella alpina.* Ausdauernde, 5–20 cm hohe Pflanze. Blütezeit: April–Juli. Insektenbestäubung. Licht- bis Halbschattenpflanze auf kühlen, sickerfeuchten, oft kalkhaltigen, neutralen, steinigen Sumpfhumusböden in Hochstauden- und Rieselfluren und auf Schneeböden. Zerstreut in höheren Gebirgslagen (über 2800 m).

Geöffnete Fruchtkapsel Ackergauchheil

Wurzel Waldalpenveilchen

5 Zwergtroddelblume, *Soldanella pusilla.* Ausdauernde, bis 10 cm hohe, der vorigen Art ähnliche, aber insgesamt kleinere Pflanze. Blütezeit: Mai–Juni. Insektenbestäubung (Bienen). Lichtpflanze auf feuchten, neutralen bis mäßig sauren, steinigen oder reinen Ton- und Lehmböden in Schneetälchen, Klüften, auf schneefeuchten Magerrasen. Selten in den höheren Gebirgslagen oberhalb 1500 m. Meistens gesellig. Infolge der Seltenheit stark gefährdet.

6 Waldalpenveilchen, *Cyclamen purpurascens.* Unterirdisch ausdauernde, bis 15 cm hohe Pflanze mit knolligem Wurzelstock (Abb.). Blütezeit: Juli–September. Insektenbestäubung, Ameisenverbreitung. Dunkelkeimer. Schatten- bis Halbschattenpflanze auf meist sickerfrischen, nährstoff- und basenreichen, kalkhaltigen, neutralen, lockeren, meist steinigen Ton-, Lehm- und Mullböden, meist gesellig in krautreichen Buchen-Tannen-Bergwäldern. Selten in den mittleren Lagen der Hochgebirge und den hohen Mittelgebirgen, auch angepflanzt und eingebürgert. Kultiviert wird häufig *Cyclamen persicum* in verschiedenen Spielarten.

7 Salzbunge, *Samolus valerandi.* Ausdauernde, 5–50 cm hohe Pflanze. Blütezeit: Juni–Oktober. Insekten- und Selbstbestäubung (Pollenblume), Wind- und Klebverbreitung (Wasservögel). Wärmeliebender Tonzeiger auf feuchten, zeitweise nassen oder überschwemmten, nährstoff- und basenreichen, oft salzhaltigen Tonböden im Brackwasserröhricht und in Zwergbinsengesellschaften. Verbreitet im Küstengebiet, seltener im Binnenland. Gefährdet.

ROSENGEWÄCHSE Rosaceae

1 Waldgeißbart, *Aruncus sylvestris.* 80 bis 150 cm hohe, ausdauernde Pflanze mit kräftigem Wurzelstock. Kleine ♂ oder ♀, selten zwittrige Blüten, durch Insekten bestäubt. Kahle Balgkapsel, nach innen aufspringend. Windverbreitung der Samen. Blütezeit: Juni–Juli. Zerstreut in feuchten, schattigen Wäldern der Gebirge, in Gebüschen, auf schattigen Wiesen, an Bächen. Früher Arzneipflanze. Gartenpflanze.

2 Gemeiner Frauenmantel, *Alchemilla vulgaris.* 10–30 cm hohe, ausdauernde Halbrosettenstaude. Blüten ohne Blumenkrone mit krugförmigem Kelch. Einsamige, nußartige Frucht, in Kelchröhre eingeschlossen. Blütezeit: Mai–September. Häufig in Wäldern, Gebüschen, auf Wiesen, Weiden und Schutt. Arzneipflanze. Futterpflanze auf Weiden.

3 Großer Wiesenknopf, *Sanguisorba officinalis.* 50–150 cm hohe, ausdauernde Pflanze mit kräftigem, ästigem, tiefreichendem Wurzelstock. Blüten ohne Kronblätter, verwachsenes Kelchrohr. Insekten- oder Selbstbestäubung. Einsamige, nußartige Frucht, in Kelchröhre eingeschlossen. Windverbreitung der Samen. Blütezeit: Juni–August. Verbreitet bis selten auf wechselfeuchten, nährstoffreichen, humosen Lehm-, Ton- und Torfböden von Wiesen, vor allem im Hoch- und Mittelgebirge. Früher Arzneipflanze.

4 Kleiner Wiesenknopf, *Sanguisorba minor.* 30–50 cm hohe, ausdauernde Pflanze. ♂ oder ♀, auch zwittrige Blüten ohne Blütenblätter. Windbestäubung. Frucht wie vorige. Windverbreitung der Samen. Blütezeit: Mai–Juli. Verbreitet bis zerstreut auf trockenen, kalkhaltigen, lockeren Lehmböden von Wiesen und Äckern (oft mit Futterpflanzen eingeschleppt), Hügeln, Wegrändern und Ufern. Rohboden besiedelnde Pflanze mit Wurzelpilz. Früher Arzneipflanze.

5 Echtes Mädesüß, *Filipendula ulmaria.* 50–150 cm hohe, ausdauernde Pflanze mit unterirdisch kriechendem, knollig verdicktem Wurzelstock. Blüten mit Insektenbestäubung (Bienen, Fliegen, Käfer). Gewundene, einsamige Balgkapsel mit 5–9 Teilfrüchten, Wind- und Wasserverbreitung. Blütezeit: Juni–August. Verbreitet an Ufern, auf feuchten Wiesen, in Auwäldern.

6 Silberfingerkraut, *Potentilla argentea.* 20–50 cm hohe, ausdauernde Pflanze mit spindelförmiger, reich verästelter Pfahlwurzel und gedrungenem Wurzelstock. Unterseits weißfilzige Blätter. Blüten mit Hummel- und Bienenbestäubung. Nußartige Schließfrucht (Schüttelfrucht) mit Windverbreitung der Samen. Blütezeit: Juni–August. Verbreitet auf sonnigen, kurzgrasigen Hängen, Waldlichtungen, Äckern, an Felsen und Mauern.

7 Gänsefingerkraut, *Potentilla anserina.* 15 bis 50 cm lange, ausdauernde Pflanze mit kriechendem, an den Knoten wurzelndem Stengel und dickem, ästigem Wurzelstock. Blüten mit doppeltem Kelch, durch Insekten bestäubt. Blütezeit: Mai–August. Gemein auf Weiden, Salzwiesen und feuchten Wegen sowie an Gräben und Ufern. Früher Arzneipflanze.

Blüten

Echtes Mädesüß

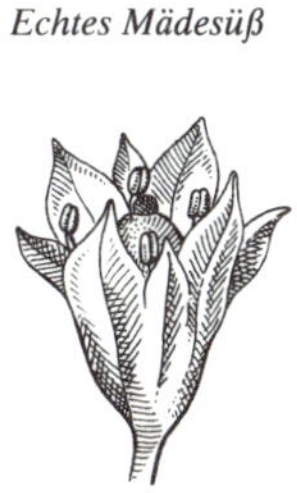

Gemeiner Frauenmantel

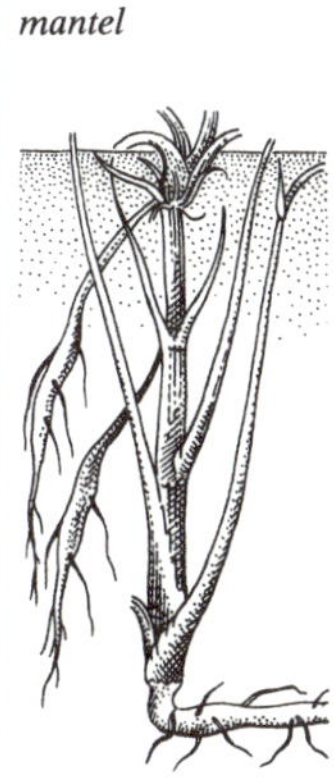

Gänsefingerkraut Wurzelsystem

1 Blutwurz, Tormentill, *Potentilla erecta (P. tormentilla).* 15–40 cm hohe, ausdauernde Pflanze mit aufrechtem, knolligem, innen blutrotem Wurzelstock. Blätter rauh behaart. Blüten mit Insektenbestäubung. Schließfrucht von flügelförmigem Kiel umgeben. Wind- und Tierverbreitung. Blütezeit: Juni–August. Verbreitet auf sonnigen Hügeln, in lichten Wäldern, auf Kahlschlägen von Wäldern, Heiden, Magerrasen, auf humosen Lehm- und Tonböden, auch auf Torf. Früher Arznei- und Färbepflanze.

2 Kriechendes Fingerkraut, *Potentilla reptans.* 30–100 cm lange, ausdauernde Pflanze mit dickem Wurzelstock und an den Knoten wurzelndem Stengel. Blüten mit Insektenbestäubung (Bienen, Hummeln, Fliegen). Blütezeit: Mai–August. Verbreitet auf Wiesen, Wegen und in Gärten, auf Lehm- und Tonböden. Früher Arzneipflanze.

3 Frühlingsfingerkraut, *Potentilla tabernaemontana (P. neumanniana).* 5–15 cm hohe, ausdauernde Pflanze mit kräftiger Pfahlwurzel und langem Wurzelstock. Blüten mit Insektenbestäubung. Selbstverbreitung der Samen. Blütezeit: April–Juni. Zerstreut auf Heiden und in lichten Gehölzen, auf humosen Lehm-, Sand-, Löß- und Steingrusböden.

4 Walderdbeere, *Fragaria vesca.* 8–20 cm hohe, ausdauernde, Ausläufer bildende Rosettenpflanze mit walzenförmigem Wurzelstock. Blüten mit Insektenbestäubung. Früchte einsamige Nüßchen auf saftigem Blütenboden. Tierverbreitung der Scheinfrucht (Vögel). Blütezeit: Mai–Herbst. Verbreitet in lichten Wäldern, Gebüschen, an Dämmen, auf humosen Lehmböden. Wildobst. Arzneipflanze. Gartenpflanze.

5 Bachnelkenwurz, *Geum rivale.* 25 bis 60 cm hohe, ausdauernde Pflanze mit dickwalzlichem Wurzelstock. Blüten mit Insektenbestäubung (Hummeln, Bienen, Fliegen). Langgestielte Sammelfrüchte mit Klettverbreitung durch Tiere. Blütezeit: Mai–Juni. Verbreitet in Auwäldern und Gebüschen, an Gräben und Bachufern, auf Wiesen, in Flachmooren, bis ins Hochgebirge. Früher Arzneipflanze.

6 Echte Nelkenwurz, *Geum urbanum.* 30 bis 80 cm hohe, ausdauernde Pflanze mit dikkem, walzlichem Wurzelstock. Blüten mit Insekten- und Selbstbestäubung. Schließfrüchte mit Hakengriffel. Klettverbreitung durch Tiere. Blütezeit: Mai–September. Häufig in lichten Wäldern, Gebüschen, Gärten und Wiesen, bis ins Hochgebirge.

7 Kleiner Odermennig, *Agrimonia eupatoria.* 30–100 cm hohe, ausdauernde Pflanze mit kriechendem Wurzelstock. Blüten mit Insekten- und Selbstbestäubung. Nußartige Früchtchen. Klettverbreitung. Blütezeit: Juni–August. Verbreitet auf Wiesen, Trokkenrasen, an Wald- und Wegrändern.

8 Blutauge, Sumpffingerkraut, *Potentilla palustris (Comarum palustre).* 30–100 cm hohe, ausdauernde Pflanze mit kriechendem Wurzelstock, Blüten mit Insektenbestäubung. Früchte rundlich-eiförmige Nüßchen. Tier- und Wasserverbreitung. Blütezeit: Juni-Juli. Zerstreut auf Torfwiesen, Mooren und Sümpfen. Früher Arzneipflanze.

Wurzel Blutwurz

Früchte

Walderdbeere

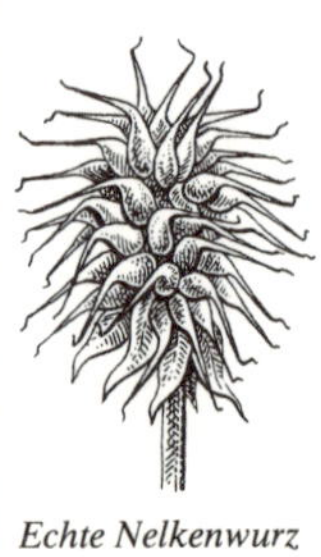

Echte Nelkenwurz

STEINBRECHGEWÄCHSE Saxifragaceae

1 Traubensteinbrech, *Saxifraga paniculata (S. aizoon).* Niedrige, 25–30 cm hohe, ausdauernde Pflanze mit grundständiger Blattrosette. Blätter mit weißen Kalkdrüsen. Kronblätter der Blüten doppelt so lang wie Kelch. Insektenbestäubung. Kugelige Kapsel mit zahlreichen elliptischen, dunkelbraunen Samen, durch Wind verbreitet. Blütezeit: Mai–August. Verbreitete Pionierpflanze auf rasigen Felssimsen, in Felsritzen und auf steinigen, kalkhaltigen Triften im Hoch- und Mittelgebirge.

2 Fetthennensteinbrech, *Saxifraga aizoides.* 5–25 cm hohe, ausdauernde Pflanze mit fleischigen Blättern, lockere Rasen bildend. Blüten meist in mehrblütiger Scheintraube, selten einblütig. Insektenbestäubung (Fliegen). Eirundliche Kapsel mit zahlreichen braunen Samen. Blütezeit: Juni–September. Verbreitet auf kalkhaltigen feuchten Geröllen, an Bachufern, in Mooren, im Gebirge.

3 Rundblättriger Steinbrech, *Saxifraga rotundifolia.* 15–60 cm hohe, ausdauernde Pflanze mit kurzem Wurzelstock und ledrigen Grundblättern. Blüten mit roten und gelben Punkten, durch Fliegen bestäubt. Eiförmig-längliche Kapseln mit schwarzen, eiförmigen Samen. Blütezeit: Juni–September. Verbreitet in feuchten, schattigen Bachschluchten und lichten Wäldern der Hochgebirge. Steingartenpflanze.

4 Sternsteinbrech, *Saxifraga stellaris.* 5 bis 15 cm hohe, ausdauernde Pflanze mit meist mehrköpfigem Wurzelstock und kurzen Ausläufern. Fleischige Blätter, an der Spitze behaart. Blüten in Trugdolden, selten einzeln. Fliegenbestäubung. Rundlich-eiförmige Kapsel mit graubraunen Samen. Blütezeit: Mai–September. Auf kühlen, nassen, humosen, steinigen Böden, an schattigen Stellen, im Hoch- und hohen Mittelgebirge.

Blüte Wechselblättriges Milzkraut

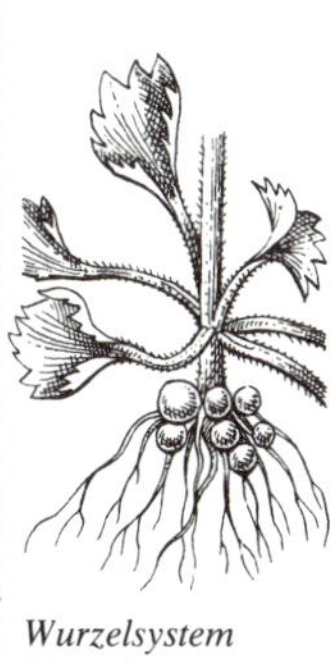

Wurzelsystem Körnchensteinbrech

5 Körnchensteinbrech, *Saxifraga granulata.* 15–40 cm hohe, ausdauernde Pflanze mit grundständiger, klebriger Blattrosette. Blüten mit Insektenbestäubung (Fliegen). Blütezeit: Mai–Juni. Zerstreut auf trockenen, nährstoffreichen Wiesen, Weiden, in lichten Wäldern, an Mauern und auf Dämmen.

6 Wechselblättriges Milzkraut, *Chrysosplenium alternifolium.* 8–15 cm hohe, ausdauernde Pflanze mit kriechendem, Ausläufer treibendem Wurzelstock. Blüten ohne Kronblätter, in Köpfchen zusammenstehend. Insektenbestäubung. 4fächerige Kapsel mit 2 Klappen aufspringend. Blütezeit: März–Juni. Verbreitet an Bächen, Quellen, Ufern, auf Sumpfwiesen, in schattigen und feuchten Laubwäldern. Früher Arzneipflanze.

DICKBLATTGEWÄCHSE Crassulaceae

7 Scharfer Mauerpfeffer, *Sedum acre.* 5 bis 15 cm hohe, ausdauernde, immergrüne, rasenbildende Pflanze mit fleischigen, giftigen, scharf schmeckenden Blättern (Name). Blüten von Insekten (Fliegen, Hautflügler) bestäubt und Selbstbestäubung. Balgfrüchte mit Wind-, Regen- und Ameisenverbreitung der Samen. Blütezeit: Juni–August. Verbreitet auf lockeren Sand- und Steinböden, Felsen und Mauern. Früher Arzneipflanze.

SCHMETTERLINGSBLÜTENGEWÄCHSE
Fabaceae

1 Vielblättrige Lupine, *Lupinus polyphyllus.* Ausdauernde, 100–150 cm hohe Pflanze. Blütezeit: Juni–August. Hummelbestäubung. Rohbodenpionier auf frischen, nährstoffreicheren, kalkarmen Lehmböden an Waldrändern und auf Lichtungen. Häufig von der Ebene bis in mittlere Gebirgslagen. Heimat: Nordamerika. Als Zierpflanze auch in anderen Farben verbreitet. Weitere Arten, wie die Gelbe Lupine, *Lupinus luteus,* werden als Futterpflanzen angebaut, da aus ihnen bitterstofffreie Sorten gezüchtet worden sind (Süßlupinen).

2 Kriechende Hauhechel, *Ononis repens.* Ausdauernde, unten bisweilen verholzte, 30–60 cm hohe Pflanze. Blütezeit: Juni–August. Bienenbestäubung. Tiefwurzler auf basenreichen, tiefgründigen Lehmböden in Halbtrockenrasen, an Wegen und Böschungen, auf Moorwiesen. Ziemlich häufig von der Ebene bis in mittlere Gebirgslagen, vor allem in Kalkgebieten. Weideunkraut. Magerkeitsanzeiger. Unangenehm riechend.

3 Dornige Hauhechel, *Ononis spinosa.* Ähnlich wie die vorige Art, aber Stengel ein- oder zweireihig behaart. Auch auf ähnlichen Standorten mit ähnlicher Verbreitung. Blütezeit: Juni–September. Auch mit unangenehmem Geruch. Arzneipflanze (Wurzel).

4 Hopfenluzerne, Gelbklee, *Medicago lupulina.* Einjährige oder ausdauernde, 15–60 cm hohe Pflanze. Blütezeit: Mai–Oktober. Insekten- und Selbstbestäubung (Bienenweide). Bis 50 cm tief wurzelnde Pionierpflanze auf sommerwarmen, mäßig trockenen Lehmböden in Halbtrockenrasen, trokkenen Fettwiesen, auf Äckern, an Wegen und Dämmen. Verbreitet von der Ebene bis in mittlere Gebirgslagen, vor allem Kalk- und Lehmgebiete.

5 Weißer Steinklee, Bucharaklee, *Melilotus alba.* Zweijährige, 30–120 cm hohe Pflanze. Blütezeit: Juni–September, Hautflüglerbestäubung (Bienenweide). Bis 70 cm tief wurzelnder Rohbodenpionier auf mäßig trockenen, nährstoff- und basenreichen Böden in sonnigen Unkrautfluren, an Wegen, auf Schuttplätzen und Bahngelände. Verbreitet von der Ebene bis in mittlere Gebirgslagen, vor allem in Kalkgebieten. Frühere Heilpflanze. Kulturbegleiter.

6 Echter oder **Gelber Steinklee,** *Melilotus officinalis.* Zweijährige, 30–100 cm hohe, der vorigen Art ähnliche Pflanze. Bis 90 cm tief wurzelnd. Standort und Verbreitung wie vorhergehende Art. Beide Arten oft vergesellschaftet. Blütezeit: Juni–September. Früher Arzneipflanze und Mottenkraut.

7 Gemeiner Wundklee, *Anthyllis vulneraria.* Unterirdisch ausdauernde, 10–30 cm hohe Pflanze. Blütezeit: Mai–August. Hummelbestäubung, z. T. Windverbreitung. Tief wurzelnder Bodenpionier (mit Wurzelpilz) und Bodenfestiger auf mäßig trockenen, sommerwarmen, basenreichen, humosen Lehm- und Lößböden in sonnigen Kalkmagerrasen und -weiden, an Hängen, Wegen und Böschungen, in Steinbrüchen. Ziemlich häufig von der Ebene bis in mittlere Gebirgslagen.

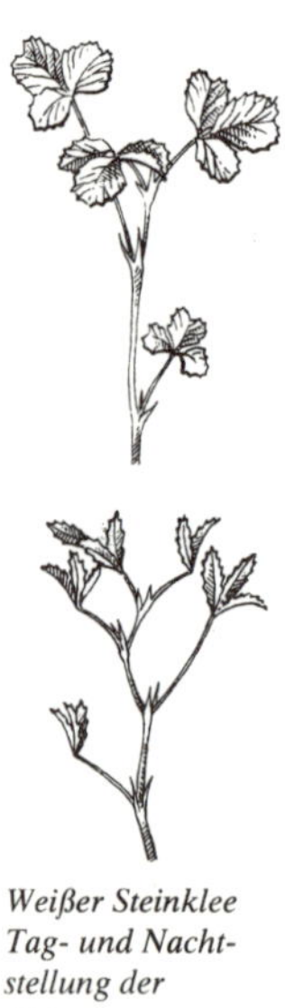

Weißer Steinklee Tag- und Nachtstellung der Blätter

1 Feldklee, *Trifolium campestre.* Einjährige, 10–30 cm hohe Pflanze. Blütezeit: Juni–September. Insektenbestäubung, Windverbreitung. Pionierpflanze auf mäßig trockenen Lehmböden in Magerrasen, Wiesen, auf Sandfeldern, an Wegen und Böschungen. Magerkeitsanzeiger. Häufig von der Ebene bis in mittlere Gebirgslagen. Gute Futterpflanze. Wie alle Kleearten mit kurzen, wenigsamigen, bei der Reife noch von der verwelkten Krone umgebenen Hülsen. Außer den angeführten kommen noch mehrere andere Kleearten (Gattung *Trifolium*) sowie zahlreiche, mitunter auch gezüchtete Bastarde im Gebiet vor.

2 Kleiner Klee, *Trifolium dubium.* Einjährige, 5–30 cm hohe Pflanze. Blütezeit: Mai–September. Insektenbestäubung, Windverbreitung. Auf warmen, frischen, nährstoffreicheren, meist kalkarmen, sandigen oder reinen Lehmböden in Fettwiesen und Fettweiden, an Wegrändern und auf Grasplätzen. Lehmzeiger. Verbreitet vor allem in tieferen Gebieten, aber auch bis in mittlere Gebirgslagen aufsteigend. Guter Futterbestandteil.

3 Weißklee, *Trifolium repens.* Ausdauernde, 15–45 cm hohe, Ausläufer bildende Pflanze. Blütezeit: Mai–September. Insektenbestäubung (Bienenweide), meist Tierverbreitung. Bis 70 cm tief wurzelnde Pionierpflanze auf frischen, nährstoffreichen, meist dichten Lehm- und Tonböden in Fettweiden, Parkrasen, an Wegen, auch auf Äckern und in Gärten. Stickstoffzeiger, auf Äckern Feuchtezeiger. Häufig von der Ebene bis in höhere Gebirgslagen. Kulturbegleiter. Als Futter- und Weidepflanze vielerorts auch angebaut.

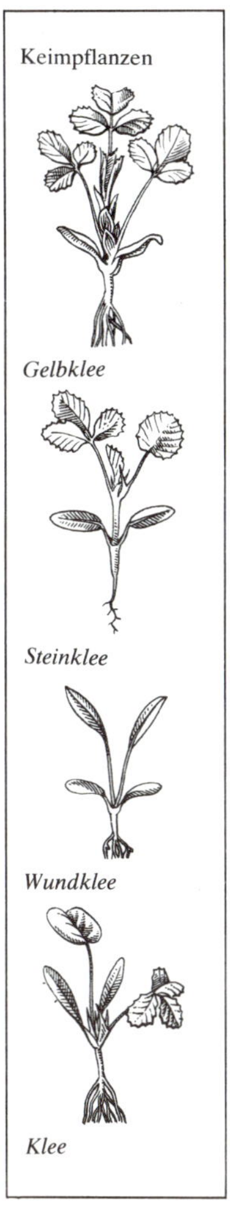

4 Schwedenklee, Bastardklee, *Trifolium hybridum.* Ausdauernde, 30–50 cm hohe Pflanze. Blütezeit: Mai–September. Insektenbestäubung. Bis über 50 cm tief wurzelnde Pionierpflanze auf frischen bis feuchten Tonböden in Fett- und Naßwiesen, an Wegen und Ufern. Etwas wärmeliebende Stromtalpflanze. Zerstreut von der Ebene bis in mittlere Gebirgslagen. Im Hochgebirge unter 1000 m. Als gute Futterpflanze auch angebaut.

5 Hasenklee, *Trifolium arvense.* Einjährige, 10–30 cm hohe Pflanze. Blütezeit: Juni–September. Insekten- und Selbstbestäubung. Bis 40 cm tief wurzelnde Pionierpflanze auf basenreichen, kalkarmen, lockeren Sand- und Kiesböden in Magerrasen, auf Sandfeldern, an Wegen und Dämmen. Häufig von der Ebene bis in die Mittelgebirge.

6 Rotklee, *Trifolium pratense.* Ausdauernde oder zweijährige, 15–40 cm hohe Pflanze. Blütezeit: Juni– September. Vor allem Hummelbestäubung, Säugetier- und Ameisenverbreitung. Bis 2 m tief wurzelnd auf Ton- und Lehmböden in Fettwiesen und -weiden, auch rein angebaut. Verbreitet von der Ebene bis ins Hochgebirge.

7 Zickzackklee, Mittlerer Klee, *Trifolium medium.* Unterirdisch ausdauernde, 15 bis 45 cm hohe Pflanze mit Bodenausläufern. Blütezeit: Juni–August. Hummelbestäubung, oft Ameisenverbreitung. Tiefwurzler auf mäßig trockenen bis frischen, basenreichen Lehmböden an Busch- und Waldrändern, an Wegen. Verbreitet von der Ebene bis in mittlere Gebirgslagen.

1 Gemeiner Hornklee, *Lotus corniculatus.* Unterirdisch ausdauernde, 10–30 cm hohe Pflanze. Blütezeit: Mai–September. Insektenbestäubung (Bienenweide). Bis 1 m tief wurzelnd auf mäßig trockenen bis frischen Lehmböden in Fettwiesen, Weiden, Böschungen, an Wegen. Bodenverbesserer. Verbreitet von der Ebene bis in höhere Gebirgslagen, vor allem in Lehm- und Kalkgebieten. Gute Futterpflanze.

2 Vogelwicke, *Vicia cracca.* Unterirdisch ausdauernde, 30–120 cm hohe Pflanze. Blütezeit: Juni–August. Insektenbestäubung (Bienenweide), Schleuder- und Verdauungsverbreitung. Ausläufertreibender Tiefwurzler auf frischen bis mäßig trockenen, mäßig sauren Lehm- und Tonböden, in fetten und mageren Wiesen, Naßwiesen, auf Weiden, an Wald- und Gebüschrändern. Häufig von der Ebene bis in mittlere Gebirgslagen. Gute Futterpflanze. Kulturbegleiter seit der jüngeren Steinzeit.

3 Zaunwicke, *Vicia sepium.* Unteriridisch ausdauernde, 60–80 cm hohe Pflanze. Blütezeit: Mai–August. Insektenbestäubung. Bodenausläufer treibender, bis 1 m tief wurzelnder Nährstoffanzeiger auf frischen Lehm- und Tonböden in Fettwiesen, krautreichen Laubmischwäldern, Gebüschen und auf Lichtungen. Verbreitet von der Ebene bis in höhere Gebirgslagen. Nebenblattnektarien von Ameisen besucht. Futterpflanze.

4 Schmalblättrige Wicke, *Vicia angustifolia.* Einjährige, 15–60 cm hohe Pflanze. Blütezeit: Mai–Juli. Insekten- und Selbstbestäubung. Reife Hülsen schwarz werdend. Bodenausläufer treibender, bis 80 cm tief wurzelnder Kulturbegleiter auf Lehmböden in Getreideäckern (vor allem Wintergetreide), an Wegen und in trockenen Wäldern. Häufig von der Ebene bis in mittlere Gebirgslagen. Ähnlich wie die angebaute, auch verwilderte Saatwicke, *Vicia sativa,* mit größeren Blüten und braunen Hülsen.

5 Zottelwicke, Winterwicke, *Vicia villosa.* Einjährige, 30–120 cm hohe Pflanze. Blütezeit: Juni–August. Insektenbestäubung. Bis 80 cm tief wurzelnd auf mäßig trockenen, nährstoffreichen, meist kalkarmen Sand- und sandigen Lehmböden in Getreideäckern (vor allem Roggen), an Weg- und Gebüschrändern, auf Wiesen. Häufig von der Ebene bis in mittlere Gebirgslagen, im Hochgebirge fehlend. Gute Futterpflanze.

6 Rauhhaarige Wicke, *Vicia hirsuta.* Einjährige, 15–60 cm hohe Pflanze. Blütezeit: Juni–Juli. Insekten- und Selbstbestäubung, z. T. Tierverbreitung. Bis 60 cm tief wurzelnd auf mäßig trockenen, nährstoff- und basenreichen Lehmböden meist in Getreideäckern, auf Wiesen und an Wegen. Verbreitet von der Ebene bis in mittlere Gebirgslagen anzutreffen, im Hochgebirge fehlend.

7 Viersamige Wicke, *Vicia tetrasperma.* Einjährige, 20–60 cm hohe Pflanze. Blütezeit: Juni–Juli. Meist Insektenbestäubung. Bis 70 cm tief wurzelnd auf nährstoffreicheren, kalkarmen, humosen oder rohen Lehmböden in Getreideäckern (Roggen), auf Moorwiesen und in Magerrasen. Etwas wärmeliebend. Verbreitet von der Ebene bis in mittlere Gebirgslagen, im Hochgebirge fehlend.

Samen

Zottelwicke

Lupine

Gelbklee

Weißklee

1 **Süßholztragant, Bärenschote,** *Astragalus glycyphyllos.* Unterirdisch ausdauernde, 50 bis 150 cm hohe Pflanze. Blütezeit: Juni–Juli. Hautflüglerbestäubung. Tiefwurzler, Licht- und Halbschattenpflanze auf frischen bis mäßig trockenen Lehm- und Tonböden an Gebüsch- und Wegrändern, Waldwegen und auf Hängen. Pionierpflanze. Ziemlich häufig von der Ebene bis in höhere Gebirgslagen, stellenweise fehlend.

2 **Wiesenplatterbse,** *Lathyrus pratensis.* Unterirdisch ausdauernde, 30–100 cm hohe Pflanze. Blütezeit: Juni–Juli. Insektenbestäubung, teilweise als Bienenweide. Tiefwurzler mit Bodenausläufern auf Lehm- und Tonböden in Fett-, Naß- und Moorwiesen, in Gebüschen und an Wegrändern. Mit Hilfe von Bakterien wird in den Wurzelknöllchen wie bei allen Schmetterlingsblütlern Luftstickstoff gebunden. Verbreitet von der Ebene bis in mittlere Gebirgslagen.

3 **Waldplatterbse,** *Lathyrus sylvestris.* Unterirdisch ausdauernde, 100–200 cm hohe Pflanze. Blütezeit: Juli–August. Insektenbestäubung, z. T. Verdauungsverbreitung. Tiefwurzelnde, ausläufertreibende Pionierpflanze auf frischen bis mäßig trockenen Lehm- und Steinschuttböden an Hecken, Busch- und Wegrändern, auf Lichtungen und Schuttfluren. Verbreitet, im Norden zerstreut, von der Ebene bis in mittlere Gebirgslagen. Früher auch Zier- und Futterpflanze.

4 **Frühlingsplatterbse,** *Lathyrus vernus.* Unterirdisch ausdauernde, 20–45 cm hohe Pflanze. Blütezeit: April–Mai, als erster Schmetterlingsblütler blühend. Hummelbestäubung. Bis 1 m tief wurzelnd auf frischen, nährstoffreichen Ton- und Lehmböden in krautreichen Buchen- und Nadelmischwäldern. Kalkzeiger. Verbreitet bis häufig von der Ebene bis in mittlere Gebirgslagen, im Tiefland manchmal fehlend.

Samen

Wiesenplatterbse

Schwarze Platterbse

Süßholztragant

Echter Steinklee

5 **Bergplatterbse,** *Lathyrus linifolius.* Unterirdisch ausdauernde, 15–30 cm hohe Pflanze. Blütezeit: April–Juni. Hautflüglerbestäubung. Halbschatten- bis Lichtpflanze mit Bodenausläufern auf mäßig trockenen, nährstoffarmen, kalkfreien Lehmböden in lichten Laubwäldern, Gebüschen und auf Wiesen. Verbreitet von der Ebene bis in mittlere Gebirgslagen. Im Hochgebirge fehlend.

6 **Schwarze Platterbse,** *Lathyrus niger.* Unterirdisch ausdauernde, 30–80 cm hohe Pflanze. Blütezeit: Juni–Juli. Hautflüglerbestäubung. Halbschattenpflanze auf mäßig trockenen, mageren, basenreichen, meist entkalkten Lehmböden in lichten Laub- und Mischwäldern, Gebüschen und an Waldrändern. Verbreitet von der Ebene bis in mittlere Gebirgslagen. Im Hochgebirge fehlend, im Tiefland oft selten. Beim Trocknen schwarz werdend.

7 **Erdnußplatterbse,** *Lathyrus tuberosus.* Unterirdisch ausdauernde, 30–100 cm hohe Knollenstaude. Blütezeit: Juni–August. Insektenbestäubung. Wohlriechend. Bis 70 cm tief wurzelnd auf sommerwarmen, nährstoff- und basenreichen, meist kalkigen Lehm- und Tonböden in Getreidefeldern (Winterweizen), an Weg- und Heckenrändern. Verbreitet bis selten von der Ebene bis in mittlere Gebirgslagen.

STORCHSCHNABELGEWÄCHSE
Geraniaceae

1 Sumpfstorchschnabel, *Geranium palustre.* 25–100 cm hohe, ausdauernde Pflanze mit dickem Wurzelstock. Blüten mit eiförmigen und lang begrannten Kelchblättern. Insektenbestäubung. 5 behaarte Fruchtteile mit fast kahlem Fruchtschnabel. Selbstverbreitung (Schleuderfrüchte). Blütezeit: Juni–September. Zerstreut in Gräben, Sümpfen, feuchten Wäldern, auf sumpfigen Wiesen.

2 Waldstorchschnabel, *Geranium sylvaticum.* 20–60 cm hohe, ausdauernde Pflanze mit dickem, 50 cm tief reichendem Wurzelstock. Blüten mit Insektenbestäubung. Spaltfrüchte drüsig behaart. Selbstverbreitung (Schleuderfrüchte). Blütezeit: Juni–August. Zerstreut bis selten auf Waldwiesen, an Waldrändern, in Hochstaudenfluren, in Laub- und Nadelwäldern. Fast nur im Gebirge, stellt geringe Wärmeansprüche.

3 Stinkender Storchschnabel, Ruprechtskraut, *Geranium robertianum.* 20–50 cm hohe, einjährige oder einjährig-überwinternde Pflanze mit ästiger Pfahlwurzel. Blüten mit Insekten- und Selbstbestäubung. Runde, 5teilige Spaltfrucht mit netzig-rundlichen Fruchtlappen. Selbstverbreitung (Schleuderfrüchte). Blütezeit: Mai–Oktober. Häufig in schattigen Gebüschen und Wäldern, an Ufern und Mauern, im Gebirge.

4 Zwergstorchschnabel, *Geranium pusillum.* 15–30 cm hohe, einjährige Pflanze, bis 60 cm tief wurzelnd. Stengel drüsig behaart. Kleine Blüten mit Insekten- und Selbstbestäubung. Flaumhaarige Spaltfrüchte mit Selbstverbreitung (Schleuderfrüchte). Blütezeit: Mai–Oktober. Verbreitet auf Äckern, Weiden, Dämmen, in Gärten und lichten Wäldern.

Wiesenstorchschnabel Frucht und Samenverbreitung

5 Wiesenstorchschnabel, *Geranium pratense.* 20–60 cm hohe, ausdauernde Pflanze mit dickem, langem Wurzelstock. Blüten mit Insektenbestäubung (Bienen, Fliegen, Käfer). Drüsenhaarige Spaltfrüchte mit 5 schnabelartigen Teilfrüchten. Selbstverbreitung (Schleuderfrüchte). Blütezeit: Juni–August. Zerstreut bis selten auf Wiesen, in lichten Gebüschen, an Bachufern, nur in der Ebene, Gartenpflanze.

6 Schlitzblättriger Storchschnabel, *Geranium dissectum.* 10–30 cm hohe, ein- bis zweijährige Pflanze mit kurz behaarten Blättern. Blumenblätter fast so lang wie der Kelch. Fremd- und Selbstbestäubung der Blüten. Früchte mit abstehenden Drüsenhaaren. Selbstverbreitung (Schleuderfrüchte). Blütezeit: Mai–Oktober. Zerstreut bis selten auf Äckern, in Gärten und Wiesen als Unkraut, auf Schutt, an Ufern und in Wäldern, auf nährstoffreichen Lehmböden.

7 Gemeiner Reiherschnabel, *Erodium cicutarium.* 10–50 cm hohe, einjährige oder einjährig-überwinternde Pflanze mit dünner, wenig verzweigter Pfahlwurzel. Blüten mit Insekten- und Selbstbestäubung. 5 Teilfrüchte, unten mit langer Granne. Selbstverbreitung (Bohrfrüchte), Klettverbreitung. Blütezeit: April–Oktober. Verbreitet auf Wiesen, Weiden, Heiden, Feldern, an Waldrändern und Bahndämmen.

1 Blutstorchschnabel, *Geranium sanguineum.* 15–50 cm hohe, ausdauernde Pflanze mit ästigem Wurzelstock. Sprosse und Blätter im Herbst blutrot (Name). Blüten mit Insekten- und Selbstbestäubung. Spaltfrüchte (Schleuderfrüchte) mit langem Schnabel. Blütezeit: Mai–September. Zerstreut auf trockenen Magerwiesen, steinigen Hängen, in lichten, trockenen Laub- und Kiefernwäldern.

BALSAMINENGEWÄCHSE Balsaminaceae

2 Kleinblütiges Springkraut, *Impatiens parviflora.* 15–60 cm hohe, einjährige Pflanze. Blüten mit Insekten- und Selbstbestäubung. Frucht einsamige, aufspringende Kapsel. Blütezeit: Juni–September. Verbreitet in Gärten, Hecken, Parks, Laubwäldern, auf Schutt und an Wegrändern, auf kalkarmen, humosen Lehmböden. Lästiges Unkraut, im vorigen Jahrhundert eingebürgert (Neophyt).

3 Echtes Springkraut, *Impatiens noli-tangere.* 30–80 cm hohe, einjährige Pflanze. Blüten mit Insekten- (Hummeln) und Selbstbestäubung. Ebenfalls aufspringende Kapselfrucht. Selbstverbreitung (Schleuderverbreitung). Blütezeit: Juni–September. Zerstreut an Gräben, Bächen, in Schluchten, an Felsen und in Erlenwäldern.

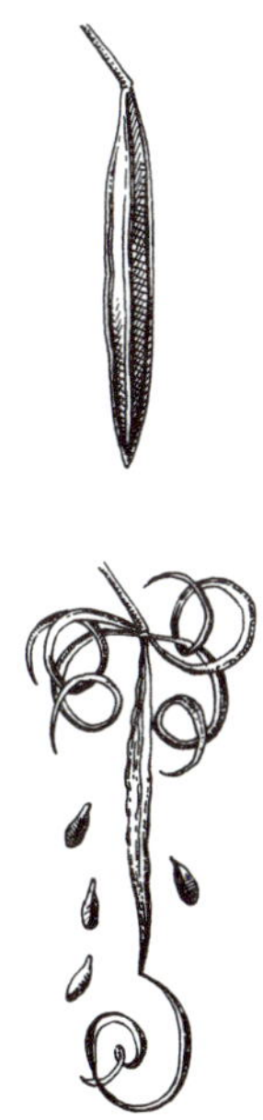

Echtes Springkraut Frucht und Samenverbreitung

LEINGEWÄCHSE Linaceae

4 Wiesenlein, *Linum catharticum.* 8–30 cm hohe, einjährige oder einjährig-überwinternde Pflanze mit spindeliger Wurzel. Blüten mit Blumenblättern so lang wie der Kelch. Insektenbestäubung. Kapselfrüchte. Klebverbreitung der Samen (Schleimsamen). Blütezeit: Juni–August. Verbreitet auf Wiesen, Weiden, Mooren, in lichten Wäldern, bis ins Hochgebirge. Arzneipflanze.

SAUERKLEEGEWÄCHSE Oxalidaceae

5 Waldsauerklee, *Oxalis acetosella.* 8–15 cm hohe, ausdauernde Pflanze mit kriechendem Wurzelstock. Insekten- und Selbstbestäubung der Blüten. Längliche, 5fächrige Kapselfrucht. Selbstverbreitung (Schleuderverbreitung) der Samen. Blütezeit: April–Mai. Zerstreut in schattigen, feuchten Wäldern, bis ins Gebirge. Früher Arzneipflanze.

KREUZBLÜMCHENGEWÄCHSE Polygalaceae

6 Gemeines Kreuzblümchen, *Polygala vulgaris.* 10–25 cm hohe, ausdauernde Pflanze mit reich verästeltem Wurzelstock. Blüte mit 2 blumenblattartigen Kelch- und 3 Kronblättern. Insektenbestäubung (Bienen). Wind- und Ameisenverbreitung. Blütezeit: Mai–August. Zerstreut auf nährstoffarmen Wiesen und Mooren, in lichten Wäldern.

BLUTWEIDERICHGEWÄCHSE Lythraceae

7 Gemeiner Blutweiderich, *Lythrum salicaria.* 50–120 cm hohe, ausdauernde Pflanze mit dickem, holzigem Wurzelstock. Kronblätter der Blüten in röhrigem Kelchschlund sitzend. Insektenbestäubung. Kapselfrucht. Klebverbreitung (Vögel). Blütezeit: Juli–September. Verbreitet an Bächen, auf Mooren, in feuchten Gebüschen. Arzneipflanze.

NACHTKERZENGEWÄCHSE
Oenotheraceae

1 Bergweidenröschen, *Epilobium montanum.* 30–100 cm hohe, ausdauernde Pflanze mit kurzer, unterirdischer Sproßachse. Selbstbestäubung der Blüten. Linealische, schotenförmige Kapselfrucht. Windverbreitung der Samen. Blütezeit: Juni–September. Verbreitet in nährstoffreichen Laub- und Nadelwäldern, feuchten Gebüschen, an Hängen, auf Schutt, auch als Unkraut in Gärten auf humosen Lehmböden.

2 Sumpfweidenröschen, *Epilobium palustre.* 10–50 cm hohe, ausdauernde Pflanze mit kurzer, unterirdischer Sproßachse, die Ausläufer bildet. Linealische, lange, 4klappige Fruchtkapsel. Wasserverbreitung der Samen. Blütezeit: Juli–September. Verbreitet auf sumpfigen Wiesen, Mooren, an Gräben, Tümpeln und Weihern, in Wäldern sowie auf Salzwiesen, auf nährstoffreichen, meist kalkarmen Böden, bis ins Hochgebirge.

3 Rosenrotes Weidenröschen, *Epilobium roseum.* 15–80 cm hohe, ausdauernde Pflanze mit kurzer, abgebissener, unterirdischer Sproßachse. Ungleich gezähnelte Blätter. Blütenblätter klein. Selbstbestäubung. Linealische Kapselfrucht. Windverbreitung der Samen. Blütezeit: Juli–September. Verbreitet in Gräben, Wäldern, an Quellen und Ufern von stehenden Gewässern, auch auf Gartenland, auf nassen, meist kalkhaltigen, humosen Lehm- und Tonböden, bis ins Gebirge. Auf nassen Stellen an Bächen, Gräben und stehenden Gewässern kommt auch das 80–150 cm hohe Rauhhaarige Weidenröschen, *Epilobium hirsutum*, vor. Es hat rosarote Blüten und scharf gesägt-gezähnte Blätter. Blütezeit: Juni–September.

Schmalblättriges Weidenröschen Frucht, Samenverbreitung und Same

4 Schmalblättriges Weidenröschen, *Epilobium (Chamaenerion) angustifolium.* 60 bis 120 cm hohe, ausdauernde Pflanze mit weitkriechendem Wurzelstock. Blüten mit Insektenbestäubung (Bienen). 4kantige Kapselfrucht. Samen mit weißem Haarschopf, durch Wind verbreitet, lange keimfähig. Blütezeit: Juli–August. Verbreitet auf Waldlichtungen (Schlagpflanze), Heiden, an Waldrändern und Dämmen. Gartenpflanze, leicht zum lästigen Unkraut werdend.

5 Gemeine Nachtkerze, *Oenothera biennis.* 60–100 cm hohe, zweijährige Pflanze mit fleischig-rübenförmiger Wurzel. Im ersten Jahr nur Blattrosette bildend. Blüten öffnen sich gegen Abend (Name) für einen Tag und duften stark. Bestäubung durch Tag- und Nachtfalter, auch Selbstbestäubung. Walzenförmige, 4klappige Kapsel. Selbstverbreitung der Samen. Blütezeit: Juni–August. Verbreitet an Wegrändern, Eisenbahndämmen, trokkenen Hängen und Flußufern. Gartenpflanze.

6 Großes Hexenkraut, *Circaea lutetiana.* 25–50 cm hohe, ausdauernde Pflanze mit Wurzelstock, an dessen Spitze sich knollig verdickte Ausläufer befinden. Blüten mit Insektenbestäubung (Fliegen). Nußartige Frucht mit 2samigen Fächern. Klettverbreitung der Samen durch Borsten, meist Ausläufervermehrung. Blütezeit: Juni–August. Verbreitet in schattigen Laub- und Nadelwäldern, an Quellen, in Gebüschen.

DOLDENGEWÄCHSE Apiaceae

1 Große Sterndolde, *Astrantia major.* Unterirdisch ausdauernde, 30–100 cm hohe Pflanze. Blütezeit: Juli–August. Insektenbestäubung. Auf humosen, lockeren Lehmböden in Gebüschen, Bergwiesen, Auen- und Nadelmischwäldern und an Waldrändern. Zerstreut in den Mittelgebirgen bis ins Hochgebirge, sonst selten.

2 Stranddistel, *Eryngium maritimum.* Zweijährige oder unterirdisch ausdauernde, 15–60 cm hohe Pflanze. Blütezeit: Juni–August. Insektenbestäubung, Wind- und Klettverbreitung. Auf basenreichen, bewegten Sandböden vorwiegend in lückig bewachsenen Weißdünen. Zerstreut bis selten an den Küsten, vor allem an der westlichen Ostsee. Gefährdet, in manchen Gebieten vom Aussterben bedroht.

3 Taumelkälberkropf, *Chaerophyllum temulum.* Zweijährige oder einjährig-überwinternde, 30–120 cm hohe Pflanze. Blütezeit: Mai–Juli. Insektenbestäubung, Klettverbreitung, Stickstoffzeiger auf lockeren Lehm- und Mullböden an Waldrändern, Hecken, Gebüschen, auf Lichtungen. Häufig bis verbreitet von der Ebene bis in mittlere Gebirgslagen, im Hochgebirge fehlend. Giftig!

4 Rübenkälberkropf, *Chaerophyllum bulbosum.* Zweijährige, 80–180 cm hohe Pflanze. Blütezeit: Juni–August. Insektenbestäubung, Klettverbreitung. Stromtalpflanze auf frischen bis nassen, meist kalkhaltigen, meist humosen Lehmböden an Flußufern und Gräben, im Weidengebüsch und in lichten Auenwäldern. Verbreitet bis zerstreut von der Ebene bis in mittlere Gebirgslagen, im Hochgebirge und im Vorland fehlend. Früher wegen der knolligen Wurzel (Abb.) als Kartoffelersatz auch angebaut.

Wurzeln

Taumelkälberkropf

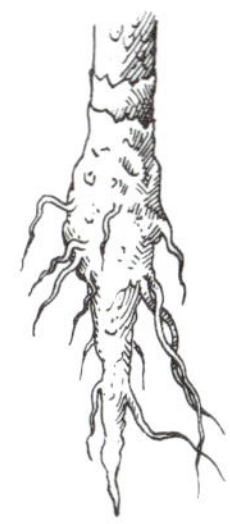

Rübenkälberkropf

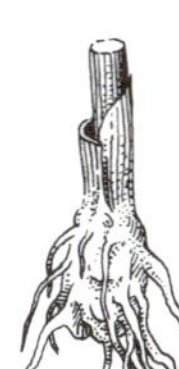

Giftwasserschierling

5 Rauher Kälberkropf, *Chaerophyllum hirsutum.* Unterirdisch ausdauernde, 15–60 cm hohe Pflanze. Blütezeit: Mai–Juli. Insektenbestäubung, Klettverbreitung. Tiefwurzler auf kühlen, sickernassen, nährstoffreichen, humosen Tonböden an Bächen und Quellen, in Auenwäldern, Staudenfluren und Bergwiesen. Häufig bis verbreitet von den Mittelgebirgen bis in hohe Lagen der Hochgebirge (bis über 2100 m).

6 Wiesenkerbel, *Anthriscus sylvestris.* Unterirdisch ausdauernde, 60–150 cm hohe Pflanze. Blütezeit: Mai–August. Insektenbestäubung (Fliegen, Käfer), Klettverbreitung. Stickstoffzeiger auf frischen, tiefgründigen Ton- und Lehmböden in (oft gedüngten) Wiesen, an Weg- und Waldrändern, in Gebüschen. Häufig von der Ebene bis in hohe Gebirgslagen (über 2300 m). Durch zahlreiches Auftreten dieser Pflanze erscheinen die Wiesen zur Blütezeit oft völlig weiß.

7 Gemeiner Klettenkerbel, *Torilis japonica.* Ein- oder zweijährige, 30–100 cm hohe Pflanze. Blütezeit: Juni–August. Insektenbestäubung (Fliegen), Klettverbreitung. Auf frischen, nährstoff- und basenreichen, lockeren, humosen Lehmböden und in Unkrautfluren. Häufig von der Ebene bis in mittlere Gebirgslagen, im Hochgebirge bis fast 1200 m vorkommend, sonst nur bis 1000 m.

1 Gefleckter Schierling, *Conium maculatum.* Einjährig-überwinternde oder zweijährige, 80–180 cm hohe Pflanze. Blütezeit: Juni–September. Insektenbestäubung. Stickstoffzeiger auf feuchten bis frischen, nährstoffreichen, humosen Lehm- und Tonböden in Unkrautfluren, an Gräben und Schuttplätzen, Hecken, Zäunen und Wegrändern. Zerstreut von der Ebene bis in mittlere Gebirgslagen, im Norden seltener oder auch fehlend. Die gesamte Pflanze riecht widerlich nach Mäusen. Sehr giftig.

2 Giftwasserschierling, *Cicuta virosa.* Unterirdisch überwinternde, 60–120 cm hohe Pflanze. Blütezeit: Juli–September. Insektenbestäubung (Fliegen). Wurzeln mit Luftkammern (Abb.). Lichtkeimer auf nassen, meist flach überschwemmten, oft kalkarmen Schlammböden an Ufern von Altwassern und Tümpeln, in Erlenbrüchen. Zerstreut im Norden, selten im Süden. Sehr giftig.

3 Wiesenkümmel, *Carum carvi.* Zweijährige, 30–100 cm hohe Pflanze. Blütezeit: Mai bis Juli. Insektenbestäubung (Fliegen, Käfer). Lichtkeimer auf frischen, mittel- bis tiefgründigen Ton- und Lehmböden in Fettwiesen und -weiden, an Rainen und Wegrändern, auf Schutthalden. Häufig bis verbreitet von der Ebene bis in höhere Gebirgslagen. Als Gewürz- und Heilpflanze seit dem frühen Mittelalter angebaut.

4 Kleine Pimpinelle, *Pimpinella saxifraga.* Unterirdisch ausdauernde, 30–60 cm hohe Pflanze. Blütezeit: Juli–September. Insektenbestäubung. Bis 130 cm tief wurzelnder Magerkeitszeiger auf mäßig trockenen, meist kalkhaltigen, sandigen oder steinigen Lehm- und Lößböden in Magerrasen und -weiden, Kiefernwäldern, Gebüschen, an Rainen. Verbreitet von der Ebene bis in hohe Gebirgslagen (bis über 2 300 m). Verwandt ist der zuweilen angebaute, aus dem Orient stammende Anis, *Pimpinella anisum.*

Früchte

Gefleckter Schierling

Wiesenkümmel

Große Pimpinelle

Zaungiersch

5 Große Pimpinelle, *Pimpinella major.* Unterirdisch ausdauernde, 50–100 cm hohe Pflanze. Blütezeit: Juni–September. Insektenbestäubung (Fliegen, Käfer). Nährstoffzeiger auf frischen, tiefgründigen Lehmböden in Fettwiesen, Staudenfluren, Gebüschen und an Waldrändern. Verbreitet von der Ebene bis (selten) in höhere Gebirgslagen, vor allem in Kalk- und Lehmgebieten.

6 Zaungiersch, *Aegopodium podagraria.* Unterirdisch ausdauernde, 50–100 cm hohe, Ausläufer bildende Pflanze. Blütezeit: Juni–Juli. Insektenbestäubung (Fliegen). Bis 50 cm tief wurzelnd auf frischen, lockeren Ton- und Lehmböden in Auen- und Schluchtwäldern, an Waldrändern und Ufern, in Gärten. Häufig von der Ebene bis in höhere Gebirgslagen. Frühere Arznei- und Wildgemüsepflanze.

7 Berle, Quellmerk, *Berula erecta.* Unterirdisch ausdauernde, 30–80 cm hohe, Ausläufer bildende Pflanze. Blütezeit: Juli–September, Insektenbestäubung. Wasser- und Ausläuferverbreitung. In flach überfluteten, basenreichen Schlammböden bis 150 cm Wassertiefe an kühlen Bächen und Gräben, Teichen und Sümpfen. Verbreitet von der Ebene bis in untere Gebirgslagen, im Hochgebirge fehlend. Giftig.

1 Breitblättriger Merk, *Sium latifolium.* Unterirdisch ausdauernde, 60–120 cm hohe Pflanze. Blütezeit: Juli–August. Insektenbestäubung (Fliegen). Wurzelkriecher auf humosen Schlammböden mit wechselndem Wasserstand bis 60 cm Tiefe im Röhricht stehender oder langsam fließender, nährstoffreicher Gewässer. Verbreitet bis selten von der Ebene bis in mittlere Gebirgslagen, im Hochgebirge und Vorland fehlend. Giftig.

2 Wasserpferdesaat, *Oenanthe aquatica.* Ein- oder zweijährige, 30–120 cm hohe Pflanze. Blütezeit: Juni–August. Insektenbestäubung, Wasservogel- und Ausläuferverbreitung. Auf flach überschwemmten, zeitweise trockenen, meist kalkreichen Schlickböden in der Verlandungszone an Altwassern und Tümpeln, in feuchten Auenwäldern. Verbreitet in tieferen Lagen und in Flußtälern, im Hochgebirge fehlend. Giftverdächtig.

3 Wiesenpferdesaat, *Oenanthe lachenalii.* Ausdauernde, 30–60 cm hohe Pflanze. Blütezeit: Juli–September. Insektenbestäubung. Salzertragend auf nassen, zeitweise überschwemmten, sandigen oder reinen Tonböden in Riedwiesen und im Röhricht. Verbreitet an den Küsten und in Niederungen, vor allem auf Salzstellen.

4 Gemeine Hundspetersilie, *Aethusa cynapium.* Einjährige, 10–120 cm hohe Pflanze. Blütezeit: Juni–September. Insekten- und Selbstbestäubung. Bis 60 cm tief wurzelnder Nährstoffzeiger auf frischen, nährstoff- und basenreichen, lockeren Lehmböden in Schutt- und Unkrautfluren, Äckern (besonders Hackfrüchte), Gärten, an Zäunen. Häufig bis verbreitet von der Ebene bis in mittlere Gebirgslagen. Seit der jüngeren Steinzeit Kulturbegleiter. Giftig. Von der Gartenpetersilie, *Petroselinum crispum,* durch die nie krausen, glänzenden Blätter mit spitzen Zipfeln und den unangenehmen Knoblauchgeruch zu unterscheiden.

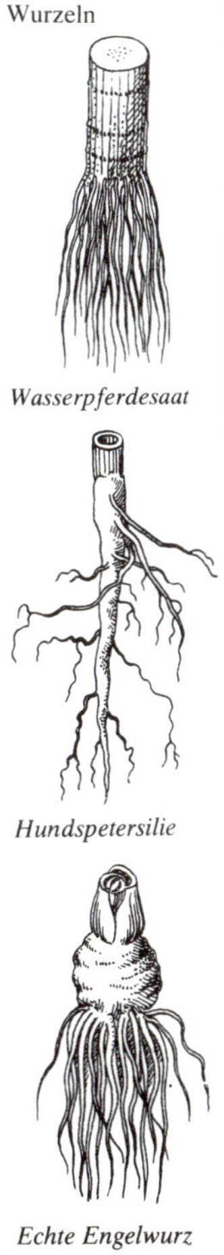

5 Waldengelwurz, *Angelica sylvestris.* Mehrjährige, aber nur einmal blühende, 80–150 cm hohe Pflanze. Blütezeit: Juli–September. Insektenbestäubung, Windverbreitung. Bis 1 m tief wurzelnd auf sickernassen oder wechselfeuchten, nährstoffreichen Lehm- und Tonböden in Auenwäldern, Staudenfluren, an Ufern und in Naßwiesen. Verbreitet von der Ebene bis in höhere Gebirgslagen. Verwandt ist die seltenere, als Gewürz- und Arzneipflanze auch angebaute Echte Engelwurz, *Angelica archangelica.*

6 Wiesensilau, Roßfenchel, *Silaum silaus.* Unterirdisch ausdauernde, 30–100 cm hohe Pflanze. Blütezeit: Juni–September. Insektenbestäubung (Hautflügler). Tiefwurzler auf wechselfeuchten, humosen Lehm- und Tonböden in Moor-, Naß- und Fettwiesen. Verbreitet von der Ebene bis in mittlere Gebirgslagen, nach Norden seltener werdend.

7 Alpenaugenwurz, *Athamantha cretensis.* Ausdauernde, 10–40 cm hohe Pflanze. Blütezeit: Mai–August. Insektenbestäubung. Pionierpflanze auf trockenen, kalkreichen, humus- und feinerdearmen Steinböden in sonnigen Steinschutt- und Felsfluren, in Felsspalten. Verbreitet von den höheren Lagen der Mittelgebirge bis über 2400 m im Hochgebirge.

1 Feinblättrige Bärwurz, *Meum athamanthicum.* Unterirdisch ausdauernde, 10–45 cm hohe Pflanze. Blütezeit: Mai–Juni. Insektenbestäubung. Bis 1 m tief wurzelnde Lichtpflanze auf frischen bis mäßig trockenen Lehmböden in Magerrasen und -weiden, in Bergwiesen. Häufig in den Mittelgebirgen, sonst seltener oder fehlend. Früher Arznei- und Gewürzpflanze, auch zur Likörbereitung verwendet.

2 Alpenmutterwurz, *Ligusticum mutellina.* Ausdauernde, 10–50 cm, seltener bis 80 cm hohe Pflanze. Blütezeit: Juni–August. Insektenbestäubung (Fliegen). Bis 1 m tief wurzelnd auf sickerfrischen, oft sandig-steinigen Lehmböden in Magerweiden, Rieselfluren, auf Schneeböden und Steingeröll, in Felsspalten. Verbreitet im Hochgebirge von 1500–2400 m, selten auch in hohen Mittelgebirgen.

3 Kümmelsilge, *Selinum carvifolia.* Unterirdisch ausdauernde, 30–90 cm hohe Pflanze. Blütezeit: Juli–August. Insektenbestäubung. Auf Tonböden in Moorwiesen, an Gebüschrändern, Gräben und lichten Laubwäldern. Düngerfliehend. Verbreitet von der Ebene bis in mittlere Gebirgslagen, im nordwestlichen Tiefland fehlend.

4 Sumpfhaarstrang, *Peucedanum palustre.* Zweijährige oder ausdauernde, 60–150 cm hohe Pflanze. Blütezeit: Juli–August. Insektenbestäubung. Auf nassen, zeitweise überschwemmten Torf- und Sumpfhumusböden in Verlandungszonen, auf sumpfigen Wiesen, Erlenbrüchen und Mooren. Verbreitet von der Ebene bis in mittlere Gebirgslagen.

Früchte

Alpenmutterwurz

Sumpfhaarstrang

Wilde Möhre

5 Echte Meisterwurz, *Peucedanum ostruthium.* Unterirdisch ausdauernde, 30–100 cm hohe Pflanze. Blütezeit: Juli–August. Insektenbestäubung. Auf nährstoff- und basenreichen Ton- und Lehmböden in Staudenfluren, Erlengebüschen, an Zäunen und Mauern. Verbreitet im Hochgebirge (über 2000 m) und im Vorland, zerstreut (verwildert?) in den Mittelgebirgen. Alte Arznei- und Gewürzpflanze.

6 Gemeiner Pastinak, *Pastinaca sativa.* Zweijährige, 30–100 cm hohe Pflanze. Blütezeit: Juli–September. Insektenbestäubung (Fliegen, Hautflügler). Tiefwurzler auf nährstoff- und basenreichen Ton- und Lehmböden in Wiesen, Getreidefeldern, an Wegrändern. Verbreitet von der Ebene bis in mittlere Gebirgslagen. Arznei- und Gemüsepflanze.

7 Wiesenbärenklau, *Heracleum sphondylium.* Unterirdisch ausdauernde, 50–150 cm hohe Pflanze. Blütezeit: Juni–Oktober. Insektenbestäubung (Fliegen, Bienen). Tiefwurzler und Stickstoffzeiger auf frischen Ton- und Lehmböden in Wiesen, Auenwäldern, an Ufern und Gräben. Häufig bis verbreitet von der Ebene bis in höhere Gebirgslagen.

8 Wilde Möhre, *Daucus carota.* Zweijährige, 30–100 cm hohe Pflanze. Blütezeit: Juni–September. Insektenbestäubung (Fliegen, Käfer, Hautflügler), Wind- und Klettverbreitung. Bis 80 cm tief wurzelnde Pionierpflanze auf nährstoff- und basenreichen Ton- und Lehmböden in Wiesen, an Wegen. Häufig von der Ebene bis in mittlere Gebirgslagen. Die Gartenmöhre, *Daucus sativus,* stammt von asiatischen Wildformen ab.

FIEBERKLEEGEWÄCHSE Menyanthaceae

1 Fieberklee, Bitterklee, *Menyanthes trifoliata.* Ausdauernde, 15–30 cm hohe, Ausläufer bildende Pflanze. Blütezeit: Mai–Juni. Insektenbestäubung (Hummeln), meist Wasserverbreitung. Verlandungspionier auf nassen, zeitweise überschwemmten Torfschlammböden in Flach- und Quellmooren, an Teichen und Sümpfen. Zerstreut von der Ebene bis in höhere Gebirgslagen. Arzneipflanze. Gefährdet.

ENZIANGEWÄCHSE Gentianaceae

2 Echtes Tausendgüldenkraut, *Centaurium erythraea.* Einjährige oder einjährig-überwinternde, 10–45 cm hohe Pflanze. Insektenbestäubung, Selbst- und Windverbreitung. Auf Ton- und Lehmböden in sonnigen Waldschlägen, in Halbtrockenrasen und lichten Gebüschen. Verbreitet von der Ebene bis in mittlere Gebirgslagen. Arzneipflanze.

3 Gelber Enzian, *Gentiana lutea.* Ausdauernde, 45–140 cm hohe Pflanze. Blütezeit: Juli–August. Insektenbestäubung, Windverbreitung. Auf Lehm- und Tonböden in Magerrasen, Hochgrasfluren und lichten Nadelwäldern. Selten in höheren Gebirgslagen. Gefährdet.

4 Kreuzenzian, *Gentiana cruciata.* Unterirdisch ausdauernde, 15–50 cm hohe Pflanze. Blütezeit: Juli–August. Hummelbestäubung. Auf Lehm- und Tonböden in Magerrasen, Kiefernwäldern und an Waldrändern. Zerstreut von der Ebene bis in mittlere Gebirgslagen, im Norden seltener. Gefährdet.

Wurzeln

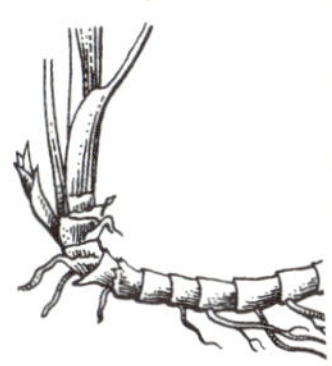

Fieberklee

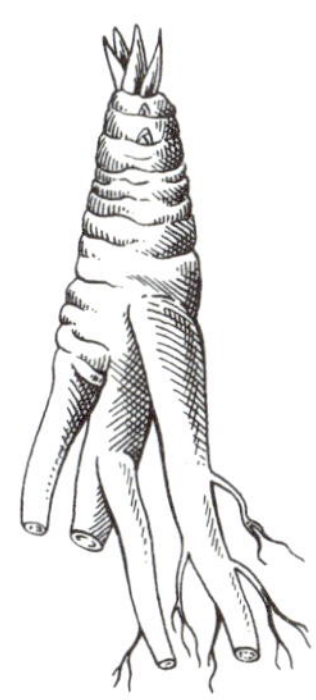

Gelber Enzian

Tausendgüldenkraut

5 Tüpfelenzian, *Gentiana punctata.* Ausdauernde, 20–60 cm hohe Pflanze. Blütezeit: Juli–August. Insektenbestäubung, Windverbreitung (Wintersteher). Auf frischen Lehmböden in Magerweiden, auf Wiesen und Matten, gern unter langer Schneebedeckung. Verbreitet bis zerstreut in den Hochgebirgen bis über 2300 m. Gefährdet.

6 Lungenenzian, *Gentiana pneumonanthe.* Unterirdisch ausdauernde, 15–60 cm hohe Pflanze. Blütezeit: Juli–Oktober. Hummelbestäubung, Windverbreitung. Lichtpflanze auf wechselfeuchten, basenreichen, mäßig sauren Ton- und Torfböden in Moorwiesen und Flachmooren, Magerrasen und Feuchtheiden. Zerstreut von der Ebene bis in mittlere Gebirgslagen unter 900 m. Gefährdet. Frühere Arzneipflanze.

7 Schwalbenwurzenzian, *Gentiana asclepiadea.* Unterirdisch ausdauernde, 15–80 cm hohe Pflanze. Blütezeit: Juli–September. Hummelbestäubung, Windverbreitung. Licht- bis Halbschattenpflanze auf gern kalkhaltigen Lehm-, Ton- und Torfböden in Moorwiesen, Mischwäldern, an Waldrändern. Zerstreut in den mittleren Lagen der Hochgebirge, im Vorland, selten in den Mittelgebirgen. Gefährdet.

8 Schnee-Enzian, *Gentiana nivalis.* Einjährige, 5–20 cm hohe Pflanze. Blütezeit: Juli–August. Insektenbestäubung, Windverbreitung. Auf frischen, meist kalkhaltigen, mittel- bis flachgründigen, steinigen Lehm- und Tonböden in mageren Steinrasen und Rasenlücken. Zerstreut in höheren Lagen der Hochgebirge.

1 Frühlingsenzian, *Gentiana verna.* Unterirdisch ausdauernde, 5–20 cm hohe Pflanze. Blütezeit: März–Mai. Tagfalterbestäubung, Windverbreitung. Pilzwurzler auf meist kalkreichen, steinigen oder reinen Ton- und Lehmböden in Magerrasen, Steinrasen und Flachmooren. Selten, teilweise gesellig, bis in hohe Gebirgslagen. Gefährdet, gebietsweise vom Aussterben bedroht.

2 Stengelloser Enzian, *Gentiana clusii.* Ausdauernde, bis 10 cm hohe Pflanze. Blütezeit: April–August. Hummelbestäubung, Windverbreitung. Lichtpflanze auf steinigen oder reinen Lehm- und Tonböden, auch Moorböden in Kalkmagerrasen, Steinrasen, mageren Wiesen, auch Quell- und Wiesenmooren. Zerstreut in den Hochgebirgen bis über 2400 m. Gefährdet.

3 Fransenenzian, *Gentianella ciliata.* Zweijährige oder unterirdisch ausdauernde, 10–30 cm hohe Pflanze. Blütezeit: August–Oktober. Hummelbestäubung, Windverbreitung, Flachwurzler auf steinigen oder reinen Lehm- und Lößböden in Magerrasen, Steinrasen, an Rainen und Waldrändern. Zerstreut von der Ebene bis in höhere Gebirgslagen, Kalk- und Lößgebiete. Gefährdet.

4 Deutscher Enzian, *Gentianella germanica.* Ein- oder zweijährige, 5–40 cm hohe Pflanze. Blütezeit: Juni–Oktober. Insektenbestäubung (Bienen, Hummeln), Windverbreitung. Auf mäßig trockenen, kalkreichen, neutralen, milden, steinigen oder reinen Lehm- und Mergelböden in Kalkmagerrasen, Waldwiesen. Zerstreut von der Ebene bis in höhere Gebirgslagen. Gefährdet.

Früchte

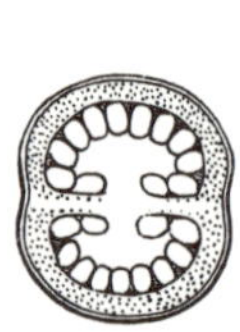

Tollkirsche (Längsschnitt)

Schwarzer Nachtschatten

NACHTSCHATTENGEWÄCHSE
Solanaceae

5 Schwarze Tollkirsche, *Atropa bella-donna.* Unterirdisch ausdauernde, 50–150 cm hohe Pflanze. Blütezeit: Juni–August. Hummelbestäubung, Vogelverbreitung. Halbschatten- bis Lichtpflanze auf nährstoff- und basenreichen, mäßig sauren, locker humosen Ton- und Lehmböden in Schlagfluren, auf Waldlichtungen und Kahlschlägen, an Waldrändern. Zerstreut von der Ebene bis in höhere Gebirgslagen, im Norden seltener. Sehr giftig. Arzneipflanze, vor allem in der Augenheilkunde.

6 Bittersüßer Nachtschatten, *Solanum dulcamara.* Ausdauernde, oft auch strauchartige, 30–200 cm hohe Pflanze. Blütezeit: Juni–August. Insektenbestäubung, Vogelverbreitung. Stickstoffzeiger und Kriechpionier auf neutralen, humosen Lehm- und Tonböden an den Rändern von Weidengebüschen, auf Lichtungen, an Ufern und Gräben, in Erlenbrüchen und Waldschlägen. Verbreitet bis häufig von der Ebene bis in mittlere Gebirgslagen. Arzneipflanze. Mäßig giftig.

7 Schwarzer Nachtschatten, *Solanum nigrum.* Einjährige, 10–80 cm hohe Pflanze. Blütezeit: Juni–Oktober. Meist Insektenbestäubung, Verdauungsverbreitung. Bis 70 cm tief wurzelnder Gare- und Stickstoffanzeiger auf nährstoffreichen, neutralen, humosen, lockeren Ton- und Lehmböden in Unkrautfluren, an Schuttplätzen, Wegen, in Gärten und Äckern. Verbreitet bis häufig von der Ebene bis in mittlere Gebirgslagen (bis 800 m). Nur mäßig giftig.

RÖTEGEWÄCHSE Rubiaceae

1 Klettenlabkraut, Klebkraut, *Galium aparine.* Einjährige oder einjährig-überwinternde Pflanze. Blütezeit: Juni–Oktober. Insekten- und Selbstbestäubung, Klebverbreitung. Bis 35 cm tief wurzelnd auf frischen Lehm- und Tonböden in staudenreichen Unkrautfluren, an Ufern, Hecken, Gebüschen und Waldrändern, auch auf Äckern. Häufig von der Ebene bis in mittlere Gebirgslagen. Durch rückwärtsgerichtete Stacheln an rauhen Oberflächen haftend. Kulturbegleiter.

2 Wiesenlabkraut, *Galium mollugo.* Ausdauernde, 25–100 cm hohe, Ausläufer bildende Pflanze. Blütezeit: Mai–September. Fliegenbestäubung, Verdauungsverbreitung. Tiefwurzler auf Lehm- und Tonböden in Fettwiesen, Halbtrockenrasen, Auenwäldern, Gebüschen, an Waldrändern. Häufig von der Ebene bis in höhere Gebirgslagen.

3 Waldlabkraut, *Galium sylvaticum.* Ausdauernde, 30–120 cm hohe Pflanze. Blütezeit: Juli–August. Insektenbestäubung, Verdauungsverbreitung. Bis 50 cm tief wurzelnd auf Lehm- und Lößböden in Laubwäldern und Gebüschen, an Waldrändern. Verbreitet von der Ebene bis in mittlere Gebirgslagen, besonders in Kalk- und Lehmgebieten, im nördlichen Tiefland selten oder fehlend.

4 Sumpflabkraut, *Galium palustre.* Unterirdisch ausdauernde, 15–80 cm hohe, Ausläufer bildende Pflanze. Blütezeit: Mai–September. Bienenbestäubung, Verdauungsverbreitung. Auf sicker- und staunassen oder wechselnassen, zeitweise überschwemmten Ton- und Sumpfhumusböden in Verlandungszonen an Ufern und Gräben, in Erlenbrüchen und Naßwiesen. Häufig von der Ebene bis in mittlere Gebirgslagen.

5 Echtes Labkraut, *Galium verum.* Unterirdisch ausdauernde, 30–60 cm hohe Pflanze. Blütezeit: Mai–September. Insektenbestäubung (Fliegen, Bienen), Klett- und Verdauungsverbreitung. Tiefwurzler auf meist kalkhaltigen Lehm-, Löß- und Sandböden in Magerrasen und -weiden, an Rainen, Gebüschrändern. Verbreitet von der Ebene bis in höhere Gebirgslagen. Wohlriechend. Früher in der Milchwirtschaft (Lab!) verwendet.

6 Waldmeister, *Galium odoratum.* Unterirdisch ausdauernde, 10–30 cm hohe, Ausläufer bildende Pflanze. Blütezeit: Mai–Juni. Insektenbestäubung (Fliegen, Bienen), Klettverbreitung. Flachwurzelnder Mullbodenkriecher auf nährstoff- und basenreichen, lockeren, humosen Lehmböden in schattigen Laubwäldern und Gebüschen. Verbreitet bis zerstreut von der Ebene bis in mittlere Gebirgslagen. Wohlriechend. Kumarinhaltig. Frühere Arznei- und Gewürzpflanze, oft auch angebaut.

7 Gemeine Ackerröte, *Sherardia arvensis.* Einjährige, 5–25 cm hohe Pflanze. Blütezeit: Juni–Oktober. Insekten- und Selbstbestäubung (Fliegen). Bis 10 cm tief wurzelnd auf nährstoff- und basenreichen, meist kalkhaltigen Lehm- und Tonböden in Getreidefeldern, Gärten, auf Brachen. Verbreitet von der Ebene bis in mittlere Gebirgslagen (Kalk- und Lehmgebiete), im nördlichen Tiefland selten, gebietsweise gefährdet.

Früchte

KARDENGEWÄCHSE Dipsacaceae

1 Wilde Karde, *Dipsacus sylvestris.* Bis 2 m hohe, zweijährige Pflanze mit walzlicher, spindelförmiger Wurzel und stacheligem Stengel. Blätter in grundständiger Rosette. Blüten durch Insekten (Fliegen, Hummeln, Bienen) bestäubt. Klettverbreitung der Samen. Blütezeit: Juli–August. Zerstreut an Wegrändern, auf Weiden.

2 Teufelsabbiß, *Succisa pratensis.* 20–80 cm hohe, ausdauernde Pflanze mit abgebissenem Wurzelstock (Name). Blüten mit Falter- und Bienenbestäubung. Kugelige Fruchtköpfchen. Klettverbreitung der Samen. Blütezeit: Juli–September. Verbreitet auf feuchten Wiesen, Heiden, an Waldrändern.

3 Ackerwitwenblume, *Knautia arvensis.* 30–80 cm hohe, ausdauernde Pflanze mit ästigem Wurzelstock und starker Pfahlwurzel. Blüten mit Insekten- (Falter, Bienen) und Selbstbestäubung. Ameisenverbreitung der Samen. Blütezeit: Juni–August. Verbreitet auf trockenen Wiesen, an Wald- und Akkerrändern. Früher Arzneipflanze.

4 Gelbe Skabiose, *Scabiosa ochroleuca.* 20–80 cm hohe, ausdauernde Pflanze mit spindelförmiger Wurzel. Blüten mit Insektenbestäubung. Blütezeit: Juli–Oktober. Zerstreut auf Triften, Hügeln, Dämmen.

BALDRIANGEWÄCHSE Valerianaceae

5 Gemeines Rapünzchen, *Valerianella locusta.* 10–25 cm hohe, einjährig-überwinternde oder zweijährige Pflanze. Blüten meist mit Selbstbestäubung. Früchte rundlich-eiförmig, zusammengedrückt. Blütezeit: April–Mai und Juli–August. Verbreitet auf Äckern, an Wegrändern, auf Triften mit frischen Lehmböden. Gemüse(Salat)pflanze.

6 Kleiner Baldrian, *Valeriana dioica.* 10 bis 30 cm hohe, ausdauernde, zweihäusige Pflanze mit kurzem, kriechendem Wurzelstock und Ausläufern. ♂ und ♀ Blüten mit verwachsenen Kronblättern. Insektenbestäubung. Blütezeit: Mai–Juni. Verbreitet auf sumpfigen Wiesen, Flachmooren, an Gräben, Ufern, in Erlenbrüchen, bis ins Gebirge.

MOCHUSKRAUTGEWÄCHSE Adoxaceae

7 Moschuskraut, Bisamkraut, *Adoxa moschatellina.* 5–15 cm hohe, ausdauernde Pflanze mit weißem, fleischigem Wurzelstock. Blätter nach Moschus riechend (Name). Blüten mit Fliegen- oder Selbstbestäubung. Frucht durch Vögel verbreitet. Blütezeit: März–Mai. Zerstreut in feuchten Gebüschen, Laub- und Auwäldern, in Hekken, Erlenbrüchen und Gärten, meist auf feuchten, kalkhaltigen, humosen Lehm- und Tonböden, von der Ebene bis ins Gebirge.

EISENKRAUTGEWÄCHSE Verbenaceae

8 Echtes Eisenkraut, *Verbena officinalis.* 30 bis 100 cm hohe, einjährige bis ausdauernde Pflanze mit spindelförmiger, ästiger Wurzel. Blüten mit Insekten- und Selbstbestäubung. In 4 Teilfrüchte zerfallende Frucht. Klebverbreitung. Blütezeit: Juni–September. Zerstreut auf Ödland und an Wegen. Gefährdet. Arzneipflanze.

Blüten

Wilde Karde

Teufelsabbiß

Ackerwitwenblume

Kleiner Baldrian

Moschuskraut

1 2 3 4 5 6 7

WINTERGRÜNGEWÄCHSE Pyrolaceae

1 Rundblättriges Wintergrün, *Pyrola rotundifolia.* Ausdauernde, 15–30 cm hohe, Ausläufer bildende Pflanze. Blütezeit: Juni–Juli. Insekten- und Selbstbestäubung, Windverbreitung. Moderwurzler mit Wurzelpilz auf basenreichen Lehm- und Torfböden in sauren Nadel-, Buchen- oder Eichenwäldern. Verbreitet von der Ebene bis in mittlere Gebirgslagen, im Norden meistens seltener.

2 Kleines Wintergrün, *Pyrola minor.* Ausdauernde, 7–20 cm hohe, Ausläufer bildende Pflanze. Blütezeit: Juni–Juli. Meist Selbstbestäubung. Moderwurzler mit Kriechwurzel auf frischen Stein-, Sand- und Lehmböden besonders in Fichten- und Kiefernwäldern, Gebüschen und Mooren. Verbreitet von der Ebene bis in höhere Gebirgslagen.

FICHTENSPARGELGEWÄCHSE Monotropaceae

3 Echter Fichtenspargel, *Monotropa hypopitys.* Ausdauernde, 10–25 cm hohe, später schwarz werdende Pflanze. Blütezeit: Juni–Juli. Insektenbestäubung (Hummeln), Windverbreitung (Staubsamen). Fäulnisbewohner mit Pilzwurzeln auf Sand-, Ton- und Lehmböden in Nadel- und Laubwäldern. Zerstreut von der Ebene bis in mittlere Gebirgslagen, im Norden seltener.

WINDENGEWÄCHSE Convolvulaceae

4 Ackerwinde, *Convolvulus arvensis.* Ausdauernde, bis 250 cm lange Schlingpflanze. Blütezeit: Juni–September. Insektenbestäubung (Fliegen, Bienen), Ausläuferverbreitung. Bis über 2 m tief wurzelnder Kriechpionier auf Lehm- und Tonböden in Äckern und Gärten, an Wegen und Schuttplätzen. Verbreitet bis häufig von der Ebene bis in mittlere Gebirgslagen. Alter Kulturbegleiter.

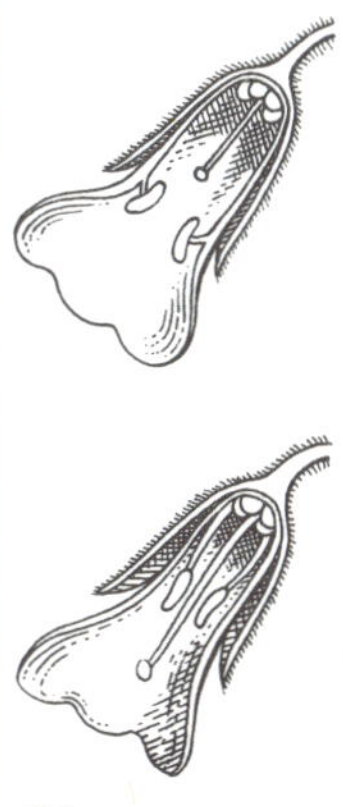

Blüte Lungenkraut (Längsschnitt)

5 Zaunwinde, *Calystegia sepium.* Ausdauernde, bis 300 cm lange Schlingpflanze. Blütezeit: Juni–September. Insektenbestäubung (Schwärmer, Schwebfliegen). Bis 70 cm tief wurzelnder Kriechpionier auf frischen bis feuchten Ton- und Lehmböden an Ufern, Wald- und Gebüschrändern, Zäunen und Wegen. Verbreitet von der Ebene bis in mittlere Gebirgslagen. Kulturbegleiter.

BORRETSCHGEWÄCHSE Boraginaceae

6 Echtes Lungenkraut, *Pulmonaria officinalis.* Ausdauernde, 10–30 cm hohe Pflanze. Blütezeit: Mai–Juli. Insektenbestäubung (Bienen, Hummeln), Ameisenverbreitung. Verhinderung der Selbstbestäubung durch unterschiedliche Blüten (Abb.). Mullbodenwurzler auf nährstoff- und basenreichen Lehm- und Tonböden in Auenwäldern, Laub- und Nadelmischwäldern. Verbreitet vor allem in tieferen Lagen.

7 Gemeiner Beinwell, *Symphytum officinale.* Unterirdisch ausdauernde, 30–100 cm hohe Pflanze. Blütezeit: Mai–Juli. Insekten- und Selbstbestäubung (Fliegen, Bienen), Ameisenverbreitung. Bis 180 cm tief wurzelnd auf nährstoffreichen Lehm- und Tonböden in Naßwiesen, an Ufern, in Auen- und Bruchwäldern. Verbreitet von der Ebene bis in mittlere Gebirgslagen. Arzneipflanze.

1 Gemeiner Natterkopf, *Echium vulgare.* Zweijährige, 25–100 cm hohe Pflanze. Blütezeit: Mai–Oktober. Insektenbestäubung, Wind- und Klettverbreitung. Bis 250 cm tief wurzelnde Pionierpflanze auf sommerwarmen, mäßig trockenen, nährstoffreicheren, steinig-sandigen Lehm- und Tonböden in Unkrautfluren, an Wegen und Bahnanlagen. Häufig von der Ebene bis in mittlere Gebirgslagen.

2 Sumpfvergißmeinnicht, *Myosotis palustris.* Ausdauernde, 15–50 cm hohe Pflanze. Blütezeit: April–Oktober. Insektenbestäubung (Fliegen, Falter), teilweise Wasserverbreitung. Nährstoffzeiger auf nassen bis feuchten, mäßig sauren, sandigen oder reinen Lehm- und Tonböden in Naßwiesen, Bruchwäldern, an Gräben und Ufern. Häufig von der Ebene bis in höhere Gebirgslagen.

3 Ackervergißmeinnicht, *Myosotis arvensis.* Einjährige oder einjährig-überwinternde, 10 bis 50 cm hohe Pflanze. Blütezeit: Mai–Oktober. Insekten- und Selbstbestäubung, Klettverbreitung. Lichtpflanze auf mäßig frischen Lehmböden in Äckern, auf Waldschlägen, Wiesen und Schuttplätzen, an Wegrändern. Häufig bis verbreitet von der Ebene bis in mittlere Gebirgslagen.

4 Sandvergißmeinnicht, *Myosotis stricta.* Einjährige oder einjährig-überwinternde, 3 bis 20 cm hohe Pflanze. Blütezeit: März–Juni. Meist Selbstbestäubung, Klettverbreitung. Flachwurzler (bis 15 cm) auf sommerwarmen, trockenen, mageren, basenreicheren, meist entkalkten, mäßig sauren Sand- und Steingrusböden in Sandäckern, sonnigen Sandwiesen, auf Dünen und an Wegrändern. Verbreitet bis zerstreut in den Sandgebieten tieferer Lagen. Andere Arten dieser Gattung werden häufig auch als Zierpflanzen in Gärten und Anlagen kultiviert.

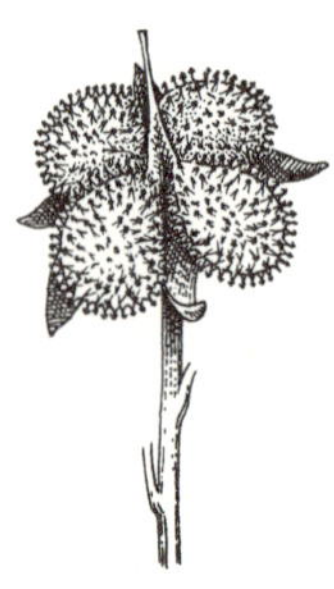

Teilfrüchtchen Hundszunge

5 Ackersteinsame, *Lithospermum arvense.* Einjährige oder einjährig-überwinternde, 10 bis 50 cm hohe Pflanze. Blütezeit: April–Juli. Insekten- und Selbstbestäubung (Bienen), Wasser- und Selbstverbreitung. Bis 60 cm tief wurzelnd auf frischen, meist mäßig sauren Ton- und Lehmböden in Getreidefeldern (Wintergetreide) und an Wegrändern. Verbreitet von der Ebene bis in mittlere Gebirgslagen, vor allem aber im Osten und Nordosten des Gebiets.

6 Gebräuchliche Ochsenzunge, *Anchusa officinalis.* Zweijährige oder ausdauernde, 30–80 cm hohe Pflanze. Blütezeit: Mai–Oktober. Insekten- und Selbstbestäubung, Ameisenverbreitung. Bis 120 cm tief wurzelnde Pionierpflanze auf mäßig trockenen, nährstoffreichen, meist kalkarmen Sand- und Kiesböden an Wegen und Dämmen, in sonnigen Unkrautfluren und Schuttplätzen. Zerstreut meist in den tieferen Lagen.

7 Echte Hundszunge, *Cynoglossum officinale.* Zweijährige, 30–80 cm hohe Pflanze. Blütezeit: Mai–Juli. Insektenbestäubung, Klettverbreitung (Abb.). Samen giftig. Stickstoffzeiger auf mäßig trockenen Lehm- und bindigen Sandböden in sonnigen Unkrautfluren, an Wegrändern, auf Schuttplätzen. Verbreitet von der Ebene bis in mittlere Gebirgslagen. Unangenehm riechend. Früher auch als Ratten- und Mäusegift verwendet.

BRAUNWURZGEWÄCHSE
Scrophulariaceae

1 Schwarze Königskerze, *Verbascum nigrum.* Zweijährige oder ausdauernde, 15–120 cm hohe Pflanze. Blütezeit: Juni–September. Insekten- und Selbstbestäubung. Meist Lichtpflanze auf nährstoff- und basenreichen Lehmböden in Unkrautfluren, Waldschlägen, Dämmen, Schuttplätzen und an Wegrändern. Verbreitet bis häufig von der Ebene bis in mittlere Gebirgslagen.

2 Großblumige Königskerze, *Verbascum densiflorum.* Zweijährige, 50–300 cm hohe Pflanze. Blütezeit: Juli–September. Insekten- und Selbstbestäubung (Pollenblume). Auf mäßig trockenen, nährstoff- und basenreichen, oft kalkhaltigen Lehmböden in Unkrautfluren, an Schuttplätzen, Dämmen und Wegrändern. Verbreitet von der Ebene bis in mittlere Gebirgslagen, im Hochgebirge und Nordwesten fehlend. Arzneipflanze.

3 Mehlige Königskerze, *Verbascum lychnitis.* Zweijährige, 60–120 cm hohe Pflanze. Blütezeit: Juni–September. Insekten- und Selbstbestäubung. Tiefwurzler auf lockeren Lehmböden an Wald- und Gebüschrändern, auf Lichtungen, an Wegen. Verbreitet von der Ebene bis in mittlere Gebirgslagen.

4 Gemeines Leinkraut, *Linaria vulgaris.* Ausdauernde, 15–60 cm hohe, Ausläufer bildende Pflanze. Blütezeit: Juni–Oktober. Insekten- und Selbstbestäubung, Wind- und Ameisenverbreitung. Bis 1 m tief wurzelnd auf mäßig frischen, nährstoff- und basenreichen Lehmböden in Unkrautfluren und an Wegrändern. Häufig von der Ebene bis in mittlere Gebirgslagen.

Blüten mit Staubblättern

Schwarze Königskerze

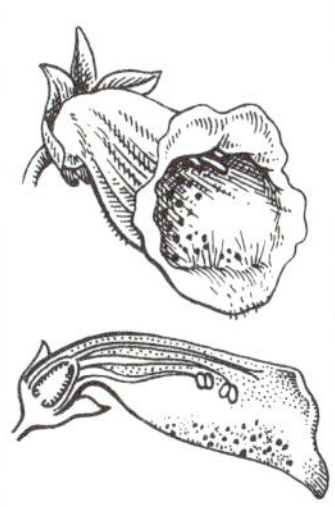

Roter Fingerhut

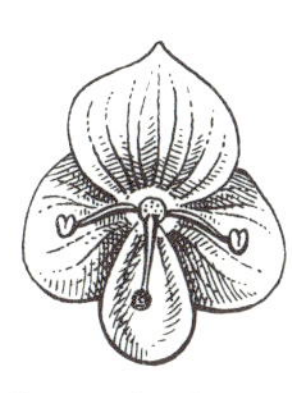

Gamanderehrenpreis

5 Alpenleinkraut, *Linaria alpina.* Ausdauernde, 5–15 cm hohe Pflanze. Blütezeit: Juni–August. Hummelbestäubung, Windverbreitung. Schuttkriecher auf basenreichen, humus- und feinerdearmen Steinschutt- und Kiesböden in offenen, sonnigen Steinschuttfluren und im Flußschotter. Zerstreut in höheren Lagen der Hochgebirge.

6 Kleiner Orant, *Chaenarrhinum minus.* Einjährige, 10–20 cm hohe Pflanze. Blütezeit: Juni–Oktober. Selbstbestäubung, Windverbreitung. Bis 25 cm tief wurzelnd auf mäßig frischen Lehm- oder feinerdereichen Steinböden in Unkrautfluren, an Wegen und Bahndämmen. Häufig von der Ebene bis in mittlere Gebirgslagen.

7 Knotige Braunwurz, *Scrophularia nodosa.* Unterirdisch ausdauernde, 30–120 cm hohe, Ausläufer bildende Pflanze. Blütezeit: Mai–September. Selbst- und Insektenbestäubung (meist Wespen), Windverbreitung. Mullbodenwurzler auf nährstoffreichen Lehm- und Tonböden in Auen-, Laub- und Nadelmischwäldern. Verbreitet von der Ebene bis in mittlere Gebirgslagen.

8 Gelbe Gauklerblume, *Mimulus guttatus.* Unterirdisch ausdauernde, 30–60 cm hohe Pflanze. Blütezeit: Juni–Oktober. Bienenblume, meist Wasserverbreitung. Pionierpflanze auf nassen, zeitweise flach überfluteten Tonböden an Quellen, Fluß- und Bachufern. Verbreitet vor allem in den Mittelgebirgen. Heimat: westliches Nordamerika.

1 Gamanderehrenpreis, *Veronica chamaedrys.* Ausdauernde, 15–30 cm hohe, Ausläufer bildende Pflanze. Blütezeit: Mai–Juni. Insektenbestäubung (Fliegen, Bienen), Ameisenverbreitung. Flach- und Kriechwurzler auf nährstoff- und basenreichen, humosen, tief- bis mittelgründigen Lehmböden am Rand von Hecken und Gebüschen, in Wiesen, an Rainen und Waldrändern. Häufig von der Ebene bis in höhere Gebirgslagen.

2 Efeublättriger Ehrenpreis, *Veronica hederifolia.* Einjährige oder einjährig-überwinternde, 8–30 cm hohe Pflanze. Blütezeit: März–Mai. Selbstbestäubung, Ameisenverbreitung. Bis 15 cm tief wurzelnd auf nährstoff- und basenreichen, humosen Lehmböden in Äckern und Gärten, Hecken, Auenwäldern und an Wegen. Verbreitet von der Ebene bis in mittlere Gebirgslagen. Sehr formenreich.

3 Feldehrenpreis, *Veronica arvensis.* Einjährige oder einjährig-überwinternde, 15–40 cm hohe Pflanze. Blütezeit: April–Oktober. Insekten- und Selbstbestäubung (Bienen), meist Windverbreitung. Bis 20 cm tief wurzelnd auf frischen, neutralen Lehm- und Steinböden in Äckern, an Schuttplätzen, Wegen und Mauern, in Waldschlägen und Wiesen. Verbreitet von der Ebene bis in mittlere Gebirgslagen (unterhalb 1000 m).

4 Persischer Ehrenpreis, *Veronica persica.* Einjährige oder einjährig-überwinternde, 15–40 cm hohe Pflanze. Blütezeit: April–Oktober. Insekten- und Selbstbestäubung. Bis 20 cm tief wurzelnd auf frischen bis mäßig trockenen Lehmböden in Unkrautfluren, Äckern, Weinbergen und Gärten, in Getreidefeldern und an Wegrändern. Häufig bis verbreitet von der Ebene bis in mittlere Gebirgslagen. Seit etwa 1805 in Europa eingebürgert, Heimat: Südwestasien.

5 Bachehrenpreis, Bachbunge, *Veronica beccabunga.* Ausdauernde, 15–60 cm hohe, Ausläufer bildende Pflanze. Blütezeit: Mai–September. Insekten- und Selbstbestäubung, oft Wasserverbreitung. Kriechpionier auf meist flach überschwemmten oder sickernassen, meist sandigen Schlammböden in Verlandungs- und Röhrichtgebieten, an Gräben und Bächen, in Quellfluren. Verbreitet von der Ebene bis in höhere Gebirgslagen. Früher Gemüse- und Arzneipflanze.

6 Roter Fingerhut, *Digitalis purpurea.* Zweijährige, 40–150 cm hohe Pflanze. Blütezeit: Juni–August. Hummelbestäubung, Windverbreitung. Auf frischen, kalkarmen Lehmböden an Waldwegen und auf Lichtungen. Verbreitet von der Ebene bis besonders in die Mittelgebirge. Östlich von Harz und Thüringer Wald wahrscheinlich eingeschleppt. Giftig. Arznei- und Zierpflanze.

7 Großblütiger Fingerhut, *Digitalis grandiflora.* Unterirdisch ausdauernde, 60–120 cm hohe Pflanze. Blütezeit: Juni–Juli. Insekten- und Selbstbestäubung (Hummeln), Windverbreitung. Auf frischen, nährstoff- und basenreicheren, oft kalkarmen, mittelgründigen Lehm-, Mull- und Moderböden in grasigen Staudenfluren, an Waldrändern und auf Lichtungen. Selten in der Ebene bis zerstreut im Berg- und Hügelland und in den mittleren Gebirgslagen. Giftig.

Fruchtkapseln

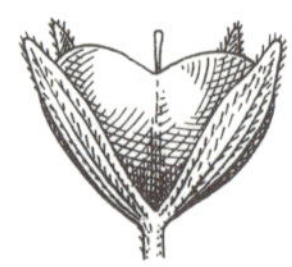
Gamanderehrenpreis

Feldehrenpreis

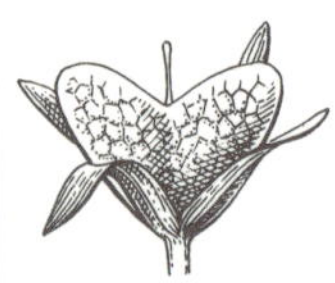
Persischer Ehrenpreis

Bachehrenpreis

1 Hainwachtelweizen, *Melampyrum nemorosum.* Einjährige, 10–60 cm hohe Pflanze. Blütezeit: Juni–September. Hummelbestäubung, Ameisenverbreitung. Halbschmarotzer auf Ton- und Lehmböden in Laub- und Auenwäldern, auf Lichtungen, an Waldrändern und Waldwegen. Verbreitet vor allem im Osten des Gebietes.

2 Wiesenwachtelweizen, *Melampyrum pratense.* Einjährige, 10–50 cm hohe Pflanze. Blütezeit: Mai–September. Hummelbestäubung, Ameisenverbreitung. Halbschmarotzer, bis 15 cm tief wurzelnd auf mäßig trokkenen bis feuchten, nährstoff- und basenarmen Stein-, Sand- und Lehmböden in Wäldern, an Wald- und Wiesenrändern, in Hochmooren. Verbreitet von der Ebene bis in höhere Gebirgslagen.

3 Ackerwachtelweizen, *Melampyrum arvense.* Einjährige, 15–30 cm hohe Pflanze. Blütezeit: Mai–September. Insekten- und Selbstbestäubung (Hummeln), Ameisenverbreitung. Halbschmarotzer auf mäßig trockenen Lehm- und Tonböden in Getreidefeldern, an Rainen und Wegen. Selten von der Ebene bis in höhere Gebirgslagen. Gefährdet.

4 Gemeiner Augentrost, *Euphrasia officinalis.* Einjährige, 3–40 cm hohe Pflanze. Blütezeit: Mai–Oktober. Bienenbestäubung, Windverbreitung. Halbschmarotzer auf frischen, kalkarmen Ton-, Lehm- oder auch Torfböden in mageren Wiesen, Weiden und Moorwiesen. Verbreitet, aber zurückgehend von der Ebene bis in höhere Gebirgslagen, im Nordwesten selten oder fehlend. Alte Arzneipflanze gegen Augenleiden.

Wurzelsysteme

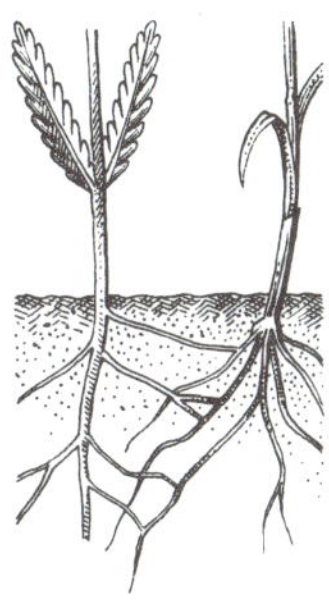

Großer Klappertopf

Schuppenwurz

5 Großer Klappertopf, *Rhinanthus serotinus.* Einjährige, 20–50 cm hohe Pflanze. Blütezeit: Mai–September. Insekten- und Selbstbestäubung (Hummeln), Windverbreitung. Halbschmarotzer auf nährstoff- und basenreicheren Lehmböden in Moor- und feuchten Wiesen, auf Äckern, in Gebüschen. Verbreitet, aber zurückgehend von der Ebene bis in mittlere Gebirgslagen.

6 Kleiner Klappertopf, *Rhinanthus minor.* Einjährige, 5–40 cm hohe Pflanze. Blütezeit: Mai–August. Insekten- und Selbstbestäubung (Hummeln), Windverbreitung. Halbschmarotzer (Wiesenschädling) auf nährstoffreicheren Lehm-, Ton- und Torfböden in Wiesen. Verbreitet, aber zurückgehend von der Ebene bis in mittlere Gebirgslagen.

7 Zottiger Klappertopf, *Rhinanthus alectorolophus.* Einjährige, 15–40 cm hohe Pflanze. Blütezeit: Mai–Juni. Hummelbestäubung, Windverbreitung. Halbschmarotzer auf mäßig frischen, nährstoff- und basenreichen Lehm- und Lößböden in Fettwiesen, Halbtrockenrasen und Getreidefeldern. Verbreitet, aber zurückgehend von der Ebene bis in höhere Gebirgslagen. Gefährdet.

8 Rötliche Schuppenwurz, *Lathraea squamaria.* Unterirdisch ausdauernde, 10–30 cm hohe Pflanze. Blütezeit: März–Mai. Insekten- und Selbstbestäubung (Hummeln), Ameisenverbreitung. Wurzelschmarotzer (Erle, Hasel, Pappel) auf nährstoff- und basenreichen, meist kalkhaltigen, tiefgründigen Ton- und Lehmböden in Auen- und Schluchtwäldern, in Parks. Verbreitet von der Ebene bis in mittlere Gebirgslagen.

1 Gemeiner Alpenhelm, *Bartsia alpina.* Ausdauernde, 5–25 cm hohe Pflanze. Blütezeit: Juni–August. Hummelbestäubung, Ameisenverbreitung. Humuskriecher. Halbschmarotzer auf sickerfeuchten bis nassen, basenreichen, modrig-humosen Stein- oder Sumpfhumusböden in Quellmooren und Steinrasen. Zerstreut von den höheren Mittelgebirgen bis in höhere Lagen der Hochgebirge (über 2400 m).

2 Gemeiner Alpenrachen, *Tozzia alpina.* Ausdauernde, 10–15 cm hohe Pflanze. Blütezeit: Juni–August. Insektenbestäubung (Schwebfliegen), Ameisenverbreitung. Halbschmarotzer auf sickerfrischen Ton- und Lehmböden in Hochstaudenfluren und Gebüschen. Zerstreut bis selten in mittleren und höheren Lagen der Hochgebirge.

3 Roter Zahntrost, *Odontites vulgaris.* Einjährige, 25–50 cm hohe Pflanze. Blütezeit: Mai bis August. Bienenbestäubung, Windverbreitung. Halbschmarotzer auf frischen Ton- und Lehmböden in Fettweiden, auf Wiesen und an Straßenrändern. Häufig von der Ebene bis in mittlere Gebirgslagen.

4 Sumpfläusekraut, *Pedicularis palustris.* Zweijährige, 15–50 cm hohe Pflanze. Blütezeit: Mai–August. Hummelbestäubung, Windverbreitung. Halbschmarotzer auf stau- und sickernassen, zeitweise überschwemmten, mäßig nährstoff- und basenreichen, meist kalkarmen, neutralen bis mäßig sauren Sumpfhumusböden in Flach- und Zwischenmooren, auf sumpfigen Wiesen und an Ufern. Zerstreut von der Ebene bis in mittlere Gebirgslagen. Gefährdet.

Samen

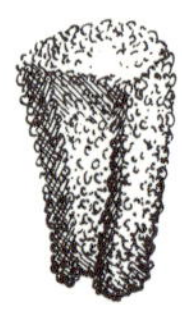

Großblütiger Fingerhut

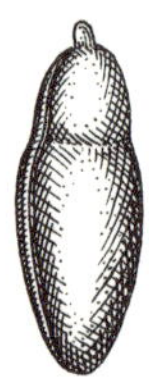

Hainwachtelweizen

Kleiner Klappertopf

Sumpfläusekraut

5 Reichblättriges Läusekraut, *Pedicularis foliosa.* Ausdauernde, 20–60 cm hohe Pflanze. Blütezeit: Juni–August. Hummelbestäubung, Windverbreitung. Halbschmarotzer auf Lehm- und Tonböden in natürlichen Wiesen und auf Naturgrashalden. Zerstreut in mittleren und höheren Lagen der Hochgebirge (900–2300 m). Gefährdet.

6 Ährenläusekraut, *Pedicularis rostrato-capitata.* Ausdauernde, 5–20 cm hohe Pflanze. Blütezeit: Juni–August. Hummelbestäubung, Windverbreitung. Halbschmarotzer auf frischen, kalkreichen, neutralen, flach- bis mittelgründigen, steinigen Ton- und Lehmböden in Steinrasen, Felsenritzen und Matten. Zerstreut bis verbreitet in den höheren Lagen der Hochgebirge (etwa 1500–2400 m).

7 Quirlblättriges Läusekraut, *Pedicularis verticillata.* Ausdauernde, 5–30 cm hohe Pflanze. Blütezeit: Juni–August. Hummelbestäubung, Windverbreitung. Halbschmarotzer auf sickerfrischen oder -nassen, basenreichen, meist kalkhaltigen, steinigen oder reinen Lehm-, Ton- und Sumpfhumusböden in Kalkmagerrasen oder Quellfluren. Zerstreut in mittleren und höheren Lagen der Hochgebirge (1300–2000 m).

8 Gestutztes Läusekraut, *Pedicularis recutita.* Ausdauernde, 20–60 cm hohe Pflanze. Blütezeit: Juni–August. Hummelbestäubung, Windverbreitung. Halbschmarotzer auf sickerfeuchten, nährstoff- und basenreicheren Lehm- und Tonböden in Grashalden, Rieselfluren und Hochstaudengebüschen. Verbreitet in mittleren und höheren Lagen der Hochgebirge (1300–2000 m).

OSTERLUZEIGEWÄCHSE
Aristolochiaceae

1 Braune Haselwurz, *Asarum europaeum.* Unterirdisch ausdauernde, 5–10 cm hohe Pflanze. Blütezeit: März–Mai. Selbst- und Insektenbestäubung, meist Ameisenverbreitung. Auf nährstoffreichen Lehm- und Tonböden in Laub-, Nadelmisch- und Auenwäldern. Verbreitet von der Ebene bis in mittlere Gebirgslagen. Arzneipflanze.

WEGERICHGEWÄCHSE Plantaginaceae

2 Breitwegerich, *Plantago major.* Ausdauernde, 15–30 cm hohe Pflanze. Blütezeit: Juni–Oktober. Windbestäubung, Klebverbreitung. Bis 80 cm tief wurzelnde Pionierpflanze auf nährstoffreichen Ton- und Lehmböden in Trittrasen, an Wegen, Plätzen und Ufern. Häufig von der Ebene bis in höhere Gebirgslagen. Arzneipflanze.

3 Mittlerer oder **Weidewegerich,** *Plantago media.* Ausdauernde, 15–45 cm hohe Pflanze. Blütezeit: Mai–Juli. Insekten- und Windbestäubung (Abb.), Windverbreitung. Auf Lehmböden in Halbtrockenrasen, Wiesen und Weiden. Verbreitet von der Ebene bis in mittlere Gebirgslagen, im Norden seltener. Blüten duftend. Arzneipflanze.

4 Spitzwegerich, *Plantago lanceolata.* Ausdauernde, 5–50 cm hohe Pflanze. Blütezeit: Mai–September. Windbestäubung, Klebverbreitung. Bis 60 cm tief wurzelnd auf Lehmböden in Fettwiesen und -weiden, an Wegen und Äckern. Häufig von der Ebene bis in höhere Gebirgslagen. Arzneipflanze.

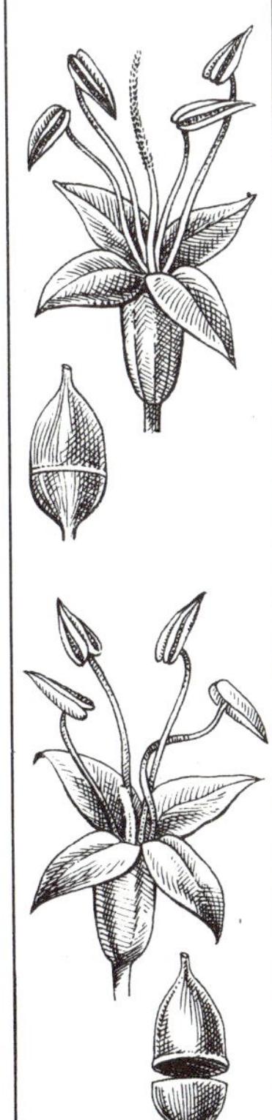

An Wind- (oben) und Insektenbestäubung (unten) angepaßte Blüten des Weidewegerichs

BLEIWURZGEWÄCHSE Plumbaginaceae

5 Gemeine Grasnelke, *Armeria maritima.* Ausdauernde, 5–50 cm hohe Pflanze. Blütezeit: Mai–November. Insektenbestäubung. Auf sandigen, felsig-steinigen, tonigen oder torfigen, meist kalkarmen, oft salzhaltigen Böden auf Weiden, Dämmen, Dünen, Wiesen und Schotter. In einigen, oft endemischen Unterarten zerstreut bis selten von den Küsten bis ins Hochgebirge.

SEIDEGEWÄCHSE Cuscutaceae

6 Europäische Seide, *Cuscuta europaea.* Einjähriger, 30–150 cm langer, blattloser Vollschmarotzer ohne Wurzeln. Blütezeit: Juni–August. Insekten- und Selbstbestäubung (Wespen), Windverbreitung. Stromtalpflanze auf feuchten Standorten auf Brennessel, Ackerwinde, Beifuß, auch Kartoffel und anderen Arten, durch Saugorgane (Haustorien) mit der Wirtspflanze verbunden und dieser Nährstoffe entziehend. Zerstreut, aber zurückgehend von der Ebene bis in mittlere Gebirgslagen. Oft sehr schwer zu erkennen.

7 Quendelseide, *Cuscuta epithymum.* Einjähriger, 20–60 cm langer, dem vorigen sehr ähnlicher Vollschmarotzer. Blütezeit: Juli–September. Insekten- und Selbstbestäubung (Wespen), Windverbreitung. Vor allem auf Thymian, Besenginster, Ginster und Heidekraut sowie Weinstöcken (als Barttrauben). Etwas häufiger als die vorige Art von der Ebene bis in höhere Gebirgslagen. Die ähnliche Kleeseide, *Cuscuta trifolii*, kommt vor allem auf Klee und Luzerne, auch Lippenblütengewächsen vor, ist aber unbeständig.

LIPPENBLÜTENGEWÄCHSE Lamiaceae

1 Gemeine Braunelle, *Prunella vulgaris.* Unterirdisch ausdauernde, 5–30 cm hohe, Ausläufer bildende Pflanze. Blütezeit: Juni–Oktober. Insekten- und Selbstbestäubung, Klebverbreitung. Bis 15 cm tief wurzelnder Kriechpionier auf frischen Ton- und Lehmböden in Fettweiden, Fett- und Moorwiesen, Parks, an Ufern und Waldwegen. Häufig von der Ebene bis in hohe Gebirgslagen.

2 Gundermann, *Glechoma hederacea.* Ausdauernde, etwa 15–60 cm hohe, Ausläufer bildende Pflanze. Blütezeit: April–Juni. Insektenbestäubung, Kleb- und Ameisenverbreitung. Flachwurzler auf frischen bis nassen Lehmböden in Wiesen, Weiden, Auenwäldern, Gebüschen, an Wald- und Heckenrändern. Häufig von der Ebene bis in mittlere Gebirgslagen. Alte Arzneipflanze.

3 Stechender Hohlzahn, *Galeopsis tetrahit.* Einjährige, 10–50 cm hohe Pflanze. Blütezeit: Juni–Oktober. Insekten- und Selbstbestäubung, Klettverbreitung. Bis 60 cm tief wurzelnder Humuszehrer auf frischen, lockeren Lehm- oder auch Tonböden in Äckern, Wäldern, an Wegen und Zäunen. Häufig bis verbreitet von der Ebene bis in höhere Gebirgslagen (bis über 1500 m). Alter Kulturbegleiter, oft auch verschleppt.

4 Ackerhohlzahn, *Galeopsis ladanum.* Einjährige, 5–30 cm hohe Pflanze. Blütezeit: Juni–Oktober. Insekten- und Selbstbestäubung, Klettverbreitung. Über 1 m tief wurzelnde Pionierpflanze auf warmen, trockenen, basenreichen, meist kalkhaltigen, feinerdearmen Kies-, Schotter- und Steinschuttböden in Äckern, auf Bahnschotter, in Steinbrüchen und Gebüsch. Verbreitet von der Ebene bis in mittlere Gebirgslagen, im Hochgebirge fehlend, im nördlichen Tiefland selten oder fehlend.

5 Kriechender Günsel, *Ajuga reptans.* Ausdauernde, 7–30 cm hohe, beblätterte Ausläufer bildende Pflanze. Blütezeit: Mai–August. Insektenbestäubung, auch Selbstbestäubung, Ameisen- und Ausläuferverbreitung. Flachwurzler auf Lehmböden meist in artenreichen Laub- und Mischwäldern, in Gebüschen und auf Wiesen. Verbreitet von der Ebene bis in höhere Gebirgslagen (bis 1700 m).

6 Heidegünsel, *Ajuga genevensis.* Ausdauernde, 7–30 cm hohe Pflanze. Blütezeit: April–Juni, oft nochmals August–September. Bienenbestäubung, Ameisenverbreitung. Rohbodenpionier, manchmal mit Wurzelsprossen, auf meist kalkhaltigen Lehm- und Sandböden in Magerrasen, an Böschungen, Wegrändern, in Gebüschen und Wäldern. Verbreitet bis zerstreut von der Ebene bis in hohe Gebirgslagen (über 1700 m), vor allem in Kalkgebieten.

7 Gemeines Helmkraut, *Scutellaria galericulata.* Unterirdisch ausdauernde, 30–60 cm hohe, Ausläufer bildende Pflanze. Blütezeit: Juni–September. Insektenbestäubung, teilweise Wasserverbreitung. Humuskriecher auf nassen, zeitweise überschwemmten Ton- und Torfböden in Verlandungszonen, Naßwiesen, an Gräben, Ufern, in Erlenbrüchen. Häufig bis verbreitet von der Ebene bis in mittlere Gebirgslagen.

Stengelquerschnitte

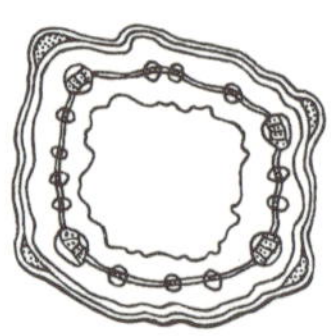

Kriechender Günsel

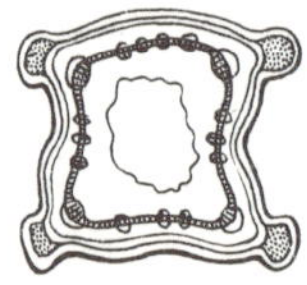

Heidegünsel

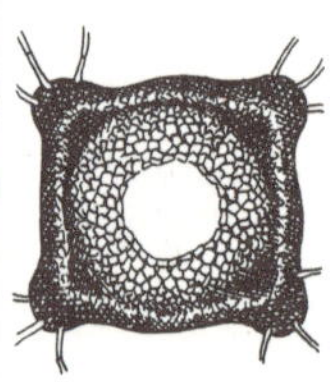

Weiße Taubnessel

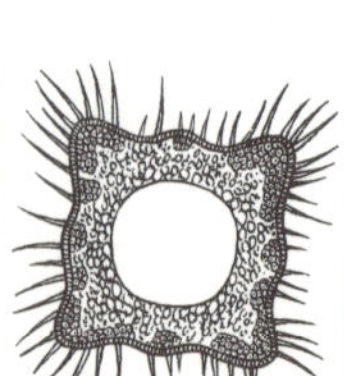

Uferwolfstrapp

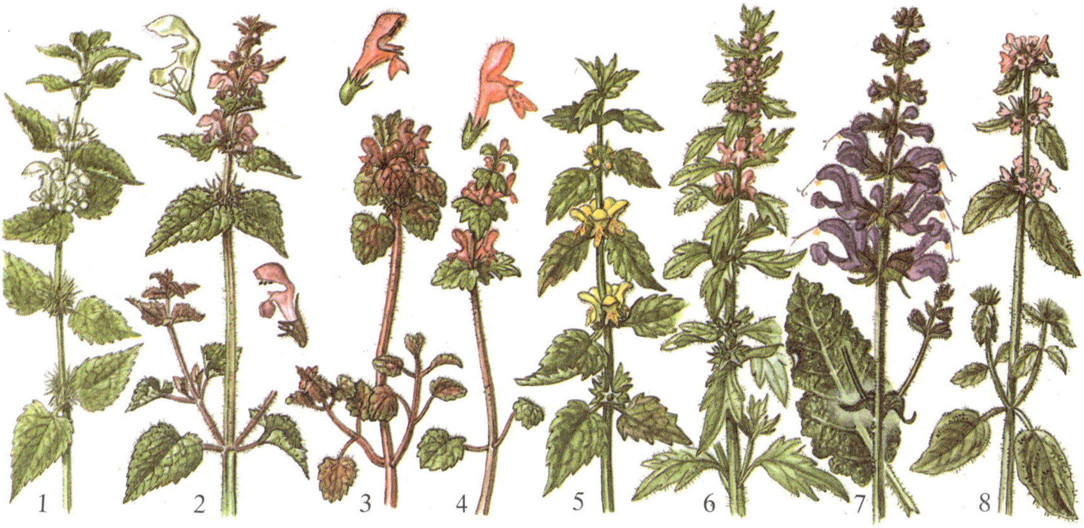

1 Weiße Taubnessel, *Lamium album.* Ausdauernde, 20–50 cm hohe, Ausläufer bildende Pflanze. Blütezeit: April–Oktober. Insekten- und Selbstbestäubung (Hummeln), Ameisenverbreitung. Kriechpionier auf lockeren, humosen Lehmböden in Unkrautfluren, an Weg- und Waldrändern, Zäunen, Mauern und Gräben. Häufig von der Ebene bis in höhere Gebirgslagen. Arzneipflanze.

2 Gefleckte Taubnessel, *Lamium maculatum.* Ausdauernde, 15–60 cm hohe, Ausläufer bildende Pflanze. Blütezeit: April–Oktober. Insektenbestäubung, Ameisenverbreitung. Kriechpionier auf feuchten bis frischen Ton- und Lehmböden an Waldrändern, Ufern und Hecken. Verbreitet von der Ebene bis in hohe Gebirgslagen (über 2000 m), im nördlichen Tiefland seltener.

3 Purpurrote Taubnessel, *Lamium purpureum.* Einjährige, 7–30 cm hohe Pflanze. Blütezeit: März–Oktober, auch noch im Winter. Insekten- und Selbstbestäubung, Ameisenverbreitung. Bis 20 cm tief wurzelnd auf frischen Lehmböden in Äckern, Gärten und an Wegrändern. Häufig von der Ebene bis in höhere Gebirgslagen (über 1500 m). Kulturbegleiter seit der Bronzezeit.

4 Stengelumfassende Taubnessel, *Lamium amplexicaule.* Einjährige, 10–30 cm hohe Pflanze. Blütezeit: April–Oktober. Insekten- und Selbstbestäubung, Ameisenverbreitung. Bis 20 cm tief wurzelnd auf mäßig frischen, nährstoffreichen, leichten Lehm- oder Sandböden in Gärten und Unkrautfluren, in Äckern, an Wegen. Verbreitet von der Ebene bis in mittlere Gebirgslagen.

Staubblätter

Helmkraut

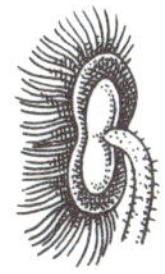

Weiße Taubnessel

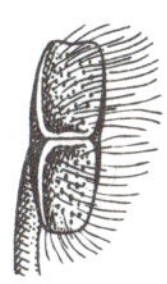

Purpurrote Taubnessel

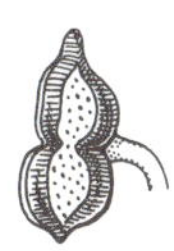

Goldnessel

Herzgespann

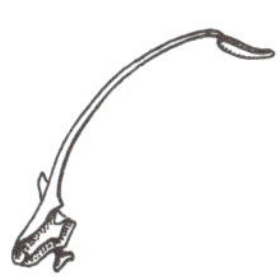

Wiesensalbei

5 Goldnessel, *Galeobdolon luteum.* Ausdauernde, 15–45 cm hohe, Ausläufer bildende Pflanze. Blütezeit: April–Juli. Bienenbestäubung, Ameisenverbreitung. Flachwurzler auf frischen Lehmböden in krautreichen Laub- und Nadelwäldern, Auenwäldern und Gebüschen. Verbreitet von der Ebene bis in höhere Gebirgslagen.

6 Echtes Herzgespann, *Leonurus cardiacea.* Ausdauernde, 30–100 cm hohe Pflanze. Blütezeit: Juni–September. Hummelbestäubung, Klettverbreitung. Stickstoffzeiger auf frischen Lehm- und Tonböden in Unkrautfluren, an Wegen, Mauern und Zäunen. Zerstreut vor allem in der Ebene, im Westen etwas seltener, im Hochgebirge fehlend. Als Arzneipflanze früher stellenweise auch angebaut. Gebietsweise gefährdet.

7 Wiesensalbei, *Salvia pratensis.* 30–60 cm hohe Rosettenstaude. Blütezeit: Mai–August. Hummelbestäubung, teilweise Klebverbreitung. Über 1 m tief wurzelnd auf mäßig frischen bis trockenen Lehmböden in Wiesen, Gebüschen und an Wegen. Verbreitet von der Ebene bis in mittlere Gebirgslagen. Als Arzneipflanze wird die Echte Salbei, *Salvia officinalis*, angebaut.

8 Bergminze, *Calamintha sylvatica.* Ausdauernde, 30–60 cm hohe Pflanze. Blütezeit: Juli–September. Insektenbestäubung, meist Ausläuferverbreitung. Wurzelkriecher auf mäßig trockenen, meist kalkhaltigen, lockeren, steinigen oder reinen Lehm- und Lößböden in Laubwäldern, an Weg- und Waldrändern. Verbreitet besonders in den westlichen Mittelgebirgen, sonst selten.

1 Heilbetonie, Heilziest, *Betonica officinalis.* Ausdauernde, 30–100 cm hohe Pflanze. Blütezeit: Juli–August. Insekten- und Selbstbestäubung, Wind- und Klettverbreitung. Auf grundfeuchten Lehm-, Ton- oder auch Torfböden in Moorwiesen, mageren Bergwiesen, Heiden und Laubmischwäldern. Verbreitet von der Ebene bis in mittlere Gebirgslagen. Frühere Arzneipflanze.

2 Sumpfziest, Schweinsrübe, *Stachys palustris.* Unterirdisch ausdauernde, 30–100 cm hohe, Ausläufer bildende Knollenstaude. Blütezeit: Juni–September. Insekten- und Selbstbestäubung, teilweise Ausläuferverbreitung. Bis 60 cm tief wurzelnder Kriechpionier auf nassen, auch überschwemmten Ton- und Lehmböden in Staudenfluren, an Ufern und Gräben, in feuchten Wiesen und auf Äckern. Häufig bis verbreitet von der Ebene bis in mittlere Gebirgslagen.

3 Waldziest, *Stachys sylvatica.* Unterirdisch ausdauernde, 30–100 cm hohe Pflanze. Blütezeit: Juni–September. Insekten- und Selbstbestäubung (Bienen), Windverbreitung. Mullbodenkriecher auf grund- und sickerfeuchten Ton- und Lehmböden in Auenwäldern, Laubmischwäldern, an Ufern, Waldwegen und Waldquellen. Dunkelkeimer. Verbreitet bis häufig von der Ebene bis in höhere Gebirgslagen (bis über 1600 m).

4 Gemeiner Dost, *Origanum vulgare.* Unterirdisch ausdauernde, 20–60 cm hohe, Ausläufer bildende Pflanze. Blütezeit: Juli–September. Insektenbestäubung (Bienenweide), Windverbreitung. Bis 60 cm tief wurzelnde Pionierpflanze auf mäßig trockenen, basenreichen, humosen Lehm-, Löß- und auch Rohböden an Gebüsch-, Wald- und Heckenrändern, in lichten Wäldern. Verbreitet bis zerstreut von der Ebene bis in höhere Gebirgslagen (bis 1800 m), im Norden seltener. Alte Arzneipflanze.

5 Uferwolfstrapp, *Lycopus europaeus.* Unterirdisch ausdauernde, 20–100 cm hohe Pflanze. Blütezeit: Juli–September. Fliegenbestäubung, Blüten erst im männlichen, dann im weiblichen Zustand (Abb.), Wasser- und Wasservogelverbreitung. Tiefwurzelnder Wurzelkriecher auf nassen, zeitweise überschwemmten Ton- und Torfböden im Röhricht oder in Seggenbeständen an Ufern und Gräben, in Erlenbrüchen. Verbreitet von der Ebene bis in mittlere Gebirgslagen.

6 Wasserminze, *Mentha aquatica.* Unterirdisch ausdauernde, 20–80 cm hohe, Ausläufer bildende Pflanze. Blütezeit: Juni–Oktober. Insektenbestäubung, Wasserverbreitung. Wurzelkriecher auf nassen, zeitweise überschwemmten Ton- und Torfböden an Ufern und Gräben, in Naß- und Moorwiesen. Verbreitet von der Ebene bis in mittlere Gebirgslagen. Die angebaute, an vielen Stellen auch verwilderte Pfefferminze, *Mentha piperita*, hat fast ährige Blütenstände.

7 Ackerminze, *Mentha arvensis.* Unterirdisch ausdauernde, 15–45 cm hohe, Ausläufer bildende Pflanze. Blütezeit: Juni–Oktober. Insektenbestäubung. Bis 40 cm tief wurzelnder Kriechpionier auf nassen bis feuchten, nährstoffreichen Lehm- und Tonböden in Naßwiesen und Äckern. Häufig von der Ebene bis in höhere Gebirgslagen.

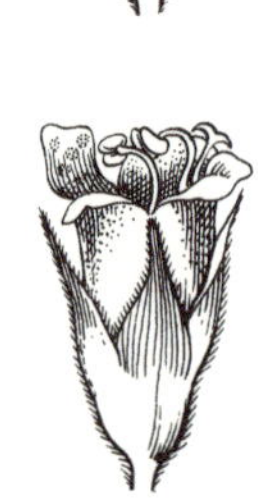

Blüte vom Uferwolfstrapp oben ♂, unten ♀ Zustand

KUGELBLUMENGEWÄCHSE
Globulariaceae

1 Echte Kugelblume, *Globularia elongata.* Ausdauernde, 5–30 cm hohe Pflanze. Blütezeit: Mai–Juni. Insekten- und Selbstbestäubung (Falter), Selbstverbreitung. Bis 1 m tief wurzelnd auf trockenen, meist kalkreichen, mäßig sauren, flachgründigen, oft feinerdearmen Stein-, Kies- oder auch Lößböden in sonnigen Kalkmagerrasen, an steinigen Hängen. Zerstreut bis in mittlere Gebirgslagen, im Hochgebirge auch andere Arten der Gattung auftretend.

GLOCKENBLUMENGEWÄCHSE
Campanulaceae

2 Bergsandknöpfchen, *Jasione montana.* Zweijährige oder einjährig-überwinternde, 20–45 cm hohe Pflanze. Blütezeit: Juni-August. Insektenbestäubung, Windverbreitung. Bis 1 m tief wurzelnde Pionierpflanze oft auf trockenen, kalkarmen, mäßig sauren, feinerde- und humusarmen Sand- und Steingrusböden in Magerrasen, auf Dünen, Felsköpfen, an Dämmen und Wegen. Verbreitet von der Ebene bis in mittlere Gebirgslagen, im Hochgebirge fehlend.

3 Ährige Teufelskralle, *Phyteuma spicatum.* Ausdauernde, 30–80 cm hohe Pflanze. Blütezeit: Mai–Juli. Insektenbestäubung (Bienen, Falter), Windverbreitung. Mullbodenwurzler auf frischen, locker humosen, oft tiefgründigen Lehmböden in krautreichen Laub- und Nadelmischwäldern, auf Bergwiesen, in Gebüschen. Verbreitet von der Ebene bis in höhere Gebirgslagen.

Blüten

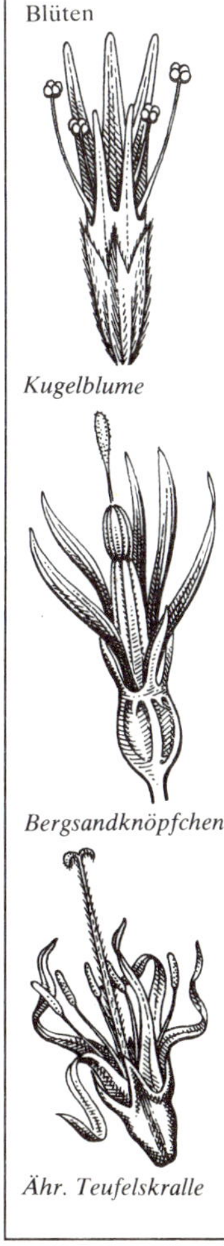

Kugelblume

Bergsandknöpfchen

Ähr. Teufelskralle

4 Schwarze Teufelskralle, *Phyteuma nigrum.* Ausdauernde, 20–50 cm hohe Pflanze. Blütezeit: Mai–Juli. Insektenbestäubung, Windverbreitung. Bis 50 cm tief wurzelnd auf Lehmböden in Bergwiesen, Laubmischwäldern. Verbreitet bis zerstreut in den Mittelgebirgen, bisweilen fehlend.

5 Hallers Teufelskralle, *Phyteuma ovatum.* Ausdauernde, 30–90 cm hohe Pflanze. Blütezeit: Mai–August. Insektenbestäubung, Windverbreitung. Licht- bis Halbschattenpflanze auf Ton- und Lehmböden in Gebirgswiesen, Hochstaudenfluren und -gebüschen. Zerstreut im Hochgebirge von 1000 bis über 2000 m.

6 Rundblättrige Glockenblume, *Campanula rotundifolia.* Ausdauernde, 15–30 cm hohe, Ausläufer bildende Pflanze. Blütezeit: Juli–Oktober. Bienenbestäubung, Windverbreitung. Kapsel hängend. Bis 120 cm tief gehender Wurzelkriecher auf frischen bis mäßig trockenen Lehm-, Stein- und Sandböden in Magerrasen und Wiesen, in Heiden, lichten Laubwäldern, an Wald- und Wegrändern. Häufig bis verbreitet von der Ebene bis in mittlere Gebirgslagen.

7 Wiesenglockenblume, *Campanula patula.* Zweijährige oder ausdauernde, 30–60 cm hohe Pflanze. Blütezeit: Mai-Juli. Bienenbestäubung, Windverbreitung. Etwas wärmeliebende Lichtpflanze auf Ton- und Lehmböden vor allem in kurzwüchsigen Fettwiesen, aber auch an Wegen und auf Brachen. Verbreitet von der Ebene bis in mittlere Gebirgslagen, im Hochgebirge bis etwa 1000 m, im nordwestlichen Tiefland fehlend.

1 Knäuelglockenblume, *Campanula glomerata.* Ausdauernde, 30–60 cm hohe Pflanze. Blütezeit: Juni–September. Insektenbestäubung, Wind- und Selbstverbreitung. Bis 50 cm tief wurzelnde Licht- und Halbschattenpflanze auf mäßig frischen, meist kalkhaltigen, lockeren Lehmböden in Kalkmagerrasen und mageren Wiesen, an Gebüsch-, Wald- und Wegrändern. Häufig von der Ebene bis in höhere Gebirgslagen, vor allem in Kalk- und Lehmgebieten, im Nordwesten fehlend. Auch als Zierpflanze in Gärten.

2 Ackerglockenblume, *Campanula rapunculoides.* Ausdauernde, 30–80 cm hohe, Ausläufer bildende Pflanze. Blütezeit: Juni–September. Bienenbestäubung, meist Windverbreitung. Kapsel hängend (Abb.). Wurzelkriechpionier auf mäßig trockenen Lehm- und Lößböden am Rand lichter Gebüsche, in Wäldern, an Wald- und Wegrändern, in Hecken und auf Äckern. Verbreitet von der Ebene bis in mittlere Gebirgslagen.

3 Bärtige Glockenblume, *Campanula barbata.* Ausdauernde, 10–40 cm hohe Pflanze. Blütezeit: Juni–August. Insektenbestäubung, meist Windverbreitung. Licht- und Halbschattenpflanze auf frischen, basenreichen, kalkarmen Ton- und Lehmböden in Magerrasen und Zwergstrauchgestrüpp. Verbreitet in den mittleren und höheren Lagen der Hochgebirge.

4 Scheuchzers Glockenblume, *Campanula scheuchzeri.* Ausdauernde, 10–30 cm hohe Pflanze. Blütezeit: Juni–September. Insektenbestäubung, meist Windverbreitung. Wurzelkriecher auf frischen, mageren, humosen Lehmböden in Magerrasen und Steinrasen, in Gebüschen. Verbreitet in den mittleren und höheren Lagen der Hochgebirge, bis über 2400 m. Seltener auch in den höheren Mittelgebirgen anzutreffen.

Fruchtkapseln

Ackerglockenblume

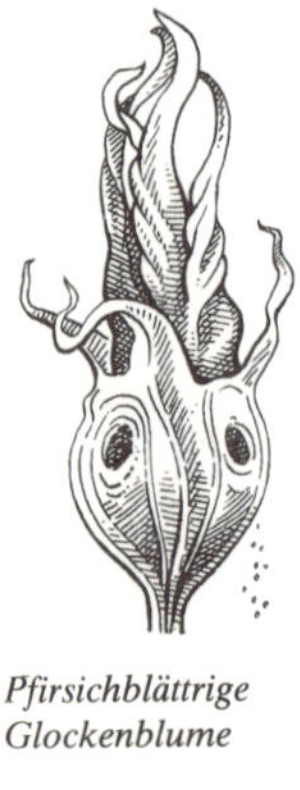

Pfirsichblättrige Glockenblume

5 Pfirsichblättrige Glockenblume, *Campanula persicifolia.* Ausdauernde, 30–80 cm hohe Pflanze. Blütezeit: Juni–September. Insektenbestäubung, Windverbreitung. Kapsel aufrecht (Abb.). Bis 50 cm tief wurzelnde Halbschattenpflanze auf mäßig trockenen bis mäßig frischen, basenreichen, meist kalkhaltigen, lockeren, steinigen, sandigen oder reinen Ton- und Lehmböden in lichten, sonnigen, krautreichen Wäldern, an Wald-, Gebüsch- und Wegrändern. Verbreitet bis zerstreut von der Ebene bis in mittlere Gebirgslagen, im Nordwesten fehlend.

6 Rapunzelglockenblume, *Campanula rapunculus.* Zweijährige, 50–80 cm hohe Pflanze. Blütezeit: Mai–August. Insektenbestäubung, meist Windverbreitung. Pionierpflanze auf Lehm- und Lößböden in Halbtrockenrasen, warmen Fettwiesen, an Gebüsch- und Wegrändern. Zerstreut im Süden und Westen, im Norden seltener, im Hochgebirge und an den Küsten fehlend.

7 Nesselblättrige Glockenblume, *Campanula trachelium.* Ausdauernde, 60–100 cm hohe Pflanze. Blütezeit: Juli–August. Insektenbestäubung, meist Windverbreitung. Tiefwurzler auf nährstoff- und basenreichen Lehmböden in krautreichen Laubwäldern, in Hecken und auf Lichtungen. Verbreitet von der Ebene bis in mittlere Gebirgslagen, im Nordwesten seltener.

KORBBLÜTENGEWÄCHSE Asteraceae

1 Kleinblütiges Knopfkraut, Franzosenkraut, *Galinsoga parviflora.* Einjährige, 10 bis 80 cm hohe Pflanze. Blütezeit: Mai–Oktober. Selbstbestäubung, Wind- und Klettverbreitung. Bis 80 cm tief wurzelnd auf frischen bis mäßig frischen, sandigen Lehmböden in Unkrautfluren, Äckern, Gärten, an Wegrändern und Zäunen. Häufig von der Ebene bis in untere Gebirgslagen, im Hochgebirge fehlend. Seit etwa 1800 in Europa eingebürgert, Heimat: Südamerika.

2 Gänseblümchen, Maßliebchen, *Bellis perennis.* Ausdauernde, 5–15 cm hohe Pflanze. Fast das gesamte Jahr blühend. Insektenbestäubung, Windverbreitung. Sonnenwendige Lichtpflanze auf frischen Lehm- und Tonböden in Fettweiden, Wiesen und Parkrasen. Häufig von der Ebene bis in höhere Gebirgslagen (bis 2000 m). Früher Arzneipflanze. Als gefüllte Form auch kultiviert.

3 Gemeines Katzenpfötchen, *Antennaria dioica.* Ausdauernde, 7–20 cm hohe Pflanze. Blütezeit: Mai–Juni. Insektenbestäubung (Falter), Wind- und Ausläuferverbreitung. Auf mäßig frischen, basenreicheren, sandigen Lehmböden in Magerrasen und -weiden, Heiden und Kiefernwäldern, auf Waldwiesen und Dünen. Verbreitet von der Ebene bis in höhere Gebirgslagen (über 2000 m). Früher Arzneipflanze. Gefährdet.

4 Große Eberwurz, Silberdistel, *Carlina acaulis.* Ausdauernde, 3 bis selten 40 cm hohe Pflanze. Blütezeit: Juli–September. Insektenbestäubung, Wind- und Vogelverbreitung. Tiefwurzler auf mittel- bis tiefgründigen Lehm- und Tonböden in Magerrasen und -weiden, an Wegen, auf Heiden und in lichten Wäldern. Zerstreut von der Ebene bis in höhere Gebirgslagen (über 2100 m), im Norden seltener. Früher Arzneipflanze. Formenreich. Gebietsweise gefährdet.

♂ und ♀ Blüte, Frucht Edelweiß

Früchte

Gänseblümchen

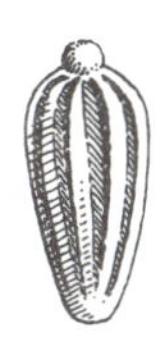

Wiesenmargerite

Ebensträußige Margerite

5 Wiesenmargerite, *Leucanthemum vulgare.* Unterirdisch ausdauernde, 30–60 cm hohe Pflanze. Blütezeit: Juni–Oktober. Insekten- und Selbstbestäubung, Wind- und Verdauungsverbreitung. Tiefwurzler auf frischen Böden in Fettwiesen und -weiden. Häufig von der Ebene bis in mittlere Gebirgslagen. Verwandte Arten, wie die aus Süd- und Ostasien stammende Chrysantheme, werden oft auch in Gärten kultiviert.

6 Ebensträußige Margerite, *Tanacetum corymbosum.* Ausdauernde, 50–100 cm hohe Pflanze. Blütezeit: Juni–August. Insektenbestäubung, Wind- und Verdauungsverbreitung. Auf Lehm- und Lößböden in lichten Laubwäldern, an Waldrändern, in Gebüschen, auf Wiesen. Verbreitet von der Ebene bis in mittlere Gebirgslagen, im Hochgebirge fehlend, im Norden seltener.

7 Edelweiß, *Leontopodium alpinum.* Ausdauernde, 5–25 cm hohe Pflanze. Blütezeit: Juli–September. Insektenbestäubung, Windverbreitung. Auf basenreichen Lehm- und Tonböden, auch feinerdearmen Felsböden in sonnigen Steinrasen und Felsspalten. Selten in den Hochgebirgen von 1700 bis über 2300 m. Stark gefährdet. Stellenweise auch in Steingärten kultiviert, aber schwer fortzupflanzen.

1 Ackerhundskamille, *Anthemis arvensis.* Einjährige oder einjährig-überwinternde, 15–50 cm hohe Pflanze. Blütezeit: Mai–Oktober. Insekten- und Selbstbestäubung (Fliegen, Wespen), z. T. Klebverbreitung. Bis 35 cm tief wurzelnd auf frischen Ton- und Lehmböden in Getreidefeldern, an Wegrändern. Verbreitet von der Ebene bis in mittlere Gebirgslagen (bis etwa 1000 m). Kulturbegleiter seit der jüngeren Steinzeit. Gebietsweise deutlich im Rückgang.

2 Gemeine Schafgarbe, *Achillea millefolium.* Unterirdisch ausdauernde, 15–60 cm hohe, Ausläufer bildende Pflanze. Blütezeit: Juni–Oktober. Insekten- und Selbstbestäubung (Fliegen), Wind- und Ameisenverbreitung. Bis 90 cm tief gehender Wurzelkriecher auf frischen bis mäßig trockenen Lehmböden in Wiesen, Weiden, Äckern, an Wegrändern. Häufig von der Ebene bis in höhere Gebirgslagen (bis 1850 m). Vielgestaltig. Schwach aromatisch riechend. Arzneipflanze.

3 Sumpfschafgarbe, *Achillea ptarmica.* Unterirdisch ausdauernde, 30–80 cm hohe, Ausläufer bildende Pflanze. Blütezeit: Juli–September. Insektenbestäubung (Fliegen, Bienen), Wind- und Verdauungsverbreitung. Tiefwurzler auf feuchteren, meist kalkarmen Ton- und Torfböden in Naß- und Moorwiesen, an Gräben und Bächen, in Gebüschen. Häufig von der Ebene bis in mittlere Gebirgslagen. Im Hochgebirge fehlend.

4 Geruchlose Strandkamille, *Tripleurospermum inodorum.* Einjährige oder ausdauernde, 15–45 cm hohe Pflanze. Blütezeit: Juni–Oktober. Insektenbestäubung, Verdauungsverbreitung. Bis 120 cm tief wurzelnde Pionierpflanze auf frischen bis mäßig trockenen, meist kalkarmen Ton- und Lehmböden in Äckern, an Wegrändern, auf Schuttplätzen. Häufig von der Ebene bis in mittlere Gebirgslagen (bis 1300 m). Kulturbegleiter.

5 Meerstrandkamille, *Tripleurospermum maritimum.* Ausdauernde, 10–30 cm hohe Pflanze. Blütezeit: Juli–Oktober. Insektenbestäubung, meist Verdauungsverbreitung. Ausschließlich auf sandigen Salzböden in Wiesen und auf Dünen. Verbreitet an den Küstensäumen und auf Salzstellen des Binnenlandes.

6 Echte Kamille, *Chamomilla recutita.* Einjährige, 15–55 cm hohe Pflanze. Blütezeit: Mai–September. Insektenbestäubung (Fliegen), Verdauungsverbreitung (vor allem Huftiere). Auf frischen, meist kalkarmen, sandigen oder reinen Lehm- und Tonböden in Getreidefeldern, an Wegen und Schuttstellen, auf Wiesen und Brachland. Lehmzeiger. Häufig bis verbreitet von der Ebene bis in mittlere Gebirgslagen, etwas wärmeliebend, stellenweise im Rückgang. Bereits seit dem Altertum Arzneipflanze. Gesamte Pflanze mit dem typischen Geruch.

7 Kanadisches Berufkraut, *Conyza canadensis.* Einjährig-überwinternde oder einjährige, 30–100 cm hohe Pflanze. Blütezeit: Juli–Oktober. Meist Selbstbestäubung, Windverbreitung. Bis 1 m tief wurzelnd in Unkrautfluren, Äckern, an Wegen, auf Schuttplätzen. Häufig von der Ebene bis in mittlere Gebirgslagen. Seit etwa 1650 aus Nordamerika eingeschleppt, 1655 bei Paris schon häufig.

durchschnittene Blütenköpfchen

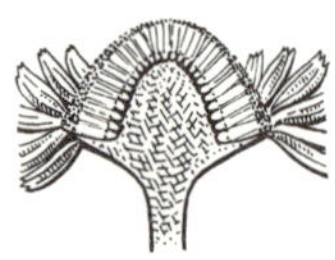

Ackerhundskamille

Geruchlose Strandkamille

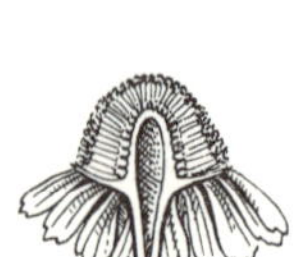

Echte Kamille

Früchte

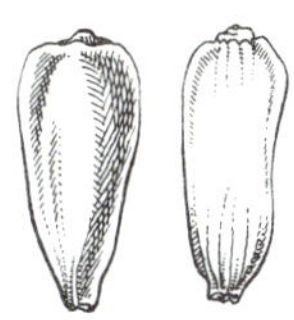

Gemeine Schafgarbe

Alpenmaßlieb

Strandaster

Weiße Pestwurz

1 Alpenmaßlieb, Maßliebaster, *Aster bellidiastrum.* Ausdauernde, 10–30 cm hohe Pflanze. Blütezeit: April–September. Insektenbestäubung, Windverbreitung. Auf sickerfeuchten, basenreichen, meist kalkhaltigen Stein-, Lehm- und Sumpfhumusböden in Blaugrashalden und sumpfigen Wiesen, in Quellmooren. Verbreitet bis zerstreut vom Hochgebirge (über 2400 m) bis in die höheren Mittelgebirge.

2 Alpenaster, *Aster alpinus.* Ausdauernde, 5 bis 15 cm hohe Pflanze. Blütezeit: Juni–August. Insektenbestäubung (Falter), Windverbreitung. Auf basenreichen, meist kalkhaltigen, steinigen Ton- und Lehmböden auf Wiesen und an felsigen Abhängen. Verbreitet im Hochgebirge von 1500 bis 2300 m. Selten und gefährdet an manchen Stellen in den Mittelgebirgen.

3 Strandaster, *Aster tripolium.* Zweijährige, 15–60 cm hohe Pflanze. Blütezeit: Juli–September. Insektenbestäubung, Windverbreitung. Ausschließlich auf offenen, feuchten Salztonböden in Strand- und Sumpfwiesen, an Gräben. Verbreitet bis selten an den Küsten, zerstreut bis sehr selten an Salzstellen des Binnenlandes. Die schöne und auffällige Pflanze ist wegen der obligaten Bindung an Salzstellen für einen Anbau im Garten nicht geeignet.

4 Gemeine oder **Rote Pestwurz,** *Petasites hybridus.* Unterirdisch ausdauernde, Ausläufer bildende, blühend 10–40 cm, fruchtend über 1 m hohe Pflanze. Blütezeit: April–Mai. Insektenbestäubung (Bienen), Windverbreitung. Wurzelkriechpionier auf sickernassen, zeitweise überschwemmten, sandig-kiesigen Tonböden an den Ufern fließender Gewässer, oft bestandsbildend in Krautfluren, auf Naßwiesen, in feuchten Gebüschen. Verbreitet in kühleren Gebieten von der Ebene bis in mittlere Gebirgslagen (über 1400 m). Früher Heilmittel gegen die Pest.

5 Weiße Pestwurz, *Petasites albus.* Unterirdisch ausdauernde, Ausläufer bildende, blühend 5–30 cm, fruchtend bis 80 cm hohe Pflanze. Insektenbestäubung, Windverbreitung. Auf Ton- und Lehmböden in krautreichen Misch- und Schluchtwäldern, an Waldbächen und auf Waldwiesen. Seltener in der Ebene bis verbreitet in den mittleren und höheren Gebirgslagen (bis fast 2000 m).

6 Grauer Alpendost, *Adenostylis alliariae.* Ausdauernde, 50–100 cm hohe Pflanze. Blütezeit: Juli–August. Insektenbestäubung (Falter), Windverbreitung. Mullbodenwurzler auf steinigen oder reinen Lehmböden in staudenreichen Bergmischwäldern, Knieholzbeständen und Staudenfluren. Zerstreut, in der Regel aber gesellig in den mittleren und höheren Gebirgslagen bis oberhalb der Waldgrenze.

7 Kahles Berufkraut, *Erigeron polymorphus.* Ausdauernde, 5–30 cm hohe Pflanze. Blütezeit: Juni–September. Tagfalterbestäubung, Windverbreitung. Auf frischen, meist kalkreichen, neutralen bis milden, modrigen, humosen, feinerdearmen Steinböden in Felsspalten, Steinrasen, Wiesen und an Felsen. Kalkliebend. Verbreitet bis zerstreut ausschließlich in den Hochgebirgen von etwa 1000 m bis über 2300 m.

1 Gemeiner Wasserdost, *Eupatorium cannabinum.* Ausdauernde, 50 bis 120 cm hohe Pflanze. Blütezeit: Juli–September. Insektenbestäubung (Falter), Windverbreitung. Auf sickerfrischen bis feuchten, meist kalkhaltigen, lockeren Lehm- und Tonböden in Auenwäldern und Gebüschen, an Ufern und Gräben. Häufig bis verbreitet von der Ebene bis in mittlere Gebirgslagen.

2 Gewöhnlicher Alpenlattich, *Homogyne alpina.* Ausdauernde, 15–30 cm hohe Pflanze. Blütezeit: Mai–Juli. Insekten- und Selbstbestäubung (Falter, Fliegen), Windverbreitung. Humuskriecher auf basenärmeren, modrigtorfigen, sandigen Lehmböden in Fichtenwäldern, im Zwergstrauchgestrüpp und an quelligen Stellen. Verbreitet von den höheren Lagen der Mittelgebirge bis in hohe Lagen der Hochgebirge (bis über 2400 m).

3 Feldbeifuß, *Artemisia campestris.* Ausdauernde, 30–60 cm hohe Pflanze mit dickem, holzigem Wurzelstock. Blütezeit: August–Oktober. Wind- und Insektenbestäubung, Windverbreitung. Bis 150 cm tief wurzelnde Pionierpflanze auf sommerwarmen, trockenen, oft kalkhaltigen Lehm-, Löß- oder Sandböden in Magerrasen, auf Dünen, Hügeln, Weiden, Äckern und an Wegrändern. Verbreitet bis häufig von der Ebene bis ins Hügelland, im Hochgebirge fehlend.

4 Norwegisches Ruhrkraut, *Gnaphalium norvegicum.* Ausdauernde, 15–30 cm hohe Pflanze. Blütezeit: Juli–September. Selbst- und Insektenbestäubung, Windverbreitung. Auf mäßig frischen, nährstoff- und basenreicheren, kalkarmen, modrig-torfigen, humosen Lehmböden in Magerrasen und -weiden, in Wäldern und auf Wiesen. Zerstreut bis selten von den höheren Mittelgebirgen bis in die hohen Lagen der Hochgebirge (bis über 2200 m). Vor allem in den Mittelgebirgen und gebietsweise vom Aussterben bedroht.

5 Kleine Klette, *Arctium minus.* Zweijährige, 50–100 cm hohe Pflanze. Blütezeit: Juli–September. Insektenbestäubung (Bienen, Falter), Klettverbreitung. Auf frischen Lehmböden in staudenreichen Unkrautfluren, an Müll- und Schuttplätzen, Wegen und Zäunen, auch an Ufern. Häufig von der Ebene bis in mittlere Gebirgslagen (bis 1300 m). Kulturbegleiter. Arzneipflanze. Von den anderen Klettenarten durch die Früchte und Hüllblätter (Abb.) zu unterscheiden.

6 Große Klette, *Arctium lappa.* Zweijährige, 80–150 cm hohe Pflanze. Blütezeit: Juli–August. Insektenbestäubung (Bienen, Falter), Klettverbreitung. Auf frischen bis mäßig frischen nährstoffreichen, lockeren Lehmböden in Unkrautfluren, an Schuttplätzen, Wegen und Zäunen, an Ufern. Verbreitet von der Ebene bis in mittlere Gebirgslagen (bis 1100 m). Kulturbegleiter. Arznei- und Nutzpflanze (Verwendung von Klettenwurzeln, Gewinnung von Klettenöl).

7 Filzklette, *Arctium tomentosum.* Zweijährige, 60–120 cm hohe Pflanze. Blütezeit: Juli–September. Insektenbestäubung, Klettverbreitung. Auf nährstoff- und basenreichen Lehm- und Tonböden in Unkrautfluren, an Wegen und Ufern. Verbreitet von der Ebene bis in mittlere Gebirgslagen (bis 1400 m), im Norden etwas seltener. Arzneipflanze.

Hüllblätter und Früchte

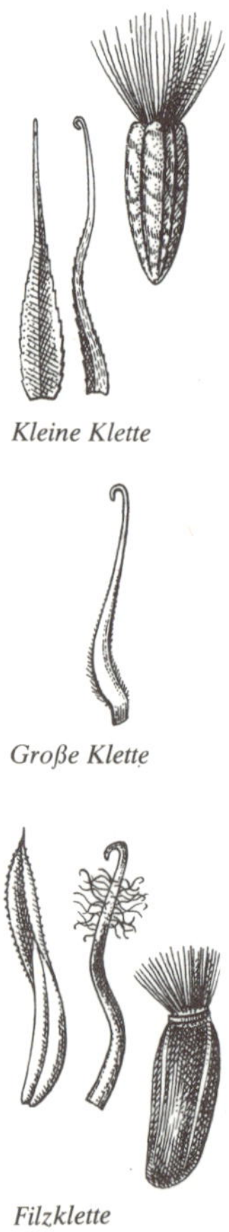

1 Nickende Distel, *Carduus nutans.* Zweijährige, 30–100 cm hohe Pflanze. Blütezeit: Juli–September. Insektenbestäubung (Bienen, Falter), Windverbreitung. Pionierpflanze auf trockenen bis mäßig trockenen, nährstoff- und basenreichen, meist kalkhaltigen Lehm- und Tonböden in Unkrautfluren, an Wegen, Böschungen, auf Weiden und in Wäldern. Verbreitet von der Ebene bis in mittlere Gebirgslagen. Weideunkraut und Kulturbegleiter. Blüten oft leicht nach Moschus duftend.

2 Krause Distel, *Carduus crispus.* Zweijährige, 60–120 cm hohe Pflanze. Blütezeit: Juli–September. Insektenbestäubung, Windverbreitung. Auf frischen bis feuchten, sandigen Lehm- und Tonböden in staudenreichen Unkrautfluren, an Wegen, Schuttplätzen und an Ufern, in Gebüschen und Auenwäldern. Verbreitet von der Ebene bis in mittlere Gebirgslagen. Stromtalpflanze.

3 Klettendistel, *Carduus personata.* Ausdauernde oder zweijährige, 60–120 cm hohe Pflanze. Blütezeit: Juli–August. Insektenbestäubung (Käfer, Fliegen), Windverbreitung. Intensivwurzler auf sickernassen, nährstoff- und basenreichen, meist kalkhaltigen, humosen Tonböden an Gebirgsbächen, Gebüschen und Laubwäldern. Verbreitet von den mittleren bis in die hohen Gebirgslagen (über 2000 m). Gebietsweise, vor allem in den Mittelgebirgen, gefährdet.

4 Sumpfkratzdistel, *Cirsium palustre.* Zweijährige, 50–200 cm hohe Pflanze. Blütezeit: Juli–September. Meist Insektenbestäubung, Windverbreitung. Vernässungszeiger auf nassen bis wechselfeuchten, sandigen oder reinen Ton- und Lehmböden in Wiesen, an Quellen und Gräben, in Flachmooren und Auenwäldern. Häufig von der Ebene bis in mittlere Gebirgslagen. Gesamte Pflanze spinnwebig behaart.

Früchte mit Pappus und Pappushaar

Krause Distel

Ackerkratzdistel

5 Ackerkratzdistel, *Cirsium arvense.* Unterirdisch ausdauernde, Ausläufer bildende, 60 bis 120 cm hohe Pflanze. Blütezeit: Juli–September. Insektenbestäubung, Windverbreitung. Bis 280 cm tief gehender Wurzelkriecher auf frischen bis mäßig trockenen, nährstoffreichen, meist tiefgründigen, steinigen, sandigen oder reinen Lehmböden in Unkrautfluren, auf Äckern, an Wegen, Schuttplätzen, Ufern und auf Waldschlägen. Häufig von der Ebene bis in mittlere Gebirgslagen. Kulturbegleiter.

6 Lanzettkratzdistel, *Cirsium vulgare.* Zweijährige, 60–120 cm hohe Pflanze. Blütezeit: Juni–Oktober. Insekten- und Selbstbestäubung (Käfer, Hummeln, Fliegen), Windverbreitung. Auf mäßig trockenen bis frischen, nährstoffreichen, lockeren Lehmböden an Weg- und Ackerrändern, Ufern, in Auenwäldern, auf Schutt und Weiden. Häufig von der Ebene bis in mittlere Gebirgslagen.

7 Bachkratzdistel, *Cirsium rivulare.* Ausdauernde, 30–100 cm hohe Pflanze. Blütezeit: Mai–Juli. Insektenbestäubung, Windverbreitung. Düngungszeiger auf reinen oder sandigen Tonböden in Naß- und Moorwiesen, an Gräben und Quellen, in Wäldern. Zerstreut von der Ebene (meist selten) bis vor allem in höhere Gebirgslagen. Gebietsweise, besonders im Norden, gefährdet.

1 Kornblume, Kornflockenblume, *Centaurea cyanus.* Einjährige oder einjährig-überwinternde, 30–60 cm hohe Pflanze. Blütezeit: Juni–September. Bienenbestäubung, Wind- und Ameisenverbreitung. Bis 60 cm tief wurzelnde Lichtpflanze auf Lehm- und Sandböden in Getreidefeldern, auch an Wegrändern und auf Schuttplätzen. Häufig von der Ebene bis in mittlere Gebirgslagen, teilweise im Rückgang. Früher Arzneipflanze. Kulturbegleiter. Großblütige, auch rote und weiße Formen oft als Zierpflanze in Gärten.

2 Wiesenflockenblume, *Centaurea jacea.* Ausdauernde, 10–80 cm hohe Pflanze. Blütezeit: Juni–Oktober. Bienenbestäubung, Wind- und Ameisenverbreitung. Tiefwurzler auf frischen bis mäßig trockenen oder wechselfeuchten Lehmböden in Wiesen, Weiden, Magerrasen und Moorwiesen, an Wegrändern und in Gebüschen. Verbreitet von der Ebene bis in höhere Gebirgslagen.

3 Perückenflockenblume, *Centaurea pseudophrygia.* Ausdauernde, 30–100 cm hohe Pflanze. Blütezeit: Mai–September. Insektenbestäubung, meist Windverbreitung. Auf meist kalkarmen, steinigen oder reinen Lehm- und Tonböden in Bergwiesen. Verbreitet im Hochgebirge, zerstreut im Vorland und in den Mittelgebirgen, selten oder fehlend in den tieferen Lagen.

4 Bergflockenblume, *Centaurea montana.* Ausdauernde, 30–70 cm hohe Pflanze. Blütezeit: Mai–September. Insektenbestäubung (Bienen), Wind- und Ameisenverbreitung. Wurzelkriecher auf frischen, nährstoff- und basenreichen, lockeren, oft steinigen Lehm- und Tonböden in Berg- und Schluchtwäldern, in Hochgras- und Hochstaudenfluren. Verbreitet im Hochgebirge, zerstreut in höheren Lagen der Mittelgebirge, selten im Hügelland.

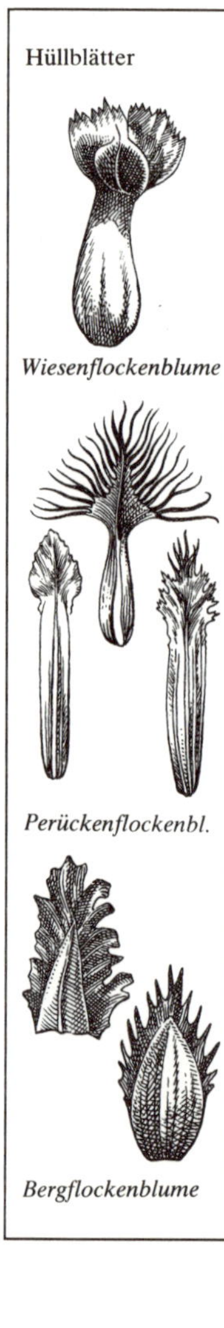

5 Gemeine Wegwarte, Zichorie, *Cichorium intypus.* Ausdauernde, 30–150 cm hohe Pflanze. Blütezeit: Juli–Oktober. Insektenbestäubung (Schwebfliegen, Bienen), Wind- und Klebverbreitung. Tiefwurzler auf frischen bis mäßig trockenen, nährstoffreichen, auch salzhaltigen Lehmböden an Wegrändern, Rainen, Bahndämmen, in Äckern und Weiden. Häufig bis verbreitet von der Ebene bis in mittlere Gebirgslagen. Blüten nur bis etwa mittags geöffnet. Die Kulturform hat eine große, fleischige Wurzel und ist insgesamt kräftiger, früher auch Arzneipflanze.

6 Alpenmilchlattich, *Cicerbita alpina.* Ausdauernde, 60–120 cm hohe, oben stark drüsig behaarte Pflanze. Blütezeit: Juni–September. Insektenbestäubung (Käfer, Hummeln), Windverbreitung. Auf sickerfrischen, nährstoff- und basenreichen Ton- und Lehmböden in Hochstaudenfluren und -gebüschen, in Mischwäldern. Verbreitet bis zerstreut von den höheren Mittelgebirgslagen bis ins höhere Hochgebirge.

7 Purpurhasenlattich, *Prenanthes purpurea.* Ausdauernde, 50–150 cm hohe Pflanze. Blütezeit: Juli–August. Insektenbestäubung, Windverbreitung. Humuswurzler auf oft kalkarmen Lehmböden in Mischwäldern, Hochstaudenfluren und an Waldwegen. Verbreitet bis häufig vom Hügelland bis in höhere Gebirgslagen (über 1900 m).

1 Gemeiner Huflattich, *Tussilago farfara.* Unterirdisch ausdauernde, Ausläufer bildende, 7–20 cm hohe Pflanze. Blütezeit: März–April, Stengel schuppig, Laubblätter später erscheinend. Insektenbestäubung (Bienen, Fliegen), Windverbreitung. Über 1 m tief wurzelnder Kriechpionier auf frischen, oft kalkhaltigen, meist bindigen Böden an Wegen, Schuttplätzen, Ufern, in Äckern. Verbreitet von der Ebene bis in hohe Gebirgslagen (bis 2300 m). Arzneipflanze.

2 Gemeines Greiskraut, *Senecio vulgaris.* Einjährige oder einjährig-überwinternde, 10–30 cm hohe Pflanze. Blütezeit: Februar–November. Meist Selbstbestäubung, Wind- und Klebverbreitung. Bis 45 cm tief wurzelnde Lichtpflanze auf frischen Böden in Unkrautfluren, Äckern, Gärten, Waldschlägen, an Wegen und Schuttplätzen. Häufig von der Ebene bis in höhere Gebirgslagen (über 1800 m). Kulturbegleiter, früher auch Arzneipflanze. Etwas giftverdächtig. Neben den angeführten kommen zahlreiche weitere Arten der Greiskräuter (Gattung *Senecio*) im Gebiet vor, darunter das giftige, im vorigen Jahrhundert aus Südosteuropa eingeschleppte Frühlingsgreiskraut, *Senecio vernalis.*

3 Waldgreiskraut, *Senecio sylvaticus.* Einjährige, 15–80 cm hohe, spinnwebig behaarte Pflanze. Blütezeit: Juni–August. Insektenbestäubung (Fliegen), Windverbreitung. Auf frischeren, nährstoffreichen, oft kalkarmen Lehm- und Sandböden in Waldlichtungen, an Waldwegen, auf Brandflächen, Sandfeldern und Dämmen. Häufig bis verbreitet von der Ebene bis in mittlere Gebirgslagen.

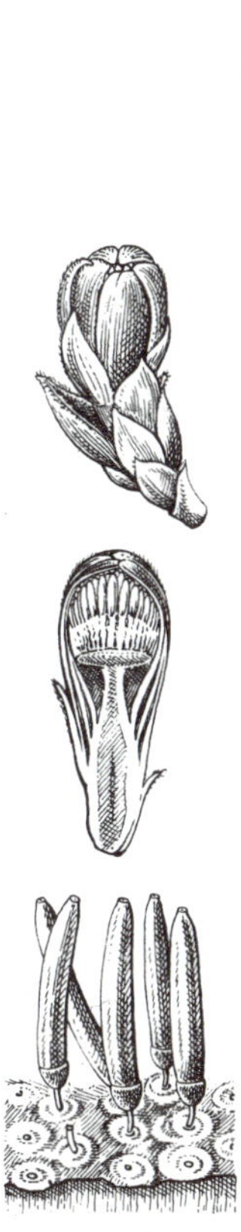

Austreibender Blütenschaft mit Längsschnitt und Früchte auf dem Blütenboden vom Huflattich

4 Klebriges Greiskraut, *Senecio viscosus.* Einjährige, 15–50 cm hohe, drüsenhaarig-klebrige Pflanze. Blütezeit: Juni–Oktober. Insekten- und Selbstbestäubung (Bienen), Windverbreitung. Auf mäßig trockenen, oft kalkarmen Steinböden in Schuttfluren und Waldschlägen, auch auf Trümmerflächen und Bahngelände. Häufig von der Ebene bis in mittlere Gebirgslagen.

5 Jakobsgreiskraut, *Senecio jacobaea.* Zweijährige oder ausdauernde, 30–100 cm hohe Pflanze. Blütezeit: Juli–September. Insektenbestäubung (Bienen, Fliegen), Windverbreitung. Auf mäßig frischen Lehmböden in Weiden, an Gräben, Weg- und Waldrändern. Verbreitet von der Ebene bis in höhere Gebirgslagen (über 1500 m), im Westen oft selten. Giftverdächtig.

6 Haingreiskraut, *Senecio nemorensis.* Unterirdisch ausdauernde, Ausläufer bildende, 60 bis 150 cm hohe Pflanze. Blütezeit: Juli–September. Insektenbestäubung (Käfer, Falter), Windverbreitung. Auf Lehmböden in Misch- und Schluchtwäldern sowie Hochstaudenfluren. Verbreitet von der Ebene bis in höhere Gebirgslagen.

7 Bergwohlverleih, Arnika, *Arnica montana.* Ausdauernde, 20–50 cm hohe Pflanze. Blütezeit: Juni–Juli. Insektenbestäubung, Windverbreitung. Humuswurzler auf frischen, nährstoffarmen, basenreicheren, kalkarmen Ton-, Lehm- und Torfböden in Magerrasen und -weiden, in Mooren und an Waldrändern. Unterhalb 500 m selten, zerstreut bis in höhere Gebirgslagen (über 2000 m). Arzneipflanze. Gefährdet.

1 Großblütige, Gemswurz, *Doronicum grandiflorum.* Ausdauernde, 10–60 cm hohe Pflanze. Blütezeit: Juli–August. Insektenbestäubung (Fliegen, Falter), Windverbreitung. Schuttkriecher auf frischen, meist lange schneebedeckten, kalkhaltigen, lockeren Steinschuttböden in Geröllfluren. Zerstreut bis verbreitet von 1200 m bis über 2500 m in den Hochgebirgen. Andere Arten der Gattung auch als Zierpflanzen in den Gärten des Tieflandes.

2 Dreiteiliger Zweizahn, *Bidens tripartita.* Einjährige, 15–100 cm hohe Pflanze. Blütezeit: Juli–Oktober. Insekten- und Selbstbestäubung, Klettverbreitung (Abb.). Bis 45 cm tief wurzelnder Schlammpionier auf nassen, zeitweise überschwemmten, nährstoffreichen, humosen Schlammböden in Unkrautfluren, an Teichen, Gräben, auch auf Äkkern. Häufig bis verbreitet von der Ebene bis in mittlere Gebirgslagen.

3 Echte Goldrute, *Solidago virgaurea.* Ausdauernde, meist 60–100 cm hohe Pflanze. Blütezeit: Juli–Oktober. Insekten- und Selbstbestäubung (Bienen, Hummeln), Windverbreitung. Bis über 1 m tief wurzelnd auf mäßig frischen, lockeren Lehmböden in lichten Laub- und Mischwäldern, in Heiden und Magerrasen. Verbreitet von der Ebene bis zur Waldgrenze in den Hochgebirgen. Früher Arzneipflanze.

4 Kanadische Goldrute, *Solidago canadensis.* Ausdauernde, bis 250 cm hohe Pflanze mit kurz behaartem Stengel. Blütezeit: August–Oktober. Wurzelkriechpionier auf frischen bis feuchten, nährstoff- und basenreichen Ton- und Lehmböden in Unkrautfluren, lichten Auenwäldern, an Ufern und in Gärten. Häufig von der Ebene bis in mittlere Gebirgslagen. Sehr ähnlich ist die nur im Blütenstand behaarte Riesengoldrute, *Solidago gigantea.* Beide Arten wurden im 19. Jahrhundert als Zierpflanzen aus Nordamerika eingeführt und sind stark verwildert.

5 Färberhundskamille, *Anthemis tinctoria.* Ausdauernde, 30–60 cm hohe Pflanze. Blütezeit: Juni–September. Insektenbestäubung (Bienen), Windverbreitung. Pionierpflanze auf flachgründigen Steinböden in Trockenrasen, an Dämmen, Weg- und Ackerrändern. Verbreitet von der Ebene bis in mittlere Gebirgslagen, im Norden seltener. Die Blüten wurden früher zum Färben genutzt.

6 Strahlenlose Kamille, *Chamomilla suaveolens.* Einjährige, 5–30 cm hohe Pflanze. Blütezeit: Juni–August. Insekten- und Selbstbestäubung, Klebverbreitung. Auf frischeren Lehm- und Tonböden an Wegrändern, auf Schutt und Bahngelände. Verbreitet von der Ebene bis in höhere Gebirgslagen (über 1650 m). Um 1850 aus Ostasien eingebürgert. Kulturbegleiter. Früher Arzneipflanze.

7 Gemeiner Rainfarn, *Tanacetum vulgare.* Unterirdisch ausdauernde, Ausläufer bildende, 60–120 cm hohe Pflanze. Blütezeit: Juli–September. Insektenbestäubung, Windverbreitung. Kriechwurzler auf frischen, nährstoffreichen Ton- und Lehmböden an Wegen, Schuttplätzen, Waldrändern und Ufern. Häufig von der Ebene bis in mittlere Gebirgslagen. Früher Arznei- und Nutzpflanze (Wurmmittel, Mottenkraut).

Früchte

Zweizahn

Echte Goldrute

Färberhundskamille

Sandstrohblume

1 Gemeiner Beifuß, *Artemisia vulgaris.* Unterirdisch ausdauernde, Ausläufer bildende, 60 bis 120 cm hohe Pflanze. Blütezeit: Juli–Oktober. Windbestäubung, Wind- und Klebverbreitung. Auf frischeren bis feuchten Böden in Unkrautfluren, an Wegen, Ufern, Bahndämmen und in Auengebüsch. Häufig von der Ebene bis in mittlere Gebirgslagen. Bekanntes Küchengewürz, früher auch Arzneipflanze, alter Kulturbegleiter.

2 Wermut, *Artemisia absinthium.* Ausdauernde, 60–120 cm hohe Pflanze. Blütezeit: Juli–September. Meist Windbestäubung, Windverbreitung. Auf nährstoff- und basenreichen, oft sandig-steinigen Lehm- und Tonböden an Wegen, Zäunen, Hecken, Mauern, auf Schutt- und Dorfplätzen. Verbreitet bis zerstreut von der Ebene bis in mittlere Gebirgslagen, im Südwesten seltener. Gewürz-, früher auch Arzneipflanze, wahrscheinlich leicht giftig, stellenweise auch angebaut.

3 Strandbeifuß, *Artemisia maritima.* Ausdauernde, 20–60 cm hohe, rasenbildende Pflanze. Blütezeit: August–Oktober. Windbestäubung, Windverbreitung. Auf salzhaltigen Sand- und Tonböden in Wiesen. Verbreitet an den Küsten, ostwärts bis zur Insel Rügen, selten auch an Salzstellen des Binnenlandes.

4 Ackerfilzkraut, *Filago arvensis.* Einjährige oder überwinternde, 15–30 cm hohe Pflanze. Blütezeit: Juli–September. Windbestäubung, Windverbreitung. Pionierpflanze auf basen- und kalkarmen, feinerdearmen Sand-, Kies- und Steingrusböden an Wegen, in Äckern, auf Kahlschlägen, auf Weiden, an Mauern und Bahngelände. Zerstreut von der Ebene bis in mittlere Gebirgslagen, im Hochgebirge fehlend. Gefährdet, an vielen Stellen bereits verschollen.

5 Sumpfruhrkraut, *Gnaphalium uliginosum.* Einjährige, 5–20 cm hohe Pflanze. Blütezeit: Juli–August. Insekten- und Selbstbestäubung, Windverbreitung. Bis 25 cm tief wurzelnd auf feuchten, auch zeitweise nassen und überschwemmten, meist kalkarmen Ton- und Lehmböden an Ufern, in feuchten Äckern, austrocknenden Gräben, Teichen und Sümpfen. Häufig bis verbreitet von der Ebene bis in mittlere Gebirgslagen.

6 Waldruhrkraut, *Gnaphalium sylvaticum.* Ausdauernde, auch nichtblühende Rosetten bildende, 20–45 cm hohe Pflanze. Blütezeit: Juli–September. Selbst- und Insektenbestäubung, Windverbreitung. Auf mäßig frischen, meist kalkarmen Lehmböden in trockenen Wäldern, an Waldwegen und auf Kahlschlägen, auch in Magerrasen. Verbreitet von der Ebene bis in höhere Gebirgslagen.

7 Sandstrohblume, *Helichrysum arenarium.* Ausdauernde, 10–30 cm hohe Pflanze. Blütezeit: Juli–August. Insekten- und Selbstbestäubung, Windverbreitung. Bis 70 cm tief wurzelnder Sandzeiger auf trockenen, feinerdearmen, humosen Sandböden in Sandwiesen, Dünen, lichten Kiefernwäldern und an Böschungen. Im Nordosten häufig, sonst seltener, gebietsweise stark gefährdet, mancherorts verschollen. Früher als Arzneipflanze und Mottenkraut genutzt. Andere Arten der Gattung als Zierpflanzen.

Früchte und ♀ Blüten

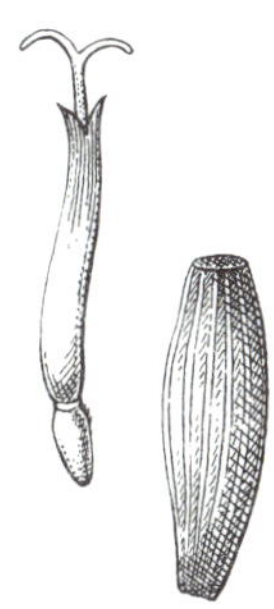

Gemeiner Beifuß

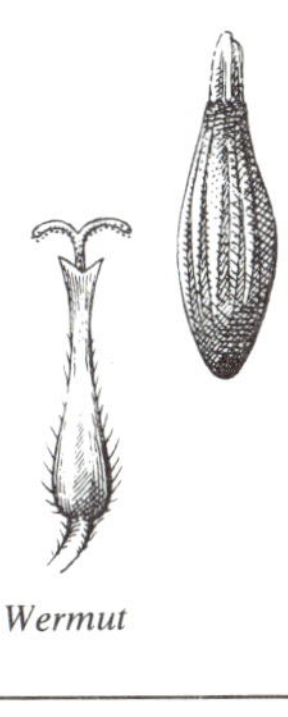

Wermut

1 Gemeines Rindsauge, *Buphthalmum salicifolium.* Unterirdisch ausdauernde, 15–70 cm hohe Pflanze. Blütezeit: Juni–September. Insektenbestäubung, Windverbreitung. Auf mäßig trockenen, kalkhaltigen, milden, lockeren, steinigen oder reinen Lehm- und Tonböden in sonnigen Wiesen und Weiden, trockenen Moorwiesen und lichten Eichen- und Kiefernwäldern, an Gebüschrändern. Zerstreut in den Hochgebirgen (über 2000 m), seltener im Vorland.

2 Kleines Flohkraut, *Pulicaria vulgaris.* Einjährige, 10–30 cm hohe Pflanze. Blütezeit: Juli–September. Insektenbestäubung, Windverbreitung. Etwas wärmeliebende Stromtalpflanze auf feuchten, wechselnassen, auch zeitweise überschwemmten, meist kalkarmen, sandigen oder reinen Tonböden, auch salzertragend, an Ufern, Gräben und Dorfplätzen. Verbreitet bis zerstreut von der Ebene bis in mittlere Gebirgslagen, im Hochgebirge fehlend, gebietsweise gefährdet.

3 Kleine Eberwurz, Golddistel, *Carlina vulgaris.* Zweijährige, 10–50 cm hohe Pflanze. Blütezeit: Juli–September. Insekten- und Selbstbestäubung, Windverbreitung. Bis 40 cm tief wurzelnder Rohbodenpionier auf mäßig trockenen, basenreichen, oft kalkhaltigen Ton -und Lehmböden in Magerrasen, und -weiden, in Halbtrockenrasen, an Weg- und Waldrändern, in lichten Wäldern. Verbreitet bis häufig von der Ebene bis in mittlere Gebirgslagen, im Norden seltener.

4 Kohlkratzdistel, *Cirsium oleraceum.* Ausdauernde, 50–150 cm hohe Pflanze. Blütezeit: Juni–September. Insektenbestäubung (Bienen, Falter), Windverbreitung. Tiefwurzler auf sicker- oder staunassen, lockeren, sandigen oder reinen Tonböden in Naßwiesen und Auenwäldern, an Gräben, Ufern und Quellen. Düngungszeiger. Verbreitet bis häufig von der Ebene bis in hohe Gebirgslagen (über 2000 m).

5 Gemeiner Rainkohl, *Lapsana communis.* Einjährige, 30–100 cm hohe Pflanze. Blütezeit: Juni–August. Insektenbestäubung, Windverbreitung. Bis 35 cm tief wurzelnde Pionierpflanze auf frischen Lehmböden in Unkrautfluren, an Hecken, Zäunen und Waldrändern, in Äckern, Gärten und Gebüschen. Verbreitet von der Ebene bis in mittlere Gebirgslagen. Die Blüten öffnen sich lediglich zwischen 6 und 11 Uhr.

6 Stinksalat, Hainsalat, *Aposeris foetida.* Ausdauernde, 5–25 cm hohe Pflanze. Blütezeit: Juni–August. Insektenbestäubung, Windverbreitung. Mullbodenwurzler auf mäßig frischen, lockeren Lehm- und Tonböden in Laub- und Nadelholzmischwäldern, Gebüschen und Wiesen. Selten, aber örtlich manchmal ziemlich häufig und gesellig im Hochgebirge und Vorland.

7 Gemeines Ferkelkraut, *Hypochoeris radicata.* Unterirdisch ausdauernde, 15–60 cm hohe Pflanze. Blütezeit: Juni–September. Insektenbestäubung (Bienen), Windverbreitung. Tiefwurzler auf frischen bis mäßig trockenen, kalkarmen Lehm- und Tonböden in mageren Wiesen, Weiden, Parkrasen und Heiden. Häufig von der Ebene bis seltener in mittlere Gebirgslagen.

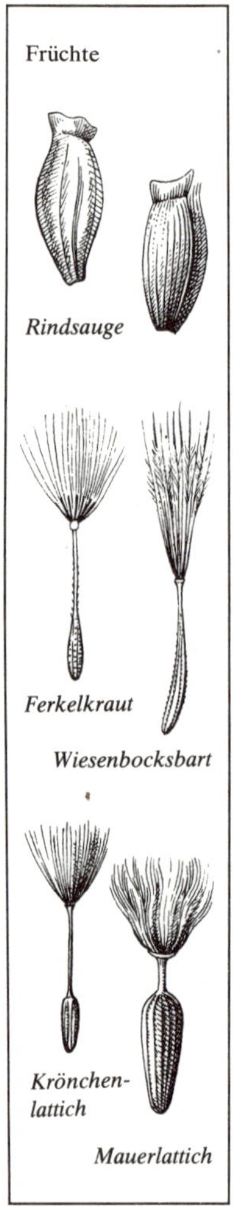

1 Herbstlöwenzahn, *Leontodon autumnalis.* Ausdauernde, 15–45 cm hohe Pflanze. Blütezeit: Juli–September. Insekten- und Selbstbestäubung, Windverbreitung. Bis 50 cm tief wurzelnde Pionierpflanze auf nährstoffreichen, meist kalkarmen, auch salzhaltigen, dichten Lehm- und Tonböden in Wiesen, Fettweiden und Parkrasen. Häufig von der Ebene bis in höhere Gebirgslagen. Kulturbegleiter.

2 Gemeine Kuhblume, Gemeiner Löwenzahn, *Taraxacum officinale.* Ausdauernde, 5–50 cm hohe Pflanze. Blütezeit: April–Juni. Insektenbestäubung (Bienen), Wind- und Ameisenverbreitung. Bis fast 2 m tief wurzelnde Pionierpflanze auf frischen, nährstoffreichen, meist tiefgründigen Ton- und Lehmböden in Fettwiesen und -weiden, Äckern, an Wegen und in Unkrautfluren. Stickstoffzeiger. Gemein von der Ebene bis in hohe Gebirgslagen (über 2500 m). Blüten nur bei Sonnenschein geöffnet. In Fettwiesen oft so zahlreich, daß die gesamte Wiese gelb erscheint. Arznei- und Salatpflanze.

3 Wiesenbocksbart, *Tragopogon pratensis.* Zweijährige, 30–60 cm hohe Pflanze. Blütezeit: Mai–Juli. Insektenbestäubung (Fliegen, Käfer), Windverbreitung. Auf Ton- und Lehmböden in Fettwiesen, Äckern und an Wegrändern. Verbreitet von der Ebene bis in höhere Gebirgslagen.

4 Krönchenlattich, *Calycocorsus stipitatus.* Ausdauernde, 15–45 cm hohe Pflanze. Blütezeit: Juni–August. Insekten- und Selbstbestäubung, Windverbreitung. Auf sickernassen, basenreichen, meist neutralen Sumpfhumusböden in Flach- und Quellmooren, an Bachufern und auf feuchten Wiesen. Zerstreut bis selten im Hochgebirge von 700 bis 2000 m, im Vorland und selten in hohen Mittelgebirgen.

5 Kohlgänsedistel, *Sonchus oleraceus.* Einjährige, 30–100 cm hohe Pflanze. Blütezeit: Juni bis Oktober. Insektenbestäubung (Schwebfliegen, Bienen), Windverbreitung. Bis 1 m tief wurzelnde Pionierpflanze auf frischen bis mäßig trockenen, nährstoffreichen, humosen Böden in Äckern und Gärten, an Wegen, Mauern und auf Schuttplätzen. Häufig von der Ebene bis in mittlere Gebirgslagen. Früher auch als Gemüsepflanze stellenweise angebaut.

6 Ackergänsedistel, *Sonchus arvensis.* Unterirdisch ausdauernde, Ausläufer bildende, 50 bis 150 cm hohe Pflanze. Blütezeit: Juli–Oktober. Insektenbestäubung (Bienen, Falter), Windverbreitung. Wurzelkriechpionier auf frischen, humosen, sandigen oder reinen Ton- und Lehmböden, auch salzertragend, vor allem in Hackfruchtäckern, aber auch auf Wiesen, Schuttplätzen und an Ufern. Häufig von der Ebene bis in mittlere Gebirgslagen. Blüten nur vormittags geöffnet.

7 Zarter Mauerlattich, *Mycelis muralis.* Ausdauernde, 60–80 cm hohe Pflanze. Blütezeit: Juli–August. Insektenbestäubung (Fliegen, Bienen), Windverbreitung. Mull- und Moderwurzler, auch Epiphyt auf nährstoffreichen Lehmböden in Wäldern, an Felsen und Mauern, auf Lichtungen. Schattenpflanze. Verbreitet bis häufig von der Ebene bis in mittlere Gebirgslagen.

Früchte

Herbstlöwenzahn

Kuhblume

Kohlgänsedistel

Ackergänsedistel

1 Wiesenpippau, *Crepis biennis.* Zweijährige, 50–120 cm hohe Pflanze. Blütezeit: Mai–August. Insekten- und Selbstbestäubung (Bienen), Windverbreitung. Tiefwurzelnder Nährstoffzeiger auf mittel- bis tiefgründigen Ton- und Lehmböden in Äckern, Fett- und Mähwiesen, Gebüschen, an Rainen und Wegen. Verbreitet bis häufig von der Ebene bis in mittlere Gebirgslagen. Neben den angeführten Arten kommen auch noch andere Vertreter dieser Gattung im Gebiet vor.

2 Sumpfpippau, *Crepis paludosa.* Ausdauernde, 40–80 cm hohe Pflanze. Blütezeit: Juni–August. Insektenbestäubung (Bienen, Fliegen), Windverbreitung. Nährstoffzeiger auf sicker- oder staunassen, mäßig sauren Tonböden (Sumpfhumusböden) in Naßwiesen, Quellfluren und Quellmooren, Auenwäldern und Sümpfen. Verbreitet bis häufig in Wärme- und Trockengebieten von der Ebene bis in höhere Gebirgslagen.

3 Kleinköpfiger Pippau, *Crepis capillaris.* Ausdauernde oder einjährige, 15–60 cm hohe Pflanze. Blütezeit: Juni–Oktober. Insektenbestäubung (Bienen, Fliegen), Windverbreitung. Pionierpflanze auf nährstoff- und basenreicheren Böden in mageren Wiesen und Weiden, an Wegen und Schuttplätzen, in Äckern und Parks. Verbreitet von der Ebene bis in mittlere Gebirgslagen. Kulturbegleiter.

4 Mauerpippau, *Crepis tectorum.* Einjährige oder einjährig-überwinternde, 10–60 cm hohe Pflanze. Blütezeit: Mai–Oktober. Insekten- und Selbstbestäubung (Fliegen), Windverbreitung. Pionierpflanze auf Sand-, Kies- und Steinböden an Wegen, Mauern, in Unkrautfluren und sandigen Äckern. Verbreitet von der Ebene bis in untere Gebirgslagen, im Hochgebirge fehlend.

Früchte

Wiesenpippau

Sumpfpippau

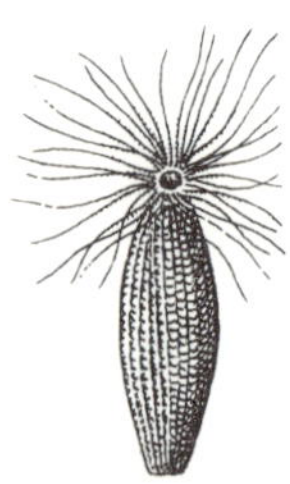

Mauerpippau

Gemeines Habichtskraut

5 Kleines Habichtskraut, *Hieracium pilosella.* Ausdauernde, Ausläufer bildende, 5–30 cm hohe Pflanze. Blütezeit: Mai–Oktober. Meist Selbstbestäubung und Selbstverbreitung. Bis 50 cm tief wurzelnde Pionierpflanze auf mäßig trockenen Lehm- und Sandböden in Magerrasen, Gebüschen, Kiefernwäldern und an Wegen. Bodenfestiger. Häufig von der Ebene bis in hohe Gebirgslagen (über 2000 m). Die Habichtskräuter (Gattung *Hieracium*) sind im Gebiet durch zahlreiche weitere, oft schwer voneinander zu unterscheidende Arten vertreten.

6 Waldhabichtskraut, *Hieracium sylvaticum.* Ausdauernde, 20–60 cm hohe Rosettenstaude. Blütezeit: Mai–Juli. Insekten- und Selbstbestäubung, Windverbreitung. Humuswurzler auf vorzugsweise kalkarmen, steinigen oder reinen Ton- und Lehmböden in krautreichen Laub- und Nadelwäldern, an schattigen Mauern, Felsen und Waldrändern, auf Waldwiesen. Verbreitet von der Ebene bis in hohe Gebirgslagen.

7 Gemeines Habichtskraut, *Hieracium lachenalii.* Ausdauernde, 30–100 cm hohe Rosettenstaude. Blütezeit: Juni–August. Insekten- und Selbstbestäubung, Windverbreitung. Auf mäßig frischen, oft kalkarmen, flach- bis tiefgründigen Lehmböden in lichten Laub- und Nadelwäldern, in Gebüschen, an Wegen und auf Ödland. Häufig von der Ebene bis in höhere Gebirgslagen.

Peter Scheffel

Bernd Scheiba

Die Tiere

♂ männlich ♀ weiblich ♀ Arbeiterin

Entdeckt und schützt unsere Tierwelt!

Ungefähr 40 000 verschiedene Tierarten leben im mitteleuropäischen Raum – ein reiches Beobachtungsfeld für den Naturfreund. In dem folgenden Tafelteil ist natürlich nur ein Teil dieser Arten abgebildet, und der Leser wird mit Recht fragen, ob er häufig auf Tiere stößt, die hier nicht behandelt sind. Wir gingen bei der Auswahl in der Hauptsache von folgenden Gesichtspunkten aus:
Wir beschränkten uns zunächst auf freilebende Tiere, verzichteten also z. B. auf die Behandlung der Bandwürmer usw. Weiterhin wurden keine Arten aufgenommen, die für das bloße Auge nicht oder kaum wahrnehmbar sind (z. B. Einzeller). Wir wählten die Formen aus, denen der Leser am häufigsten begegnen kann. Bei den besonders artenreichen Tiergruppen soll dem Naturfreund vor allem die Formenvielfalt vor Augen geführt werden. Aus der Tabelle Seite 124 ist die Zahl der im Gebiet vorkommenden Arten zu ersehen. Es ist daraus unschwer abzulesen, über welche Tiergruppen sich der Leser einen verhältnismäßig großen Überblick verschaffen (z. B. Wirbeltiere, Weichtiere) und über welche Gruppen er lediglich anhand einiger markanter Vertreter informiert werden kann (z. B. Insekten).
Um die heimische Tierwelt kennenzulernen, ist es zunächst notwendig zu wissen: Wo findet man überhaupt Tiere? So simpel die Frage ist, so wichtig ist sie für uns. Die Antwort bleibt einfach: überall, wenn man mit offenen Augen durch die Natur geht und sich nicht scheut, einen Stein umzudrehen (z. B. Steinläufer und Asseln), einen genauen Blick in die Laubschicht des Waldes zu werfen (z. B. Schnecken), das bunte Treiben am Boden der blühenden Wiese ebenso aufmerksam zu beobachten wie die Pflanzenwelt selbst. Wenn sich beim genauen Betrachten der Oberfläche eines Gewässers auch schon viel Neues findet (Wasserkäfer und -läufer), so lohnt noch mehr ein Blick auf die am Grunde liegenden Steine und im Wasser schwimmende Hölzer (Insektenlarven, Strudelwürmer, Weichtiere u. a.).
Der wahre Tierfreund wird den Lebensraum der Tiere wie das Tier selbst schützen und bewahren helfen. Er wird kein Tier töten oder totpflegen. Die Beobachtung des schaukelnden Flatterfluges eines Pfauenauges wird ihm mehr Freude bereiten als die Falterleiche, die mit durchbohrter Brust im Schaukasten liegt. Der Tierfreund begnügt sich mit einem Beobachtungsglas für Kleintiere. Er studiert die Einzelheiten, vergleicht das Flügelgeäder der Mücken und Schnaken.

Der Naturfreund beobachtet den Bolzenflug des Sperlings und das gleichmäßige Rudern der Krähen. Er folgt all den vielen »Spuren« der Tiere – oft sind sie häufiger zu sehen als das Tier selbst. An der Fährte wird er nicht nur die Tierart, sondern auch die Bewegungsweisen, Schritt, Trab, Galopp, unterscheiden. Interessant ist die Vermessung der Trittsiegel und Spuren. Sie gibt Aufschluß über Schrittlängen, aber auch über Größe und Form von Huf oder Pfote.

Der Schutz unserer belebten Natur ist in der »Artenschutzbestimmung« gesetzlich geregelt. Das Studium dieser Materialien sollte jedem eine Pflicht sein. In den Artbeschreibungen unseres Buches weisen wir deshalb lediglich darauf hin, ob eine Art »vom Aussterben bedroht«, »bestandsgefährdet« oder »selten« ist. Helfen wir mit, daß immer weniger Arten mit solchen Prädikaten versehen werden müssen! Die allseits aufmerksam beobachteten Singvögel zeigen, daß negative wie positive Bestandsentwicklungen möglich sind. Einen ungünstigen Trend beobachtet man bei Gelbspötter, Schilf- und Drosselrohrsänger, Grauschnäpper sowie Klappergrasmücke und Star. Bessere Prognosen gibt es für die Singdrossel und die Nachtigall.

Übersicht zur Bestimmung der behandelten Tiergruppen

Stamm Schwämme (Porifera)
Relativ einfach gebaut. Festsitzend. Hauptsächlich im Meer, nur vereinzelt im Süßwasser. 5 000 Arten, davon 30 im Gebiet. Seite 128

Stämme Hohltiere (Coelenterata)
Radiärsymmetrisch. Häufig Kolonienbildung (Korallen). Festsitzend oder freibeweglich; im Wasser. 9 000 Arten, davon über 100 im Gebiet.
Seite 128

Stamm Plattwürmer (Plathelminthes)
Klasse Strudelwürmer (Turbellaria)
Mit den Bandwürmern verwandte Plattwürmer. Fortbewegung mit Hilfe von Wimpern. Etwa 1 500 Arten, davon rund 150 im Gebiet.
Seite 130

Stamm Weichtiere (Mollusca)
Im allgemeinen mit auffallender, verschieden ausgebildeter Kalkschale, die aber sekundär stark zurückgebildet sein kann (Nacktschnecken, Tintenfische). Im Meer, im Süßwasser und auf dem Land. 130 000 Arten, davon über 400 heimisch. Seite 131

Stamm Ringelwürmer (Annelida)
Oft mehr oder weniger zylindrisch und deutlich segmentiert. Fast immer mit Borsten. Im Meer, im Süßwasser und auf dem Land (feuchte Böden). Knapp 9 000 Arten, davon über 300 im Gebiet.
Seite 137

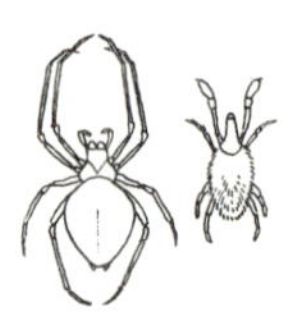

Stamm Gliederfüßer (Arthropoda)
Klasse Spinnentiere (Arachnida)
Meist mit *8 Beinen*, Kopf nicht abgesetzt. Ohne Fühler. Mundwerkzeuge einfach, 1. Paar (Cheliceren) mit Giftklauen. Hauptsächlich auf dem Lande. Fast 40 000 Arten, davon etwa 3 000 im Gebiet. Seite 140

Klasse Krebstiere (Crustacea)
2 Antennenpaare. Brustsegmente verschmolzen mit dem Kopf (Kopfbrust

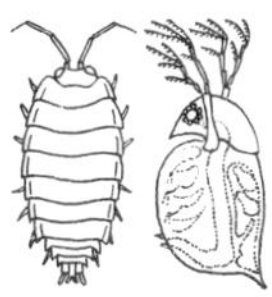

= Cephalothorax). Bau und Lebensweise sehr verschieden. Vorwiegend im Wasser. Etwa 20 000 Arten, davon über 500 im Gebiet.
Seite 143

Klasse Tausendfüßer (Myriopoda)
Kopf deutlich abgesetzt, ein Antennenpaar, Körpergliederung ziemlich gleichmäßig; Anzahl der Beinpaare unterschiedlich (bis weit über 100). Tracheenatmung. Landbewohner. Etwa 50 000 Arten, davon rund 200 im Gebiet. Seite 146

Klasse Kerbtiere (Insecta)
Außenskelett aus Chitin, Körper gegliedert, mit *6 Beinen* (siehe aber Larven). Mit einem Antennenpaar und verschieden ausgebildeten Mundwerkzeugen. Häufig geflügelt. Mit fast 1 Million Arten die bei weitem artenreichste Tierklasse, im Gebiet etwa 30 000 Arten. Seite 147

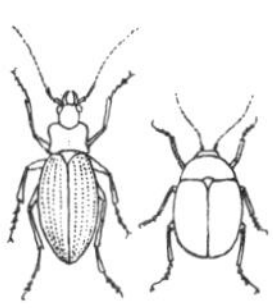

Ordnung Käfer (Coleoptera)
Vollständig verstärkte, derbe Vorderflügel bedecken die häutigen Hinterflügel. Etwa 350 000 Arten, ca. 7 000 im Gebiet. Seite 159

Markante Käfergruppen

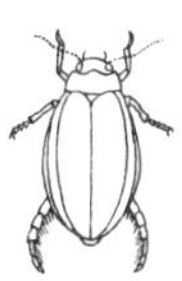

Schwimmkäfer (Dytiscidae)
Hintere und mittlere Beine zu Schwimmbeinen verbreitert. Seite 161

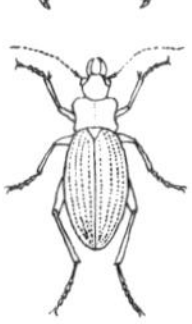

Laufkäfer (Carabidae)
Lange Laufbeine und fadenförmige Fühler. Seite 159

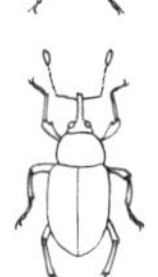

Rüsselkäfer (Curculionidae)
Kopf rüsselförmig verlängert, Fühler gekniet.
Seite 172

Kurzflügler (Staphylinidae)
Langgestreckte Käfer, Flügeldecken verkürzt.
Seite 162

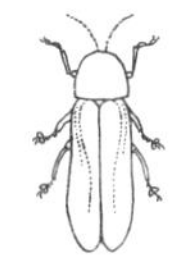

Weich- und Buntkäfer (verschiedene Familien)
Körper und Flügeldecken weich. Seite 164

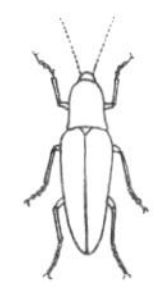

Schnellkäfer (Elateridae)
Harte Deckflügel, können aus der Rückenlage in die Höhe schnellen.
Seite 165

Blattkäfer (Chrysomelidae)
Meist oval und gewölbt, metallisch glänzend.
Seite 171

Kugelkäfer (Coccinellidae)
Marienkäfertyp (halbkugelförmig). Seite 167

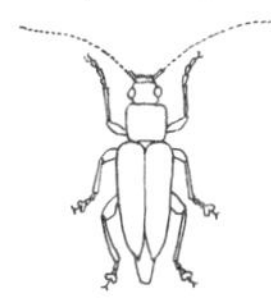

Bockkäfer (Cerambycidae)
Sehr lange Fühler.
Seite 170

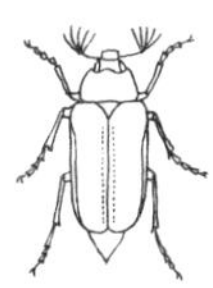

Blatthornkäfer (Lucanidae und Scarabaeidae)
Gekeulte Fühler, oft maikäferähnlich. Seite 168

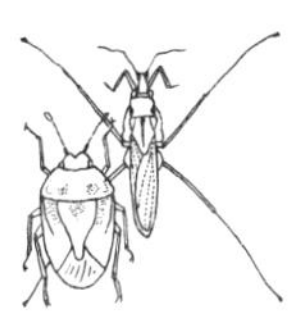

Ordnung Wanzen (Heteroptera)
Vorderflügel am Ende nicht verstärkt, ein häutiges Dreieck bildend. Hinterflügel häutig. Mit charakteristischem Geruch. Meist auf dem Lande, einige in und auf dem Wasser. Etwa 40 000 Arten, davon 800 im Gebiet. Seite 154

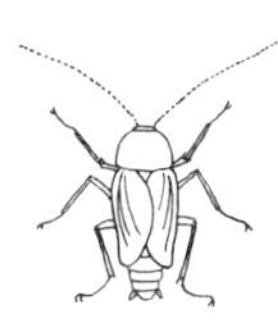

Ordnung Schaben (Blattaria)
Lederartige Vorderflügel, Adern deutlich erkennbar. Mit 2 Hinterleibsanhängen. Weicher, abgeflachter Körper. 3 500 Arten, davon etwa 10 im Gebiet.
Seite 153

Ordnung Ohrwürmer (Dermaptera)
Mit kurzen, ledrigen Vorderflügeln. 2 zangenartige Hinterleibsanhänge. Etwa 1 300 Arten, davon 7 im Gebiet. Seite 153

Ordnung Schrecken (Saltatoria)
Reichgeäderte, pergamentartige Vorderflügel. Meist spitz dachförmig. Hinterflügel häutig. Die Hinterbeine sind Sprungbeine. 20 000 Arten, davon etwa 80 im Gebiet. Seite 151

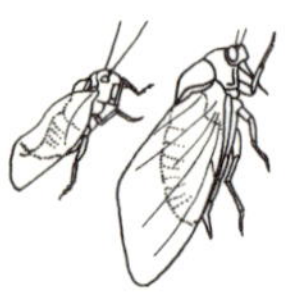

Ordnung Pflanzensauger (Homoptera)
4 gleiche Flügel; das hintere Paar immer kleiner oder ganz zurückgebildet, bei vielen Arten in Ruhe dachförmig. Etwa 37 200 Arten, davon über 1 000 im Gebiet.
Seite 157

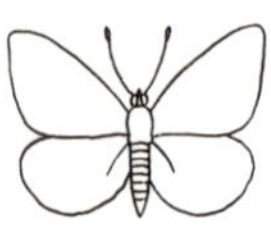

Ordnung Schmetterlinge (Lepidoptera)
Die 4 Flügel ganz oder teilweise mit Schuppen bedeckt. Meist bunt. Saugrüssel in Ruhe eingerollt. 150 000 Arten, davon über 3 000 im Gebiet.
Seite 183

Unterteilung der Schmetterlinge

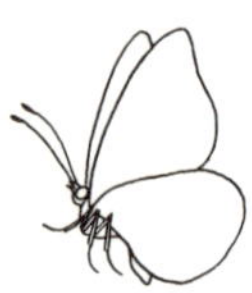

Tagfalter
Fühler mit verdicktem Ende, breite Flügel, schlanker Körper. Flügel in Ruhe aufgerichtet oder gegeneinandergelegt. Seite 183

Schwärmer (Sphingidae)
Meist groß und kräftig gebaut; schmale schnittige Vorderflügel, stets viel kleinere Hinterflügel. Dämmerungsflieger. Seite 187

Spinner (mehrere Familien)
Oft dicht behaart, plump, meist schlechte Flieger, nachts fliegend.
Seite 187–188

Eulen (Noctuidae)
Meist düster gefärbt, Vorderflügel mit 2 Wellenlinien und nierenförmigem Fleck. Nachts fliegend.
Seite 189

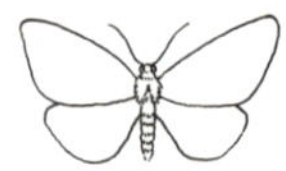

Spanner (Geometridae)
Zart gebaut, ohne nierenförmigen Fleck. In der Dämmerung und nachts fliegend.
Seite 190

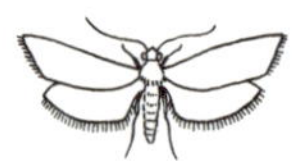

Wickler (Tortricidae)
Klein, Vorderflügel länglich, fast schief viereckig. Dämmerungstiere. Seite 190

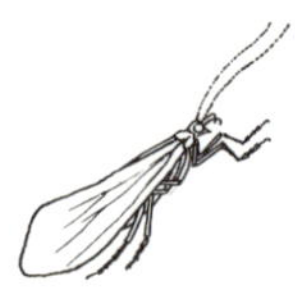

Ordnung Köcherfliegen (Trichoptera)
Schmetterlingsähnlich. Flügel behaart. Fadenförmige Antennen. Flügel in Ruhe dachförmig übereinandergelegt. Mehr als 4 000 Arten, davon rund 280 im Gebiet. Seite 178

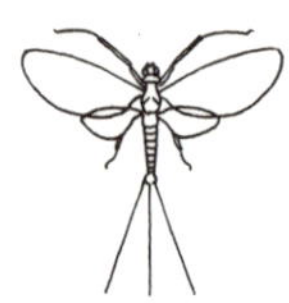

Ordnung Eintagsfliegen (Ephemeroptera)
Zart gebaute Tiere mit 3 oder auch 2 langen Hinterleibsanhängen. Flügel in Ruhe nach hinten oben zusammengeklappt. Meist in Gewässernähe. 2 000 Arten, davon rund 70 im Gebiet.
Seite 147

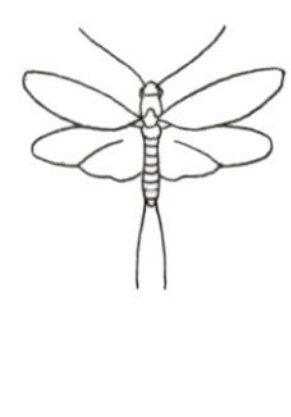

Ordnung Steinfliegen (Plecoptera)
Meist mit 2 Hinterleibsanhängen. Flügel in Ruhe flach auf dem Hinterleib liegend. Vornehmlich in der Nähe fließender Gewässer. Dort sitzen sie träge auf Pflanzen. 2 000 Arten, über 100 im Gebiet. Seite 147

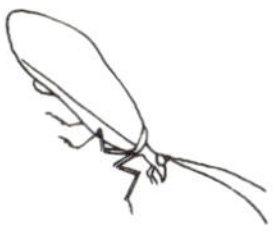

Ordnung Netzflügler (Neuroptera
im weiteren Sinne)
4 glashelle, netzartig geäderte Flügel mit über 20 Zellen. Flügel in Ruhe dachförmig angelegt. Über 4 700 Arten, davon etwa 80 im Gebiet. Seite 178

Ordnung Libellen (Odonata)
4 glasartige, reich geäderte Flügel. Schlanker Körper. Sehr große Augen. Meist auffallend gefärbt. Rund 4 900 Arten, davon etwa 80 im Gebiet. Seite 148

Ordnung Hautflügler (Hymenoptera)
4 durchsichtige Flügel mit höchstens 12–14 Zellen. Adern wenig verzweigt. Bei den Ameisen nur Geschlechtstiere geflügelt. Etwa 106 500 Arten, davon rund 10 000 im Gebiet.
Seite 174

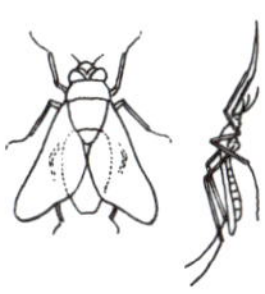

Ordnung Zweiflügler (Diptera)
Fliegen und Mücken.
2 häutige, durchsichtige Flügel. Die hinteren Flügel sind zu Schwingkölbchen reduziert. Etwa 85 000 Arten, davon 6 000 im Gebiet. Seite 179

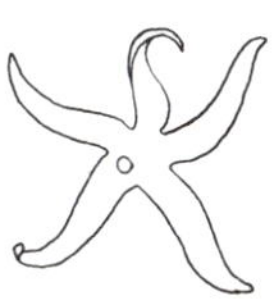

Stamm Stachelhäuter (Echinodermata)
Klasse Seesterne (Asteroidea)
Sternförmig, meist mit 5 Armen. Fortbewegung mit Hilfe von Saugfüßchen. Meeresbewohner. Über 1 000 Arten, davon 5 im Gebiet. Seite 128

Stamm Chordatiere (Chordata)
Unterstamm Wirbeltiere (Vertebrata)
Klassen Fische (Pisces)
Körper in der Regel mit Schuppen bedeckt. Schwanzflosse senkrecht (im Gegensatz zu den Wassersäugetieren).Kiemenatmung.
Über 25 000 Arten, davon etwa 100 im Gebiet.
Seite 191

Klasse Lurche (Amphibia)
Haut nackt, meist schleimig. Larven im Wasser, erwachsene Lurche auf dem Land, mit mehr oder weniger großer Bindung an das Wasser. Etwa 1 700 Arten, davon 20 im Gebiet.
Seite 196

Klasse Kriechtiere (Reptilia)
Körper mit Hornschuppen bedeckt. Gliedmaßen zum Teil zurückgebildet. Lungenatmung. Großenteils Landbewohner. Etwa 8 000 Arten, davon 13 im Gebiet. Seite 198

Klasse Vögel (Aves)
Mehrzahl mit Flugvermögen und gut ausgebildetem Stimmapparat. Viele Arten mit unterschiedlicher Gefiederfärbung je nach Alter, Geschlecht, Jahreszeit (auf den Tafeln wurden in der Regel die Männchen während der Paarungszeit abgebildet). Insgesamt 8 600 Arten, davon über 250 (Brut) im Gebiet.
Seite 199

Klasse Säugetiere (Mammalia)
Vierbeiner mit Haarkleid. Insgesamt 6 000 Arten, davon 120 im Gebiet.
Seite 218

SCHWÄMME Porifera
HOHLTIERE Coelenterata
STACHELHÄUTER Echinodermata

1 Süßwasserschwamm, *Ephydatia fluviatilis.* Ordnung Hornkieselschwämme. Bildet verschiedene Krusten- und Klumpenformen an Schilfstengeln usw., die bis 70 cm lang und 30 cm dick werden können; hart, Färbung variabel. Häufig, besonders in ruhigen Gewässern; auch im Brackwasser. Alle Schwämme ernähren sich von Kleinstlebewesen und Sinkstoffen, die sie mit dem dauernden Wasserstrom einstrudeln. Bildet im Herbst (wie auch viele andere Arten) auf ungeschlechtlichem Wege Dauerkeime (Gemmulae).

2 *Spongilla lacustris,* Ordnung Hornkieselschwämme. Geweih-, Busch- und Klumpenformen, die bis 1 m lang werden können und schleimig weich sind. In ihren Hohlräumen leben einzellige Algen, die den Schwamm grün färben (die Algen gedeihen jedoch nur im Licht). Im Süßwasser; häufig. An Steinen, Holz usw. Sonst der vorigen Art ähnlich.

3 Gallertschwamm, *Halisarca dujardini.* Bildet Krusten, die einen Durchmesser bis zu 10 cm erreichen können. Schwamm weich, ohne Nadeln; mit glatter Oberfläche. Im Flachwasser der Ostsee östlich bis Darßer Ort. Auf Algen, Steinen usw.

4 Gemeiner Seestern, *Asterias rubens,* Stamm Stachelhäuter (Echinodermata) – weshalb der Seestern eigentlich ganz oben im System der wirbellosen Tiere stehen müßte. Maximal 30 cm im Durchmesser, Färbung rotbraun bis violett. Häufigster Seestern in der Nordsee wie in der westlichen Ostsee (im Gegensatz zu den Seesternen der Kieler Bucht sind die der Mecklenburger Bucht meist nur ab 10 m Tiefe anzutreffen). Fortbewegung langsam mit Hilfe vieler kleiner Saugfüßchen. Ernährt sich räuberisch von Muscheln und Schnecken, weshalb er auf Austern- und Miesmuschelbänken erheblichen Schaden verursachen kann. In Meeresaquarien gut zu halten, wenn die Temperatur nicht zu hoch ansteigt.

5 Ohrenqualle, *Aurelia aurita,* Stamm Nesseltiere (Cnidaria), Klasse Schirmquallen (Scyphozoa). Schirmdurchmesser maximal 40 cm (besonders in der westlichen Ostsee wesentlich kleiner). Charakteristisch sind die 4 hufeisenförmigen Gonaden. In der Nord- und Ostsee häufig. Wie bei vielen Hohltieren wechselt auch bei dieser Art eine Polypengeneration mit einer Medusengeneration (die Polypen sind in dieser Gruppe sehr klein). Der Polyp erzeugt ungeschlechtlich durch Abschnürung kleine Medusenlarven (Ephyren) – man spricht von Strobilation (s. Bild) –, aus diesen entwickeln sich Medusen, die dann wieder geschlechtlich Polypen hervorbringen können. Fortbewegung der Medusen durch Rückstoß (Zusammenklappen des Schirms). Die Nahrung besteht aus Plankton und verschiedenen Kleintieren. Massenansammlungen nicht selten.

6 Gelbe Haarqualle, *Cyanea capillata.* Schirmqualle mit bis zu 50 cm Durchmesser (meist kleiner). In der Nordsee häufiger als in der Ostsee (besonders im Sommer). Sehr unangenehm sind die Nesselzellen (Vergiftungserscheinungen wurden beobachtet).

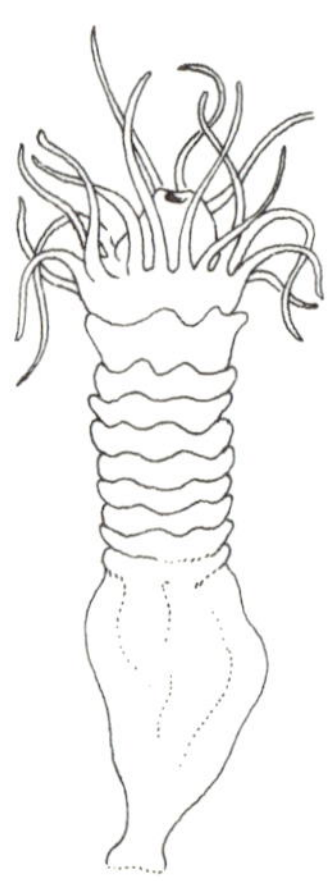

Strobilation – eine interessante Vermehrungsform

1 Keulenpolyp, *Cordylophora caspia.* Stamm Nesseltiere (Cnidaria). Bildet bis zu 8 cm hohe, büschelartige Kolonien. Einzeltiere (Polypenköpfe) nur wenige Millimeter groß. Im Brackwasser der Nord- und Ostsee sowie im Süßwasser. Die Kolonien sterben im Winter ab. Aus der wurzelartigen Verzweigung, mit der sich die »Büschel« festheften, bilden sich neue Kolonien.

2 *Laomedea* spec., Stamm Nesseltiere (Cnidaria). Die Kolonien werden bis zu 30 cm hoch. Sie sitzen auf verschiedenen Algen, *Laomedea flexuosa* z. B. an *Fucus* und *Ascophyllum,* sowie auf Steinen und an anderen Gegenständen. Bei einigen *Laomedea*-Arten entstehen durch die ungeschlechtliche Fortpflanzung außer neuen Polypen auch kleine freischwimmende Medusen (Quallen), die den Namen *Obelia* tragen. Sie bilden durch geschlechtliche Fortpflanzung wieder Polypen *(Laomedea).* Dieser Generationswechsel tritt häufig bei Hohltieren auf. Im Gebiet etwa 130 Hohltier-Arten, von denen die meisten im Meer leben.

3 Gestielter Süßwasserpolyp, *Pelmatohydra oligactis,* Stamm Nesseltiere (Cnidaria). Körper bis 3 cm lang, die Fangarme sogar bis 25 cm! In verschiedenen Gewässern.

4 Süßwasserpolyp, *Hydra* spec., Stamm Nesseltiere (Cnidaria). Der schlauchförmige und innen hohle Körper ist etwa 1 cm lang (Fangarme nicht mitgerechnet). In verschiedenen, aber nicht zu schnell fließenden Gewässern. Meist mit der Fußscheibe an Wasserpflanzen u. a. festgeheftet. Besonders in der Nähe der Wasseroberfläche. Schwer zu erkennen, da er sich bei der geringsten Störung stark zusammenzieht. Zur Beobachtung Wasserpflanzen in ein Glas bringen und einige Zeit ruhig stehen lassen. Kann sich nach Art einer Spannerraupe fortbewegen. Sehr gefräßig. Überwältigt Tiere, besonders Wasserflöhe (s. Bild), aber auch andere Kleintiere. Fangorgane sind die Tentakel und die kompliziert gebauten Nesselkapseln. Die letzteren arbeiten wie Harpunen, das Opfer wird durch eingespritztes Gift gelähmt; die ausgeschleuderten Fäden umwickeln die Beute oder kleben an ihr fest. Der Süßwasserpolyp vermehrt sich hauptsächlich ungeschlechtlich. Dabei wachsen aus Knospen am Körper kleine Polypen, die sich ablösen. Nur zu bestimmten Zeiten geschlechtliche Fortpflanzung aus Ei und Samenzelle. Hohes Regenerationsvermögen.

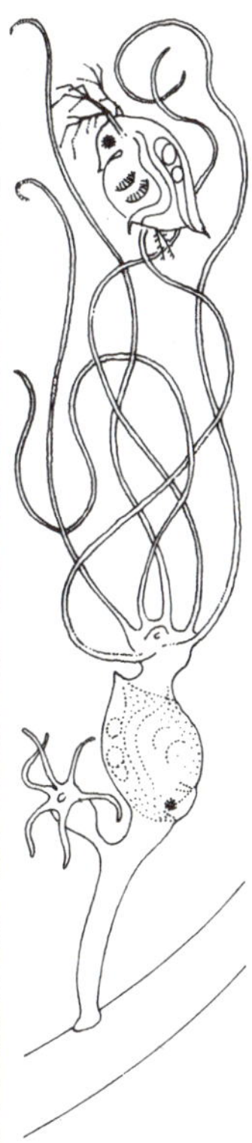

Hydra bei der Aufnahme eines Wasserflohs

5 Grüner Süßwasserpolyp, *Chlorohydra viridissima,* Stamm Nesseltiere (Cnidaria), Körper 1–1,5 cm lang. Die Fangarme sind kürzer als der Körper. Besonders in ruhigen, klaren Gewässern. Die grüne Farbe rührt von einzelligen Algen her, die in der Innenschicht des schlauchförmigen Körpers leben (Symbiose). Die Eier überwintern.

6 Seenelke, *Metridium senile,* Stamm Nesseltiere (Cnidaria), Klasse Korallen (Anthozoa). Etwa 20 cm hoch. Verschieden gefärbt (z. B. gelb, rot, braun). Mundscheibe mit Hunderten von Fangarmen besetzt. Dringt bis in die westliche Ostsee vor. Dort in etwa 20 m Tiefe auf festem Untergrund. Ernährt sich von Kleinstlebewesen. Neben der geschlechtlichen ist auch die ungeschlechtliche Fortpflanzung häufig.

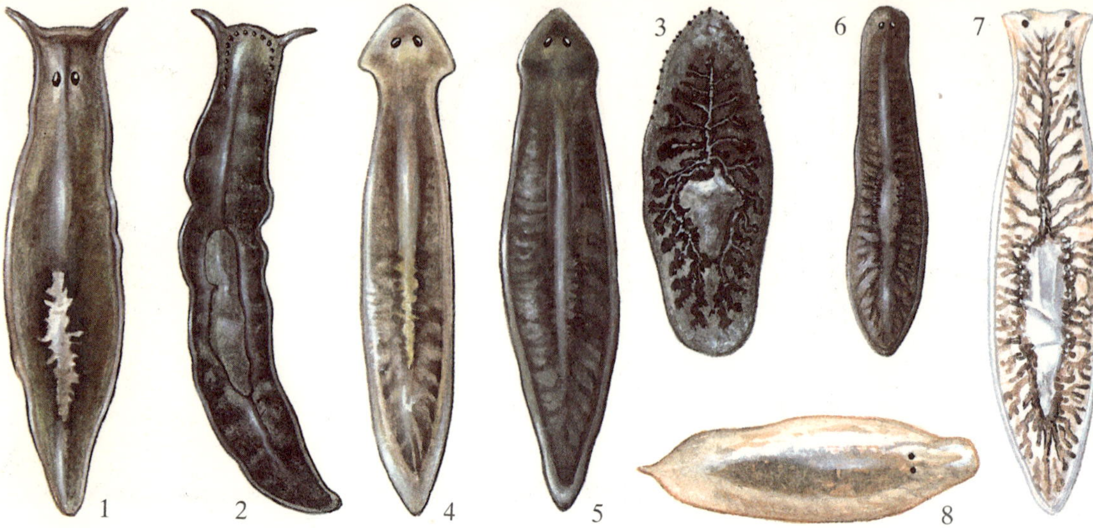

PLATTWÜRMER Plathelminthes
STRUDELWÜRMER Turbellaria

Die **Planarien** (Ordnung Tricladida) sind – ebenso wie *Mesostoma ehrenbergi* – Verwandte der parasitisch lebenden Leberegel und der Bandwürmer. Sie bewohnen verschiedene Gewässertypen des Binnenlandes, wobei auch kleinste austrocknende Tümpel besiedelt werden. Die Fortbewegung ist gleitend und wird durch ein Wimperkleid ermöglicht. Der vorstreckbare Schlund liegt auf der Bauchseite. Durch ihn werden die Verdauungssäfte auf das Beutetier (kleine Krebse, Fische, Laich und Aas) gespritzt (äußere Verdauung). Die zwittrigen Tiere begatten sich gegenseitig und legen festumhüllte Eier (Kokons) ab. Daneben kommt ungeschlechtliche Vermehrung durch Querteilung vor. Mit dieser im Einklang steht das große Regenerationsvermögen (s. Bild).

1 Alpenplanarie, *Crenobia alpina.* Bis 1,6 cm lang, mit einem Paar Augen und beweglichen Tentakeln. Färbung variabel, meist aber schiefergrau. Bevorzugt kalte, saubere Gewässer, beispielsweise Gebirgsbäche und Quellen. Verträgt nur geringe Temperaturschwankungen des Gewässers (stenotherme Art). Optimal sind 6–8 °C.

2 Gehörntes Vielauge, *Polycelis cornuta.* Bis knapp 2 cm lang. Färbung veränderlich grau, braun bis schwarz. Am Rande des Kopfes sitzen viele Augen. In kalten Fließgewässern, jedoch verträgt diese Art im Gegensatz zur Alpenplanarie auch etwas höhere Temperaturen, weshalb sie sich im Vorkommen an die Quellenregion anschließt.

Regeneration der Planarien

3 Schwarzes Vielauge, *Polycelis nigra.* Bis 1,2 cm lang. Oft tiefschwarz, Vorderende heller. Kopf ohne Tentakel. In langsam fließenden und in stehenden Gewässern, häufig unter Blättern.

4 *Dugesia (Euplanaria) gonocephala.* Bis 2,5 cm lang, meist dunkelbraun gefärbt. Ohne Tentakel, an den Seiten mit sogenannten Öhrchen. Hauptsächlich in den wärmeren Mittel- und Unterläufen sauberer Fließgewässer, schließt sich also im Vorkommen an die Verbreitungsgebiete von Alpenplanarie und Gehörntem Vielauge an. Die Art verträgt Temperaturen von 0,5–25 °C.

5 Trauerplanarie, *Dugesia lugubris.* Bis 2 cm lang. Oft tiefschwarz gefärbt. Vorderrand herzförmig, ohne Tentakel, mit einem Paar Augen. Bevorzugt langsam fließende Gewässer mit reicher Vegetation.

6 *Planaria torva.* Bis 1,5 cm lang. Braun bis schwarz. In stehenden und langsam fließenden Gewässern weit verbreitet. Auch im brackigen Wasser der Ostsee.

7 Weiße Planarie, *Dendrocoelum lacteum.* Bis 2,5 cm lang. Mit kurzen Tentakeln. In bezug auf das Wohngewässer nicht wählerisch; weit verbreitet (unter Steinen usw.); auch im Brackwasser der Ostsee.

8 *Mesostoma ehrenbergi,* Ordnung Eulecithiphora. Bis 1,5 cm lang, glasig durchsichtig. In sauberen, ruhigen Gewässern mit Pflanzenwuchs. Oft an einem Schleimfaden an der Wasserfläche hängend. Im Sommer weichhäutige Eier (schnelle Vermehrung).

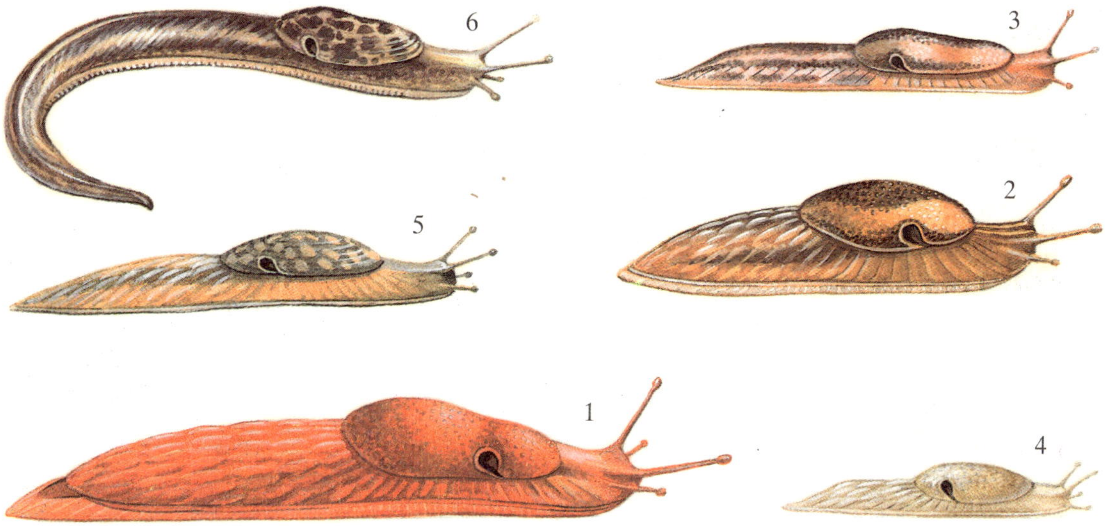

WEICHTIERE **Mollusca**
NACKTSCHNECKEN

1 Rote Wegschnecke, *Arion rufus,* Familie Wegschnecken (Arionidae; Atemloch vor der Mitte des Mantelschildes, Rücken ungekielt, sehr träge). 14–15 cm lang. Färbung variabel: ziegelrot, kaffeebraun bis schwarz, aber fast immer mit rotem Fußsaum, wodurch sie sich von der immer dunklen *Arion ater* unterscheidet. Jungtiere grünlichweiß mit dunklem Kopf. Exakte Bestimmungen der Arten nur durch anatomische Untersuchungen möglich. In Wäldern, Büschen, Hecken, auf Wiesen. Vor allem nach Regen auf Wegen zu beobachten. Allesfresser (auch Aas). Mit dem Schleim Übertragung von Wurmeiern auf Gemüse möglich. Die Tiere sind Zwitter, die sich auch selbst befruchten können und bis 500 Eier ablegen.

2 *Arion subfuscus,* Familie Wegschnecken (Arionidae). Meist um 6 cm lang. Bräunlich bis rotgelb, Schleim orange. Typischer Waldbewohner (besonders häufig in Kiefernwäldern), oft unter Baumrinde. Frißt neben Pilzen (z. B. Steinpilze und andere *Boletus*-Arten) auch andere Pflanzennahrung.

3 Baumschnegel, *Lehemannia marginata,* Familie Egelschnecken (Limacidae; Atemloch hinter der Mitte des Mantelschildes, Rücken immer etwas gekielt, beweglicher und schlanker als vorige Familie). 6–7,5 cm lang. Hinterleib durchscheinend, am Ende scharf gekielt. An Bäumen und Felsen in Laub- und Mischwäldern; bei Trockenheit in Verstecken. Frißt Pflanzen und Früchte – schädlich in Gewächshäusern.

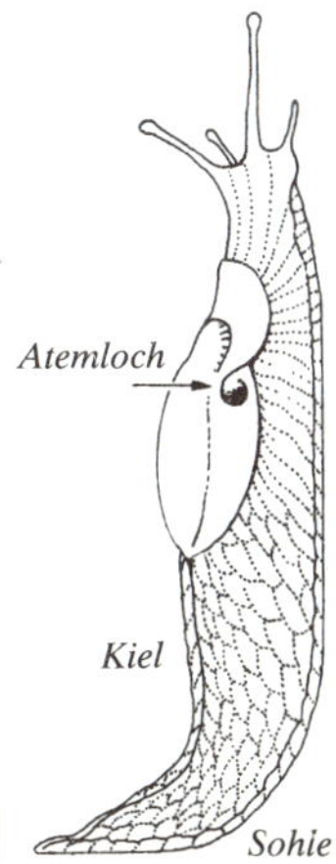

4 Ackerschnecke, *Deroceras agreste,* Familie Egelschnecken (Limacidae). 3–6 cm lang. Weißlich bis hellbraun, auch grau und schwarz marmoriert. Äcker, Gärten, Wälder und feuchte Wiesen. Am Tage in dunklen Verstecken, nachts aktiv. Allesfresser: Modder, Aas, Pilze, Kleintiere, Salat, Gemüse usw. Schädlich (wie die ähnliche Art *Deroceras reticulatum,* die aber oft eine auffallende Netzzeichnung trägt) durch Fraß in Gärten und auf Äckern.

5 Kellerschnecke, *Limax flavus,* Familie Egelschnecken (Limacidae). Bis etwa 10 cm lang. Färbung variabel, Netzzeichnung dunkler, Sohle hell. Im Gebiet nur in Kellern und Speichern, nicht im Freiland anzutreffen. Sehr feuchtigkeitsliebend. Ernährt sich von verschiedenen Vorräten, z. B. Kartoffeln, Wurzelgemüse und Blumenzwiebeln.

6 Großer Schnegel, *Limax maximus,* Familie Egelschnecken (Limacidae). Im Gebiet etwa 15 cm Maximallänge. Zeichnung ziemlich variabel, häufig grau (hell), Sohle einfarbig hell, ebenso der Kiel. Zieht sich bei Reizung nach vorn zusammen (im Gegensatz zu den *Arion*-Arten). Im Freien an verschiedenen feuchten Plätzen, z. B. unter Steinen. Bevorzugt die Nähe menschlicher Siedlungen, unter anderem häufig in Kellern. Die Art ernährt sich vor allem von grünen Pflanzen, Pilzen, Aas sowie räuberisch, beispielsweise von anderen Nacktschnecken. Der Große Schnegel wird ähnlich der obengenannten Kellerschnecke schädlich durch Fraß an Vorräten und Pflanzen (unter anderem in Gewächshäusern).

GEHÄUSESCHNECKEN (Land)

1 Schüsselschnecke, *Discus rotundatus.* Bis 7 mm breit und knapp 3 mm hoch. Unterscheidet sich von der weit weniger häufigen *Discus ruderatus* vor allem durch die rotbraune Fleckung und den etwas kantigen letzten Umgang. Fast überall häufig, unter Laub, Holz, Steinen usw. Ernährt sich hauptsächlich von Moderstoffen.

2 *Aegopinella nitens.* Knapp 1 cm breit und 0,5 cm hoch. Letzter Umgang wesentlich breiter als der vorletzte und in der Mündung schräg dachförmig nach unten abfallend. Unter den anderen Arten ist ihr besonders *Aegopinella pura* sehr ähnlich, die aber kleiner bleibt. Bevorzugt gebirgige Gebiete, fehlt in der nördlichen Tiefebene. Lebt unter Laub und Steinen. Wahrscheinlich tierische und pflanzliche Nahrung.

3 Kellerglanzschnecke, *Oxychilus cellarius.* Reichlich 1 cm breit und 0,5 cm hoch. Schale unterseits weißlich, auffällig glänzend. Unter Laub und abgestorbenem Holz; in Wäldern ebenso wie in Höhlen und Kellern. Ernährt sich wahrscheinlich vorrangig von Moderstoffen und Algen. Durch ihren Geruch fällt die Knoblauchglanzschnecke *(O. alliarius)* auf.

4 *Zonitoides nitidus.* Bis 7 mm breit und 4 mm hoch. Schale durchsichtig rotbraun, sie erscheint aber bei der lebenden Schnecke durch den durchschimmernden Körper fast schwarz. An feuchten Plätzen zu finden. Ernährt sich von verrottenden Kräutern und Pilzen.

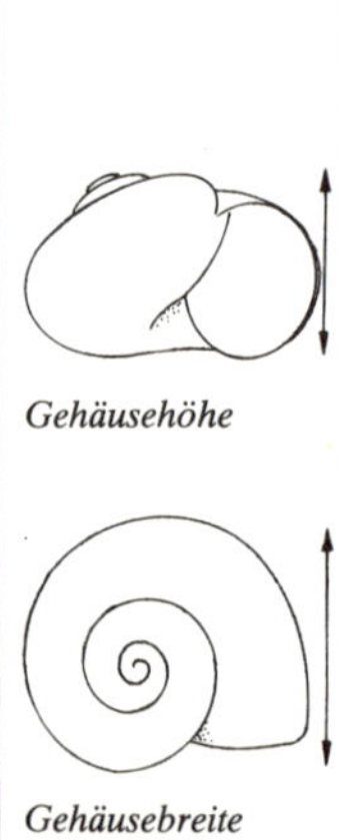

5 Glasschnecke, *Vitrina pellucida.* 6 mm breit und etwa 3 mm hoch. Schale wie bei allen Glasschnecken durchsichtig und stark glänzend. Glasschnecken bevorzugen kühle Orte und sind in der kalten Jahreszeit aktiv, während sie sonst sehr verborgen leben. Nahrung: Insektenlarven, Asseln usw.

6 Heideschnecke, *Helicella itala.* Etwa 15 mm breit und 8 mm hoch. Unterscheidung von anderen Heideschnecken nicht immer einfach. Bevorzugt sonnige Trockenrasen, Ödländer, Kulturland (z. B. Luzerne) usw. Ernährt sich von verschiedenen Pflanzenstoffen.

7 *Trichia hispida.* Etwa 8 mm breit und 5 mm hoch. Horn- bis rotbraun, oft mit einer hellen Binde am letzten Umgang; sehr variabel. Erwachsen meist mit Haarnarben. Unter Steinen, Holz, Laub usw. Ernährt sich von verrottenden Pflanzenstoffen und von Pilzen.

8 Rötliche Laubschnecke, *Monachoides incarnata.* Um 1,5 cm breit und 1 cm hoch. Schale fein gekörnelt, außen durchscheinend, an der Mündung mit braunrotem Saum. Nabel meist nur halb verdeckt. In Wäldern und Gebüschen; feuchtigkeitsliebend.

9 Eingerollte Schnecke, *Helicodonta obvoluta.* Reichlich 1 cm breit und 0,5 cm hoch. Festschalig, behaart oder mit Haarnarben. 3buchtige Mündung. Unter Laub, morschem Holz, Steinen usw. Besonders in Wäldern hügliger oder gebirgiger Gebiete; kalkliebend. Ernährt sich wahrscheinlich von Teilen höherer Pflanzen.

1 Baumschnecke, *Arianta arbustorum.* Bis 2,5 cm breit und 2 cm hoch. Färbung und Größe variabel. In vielen Lebensräumen, wenn nur ein Mindestmaß an Feuchtigkeit gegeben ist, z. B. Wälder, Wiesen, Büsche. Ernährt sich hauptsächlich von höheren Pflanzen.

2 Hainschnirkelschnecke, *Cepaea nemoralis.* Bis 2,3 cm breit und knapp 2 cm hoch. Im Gegensatz zur folgenden Art Nabelfeld und Mündungssaum braun. Häufig in Kulturlandschaften (Parks, Gärten usw.), weniger in Büschen und Hainen (siehe aber Name!). Die Nahrung besteht vor allem aus frischen Kräutern.

3 Gartenschnirkelschnecke, *Cepaea hortensis.* Meist um 2 cm breit und 1,5 cm hoch. Im Gegensatz zur vorigen Art Nabelfeld und Mündungssaum weiß, in Färbung und Bänderung aber ebenso variabel wie jene. Weniger in Kulturlandschaften, mehr in Hainen (!), Büschen usw. Ernährung ähnlich der der vorigen Art.

4 Weinbergschnecke, *Helix pomatia.* Bekannteste Schnirkelschnecke. Um 4 cm breit und ebenso hoch. Früher häufig in Weinbergen, heute mehr in Büschen, lichten Waldrändern (nicht im Waldinneren), Gärten, Parks usw. Kalkliebend. Ernährt sich von verschiedenen Kräutern. Interessant sind die Liebesspiele dieser zwittrigen (!) Tiere, bei denen sich die Schnecken gegenseitig kalkige Liebespfeile in die Körper stoßen. Bis zu 60 Eier werden in eine Erdmulde gelegt. Hauptvermehrungszeit: März–Juli! Überwintert immer am gleichen Ruheplatz und bildet je nach Härte des Winters verschieden dicke Kalkdeckel aus. Bei Trockenheit Verschluß des Gehäuses durch ein Schleimhäutchen (wie bei vielen Schnecken). Sehr wohlschmeckend.

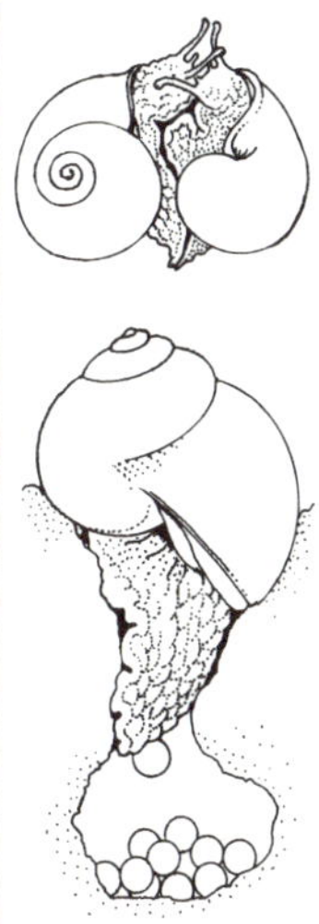

Kopula und Eiablage der Weinbergschnecke

5 Maskenschnecke, *Isognomostoma isognomostoma.* Reichlich 1 cm breit und 0,5 cm hoch. Bereits durch die Behaarung und die 3buchtige Mündung leicht kenntlich. Unter Steinen und Laub sowie im Holzmulm. Waldbewohner (nicht in der nördlichen Tiefebene). Über die Biologie der Maskenschnecke weiß man immer noch sehr wenig.

6 Steinpicker, *Helicigona lapicida.* Um 17 mm breit und 8 mm hoch. Durch den scharf gekielten letzten Umgang leicht kenntlich. In Laubwäldern (gern an Buchen) sowie an alten Mauern und Felsen. Bevorzugt Berg- und Hügelland. Ernährt sich von verwelkenden Pflanzenteilen.

7 Bernsteinschnecke, *Succinea putris.* Häufigste Bernsteinschnecke im Gebiet. Um 2 cm hoch und 1 cm breit. Wie fast alle Vertreter der Gattung sehr feuchtigkeitsbedürftig. Bevorzugt daher die direkte Nähe des Wassers, nasse Ufer, feuchte Wiesen, Auwälder usw. Ernährt sich hauptsächlich von höheren Pflanzen, auf denen man sie auch meist zuerst zu Gesicht bekommt. Dient einem in Singvögeln schmarotzenden Saugwurm *(Leucochloridium macrostomum)* als Zwischenwirt. Der Befall ist äußerlich an der Auftreibung eines Fühlers (s. Bild) sichtbar, wodurch dann auch der Vogel angelockt wird.

GEHÄUSESCHNECKEN (Land, Wasser)

1 Weiße Turmschnecke, *Zebrina detrita.* Bis 22 mm hoch und 9–10 mm breit. Oberfläche glatt, nur mit feinen Spirallinien. Wärmeliebend, besonders an Rasenhängen der Kalkberge, auf trockenen Wiesen und Weiden. Schutz vor Wärme durch weiße, dicke Schale, enge Mündung, Ankleben an Pflanzen. Frißt tote oder absterbende Pflanzenteile. Zwischenwirt des Kleinen Leberegels.

2 Schleischnecke, *Bulimus tentaculatus.* Reichlich 10 mm hoch und 7 mm breit. Überall in ruhigen Gewässern (auch im Brackwasser der Ostsee). Ernährt sich von Schwebestoffen und dient Schleien und anderen Fischen als Nahrung.

3 Wattschnecke, *Hydrobia ulvae.* Bis 6 mm hoch. Im Meerwasser (Nordsee) und im stark salzhaltigen Brackwasser der Ostsee. Auf Schlick und Sandboden. Ernährt sich von kleinen Algen. Weniger Salzgehalt fordert *Hydrobia stagnorum* (knapp 5 mm hoch), die in der Ostsee vorkommt und stellenweise sehr häufig ist. In der Ostsee findet man auch die Art *Theodoxus fluviatilis,* die durch ihre Netzzeichnung unverkennbar ist.

4 Sumpfdeckelschnecken, *Viviparus* spec. Im Gebiet 2 Arten: *V. contectus* (mit scharfer Gehäusespitze, mehr in ruhigen, pflanzenreichen Gewässern) und *V. viviparus* (mit stumpfer Gehäusespitze, bewegteres Wasser). Bis 4 cm hoch, 3 cm breit. Frißt Schlammstoffe, Algen und Plankter. Lebendgebärend.

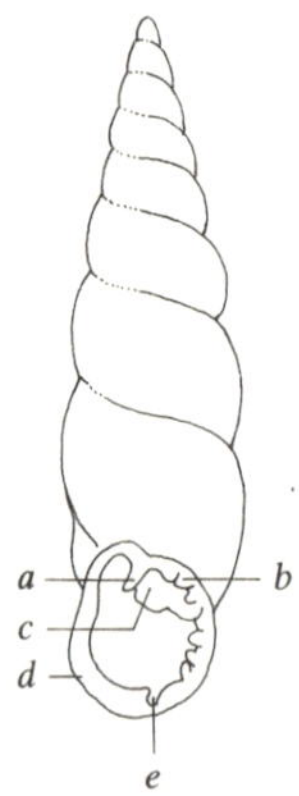

Gehäusemündung der Schließmundschnecken
a Oberlamelle
b Interlamellarfalten
c Unterlamelle
d Lippe
e Basalrinne

5 Gemeine Strandschnecke, *Littorina littorea.* Bis 3 cm hoch. Gehäuse fest und gut verschließbar, auffallend flache Umgänge. Typische Schnecke der Gezeitenzone; an Steinen, Pflanzen usw. Nordsee und westliche Ostsee (neben anderen Arten der Gattung). Ernährt sich durch Abweiden von Algen.

6 Gemeine Schließmundschnecke, *Cochlodina laminata.* Bis 17 mm hoch und 4 mm breit. Schale glatt. Verbreitet und häufig (gern an Buchen).

7 Zweizähnige Schließmundschnecke, *Laciniaria biplicata.* Bis 18 mm hoch und 4 mm breit. Wohl die häufigste Schließmundschnecke. Fast überall an feuchten Gemäuern und Felsen sowie an Baumstümpfen und am Boden. Schließmundschnecken kriechen nach Regen gern an Bäumen empor, lassen sich bei Trockenheit wieder fallen und verbergen sich im Boden.

8 *Pupilla muscorum.* Bis 4 mm hoch und 2 mm breit. Vertreter einer Gruppe meist kleiner, walzenförmiger Schnecken, von denen bei uns mehrere z. T. schwer bestimmbare Arten vorkommen. Gehäuse je nach Standort verschieden. Im Tiefland wie im Gebirge; an trockenen und feuchten Plätzen; Wiesen, Moos usw. Ernährt sich wahrscheinlich von Humusstoffen.

9 Achatschnecke, *Cochlicopa lubrica.* Knapp 6 mm hoch und 2,5 mm breit. Im Tiefland wie im Gebirge auf Wiesen, in Wäldern usw. Bevorzugt an feuchten Standorten (gern zwischen Laubhumus). Ernährt sich von lebenden und abgestorbenen Pflanzenteilen.

GEHÄUSESCHNECKEN (Wasser)

1 Spitzhornschnecke, *Lymnaea stagnalis.* Unsere häufigste und größte Schlammschnecke. Bis 6 cm hoch und 3 cm breit. Färbung durch Auflagerungen verschieden. Bevorzugt ruhige, pflanzenreiche Gewässer. Wie alle Lymnaeen in der Form je nach Standort variabel. Ernährt sich, wie alle Arten der Gattung, von Wasserpflanzen und Aas.

2 Sumpfschlammschnecke, *Lymnaea palustris.* Maximal 3,5 cm hoch, sehr variabel. Besonders letzter Umgang oft deutlich gehämmert. In wenig bewegten Gewässern, auch im Brackwasser.

3 Ohrschlammschnecke, *Lymnaea auricularia.* Meist um 3 cm hoch und fast ebenso breit. Auffallend ohrförmige Verbreiterung der Mündung. Überall in ruhigen Gewässern (auch im Brackwasser). Ebenfalls verbreitet ist die oft eiförmige *Lymnaea ovata.*

4 Flache Tellerschnecke, *Anisus vortex.* Bis 10 mm breit und 1,5 mm hoch. Oberseits sind die Umgänge stark gewölbt und unterseits auffallend abgeflacht. Weit verbreitet, besonders in pflanzenreichen Seen und Teichen, z. T. sehr häufig auf Wasserpflanzen oder frei im Wasser schwimmend. 2 weitere, verbreitete Arten im Gebiet.

5 Gegliederte Tellerschnecke, *Segmentina nitida.* Bis 7 mm breit und knapp 2 mm hoch. Schale stark glänzend. Nach außen schimmern weißliche Leisten durch. Verbreitet und häufig in kleinen Wasseransammlungen wie Gräben, Sümpfen usw.

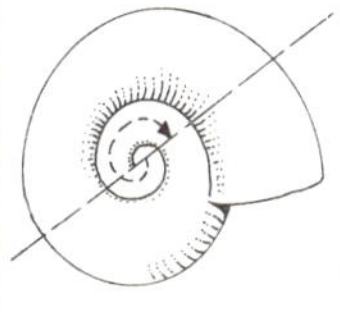

Bestimmung der Umgänge

6 Gerandete Tellerschnecke, *Planorbis planorbis.* Bis 17 mm breit und 3,5 mm hoch. Kiel unterseits – im Gegensatz zu *P. carinatus*, die in der Mitte der Schale gekielt ist. Weit verbreitet in stehenden Gewässern, auch im Brackwasser. Meist nur 4 Windungen, die schnell an Größe zunehmen, hat die bis 7 mm breite *Gyraulus albus*, die in sehr verschiedenen Gewässern zu Hause ist und je nach dem Standort stark variiert.

7 Posthornschnecke, *Planorbarius corneus.* Um 3 cm breit, 1 cm hoch. Eben und scheibenförmig wie alle Tellerschnecken. Schale oft gehämmert. Im Tiefland fast überall in ruhigen Gewässern. Häufig im Bodenschlamm. Tellerschnecken ernähren sich von faulenden Pflanzenteilen und Sinkstoffen.

8 Blasenschnecke, *Physa fontinalis.* Etwa 1 cm hoch und 0,5 cm breit. Schale dünn und glänzend. Bevorzugt saubere, ruhige Gewässer mit reichem Pflanzenwuchs. Ernährt sich vorzugsweise von höheren Pflanzen. Eingeschleppt ist die Blasenschnecke *P. acuta* (mit spitzer Schale), die auch stark verschmutzte Fließgewässer besiedelt.

9 Flußnapfschnecke, *Ancylus fluviatilis.* Meist reichlich 0,5 cm lang, aber sowohl in der Größe als auch in der Form sehr variabel. Im Hinblick auf ihre Gestalt auch oft Mützenschnecke genannt. Bevorzugt saubere Fließgewässer des Berg- und Hügellandes, wo sie manchmal massenhaft an Steinen angeheftet ist. Ernährt sich wahrscheinlich vor allem von Algen. In der Form recht ähnlich ist die Teichnapfschnecke *(Acroloxus lacustris)*; Länge um 6 mm.

MUSCHELN

1 Teichmuschel, *Anodonta cygnaea.* Bis 20 cm lang, 12 cm hoch und 6 cm dick. Mit starkem Perlmutterglanz auf der Innenseite. In stehenden Gewässern bis 20 m Tiefe. Bewegt sich kriechend im Schlamm fort, wobei sie auffallende Furchen hinterläßt. Wirbelt durch Rüttelbewegungen den Boden auf und bringt so neue Nahrung (Kleinlebewesen und Sinkstoffe) in den Saugstrom.

2 Malermuschel, *Unio pictorum.* Bis etwa 9 cm lang, 4 cm hoch, 3 cm dick. Größte *Unio*-Art im Gebiet. In schwach fließenden Bächen und Flüssen sowie in Teichen. Der Name weist auf die frühere Verwendung zum Farbenmischen hin. Lebensweise ähnlich *Anodonta.* Durch Wasserverunreinigungen stark zurückgegangen ist die dunkle, nierenförmige Flußperlmuschel *(Margaritifera margaritifera),* deren »Süßwasserperlen« früher nicht ohne Bedeutung waren. Ihr heutiges Vorkommen beschränkt sich auf wenige Gebiete (z. B. Fichtelgebirge). Vom Aussterben bedroht!

3 Eßbare Herzmuschel, *Cardium edule.* In der Nordsee bis 4 cm lang, 3 cm hoch und ebenso dick; in der Ostsee wesentlich kleiner (sehr viele Arten nehmen in der salzärmeren Ostsee an Größe erheblich ab). In Sand- oder Weichböden; flach eingegraben. Springende Fortbewegung durch Abstoßen mit dem geknickten Fuß.

4 Sandklaffmuschel, *Mya arenaria.* Bis 12 cm lang, 6 cm hoch und 4 cm dick. In der Ostsee häufig; auf sandigen und verschlickten Böden. Bis 20 cm eingegraben, aber Schalen häufig auch angespült. Eßbar.

5 Wandermuschel, *Dreissena polymorpha.* Um 3 cm lang, 1,5 cm hoch und 2 cm dick. Nur äußerlich an eine Miesmuschel erinnernd, nicht näher verwandt! Mit Sekretfäden (Byssus) an harten Gegenständen festgeheftet; im Süß- und Brackwasser.

6 Eßbare Miesmuschel, *Mytilus edulis.* Meist um 7 cm lang, 3,5 cm hoch und ebenso dick (Größe sinkt mit Abnahme des Salzgehaltes). An unseren Küsten häufig oder auch massenhaft. Auf Weichböden wie auf harten Gegenständen (mit Byssusfäden angeheftet).

7 Gemeine Kugelmuschel, *Sphaerium corneum.* Um 12 mm lang, 10 mm hoch und 7,5 mm dick. Häufigste Kugelmuschel im Gebiet. In verschiedenen Gewässern, die aber keine starke Strömung aufweisen dürfen. Zur gleichen Familie gehören die Erbsenmuscheln (Gattung *Pisidium*), unsere kleinsten Muscheln überhaupt, über deren Vorkommen und Lebensweise bisher wenig bekannt ist.

8 Große Pfeffermuschel, *Scrobĭcularia plana.* Bis 5 cm lang, 4 cm hoch und 1,5 cm dick. Durch verschiedene Auflagerungen oft dunkel verfärbt. In der westlichen Ostsee; bis zur Darßer Schwelle. Im schlickigen Weichboden der Gezeitenzone; bis 10 cm tief eingegraben. Oft angespült. Ebenfalls oft an den Strand getragen wird die um 2 cm lange weißliche bis rötliche Baltische Plattmuschel *(Macoma balthica).*

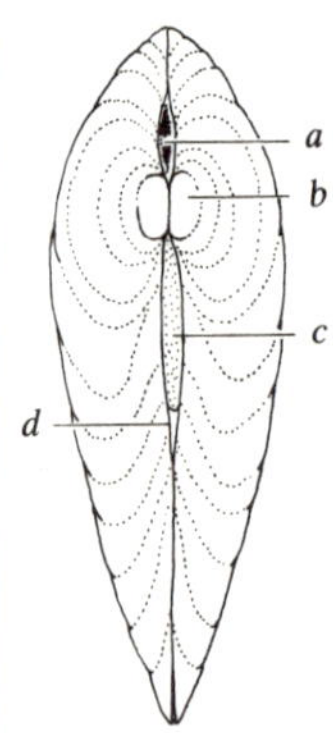

Muschel von oben
a Schildchen
b Wirbel
c Schloßband
d Schild

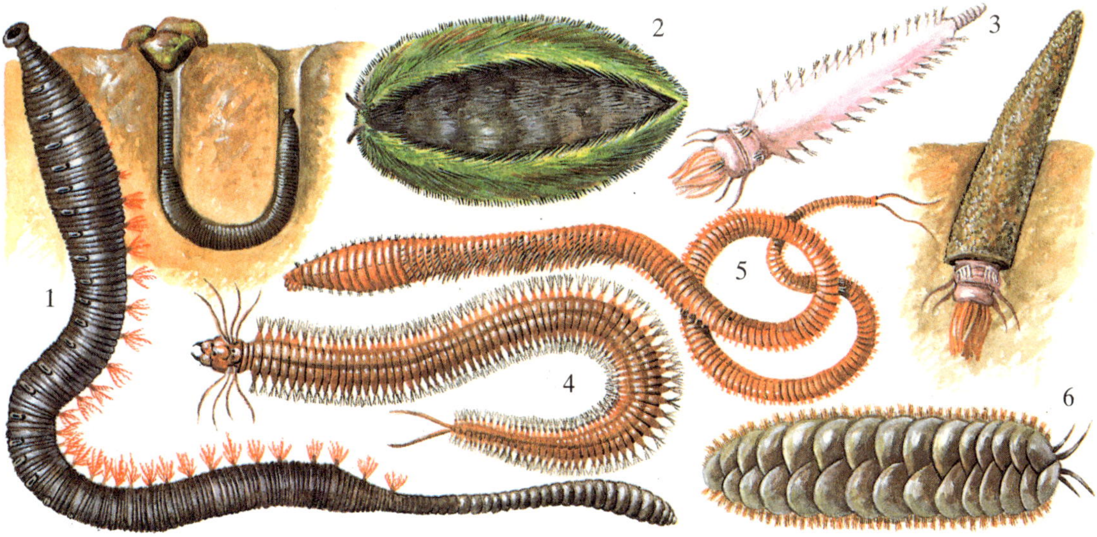

RINGELWÜRMER Annelida
VIELBORSTER Polychaeta

1 Köderwurm, *Arenicola marina,* Familie Arenicolidae. Um 20 cm, aber manchmal bis 40 cm lang. Der zylinderförmige Körper ist bräunlich, grünlich oder grünlichgelb. Am mittleren Körperabschnitt äußere blutrote Kiemen. Gräbt sich im schlammigen Sand der Nord- und Ostseeküsten einen etwa 20–30 cm tiefen, gebogenen Gang, dessen Wand durch Schleim befestigt wird. Durch diese Röhre saugt er Atemwasser ein. Zum Fressen hält er sich am unteren Ende des Ganges auf und nimmt dazu Sand mit den sich darin befindlichen Nahrungspartikeln auf. Dieser rutscht dadurch immer nach und bildet so den typischen Einsturztrichter. Von Zeit zu Zeit steigt der Köderwurm nach oben und setzt am Ende des befestigten Ganges geringelte Kothäufchen ab. ♀ legt die Eier auf dem Sand ab. Hier werden sie vom ♂ befruchtet (äußere Befruchtung). *Arenicola* wird gern als Köder für den Fischfang benutzt.

2 Seemaus, *Aphrodite aculeata,* Familie Aphroditidae. 10–20 cm lang. Die die Rükkenschuppen bedeckenden Borsten, die eine filzige Decke bilden, schillern in den Regenbogenfarben. Besonders auf dem Boden flacher Küstengewässer. Ernährung räuberisch. Gräbt sich bis auf das Hinterende ein.

3 Köcherwurm, *Pectinaria koreni,* Familie Amphictenidae. Körper 2–5 cm lang und blaß fleischfarben. Rote Kiemen. Lebt in einer bis 8 cm langen köcherförmigen Röhre (Name!), die er mit sich herumtragen kann. Sie besteht aus zusammengekitteten Sandkörnern. In der Nord- und westlichen Ostsee. Ernährt sich ähnlich wie der Köderwurm. Meist steckt *Pectinaria* mit dem Vorderende nach unten schräg im Sand. Durch das Hinterende der Röhre wird Atemwasser eingesaugt und Kot schornsteinartig (nicht geringelt!) abgesetzt. Mit den Schaufelborsten am Vorderende wird der Sand gelockert. Mit Hilfe der bis 7 cm langen Tentakelfäden werden dann die Nahrungspartikel (z B. Mikroorganismen) aufgenommen.

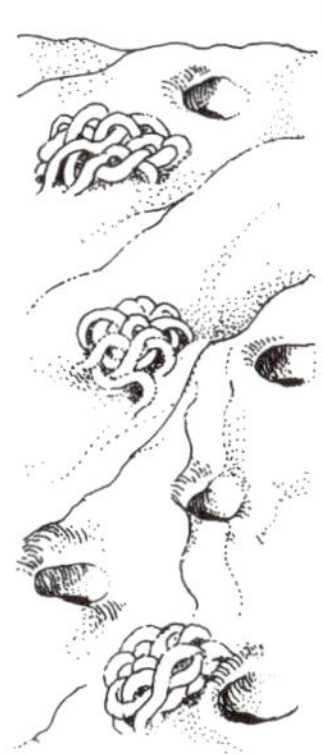
Kothäufchen und Einsturztrichter (1)

4 *Nereis diversicolor,* Familie Nereidae. Bis zu 12 cm lang. Färbung verschieden. Gräbt sich an seichten Küsten etwa 30 cm tiefe Gänge. Frißt tote Kleintiere, Pflanzen und kleine Nahrungspartikel. Streckt zum Fressen meist nur das Vorderende aus dem Gang. Fast alle Vielborster leben im Meer. Typisch sind die mit Borsten besetzten Stummelfüße (Parapodien).

5 *Scoloplos armiger,* Familie Orbiniidae. Bis 15 cm lang. Rot oder orange gefärbt. 200 oder mehr Körperabschnitte. Wie bei vielen Polychaeten variiert die Segmentzahl, selbst innerhalb der gleichen Art. Besonders auf Weichböden der Nord- und Ostseeküste. Der selbst noch an sauerstoffarmen Stellen vorkommende Vielborster trägt mit Ausnahme der vorderen Segmente die Kiemen auf dem Rücken. Kriecht in 5–15 cm Tiefe. Nimmt Sand oder Schlamm auf und verdaut die darin enthaltenen Nahrungspartikel.

6 Schuppenwurm, *Harmothoe* spec., Familie Polyneidae. Bis zu 5 cm lang. 15 Paar Rükkenschuppen (Elytren). Ernährung räuberisch.

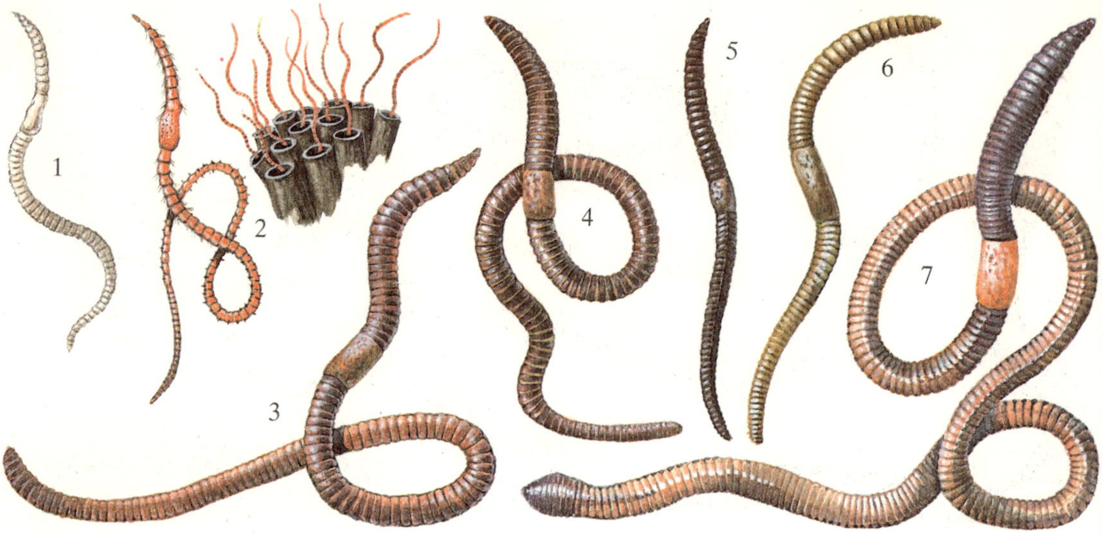

WENIGBORSTER Oligochaeta

1 *Enchytraeus albidus*, Familie Enchytraeidae. Bis 4 cm lang. In verschiedenen Lebensräumen anzutreffen: in Kompost- und Humuserde, an den Ufern von Gewässern (auch an der Nord- und Ostsee) und leider auch in Blumentöpfen, wo sie durch das Benagen der Wurzeln ein gutes Gedeihen der Pflanzen verhindern. Enchyträen sind als Fisch- und Vogelfutter bei Vivarianern sehr beliebt. Infolge ihrer Anspruchslosigkeit in einfachen Holzkisten leicht zu ziehen.

2 **Schlammröhrenwurm,** *Tubifex tubifex*, Familie Tubificidae. Bis 8 cm lang. Das durchschimmernde Blut läßt den Körper rot erscheinen. Am Grunde schlammiger und abwasserbelasteter Bäche (geringes Sauerstoffbedürfnis), nicht selten zu Tausenden. Zieht sich bei Störung blitzschnell in die Wohnröhre zurück. Ernährt sich von organischen Bestandteilen des Schlammes (Schlammsieben).

3 *Lumbricus rubellus*, Familie Regenwürmer (Lumbricidae). 7–15 cm lang. Rücken leuchtend rotbraun und violett, etwas irisierend. Gürtel an den Segmenten 27–32 (26–32). Typischer Bewohner mehr oder minder feuchter Humusböden (meist nicht sehr tief). Auch tagsüber an der Oberfläche.

4 **Mistwurm,** *Eisenia foetida*, Familie Regenwürmer (Lumbricidae). 6–13 cm lang. Kennzeichnend sind die roten bis braunen Querbinden auf jedem Segment. Gürtel an den Segmenten 26–32 (24–32). Hauptsächlich in Dunghaufen und in fetter Gartenerde.

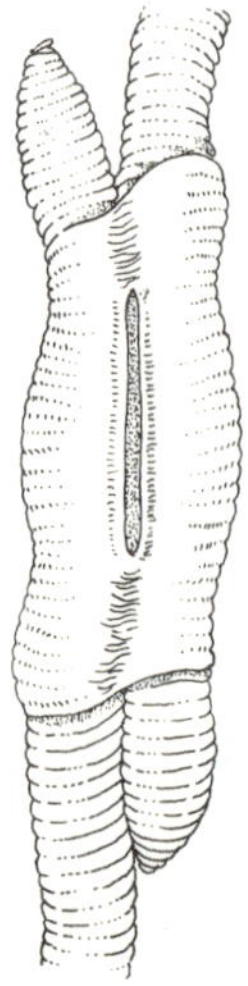

Paarung der Regenwürmer

5 *Eiseniella tetraedra*, Familie Regenwürmer (Lumbricidae). 3–5 cm lang. Mittlerer und hinterer Körperteil sind auffallend 4kantig. Der Gürtel befindet sich an den Segmenten 23–26 (22–27). Nur in sehr feuchten Lebensräumen, beispielsweise in feuchter Erde und feuchtem Moos sowie in Gewässern.

6 *Allophora chlorotica*, Familie Regenwürmer (Lumbricidae). 5–7 cm lang. Gürtel an den Segmenten 29–37 (28–37). Färbung verschieden: gelblich, grünlich bis rötlich. In feuchten bis nassen Böden sowie in faulendem Laub.

7 **Gemeiner Regenwurm,** *Lumbricus terrestris*, Familie Regenwürmer (Lumbricidae). 9–30 cm lang. Gürtel an den Segmenten 32–37 (31–37). Verbreitet, doch nicht derart häufig, wie oft angenommen wird. Besonders in Lehmböden. Kommt in feuchten Nächten an die Oberfläche, um Pflanzenteile aufzunehmen. Gräbt verschieden tiefe Gänge. Nach reichen Niederschlägen muß er diese verlassen, um nicht zu ersticken, und fällt dann oft dem Licht zum Opfer. Regenwürmer lassen schmatzende und schnurrende Geräusche hören. Ernähren sich von in Zersetzung befindlichen Pflanzenstoffen und in der Erde enthaltenen Mikroorganismen, wobei viele Arten durch Humusbildung, Lockerung, Belüftung und Düngung des Bodens sehr nützlich sind. Die geschlechtsreifen Tiere (ausgebildete Gürtel) befruchten sich gegenseitig (Zwitter) und setzen Kokons ab. Nach Reizung Abgabe von Schreckstoffen. Von den Anglern gern als Köder benutzt. Im Gebiet 35 Regenwurmarten mit ähnlicher Lebensweise.

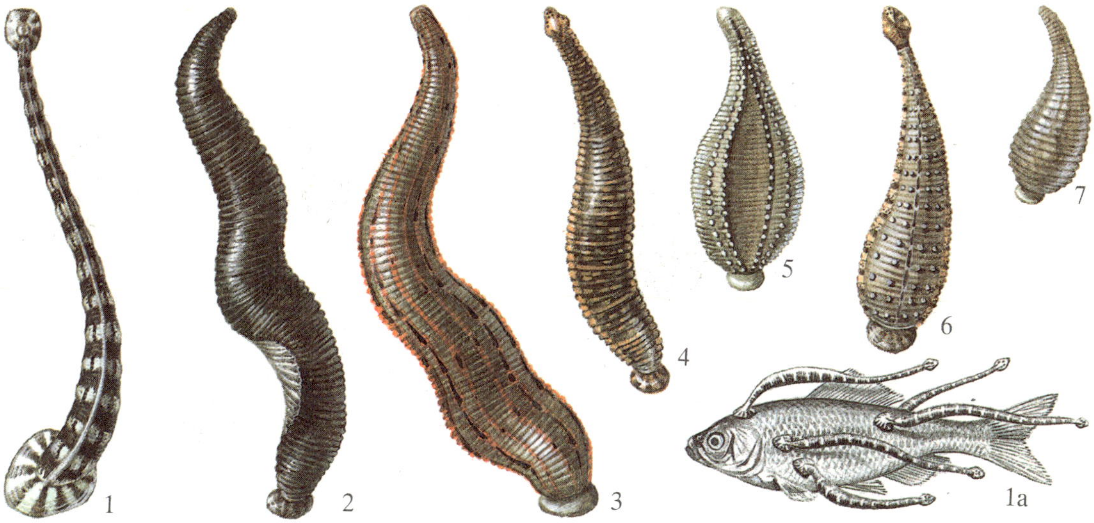

EGEL Hirudinea

1 Gemeiner Fischegel, *Piscicola geometra.* 1–5 cm lang. Sehr schlank, drehrund, mit sehr großer hinterer Saugscheibe. Frei im Wasser (Süß- und Brackwasser) sowie an Pflanzen. Saugt (oft zu mehreren) Blut von Fischen, denen er in steifer Haltung auflauert. Kommen sie in seine Nähe, dann führt er Suchbewegungen aus und saugt sich bei Berührung sofort fest. Wird bei Massenauftreten schädlich für die Fischwirtschaft (Blutverluste). Nach der Paarung, die auf einem Wirtsfisch stattfindet, setzen beide Egel (Zwitter) bis zu 90 Kokons an Wasserpflanzen ab.

2 Vielfraßegel, *Haemopis sanguisuga.* Meist um 10 cm lang, maximal 15 cm. Grünlich- oder bräunlichschwarz. Häufig in Teichen, Flüssen und Gräben; geht auch ans Ufer. Ernährt sich räuberisch von allen lebenden und toten Tieren, die er überwältigen kann (z. B. Regenwürmer). Paarung und Kokonablage in feuchten Böden des Ufers.

3 Medizinischer Blutegel, *Hirudo medicinalis.* Mit bis über 20 cm Länge der größte Egel im Gebiet. In der Färbung sehr variabel. Kommt in Seen, Teichen, Flachmooren usw. vor; heute weit weniger häufig als früher. Während sich die Jungegel von Larven und Würmern ernähren, saugen die Erwachsenen Blut von Wirbeltieren (besonders an Säugern) und können vollgesogen über ein Jahr ohne Nahrung auskommen. Paarung und Kokonablage in feuchter Erde. Egel sind wie die Wenigborster Zwitter und ähneln diesen auch im Fortpflanzungsverhalten (Abscheidung von Kokons durch den Gürtel); ihr Regenerationsvermögen ist aber weit geringer und die Fortpflanzung immer geschlechtlich. *H. medicinalis* wurde vor allem früher in der Medizin zum Blutschröpfen verwendet.

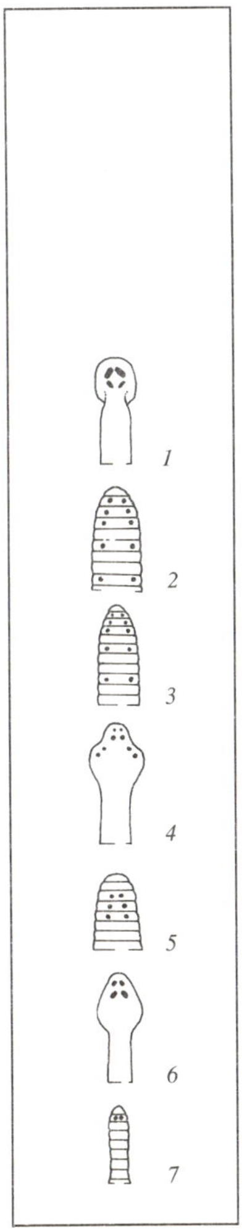

4 Hundeegel, *Herpobdella octoculata.* Bis 6 cm lang. Ziemlich platt. Färbung variabel. Häufig in stehenden oder langsam fließenden Gewässern, wobei auch stärkere Verschmutzung ertragen wird. Verschlingt verschiedene lebende und tote Larven und Kleintiere. Klebt seine braunen Kokons an Steine, Pflanzen usw.

5 Großer Schneckenegel, *Glossiphonia complanata.* 1–3 cm lang. Durchscheinend; in der Färbung variabel, Rücken grünlich oder bräunlich. Überall häufig in fließenden und stehenden Gewässern; an Pflanzen und Steinen. Saugt hauptsächlich an Süßwasserschnecken, aber auch an Larven und Würmern. Trägt Kokons und Jungtiere mit sich umher (Brutpflege).

6 *Hemiclepsis marginata.* Bis 6 cm lang. Verbreitet in stehenden und fließenden Gewässern. Saugt hauptsächlich Blut von Fischen und Amphibien (übrigens sind die Kenntnisse über die Wirtstiere vieler Egel noch recht unsicher). Klebt seine Kokons an Pflanzen und Steine. Betreibt Brutpflege, indem er dauernd frisches Wasser zufächelt.

7 *Helobdella stagnalis.* Bis 1 cm lang. Leicht kenntlich an der dunklen Platte hinter den Augen. Überall an Pflanzen und Steinen stehender und fließender Gewässer. Saugt an Kleintieren und Larven.

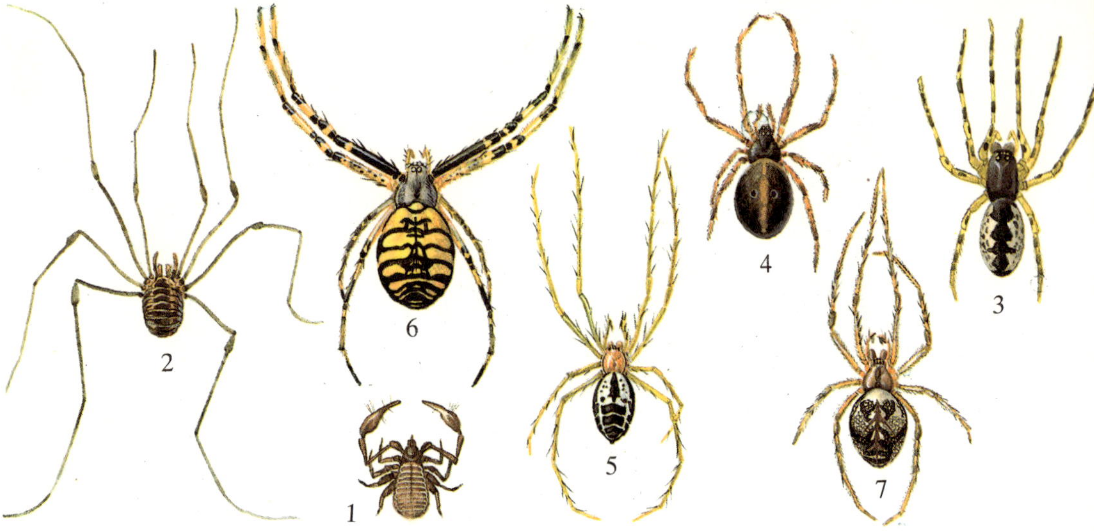

SPINNENTIERE Arachnida
WEBESPINNEN Araneae

1 Bücherskorpion, *Chelifer cancroides,* Ordnung Afterskorpione (Pseudoscorpiones). Bis 4,5 mm lang. Kein schwanzförmiger Hinterleibsanhang wie bei den echten Skorpionen. Das 2. Mundgliedmaßenpaar mit Scheren. In Wohnungen (z. B. in Büchern), seltener im Freien (z. B. unter Rinde). Läuft vor- und rückwärts. Frißt meist Staubläuse. ♀ gibt die Eier (bis 40) sowie die Nährstoffe in ein an der Geschlechtsöffnung gebildetes Säckchen, in dem die Larven schlüpfen. Im Gebiet etwa 30 Afterskorpione.

2 Weberknecht, Kanker, *Opilio parietinus,* Ordnung Weberknechte (Opiliones). Etwa 0,7 cm lang. Der gegliederte Hinterleib sitzt, im Gegensatz zu den Spinnen, mit ganzer Breite am Vorderkörper. Mit den Beinen wird auch die Umgebung tastend erkundet. Sie werden in Gefahr abgeworfen. In und an Gebäuden sowie im Freien auf Pflanzen. Frißt Kleintiere, auch Pflanzenteile. Das ♀ legt die Eier mit der langen, biegsamen Legeröhre meist im Boden ab. Im Gebiet etwa 40 Arten der Ordnung.

3 Sechsaugenspinne, *Segestria senoculata,* Familie Sechsaugen (Dysderidae). Körper bis 1 cm lang. Im Gegensatz zu anderen Sechsaugenspinnen (7 Arten im Gebiet) auch nachts nicht umherstreifend und meist in ihrer Gespinströhre unter Rinde und Steinen. Die von der vorderen Röhrenöffnung ausgehenden Fäden signalisieren ein daran stoßendes Insekt, das von der herauslaufenden Spinne überwältigt wird.

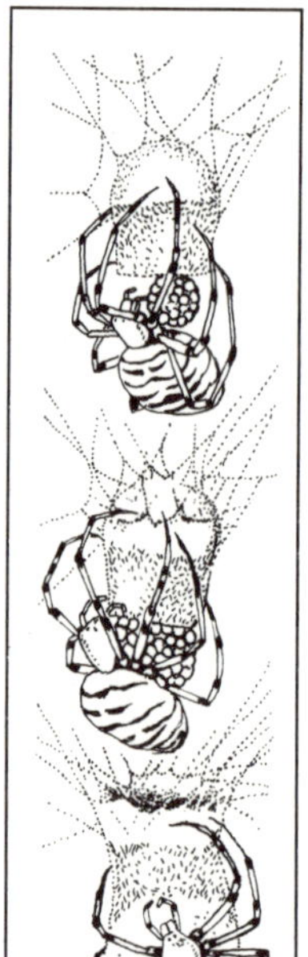

Eiablage und Kokonbau der Zebraspinne

4 Fettspinne, *Steadota bipunctata,* Familie Kugelspinnen (Theridiidae). Körper bis 0,7 cm lang. In Gebäuden, auch im Freien. Netz ein weitmaschiges Deckengerüst, von dem nach oben, den Seiten und senkrecht nach unten Fäden verlaufen. Die letzteren teilweise mit Klebetröpfchen. Insekten verfangen sich in den Fäden und werden von der Spinne durch Bewerfen mit Klebstoff überwältigt. Im Gebiet über 60 meist kleine Kugelspinnen.

5 Baldachinspinne, *Linyphia* spec., Familie Baldachinspinnen (Linyphiidae). Körper bis 0,7 cm lang. Deckennetze oft zahlreich zwischen Zweigen und Pflanzen. Insekten bleiben im Fadengewirr hängen. Sie werden von der bauchoben unter der Decke sitzenden Spinne auf das Netz herabgeschüttelt.

6 Zebraspinne, *Argyope bruennichi,* Familie Radnetzspinnen (Araneidae). Körper etwa 1,5 cm (♂ nur 0,5 cm!) lang. Netz zwischen Pflanzen, mit 2 »Zickzackbändern«. Die Spinne sitzt immer auf der mit weißlichen Fäden überzogenen Nabe. Erbeutet viele Heuschrecken. Eine der wenigen Spinnen, deren ♀ regelmäßig nach der Begattung das ♂ frißt. ♀ stirbt nach dem Bau eines oder mehrerer Eikokons.

7 Herbstspinne, *Meta* spec., Familie Radnetzspinnen (Araneidae). Körper des ♀ 0,8 cm lang. Netz zwischen Pflanzen. Reife Spinnen von Ende August bis Oktober. ♂ spinnt ein beim ♀ ins Netz geratenes Insekt ein und überreicht es dem ♀ als »Geschenk«. Dieses bekundet durch kurzes symbolisches Fressen seine Paarungsbereitschaft.

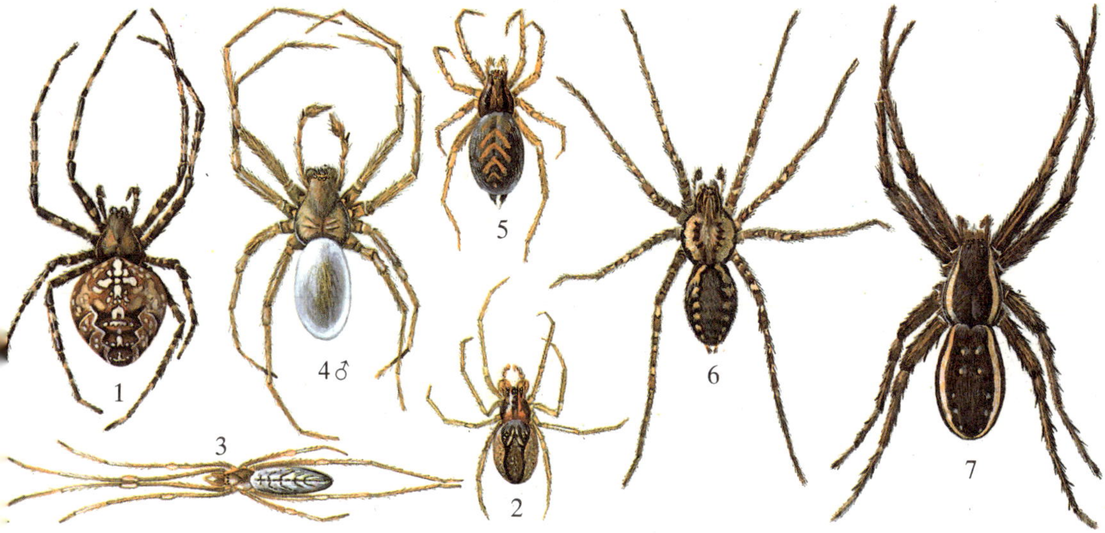

WEBESPINNEN Araneae

1 Gemeine Kreuzspinne, *Araneus diadematus*, Familie Radnetzspinnen (Araneidae). Körper des ♀ bis 1,7 cm lang. Färbung sehr veränderlich. Netze an Bäumen, Sträuchern, Gebäuden usw. Im Gebiet über 50 Radnetzspinnen. Die Beute wird durch Gift gelähmt und vor dem Fressen eingesponnen. Für den Menschen ungefährlich. Der Verdauungssaft wird, wie bei allen Spinnen, in die Beute gepumpt und die verdaute Nahrung aufgesogen (Außenverdauung). *Araneus* legt die Eier meist im September in mehreren Kokons ab, danach Tod des ♀. Die im Mai schlüpfenden Jungen sind im folgenden Jahr geschlechtsreif. Die Jungspinnen fliegen, wie bei vielen seßhaften Spinnen, an langen Fäden (Altweibersommer!) in neue Lebensräume.

2 Dickkieferspinne, *Pachygnatha* spec., Familie Streckerspinnen (Tetragnathidae). Körper bis 0,6 cm lang. Bodenspinnen, die keine Netze weben.

3 Streckerspinne, *Tetragnatha* spec., Familie Streckerspinnen (Tetragnathidae). Körper bis 1,2 cm lang. Radnetze an Gewässerufern, auf Waldwiesen und Bäumen. Bei Gefahr werden die Beine weit vom Körper abgestreckt (Tarnung). Man kann sie so als ein Stengelstück oder ähnliches ansehen. Im Gebiet kommen 10 Streckerspinnen vor. Davon sind 3 *Pachygnatha*-Arten.

4 Wasserspinne, *Argyroneta aquatica*, Familie Trichterspinnen (Agelenidae). ♂ 1,5 cm, ♀ 0,9 cm lang! In pflanzenreichen Gewässern. Baut hier glockenförmige Netze. Muß zur Atmung an die Wasseroberfläche, kann bis zu 4 Tage unter Wasser bleiben. Legt einen Luftvorrat in der Netzglocke an. Frißt Kleintiere. Eier in mehreren Kokons in besonderen zweikammrigen Glocken. In der unteren Kammer sitzt das ♀ und bewacht die Brut.

Wohnröhre der Labyrinthspinne

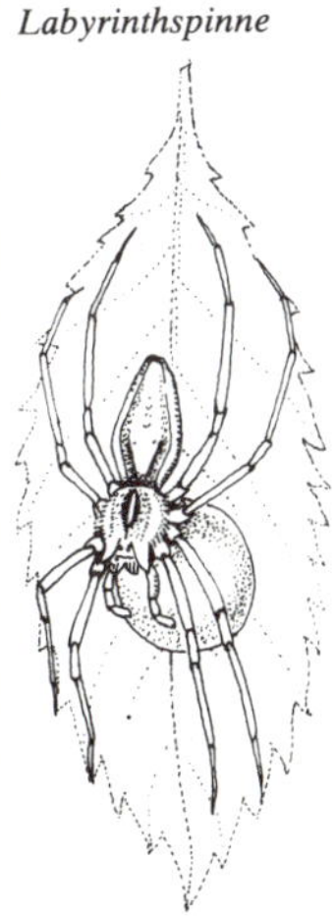

Weibchen der Listspinne mit Kokon

5 Labyrinthspinne, *Agelena labyrinthica*, Familie Trichterspinnen (Agelenidae). Bis 1,5 cm lang. Netze besonders an sonnigen Orten zwischen Pflanzen und Gebüsch. Webt großflächige Netzdecken mit vielen Absturzfäden, die in eine beiderseits offene Röhre übergehen. Insekten bleiben nicht kleben, sondern sinken in die Decke ein und werden so in ihrer Beweglichkeit gehemmt. Die Jungspinnen überwintern im Eikokon.

6 Winkelspinne, *Tegenaria* spec., Familie Trichterspinnen (Agelenidae). Bis 1,8 cm lang. Wie viele Trichterspinnen mit langen Spinnwarzen. Die in Häusern lebenden Arten weben die bekannten 3eckigen Netzdecken, die in eine kurze Röhre übergehen. Andere Arten leben z. B. in Wäldern unter Steinen. ♀♀ sterben nicht, wie die meisten Spinnen, nach der Eiablage, sondern können bis 7 Jahre alt werden.

7 Listspinne, *Dolomedes fimbriatus*, Familie Raubspinnen (Pisauridae). Bis 2 cm lang. Fertigt als Jagdspinne keine Fangnetze an. In Gebüsch und Wäldern in Gewässernähe, auch auf dem Wasser. Taucht bei Gefahr wie auch einige Wolfsspinnen. Ernährt sich räuberisch (sogar kleine Fische!). ♀ trägt den Eikokon ständig mit Hilfe der Kieferklauen umher. Durch den Rückgang der Feuchtgebiete gefährdet.

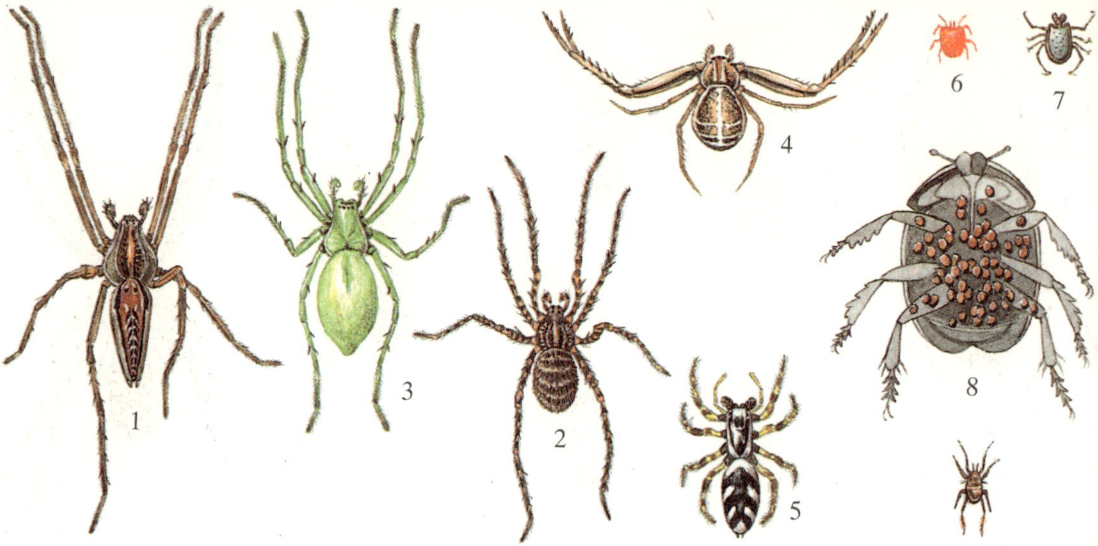

1 Raubspinne, *Pisaura mirabilis*, Familie Raubspinnen (Pisauridae). Bis 1,4 cm lang. Nicht so sehr in Wassernähe wie die Listspinne, legt ebenso wie diese keine Fanggewebe an. Paarung meist Anfang Juni. ♀ trägt den Kokon mit 100–300 Eiern dauernd unter dem Vorderkörper mit sich umher. Kurz vor dem Schlupf der Jungspinnen webt das ♀ ein kuppelförmiges Netz, in dem sich dann die Jungen aufhalten.

2 Wolfsspinne, *Pardosa* spec., Familie Wolfsspinnen (Lycosidae). Bis 0,8 cm lang. Oft in Massen. Kein Fangnetz. Jagen Kleintiere durch Anschleichen. Der Kokon wird an den Spinnwarzen befestigt und mit umhergeschleppt. Eine Zeitlang trägt das ♀ die Jungspinnen auf dem Rücken. Im Gebiet etwa 70 Arten der Familie.

3 Grasgrüne Huschspinne, *Micromata rosea*, Familie Jagdspinnen (Eusparassidae). Bis 1,3 cm lang. ♂ mit rotem Mittelband auf dem Hinterleib. Die angriffslustige Spinne lauert auf Pflanzen und im Gebüsch ihrer Beute auf, die sie blitzschnell mit den Vorderbeinen packt. Webt keine Fangnetze. ♀ bewacht den Eikokon im Einest.

4 Krabbenspinne, *Xysticus* spec., Familie Krabbenspinnen (Thomisidae). Körper etwa 1 cm lang. Färbung je nach Untergrund verschieden. Lauern ihrer Beute sitzend auf verschiedenen Pflanzen auf. Keine Netze. ♀ bewacht den Eikokon.

5 Springspinne, *Salticus* spec., Familie Springspinnen (Salticidae). Meist unter 1 cm. Von den 8 Augen die 2 vorderen sehr groß. Im Gegensatz zu vielen anderen Spinnen sieht sie ziemlich gut. Jagt Insekten, die sie durch Springen auf den Rücken überwältigt. Webt keine Fangnetze. ♂♂ werben um ♀♀, indem sie charakteristische Tänze vor ihnen aufführen. Im Gebiet etwa 70 schwer unterscheidbare Springspinnen.

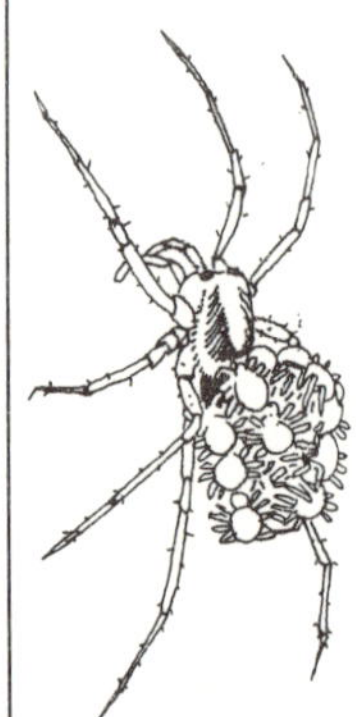

Weibchen der Wolfsspinne mit Jungen

Springspinne von vorn

6 Sammetmilbe, *Trombidium holosericeum*, Ordnung Milben (Acari). Bis etwa 4 mm lang. Öfters bei der Gartenarbeit anzutreffen, da sie im Boden lebt. Saugt vornehmlich Insekteneier aus, die Larven leben parasitisch an Insekten. Larven mit 6 Laufbeinen, fast alle erwachsenen Milben mit 8. Im Gebiet etwa 3000 sehr verschieden aussehende Milben (oft nur 1 mm groß). Kommen im Wasser und auf dem Land vor.

7 Holzbock, *Ixodes ricinus*, Ordnung Milben (Acari). Körper des ♀ 0,4 cm, mit Blut vollgesogen über 1 cm lang. Gehört zu den größten Milben. Überall dort, wo dichter Pflanzenwuchs und hohe Luftfeuchtigkeit sind. Eier am Grunde von Pflanzen. Entwicklung über Larve und Nymphe mit mehrmaligem Wirtswechsel (verschiedene Wirbeltiere). Larve, Nymphe und erwachsener Holzbock lassen sich von Gebüschen auf Tiere fallen. Der Holzbock saugt auf Haus- und anderen Säugetieren, auch auf dem Menschen.

8 Gemeine Käfermilbe, *Parasitus coleoptratorum*, Ordnung Milben (Acari). 1,2 mm lang. Ein Entwicklungsstadium, die Deutonymphe, benutzt Mistkäfer (*Geotrupes*) als Transportmittel; ihre Beutetiere (Fadenwürmer, Fliegenmaden) leben im Kot. Oft in Massen auf Käfern.

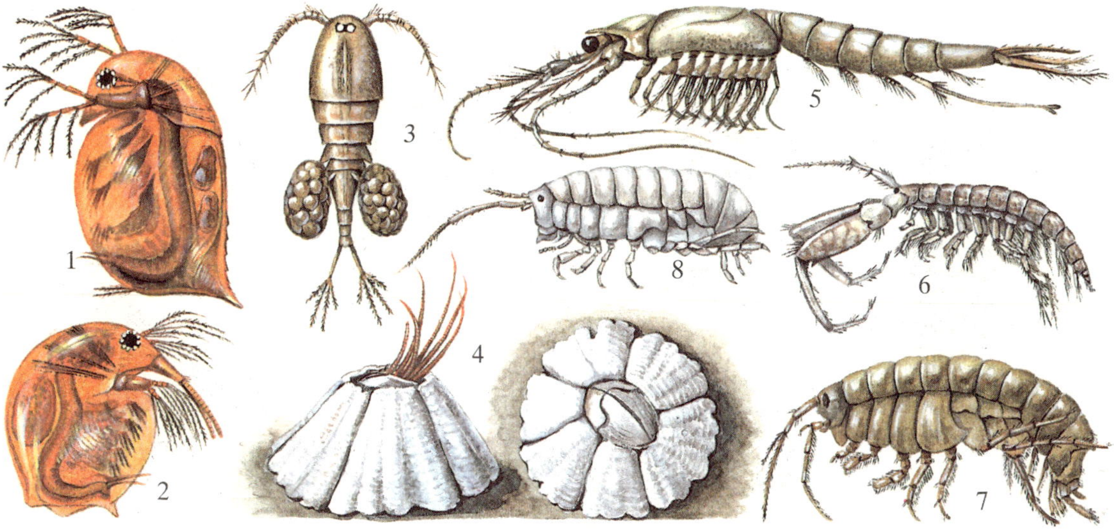

KREBSTIERE Crustacea

1 Gemeiner Wasserfloh, *Daphnia pulex*, Unterklasse Blattfußkrebse (Phyllopoda). ♀ bis 4 mm groß, ♂ kleiner. Durchsichtig grünlich, rötlich oder gelblich gefärbt. Wasserflöhe haben eine 2klappige Schale. Das 2. große Antennenpaar dient der Fortbewegung. In der Uferregion stehender Gewässer. Filtrieren mit den Blattbeinen kleine (um 0,01 mm) Algen, Bakterien, organische Schwebstoffe usw. als Nahrung aus dem Wasser. Es werden unbefruchtete Eier im Brutraum abgelegt, aus denen keine Larven, sondern sofort junge ♀♀ entstehen. Zu bestimmten Zeiten werden Dauereier sowie ♂♂ gebildet. Die unbefruchteten Dauereier überleben ungünstige Bedingungen. Im Gebiet über 80 Arten. Wichtige Fischnahrung.

2 Rüsselkrebschen, *Bosmina longirostris*, Unterklasse Blattfußkrebse (Phyllopoda). Kommt im freien Wasser der Uferzone und im Plankton vor.

3 Hüpferling, *Cyclops* spec., Unterklasse Ruderfußkrebse (Copepoda). *Cyclops*-Arten werden um 0,6 bis 5,5 mm lang. ♀♀ mit Eiersäckchen am Hinterleib. Am Ufer stehender Gewässer, zwischen Pflanzen. Schwimmt mit Hilfe der Brustbeine (Ruderfüße). Frißt Plankton. Im Gebiet etwa 160 Ruderfußkrebsarten. Wichtige Fischnahrung.

4 Seepocke, *Balanus* spec., Unterklasse Rankenfußkrebse (Cirripedia). Gehäuse (Kalkplatten) je nach Art 1–11 cm im Durchmesser. Auf harten Substraten im Meer. Filtrieren mit den Rankenfüßen Nahrungsteilchen aus dem Wasser. Im Gebiet 4 Arten. Durch Bewuchs von Schiffswänden schädlich (Zerstörung des Schutzanstriches).

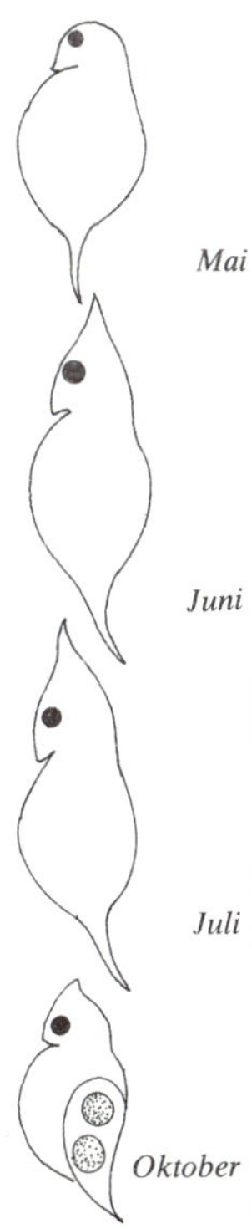

Wasserfloh-Generationen durch Jungfernzeugung

5 *Neomysis integer*, Ordnung Mysidacea. 17 cm lang. Durchscheinend grün oder braun. In flachen Küstengewässern. Oft in großen Schwärmen. Filtriert kleine Nahrungsteilchen aus dem Wasser. Frißt auch größere Beutetiere. ♀♀ mit Brutbeutel, in dem sich die Eier und die Larvenstadien entwickeln. Wichtige Fischnahrung.

6 Wattkrebs, *Corophium volutator*, Ordnung Flohkrebse (Amphipoda). Körper 1 cm lang. Im flachen Wasser der Nord- und Ostsee. Oft in Massen. Gräbt sich U-förmige Wohnröhren. Wichtige Nahrung der Grundfische.

7 Flohkrebs, *Gammarus locusta*, Ordnung Flohkrebse (Amphipoda). Körper 1,2–1,7 cm lang. Seitlich zusammengedrückt. Färbung verschieden. An den Küsten der Nord- und Ostsee (bis 5,5 o/oo Salzgehalt). Frißt Pflanzenteile und teilweise kleinere Tiere. Eier in einem Brutbeutel. Im Gebiet über 40 Flohkrebsarten (im Meer, aber auch im Süß- und Grundwasser).

8 Strandhüpfer, *Talitrus saltator*, Ordnung Flohkrebse (Amphipoda). Bis 1,5 cm lang. Körper seitlich zusammengedrückt. Nord- und Ostsee. Im Anwurf des Sandstrandes. Am Tage im Sand eingegraben. Abends und nachts in Massen auf dem feuchten Sand umherlaufend und -springend. Frißt angeschwemmte Pflanzen und Tiere. Die ähnliche *Orchestia gammarellus* lebt im Spülsaum steiniger Strände.

1 Bachflohkrebs, *Rivulogammarus pulex*, Ordnung Flohkrebse (Amphipoda). Um 2 cm groß. In fließenden Gewässern, oft an und unter Steinen. Stellt bestimmte Anforderungen an den Kalk- und Sauerstoffgehalt. Rutscht in seitlicher Lage auf dem Gewässergrund entlang. Ernährt sich vorwiegend von Pflanzen, auch von Aas. ♂ ergreift tagelang vor der Kopula das ♀, denn nur während der Häutung ist die weibliche Geschlechtsöffnung erreichbar. Die Eier werden im Brutbeutel befruchtet und entwickeln sich dort. Die geschlüpften Jungen sind den Eltern sehr ähnlich. ♀ mit 6–9 Bruten in dem etwa 10monatigen Leben. Bachforellennahrung.

2 Wasserassel, *Asellus aquaticus*, Ordnung Asseln (Isopoda). Meist 1,2 cm lang, ♀ etwas kleiner. In stehenden oder langsam fließenden Süßgewässern, kommt auch im Brackwasser vor. Zwischen Pflanzen oder auf dem Gewässergrund. Frißt besonders abgestorbene Pflanzenteile. ♀ legt die Eier in einem Brutbeutel ab, in dem auch die geschlüpften Jungen einige Zeit leben.

3 Karpfenlaus, *Argulus foliaceus*, Unterklasse Kiemenschwanzkrebse oder Fischläuse (Branchiura). Bis etwa 0,8 cm lang. Auf Karpfenfischen, aber auch auf Hechten, Barschen, Kaulquappen und Molchen. Kann gut schwimmen. Saugt sich nur zur Nahrungsaufnahme (Blut) an der Haut, besonders hinter den Kiemendeckeln, fest. Durch den Blutentzug wird der Wirt geschädigt. Im Gebiet 3 Arten.

4 Mauerassel, *Oniscus asellus*, Ordnung Asseln (Isopoda). Bis 1,8 cm lang. An mehr oder weniger feuchten Stellen, z. B. in Gärten, Laubwäldern, Kellern usw. Unter Steinen, Laub und ähnlichem. Frißt wie alle Landasseln Fallaub, Holz u. a. So als Zersetzer im Stoffkreislauf der Natur nützlich. Durch Fraß an Pflanzen, z. B. in Gewächshäusern, auch schädlich.

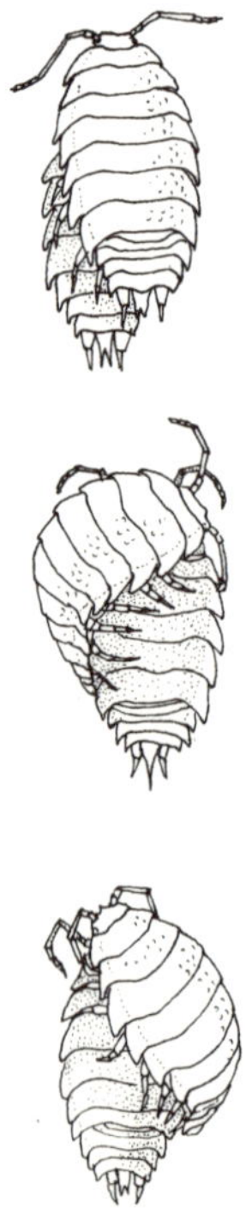

Paarung der Asseln

5 Kellerassel, *Porcellio scaber*, Ordnung Asseln (Isopoda). Bis 1,6 cm lang. Färbung veränderlich. Die Geißel der 2. Antennen hat bei der Kellerassel 2, bei der Mauerassel dagegen 3 Glieder (Lupe!). An verschiedenen Stellen, z. B. in Kellern, Gewächshäusern, Gärten, unter Schutt usw. Die Eier der Assel entwickeln sich im Brutbeutel des ♀. Die im Gebiet vorkommenden Landasseln häuten sich 10–13mal. Sie haben an den Hinterleibsbeinen Kiemen, die immer feuchtgehalten werden müssen. Viele Landasseln decken ihren Sauerstoffbedarf aber mehr oder weniger durch Luftatmung. Tracheensysteme ebenfalls an den Hinterleibsbeinen.

6 Sumpfassel, *Ligidium hypnorum*, Ordnung Asseln (Isopoda). Bis 1 cm lang. Färbung sehr veränderlich. Häufig an feuchten Stellen, z. B. in Erlenbrüchen. Unter Laub, Steinen, Moos usw.

7 Kugelassel, *Armadillidium vulgare*, Ordnung Asseln (Isopoda). Bis 1,7 cm lang. In der Färbung sehr veränderlich. Kann sich kugelförmig zusammenrollen (Name!). Deshalb Verwechslung mit dem Tausendfüßer *Glomeris* möglich. Besonders an sonnigen, trockenen Stellen mit Kalkuntergrund, z. B. unter Steinen, Laub, im Moos usw. Dem Landleben gut angepaßt.

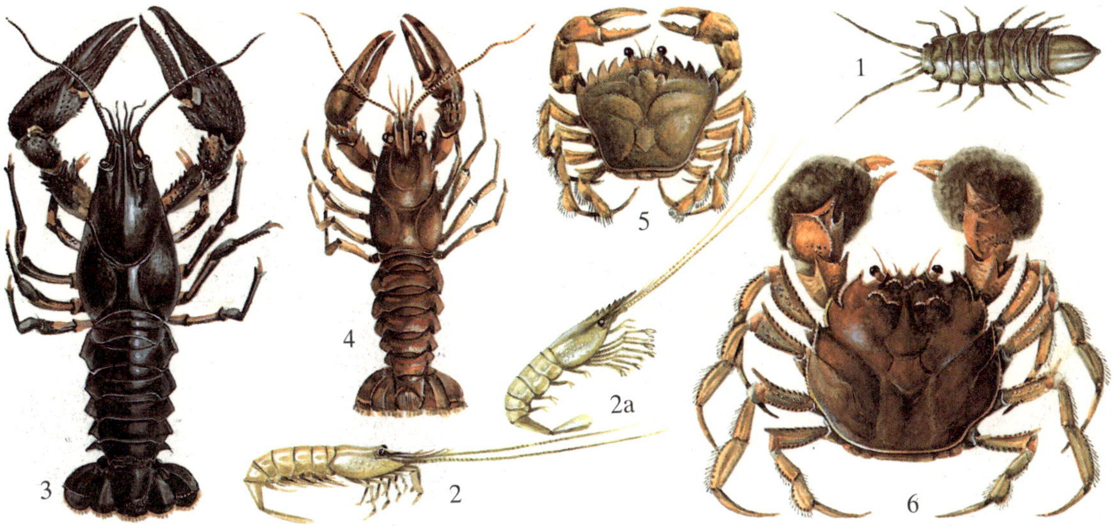

1 **Klappenassel,** *Idotea chelipes*, Ordnung Asseln (Isopoda). Der abgeflachte Körper bis 1,2 cm lang. An der Nord- und Ostseeküste, besonders zwischen Wasserpflanzen. Grünlich gefärbt, wobei sich die *Idotea*-Arten an die sich verändernde Helligkeit des Untergrundes anpassen. Weiden Algen ab; fressen auch andere Pflanzen und tote Tiere. Eientwicklung im Brutbeutel. Die 4 *Idotea*-Arten der mitteleuropäischen Küsten sind sich außerordentlich ähnlich.

2 **Nordseegarnele,** *Crangon crangon*, Ordnung Zehnfußkrebse (Decapoda). Körper 4–5 cm lang. An der Nord- und Ostseeküste, besonders auf sandigem Untergrund, in den sie sich am Tage eingräbt. Paßt sich der Farbe des Untergrundes an. Schwimmt nachts umher und erbeutet Kleintiere; frißt auch Algen und Detritus. ♀ befestigt bei einer Brut 3000 bis 4000 Eier an den hinteren Gliedmaßen. In der Nordsee werden jährlich Tausende von Tonnen gefangen und zu Futter, Dünger oder z.T. zu Nahrungsmitteln verarbeitet. Die 5–6 cm große Ostseegarnele (*Palaemon squilla*, 2a) lebt ebenfalls in der Nord- und Ostsee. Sie hat einen kräftigeren und gezähnten Stirnfortsatz.

3 **Edelkrebs,** *Astacus astacus*, Ordnung Zehnfußkrebse (Decapoda). ♀ meist um 12 cm, , ♂ um 16 cm lang. Färbung veränderlich. In sauberen Gewässern. Am Tage in Verstekken, schreitet nachts auf dem Gewässergrund umher. Schwimmt bei Gefahr schnell rückwärts, wobei der Hinterleib kräftig gegen den Vorderkörper eingeschlagen wird. Frißt kleinere Tiere, Pflanzen und Aas. Paarung im Herbst. Das ♀ heftet die befruchteten Eier an den Hinterleib (Brutpflege!). Die Larven schlüpfen im Mai und entwickeln sich bald zu Jungkrebsen (etwa 1 cm lang). Wertvoller Speisekrebs. Durch Krebspest und Gewässerverschmutzung nicht mehr häufig.

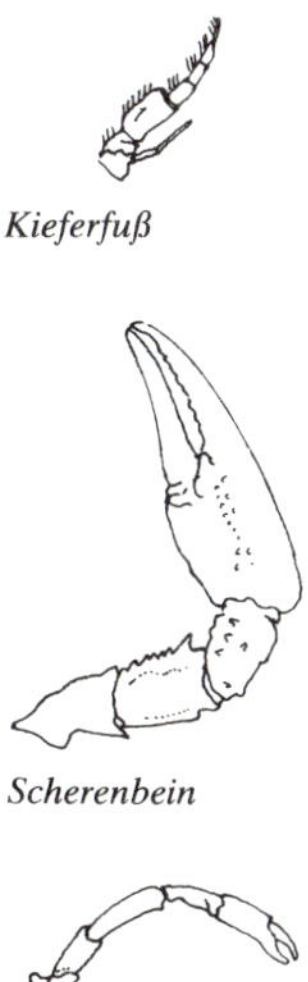

Gliedmaßen der Krebse

4 **Amerikanischer Flußkrebs,** *Orconectes limosus*, Ordnung Zehnfußkrebse (Decapoda). Kleiner als der Edelkrebs. 1890 in Deutschland ausgesetzt, hat er sich im Gebiet (besonders im Norden) stark ausgebreitet. Geht auch am Tage auf Nahrungssuche (überwiegend Pflanzen). Eiablage gegen Ende April. Stellt an die Sauberkeit der Gewässer nicht so große Ansprüche.

5 **Strandkrabbe,** *Carcinus maenas*, Ordnung Zehnfußkrebse (Decapoda). Um 6 cm breit. Hinterleib unter dem Kopfbruststück fest eingeschlagen. Das hinterste Brustbeinpaar ist nicht wie bei den anderen Schwimmkrabben zu Schwimmbeinen, sondern zu Grabfüßen umgebildet. An der Nordseeküste sehr häufig, in der Ostsee bis zur Darßer Schwelle. Gräbt sich bei Ebbe oft ein. Läuft sehr schnell in seitlicher Richtung. Schwimmt schlecht. Frißt kleinere Tiere.

6 **Wollhandkrabbe,** *Eriocheir sinensis*, Ordnung Zehnfußkrebse (Decapoda). Kopfbruststück bis 7,5 cm breit. Scheren dicht behaart (besonders beim ♂). Um 1912 aus China eingeschleppt. Hat sich besonders im Flußgebiet von Elbe und Weser ausgebreitet. Allesfresser. Wandert zur Fortpflanzung ins Meer. Die Larven entwickeln sich nur in der Nordsee (Salzgehalt!). Die Jungtiere wandern flußaufwärts. Verträgt verschiedene Salzkonzentrationen. Schädlich.

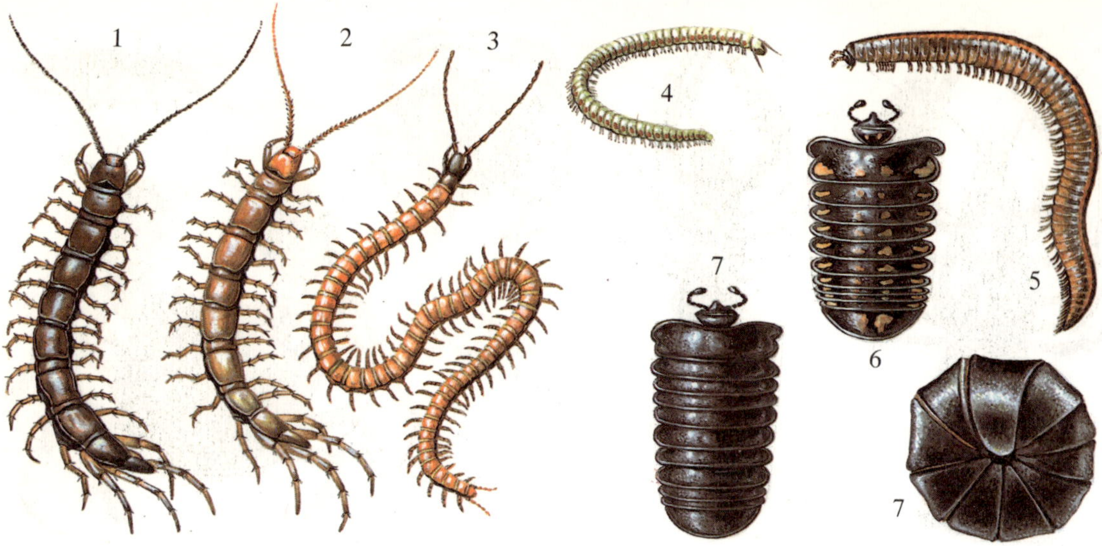

TAUSENDFÜSSER **Myriopoda**

1 Gemeiner Steinkriecher, *Lithobius forficatus*, Klasse Hundertfüßer (Chilopoda). Der langgestreckte, abgeflachte Körper bis 3,2 cm lang, Fühler vielgliedrig. An 15 Körperringen je ein Beinpaar. Letztes Laufbeinpaar sehr groß, wird als Waffe benutzt. Das 1. Laufbeinpaar ist zu Kieferfüßen mit Giftklaue umgebildet, mit deren Hilfe Insekten und andere Kleintiere erbeutet werden. Das Gift ist für den Menschen ungefährlich. Lauern ihrer Beute auf. Schnelle, feuchtigkeitsliebende und nachts aktive Tiere, die unter Steinen, Laub, Rinde usw. leben. ♀ umgibt die Eier mit einer schützenden Hülle. Die Larven mit weniger Segmenten als die Erwachsenen. Volle Segmentzahl nach mehreren Häutungen. Nach 3 Jahren geschlechtsreif. Im Gebiet über 20 *Lithobius*-Arten.

2 Rotköpfiger Steinkriecher, *Lithobius erythrocephalus*, Klasse Hundertfüßer (Chilopoda). Bis 1,6 cm lang. Häufig unter der Kiefernborke.

3 Gemeiner Erdläufer, *Geophilus longicornis*, Klasse Hundertfüßer (Chilopoda). Körper wurmartig, 2–4 cm lang. Zahl der Körperringe wechselnd (49–57 Beinpaare). Keine Augen, aber lichtempfindlich. Als feuchtigkeitsbedürftiges Tier in der Erde und unter Steinen. Ernährt sich räuberisch von Kleintieren. Das ♀ beschützt die Eier und die geschlüpften Larven (sofort mit voller Segmentzahl). Etwa 10 Arten im Gebiet.

4 Getüpfelter Tausendfuß, *Blaniulus guttulatus*, Klasse Doppel- oder Tausendfüßer (Diplopoda). Schlanker, etwa 1,6 cm langer Körper mit bis 57 Segmenten und bis 206 Beinen. In Gärten, auf Friedhöfen usw. (Kulturfolger). Frißt besonders faulende pflanzliche Stoffe, auch Aas. Eine der wenigen schädlichen Arten.

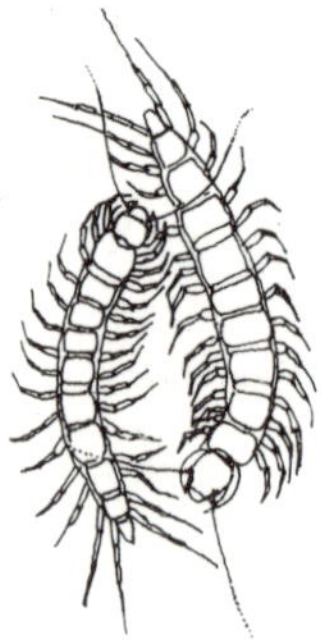

Steinkriecher: Paarungsvorspiel und Betrillern

5 Sandschnurfüßer, *Schizophyllum sabulosum*, Klasse Doppel- oder Tausendfüßer (Diplopoda). Langsame, bis über 4 cm lange Tiere. Bis 202 Beine (bis 55 Segmente). Wie alle Diplopoden je Körperabschnitt meist 2 Beinpaare (Name!) und fast immer hart gepanzerter Körper. Im Boden und auf Pflanzen, im feuchten Erlenbruch sowie im Kiefernwald. Frißt besonders faulende Pflanzenteile. Larven anfangs wenig Segmente. Im Gebiet rund 50, bis auf *Schizophyllum* sich äußerst ähnliche Schnurfüßer (Familie Julidae).

6 Saftkugler *Glomeris connexa*, Klasse Doppel- oder Tausendfüßer (Diplopoda). Bis 1,7 cm lang. Wie fast alle Saftkugler in Gebirge und Hügelland. Zeichnung und Färbung sind bei den meisten *Glomeris*-Arten sehr veränderlich.

7 Saftkugler *Glomeris marginata*, Klasse Doppel- oder Tausendfüßer (Diplopoda). Bis 2 cm lang. ♀ 17, ♂19 Beinpaare (Asseln hingegen nur 7!). Rollt sich, ähnlich den Kugelasseln, bei Gefahr kugelig zusammen. Vornehmlich an feuchten Stellen im Buchenwald. Pflanzliche Ernährung, wobei vermoderndes Buchenlaub bevorzugt wird. ♀ umgibt bei der Ablage jedes Ei mit einer Kapsel (Kokon). Sie werden bis 7 Jahre alt. Im Gebiet etwa 15 Saftkuglerarten.

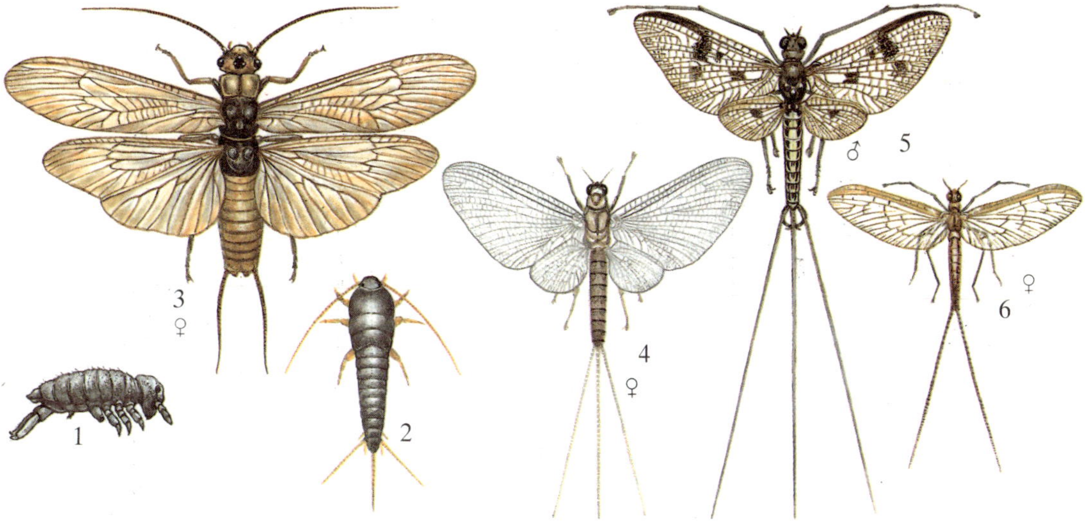

KERBTIERE Insecta

1 Wasserspringschwanz, *Podura aquatica*, Ordnung Springschwänze (Collembola). Neben anderen Arten auf Wasserflächen (Tümpeln) zu finden, wodurch der Eindruck auffallender Regentropfen entsteht. Springschwänze sind nur wenige Millimeter große niedere Insekten, die in unterschiedlichen Lebensräumen z. T. in Massen auftreten. Mit Hilfe einer Sprunggabel schnellen sie sich vom Boden ab. Springschwänze ernähren sich, je nach Art, von Pflanzenstoffen oder auch räuberisch von verschiedenen Kleintieren.

2 Silberfischchen, *Lepisma saccharina*, Ordnung Borstenschwänze (Thysanura). Um 1 cm lang, mit silbrigen Schuppen bedeckt. Hält sich an feuchtwarmen, dunklen Plätzen auf (sobald die Temperatur der Umgebung auf einige Grad *über* Null absinkt, verfällt das Silberfischchen schon in Kältestarre). Hauptsächlich in Wohnungen und Vorratsräumen. Ernährt sich von stärke- und zukkerhaltigen Substanzen.

3 Steinfliege, *Perla marginata*, Ordnung Stein- oder Uferfliegen (Plecoptera). Körper 1,5–2,5 cm lang. In Färbung und Zeichnung sehr veränderlich. Fliegt von Mai–August. An Bächen der Mittelgebirge (bis 800 m). Im Gebiet über 100 Arten der Ordnung. Träge, unscheinbare Tiere mit 2 mehr oder weniger ausgebildeten Hinterleibsanhängen. Mit 4 Flügeln – also keine Fliegen. Hauptsächlich in Wassernähe. Flügel in Ruhe flach auf dem Hinterleib. Die Larven leben in fließendem Wasser.

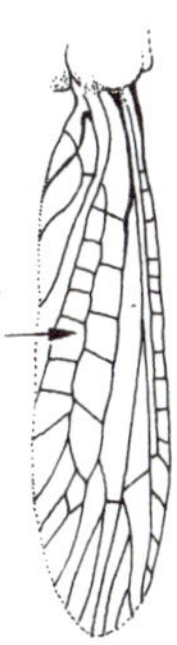

Vorderflügel einer Steinfliege

4 Uferaas, *Ephoron virgo*, Ordnung Eintagsfliegen (Ephemeroptera). Körper 1–1,8 cm lang. Flügelspanne etwa 3 cm. Besonders im August und September an größeren Flüssen. Oft in Massen. Getrocknete Tiere (»Weißwurm«) werden zum Angeln und als Fischfutter verwendet.

5 Gemeine Eintagsfliege, *Ephemera vulgata*, Ordnung Eintagsfliegen (Ephemeroptera). Körper 1,4–2,2 cm lang. Flügelspanne bis etwa 5 cm. Fliegt von Mai–August. Besonders an langsam fließenden Gewässern. ♀ legt die Eier (etwa 5000) frei ins Wasser ab, indem es die Hinterleibsspitze in die Wasseroberfläche taucht. Die Schwanzborsten zeigen dabei nach oben. Im Gebiet kommen fast 70 Arten von Eintagsfliegen vor. Es sind zarte Tiere mit kleinen oder manchmal auch fehlenden Hinterflügeln. Mit 3 oder auch nur 2 Hinterleibsanhängen. Die Mundwerkzeuge der Imagines sind verkümmert – sie nehmen keine Nahrung auf. Eintagsfliegen leben nur kurze Zeit, meist wenige Tage, manche sogar nur Stunden (Name!). Flug meist in den Abendstunden in Gewässernähe. Die im Süßwasser lebenden Larven fressen Pflanzen (z. B. Algen), Detritus oder auch Kleintiere. Entwicklung (ohne Puppe) in 1–3 Jahren.

6 Fliegenhaft, *Cloeon dipterum*, Ordnung Eintagsfliegen (Ephemeroptera). Körper 0,8–1 cm lang. Flügelspanne etwa 2 cm. Die Hinterflügel sind zurückgebildet. An stehenden und langsam fließenden Gewässern. In den letzten Stunden vor Sonnenuntergang steigen riesige Schwärme zum Hochzeitsflug auf. ♀ bringt Embryonen zur Welt.

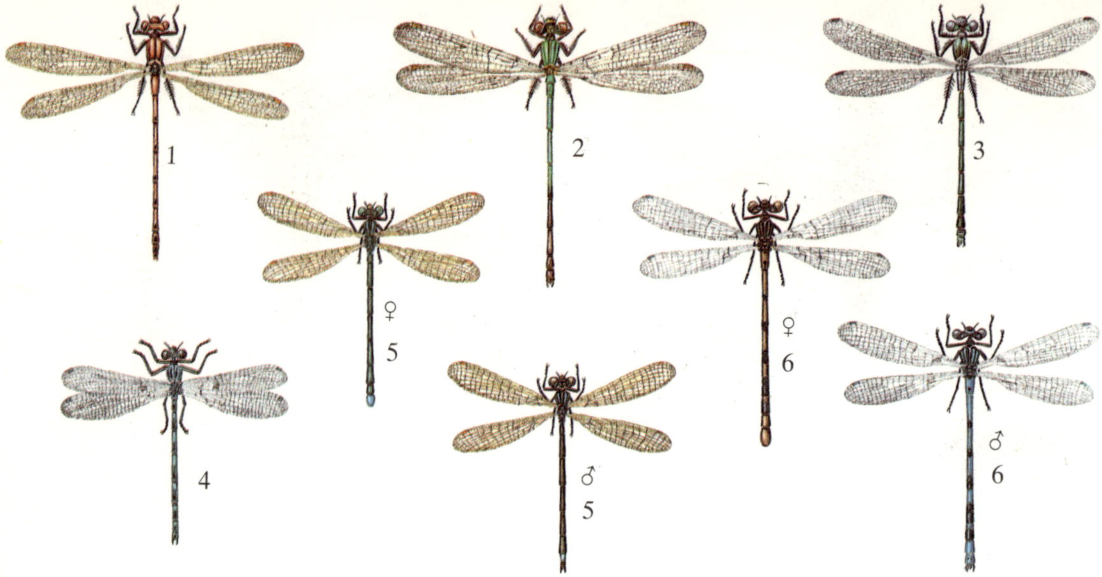

LIBELLEN Odonata

1 Gemeine Winterlibelle, *Sympecma fusca*, Kleinlibellenfamilie Teichjungfern (Lestidae). Etwa 3,5 cm lang. Flügelspanne bis 4,5 cm. ♂ und ♀ mit gleicher Färbung. An stehenden Gewässern. Die 2 *Sympecma*-Arten sind die einzigen Libellen, die als Erwachsene überwintern. *Sympecma fusca* fliegt von Juli bis Oktober und im folgenden Jahr von März bis Juni.

2 Große Binsenjungfer, *Chalcolestes viridis*, Kleinlibellenfamilie Teichjungfern (Lestidae). Etwa 4,5 cm lang. Flügelspanne knapp 6 cm. Besonders an Teichrändern. Fliegt von Juli bis Oktober und stirbt dann. Im Gegensatz zu allen anderen Libellen werden die Eier in die Rinde der an den Ufern wachsenden Bäume und Sträucher gelegt. Als Folge entstehen Vorgallen. Überwintert als Ei.

3 Gemeine Binsenjungfer, *Lestes sponsa*, Unterordnung Kleinlibellen (Zygoptera), Familie Teichjungfern (Lestidae). Etwa 3,5 cm lang. Flügelspanne etwa 4–4,5 cm. Oben dunkelgrün metallisch, ♀ oft kupfrig. An Teichen und ähnlichen Gewässern, aber auch in nicht unmittelbar am Wasser liegenden Lebensräumen (besonders ♀♀). Fliegt von Juni bis Anfang Oktober. Die Eier werden in Wasser- oder Sumpfpflanzen abgelegt und überwintern. Die Larven schlüpfen im April. Im Gebiet etwa 30 Kleinlibellenarten. Die Form der Vorder- und Hinterflügel ist bei ihnen annähernd gleich. Sie fliegen langsam, mehr flatternd. In Ruhe werden die Flügel über den Hinterleib nach oben zusammengelegt oder schräg nach hinten gehalten. Erbeuten kleinere Insekten (z. B. Mücken). Interessante Paarung. Das ♂ packt das ♀ im Fluge mit den Beinen an der Brust. Dann verankert es seine greifzangenartigen Hinterleibsanhänge an der Vorderbrust. Beim gekoppelten Paar fliegt das ♂ voran. Zur eigentlichen Kopulation biegt das ♀ den Hinterleib nach vorn unten zum Begattungsapparat des ♂ (»Paarungsrad«). (Siehe auch bei *Aeshna cyanea*). Die Kleinlibellen legen die Eier in Pflanzenteile. Die Larven leben räuberisch im Wasser. Sie lauern ihrer Beute auf, wozu sich die mehrgliedrige, vorschnellbare, zu einer »Fangmaske« umgebildete Unterlippe ausgezeichnet eignet. Die Verwandlung ist unvollkommen, das heißt ohne Puppenstadium.

Vorderflügel einer Kleinlibelle

4 Hufeisen-Azurjungfer, *Coenagrion puella*, Kleinlibellenfamilie Schlanklibellen (Coenagrionidae). ♀ anders gefärbt als ♂. ♀♀ treten in zwei Farbformen auf. An verschiedenen Gewässern. Fliegt von Mai bis September.

5 Große Pechlibelle, *Ischnura elegans*, Kleinlibellenfamilie Schlanklibellen (Coenagrionidae). Etwa 3,5 cm lang. Flügelspanne 3,5–4 cm. Ein Teil der ♀♀ fast genauso wie die ♂♂ gefärbt, ein anderer weicht von dieser Färbung ab. An verschiedenen Gewässern von Mai bis September.

6 Becher-Azurjungfer, *Enallagma cyathigerum*, Kleinlibellenfamilie Schlanklibellen (Coenagrionidae). Bis etwa 3,5 cm lang. Flügelspanne etwa bis 4,5 cm. ♀♀ grüne, bräunliche, seltener blaue Grundfarbe. An verschiedenen Gewässern, auch weiter davon entfernt. Fliegt von Mai bis September.

1 Blauflüglige Prachtlibelle, *Calopteryx splendens*, Kleinlibellenfamilie Prachtlibellen (Calopterygidae). Etwa 5 cm lang. Flügelspanne um 7 cm. ♀ anders gefärbt. Hauptsächlich an langsam fließenden Gewässern von Mai bis September. Die Larven überwintern. Im Gebiet eine 2. Art.

2 Federlibelle, *Platycnemis pennipes*, Kleinlibellenfamilie Federlibellen (Platycnemididae). Etwa 3,5 cm lang. Flügelspanne 4,5 cm. Typischer Beinbau (Name!). ♀ hellocker gefärbt. An verschiedenen Gewässern von Mitte Mai bis Mitte September. Die Larven überwintern.

3 Braune Mosaikjungfer, *Aeshna grandis*, Großlibellenfamilie Edellibellen (Aeshnidae). 7–8 cm lang. Flügelspanne um 10 cm. ♂ und ♀ mit bräunlichen Flügeln. ♀ ohne blaue Flecke. An verschiedenen Gewässern von Ende Juni bis Oktober. Im Gegensatz zu anderen Edellibellen oft im Segelflug. ♀ legt die Eier unregelmäßig in abgestorbene Pflanzenteile. Die Eier und die im Mai schlüpfenden Larven überwintern.

4 Blaugrüne Mosaikjungfer, *Aeshna cyanea*, Unterordnung Großlibellen (Anisoptera). Familie Edellibellen (Aeshnidae). 6,5–8 cm lang. Flügelspanne 9,5–11 cm. An verschiedenen Gewässern, aber auch weitab vom Wasser; sogar in Städten anzutreffen. Fliegt von Mitte Juni bis Anfang November. ♀ legt die Eier in verschiedenste Pflanzenteile. Die Eier und die etwa ab April schlüpfenden Larven überwintern. Sie entwickeln sich, nachdem sie sich bis 13mal gehäutet haben, zur Imago. Im Gebiet über 10 Edellibellenarten.

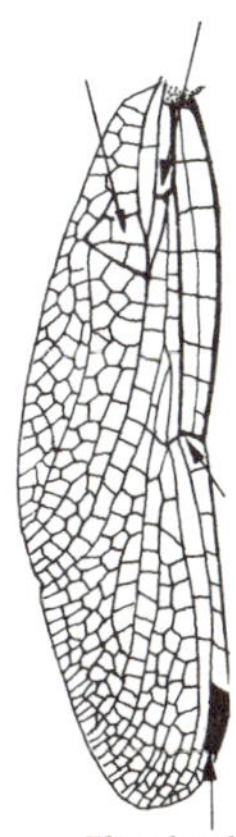

Vorderflügel einer Großlibelle

Sie fliegen sehr gut (bis 60 km/h!) und jagen fliegende Insekten, selbst andere Libellen. Die Beute wird mit den sehr großen Augen wahrgenommen und im Flug unter Mithilfe der Beine (Fangkorb) gepackt. Libellen stechen nicht! Sie haben keinen Stechrüssel, und die Hinterleibsanhänge stehen im Dienste der Fortpflanzung. ♂♂ patrouillieren ständig in ihren Revieren. ♂ packt das ♀ im Fluge (siehe bei *Lestes sponsa*). Bei ♂ und ♀ ist die Geschlechtsöffnung am Hinterleibsende. Das ♂ hat aber zwischen dem 2. und 3. Hinterleibsabschnitt einen kompliziert gebauten Begattungsapparat, mit dem die Samenübertragung erfolgt. Dazu wird das »Paarungsrad« gebildet. Die Larven entwickeln sich im Wasser und atmen durch Darmkiemen. Sie ernähren sich von Mikroorganismen oder kleinen Wassertieren.

5 Grüne Mosaikjungfer, *Aeshna viridis*, Großlibellenfamilie Edellibellen (Aeshnidae). Um 7 cm lang. Flügelspanne 8–9,5 cm. Hinterleib des ♂ mit großen, blauen Flekken. Hauptsächlich an Gewässern, in denen die Krebsschere *(Stratiotes aloides)* vorkommt, in die das ♀ die Eier ablegt. Fliegt von Ende Juni bis September.

6 Herbst-Mosaikjungfer, *Aeshna mixta*, Großlibellenfamilie Edellibellen (Aeshnidae). Um 6 cm lang. Flügelspanne etwa 8 cm. Hinterleib des ♂ meist braun mit grünlichgelben Flecken. An stehenden Gewässern, auch davon entfernt auf Wiesen, an Waldrändern usw. Fliegt von Ende Juli bis Anfang November. Das ♀ legt die Eier in abgestorbene Pflanzenteile (beispielsweise in Torfgewässern).

1 Gemeine Smaragdlibelle, *Cordulia aenea-turfosa*, Großlibellenfamilie Falkenlibellen (Corduliidae). Bis 5,5 cm lang. Flügelspanne um 7 cm. An verschiedenen Gewässern. Imago von Mai bis Anfang August. Das ♀ fliegt zur Eiablage über der Wasseroberfläche und taucht den Hinterleib in Abständen ein. Die Eier verstreut auf dem Gewässergrund. Entwickelt sich in 2–3 Jahren, wobei die Larven überwintern.

2 Glänzende Smaragdlibelle, *Somatochlora metallica*, Großlibellenfamilie Falkenlibellen (Corduliidae). 5–6 cm lang. Flügelspanne etwa 7 cm. ♀ kommt auch in einer blauen Form vor. An verschiedenen Gewässern, besonders an solchen, die in oder an Wäldern liegen. Fliegt von Ende Mai bis September. Das ♀ legt die Eier im Fluge an Ufer, Uferwände, in Moos usw. Für diese Art der Eiablage ist die Form des Hinterleibsendes mit der senkrecht nach unten stehenden Legescheide gut geeignet.

3 Vierfleck, *Libellula quadrimaculata*, Großlibellenfamilie Segellibellen (Libellulidae). Bis 5 cm lang. Flügelspanne um 8 cm. An verschiedenen stehenden Gewässern. Fliegt von Mai bis Anfang September. Eiablage frei ins Wasser. Dabei fliegt das ♀ über die Wasseroberfläche und berührt diese jeweils mit dem Hinterleib. Entwicklung zur Imago in 2 Jahren, wobei die Larven überwintern.

4 Großer Blaupfeil, *Orthetrum cancellatum*, Großlibellenfamilie Segellibellen (Libellulidae). Etwa 5 cm lang. Flügelspanne 7,5–9 cm. Hinterleib der alten ♂♂ blau bereift. Besonders an Seen. ♀ paart sich mit mehreren ♂♂. Eiablage ähnlich wie bei Vierfleck. Die Larven überwintern 2mal. Im Gebiet weitere 3 *Orthetrum*-Arten.

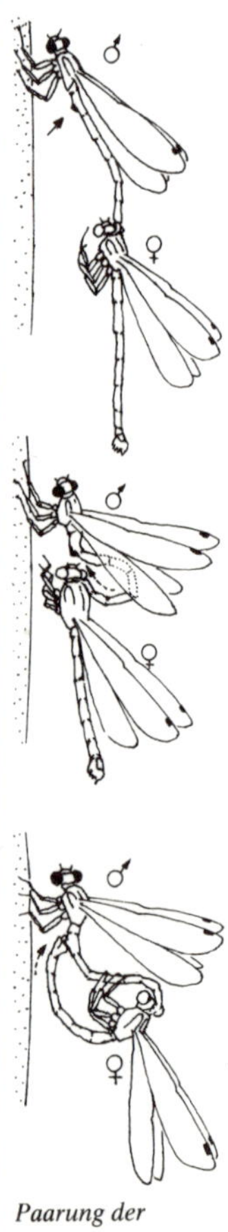

Paarung der Libellen

5 Blutrote Heidelibelle, *Sympetrum sanguineum*, Großlibellenfamilie Segellibellen (Libellulidae). Flügelspanne etwa 6 cm. An stehenden Gewässern von Ende Juni bis Oktober. Die Eier werden frei ins Wasser abgelegt. Das Ei oder die Larve überwintert.

6 Gemeine Heidelibelle, *Sympetrum vulgatum*, Unterordnung Großlibellen, Familie Segellibellen. Etwa 4 cm lang. Flügelspanne um 6 cm. Fliegt von Juli bis Oktober. Die Eier verklumpen bei der Ablage ins Wasser. Sie überwintern. Im Gebiet 9 *Sympetrum*-Arten; insgesamt etwa 40 Arten der Unterordnung Großlibellen. Bei ihnen ist die Form der Vorderflügel von den hinteren verschieden. Sie klammern sich in Ruhe mit den Beinen an Pflanzen u. ä. fest; Flügel dabei ausgebreitet. Mit den Beinen können die Libellen nur sehr schlecht laufen, sie sind dafür ausgezeichnet zum Packen der Beute geeignet. Viele Arten oft weitab von Gewässern. Die Eiablage ist verschieden. Sie erfolgt frei ins Wasser, in Schlamm oder in Pflanzenteile. Die Larvenentwicklung dauert, je nach Art, einige Monate oder auch mehrere Jahre. Die gefräßigen, aber trägen Larven atmen durch Tracheen. Sie müssen dazu nicht an die Wasseroberfläche, da sie im Enddarm Tracheenkiemen haben. Das eingesogene Wasser dient beim Ausstoßen der Fortbewegung (Rückstoßprinzip). Kleinlibellenlarven aber schwimmen mit Schlängelbewegungen. Libellen durch Wasserverschmutzung und Rückgang der Feuchtbiotope bedroht.

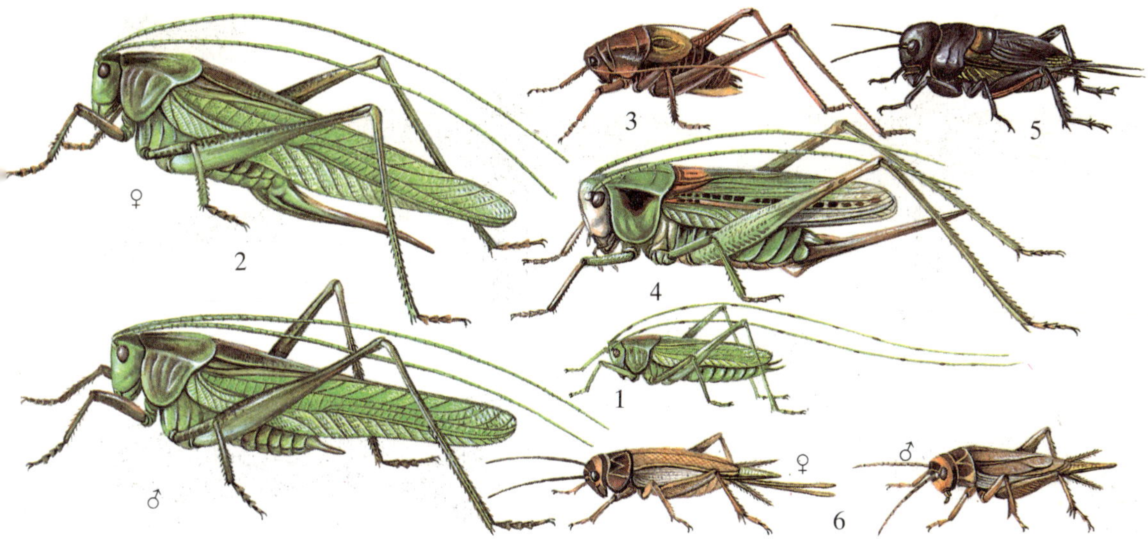

HEUSCHRECKEN Saltatoria

1 Eichenschrecke, *Meconema thalassinum*, Familie Eichenschrecken (Meconemidae). 1,2–1,5 cm lang. Tiere sehr zart. Vornehmlich in den Wipfeln von Laubbäumen. Abends aktiv. Singt nicht, im Gegensatz zu anderen Langfühlerschrecken, sondern trommelt mit den Hinterbeinen. Frißt besonders junges Laub, aber auch Insekten. Eiablage im Herbst (z. B. in Rinde). Zu dieser Zeit an Stämmen zu beobachten.

2 Großes Heupferd, *Tettigonia viridissima*, Familie Laubheuschrecken (Tettigoniidae). 2,8–4,2 cm lang. Tagsüber auf Sträuchern, auf Wiesen und Feldern, nachts höher auf Bäumen. Imagines von Juli bis Oktober. Frißt Insekten, gelegentlich Pflanzenteile. Klettert und springt sehr gut. Fliegt bei Gefahr hubschrauberartig, meist nur wenige Meter. Wie alle Langfühlerschrecken Lauterzeugung durch Aneinanderreiben besonderer Gebilde an der Basis der Vorderflügel. Gehörorgan an den Schienen der Vorderbeine. ♀ bringt mit Hilfe der Legeröhre die Eier in den Boden, die hier überwintern. Im Gebiet 2 weitere *Tettigonia*-Arten, insgesamt etwa 40 Langfühlerschrecken.

3 Gewöhnliche Buschschrecke, *Pholidoptera griseoaptera*, Familie Laubheuschrecken (Tettigoniidae). 1,3–1,8 cm lang. Flügel des ♀ sehr kurz, schuppenförmig. In der Kraut- und Strauchschicht, z. B. an Gehölzrändern. Von Juli bis Oktober. Ausgezeichnetes Sprungvermögen. Frißt Insekten, weniger Pflanzen. Der artspezifische Gesang ist ab Ende Juli zu hören.

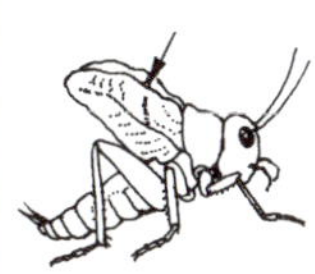

zirpende Feldgrille

4 Warzenbeißer, *Decticus verrucivorus*, Familie Laubheuschrecken (Tettigoniidae). 2,4–4,4 cm lang. Färbung verschieden (grün-schwarzbraun). Auf feuchten und trockenen Wiesen und Feldern. Bewegt sich, wenn er nicht beunruhigt wird, schreitend fort. Springt weit. Frißt Insekten, gelegentlich Pflanzenteile. Es überwintern die Eier. Früher ließ man Warzen durch die kräftigen Kiefer abbeißen (Name!), wobei der dabei erbrochene bräunliche Magensaft eine günstige Wirkung ausüben sollte.

5 Feldgrille, *Gryllus campestris*, Familie Grillen (Gryllidae). 2–2,6 cm lang. Flügeldecken fast so lang wie der Hinterleib. Auf warmen, trockenen Wiesen und ähnlichen Lebensräumen. In etwa 40 cm langen und 30 cm tiefen Erdgängen. Aus diesen kann man sie mit Hilfe eines Grashalmes herauslocken. Frißt Pflanzen und Kleintiere. Der typische Gesang ist während der Fortpflanzungszeit von Mai bis Juli zu hören. Die Heuschrecke, die jahreszeitlich zuerst auftritt. Die Larven, die anfangs gesellig unter Steinen leben, graben sich im Herbst ein und überwintern (Ausnahme bei Heuschrecken!).

6 Heimchen, *Acheta domestica*, Familie Grillen (Gryllidae). Körper 1,6–2 cm lang, wird von den zu einer Spitze ausgezogenen Hinterflügeln überragt. In Häusern; im Sommer auch im Freien, z. B. auf Müllhalden. Nachts aktiv. Frißt pflanzliche und tierische Stoffe. Da Heimchen als »Heim«-Tiere von der Außentemperatur weitgehend unabhängig sind, trifft man das ganze Jahr über fortpflanzungsfähige ♀♀ an. Deshalb kann man sie auch zu allen Jahreszeiten hören.

1 Maulwurfsgrille, *Gryllotalpa gryllotalpa*, Familie Maulwurfsgrillen (Gryllotalpidae). Der dicht behaarte Körper ist 3,5–5 cm lang. Die Hinterflügel überragen, als Spitze zusammengerollt, den Hinterleib. ♂ mit 2 langen Körperanhängen. Die Vorderbeine mit Grabschaufeln. Gräbt unterirdische Gänge in Wiesen, Feldern und Gärten. Zur Fortpflanzungszeit (Mai–Juni) auch über der Erde. Schwimmt und taucht gut. Die Sprungbeine sind zurückgebildet. Frißt Kleintiere und Pflanzenteile. In etwa 2 Jahren geschlechtsreif. Bei Massenauftreten durch Wühltätigkeit und Verbiß schädlich.

2 Dornschrecken, *Tetrix* spec., Familie Dornschrecken (Tetrigidae). Schwer zu bestimmende Arten. Meist um 1 cm lang. Halsschild stark verlängert, oft das Körperende überragend. Vorderflügel stark, Hinterflügel mehr oder weniger reduziert. Auf Wiesen, Waldlichtungen usw. Frißt Pflanzen. Musiziert nicht. Ohne Gehörorgane. Überwintert als Larve oder Imago. Etwa 6 Arten im Gebiet.

3 Sandheuschrecke, *Sphingonotus caerulans*, Familie Feldheuschrecken (Acrididae). 1,5–3,1 cm lang. Blaßblaue Hinterflügel, ohne Binde. Färbung veränderlich, an den Untergrund angepaßt. Das sitzende Tier ist schwer sichtbar. An ähnlichen Orten wie *Oedipoda.* Fliegt von den mitteleuropäischen Feldheuschrecken am besten. Imagines von August bis September.

4 Blauflüglige Ödlandschrecke, *Oedipoda caerulescens*, Familie Feldheuschrecken (Acrididae). 1,5–2,8 cm lang. Veränderliche Färbung in Anpassung an den Untergrund. An trockenen, warmen, pflanzenarmen Orten. Kann gut laufen und auch wenige Meter fliegen. Frißt besonders Gras. Imagines von Juli bis September. Sie sterben bei den ersten Frösten. Die Eier überwintern.

Laubheuschrecke

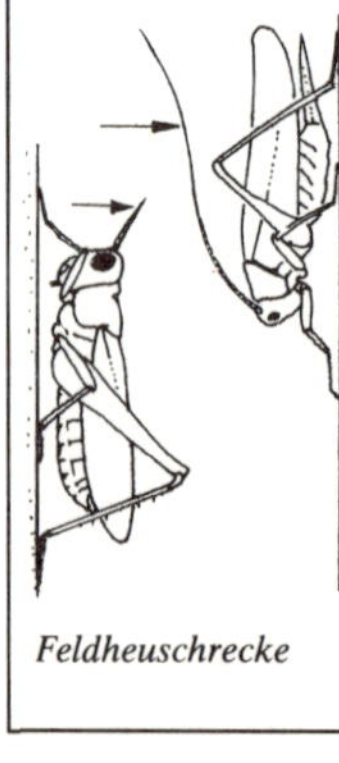

Feldheuschrecke

5 Keulenschrecke, *Gomphocerippus rufus*, Familie Feldheuschrecken (Acrididae). 1,4 bis 2,4 cm lang. Fühler verdickt. Auf trockenen Wiesen u. ä. Frißt Pflanzen. Langandauernder Werbegesang der ♂♂, der von den paarungswilligen ♀♀ erwidert wird.

6 Linierter Grashüpfer, *Stenobothrus lineatus*, Familie Feldheuschrecken (Acrididae). 1,5–2,6 cm lang. Färbung variabel. Auf trokkenen Wiesen, Heiden usw. Frißt Pflanzen. Der artspezifische Gesang hat große Bedeutung für die Paarung und wird durch Reiben der Hinterschenkel an einer Flügelader erzeugt. Die Gehörorgane sind seitlich am 1. Hinterleibssegment. Imagines ab Juni. Die im Gebiet sehr häufigen Grashüpfer-Arten sehen sich oft sehr ähnlich.

7 Gemeiner Grashüpfer, *Chortippus biguttulus*, Familie Feldheuschrecken (Acrididae). 1,2–2,2 cm lang. Ab Juni an vielen Stellen. Feldheuschrecken stellen an den Lebensraum oft so spezifische Ansprüche, daß man aus dem Vorkommen bestimmter Arten Schlüsse auf das Mikroklima ziehen kann. Ausgeprägter Gesang. Die Eier überwintern. Die Larven entwickeln sich bis zum Sommer nach mehrmaliger Häutung zu Imagines. ♀♀ ohne Legescheide. Im Gebiet etwa 40 Arten. Ihr Körper ist derber als der der Langfühlerschrecken.

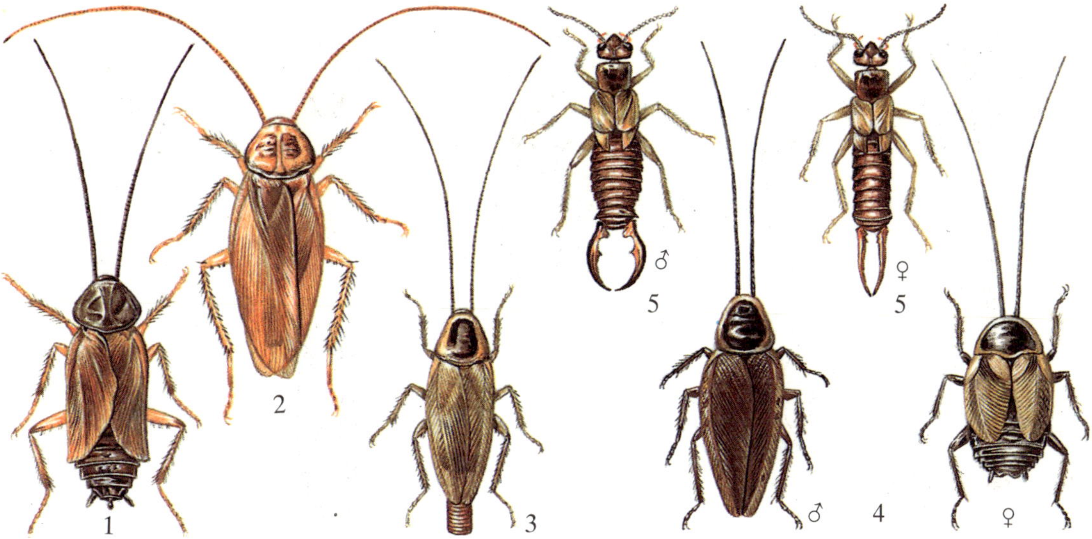

SCHABEN Blattodea,
OHRWÜRMER Dermaptera

1 Küchenschabe, *Blatta orientalis*, Ordnung Schaben (Blattodea). Auch als Kakerlak bezeichnet. 1,9–3 cm lang. ♀ nur mit Vorderflügelstummeln; beim ♂ bedecken die Vorderflügel den Hinterleib nie ganz. Durch Verschleppung in allen Erdteilen. Als wärmeliebendes Tier im Gebiet in Verstecken in Häusern. Lichtscheu. In der Dämmerung aktiv. Nimmt pflanzliche und tierische Stoffe auf. Das begattete ♀ legt in mehrtägigen Abständen die Eier als Pakete ab. Diese Ootheken sind äußerst widerstandsfähig. Die den Erwachsenen ähnlichen Larven häuten sich bis zur Geschlechtsreife maximal 10mal. Die Imagines werden ungefähr 1 Jahr alt. Durch Verschmutzen von Nahrungsmitteln, Wohnungen usw. lästig. Krankheitsüberträger! Im Gebiet über 10 Schabenarten.

2 Amerikanische Großschabe, *Periplaneta americana*, Ordnung Schaben (Blattodea). Bis über 4 cm lang. Die Vorderflügel beim ♀ und ♂ etwas länger als der Hinterleib. Verbreitung, Ernährung und Lebensweise ähneln denen der *Blatta orientalis.* Im Gebiet durch dauernde Einschleppung aus wärmeren Gegenden besonders in Speichern, Lagerhallen, Zoos usw. Der z. B. auch bei *Blatta* auftretende charakteristische Geruch wird durch Stinkdrüsen hervorgerufen.

3 Deutsche Schabe, *Blattella germanica*, Ordnung Schaben (Blattodea). Bis etwa 1,5 cm lang. Halsschild typisch gezeichnet. Kommt häufig in Häusern, z. B. in Backstuben, Küchen usw. vor. Lebensweise der der anderen bei uns in Gebäuden lebenden Schaben ähnlich. ♂ und ♀ mit normal entwickelten Flügeln.

Ohrwurm mit ausgebreiteten Flügeln

4 Gemeine Waldschabe, *Ectobius lapponicus*, Ordnung Schaben (Blattodea). Um 1 cm lang. Auf Gebüsch und in der Krautschicht in Wäldern und an Waldrändern. Imagines von Mai bis September. ♀ mehr in der Bodenschicht. ♂ fliegt relativ häufig und gut. Am Tage aktiv. Frißt vermodernde Pflanzenteile. ♀ legt die Eipakete im Laub, unter Rinde usw. ab. Die ab Juni in der Bodenschicht zu findenden Larven überwintern und entwickeln sich nach der letzten Häutung im folgenden Frühjahr zur Imago. Im Gebiet leben insgesamt 5 *Ectobius*-Arten, die sich alle sehr stark ähneln.

5 Gemeiner Ohrwurm, *Forficula auricularia*, Ordnung Ohrwümer (Dermaptera). Bis 1,6 cm lang. Wohl überall in allerlei Schlupfwinkeln. Erkundet als Nachttier vornehmlich tastend die Umgebung. Fliegt, wie viele Ohrwürmer, nur selten. Hinterflügel fächerartig und außerdem zweimal quer unter den verkürzten Vorderflügeln zusammengelegt. Bei der Entfaltung des Flügelpakets helfen die Zangen. Imagines und Larven oft zu Hunderten an bestimmten Schlafplätzen (lichtscheu, feuchtigkeitsliebend). Frißt pflanzliche Stoffe, wie Blütenteile und Obst, aber auch Insekten, z. B. Blattläuse. Überdauert einen Winter (vielfach in selbstgegrabenen Röhren). ♀ legt die Eier in kleinen Eikammern ab. Treibt Brutpflege. Durch Belecken, Wenden usw. werden für die Eier günstige Entwicklungsbedingungen geschaffen. Im Gebiet 7 Ohrwurm-Arten.

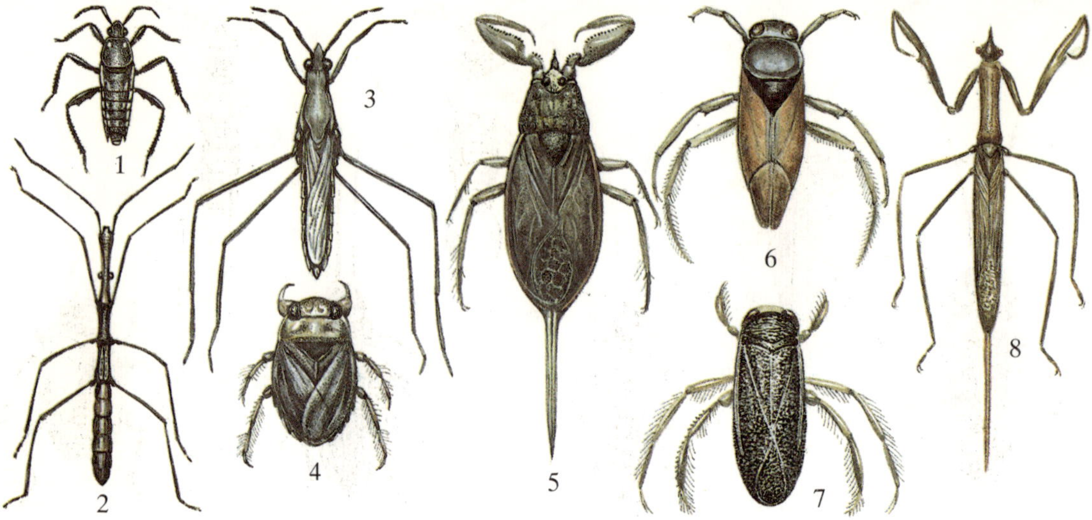

WANZEN Heteroptera

1 Bachläufer, *Velia* spec., Familie Bachläufer (Veliidae). Oft um 7 mm lang. Meist ungeflügelt, nur sehr selten wird ein geflügeltes Tier gefunden. Bevorzugt schnellfließende Bäche und Quelltümpel; an schattigen Plätzen. Erscheint schon sehr zeitig im Jahr, selbst bei hohen Kältegraden. Läuft ziemlich schnell, aber nicht ruckartig (Unterscheidungsmerkmal!), taucht gelegentlich auch. Ernährt sich räuberisch, wobei er ähnlich dem Wasserläufer alles verzehrt, was er überwältigen kann. Zum Aussaugen der Beute geht er ans sichere Ufer.

2 Gemeiner Teichläufer, *Hydrometra stagnorum*, Familie Teichläufer (Hydrometridae). 9–12 mm lang, nadeldünn. Meist am Ufer zwischen Pflanzenwuchs, nicht sehr auffallend. Im Gegensatz zum Wasserläufer bewegt sich der Teichläufer schreitend. Saugt kleine Insekten aus.

3 Wasserläufer, *Gerris* spec., Familie Wasserläufer (Gerridae). Bis fast 2 cm lang; im Gebiet 10 Arten. Auf ruhigeren Gewässern, auch in sehr kleinen Tümpeln und Pfützen. Gleitet ruckartig; fliegen können nur wenige. Ernährt sich vor allem von aufs Wasser gefallenen Insekten, die er aussaugt. Bei Regen und Wind verkriecht er sich am Ufer.

4 Gemeine Schwimmwanze, *Naucoris cimicoides*, Familie Schwimmwanzen (Naucoridae). 12–16 mm lang. Bevorzugt stehende Gewässer. Ernährt sich räuberisch. Während der Paarungszeit (ab März) feines Zirpen.

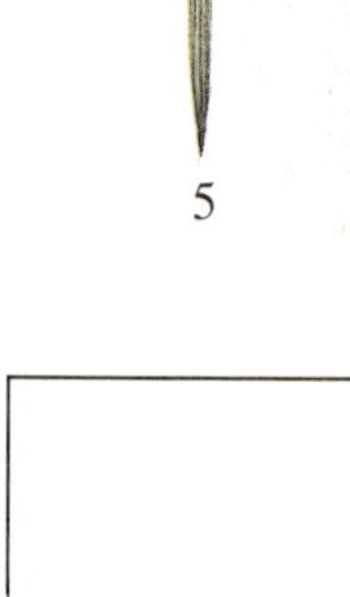

Ruderwanze, zirpend

Eier

Wasserskorpion Stabwanze

5 Wasserskorpion, *Nepa rubra*, Familie Skorpionswanzen (Nepidae). 16–22 mm lang. Grau bis graubraun, schwer zu entdekken. Oft am Grunde ruhiger Gewässer (bevorzugt flache Stellen), sehr träge. Fluguntüchtig. Erbeutet mit den kräftigen Vorderbeinen Wassertiere (sogar kleine Fische) und saugt sie aus. Zur Aufnahme der atmosphärischen Luft dient das lange Atemrohr am Körperende. Die Stiche erteilt der Rüssel.

6 Gemeiner Rückenschwimmer, *Notonecta glauca*, Familie Rückenschwimmer (Notonectidae). 14–16 mm lang. Die Luftreserven liegen bauchseits, also beim schwimmenden Tier oben! In stehenden wie in fließenden Gewässern. Ernährt sich räuberisch von allen möglichen Wassertieren. Kann wie die Ruderwanze gut fliegen, aber nicht direkt vom Wasser aus starten. Vermag empfindlich zu stechen (»Wasserbiene«).

7 Ruderwanze, *Corixa punctata*, Familie Ruderwanzen (Corixidae). 13–15 mm lang. Schwarzbraun, Beine gelblich. Gewandter Schwimmer. Hält sich meist am Boden oder an Wasserpflanzen fest, da die mitgeführte Atemluft sie nach oben treiben würde. In verschiedenen Seen und Teichen mit Pflanzenwuchs, im Winter gern in sauerstoffreichen Flüssen. Ruderwanzen bringen (besonders zur ersten Paarungszeit, im Frühjahr) zirpende und wetzende Töne hervor. Gut im Aquarium zu halten.

8 Stabwanze, *Ranatra linearis*, Familie Skorpionswanzen (Nepidae). Mit bis 4 cm Länge größte Wanzenart im Gebiet. An ruhigen Stellen der Gewässer. Flugfähig.

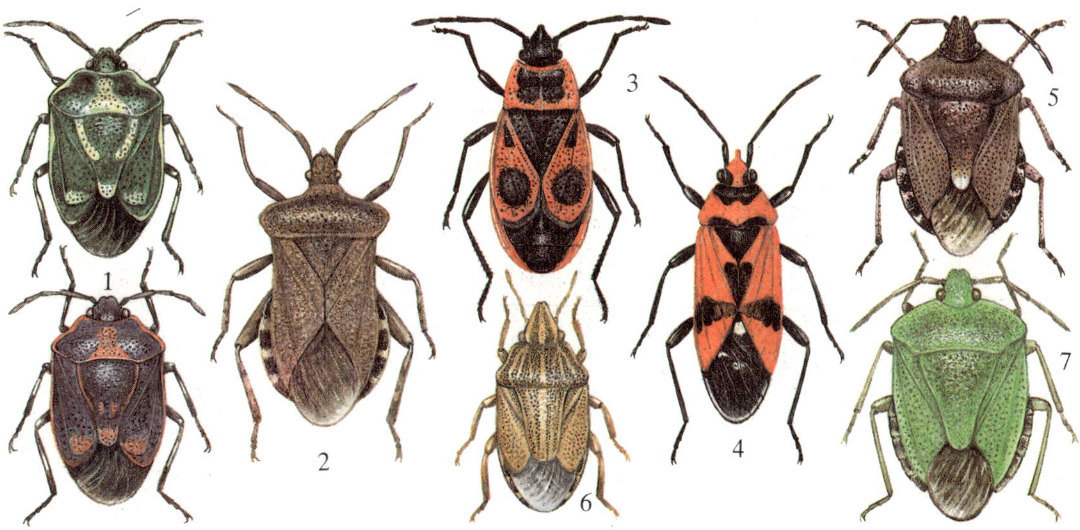

1 Kohlwanze, *Eurydema oleraceum* (weiß- und rotgezeichnete Form), Familie Schildwanzen (Pentatomidae). 6–7 mm lang. Hauptsächlich auf Kreuzblütengewächsen (Kohl usw.), die sie durch ihre Stiche zum Welken bringen kann. Ernsthafter Schaden entsteht nur bei Massenvermehrungen, die in unserem Gebiet selten sind. April–September.

2 Große Randwanze, *Coreus marginatus*, Familie Randwanzen (Coreidae, meist mit aufgebogenem Hinterleibsrand; nach dem oft lederartigen Aussehen auch Lederwanzen genannt). 13 mm lang. Duftet nach Äpfeln. Besonders häufig auf Ampfer-Arten; feuchte Standorte werden bevorzugt.

3 Feuerwanze, *Pyrrhocoris apterus*, im Volksmund auch »Franzose« oder fälschlich »Feuerkäfer«, Familie Feuerwanzen (Pyrrhocoridae). 9–11 mm lang. Meist flügellos. Eine der häufigsten und auffallendsten Wanzen im Gebiet, die infolge ihrer Zeichnung leicht erkennbar ist. Sehr häufig am Fuße von Bäumen (besonders an Linden und Robinien), an Gemäuern usw. Lebt in mehr oder minder großen Gesellschaften. Saugt an Samen oder anderen Pflanzenteilen (Schaden gering), nimmt aber auch tote Gliederfüßer. Von Mai/Juni bis Oktober sind die verschiedenen Larvenstadien zu beobachten. Die Erwachsenen überwintern versteckt am Boden.

4 Ritterwanze, *Lygaeus equestris*, Familie Bodenwanzen (Lygaeidae). 10–12 mm lang. Eine der wenigen bunten Bodenwanzen. Hält sich wie die meisten Vertreter der Familie am Boden oder zwischen niederen Kräutern auf (besonders gern an der Schwalbenwurz), wobei warme, trockene Standorte bevorzugt werden. Häufig in mehr oder minder großen Ansammlungen. Die erwachsenen Tiere überwintern am Boden.

5 Braune Beerenwanze, *Dolycoris baccarum*, Familie Schildwanzen (Pentatomidae). 10–12 mm lang. Blaßgrau bis bräunlich. An verschiedenen Kräutern, Bäumen und Beerensträuchern, wobei sie lediglich durch ihren widerlichen Geruch, den sie auf die Beeren überträgt, unangenehm wird. Überwintert versteckt am Boden; im Frühjahr lebhaft umherfliegend. April–Oktober.

6 Getreidespitzwanze, *Aelia acuminata*, Familie Schildwanzen (Pentatomidae). 8 bis 9 mm lang. Saugt zunächst an Wildgräsern (z. B. *Avena*- und *Festuca*-Arten) und geht später an Getreide, besonders an die Körner, wodurch zum Teil erheblicher Schaden entsteht. Die erwachsenen Tiere überwintern am Boden. Geringfügig größer und zarter punktiert ist die verwandte *Aelia rostrata* (bis 13 mm lang).

7 Gemeine Stinkwanze, *Palomena prasina*, Familie Schildwanzen (Pentatomidae, im Gebiet mehr als 60 Arten). 12–14 mm lang. Auf verschiedenen Laubbäumen sowie auf Beerensträuchern und Kräutern. Verbreitet einen widerlichen Geruch, durch den die von ihr befallenen Beeren für uns ungenießbar werden. Nimmt tierische und pflanzliche Nährstoffe auf, zum Teil auch an Getreide schädlich. Durch die rötliche Schildchenspitze fällt die Rotbeinige Baumwanze *(Pentatoma rufipes)* auf.

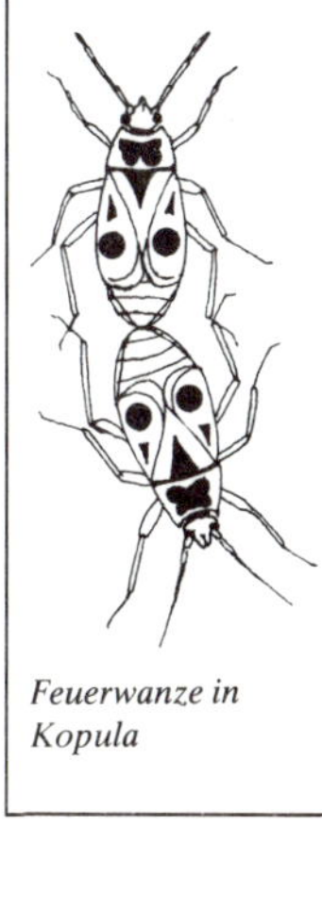
Feuerwanze in Kopula

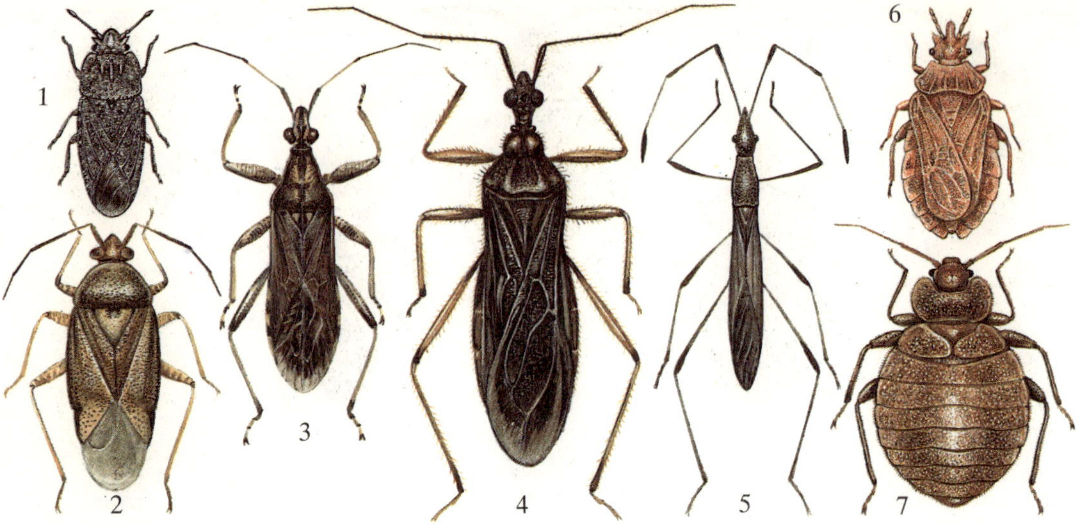

1 Rübenblattwanze, *Piesma quadrata*, Familie Meldenwanzen (Piesmidae). 2,5–3 mm lang. Grau, oft mit dunklen Flecken. Saugt an Melden und anderen Gänsefußgewächsen – auch an Kulturpflanzen dieser Familie (Zucker- und Runkelrübe); überträgt den Virus-Erreger der »Kräuselkrankheit«, wodurch sie erheblichen Schaden anrichten kann. »Salatkopfbildung« und Absterben der Blätter sind die äußeren Kennzeichen des Befalls. Die Jungtiere erscheinen im April und verkriechen sich dann zur Überwinterung im August.

2 Gemeine Wiesenwanze, *Lygus pratensis*, Familie Weichwanzen (Miridae). Bis 6,5 mm lang. Färbung stark variierend: von Grau bis Rötlich und Grünlich bis Schwarz. Überall anzutreffen. Saugt (wie auch *L. pabulinus*) an vielen Wild- und an fast allen Kulturpflanzen, die sie vor allem durch Saftentzug schädigt. Erheblicher Schaden ist aber selten. 6 000 zum Teil sehr schwer zu unterscheidende Arten (im Gebiet etwa 300).

3 Sichelwanze, *Nabis ferus*, Familie Sichelwanzen (Nabidae). Bis 8,5 mm lang. Abgrenzung von anderen Arten der Gattung *Nabis* nicht ohne genaue Untersuchungen möglich. Hellgrau bis braun. Zwischen Büschen und niederen Kräutern sowie am Boden. Sichelwanzen ernähren sich räuberisch.

4 Schnabelwanze, *Reduvius personatus*, Familie Raubwanzen (Reduviidae). 16–17 mm lang. Glänzend braun, aber häufig mit Staub bedeckt und dadurch getarnt. Beine und Fühler lang behaart. In Häusern, Scheunen, auf Böden usw. Nachts aktiv, macht Jagd auf Insekten. Striduliert mit Zähnchen des Rüssels in der Rinne der Vorderbrust. Auf den ersten Blick mückenähnlich sind die Raubwanzen der Gattung Mückenwanzen *(Empicoris).*

5 Schnakenwanze, *Neides tipularis*, Familie Stelzenwanzen (Berytidae). 10 mm lang. Zwischen Gras und auf anderen Pflanzen (z. B. auf Königskerze und Reiherschnabel). Bevorzugt trockene Standorte. Ernährt sich räuberisch von Kleintieren. März–Oktober. Stelzenwanzen sind oft schon an ihrem nadeldünnen Körper und ihren auffallend langsamen Bewegungen zu erkennen.

6 Kiefernrindenwanze, *Aradus cinnamomeus*, Familie Rindenwanzen (Aradidae). 3,5 bis 5 mm lang. Sehr stark abgeplattet. Lebt unter der Rinde und in Spalten von Nadelbäumen, namentlich an jüngeren Kiefern. Saugt nicht, wie die anderen Rindenwanzen, an Pilzfäden, sondern Baumsäfte!

7 Bettwanze, *Cimex lectularius*, Familie Plattwanzen (Cimicidae). 4–6 mm lang. In Häusern, Ställen usw. Hauptsächlich als saugender Parasit beim Menschen (selten an Tauben und Hühnern). Infolge des Stiches entstehen empfindlich juckende Quaddelbildungen. Lebt tagsüber versteckt (in Ritzen, hinter Tapeten usw.) und geht nachts auf »Nahrungssuche«. Läßt sich gern von der Zimmerdecke aus auf ihre Opfer fallen. Nach einem ausgiebigen Saugakt kann sie monatelang ohne Nahrung auskommen. Entwicklungszeit etwa 2 Monate. Befall schon am sehr charakteristischen »Wanzengeruch« erkennbar.

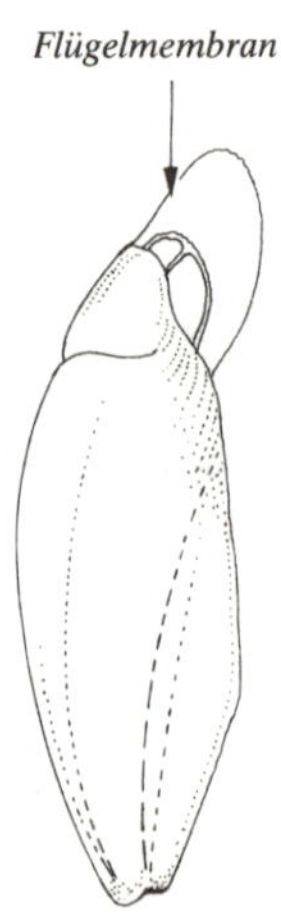

Vorderflügel einer Weichwanze

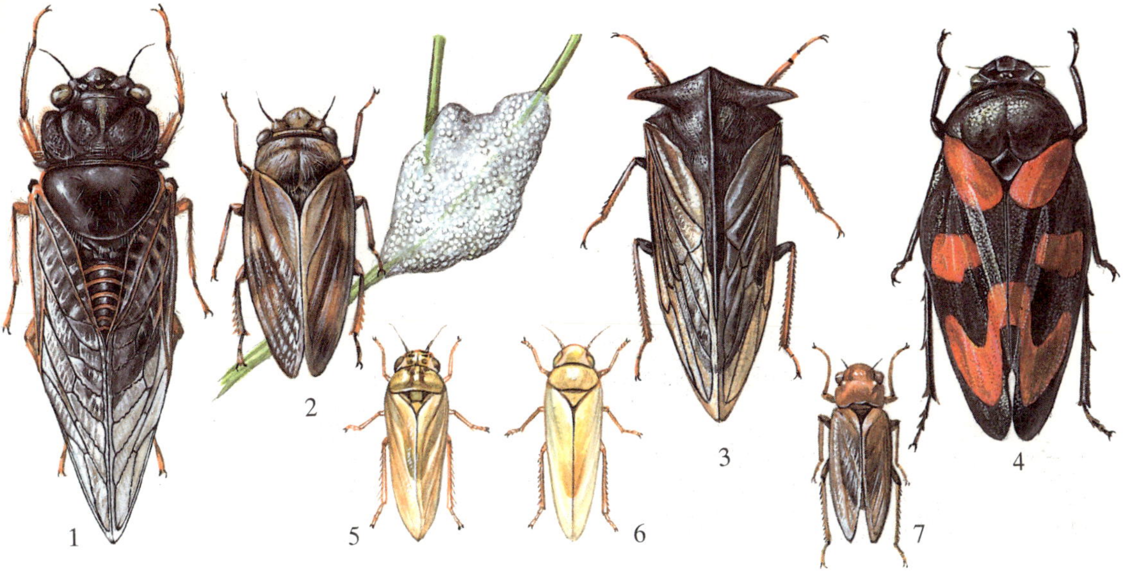

PFLANZENSAUGER Homoptera

1 Bergzikade, *Cicadetta montana*, Unterordnung Zikaden (Cicadina). Körper 1,6–2 cm lang. Mit durchsichtigen Flügeln. Im Gebiet an einigen trockenen und warmen Stellen, z.B. am Kyffhäuser. Meist auf Eichen. Scheu und schwer zu fangen. Nur ♂ an den Seiten des Hinterleibs mit je einem lauterzeugenden Organ. Der Gesang ist artspezifisch (schrille, rhythmisch hervorgebrachte Töne). ♀♀ der Zikaden sind stumm. Die zweite im Gebiet vorkommende Art ist noch seltener.

2 Wiesenschaumzikade, *Philaenus spumarius*, Unterordnung Zikaden (Cicadina), Familie Schaumzikaden (Cercopidae). Bis 0,6 cm lang. Färbung sehr veränderlich. Die Tiere saugen von Juli bis Oktober an verschiedenen Pflanzen. Durch ihre Saugtätigkeit können sie an Kulturpflanzen schädlich werden. Auch als Überträger Pflanzenkrankheiten hervorrufender Viren spielen sie eine Rolle. Die vom ♀ in und an Pflanzen abgelegten Eier überwintern. Die Larven schlüpfen ab April. Sie sitzen an Pflanzen und saugen Säfte. Ihren Kot lassen sie über den Körper laufen. Durch die ausgeatmete Luft wird dieser zu einer schaumigen Masse, wodurch die Larven vor Austrocknung und vor einigen Feinden geschützt sind. Der »Kuckucksspeichel« ist viel auffälliger als die kleinen unscheinbaren Imagines. Im Gebiet kommen etwa 500 meist kleine Zikadenarten vor.

3 Dornzikade, *Centrotus cornutus*, Unterordnung Zikaden (Cicadina). Bis 1 cm lang. Der Halsschild an der Seite mit je einem Dorn und einem langen, nach hinten gerichteten Fortsatz (Name!). Von Juli bis August auf Brombeeren, Himbeeren und niederen Laubgehölzen.

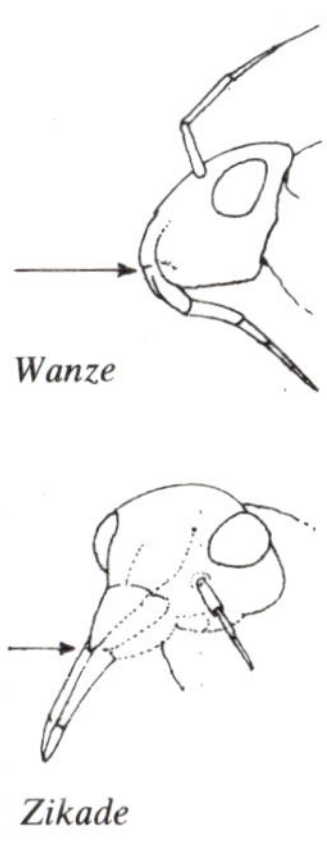

4 Blutzikade, *Cercopis vulnerata*, Unterordnung Zikaden (Cicadina). Bis 1,1 cm lang. Die Hinterflügel sind farblos. Von Mai bis Juli auf verschiedenen Pflanzen, vornehmlich in höheren Lagen. Die in Schaum eingehüllten Larven saugen an Wurzeln.

5 Zwergzikade, *Macrosteles sexnotatus*, Unterordnung Zikaden (Cicadina). 2–4,5 mm lang. Bei den Zwergzikaden sind die Schienen der Hinterbeine 4kantig. Von Juli bis Oktober. Oft in Massen auf Gräsern. Schädigt junge Getreidepflanzen.

6 Rosenzikade, *Edwardsiana rosae*, Unterordnung Zikaden (Cicadina). Bis etwa 4 mm lang. Auf Rosen, aber auch auf anderen Laubgehölzen. Oft in Massen. Die kleinen Tiere sitzen auf der Blattunterseite. Bei Störung fliegen sie auf oder springen davon. Sie saugen Blattzellen aus. Die dann mit Luft gefüllten Zellen sehen weißlich aus (»Weißscheckigkeit«). Bei starkem Befall verlieren die Rosen vorzeitig die Blätter. Durch Ausfall oder Einschränkung der Assimilation kümmern die Pflanzen. ♀ legt die Eier in die Rinde junger Triebe. Im Gebiet tritt die Rosenzikade in 2 Generationen auf.

7 *Ulopa reticulata*, Unterordnung Zikaden (Cicadina). 3–4 mm lang. Bei *Ulopa* sind die Schienen aller Beine 4kantig. Im März–April und Juli–Oktober an Heidekraut. Die Imago überwintert.

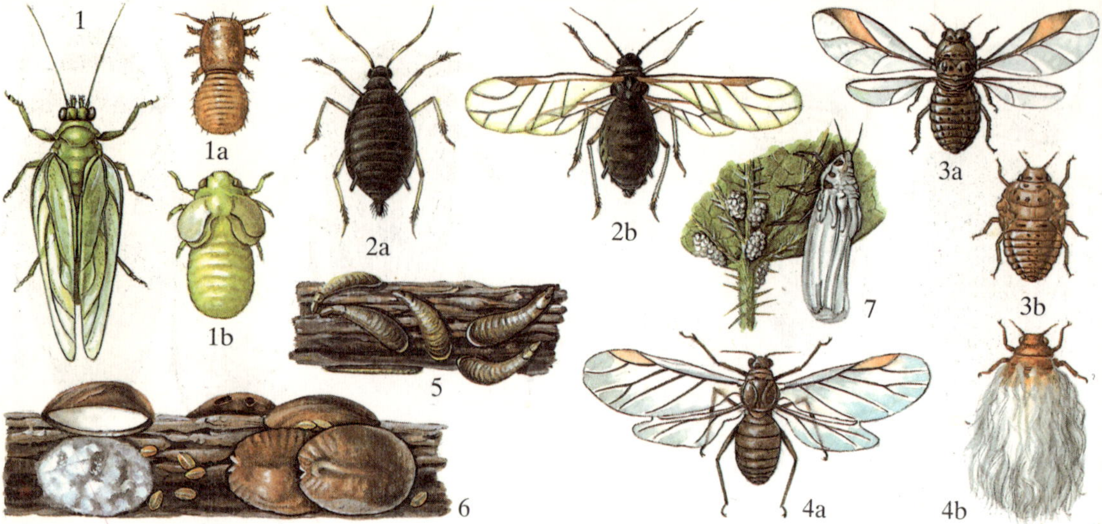

1 Apfelsauger, *Psylla mali,* Unterordnung Blattflöhe oder Springläuse (Psyllina). Imagines 3–4 mm lang (grün-rötlich). Besonders an Apfelbäumen. Die Eier überwintern. Die abgeflachten Larven (1a, 1b), die nicht springen können, richten durch ihre Saugtätigkeit große Schäden an (Ernteverlust bei Äpfeln bis 30%). Blattfloharten ähneln kleinen Zikaden, haben aber längere Fühler. Sie springen gut.

2 Schwarze Bohnenlaus, *Aphis fabae,* Unterordnung Blattläuse (Aphidina). Etwa 2 mm lang. Im Frühjahr an Sträuchern (Pfaffenhütchen, Falscher Jasmin). Die Stammütter gebären, ohne befruchtet zu werden, lebende Junge. Die ausgewachsenen flügellosen ♀♀ (2a) vermehren sich ebenso. Es treten dann geflügelte Tiere (2b) auf, die ab Mai auf andere Pflanzen, Bohnen, Rüben usw., überwechseln und sich unbefruchtet vermehren; Anfang Herbst geflügelte Tiere, auch ♂♂. Auf Sträuchern werden befruchtete Eier abgelegt, die überwintern. Diese komplizierte Entwicklung mit Generationswechsel (teilweise mit Wirtspflanzenwechsel) ist charakteristisch für Blattläuse. Sehr schädlich durch die Saugtätigkeit und das Übertragen von Viren.

3 Große Fichtengallenlaus, *Sacchiphantes abietis,* Unterordnung Blattläuse (Aphidina). Erzeugt die »Ananasgallen« (s. S. 248) an den Trieben der Fichte (Name!).

4 Blutlaus, *Eriosoma lanigerum,* Unterordnung Blattläuse (Aphidina). Etwa 2 mm lang. Beim Zerdrücken tritt die blutrote Körperflüssigkeit aus (Name!). Besonders an Apfelbäumen. Scheidet Wachs ab, 4b (weiße »Wolle«). ♀ lebendgebärend. Jungfernzeugung (Parthenogenese). Die Jungtiere überwintern. Schaden weniger durch Saftentzug als die durch Speichel hervorgerufenen Wucherungen (Blutlauskrebs).

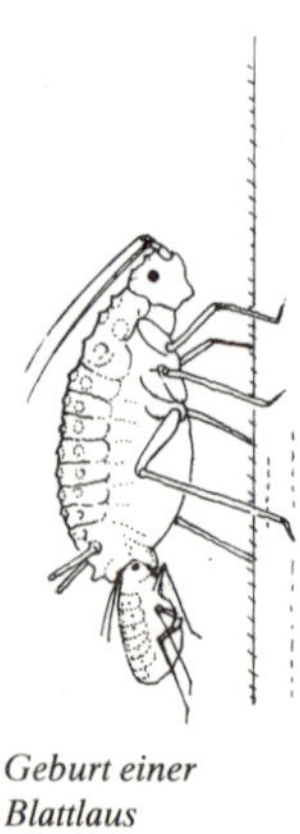

Geburt einer Blattlaus

5 Gemeine Kommaschildlaus, *Lepidosaphes ulmi,* Unterordnung Schildläuse (Coccina). Bis 3,5 cm lang. Saugt vornehmlich an verschiedenen Laubhölzern. An jungen Obstbäumen schädlich. Die Eier überwintern. Im Gebiet etwa 120 Schildlaus-Arten. Die kurzlebigen ♂♂ meist mit gut entwickelten Vorderflügeln. Ihre Hinterflügel und Mundwerkzeuge sind verkümmert. ♀♀ äußerlich kaum noch als Tiere erkennbar. Sie sind ungeflügelt und sitzen meist unter schildförmigen Gebilden (Name!), die zum großen Teil aus wachsartigen Ausscheidungen bestehen. Sie saugen Pflanzensäfte. Häufig entwickeln sich die Eier ohne Befruchtung (Parthenogenese). Viele schädigen weniger durch Saftentzug als durch ihren giftigen Speichel.

6 Gemeine Napfschildlaus, *Eulecanium corni,* Unterordnung Schildläuse (Coccina). Der halbkugelförmige Schild ist etwa 5–6 mm lang. Saugt an der glatten Rinde von dünnen Zweigen verschiedener Laubgehölze. Die unter dem Schild sitzenden ♀♀ sterben im Winter ab. Es überwintern die kleinen gelbroten, frei beweglichen Larven. Das geflügelte ♂ lebt nur wenige Tage.

7 Nesselröhrenschildlaus, *Orthezia urticae,* Unterordnung Schildläuse (Coccina). Etwa 0,5 cm lang. Mit weißen Wachsausscheidungen. ♀ frei beweglich. Oft an Brennesseln.

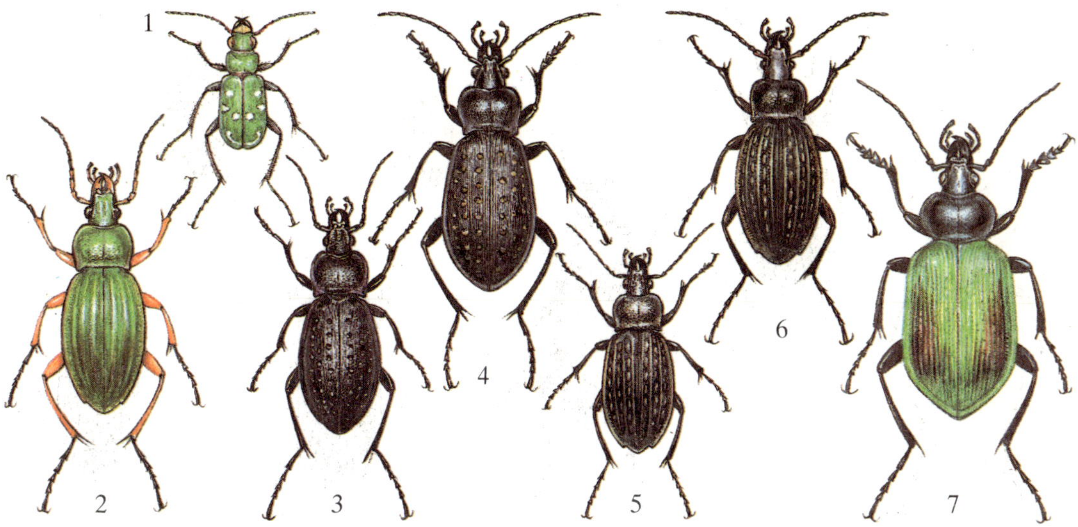

KÄFER Coleoptera

1 Feldsandlaufkäfer, *Cicindela campestris,* Familie Sandlaufkäfer (Cicindelidae). Bis etwa 1,6 cm. An trockenen, besonders sandigen Stellen (z. B. lichte Waldwege). Im Sonnenschein sehr lebhaft. Fliegt aufgescheucht nur kurze Strecken. Schneller Räuber, der Kleintiere jagt. Eiablage ab Mai. Die Larven lauern der Beute auf. Entwicklungszeit Ei – Käfer: bis über 2 Jahre. Im Gebiet 7 *Cicindela*-Arten.

2 Goldschmied, *Carabus auratus,* Familie Laufkäfer (Carabidae). Bis 2,7 cm lang. Metallisch glänzend. Auf Feldern, an Waldrändern usw., nicht in Wäldern. Im Gegensatz zu den meisten anderen *Carabus*-Arten am Tage aktiv. Frißt lebende und tote Kleintiere (z.B. bis 10 Raupen am Tag). Auch die Larve ist ein Räuber. Die Käfer überdauern meist nur einen Winter. Wie fast alle Laufkäfer durch Vertilgen von Pflanzenschädlingen sehr nützlich. Der ähnliche Goldglänzende Laufkäfer *(Carabus auronitens)* lebt mehr in Wäldern des Hügellandes und des Gebirges.

3 Hainlaufkäfer, *Carabus nemoralis,* Familie Laufkäfer (Carabidae). 2–2,6 cm lang. Auf Wiesen, in Gärten usw. Besonders nachts aktiv. Kann, wie viele große Laufkäfer, nicht fliegen, aber flink mit den langen Beinen laufen. Frißt Kleintiere, besonders Eulenraupen. Auch die Larven jagen nachts. Wie bei den meisten *Carabus*-Arten überwintert der im Herbst geschlüpfte Käfer.

4 Gartenlaufkäfer, *Carabus hortensis,* Familie Laufkäfer (Carabidae). Bis 2,8 cm lang. Kupfern, goldglänzende Gruben auf den Flügeldecken. Wälder, Felder usw. Jagt nachts. Nützlich.

Larve des Sandlaufkäfers in Lauerstellung

5 Körniger Laufkäfer, *Carabus granulatus,* Familie Laufkäfer (Carabidae). 1,4–2 cm lang. Überall, selbst an nassen Orten. Überwintert oft in Gesellschaft unter loser Baumrinde. Gehört zu den wenigen *Carabus*-Arten, die manchmal noch fliegen. Frißt Kleintiere. Die Larve häutet sich in den 4 Wochen bis zur Verpuppung 3mal. Scherney (1957) züchtete Käfer in nur 53 Tagen. Käfer und Larve sind, wie die meisten Laufkäfer, Schädlingsvertilger.

6 Körnerwarze, *Carabus cancellatus,* Familie Laufkäfer (Carabidae). 1,8–3,2 cm lang. An vielen Orten, besonders auf Feldern. Die Verdauung der Beute erfolgt, wie bei den meisten Laufkäfern, außerhalb des Körpers durch ausgespienen Magensaft. Der flüssige Nahrungsbrei wird dann aufgesogen.

7 Puppenräuber, *Calosoma sycophanta,* Familie Laufkäfer (Carabidae). Bis 3 cm lang. In Wäldern, Gärten usw. Klettert auf Bäume und fliegt gut. Jagt im Gegensatz zu vielen *Carabus*-Arten auch am Tage. Der sehr gefräßige Käfer und die ebenfalls auf Bäumen umherkletternde Larve verfolgen Kleintiere, z. B. Raupen. Der Käfer gräbt sich zur Überwinterung bereits im August etwa 30 cm tief in die Erde ein. Lebt 2–3 Jahre. Sehr nützlich. Bei Massenvermehrung von Schädlingen (z. B. Nonne, Kiefernspinner, Eichenwickler) tritt auch der Puppenräuber gehäuft auf. Frißt hauptsächlich weibliche Puppen. Früher häufig, heute selten geworden.

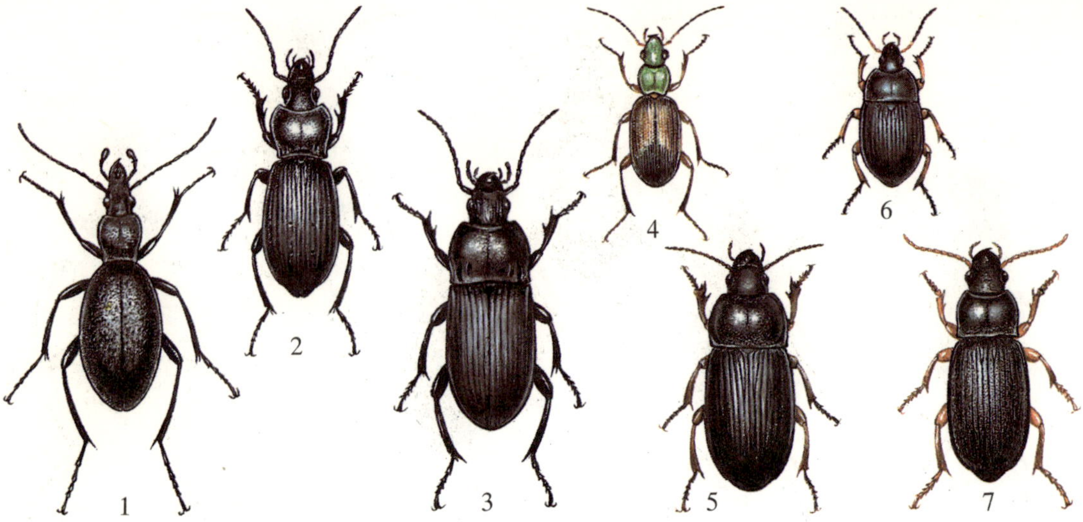

1 Körniger Schaufelkäfer, *Cychrus caraboides,* Familie Laufkäfer (Carabidae). 1,3 bis 2,3 cm lang. An feuchten Orten, z. B. in Wäldern, an Gewässern, in Gärten usw., unter Steinen, Laub und ähnlichem. Erbeutet Kleintiere, besonders Schnecken. Der schaufelförmig schmale Vorderkörper befähigt ihn, in die Schnecken einzudringen. Im Gebiet 3 *Cychrus*-Arten.

2 Grabkäfer, *Pterostichus vulgaris,* Familie Laufkäfer (Carabidae). 1,3–1,7 cm lang. An vielen, aber besonders an feuchten Orten. Tagsüber in Verstecken. Nützlich durch Erbeuten von Insektenlarven, denen er auch in den oberen Bodenschichten nachstellt (Name!). Frißt manchmal Erdbeeren an. Von den über 500 im Gebiet vorkommenden Laufkäferarten gehören 29 zur Gattung *Pterostichus.*

3 Breitkäfer, *Abax ater,* Familie Laufkäfer (Carabidae). Bis etwa 2 cm lang. Meist in Wäldern der Ebene und des Gebirges; weniger auf Feldern (feuchtigkeitsliebend). Jagt nachts Kleintiere (Insekten, Schnecken usw.). Tagsüber in Verstecken. Jungkäfer ab August. Die im Gebiet vorkommenden 5 *Abax*-Arten meist im Gebirge.

4 Putzkäfer, *Platynus dorsalis,* Familie Laufkäfer (Carabidae). Bis etwa 0,6 cm lang. An vielen Stellen (Wälder, Felder, Wiesen, Gärten). Nachts aktiv. Oft in großer Anzahl unter Steinen u. ä. Larven im Juli/August. Käfer schlüpfen im Herbst, kommen jedoch erst im folgenden Frühjahr aus ihren Verstecken. Im Gebiet über 30 ähnliche Putzkäfer-Arten der Gattung *Agonum.*

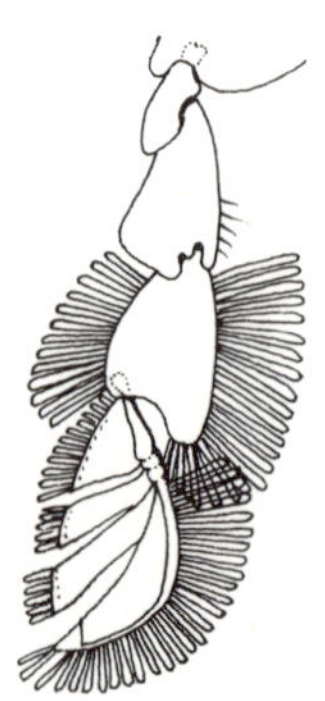
Schwimmbein

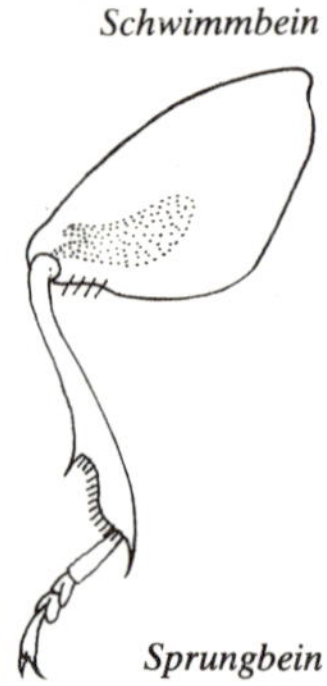
Sprungbein

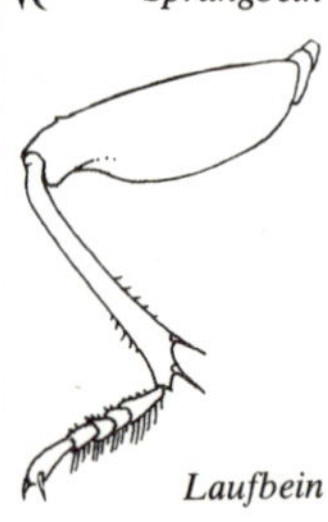
Laufbein

5 Getreidelaufkäfer, *Zabrus tenebrioides,* Familie Laufkäfer (Carabidae). 1,4–1,6 cm lang. Besonders auf Getreidefeldern. Bevorzugt bindige Böden (sandiger Lehm). Tagsüber unter Steinen, Erdschollen usw. Der Käfer frißt Körner. Zur Zeit der Milchreife erklettert er nachts die Halme. Gräbt sich in trockenen, heißen Sommern ein (Sommerruhe). Eiablage ab Juni, auch nach der Sommerruhe. Deshalb kann man Larven verschiedenen Alters in Erdgängen finden. Sie fressen nachts junge Getreidepflanzen. Puppenruhe (ab Mai) 3–6 Wochen. Kann als Großschädling auftreten. Vielerorts allerdings selten geworden.

6 Kanalkäfer, *Amara familiaris,* Familie Laufkäfer (Carabidae). 0,5–0,7 cm lang. An vielen Orten, besonders auf sandigen Böden. Überwintert teils als Käfer, teils als Larve. Die etwa 60 im Gebiet vorkommenden Arten leben in verschiedenen Lebensräumen. Es sind kleine schwarze, braune oder metallisch gefärbte Käfer mit eiförmigem Körperumriß. Im Gegensatz zu den meisten anderen Laufkäfern ernähren sie sich auch pflanzlich, fliegen gut, sind auch am Tag aktiv.

7 Schnelläufer, *Harpalus pubescens,* Familie Laufkäfer (Carabidae). Bis etwa 1,5 cm lang. Auf Feldern, an Gewässern, in Gehölzen; liebt feuchte Stellen. Durch Erbeuten von Kleintieren nützlich, frißt gelegentlich auch Samenkörner und Keimlinge. Der Käfer legt im Herbst die Eier ab. Stirbt danach (wie viele Insekten). Die bei uns vorkommenden 34, meist schwer bestimmbaren *Harpalus*-Arten sind nachts aktiv, wurden aber auch schon im Sonnenschein beobachtet.

1 Raschkäfer, *Elaphrus cupreus,* Familie Laufkäfer (Carabidae). Bis 0,9 cm lang. An Gewässern, Sümpfen usw. Jagt auch am Tage Kleintiere. Die Larven verpuppen sich ab Sommerende (Puppenruhe 10 Tage). Die Jungkäfer schlüpfen im Herbst. Sie überwintern. Im Gebiet 5 *Elaphrus*-Arten.

2 Ahlenläufer, *Bembidion ustulatum,* Familie Laufkäfer (Carabidae). Bis 0,6 cm lang. An fließenden und stehenden Gewässern, manchmal auch auf nassen Feldern. Bei uns etwa 90 um 0,5 cm große Arten, die schwer zu bestimmen sind. Oft gesellig an Gewässern. Erbeuten besonders kleine Insektenlarven. Fliegen gut. Eiablage oft schon vom Frühjahr an. Die Larven ernähren sich räuberisch. Puppenruhe 1–2 Wochen. Jungkäfer ab August.

3 Gelbrandkäfer, *Dytiscus marginalis,* Familie Schwimmkäfer (Dytiscidae), 2,7–3,5 cm lang. In ruhigen, pflanzenreichen Gewässern. Am Tage in Verstecken, kommt nur zum Atmen kurz an die Wasseroberfläche. Das Hinterleibsende ragt dabei ganz wenig aus dem Wasser, und der Luftvorrat im Tracheensystem und Unterflügeldeckenraum wird erneuert. Erbeutet Kleintiere, selbst Frösche und langsame, geschwächte Fische. Bei ungünstigen Lebensbedingungen fliegt er zu anderen Gewässern. Er kann das Austrocknen eines Teiches durch Eingraben im Schlamm überdauern. Legt bis 1000 Eier (hauptsächlich im März–Mai) mit dem Legesäbel in Wasserpflanzen ab, die den für die Entwicklung nötigen Sauerstoff liefern. Ältere Larven können durch Fressen von Fischbrut schädlich werden.

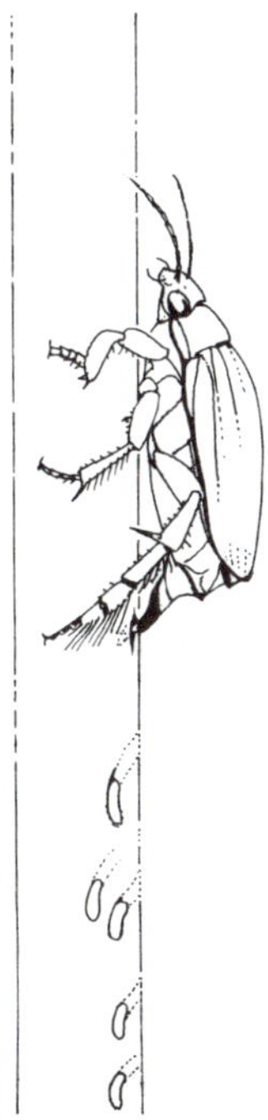

Gelbrand: Eiablage in Pflanzen

4 Furchenschwimmer, *Acilius sulcatus,* Familie Schwimmkäfer (Dytiscidae). 1,5 bis 1,8 cm lang. In der ruhigen Zone von Gewässern. Käfer und Larve fressen Kleintiere. Die wie bei vielen ♂♂ der Schwimmkäfer verbreiterten 3 Vorderfußglieder ermöglichen ein besseres Festhalten der ♀♀ bei der Begattung. Eiablage außerhalb des Wassers (April–Juli). Larve baut unter Holzstückchen und ähnlichem eine Erdzelle. Die Jungkäfer überwintern.

5 Schnellschwimmer, *Agabus bipustulatus,* Familie Schwimmkäfer (Dytiscidae). Etwa 1 cm lang. In der pflanzenreichen Uferzone von Gewässern. Käfer und Larven erbeuten Kleintiere. Eiablage an Wasserpflanzen (Herbst–Frühjahr). Die Larven kriechen in der Uferzone umher. Sie bauen sich nach 6–7 Wochen unter Steinen usw. eine kirschgroße Erdkugel (Puppenwiege). Die Entwicklungszeit ist von der Wassertemperatur abhängig. Im Gebiet etwa 30 *Agabus*-Arten.

6 Wassertreter, *Haliplus ruficollis,* Familie Wassertreter (Haliplidae). »Paddelt« (typische Bewegung) in pflanzenreichen Uferzonen der Gewässer. Trotz Atmung durch Tracheen nur selten an der Wasseroberfläche (die Luftblase am Bauch arbeitet als »physikalische Kieme«). Käfer und Larven ernähren sich nicht wie die der Dytiscidae tierisch, sondern saugen Pflanzen (besonders Algen) aus. Im Gebiet etwa 20 Arten (2–4,5 mm).

7 Zwergschwimmer, *Scarodytes halensis,* Familie Schwimmkäfer (Dytiscidae). Knapp 0,5 cm lang. In der flachen, pflanzenreichen Uferzone der Gewässer.

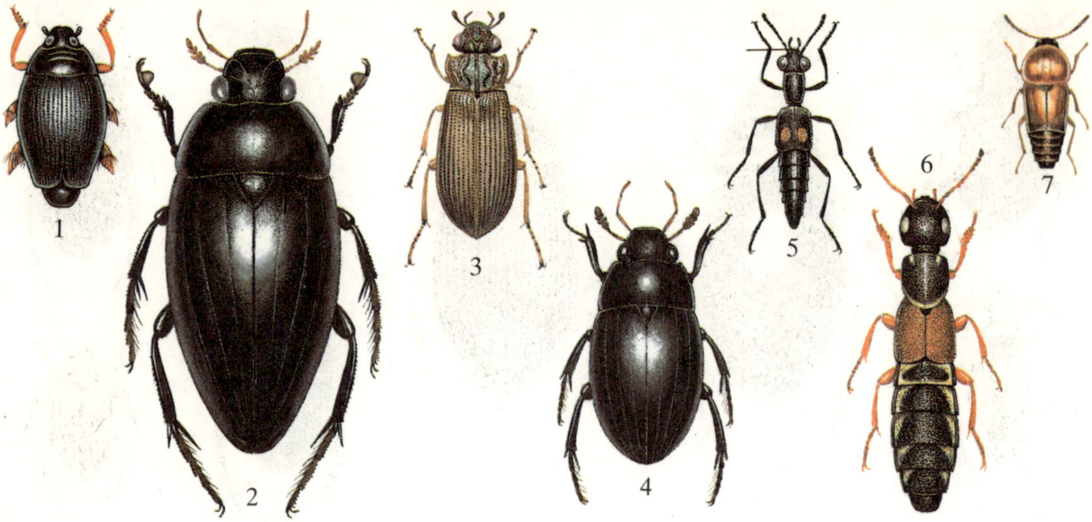

1 Taumelkäfer, *Gyrinus natator*, Familie Taumel- oder Kreiselkäfer (Gyrinidae). Bis 0,7 cm lang. In stehenden und langsam fließenden Gewässern. Bewegt sich schnell in Kreisen, Spiralen usw., meist in größerer Zahl, auf der Wasseroberfläche (Name!). Scheu. Taucht gut. Erbeutet auf dem Wasser Insekten. Legt die Eier (im Mai) perlschnurartig ins Wasser ab, meist an abgestorbene Pflanzenteile. Die Larve lebt auf dem Gewässergrund. Baut auf dem Land eine Puppenwiege (Erdkugel). Die Käfer überwintern. Im Gebiet über 10 Arten dieser Familie.

2 Großer Kolbenwasserkäfer, *Hydrous piceus*, Familie Wasserkäfer (Hydrophilidae). 3,4–5 cm lang. Wie alle Käfer der Familie mit kolbenartig verdickten Fühlern. In größeren Teichen. Beim Luftholen an der Wasseroberfläche zeigt der Kopf, im Gegensatz zum Gelbrand, nach oben. In einem komplizierten Vorgang, besonders mit Hilfe der Fühler, wird der Luftaustausch vollzogen. Der Käfer frißt Pflanzen, die Larve Kleintiere. Hochentwickelte Brutfürsorge. Das ♀ spinnt an der Unterseite eines Blattes einen Kokon. Die etwa 50 Eier schwimmen dann in einem kleinen »Schiffchen mit Schornstein« auf dem Wasser. Durch Verwechslung mit dem Gelbrand, obwohl dieser anders lebt und gebaut ist (Fühler!), wurde er in Fischteichen mit vernichtet.

3 Furchenwasserkäfer, *Helophorus aquaticus*, Familie Wasserkäfer (Hydrophilidae). 0,2 bis 0,9 cm lang. Besonders zwischen Pflanzen am Ufer der Gewässer. Den gesponnenen Eibehälter findet man in Verstecken. Im Gebiet 24 *Helephorus*-Arten.

die geteilten Augen des Taumelkäfers

4 Stachelwasserkäfer, *Hydrophilus caraboides*, Familie Wasserkäfer (Hydrophilidae). Bis 1,9 cm lang. In kleinen Teichen, besonders zwischen Wasserpflanzen. Der Eikokon wird tütenförmig von einem Blatt umschlossen.

5 *Stenus biguttatus*, Familie Kurzflügler (Staphylinidae). Bis 0,5 cm lang. Besonders am Rande von Gewässern. Im Gebiet etwa 100, nur millimetergroße Arten der Gattung *Stenus*, die an Ufern, im Moos oder auf Pflanzen vorkommen. Kurzflügler ernähren sich von Kleintieren, selten von pflanzlichen Stoffen; manche jagen an Mist und Aas Larven. Schwierige Bestimmung.

6 Großer Kurzflügler, *Staphylinus caesareus*, Familie Kurzflügler (Staphylinidae). 1,7–2,2 cm lang. In Wäldern, auf Wegen, unter Steinen usw. An Kot und Aas findet man oft die schwarz-gelb gezeichneten *Ontholestes*-Arten. Die meisten Kurzflügler sind klein. Sie fliegen gut, oft in Massen in den Abendstunden. Unter den kurzen Flügeldekken liegen die häutigen Hinterflügel.

7 *Tachyporus chrysomelinus*, Familie Kurzflügler (Staphylinidae). Bis knapp 0,4 cm lang. Oft zahlreich unter Laub, faulenden Pflanzen und Moos. Die etwa 1360 im Gebiet vorkommenden Kurzflügler bewohnen viele, aber je nach Art ganz bestimmte Lebensräume. Man findet sie in der Bodenschicht, in Pilzen, an Aas, Kot, an Ufern, unter Rinde (Borkenkäferjäger!), in Bauten anderer Tiere (Ameisengäste!) usw. Viele Arten überwintern als Käfer und sind unter Schnee und Laub recht aktiv.

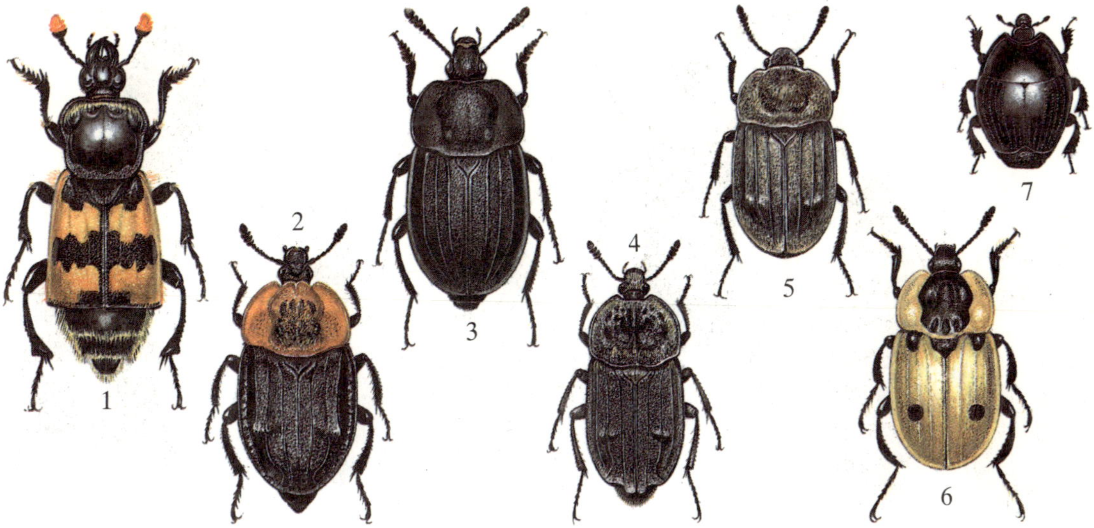

1 Totengräber, *Necrophorus vespillo*, Familie Aaskäfer (Silphidae). 1,2–2,2 cm lang. Fliegt gut. Wird durch den Geruch von Aas, das auch seine Nahrung bildet, angelockt. Hochentwickelte Brutpflege. Kleinere tote Tiere, z. B. Mäuse, Vögel, werden in die Erde eingewühlt und von nur einem Pärchen so bearbeitet, daß eine Aaskugel entsteht. In deren Nähe (z. B. in kleinen Erdhöhlen) legt das ♀ die Eier in die Erde. ♀ wandelt mit Hilfe von Verdauungssäften die Aaskugel in Nahrungsbrei um. Damit werden die geschlüpften Larven anfangs gefüttert. Im Gebiet 8 *Necrophorus*-Arten. Durch das Beseitigen von Tierkadavern nützlich (»Gesundheitspolizei«).

2 Rothalsige Silphe, *Oeceoptoma thoracica*, Familie Aaskäfer (Silphidae). 1,1–1,6 cm lang. Der Halsschild samtig behaart. Frißt Aas, aber auch faulende Pflanzen, z. B. ist sie an stark riechenden Pilzen anzutreffen. Im Gebiet gibt es rund 30 Aaskäfer-Arten, die aber nicht alle Aas, sondern auch pflanzliche Stoffe fressen oder lebende Kleintiere erbeuten.

3 Aaskäfer, *Silpha obscura*, Familie Aaskäfer (Silphidae). 1,2–1,7 cm lang. Käfer und Larve ernähren sich von toten und lebenden Kleintieren.

4 Totenfreund, *Thanatophilus sinuatus*, Familie Aaskäfer (Silphidae). 0,9–1,2 cm lang. Kopf und Halsschild behaart. ♂ mit abgestutzten Flügeldecken. Oft zu mehreren an Tierleichen, von denen sie sich ernähren. Dadurch ist der Totenfreund wie alle aasfressenden Käfer nützlich. Im Gebiet kommen 3 *Thanatophilus*-Arten vor.

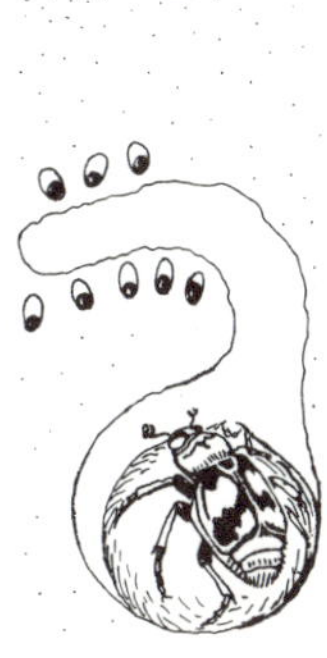

Totengräber mit Eikammer

5 Rübenaaskäfer, *Blitophaga opaca*, Familie Aaskäfer (Silphidae). 0,9–1,2 cm lang. Schwarz mit goldbrauner Behaarung. Frißt nur Pflanzen. Die Verpuppung erfolgt im Erdboden. Er ernährt sich von Rüben und anderen Gänsefußgewächsen, aber auch von Getreide, Kreuzblütengewächsen (z. B. Raps), Möhren, Salat usw. (polyphage Ernährungsweise). Die Käfer zerfressen die Blätter fast völlig, während die Larven Lochfraß verursachen. Kann bei Massenvermehrungen großen Schaden anrichten. Die 2 *Blitophaga*-Arten sind die einzigen schädlichen Aaskäfer im Gebiet.

6 Vierpunktiger Raupenjäger, *Xylodrepa quadripunctata*, Familie Aaskäfer (Silphidae). 1,2–1,4 cm lang. In Wäldern und Gärten. Ernährt sich nicht von Aas, sondern von schädlichen Raupen (z. B. von Nonne, Schwammspinner, Eichenwickler, Frostspanner usw.), von Blattläusen, Blattkäferlarven u. a., wodurch er sehr nützlich wird. Im Gegensatz zum Puppenräuber leben (nach Burmeister) die asselförmigen Larven auf dem Boden.

7 Stutzkäfer, *Hister cadaverinus*, Familie Stutzkäfer (Histeridae). Etwa 0,6–0,9 cm lang. Wie die meisten Stutzkäfer mit hartem, fast immer schwarzem, glänzendem, gewölbtem Panzer sowie mit geknieten Fühlern und abgestutzten Flügeldecken, die die beiden letzten Hinterleibssegmente unbedeckt lassen. Wie viele *Hister*-Arten an Aas; sie ernähren sich räuberisch, indem sie die in und an Kadavern lebenden Tiere jagen (z. B. Zweiflüglerlarven). Imagines werden bis zu 3 Jahren alt. Im Gebiet etwa 80 Stutzkäferarten; einige stellen Borkenkäfern nach.

1 Glühwürmchen, *Lampyris nocticula*, Familie Leuchtkäfer (Lampyridae). ♂ bis 1,2 cm, das stummelflüglige ♀ bis 1,8 cm lang. ♂♂ fliegen besonders Ende Juni an warmen Tagen in der Dunkelheit. Die »wurmartigen«, flugunfähigen ♀♀ (Name!) zwischen Pflanzen und am Boden. Ihre auf der Bauchseite liegenden Leuchtorgane sind für die ♂♂ weithin sichtbar, da die ♀♀ den Bauch nach oben krümmen. Das Leuchten ist wahrscheinlich für das »Sich-Finden« der Geschlechter von Bedeutung. ♀ legt die Eier im Mai in die Erde ab. In etwa einem Monat schlüpfen die ebenfalls leuchtenden Larven. Nach ihrer Überwinterung verpuppen sie sich im Mai (Puppenruhe 8 Tage). Die Larven überwältigen (durch Gift!) Schnecken. Die Käfer ernähren sich vom Fettvorrat, den sie sich als Larve angefressen haben. Im Gebiet 3 Arten der Familie.

2 Soldatenkäfer, *Cantharis fusca*, Familie Weichkäfer (Cantharidae). Bis 1,5 cm lang. Im Gebiet etwa 80 Weichkäfer-Arten; die oft gelblich oder rötlich gefärbten Tiere im Sommer auf blühenden Kräutern, Büschen, Gräsern usw., bei Regen am Boden (z. B. unter Laub). Durch den Fraß von Kleintieren (z. B. Raupen, Blattläusen) nützlich. Frißt manchmal auch Pflanzen (z. B. Triebe), aber meist unbedeutend schädlich. Das ♀ legt die Eier im Mai ab. Im Juni schlüpft die Larve, die holzzerstörende Insekten und andere Kleintiere, aber auch Pflanzenteile frißt (polyphage Ernährung). Wie alle Cantharidenlarven überwintert sie in der Erde. Verpuppung im März des folgenden Jahres. Auffällig ist das Umherlaufen der Larven an milden Wintertagen (Schneewürmer).

Weichkäfer

3 Malachitenkäfer, *Malachius aeneus*, Familie Malachitenkäfer (Malachiidae). Bis 0,7 cm lang. Im Gebiet 28 Arten der Familie. Auf Wiesen, in Flußtälern und an ähnlichen feuchten Orten. Sie fliegen in der Sonne lebhaft umher. Besuchen Blüten von Kräutern, Sträuchern und anderen Pflanzen. Fressen Pollen, aber auch Kleintiere, z. B. Blattläuse. Eigenartiges Paarungsverhalten: die ♂♂ veranlassen die ♀♀, mehrmals in ihren Hinterleib zu beißen, bis die beiderseitige Erregung die Begattung auslöst. Die Eiablage erfolgt in die Ritzen von Holz, das schon von anderen Larven, besonders denen von Käfern, befallen ist. Die Larven der Malachitenkäfer fressen Kleintiere. Da sie z. B. auch holzzerstörende Käferlarven erbeuten, nützlich. Besonders einige *Malachius*-Arten stülpen bei Beunruhigung an den Körperseiten rötliche, schlauchartige Gebilde aus.

4 *Cercyon haemorrhoidalis*, Familie Wasserkäfer (Hydrophilidae). Etwa 0,3 cm lange, halbkugelig gewölbte Käfer, die in Dünger (Kot) leben. Siehe auch *Sphaeridium scarabaeoides.*

5 *Sphaeridium scarabaeoides*, Familie Wasserkäfer (Hydrophilidae). Etwa 0,6 cm lang. Im Mist, besonders im frischen Rinderkot. Bei uns weiterhin *Sphaeridium bipustulatum* häufig. Gehört, ebenso wie *Cercyon*, zu den Wasserkäfern, die zwar feuchtigkeitsliebend sind, aber an Land leben. Man findet sie an Gewässerufern, auf Feldern, in Gärten, Gehölzen usw. Viele leben an Kot (Exkrementen) und anderen feuchten Orten (z. B. unter Laub). Hier legen sie auch ihre Eier ab. Sie ernähren sich von Faulstoffen.

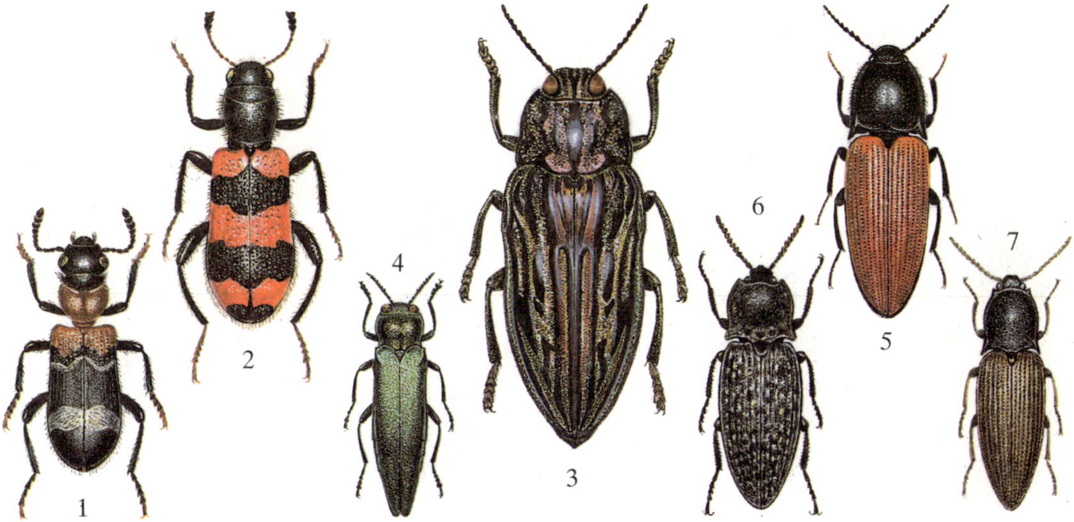

1 Borkenkäferfresser, *Thanasimus formicarius,* Familie Buntkäfer (Cleridae). 0,7–1 cm lang. In Nadelwäldern an Baumstämmen. Käfer und Larven ernähren sich räuberisch, besonders von Borkenkäfern und deren Larven, wodurch sie sehr nützlich werden. ♀ legt die Eier unter der Rinde ab. Die Larven wachsen langsam, verpuppen sich im Herbst. Es überwintern Larven, Puppen oder Imagines. Im Gebiet 18 Buntkäferarten.

2 Bienenwolf, *Trichodes apiarius,* Familie Buntkäfer (Cleridae). 1–1,3 cm lang. Im Gebiet 2 ähnliche Arten. Auf Blüten (Doldengewächse!). Frißt Kleintiere. *Trichodes*-Larven leben in unsauberen, wenig gepflegten kleineren Bienenstöcken oder in Nestern von Wildbienen. Dort fressen sie tote und kranke Bienen, auch Bienenlarven und -puppen (Name!). Wahrscheinlich kaum schädlich.

3 Großer Kiefernprachtkäfer, *Chalcophora mariana,* Familie Prachtkäfer (Buprestidae). 2,4–3 cm lang. In Kiefernwäldern. Nähert man sich dem auf Holz sitzenden Käfer, dann fliegt dieser sehr schnell weg. Die holzfressende Larve in Kiefernstöcken. Nicht schädlich, eher durch Zersetzung des morschen Holzes der Stubben nützlich.

4 Laubholzprachtkäfer, *Agrilus viridis,* Familie Prachtkäfer (Buprestidae). Bis 0,9 cm lang. In der Färbung sehr variabel (z. B. grün, blau, kupfern). Im Gebiet 33 schwer unterscheidbare *Agrilus*-Arten. Fliegt in Laubwäldern, besonders Juni–Juli. ♀ legt je etwa 10 Eier als weißliche Häufchen an der Rinde ab. Die Larve frißt bei gesunden Bäumen dicht unter der Rinde, bei geschädigten bis ins Holz. Verpuppt sich dort. Im Gebiet etwa 80 meist nicht häufige Prachtkäfer. Wärmeliebende, scheue und schnelle Tiere. Im Sonnenschein oft auf Blüten. Ernähren sich von Pollen. Larven fressen in der Rinde, manchmal im Holz. Schaden für die Forstwirtschaft gering, da die Larven meist in Stubben oder kranken Bäumen fressen.

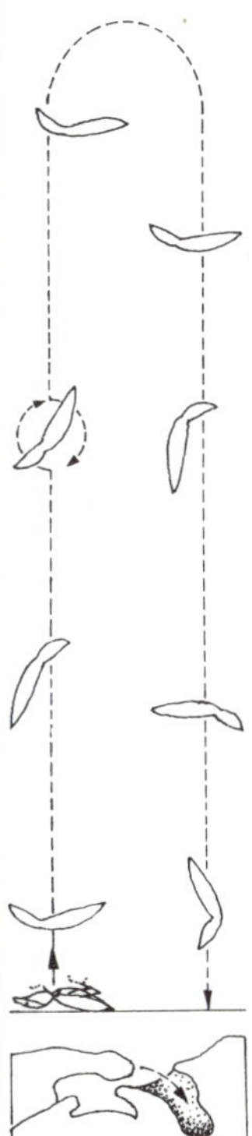

Schnellkäfer

5 Roter Schnellkäfer, *Elater sanguineus,* Familie Schnellkäfer (Elateridae). Bis 1,7 cm lang. Oft auf alten Baumstümpfen. Die Larve frißt anfangs Mulm, später Kleintiere.

6 Mausgrauer Schnellkäfer, *Adelocera murina,* Familie Schnellkäfer (Elateridae). 1,2–1,7 cm lang. Auf Wiesen, Wegrändern usw., z. B. unter Steinen. Im Gebiet über 120 Arten der Familie. Halsschild zu Spitzen ausgezogen. Auf Blüten, Büschen, Baumstümpfen usw. Die Käfer ernähren sich besonders von zarten Pflanzenteilen. Viele Larven leben in faulendem Holz, von dem sie sich anfangs ernähren. Später jagen sie Kleintiere. Nur die Larven weniger im Boden lebender Arten werden durch Wurzelfraß schädlich (Drahtwürmer!). Entwicklung mehrjährig. Die Larven häuten sich 9- bis 16mal. Sind die Käfer in Gefahr, schnellen sie aus der Rückenlage sprungartig empor und können dadurch einem Angreifer entkommen. Komplizierter Schnellapparat zwischen Vorder- und Mittelbrust.

7 Bräunlicher Schnellkäfer, *Agriotes ustulatus,* Familie Schnellkäfer (Elateridae). Bis 1,2 cm lang. Im Gebiet 10 *Agriotes*-Arten. Im Herbst oft auf Doldengewächsen. Die Larven durch Wurzelfraß schädlich.

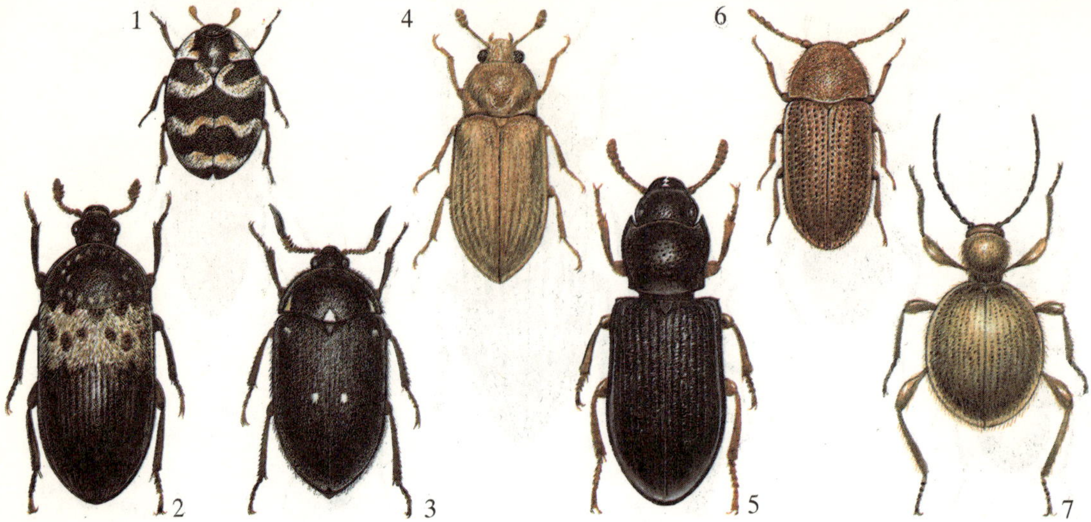

1 Wollkrautblütenkäfer, *Anthrenus verbasci,* Familie Speck- und Pelzkäfer (Dermestidae). Etwa 0,3 cm lang. Im Gebiet 7 *Anthrenus*-Arten (u. a. Teppich-, Museumskäfer). Die Käfer auf Blüten, besonders von Doldengewächsen, von deren Pollen sie sich ernähren. Sie legen Eier an trockenes Aas sowie an alle möglichen tierischen Produkte. Die Larven richten oft beträchtliche Fraßschäden in Tiersammlungen an. Sie haben einen dichten Borstenpelz, den sie abspreizen können. Auch Pelze, Wolle, Wurst usw. werden vernichtet. Besonders *Anthrenus verbasci* ist ein Schädling in Insektensammlungen. Die Käfer sind oft an Fenstern zu finden, da der geschlüpfte Käfer den Weg ins Freie sucht. Sie entwickeln sich in fast jedem Haushalt.

2 Speckkäfer, *Dermestes lardarius,* Familie Speck- und Pelzkäfer (Dermestidae). 0,7–0,9 cm lang. Frißt tierische Produkte, z. B. Dauerfleischwaren, Käse, Felle und Leder. Durch den Handel weit verschleppt. Im Gebiet 12 *Dermestes*-Arten. Im Freien ernähren sie sich von Aas. Durch den Fraß an tierischen Produkten werden sie sehr schädlich; in Wohnungen, Speichern, Museen usw. Im Gegensatz zu anderen Schädlingen dieser Familie richten die Käfer selbst und nicht nur die behaarten Larven die Schäden an.

3 Pelzkäfer, *Attagenus pellio,* Familie Speck- und Pelzkäfer (Dermestidae). Etwa 0,5 cm lang. Käfer im Frühjahr auf Blüten, z. B. von Obstbäumen, Ziersträuchern und Weißdorn. Frißt Pollen, ♀ dringt in Wohnungen ein und legt dort Eier an Pelze, Teppiche und andere Textilien ab, die der Larve als Nahrung dienen. 5 *Attagenus*-Arten im Gebiet.

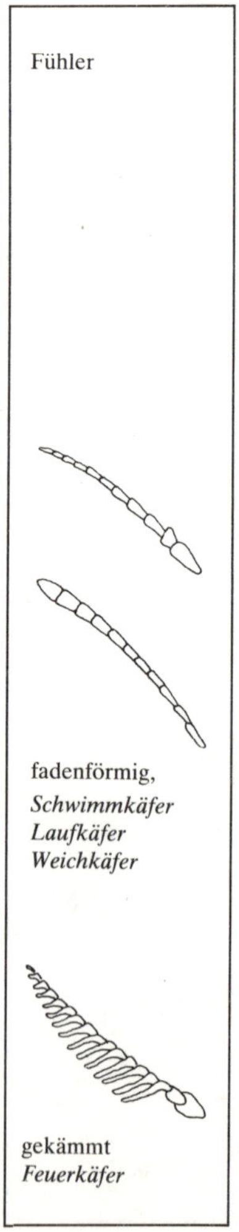

4 Himbeerkäfer, *Byturus tomentosus,* Familie Blütenfresser (Byturidae). Bis knapp 0,5 cm lang. Besonders auf Blüten der Himbeere. Käfer frißt Pollen und Nektar, die Larve dagegen in den Früchten. Zur Verpuppung sucht sie Verstecke im Boden auf. Nach kurzer Zeit schlüpft der Käfer, der dann überwintert. Durch Larvenfraß sowie zum Teil durch Zerstören von Blüten schädlich. Die Verpuppung erfolgt in einem Gespinst am Boden. Im Gebiet eine 2. ähnliche Art *(Byturus fumatus)* auf verschiedenen Blüten.

5 Finsterkäfer, *Tenebrioides mauretanicus,* Familie Flachkäfer (Ostomidae). 0,6–1,1 cm lang. In Speichern, Mühlen, Bäckereien usw. Soll Körner und Getreideprodukte vernichten. Vielfach wurde aber beobachtet, daß sich der Käfer von Vorratsschädlingen (z. B. Mehlmilben, Kornkäferlarven) ernährt.

6 Brotkäfer, *Stegobium paniceum,* Familie Pochkäfer (Anobiidae). 0,2–0,4 cm lang. Haus- und Vorratsschädling, der praktisch alles frißt (omnivore Ernährung); selbst Blei soll er schon durchgenagt haben. Hauptnahrung sind Lebensmittel.

7 Messinggelber Diebskäfer, *Niptus hololeucus,* Familie Diebskäfer (Ptinidae). Etwa 0,4 cm lang. Besonders in warmen Räumen. Käfer frißt Textilien, Brot, Papier, Lederwaren usw., aber nicht etwa Messing (Name weist auf die gelbe Behaarung hin). Die Larve ist oft im Fachwerk und unter Dielenbrettern alter Häuser und richtet bei weitem nicht solchen Schaden an wie der Käfer. Er wurde um 1840 nach Dresden eingeschleppt, jetzt in ganz Mitteleuropa verbreitet.

1 *Thea 22-punctata*, Familie Marienkäfer (Coccinellidae). Bis 0,5 cm lang. Wie bei allen Marienkäfern wird zur Bestimmung die Anzahl der Punkte (Flecke) auf beiden Flügeldecken gezählt. Lebensweise siehe bei 5.

2 *Hippodamia variegata*, Familie Marienkäfer. Bis 0,6 cm lang. Auf trockenen Wiesen (Ruderalflächen!). Zeichnung sehr variabel. Lebensweise siehe bei 5.

3 *Anatis ocellata*, Familie Marienkäfer (Coccinellidae). 0,8–0,9 cm lang. Schwarze Punkte weißlich umrandet. Besonders in Nadelwäldern. Größter Marienkäfer im Gebiet.

4 **Zweipunkt,** *Adalia bipunctata*, Familie Marienkäfer (Coccinellidae). Bis etwa 0,6 cm lang. Zeichnung wie bei vielen Marienkäfern sehr variabel. Am gleichen Ort, also bei etwa gleichen Umweltbedingungen treten in Färbung, Zahl und Anordnung der Flecke große Unterschiede (Aberrationen 4b, 4c) auf. Lebensweise siehe bei 5.

5 **Siebenpunkt,** *Coccinella septempunctata*, Familie Marienkäfer (Coccinellidae). Bis 0,8 cm lang. Überwintert in Schlupfwinkeln im Freien oder in Gebäuden; schon im Vorfrühling in der Sonne, z. B. an Fenstern, zu beobachten. Die blattlausfressende Larve wird vom Unkundigen oft mit der Kartoffelkäferlarve verwechselt. Im Gebiet kommen über 70 Arten der Familie vor. An Zeichnung und annähernd kugligem Körper leicht zu erkennen. Auf verschiedenen Pflanzen in vielen Biotopen. Da sich die meisten Arten (Larven und Käfer) von Blattläusen ernähren, sind sie sehr nützlich (biologische Schädlingsbekämpfung). Eine Larve saugt täglich bis zu 50 Blattläuse aus, ein Käfer, je nach Alter, fast genausoviel. Oft erscheinen die Käfer in großer Zahl an Orten mit starkem Blattlausbefall. Die Käfer werden über ein Jahr alt (Zahl der Punkte hat nichts mit dem Alter zu tun). Die ♀♀ legen im Frühjahr mehrere hundert Eier an die Unterseite von Blättern. In etwa einer Woche schlüpfen die Larven. Nach mehreren Häutungen in 1–2 Monaten verpuppen sie sich auf Blättern oder an anderen Pflanzenteilen. Nach bereits 6–9 Tagen schlüpfen die Käfer (2. Generation).

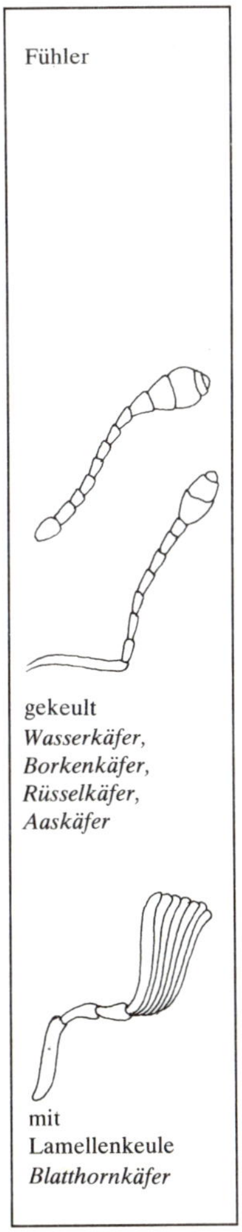

6 **Wollkäfer,** *Lagria hirta*, Familie Wollkäfer (Lagriidae). Bis 1 cm lang. In Wäldern, Gärten, an Waldrändern usw. auf Blüten und Blättern. Die Imagines ernähren sich von Blättern der verschiedensten Pflanzen (Polyphagie).

7 **Rapsglanzkäfer,** *Meligethes aeneus*, Familie Glanzkäfer (Nitidulidae). 0,2–0,3 cm lang. Auf und in Blüten von Raps und anderen Kreuzblütengewächsen. Der Käfer bohrt noch nicht geöffnete Blütenknospen an. Frißt Pollen. ♀ legt je 1 Ei in den Blütenboden, dadurch Ertragsminderung, da die Knospen meist abfallen. Im Raps kommen auch noch andere *Meligethes*-Arten vor, die nicht so schädlich werden. Die Larven fressen Pollen. Verpuppung in der Erde. Die im Sommer geschlüpften Käfer überwintern unter Gras und Laub.

8 *Meligethes coracinus*, siehe bei 7. Häufig z. B. auf Kreuz- und Korbblütlern (Löwenzahn!).

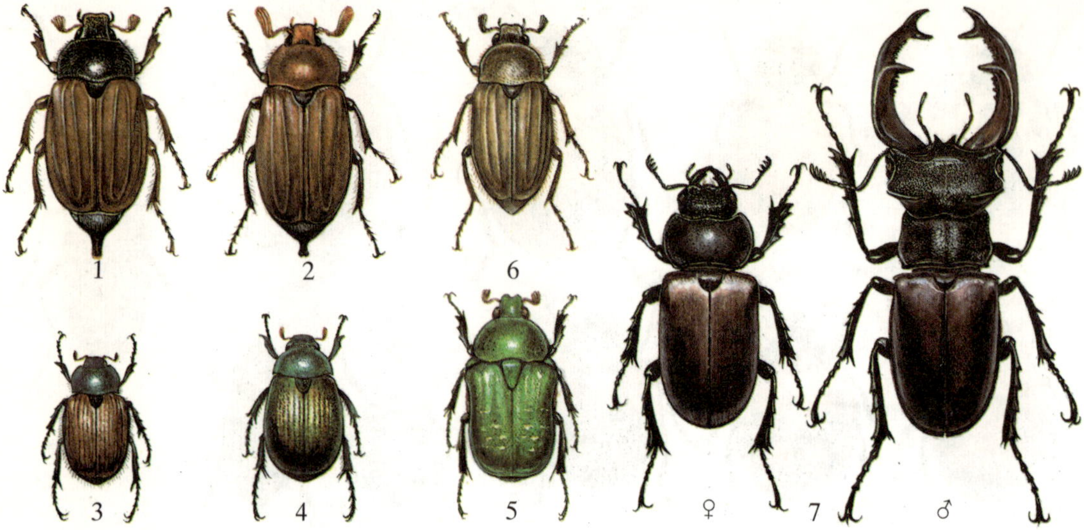

1 Feldmaikäfer, *Melolontha melolontha*, Blatthornkäferfamilie Scarabaeidae. Bis etwa 3 cm lang. Hinterleibsspitze (Aftergriffel) zu einer am Ende mehr parallelseitigen Spitze ausgezogen. Die für diese Familie charakteristisch geblätterten Fühler sind beim ♂ größer (♀ 6 Glieder, ♂ 7 Glieder). Sie sind Sitz der Geruchssinnesorgane (♂ findet damit das ♀). Frißt Blätter von Laubbäumen (bevorzugt Eiche), seltener von Nadelbäumen. Von Mai bis Juni legen die ♀♀ die Eier in lockeren Boden; danach sterben sie. Die Larven, die bekannten Engerlinge, schlüpfen nach 6 Wochen und wachsen in 2–4 Jahren heran. Sie fressen Wurzeln. Im Gebiet erfolgt meist im 4. Jahr nach der Eiablage die Verpuppung in der Erde. Die Käfer schlüpfen im August, überwintern und erscheinen dann im Frühjahr. Bei Massenauftreten sehr schädlich. Ursache des Rückgangs sind mehrere negative Umweltfaktoren.

2 Waldmaikäfer, *Melolontha hippocastani*, Familie Scarabaeidae. Bis 2,6 cm lang. Ähnliche Lebensweise wie der Feldmaikäfer (mehr auf Sandboden). Aftergriffel, im Gegensatz zu obiger Art, plötzlich verengt und am Ende dann wieder knopfartig erweitert.

3 Gartenlaubkäfer, *Phyllopertha horticola*, Blatthornkäferfamilie Scarabaeidae. Zu dieser Familie zählt man Mai-, Rosen-, Dung- und Mistkäfer. Bis 1,1 cm lang. Der Käfer frißt hauptsächlich Blätter an Obst- und anderen Laubbäumen sowie Blüten und Früchte. Auch an Büschen und krautigen Pflanzen. Schwärmt besonders im Juni in der Mittagssonne. Die Larve frißt Wurzeln. Schädlich, aber nie wie die Maikäfer.

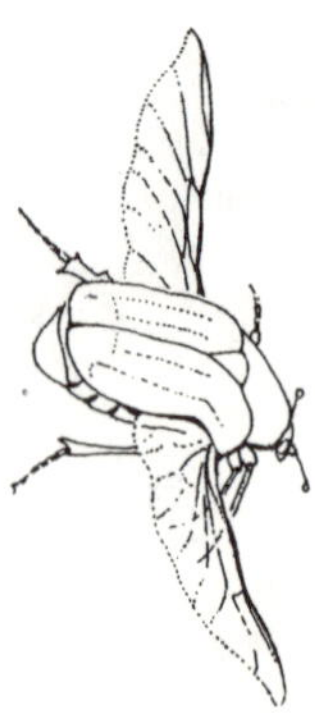

Rosenkäfer im Flug

4 Julikäfer, *Anomala dubia*, Blatthornkäferfamilie Scarabaeidae. Bis etwa 1,5 cm lang. Auf Weiden und anderen Pflanzen. Fliegt von Juni bis Anfang August.

5 Gemeiner Rosenkäfer, *Cetonia aurata*, Blatthornkäferfamilie Scarabaeidae. 1,4 bis 2 cm lang. Auf Blüten von Sträuchern, Disteln usw. Frißt zarte Blütenteile. Fliegt von Ende Mai bis Juli/August. Beim Flug bleiben die Flügeldecken geschlossen, im Gegensatz zu den anderen fliegenden Käfern. Die Larven leben in morschem Holz (z. B. Baumstümpfe).

6 Junikäfer, *Amphimallon solstitialis*, Blatthornkäferfamilie Scarabaeidae. Bis 1,8 cm lang. Bevorzugt sandige Böden (auch Brackkäfer genannt). Frißt auf Bäumen und Sträuchern; schädlich. Schwärmt besonders in der Zeit des Sonnenuntergangs. Fliegt im Juni oder Juli, aber nur wenige Tage. Larven (Engerlinge) sind gegen Nässe empfindlich. Gehört zu den maikäferartigen Scarabaeiden, zu denen auch der in sandigen Gegenden vorkommende Walker *(Polyphylla fullo)* zählt. Er ist reichlich 3 cm lang, braun und weißlich marmoriert.

7 Hirschkäfer, *Lucanus cervus*, Blatthornkäferfamilie Lucanidae. Mit 2,5–7,5 cm größter Käfer im Gebiet. ♂ viel größer als das ♀. Auf Laubbäumen. Fliegt im Juni–August. Oft an ausfließenden Baumsäften. Die sich in 5–6 Jahren entwickelnden holzfressenden Larven besonders in Eichenstubben. Die Beseitigung solcher Entwicklungsbiotope ist der Hauptgrund für den starken Rückgang. Bestandsgefährdet.

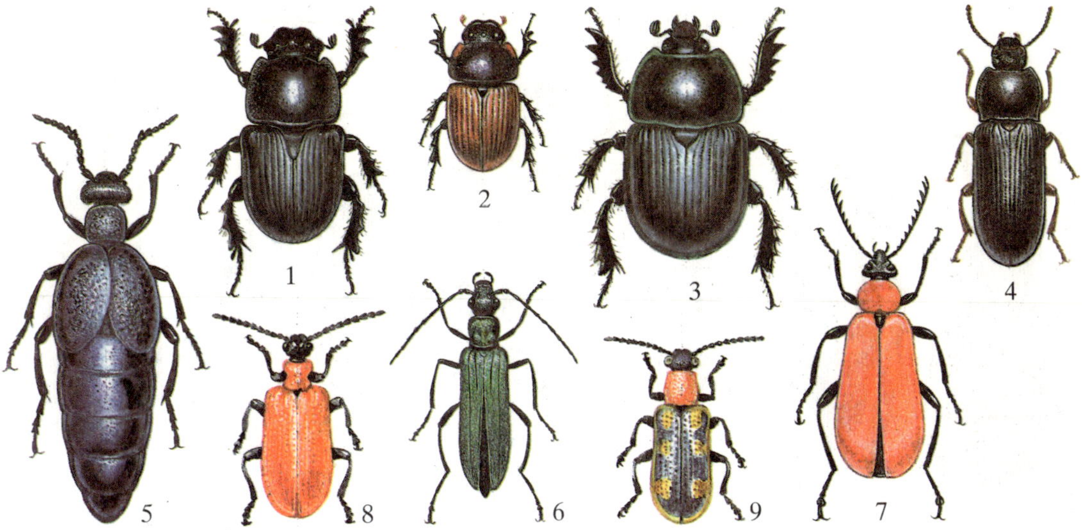

1 Dungkäfer, *Aphodius fossor,* Blatthornkäferfamilie Scarabaeidae. Etwa 0,8–1,3 cm.

2 Dungkäfer, *Aphodius fimetarius,* Familie Scarabaeidae. Etwa 0,5 cm lang. Im Gebiet etwa 60 *Aphodius*-Arten. Meist 0,5 cm lang und rot, schwarz oder gelbbraun (bei letzterem oft mit schwärzlicher Zeichnung). Die meisten leben in Tierkot (z. B. in innen noch feuchtem Rinderdung, in Pferdemist usw.). In diesen werden die Eier abgelegt. Larven und Käfer ernähren sich nicht von der Zellulose des Mistes, sondern von Eiweißstoffen, die sie aufschließen können.

3 Großer Mistkäfer, *Geotrupes stercorarius,* Blatthornkäferfamilie Scarabaeidae. 1,6 bis 2,5 cm lang. Der hartgepanzerte, hochgewölbte Käfer mit 7 Längsfurchen auf den Flügeldecken. In Wäldern, auf Wegen, an Waldrändern usw. Fliegt besonders an warmen Abenden mit Gebrumm in niedriger Höhe. Meist an Tierkot, von dem er sich hauptsächlich ernährt. Hochentwickelte Brutfürsorge. Ein Pärchen legt im September–Oktober unter frischem Tierkot den Brutbau an. Der etwa 0,5 m tiefe Hauptgang wird senkrecht oder schräg in die Erde getrieben. Von ihm gehen Seitengänge aus. In diese bringt das Pärchen jeweils eine »Mistwurst« ein. Am Ende eines solchen Brutballens fertigt das ♀ eine kleine Kammer an, in die sie ein Ei legt. Dann wird der Seitenstollen mit Erde verschlossen. Die im April schlüpfenden Larven haben so einen Nahrungsvorrat und sind gleichzeitig vor Feinden geschützt. Bis zur Verpuppung überwintert die Larve noch einmal. Im Gebiet 7 *Geotrupes*-Arten, meist von Milben befallen.

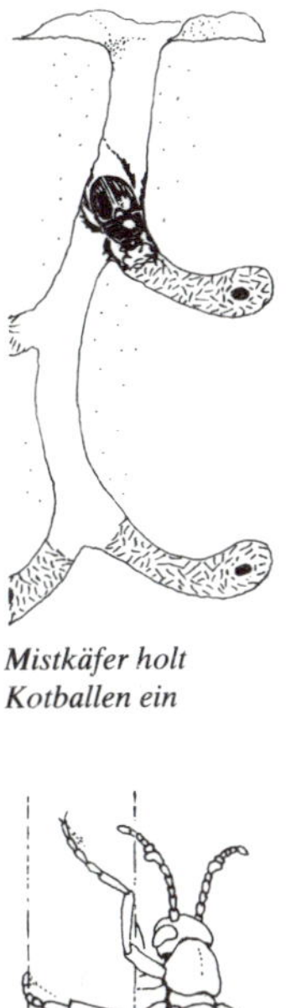

Mistkäfer holt Kotballen ein

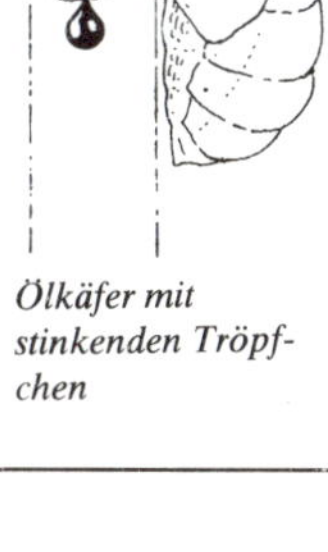

Ölkäfer mit stinkenden Tröpfchen

4 Gemeiner Mehlkäfer, *Tenebrio molitor,* Familie Schwarzkäfer (Tenebrionidae). 1,2 bis 1,8 cm lang. In Speichern, Mühlen usw. an Getreide, Mehl und Teigwaren. Durch Larvenfraß Vorratsschädling. Die Larven, die »Mehlwürmer«, entwickeln sich in etwa 3 Wochen. Leicht in Mehl zu ziehen.

5 Ölkäfer, *Meloë violaceus,* Familie Blasenkäfer (Meloidae). 1–3,2 cm lang. Besonders das ♀ plump, wurmförmig. Im Gras (April–Mai). Frißt Pflanzen. ♀ legt die Eier (bis 4000!) in die Erde. Komplizierte Entwicklung.

6 Scheinbockkäfer, *Oedemera virescens,* Familie Scheinbockkäfer (Oedemeridae), 0,8 bis 1,2 cm lang. In Wäldern auf Blüten. Im Gebiet 23 Arten der bockkäferähnlichen Oedemeriden. Die meisten fressen Pollen. Die Larven im Mark von Stengeln krautiger Pflanzen und in morschem Holz.

7 Scharlachroter Feuerkäfer, *Pyrochroa coccinea,* Familie Feuerkäfer (Pyrochroidae). 1,4–1,8 cm lang. Im Mai–Juni auf Blüten, besonders an Waldrändern, Waldlichtungen usw. Frißt Blütenstaub oder Nektar. Larven entwickeln sich in etwa 3 Jahren unter der Rinde von Stubben oder abgestorbenen Bäumen. Fressen andere Holzinsektenlarven und weiche Rinde. Im Gebiet 3 Arten.

8 Lilienhähnchen, *Lilioceris lilii,* Familie Blattkäfer (Chrysomelidae). Schädlich an Lilien.

9 Spargelhähnchen, *Crioceris asparagi,* Familie Blattkäfer. Schädling der Spargelpflanzen.

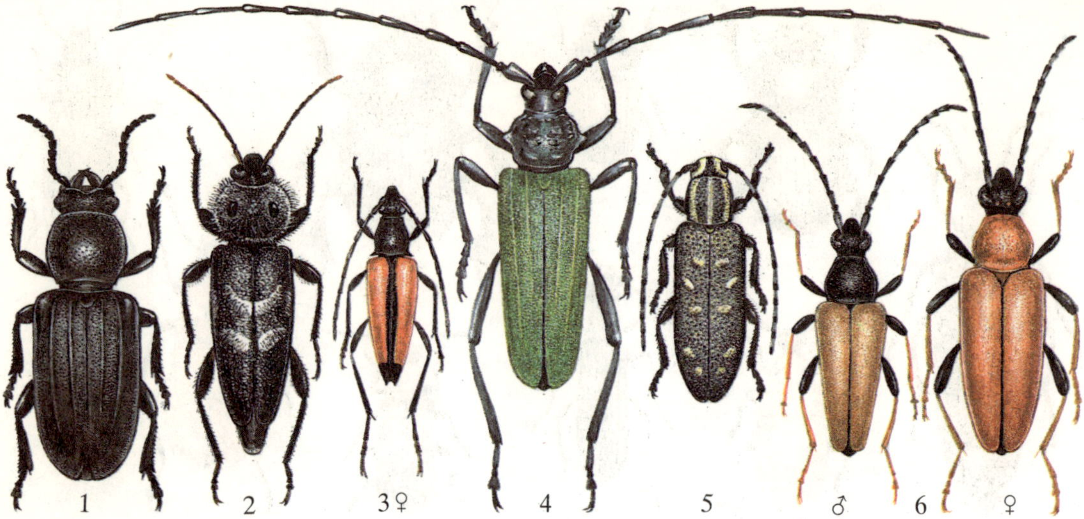

1 Waldbock, *Spondylis buprestoides,* Familie Bockkäfer (Cerambycidae). 1,2–2,4 cm lang. Im Gegensatz zu anderen Bockkäfern gedrungen gebaut und mit relativ kurzen Fühlern. Juli–September. Besonders in Kiefernwäldern. Fliegt gern abends langsam in niedriger Höhe. Larve in morschen Kiefernstubben, selten in geschlagenem Holz. Sie baut das Holz mit Hilfe von Symbionten (Hefepilzen), die in ihrem Darm leben, ab. Durch Holzentwertung oder Fraß in Pfählen gelegentlich schädlich, durch Abbau der Baumstümpfe auch nützlich.

2 Hausbock, *Hylotrupes bajulus,* Familie Bockkäfer (Cerambycidae). 0,7–2,1 cm lang. Fliegt von Juli bis August. Wärmeliebend. ♀ bringt mit der Legeröhre mehrmals je 100–160 Eier in totem Nadelholz unter. Befällt oft Dachstühle, aber auch anderes verbautes Holz von Nadelbäumen. Die Larve frißt besonders im Splintholz. Sie durchfrißt nie die Oberfläche des Holzes, so daß der Befall oft erst festgestellt wird, wenn es zu spät ist. Entwicklung in meist nur 2, kann aber auch bis zu 10 Jahren dauern. Häufiger und sehr gefährlicher Schädling.

3 Schmalbock, *Strangalia melanura,* Familie Bockkäfer (Cerambycidae). 0,6–0,9 cm lang. ♂ mit gelbbraunen Flügeldecken. In Aussehen und Lebensweise *Leptura* ähnlich. Bei *Strangalia* ist aber der Hinterwinkel des Halsschildes viel stärker zugespitzt.

4 Moschusbock, *Aromia moschata,* Familie Bockkäfer (Cerambycidae). Um 3 cm lang. In der Färbung variabel (z. B. auch bronzefarben). Der Käfer mit moschusartigem Geruch (Name!). Im Sommer besonders in und an alten Weiden, in denen die Larve frißt. Entwicklung mehrjährig. Der Käfer nascht von ausfließendem Baumsaft.

5 Kleiner Pappelbock, *Saperda populnea,* Familie Bockkäfer (Cerambycidae). 0,9–1,5 cm lang. Fliegt an Pappeln und Weiden von Mai bis Juli. Treibt Brutfürsorge. ♀ frißt die Rinde hufeisenförmig an und legt zwischen Rinde und Splint je ein Ei ab. Die Larve ernährt sich anfangs vom entstehenden Wundgewebe (Kallus), später im Mark des Zweiges. An der Fraßstelle eine gallenartige Anschwellung. Die Larve verpuppt sich am Ende des Fraßganges. Im Frühjahr des 3. Jahres gelangt der Käfer ins Freie. Besonders in Jungpflanzungen schädlich.

6 Roter Schmalbock, Rothalsbock, *Leptura rubra,* Familie Bockkäfer (Cerambycidae). Familienname nach den Fühlern, die meist, ähnlich wie Ziegenhörner, nach hinten gerichtet getragen werden. 1–1,9 cm lang. Fliegt besonders im Juli bis August. ♂♂ oft auf Doldengewächsen. Die Larve entwickelt sich in Baumstümpfen von Nadelhölzern, deren Zersetzung sie fördert. Im Gebiet etwa 180 Bockkäferarten. Da sich viele, im Gegensatz zu *Leptura,* in der Baumregion aufhalten, sind sie nur selten zu beobachten. Die kurzlebigen Imagines fressen Pollen, Baumsaft, vielleicht auch gar nichts. Nach mehreren Begattungen legen die ♀♀ die Eier in Rinde oder Holz. Die Larvenfraßgänge sind mit Bohrmehl gefüllt. Reifungsfraß der Käfer nach dem Schlupf. Bis auf wenige Arten nicht schädlich, da die Larven im wertlosen Holz leben oder sich nicht stark vermehren.

Pappelbock Rindenschnitte vor der Eiablage

1 Blatthähnchen, *Oulema cyanella,* Familie Blattkäfer (Chrysomelidae). 0,4–0,5 cm lang. Auf Wiesen, besonders an Kratzdisteln. Käfer und Larve auch an Getreide, Schaden gering. Larve durch Kotüberzug als solche kaum erkennbar. Im Gebiet 5 Blatthähnchen-Arten. *Oulema melanopus* mit rötlichem Halsschild.

2 Schilfkäfer, *Donacia aquatica,* Familie Blattkäfer (Chrysomelidae). 0,6–1 cm lang. Im Gebiet etwa 30 *Donacia*-Arten. Im und am Wasser. ♀♀ legen die Eier unter Wasser an Pflanzen. Die Larven atmen, indem sie mit 2 Afterdornen die Gefäße von Pflanzen anzapfen. Verpuppung in Kokons. Die Käfer ab April des folgenden Jahres.

3 Kartoffelkäfer, *Leptinotarsa decemlineata,* Familie Blattkäfer (Chrysomelidae). Um 1 cm lang. Käfer und Larve fressen besonders an Kartoffelblättern. Eigelege an der Blattunterseite. Larve nicht mit der nützlichen des Marienkäfers verwechseln! Verpuppung in der Erde. Entwicklung Ei–Jungkäfer: 6–7 Wochen. Der Käfer überwintert. Gefährlicher Schädling mit interessanter Ausbreitungsgeschichte. Aus Amerika (befiel hier um 1850 die Kartoffel) nach Europa eingeschleppt. Nach dem ersten Weltkrieg breitete er sich trotz intensiver Bekämpfung von Frankreich her in Europa aus (überschritt 1938 den Rhein, 1950 die Oder).

4 Blattkäfer, *Olochrysa fastuosa,* Familie Blattkäfer (Chrysomelidae). 0,5–0,6 cm lang. Auf Lippenblütengewächsen; auf Hohlzahnarten häufig. Käfer und Larve Lochfraß. Im Gebiet etwa 500 Arten der Familie.

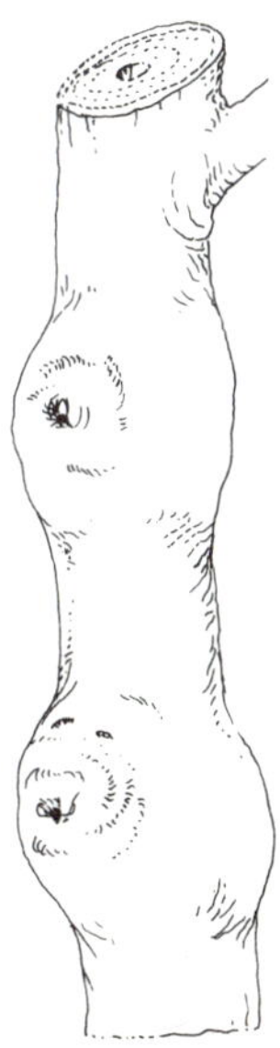

Gallen durch Pappelbocklarven

5 Erlenblattkäfer, *Agelastica alni,* Familie Blattkäfer (Chrysomelidae). 0,6–0,8 cm lang. Käfer und Larve fressen besonders an Erlen. Eigelege an der Blattunterseite. Verpuppung im Boden. Puppenruhe etwa 10 Tage. Die Jungkäfer sind erst nach der Überwinterung geschlechtsreif. Besonders in Junganpflanzungen schädlich.

6 Pappelblattkäfer, *Melasoma populi,* Familie Blattkäfer (Chrysomelidae). Bis 1,2 cm lang. Käfer und Larve fressen an Pappeln, auch an Weiden, wobei der Schaden an Pappeln gering, in Weidenhegern jedoch größer ist. ♀ legt die Eier im Mai–Juni an die Blattunterseite. Die Larve verpuppt sich nach 3 Wochen. Nach 10 Tagen schlüpft der Käfer und legt bald die Eier ab.

7 Erdfloh, *Haltica oleracea,* Familie Blattkäfer (Chrysomelidae). Bis 0,4 cm lang. Auf Wiesen, an Wegrändern usw., nie auf Kohl. Andere *Haltica*-Arten auf Sträuchern. Auf Kohl und Kreuzblütengewächsen sind besonders *Phyllotreta*-Arten (einige gelbstreifig) schädlich. Im Gebiet rund 200 Arten Erdflohkäfer! Sie können weit springen (verdickte Hinterschenkel). Die Larven minieren oft in Blättern und Stengeln. Die Käfer fressen an den Blättern. Larve und Käfer oft sehr schädlich.

8 Schildkäfer, *Cassida nebulosa,* Familie Blattkäfer (Chrysomelidae). 0,6–0,7 cm lang. Frißt an Gänsefußgewächsen (manchmal an Rüben schädlich). Die Larven sind mit Kot und abgestreiften Häuten bedeckt. Sie verpuppen sich auf Blättern. Im Gebiet etwa 30 Schildkäfer-Arten.

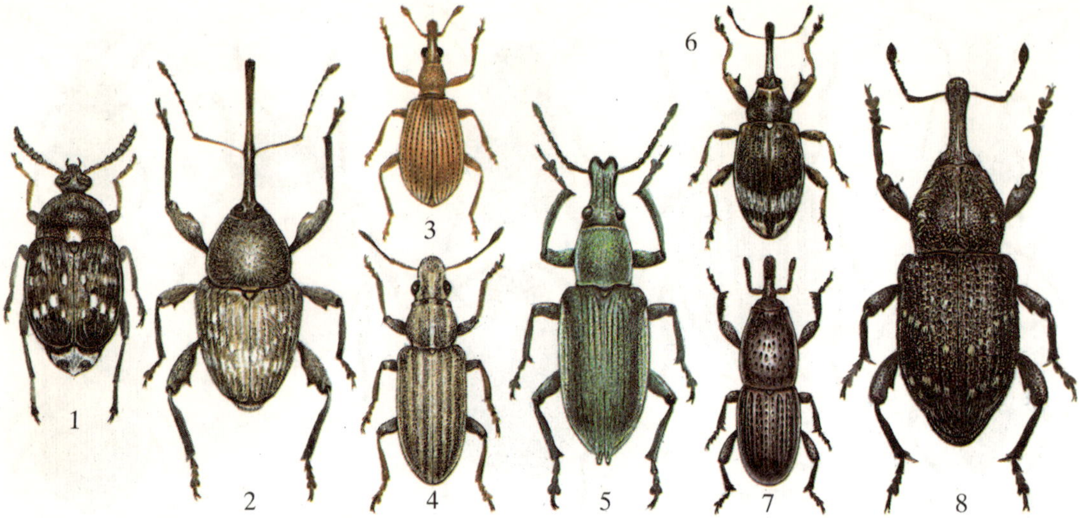

1 Erbsensamenkäfer, *Bruchus pisorum*, Familie Samenkäfer (Bruchidae). Bis 0,5 cm lang. Der Käfer legt die Eier in die Fruchtknoten oder die kleinen Hülsen. Die Larve frißt und verpuppt sich in der heranreifenden Erbse, die außen keine sichtbaren Schäden aufweist (keine Entwicklung in reifen Samen möglich). Schlupf der Käfer Herbst–Frühjahr (kreisrundes Schlupfloch). Im Gebiet über 20 Arten der Familie.

2 Haselnußbohrer, *Curculio nucum*, Familie Rüsselkäfer (Curculionidae). Bis 0,7 cm lang. ♀ bohrt zur Eiablage halbreife Nüsse an. Die Larve frißt dort. Überwintert im Boden. Verpuppung erst im Frühjahr. Im Gebiet über 10 *Curculio*-Arten; einige an Eicheln.

3 Kleespitzmäuschen, *Apion frumentarium*, Familie Rüsselkäfer (Curculionidae). Etwa 0,3 cm lang. Über 100 millimetergroße *Apion*-Arten im Gebiet. Die Käfer fressen an verschiedenen Pflanzen, besonders an Schmetterlingsblütengewächsen. Die Eier in Blüten, Knospen, Stengeln und Wurzeln, wo auch die Larven fressen (Gallenbildung). Manchmal geringer Schaden an Klee.

4 Blattrandkäfer, *Sitona lineatus*, Familie Rüsselkäfer (Curculionidae). 0,4–0,5 cm lang. Über 20 *Sitona*-Arten auf Leguminosen (z. B. Luzerne, Klee, Erbse, Lupine). Käfer schädigen durch Blattfraß, die Larven fressen an Wurzeln und Wurzelknöllchen. Im Gebiet etwa 1000 Rüsselkäferarten: Pflanzenfresser, oft mit geknieten Fühlern und rüsselartig verlängertem Vorderkopf, der bei der Eiablage förderlich ist. Meist überwintern die Jungkäfer.

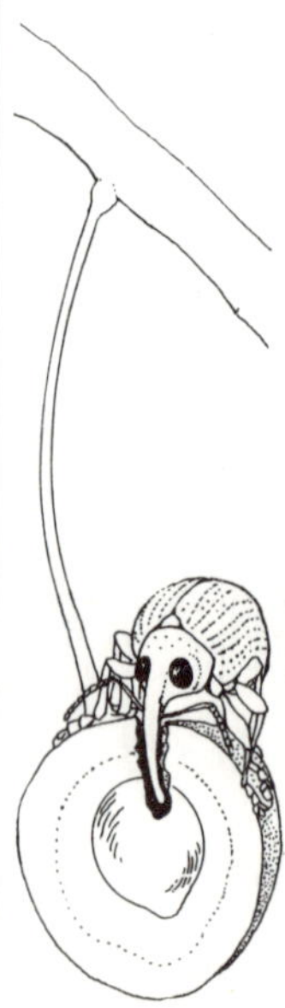

Steinfruchtstecher bereitet die Eiablage vor

5 Grünrüßler, *Chlorophanus viridis*, Familie Rüsselkäfer (Curculionidae). Etwa 1 cm lang. Grün (wie auch andere Arten der Gattung) oder bräunlich. Frißt gern an Brennesseln. *Chlorophanus*-Arten auch an Laubgehölzen (z. B. Erle, Weide).

6 Apfelblütenstecher, *Anthonomus pomorum*, Familie Rüsselkäfer (Curculionidae). Etwa 0,5 cm lang. Sticht im zeitigen Frühjahr die Blütenknospen der Apfelbäume an und legt in sie je ein Ei. Die Larve frißt in der Knospe, läßt die Kronblätter stehen. Die verdorrten Knospen fallen nicht ab. Der Käfer überwintert. Der Umfang des Schadens je nach Blütenansatz und Witterung verschieden. Im Gebiet etwa 20 *Anthonomus*-Arten.

7 Kornkäfer, *Sitophilus granaria*, Familie Rüsselkäfer (Curculionidae). Bis 0,4 cm lang. Meist in Speichern. ♀ bohrt die Getreidekörner an und legt je ein Ei ab. Im Korn frißt und verpuppt sich die Larve. Entwicklungsdauer ist temperaturabhängig (2–3 Monate). In Räumen mehrere Generationen im Jahr. Durch Käfer- und Larvenfraß schädlich.

8 Großer brauner Rüsselkäfer, *Hylobius abietis*, Familie Rüsselkäfer (Curculionidae). 0,8–1,4 cm lang. Käfer fressen von Mai bis September an Nadelhölzern, besonders an Jungpflanzen oberhalb des Wurzelknotens, so daß diese meist eingehen (»Pockennarbenfraß«). ♀ legt die Eier ab Mai an absterbende Wurzeln von Kiefern und Fichten. Die Larve frißt bis Oktober in den Wurzeln; verpuppt sich im Juli bis August; bald danach erscheinen die Käfer, die überwintern. Schädlichkeit nur durch den Käfer.

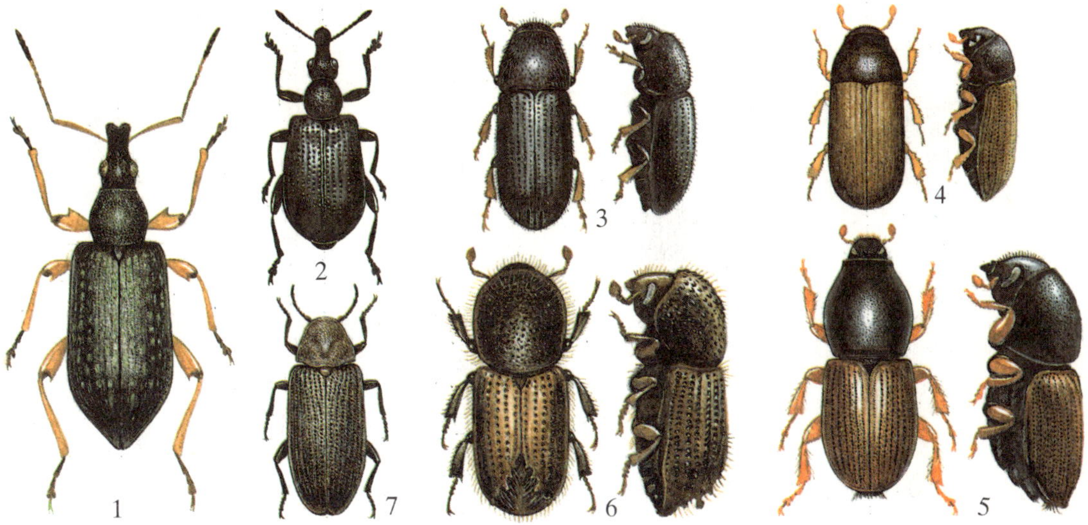

1 Blattnager, *Phyllobius calcaratus*, Familie Rüsselkäfer (Curculionidae). 0,8–1,2 cm lang. Im Gebiet 14 *Phyllobius*-Arten, die durch Randfraß die Blätter von Laubbäumen und anderen Pflanzen schädigen.

2 Birkenblattroller, *Deporaus betulae*, Familie Rüsselkäfer (Curculionidae). Bis 0,5 cm lang. Besonders auf Birken, aber auch auf anderen Laubbäumen, wie Buche, Hasel, Erle. Etwa Anfang Mai legt das ♀ je 1–6 Eier in besondere Eitaschen in den tütenartig gerollten Blättern. Die Larven ernähren sich vom gewickelten Blatt. Zur Verpuppung lassen sie sich auf den Boden fallen, wo sie eine kugelige Erdhöhle anfertigen. Der geschlüpfte Käfer überwintert hier.

3 Großer Waldgärtner, *Blastophagus piniperda*, Familie Borkenkäfer (Scolytidae). Etwa 0,4 cm lang. Besonders an Kiefern. Fliegt schon zeitig im Frühjahr. ♀ frißt zur Eiablage einarmigen Gang in der Rinde (Brutfraß!). Ernährungsfraß des Käfers in den Trieben, die dann abfallen. Die Kronen sehen danach wie beschnitten aus (Name!).

4 Kleiner Fichtenbastkäfer, *Polygraphus polygraphus*, Familie Borkenkäfer (Scolytidae). Bis 0,3 cm lang. Besonders an Fichten. Wie der Buchdrucker Rindenbrüter. Anhand der Gangsysteme (Borke dazu ablösen) kann man die Arten meist einfacher bestimmen als durch Untersuchung der Käfer. Bei normalem Witterungsverlauf 2 Generationen. Schädlich. Im Gebiet 95 Borkenkäferarten. Die Schädigung unserer Wälder durch die Umweltbelastung hat die Borkenkäfergefahr erhöht.

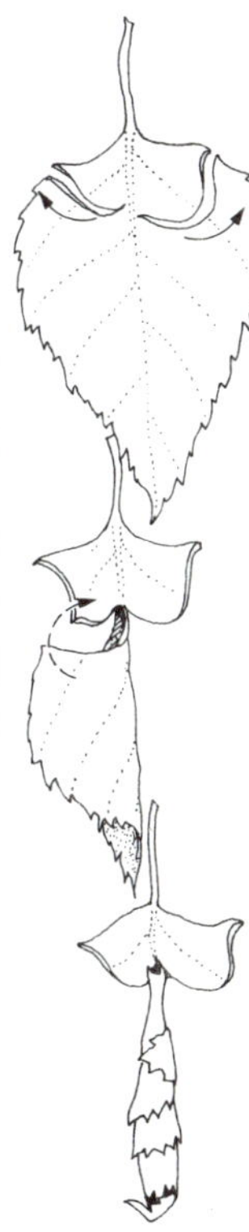

Birkenblattroller: eine Blattüte entsteht

5 Ulmensplintkäfer, *Scolytus scolytus*, Familie Borkenkäfer (Scolytidae). Etwa 0,5 cm lang. Besonders an Ulmen. Rindenbrüter. Befällt häufig Zweige gesunder Bäume. Meist in 2 Generationen. Sehr schädlich, da die Käfer Pilzsporen von *Ceratocystis ulmi* auf gesunde Bäume übertragen. Dieser Pilz ruft das »Ulmensterben« hervor.

6 Buchdrucker, *Ips typographus*, Familie Borkenkäfer (Scolytidae). Etwa 0,5 cm lang. Vornehmlich an Fichten (normalerweise an kranken oder geschwächten Bäumen). Fliegt an warmen Tagen, besonders im April–Mai und Juli–August. Rindenbrüter. ♂ bohrt die Rammelkammer; paart sich darin mit mehreren ♀♀ (polygam). ♀ frißt zwischen Rinde und Holz den Brutarm (Muttergang). In dessen Wand in Einischen je ein Ei. Die Larven fressen dann vom Muttergang aus seitwärts Gänge, an deren Ende sie sich verpuppen. So entsteht das Fraßbild, das für jede Art der Familie kennzeichnend ist. Entwicklungszeit etwa 2 Monate, Jungkäfer pflanzen sich bei günstiger Witterung sogleich wieder fort (2. Generation). Meist überwintern die Käfer. Bei bestimmten Bedingungen (z. B. Windbruch) Massenvermehrung. Sehr schädlich.

7 Gemeiner Pochkäfer, *Anobium punctatum*, Familie Poch- oder Borkenkäfer (Anobiidae). Etwa 0,4 cm lang. In Möbeln, Balken usw. Befall an kleinen, runden Löchern und Bohrmehl erkennbar. Gefährlicher Schädling. Im Gebiet 9 *Anobium*-Arten. Die Käfer sowie die Larven fressen im Holz. Sie schlagen mit dem Halsschildvorderrand an die Gangwände (Anlocken des Geschlechtspartners).

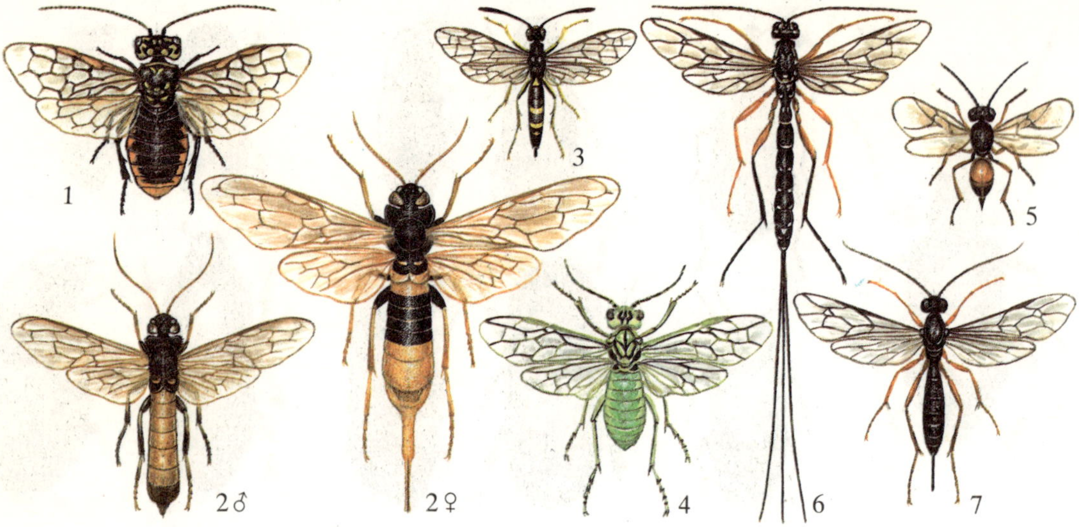

HAUTFLÜGLER Hymenoptera

1 Große Kieferngespinstblattwespe, *Acantholyda nemoralis*, Familie Gespinstblattwespen (Pamphiliidae). 11–15 mm lang. Geschlechter nicht sehr verschieden. Flugzeit: Mai–Juni. Frißt Insekten. Larven (in fast kotfreien Gespinsten) werden durch Kahlfraß z. T. sehr schädlich. Fraßzeit: Juni–August. Überwinterung als Larve im Boden (oft mehrere Jahre). *A. nemoralis* befällt meist ältere Kiefernbestände.

2 Riesenholzwespe, *Uroceras gigas*, Familie Holzwespen (Siricidae). Mit bis zu 4 cm Länge größte Holzwespe im Gebiet. Flugzeit: Juni–September. Meist ♀♀ zu beobachten; ihr gefährlich aussehender Legestachel ist völlig harmlos. Vor allem an Fichten und Tannen. Ernährt sich von Baumsäften. Larven fressen unregelmäßige bogenförmige Gänge, die sie mit Fraßmehl verstopfen. Befällt neben krankem auch gefälltes Holz und wird dann durch Ausschlupf aus den verbauten Teilen (meist während der Flugzeit) schädlich.

3 Getreidehalmwespe, *Cephus pygmaeus*, Familie Halmwespen (Cephidae, Körper sehr schlank und zylindrisch). 6–10 mm lang. ♀ (Flugzeit: Mai–Juni) legt Eier in die oberen Teile von Getreidehalmen und anderen Gräsern. Larve frißt sich nach unten durch, Verpuppung im nächsten Frühjahr.

4 Grüne Blattwespe, *Rhogogaster viridis*, Familie Blattwespen (Tenthredinidae). 10 bis 12 mm lang. Sehr häufig. Larven sind polyphag (an sehr verschiedenen Pflanzen). Schaden jedoch völlig unbedeutend. Schädlich (bei starkem Befall) sind aber die verwandten Pflaumensägewespen (*Haplocampa flava* und *H. minuta*), deren weißliche Larven die noch jungen Pflaumen aushöhlen und mit ihrem nach Wanzen riechenden Kot ausfüllen. Danach verspinnen sie sich im Boden, wo sie auch überwintern.

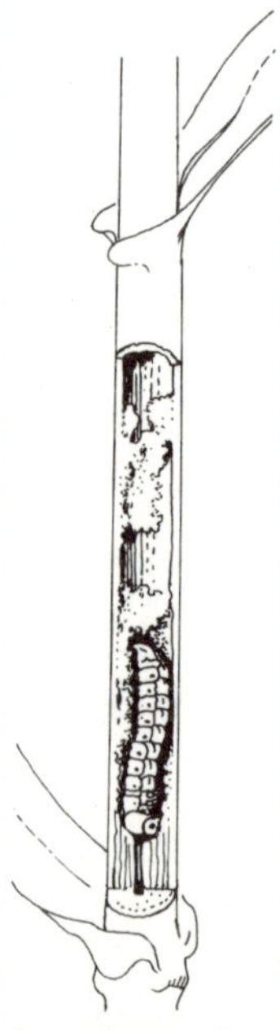
Larve der Getreidehalmwespe

5 Rosengallwespe, *Diplolepis rosae*, Familie Gallwespen (Cynipidae). Um 4 mm lang. Meist nur ♀♀ anzutreffen, die ohne Befruchtung (parthenogenetisch) ihre Eier in die Knospen wilder Rosen ablegen. Die Pflanze bildet dann die Galle, den bekannten Schlafapfel, aus dem im nächsten Frühjahr die Wespen schlüpfen.

6 Riesenschlupfwespe, *Rhyssa persuasoria*, Familie Schlupfwespen (Ichneumonidae, Larven entwickeln sich in Larven anderer Insekten). Ohne Bohrer etwa 3 cm lang. Mit dem langen Legebohrer bringen die ♀♀ ihre Eier mit erstaunlicher Zielsicherheit in den im Holz lebenden Holzwespenlarven unter, in denen sich die Larven entwickeln.

7 Schwarze Schlupfwespe, *Pimpla instigator*, Familie Schlupfwespen (Ichneumonidae). Etwa 2 cm lang. Eine der häufigsten Schlupfwespen. Auffällig ist der wippende Flug. Legt ihre Eier in Schmetterlingsraupen (z. B. Nonne und Kiefernspanner) ab, in denen sich die Larven entwickeln; aus der Schmetterlingspuppe schlüpft die fertige Schlupfwespe. Durch die Parasitierung von vorwiegend schädlichen Arten forstwirtschaftlich nützlich (ähnlich anderen Arten). Legebohrer auch als Waffe verwendbar.

Ameisen (Überfamilie Formicoidea) – Staatenbildende Insekten, deren Volk aus 3 Kasten besteht: Arbeiterinnen (☿☿) – zahlenmäßig am stärksten – in der Regel ungeflügelte, geschlechtsuntüchtige ♀♀; übernehmen alle anfallenden Arbeiten: Eintragen der Nahrung, Pflege von Brut und Nest, Verteidigung des Volkes. Weibchen bzw. Königin (♀) – mit Flügeln, die sie nach dem Hochzeitsflug abwirft; danach Suche eines Nestplatzes und Gründung eines Staates, legt Eier, aus denen sich ☿☿ und später ♀♀ und ♂♂ entwickeln.

1 Rote Waldameisen, *Formica rufa* sowie die sehr ähnliche *F. polyctena.* ♂ und ♀ 9–11 mm lang; nicht selten schon im April zu beobachten. ☿ 4–9 mm lang. Vornehmlich in Nadelwäldern. Durch Vertilgen von großen Mengen schädlicher Insekten sehr nützlich, außerdem nehmen sie den Honigtau der Blattläuse auf. Für den aktiven Forstschutz soll vor allem *F. polyctena* in Betracht kommen. Der »Ameisenhaufen« ist nur der Oberbau des Nestes. Bei den oft fälschlich als Ameiseneier bezeichneten Gebilden handelt es sich um Puppen.

2 Glänzendschwarze Holzameise, *Lasius fuliginosus.* ☿ 4–5 mm lang, glatt und stark glänzend, ♀ 6–8 mm, ♂ 4–5 mm. Mit eigenartigem Geruch. Baut in trockenen hohlen Bäumen oder in Baumstümpfen ein schwarzbraunes Kartonnest, das bis in den Erdboden reichen kann. Baumaterial ist zerkautes Holz. Nimmt neben animalischer Nahrung gern den Honigtau von Blattläusen auf. Geschlechtstiere bilden im Sommer große Schwärme (Hochzeitsflug).

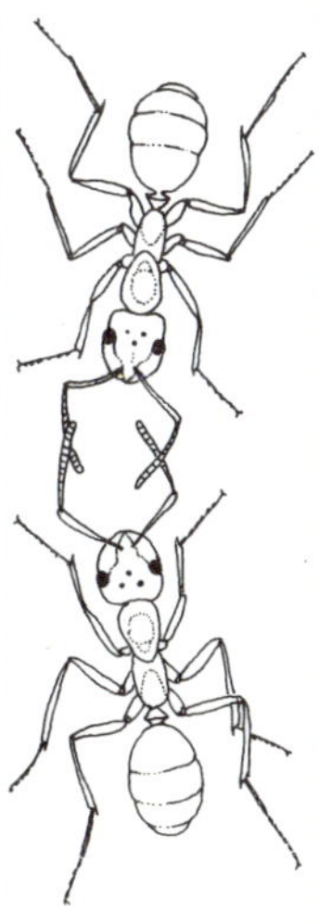

„Sprache" der gekreuzten Fühler

3 Bernsteingelbe Ameise, *Lasius flavus.* ☿ 2–4 mm lang, Oberseite von Brust und Hinterleib mit abstehenden Borsten. ♀ 7–9 mm, ♂ 3–4 mm. Immer im Boden, besonders an feuchten Orten (Wiesen, unter Steinen usw.). Langsame Bewegungen. »Züchtet« die schädlichen Wurzelläuse, deren Kot sie frißt. Geschlechtstiere Juli–Oktober.

4 Schwarze Wegameise, *Lasius niger.* Eine der häufigsten Ameisen; auf Wiesen, Feldern sowie in Gärten und Wäldern. ☿ 3–4 mm lang, Teile der Antennen und Beine mit abstehenden Borsten; ♀ 7–10 mm. ♂ 4–5 mm lang. Baut das Nest an sehr verschiedenen Plätzen unter der Erde und bedeckt es mit einem bis zu 0,5 m hohen Erdhügel (z. B. unter Steinen, in Baumstümpfen, sogar in Städten zwischen dem Straßenpflaster usw.). »Züchtet« Blattläuse, von denen einige Arten auf das »Melken« durch die Ameisen bereits angewiesen sein sollen. Im Hochsommer steigen die Geschlechtstiere zum Hochzeitsflug auf.

5 Rasenameise, *Tetramorium caespitum.* Sehr häufige Art. ☿ 2,5–3,5 mm lang, oft dunkelbraun; ♀ ähnlich der ☿, 5–8 mm, gelb behaart; ♂ 6–7 mm, braunschwarz. Flügel wie ♀. Auf Wiesen und Rasen. Das Nest liegt oft tief im Boden.

6 Roßameise, *Camponotus herculeanus.* Unsere größte Ameisenart. ☿ bis 14 mm, ♀ bis 18 mm lang. Flügel schwach getrübt. Durch das Anlegen von Nestern in stehenden Stämmen zum Teil schädlich. Typischer Waldbewohner, der vor allem Fichten bevorzugt; im Tiefland seltener.

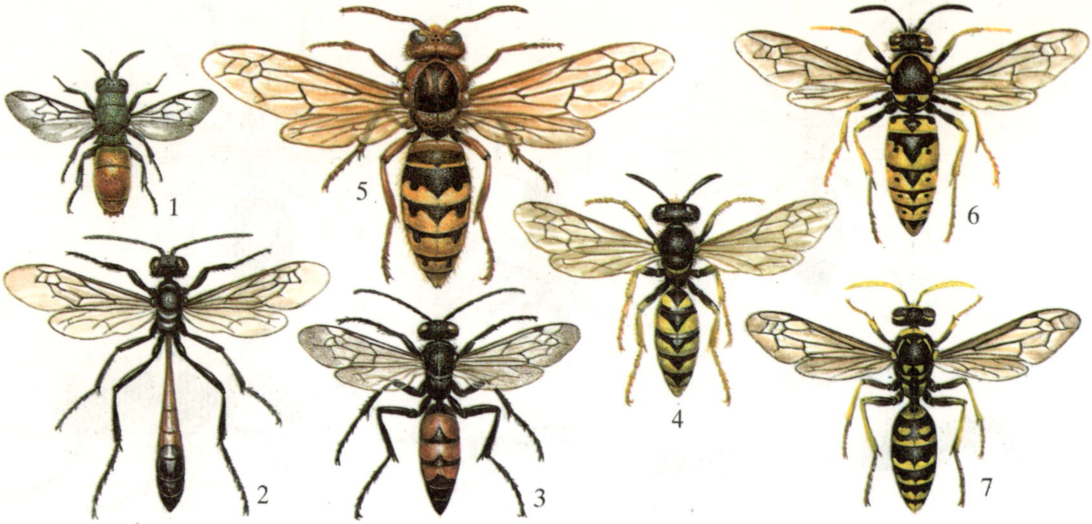

1 Feuergoldwespe, *Chrysis ignita*, Familie Goldwespen (Chrysididae). Bis 12 mm lang. Goldwespen (im Gebiet rund 60 zum Teil sehr kleine Arten) fallen durch ihre herrlichen Metallfarben auf. Bei Gefahr Einkugeln ähnlich einer Kugelassel. Nur bei warmem, sonnigem Wetter zu beobachten; vor allem auf Sand- und Lehmböden sowie Gemäuern. Legt die Eier in fremde Nester (vor allem in die von Grab- und Faltenwespen, Bienen). Larven ernähren sich dann von den Wirtslarven. Erwachsene nehmen Honigtau von Blattläusen und Nektar (besonders von Doldengewächsen) auf.

2 Gemeine Sandwespe, *Ammophila sabulosa*, Familie Grabwespen (Sphegidae). Bis 20 mm lang. Leicht kenntlich an dem zweigliedrig (Lupe!) erscheinenden Hinterleibsstiel. Gräbt mit Hilfe der Mandibeln und der Vorderbeine ein Nest im Sand. Trägt für den Nachwuchs unbehaarte Raupen ein, an die sie jeweils ein Ei legt, und verdeckt den Eingang. Da sie häufig Raupen von Schädlingen einbringt, ist sie als nützlich anzusehen.

3 Gemeine Wegwespe, *Pompilus viaticus*, Familie Wegwespen (Pompilidae). Häufigste Wegwespe. ♀ 7–15 mm, ♂ 7–12 mm lang. Auf sandigem Gelände; wärmeliebend. Erbeutet Spinnen, die sie durch einen Stich lähmt, in ihr Nest schleppt und dort mit einem Ei versieht. Die Spinne dient der sich entwickelnden Larve als Nahrung. Alle Wegwespen sind flink und fallen durch einen sprunghaften Flug und Flügelzittern auf. Knapp 100 Arten im Gebiet.

4 Bienenwolf, *Philanthus triangulus*, Familie Grabwespen (Sphegidae). 12–16 mm lang. Erinnert äußerlich an eine Faltenwespe. Lähmt Honigbienen durch einen Stich und trägt sie (aber nicht immer!) als Nahrung für die Larven ein (meist 3 Bienen für eine Larve). Nistet im Sandboden von Hängen, Wegen usw. Bei Massenauftreten für die Imkerei von Schaden. Der Bienenwolf stellt spezielle Ansprüche an den Lebensraum.

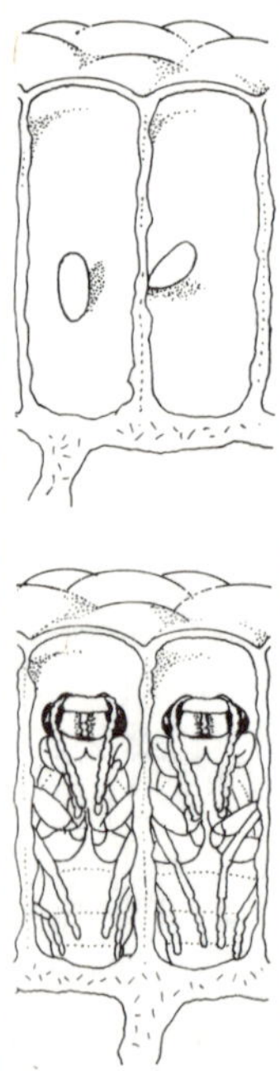

Deutsche Wespe: Zellen mit Ei und Puppe

5 Hornisse, *Vespa crabro*, Familie Soziale Faltenwespen (Vespidae, staatenbildend, mit ♀♀, ☿☿ und ♂♂, wobei äußere Unterschiede und Arbeitsteilung nicht so stark sind wie bei der Honigbiene). Maximal 3,5 cm (♀) groß. ♀ überwintert und baut ein neues Nest; danach Eiablage und Jungenaufzucht (anfangs mit Drüsensekret, später mit Insekten, vor allem Fliegen). Gefährlichkeit ihres Giftes (♂♂ sind stachellos) wurde häufig übertrieben: trotzdem ist aber Vorsicht geboten.

6 Deutsche Wespe, *Paravespula germanica*, Familie Soziale Faltenwespen (Vespidae). Eine der häufigsten und bekanntesten Wespen überhaupt (neben *P. vulgaris*). Jahreszyklus ähnlich dem der Hornisse. Frißt gern an reifem Obst und zuckerhaltigen Nahrungsmitteln, aber auch Insekten. Sticht meist nur bei Störung sowie bei schwülem Wetter. Stachel im Gegensatz zur Honigbiene ohne Widerhaken, herausziehbar.

7 Gallische Wespe, *Polistes gallicus*, Familie Vespidae. 10–16 mm lang. Besonders in der Ebene, aber im Norden seltener. Jahreszyklus ähnlich dem der Hornisse. Besucht gern Blüten. Sticht selten.

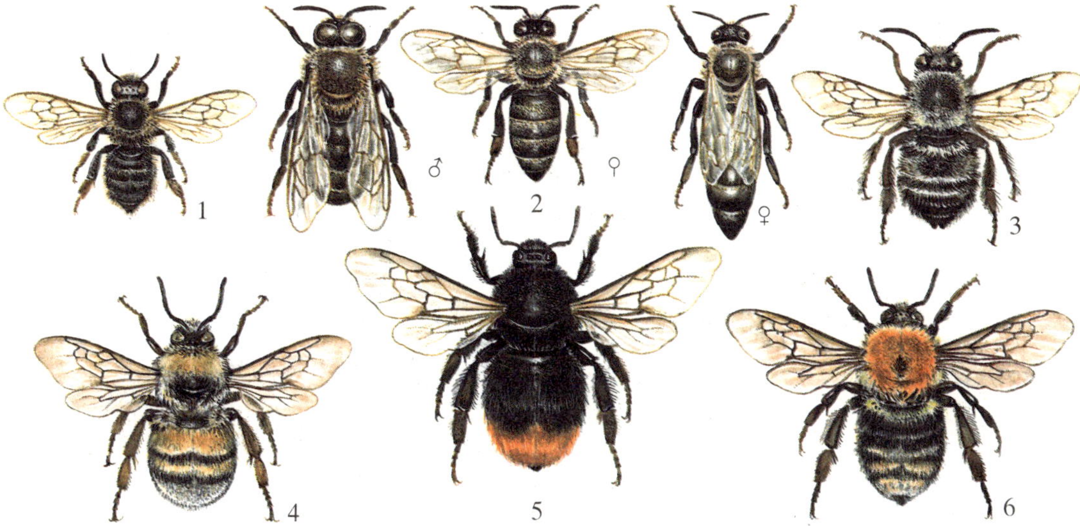

1 Blattschneiderbienen, *Megachile*, im Bild *centuncularis* (10–12 mm lang), Familie Bienen (Apidae). Leben wie die meisten Bienen solitär (nicht in Staaten). Schneiden runde Stücke aus Blättern (*M. centuncularis* an Rosen) und polstern damit ihr Nest (»Tapezierer«). Nisten in Baumhöhlen, Pflanzenstengeln usw. Die Sammelbürste für den Pollen befindet sich am Bauch (Bauchsammler).

2 Honigbiene, *Apis mellifera*, Familie Bienen (Apidae). Drohn (um 16 mm), Arbeiterin (um 14 mm), Weisel (20–25 mm). Heute fast über die gesamte Erde verbreitet. Lebt in vieljährigen Völkern mit (im Sommer) 40 000–70 000 Tieren. Königin legt besamte oder unbesamte Eier ab; aus den ersteren entwickeln sich weibliche (durch besondere Fütterung eierlegende Königinnen), aus den letzteren männliche Bienen. ♀♀ verrichten je nach Alter alle anfallenden Arbeiten: z. B. Fütterung und Pflege der Brut, Sammeln von Nektar und Blütenstaub (Orientierung nach der Sonne und Nachrichtenübermittlung über die Futterquellen an die Stockgenossen mit Hilfe von Tänzen), Bau neuer Zellen, Speicherung von Honig. ♂♂ dienen lediglich der Begattung des ♀, danach werden sie aus dem Stock verbannt. Stachel der Honigbiene im Gegensatz zu dem der anderen Bienen mit Widerhaken – nicht herausziehbar, weshalb sie nach dem Stich an den Verletzungen stirbt.

3 Pelzbiene, *Anthophora*, im Bild *acervorum*, Familie Bienen (Apidae). ♀ mit starker Bürste an den hintersten Schienen (Schienensammler) zum Eintragen des Pollens. Im Gegensatz zu den äußerlich ähnlichen Hummeln ohne Sammelkörbchen. Kann mit Hilfe ihrer langen Zunge sehr tief liegenden Nektar aus den Blüten holen (z. B. aus verschiedenen Lippenblütengewächsen); *A. acervorum* gern an Nessel-*(Lamium-)*Arten. Eine der frühesten Bienenarten im Jahr. Färbung variiert. Nest (mit wasserhahnförmigem Vorbau) in lehmigen Böden oder Wänden. Wird häufig von Kuckucksbienen besucht, die der Pelzbiene ihre Eier »unterschieben«.

Beinsammler

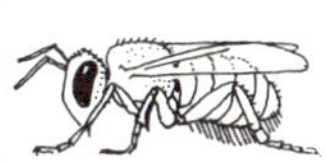
Bauchsammler

4 *Bombus lucorum* (von der ähnlichen, ebenfalls häufigen Erdhummel, *B. terrestris*, kaum zu unterscheiden), Familie Bienen (Apidae). In unserem Gebiet überdauern die Hummelstaaten nicht; nur die befruchteten ♀♀ überwintern und gründen im nächsten Frühjahr ein neues Volk; erste ♀♀ klein, später im Jahr erscheinen ♂♂ und danach erst die ♀♀. Färbung oft variierend, was die Bestimmung außerordentlich erschwert. Für die Bestäubung besonders langer Blüten sehr wichtig (z. B. Rotklee). Hummeln stechen seltener als die anderen Bienen. Im Gebiet 30 Arten.

5 Steinhummel, *Bombus lapidarius*, Familie Bienen (Apidae). Beim ♂ sind Gesicht und Vorderrand der Brust gelb behaart. Nistet gern unter alten Steinhaufen. Ansonsten ähnlich der vorigen Art. Wird häufig von der Schmarotzerhummel *(Psythirus rupestris)* besucht, die ihre Eier im Nest der Steinhummel unterbringt. Flugzeit April–September.

6 Ackerhummel, *Bombus agrorum*, Familie Bienen (Apidae). ♀ 12–15 mm lang. Auffallend ist der langgestreckte Kopf. In allen Kulturlandschaften häufig.

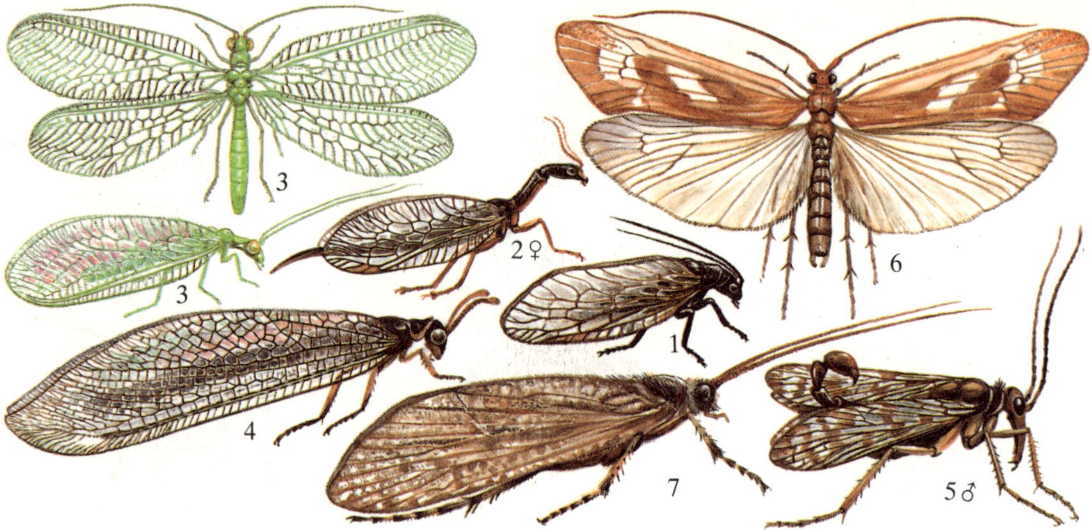

NETZFLÜGLER Neuropteroidea (1–5)

1 Wasserflorfliege *Sialis* spec., Ordnung Schlammfliegen (Megaloptera). Flügelspanne 2,3–3,5 cm. 4 gleichartige, meist bräunliche Flügel. Schwerfälliger Flug. In der Nähe stehender und langsam fließender Gewässer. Die kurzlebigen Imagines nehmen wahrscheinlich keine Nahrung zu sich. Die sich räuberisch ernährenden Larven, die sich etwa 9mal häuten, leben im Wasser. Verpuppung am Ufer.

2 Kamelhalsfliege *Raphidia* spec., Ordnung Kamelhalsfliegen (Raphidioptera). Flügelspanne bis 3,1 cm. Typische Stellung des Kopfes und der stark verlängerten Vorderbrust (Name!). Meist ab April–Juni an Waldrändern usw. Frißt Kleintiere, besonders Blattläuse. ♀ legt die Eier (bis 300) an Baumrinde ab. Die ebenfalls dort lebenden Larven ernähren sich räuberisch. Sie verpuppen sich meist nach 2maliger Überwinterung. Im Gebiet lassen sich mehr als 10 Arten nachweisen.

3 Florfliege *Chrysopa* spec., Ordnung Echte Netzflügler (Planipennia). Körper bis etwa 1,5 cm lang. In der Dämmerung und nachts aktiv. Tagsüber im Gebüsch und an anderen Pflanzen. Typisch die »gestielten« Eier. Imago und Larve fressen Insekten, vornehmlich Blattläuse – sehr nützlich. Eine *Chrysopa*-Larve vertilgt bis zur Verpuppung etwa 150 Blattläuse. Florfliegen hat sicher schon jeder gesehen, da die Imagines überwintern und deshalb ab Herbst oft in Wohnungen und Gebäuden zu finden sind. Im Gebiet 23 Arten von Florfliegen.

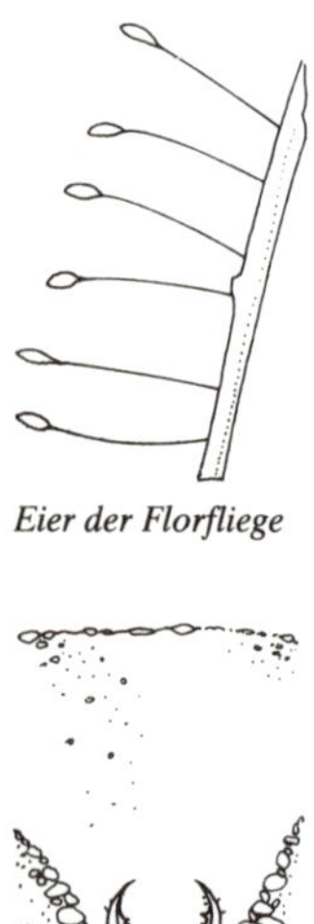

Eier der Florfliege

Ameisenlöwe im Trichter

4 Ameisenjungfer, *Myrmeleon formicarius*, Ordnung Echte Netzflügler (Planipennia). Flügelspanne 6,6–8,4 cm. Libellenähnlich, aber mit keulig verdickten Fühlern. Fliegt im Sommer in und an Nadelwäldern. Tagsüber in Verstecken. Die Larve, der Ameisenlöwe, lauert im Sand, am Grunde seines selbstgegrabenen Trichters, auf Beute (z. B. Ameisen). Die Larven überwintern.

5 Gemeine Skorpionsfliege, *Panorpa communis*, Ordnung Schnabelfliegen (Mecoptera). Flügelspanne bis zu 3 cm. Fliegt von Mai bis September. An dicht bewachsenen, mehr feuchten Stellen. Flatternder Flug. Frißt vornehmlich tote oder verletzte Insekten. Die Larve lebt und verpuppt sich in der Erde. Das eigenartig geformte Hinterleibsende des ♂ (Name!) dient der Begattung. Im Gebiet 6 *Panorpa*-Arten.

6 Köcherfliege *Limnephilus* spec., Ordnung Köcherfliegen (Trichoptera). Flügelspanne 1,7–4,4 cm. Fliegt von Mai bis Oktober. Larve mit sehr variablem Köcher. In verschiedenen, meist stehenden Gewässern. Im Gebiet etwa 30 Arten der Gattung.

7 Köcherfliege *Phryganea* spec., Ordnung Köcherfliegen (Trichoptera). Im Gebiet 5 Arten. Flügelspanne 1,8–6 cm. Larven (in Köchern) in pflanzenreichen, stehenden Gewässern. Im Gebiet etwa 290 Arten der Ordnung (keine Fliegen!). Mottenähnlich, aber mit behaarten Flügeln. Unscheinbar gefärbt. In Gewässernähe. Meist Nachttiere, tagsüber in Verstecken. Die im Wasser lebenden Larven vieler Arten bauen meist transportable Köcher (Name!).

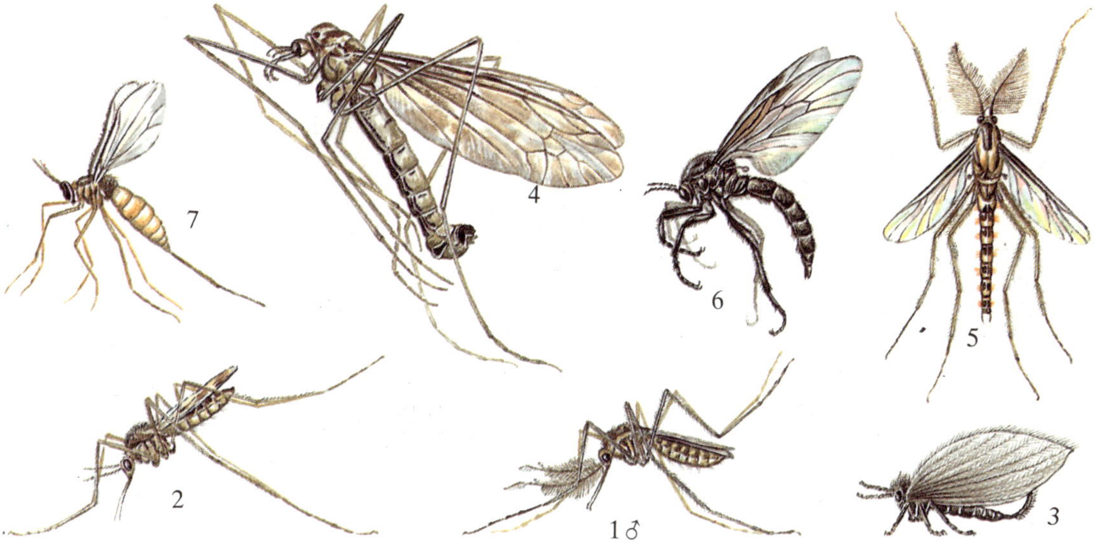

ZWEIFLÜGLER Diptera

1 Gemeine Stechmücke, *Culex pipiens*, Familie Stechmücken (Culicidae). ♂♂, kenntlich an den gefiederten Fühlern, bilden Schwärme. Ausschließlich die ♀♀ saugen mit Hilfe ihres langen Stechrüssels Blut, die ♂♂ nehmen lediglich Pflanzensäfte auf. Befruchtete ♀♀ überwintern in Kellern, Schuppen usw.; im Frühjahr Ablage der Eier auf Gewässern (Eischiffchen); Larve entwickelt sich im Wasser. Entwicklungsdauer im Sommer knapp 2 Wochen. Kommt besonders im Herbst und Frühjahr in die Wohnungen; geringer Aktionsradius. Die Mückenplagen im Freien werden meist von *Aedes*-Arten hervorgerufen.

2 Fiebermücke, *Anopheles maculipennis*, Familie Stechmücken (Culicidae). Im Sitzen Körper gerade, demzufolge von der Unterlage abgewinkelt (bei *Culex* bucklig, parallel zur Unterlage). Entwicklungskreislauf ähnlich dem der vorigen Art. Blutspender ist hauptsächlich das Großvieh, weshalb Fiebermücken oft in Ställen angetroffen werden. Überträgt die Erreger der Malaria; aber in unseren Klimaten ohne Bedeutung.

3 Abtrittsfliege, *Psychoda phalaenoides*, Familie Schmetterlingsmücken (Psychodidae). Bis zu 3 mm lang. Flügel auffallend dicht behaart. Sehr häufig an feuchten Orten, wie Ausgüssen, Bädern, Toiletten usw. Larven entwickeln sich im Wasser und ernähren sich von Faulstoffen.

4 Kohlschnake, *Tipula oleracea*, Familie Schnaken (Tipulidae). Bis zu 2,5 cm lang. Vermag nicht zu stechen! Hauptflugzeit: Mai–August; über Wiesen. Ablage der Eier in den Boden, wo auch die Larve lebt, die Fraßschäden an ober- (meist nachts) und unterirdischen Pflanzenteilen verursacht (ebenso wie die gleichfalls häufige Wiesenschnake, *Tipula paludosa*).

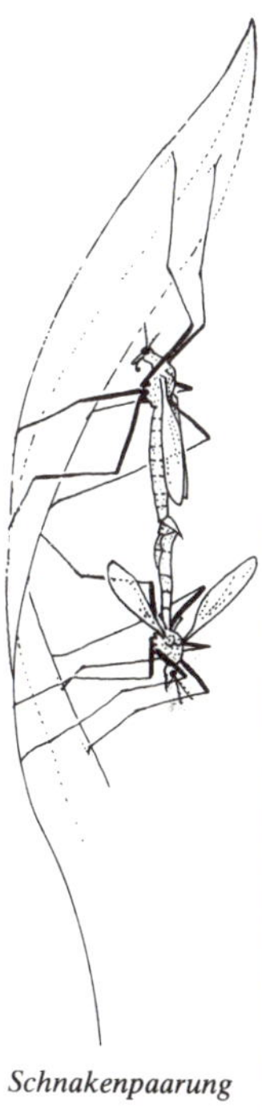

Schnakenpaarung

5 Zuckmücken, *Chironomus* spec., Familie Zuckmücken (Chironomidae). Bis reichlich 1 cm lang. Zucken im Sitzen mit den Vorderbeinen. ♂♂ (mit gefiederten Fühlern) oft in riesigen wolkenartigen Schwärmen. Keine Nahrungsaufnahme. Nach Paarung und Eiablage Tod beider Geschlechter. Larven leben im Schlamm von Gewässern und bilden eine beliebte Fischnahrung.

6 Gartenhaarmücke, *Bibio hortulanus*, Familie Haarmücken (Bibionidae). Knapp 1 cm lang. Schon im zeitigen Frühjahr durch ihren plumpen Flug auffallend. In sehr verschiedenen Lebensräumen. Ernährt sich von Pflanzensäften und dem »Honigtau« der Blattläuse. Die weißen Larven leben im Boden und richten bei Massenauftreten erheblichen Schaden an Pflanzenwurzeln an (»Auswinterung«).

7 Gallmücke, im Bild *Mikiola* spec., Familie Gallmücken (Cecidomyiidae). Um 5 mm lang. Gallen der Buchengallmücke neben denen von *Hartigiola annulipes* an Rotbuchen, anfangs grün, dann rötlich; Abfall im Oktober, Überwinterung am Boden; Anfang März Verpuppung der Larve in der Galle; Ende März Schlupf. In Mitteleuropa kennt man etwa 400 Arten der Gallmücken, die verschiedene Pflanzenarten und -teile befallen.

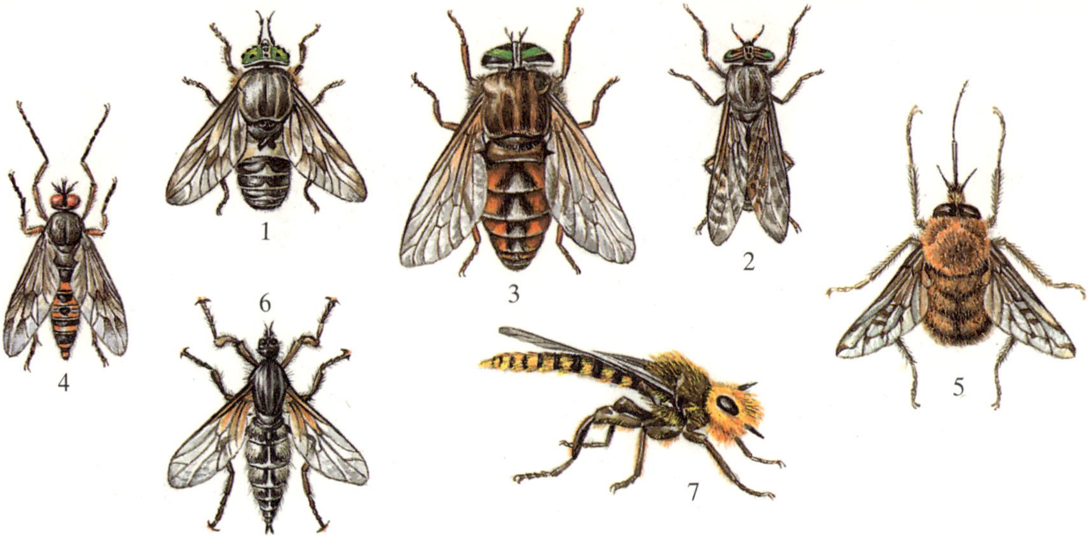

1 Blindbremse, *Chrysops* spec., Familie Bremsen (Tabanidae). Bis knapp 1,5 cm lang. Im Gebiet kommen 7 Arten vor, die durch die gebänderten Flügel und die gelben Flecke auf dem Hinterleib auffallen. Ernährungsweise ähnlich der der folgenden Bremsenarten; belästigt häufig auch den Menschen. Die Larven entwickeln sich im Wasser und ernähren sich räuberisch. Bremsen können auch Krankheitserreger auf Menschen übertragen. Flugzeit: Mai–August.

2 Regenbremse, *Chrysozona pluvialis*, Familie Bremsen (Tabanidae). Bis reichlich 1 cm lang. Die Flügel werden in Ruhe dachförmig gehalten. Überall häufig, vor allem auf Waldwegen und -lichtungen. Besonders an schwülen Tagen sind die ♀♀ sehr stechlustig (was für die meisten stechenden Insekten gilt) und werden dem Vieh ebenso lästig wie dem Menschen. ♂♂ nehmen Pflanzensäfte auf. Larven im Boden. Flugzeit: Juni–August.

3 Gemeine Rinderbremse, *Tabanus bovinus*, Familie Bremsen (Tabanidae). 2 cm lang, Flügel klar, Hinterleib mit 3eckigen gelben Flecken. ♀♀ sind ebenso wie die der vorigen Art gierige Blutsauger; sie befallen vorrangig Rinder. Die Schäden durch Blutverluste und übertragene Krankheiten sind nicht unbeträchtlich. ♂♂ ernähren sich von Pflanzensäften. Die Larven leben räuberisch im Boden; nach der Überwinterung verpuppen sie sich. Flugzeit: Mai–September.

4 Schnepfenfliegen, im Bild *Rhagio scolopacea*, Familie Rhagionidae. Um 1 cm lang. Sie sitzen häufig kopfabwärts an Baumstämmen, den Vorderkörper aufgerichtet. Ernährungsweise umstritten. Schnepfenfliegen werden häufig die Beute räuberisch lebender Insekten. Die meist weißlichen, lichtscheuen Larven ernähren sich räuberisch oder von Faulstoffen.

5 Großer Wollschweber, *Bombylius major*, Familie Schweber (Bombyliidae). Bis 13 mm lang. Wie alle Schweber hummelähnlich, pelzig behaart. Schneller Flieger, der aber auch in der Luft ruhig zu »stehen« vermag. Ernährt sich von Nektar, den er mit seinem Rüssel aus den Blüten holt. Die Larven leben parasitisch an Insekten, die der abgebildeten Art an solitären Bienen.

6 Gewürfelte Tanzfliege, *Empis tesselata*, Familie Tanzfliegen (Empididae). Mit reichlich 1 cm Länge eine der größten im Gebiet. Häufig im Unterholz und auf Doldenblüten. Ernährt sich räuberisch von zum Teil sehr großen Insekten. ♂ überbringt ♀ vor der Paarung ein Beuteinsekt (Schutz vor Kannibalismus?). Tanzfliegen bilden oft tanzende Schwärme (♂♂ oder ♀♀) zur Anlockung des anderen Geschlechts.

7 Mordfliege, im Bild *Laphria gibbosa*, Familie Raubfliegen (Asilidae). 1,5–2,5 cm lang; durch die Behaarung und den dunklen Hinterleib auffallend. Häufig an Waldrändern und -lichtungen. Ernährt sich (wie alle Vertreter der Familie) von anderen Insekten, die sie im kurzen Stoßflug erbeutet und an einem Ruheplatz aussaugt. *Laphria* ritzt ihre Eier in Baumstubben, in denen sich auch die bis zu 3 cm langen weißlichen Larven entwickeln. Durch das Mitvertilgen vieler Schädlinge nützlich.

Fluggeschwindigkeit (km/h)

Kleinlibelle 4

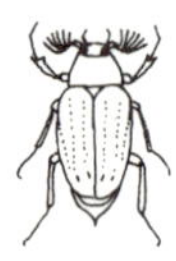

Maikäfer 8

Honigbiene 15

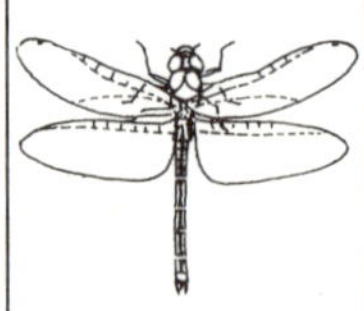

Großlibelle 40

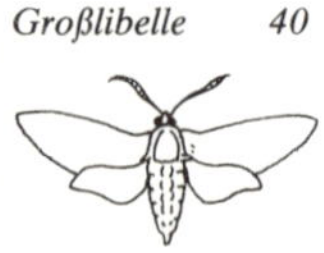

Schwärmer 54

1 Mistbiene, *Eristalis* spec., **2** *Syrphus* spec., Familie Schwebfliegen (Syrphidae). Fast alle Vertreter der Familie sind bienen- oder wespenähnlich gefärbt, sogar der Flugton ist der gleiche. Oft in der Luft an einer Stelle »stehend«. Alle Schwebfliegen sind die gesamte warme Jahreszeit hindurch eifrige Blütenbesucher (auch wichtig für die Blütenbestäubung); besonders auf Doldengewächsen. Die Mistbiene nimmt Pflanzensäfte und Pollen auf. Ihre »Rattenschwanzlarve« lebt in Jauchegruben usw. und gehört zu den schlammfressenden Schwebfliegenlarven.

3 Kirschfruchtfliege, *Rhagoletis cerasi*, Familie Bohrfliegen (Trypetidae). 0,5 cm lang. ♀ legt ein Ei am Fruchtstiel ab; Larve befällt die Kirsche, verläßt sie, verpuppt sich nach etwa einem Monat am Boden und überwintert. Bevorzugt Heckenkirsche und Süße Schwarzkirsche. Ebenso schön gezeichnete Flügel hat die Spargelfliege *(Platyparea poeciloptera)*, deren Larven durch den Fraß in Spargel schädlich werden.

4 Möhrenfliege, *Psila rosae*, Familie Nacktfliegen (Psilidae). Knapp 0,5 cm lang. ♀ legt gegen Ende Mai Eier an den jungen Möhren ab. Die Larven fressen in der Möhre ihre Gänge (»Eisenmadigkeit«). Knapp einen Monat später verpuppt sich die Larve; nach der Puppenruhe schlüpft die 2. Generation. Flugzeiten: Mai–Juli und August–September. Die häufig am Grunde von Zwiebeln gefundenen weißen Maden gehören zur grau bestäubten Zwiebelfliege *(Phorbia antiqua)*.

5 Schwingfliege, *Sepsis* spec., Familie Schwingfliegen (Sepsidae). Um 4 mm lang. An den auf und ab wippenden Flügeln sowie an dem schwarzen Flügelmal leicht zu erkennen. Verbreitet einen angenehmen Melissegeruch. Die Larven entwickeln sich in verschiedenen faulenden Stoffen, z. B. auch in Kompost und Mist.

6 Käsefliege, *Piophila casei*, Familie Käsefliegen (Piophilidae). 0,5 cm lang. Wegen der äußeren Ähnlichkeit früher zu den Schwingfliegen gezählt. Bekannter als die erwachsenen Tiere sind zweifellos die sehr widerstandsfähigen Larven, die sich in Käse, Speck, Fleisch usw. entwickeln. Sie sind in der Lage, durch plötzliche Streckung ihres Körpers zu springen. Die Entwicklungszeit beträgt etwa 2 Wochen.

7 Kleine Essigfliege, *Drosophila fasciata*, Familie Taufliegen (Drosophilidae). 2 mm lang, mit auffallend rotbräunlichem Brustabschnitt. Sehr häufig an gärenden Stoffen: in Weinkellern, Brauereien, Obstlagern; auch an Abfalleimern und in Wohnungen. Vor allem wegen der schnellen Vermehrung (einige Tage) wurden Taufliegen mit Beginn dieses Jahrhunderts zu den Standardobjekten des Vererbungswissenschaftlers.

8 Gelbe Halmfliege, *Chlorops pumilionis*, Familie Halmfliegen (Chloropidae). Bis 4 mm lang. ♀ legt seine Eier (Mai) bevorzugt an Weizen ab, in dessen Halmen sich die gelblichweiße Made nach unten frißt. Die Pflanze vergilbt, die Ähren werden taub, man spricht von »Getreidegicht«. Vorbeugend wirkt eine frühe Aussaat. 2. Brut fliegt ab August und befällt u. a. Wildgräser; Larve überwintert.

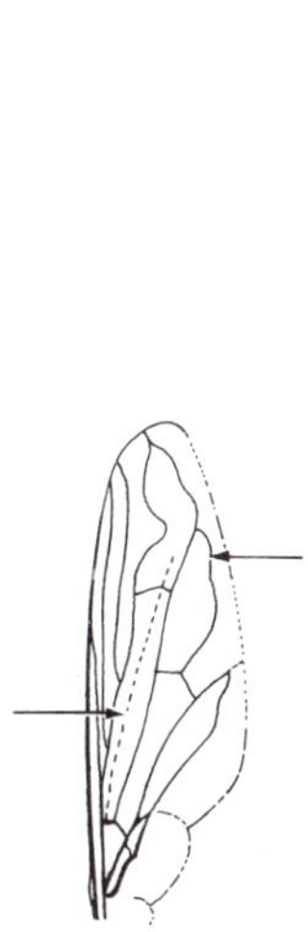

Flügel einer Schwebfliege

1 Wadenstecher, *Stomoxys calcitrans*, Familie Echte Fliegen (Muscidae). In Größe und Gestalt einer Stubenfliege recht ähnlich, aber mit nach vorn gestrecktem Rüssel. Vor allem im Spätsommer und im Herbst anzutreffen: auf Wiesen, an Waldrändern sowie in Wohnungen und Ställen. ♀ und ♂ saugen Blut. Berüchtigte Verwandte sind die afrikanischen Tsetsefliegen.

2 Große Stubenfliege, *Musca domestica*, Familie Echte Fliegen (Muscidae). 6–8 mm lang. Überall, wo sich Brutmöglichkeiten bieten; die Larven entwickeln sich in Dung und in faulenden Pflanzenstoffen. Saugt mit Hilfe des ausstülpbaren Rüssels flüssige oder aufgelöste Nahrung auf. Bringt bis zu 8 Generationen hervor. Minimale Entwicklungszeit (Ei bis Imago): 1 Woche. Gefährlicher Verbreiter von Krankheitskeimen. Eine kleinere, sehr ähnliche Art ist die Kleine Stubenfliege *(Fannia canicularis).*

3 Graue Fleischfliege, *Sarcophaga carnaria*, Familie Fleischfliegen (Sarcophagidae). Bis 1,5 cm lang, mit auffallend ziegelroten Augen. An Aas und Kot ebenso anzutreffen wie an Blumen, auch in Speisekammern usw. (Krankheitsüberträger). Setzt sofort die weißlichen Maden ab, und zwar an verwesendem Fleisch, von dem sich auch die Larven ernähren.

4 Goldfliege, *Lucilia caesar*, Familie Schmeißfliegen (Calliphoridae). Auffallend goldgrün schillernd. Legt ihre Eier an offene Fleischwunden, in denen sich in kurzer Zeit die Larven entwickeln. Die Wundheilung wird dabei nur begünstigt, was früher in der Medizin auch genutzt wurde. Erwachsene Goldfliegen sehr häufig auf frischem Kot und auf Doldenblüten (Nektarsauger).

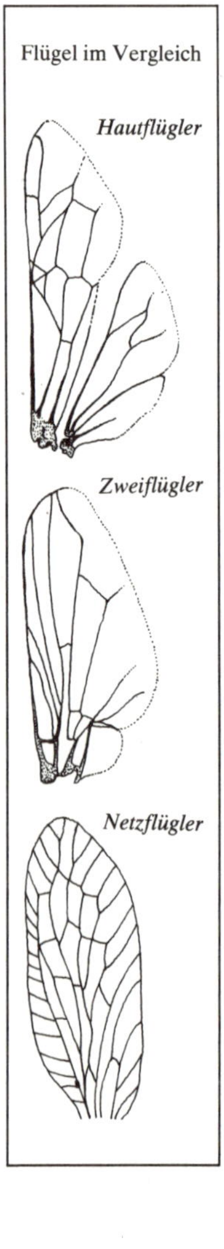

5 Blaue Schmeißfliege, *Calliphora erythrocephala*, Familie Schmeißfliegen (Calliphoridae). Bis 14 mm lang, glänzend stahlblau. Im Flug tiefer Brummton. ♀ legt seine Eier an wunde oder tote Tiere sowie an frisches Fleisch (deshalb auch in Vorratskammern). Kurze Entwicklungszeit: oft nur 24 Stunden. Sehr häufig.

6 Rinderdasselfliege, *Hypoderma bovis*, Familie Dasselfliegen (Oestridae). Um 1,5 cm lang. Bevorzugt trockene, sonnige Plätze (Weiden usw.). Legt ihre Eier an Rindern ab, die vor den nahenden Fliegen oft in wildem Galopp fliehen (auch als »Biesen« bekannt). Larven bohren sich ein und setzen sich, nachdem sie den Tierleib durchwandert haben, unter der Haut fest, wo sie die bekannten Dasselbeulen verursachen. Vom Flüssigkeitsinhalt dieser Beulen ernähren sie sich, dringen dann nach außen, fallen zu Boden und verpuppen sich hier. Folgen: deutlich nachlassende Arbeits- und Milchleistung, nur teilweise brauchbare Häute, minderwertiges Fleisch. Manchmal werden auch Menschen befallen.

7 Gelbe Dungfliege, *Scathophaga stercoraria*, Familie Dungfliegen (Scathophagidae). Bis 1 cm lang, ♂ mit auffallend dichtem gelbem Haarpelz, ♀ grünlich. Häufig an Kot, in dem sich auch die weiße Larve entwickelt. Die Erwachsenen ernähren sich räuberisch von anderen Insektenarten, die sie mit Hilfe ihres spitzen Rüssels aussaugen.

SCHMETTERLINGE Lepidoptera

1 Schwalbenschwanz, *Papilio machaon*, Tagfalterfamilie Ritter oder Edelfalter (Papilionidae). Auf Wiesen, in Gärten, an Wegen usw. Die 1. Generation fliegt von April bis Mai, die 2. von Mitte Juli bis August. Die Raupe frißt an Doldengewächsen, oft an Möhrenkraut. Die Puppe überwintert. Die Raupen der Papilionidae können hinter dèm Kopf 2 schlauchartige Gebilde ausstülpen. Sie dienen wahrscheinlich zum Abschrecken von Feinden.

2 Segelfalter, *Iphiclides podalirius*, Tagfalterfamilie Ritter oder Edelfalter (Papilionidae). Besonders an warmen Hängen hügeliger Gebiete. Bevorzugt Kalkboden. Fliegt von Mai bis Juli. Die Raupen im Juli–August hauptsächlich an Schlehen, auch an Obstbäumen. Die Puppe überwintert.

3 Apollo, *Parnassius apollo*, Tagfalterfamilie Ritter oder Edelfalter (Papilionidae). Färbung variiert. In den Alpen sowie an wenigen Stellen einiger Mittelgebirge von etwa Mai bis August.

4 Großer Kohlweißling, *Pieris brassicae*, Tagfalterfamilie Weißlinge (Pieridae). ♂ ohne die 2 schwarzen Flecken auf den Vorderflügeln. An vielen Stellen. Er fliegt (bei günstiger Witterung) in 3 Generationen von Mitte April bis Oktober. Schon in großen Schwärmen wandernd beobachtet worden. ♀ legt die gelben Eier an die Blattunterseiten verschiedener Kreuzblütengewächse, besonders von Kohlarten. Ein ♀ befestigt etwa 40 der gerippten Eier an einem Blatt und kann insgesamt bis 600 Eier hervorbringen. Nach 1–2 Wochen schlüpfen die Raupen, die sich mehrmals häuten, ehe sie sich verpuppen. Werden die Raupen nicht bekämpft, dann fressen sie oft ganze Krautfelder kahl. Die Puppe, die überwintert, findet man an Hauswänden, Zäunen usw. In vielen Fällen kommt es nicht zur Verpuppung, da die Raupen von parasitisch lebenden Larven einer Schlupfwespe von innen her aufgefressen werden. Die gelblichen Puppenkokons dieses Hautflüglers auf den toten Raupen.

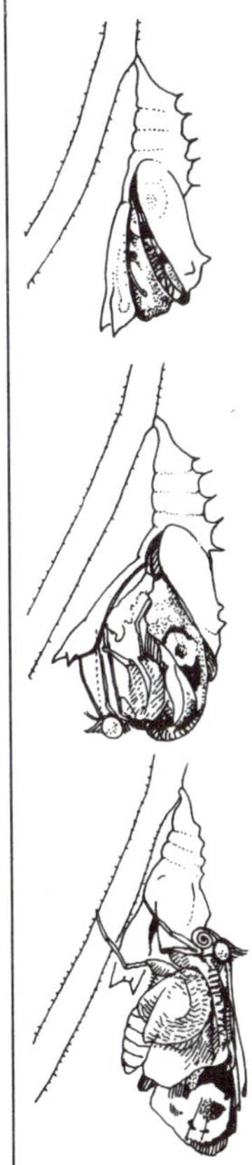

Schlupf eines Schmetterlings

5 Kleiner Kohlweißling, *Artogeia rapae*, Tagfalterfamilie Weißlinge (Pieridae). ♀ mit 2 schwarzen Flecken. Fliegt an verschiedenen Stellen im April–Mai, die 2. Generation im Juli–August. Bei günstiger Witterung tritt eine 3. Generation im September–Mitte Oktober auf. ♀ legt die Eier an Kreuzblütengewächsen ab, an denen die Raupen fressen. Der Schädling wurde mit importiertem Gemüse weltweit verschleppt. Ebenfalls häufig ist der ähnliche, stark variierende Rapsweißling *(Artogeia napi)*.

6 Baumweißling, *Aporia crataegi*, Tagfalterfamilie Weißlinge (Pieridae). Fliegt von Juni bis Juli, besonders in sonnigen Lagen. Die gesellig lebenden Raupen fressen an Obst- und anderen Laubbäumen. Sie überwintern in Nestern. Seit etwa 50 Jahren seltener.

7 Aurorafalter, *Anthocharis cardamines*, Tagfalterfamilie Weißlinge (Pieridae). ♀ ohne orangefarbenen Fleck. Fliegt im April–Juni. Die Raupe frißt an Kreuzblütlern, z. B. an Wiesenschaumkraut und Knoblauchsrauke. Die Puppe überwintert.

1 Zitronenfalter, *Gonepteryx rhamni*, Tagfalterfamilie Weißlinge (Pieridae). Fliegt von Anfang Juli bis weit in den Herbst hinein und nach der Überwinterung als Falter ab Ende März. Besonders an Waldrändern; in verschiedenen Gehölzen usw. ♀ legt die Eier einzeln auf die Blattoberseite hauptsächlich des Faulbaums, von dessen Blättern sich die Raupen ernähren. Im Gegensatz zu den meisten Schmetterlingen, die als Imago nur wenige Wochen leben, wird der Zitronenfalter bis 11 Monate alt.

2 Goldene Acht, *Colias hyale*, Tagfalterfamilie Weißlinge (Pieridae). ♀ mehr weißlich. Fliegt in 2 Generationen von Mitte Mai bis Mitte Juni und von Juli bis Mitte Oktober. Besonders im Flachland; oft auf Klee- und Luzernefeldern, da sich die Raupe von Schmetterlingsblütengewächsen ernährt. Raupen der Herbstgeneration überwintern.

3 Damenbrett, *Melanargia galathea*, Tagfalterfamilie Augenfalter (Satyridae). Fliegt von Ende Juni bis August, besonders in hügeligen Gebieten mit Kalkboden. Auf sehr verschiedenen Grasflächen. Die verborgen lebende Raupe frißt vornehmlich an weichen Gräsern, z. B. an Lieschgras, Honiggras und Trespe. Sie überwintert.

4 Mauerfuchs, *Lasiommata megaera*, Tagfalterfamilie Augenfalter (Satyridae). Fliegt von Mai bis Juni und weniger häufig von Juli bis September. Auf verschiedenen Grasflächen, vorwiegend des Hügellandes und in Gebirgstälern. Die überwinternde Raupe frißt an Gräsern. Die Imagines sitzen oft an Steinen, Mauern usw.

Schmetterlingsraupe

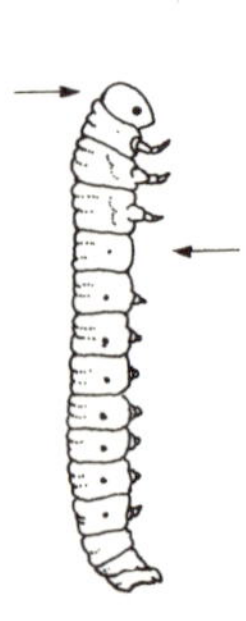

Blattwespenlarve

5 Großes Ochsenauge, *Maniola jurtina*, Tagfalterfamilie Augenfalter (Satyridae). Flügelspanne etwa 4–5 cm. ♂ oberseits einfarbig bräunlich. Fliegt von Juni bis August. An vielen Orten. Raupe an Gräsern. Wie bei allen Augenfaltern lebt sie am Tage verborgen und frißt besonders nachts. Die Raupe überwintert.

6 Kleiner Heufalter, *Coenonympha pamphilus*, Tagfalterfamilie Augenfalter (Satyridae). Fliegt in mehreren Generationen von Mai bis September. An vielen Orten. Die Raupe frißt an Gräsern. Sie überwintert. Im Gebiet mehrere ähnliche *Coenonympha*-Arten.

7 Admiral, *Vanessa atalanta*, Tagfalterfamilie Edelfalter (Nymphalidae). Fliegt von Mai bis Juni und von Juli bis Oktober. An vielen Stellen, z.B. Gärten, Gewässerufern, Wiesen, Waldrändern usw. Das ♀ legt die Eier einzeln an Brennessel ab. Die Raupe ist beim Fressen an Brennesseln nicht sichtbar, da sie das Blatt tütenförmig zusammenzieht. Die Imago saugt, wie die meisten Schmetterlinge, mit dem langen, einrollbaren Rüssel Nektar aus Blüten und trägt so zur Bestäubung bei. Der Admiral schlürft auch ausfließenden Baumsaft und an Obst. Er gehört neben dem Distelfalter und einigen anderen zu den Schmetterlingen, die regelmäßig aus dem Süden einwandern. Der Admiral entwickelt bei uns meist 2 Generationen. Die Nachkommen der eingewanderten Falter ziehen im Herbst wieder nach Süden, aber viel unauffälliger als beim Einwandern, da sie sich oft lange an guten Futterstellen aufhalten (überreife Pflaumen und Birnen). Nur wenige überwintern im Gebiet.

1 Distelfalter, *Cynthia cardui*, Tagfalterfamilie Edelfalter (Nymphalidae). Fliegt von Mai bis Oktober. An vielen Stellen, bevorzugt aber sonnige, trockene Orte mit nicht zu dichtem Pflanzenwuchs. Die Raupe frißt z.B. an Disteln und Brennesseln. Puppenstadium etwa 2 Wochen. Der Distelfalter ist ein typischer Wanderfalter, der ab Mai, aus Nordafrika kommend, bei uns einfliegt. Er vermehrt sich im Gebiet, und seine Nachkommen fliegen im Herbst nach Süden. Raupen, Puppen und Falter sterben im Winter. Nur ganz selten dürften sie ihn bei uns überdauern.

2 Kleiner Fuchs, *Aglais urticae*, Tagfalterfamilie Edelfalter (Nymphalidae). In der Regel in 2 Generationen, meist von Mitte Juni bis Mitte Juli und ab August. Die überwinterten Falter fliegen im Frühjahr (bis in den Mai). An vielen Stellen (Kulturfolger). Die gesellig lebenden Raupen fressen an Brennesseln. Der Kleine Fuchs gehört zu den wenigen Arten, die als Falter überwintern. Deshalb im Winter auch in Wohnungen u.ä. In Mitteleuropa kommen etwa 3000 Schmetterlingsarten vor; davon sind rund 200 Tagfalter.

3 Großer Fuchs, *Nymphalis polychloros*, Tagfalterfamilie Edelfalter (Nymphalidae). Fliegt ab Juli und nach der Überwinterung bis in den Mai. Besonders in Gärten und in Baumbeständen, die in der Nähe von Gewässern stehen. Die Raupen an Obst- und anderen Laubbäumen. Heute selten; früher sogar in manchen Jahren schädlich.

4 Tagpfauenauge, *Inachis io*, Tagfalterfamilie Edelfalter (Nymphalidae). Fliegt vom Frühjahr bis in den Herbst. Die Anzahl der Generationen ist witterungsabhängig. Die Raupen anfangs gesellig, später einzeln an Brennesseln. Die Falter überwintern. In warmen Räumen gehen sie zugrunde, da hier ihr Energievorrat infolge der größeren Aktivität bald aufgebraucht ist.

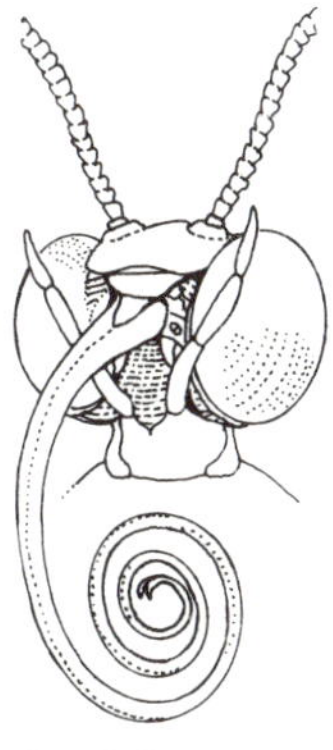
Kopf mit Saugrüssel

5 Trauermantel, *Nymphalis antiopa*, Tagfalterfamilie Edelfalter (Nymphalidae). Nachdem der Falter Ende Juli geschlüpft ist, fliegt er nach der Überwinterung bis Juni. Besonders an Waldrändern, in lichten Wäldern und warmen Tälern. Die Raupe frißt an Birke, Weide, Pappel und Ulme.

6 C-Falter, *Polygonia c-album*, Tagfalterfamilie Edelfalter (Nymphalidae). Fliegt je nach Witterung in 1 oder 2 Generationen etwa ab Ende Juni und nach der Überwinterung bis Juni. An vielen Stellen, besonders an Waldrändern. Die Raupe frißt an verschiedenen Pflanzen, z. B. an Johannis- und Stachelbeere, Salweide, Hasel und Brennessel.

7 Landkärtchen, *Araschnia levana*, Tagfalterfamilie Edelfalter (Nymphalidae). Fliegt in 2 Generationen von April bis Juni und von Juli bis August. Besonders an schattigen und halbschattigen, feuchten Stellen, z.B. Laubwäldern; bevorzugt das Hügelland. Das ♀ legt die Eier in kleinen Türmen an der Blattunterseite ab. Die Raupe frißt gesellig an Brennesseln. In der Färbung sehr veränderlich; Saisondimorphismus, d. h. die Falter der 1. Generation (forma levana) sind viel heller und auch anders gezeichnet als die der im Sommer auftretenden 2. Generation (forma prorsa).

1 Gemeiner Scheckenfalter, *Mellicta athalia*, Tagfalterfamilie Edelfalter (Nymphalidae). In Färbung und Zeichnung veränderlich. Fliegt von Juni bis August. Besonders im Hügelland, z. B. auf Waldwiesen und Schonungen, die sonnig, aber dabei etwas feucht sind. Die Raupe frißt an Spitzwegerich, Wachtelweizen und Ehrenpreis. Sie überwintert gesellig unter einem Gespinst am Boden. Von unseren Schmetterlingen überdauern etwa 40 % den Winter im Raupenstadium, kaum 20 % als Ei, wenige als Imago.

2 Großer Perlmutterfalter, *Mesoacidalia aglaja*, Tagfalterfamilie Edelfalter (Nymphalidae). Fliegt von Mitte Juni bis Mitte August. An vielen Stellen, besonders in hügeligen und gebirgigen Gegenden auf Waldwiesen. Die Raupe, die überwintert, frißt besonders an Veilchen. Wie die Raupen vieler Edelfalter hat sie am Körper Dornen, die vor Raubwanzen schützen sollen.

3 Kaisermantel, *Argynnis paphia*, Tagfalterfamilie Edelfalter (Nymphalidae). Fliegt von Juni bis September. An vielen Stellen in und an Wäldern. Hauptsächlich auf Waldwiesen und Kahlschlägen des Hügellandes und der Gebirgstäler. ♀ legt die Eier nicht an den Futterpflanzen, sondern an Baumstämmen ab. Die Raupe überwintert, frißt an Veilchenarten und an Himbeere. Die Lebensweise des Kaisermantels ist gut erforscht. Wie viele Insekten fliegt er nur bei höheren Temperaturen. Der Kaisermantel ist im Bereich zwischen 18 °C und 30 °C aktiv. Als Tagfalter klappt er in Ruhe die Flügel nach oben zusammen. Allerdings sieht man ihn auch mit ausgebreiteten Flügeln, wenn er sich an Blüten, Blättern usw. sonnt. Dadurch erreicht er die für seine Aktivität notwendige Körpertemperatur.

4 Kleiner Feuerfalter, *Lycaena phlaeas*, Tagfalterfamilie Bläulinge (Lycaenidae). ♂ und ♀ sehr ähnlich. Fliegt meist von Mai bis Juni und in der 2. Generation gewöhnlich von Mitte Juli bis August. Bei günstiger Witterung im September eine 3. Generation. An vielen Stellen. Die Raupe überwintert. Sie frißt an Sauerampfer, Kleinem Ampfer und Dost. Die über 40 Arten der Bläulinge (viele rötlich oder bräunlich) haben asselförmige Raupen, die oft mit Ameisen zusammen leben. Diese lecken von ihnen ein süßes Sekret und schützen sie vor Feinden.

5 Dukatenfalter, *Lycaena virgaureae*, Tagfalterfamilie Bläulinge (Lycaenidae). Flügel des ♀ gefleckt. Fliegt von Mitte Juni bis August. In lichten Wäldern, an Waldrändern, auf Wiesen. Die Raupe frißt am Sauerampfer. Die Eier überwintern. Im April schlüpfen die Raupen, die sich im Juni verpuppen.

6 Gemeiner Bläuling, *Polyommatus icarus*, Tagfalterfamilie Bläulinge (Lycaenidae). Fliegt von Mai bis September, ausnahmsweise noch im Oktober. Tritt meist in 2, bei günstigen klimatischen Bedingungen in 3 Generationen auf, die sich zeitlich überschneiden. Bevorzugt an sonnigen und trokkenen Stellen. Die Raupe, die überwintert, frißt an Kleearten, Hauhechel und anderen Schmetterlingsblütengewächsen. ♂♂ dieser Familie oft bläulich gefärbt, ♀♀ mehr bräunlich. Die Falter klein, Geschlechter in Zeichnung und Färbung unterschiedlich.

Flügelstellungen bei Tagfaltern

1 Totenkopf, *Acherontia atropos*, Familie Schwärmer (Sphingidae). Von den etwa 20 Schwärmerarten, die in Mitteleuropa vorkommen, ist er der größte. Typische Rückenzeichnung (Name!). Jährlich fliegen die Falter etwa von Mai an aus dem Mittelmeergebiet und Nordafrika in unser Gebiet ein. Saugt gern Honig, deshalb manchmal in Bienenstöcken. Die Raupe frißt besonders an Kartoffeln. Verpuppt sich in der Erde. Die Ende September–Anfang Oktober geschlüpften Falter sind bei uns nicht fortpflanzungsfähig und sterben, ebenso die Puppe, im Winter, wenn der Falter nicht im Herbst wieder nach Süden wandert.

2 Ligusterschwärmer, *Sphinx ligustri*, Familie Schwärmer (Sphingidae). Fliegt etwa von Ende Mai bis Juli in Gärten, lichten Laubmischwäldern, Parks usw. Die Raupe frißt u. a. an Flieder, Liguster und Esche. Die Puppe überwintert in der Erde. Fliegt in der Dämmerung.

3 Kiefernschwärmer, *Hyloicus pinastri*, Familie Schwärmer (Sphingidae). Fliegt von Mai bis Juli. Besonders in Nadelwäldern. Die Raupe frißt im Wipfelbereich der Bäume; an Kiefern, Fichten und seltener an Lärchen. Die Puppe überwintert im Waldboden. Kein Schädling, da die Raupe kaum in Massen auftritt.

4 Pappelschwärmer, *Laothoe populi*, Familie Schwärmer (Sphingidae). Färbung sehr veränderlich. Fliegt etwa von Mai bis August z. B. an Gewässerufern, in Parks, an Waldrändern usw. Die Raupe frißt besonders an Weiden und an Pappeln.

Schmetterlingseier

Eine andere Schwärmer-Art, das Abendpfauenauge *(Smerinthus ocellata)*, hat rötliche Hinterflügel mit schwarzen, blau gekernten Augenflecken. Seine Raupe frißt an Obstbäumen, Schlehe und Traubenkirsche. Alle einheimischen Schwärmer überdauern den Winter als Puppe. Die Schwärmer sind mittel- bis sehr groß, Flügelspanne 4–12 cm.

5 Wolfsmilchschwärmer, *Hyles euphorbiae*, Familie Schwärmer (Sphingidae). Fliegt meist von Mitte Mai bis Anfang August. An vielen Stellen, z. B. an Wegen, sonnigen Hängen, Grasflächen usw. Die Raupe frißt hauptsächlich an Zypressenwolfsmilch. Sie verpuppt sich in der Erde. Die Puppe überwintert, was für alle heimischen Vertreter der Familie zutrifft. Schwärmer fliegen sehr gut; meist in der Dämmerung oder nachts. Sie sind mittel- bis sehr groß mit einer Flügelspanne von 4–12 cm (je nach Art). Ihre Raupen sind leicht an dem sich am Körperende befindlichen, bei vielen Arten vorhandenen Horn erkennbar. Der Name Sphingidae weist auf das Verhalten der Raupen hin, die sich bei Beunruhigung vorn aufrichten.

6 Brauner Bär, *Arctia caja*, Familie Bärenspinner (Arctiidae). Flügelspanne um 7 cm. In Größe, Zeichnung und Färbung sehr veränderlich. Fliegt von Juli bis August. An vielen Stellen, z. B. an Waldrändern, an Gewässerufern und an Wegrändern. Die Raupe frißt an verschiedenen Pflanzen. Sie überwintert. Der Name der Familie weist auf die Behaarung der Raupe hin. Die Falter fliegen weitaus mehr in der Nacht als am Tage. Im Gebiet etwa 60 mehr oder weniger bunt gefärbte Arten der Familie.

1 Kamelspinner, *Ptilodon capucina*, Familie Zahnspinner (Notodontidae). Fliegt nachts; von Ende April bis August. Besonders in Laubwäldern, Lichtungen und Gehölzen. Die Raupe frißt an Laubbäumen. An Pappel und Weide die typische Raupe des Gabelschwanzes, *Cerula vinula.*

2 Mondfleck, *Phalera bucephala*, Familie Zahnspinner (Notodontidae). Fliegt nachts; von Mai bis Juli in Wäldern, Gehölzen, Alleen usw. Die Raupe, die anfangs gesellig lebt, frißt an verschiedenen Laubgehölzen.

3 Schwammspinner, *Lymantria dispar*, Familie Schadspinner (Lymantriidae). ♂ kleiner und mit dunkleren Flügeln. Fliegt von Juli bis September in Laubwäldern, Gärten, Gehölzen usw. Die lebhaften ♂♂ schwärmen oft am Abend. Eier (3 a) – mit Afterwolle bedeckte Gelege, die wie Baumschwamm aussehen – an Stämmen (Name!). Eier überwintern. Die Raupen an Obstbäumen und in Laubwäldern schädlich.

4 Nonne, *Lymantria monacha*, Familie Schadspinner (Lymantriidae). In Färbung und Zeichnung veränderlich. Fliegt abends und nachts; von Juli bis September. In Nadel- und Mischwäldern, besonders im Stangenholz. ♀ legt die Eier häufchenweise vornehmlich unter Baumrinde ab. Die Eier überwintern. Die Raupe frißt an Nadelbäumen, Linden, Eichen und anderen Pflanzen; verpuppt sich an den Bäumen. Sehr gefährlicher Waldschädling.

5 Goldafter, *Euproctis chrysorrhoea*, Familie Schadspinner (Lymantriidae). Fliegt meist spät abends; von Ende Juni bis Anfang August. In Eichenwäldern, Gärten usw. Die Raupe an Obst- und anderen Laubbäumen; lebt gesellig. Überwintert in »Nestern«. Die Raupenhaare sind giftig. Schädlich.

Schadspinner

Eule

6 Ringelspinner, *Malacosoma neustria*, Familie Wollraupenspinner (Lasiocampidae). Sehr veränderlich. ♀ größer. Fliegt von Ende Juni bis August in Laubwäldern, Gärten usw. Das wenig fluglustige ♀ legt die Eier, die überwintern, spiralförmig um Zweige (Name!). Die Raupe frißt an Laubbäumen. Schädlich, besonders an Obstbäumen. Lebt anfangs gesellig in Gespinsten. Die Puppenkokons meist zwischen Blättern.

7 Kiefernspinner, *Dendrolimus pini*, Familie Wollraupenspinner (Lasiocampidae). In Färbung und Zeichnung sehr veränderlich; von hellgrau und hellbraun bis schwarz. ♀ größer. Fliegt meist nachts; von Juni bis August. Sitzt am Tage an Stämmen. Im Gebiet überall in Kiefernwäldern und in Kiefernmischwäldern. Die Raupen fressen vornehmlich an Kiefern; sehr schädlich. Sie überwintern am Boden. Im Frühjahr fressen sie auf den Bäumen weiter. Verpuppung Ende Juni in einem Kokon an Zweigen. Die Raupenhaare brechen leicht ab (allergische Reaktionen!). In manchen Jahren wird der Kiefernspinner zu einem bedeutenden Forstschädling.

8 Maulbeerseidenspinner, *Bombyx mori*, Echte Spinner (Bombycidae). Kein Vertreter der heimischen Fauna. Zur Seidenherstellung gezüchtet. Die Raupen werden mit Maulbeerblättern gefüttert. Nach Europa im 6., nach Mitteleuropa im 18. Jhd. eingeführt.

1 Gemeines Blutströpfchen, *Zygaena filipendulae*, Familie Blutströpfchen oder Widderchen (Zygaenidae). Fliegt von Juli bis August. Die Raupe frißt Hornklee und Bergkronwicke. Sie überwintert und verpuppt sich in Gespinsten an Pflanzen. Im Gebiet etwa 25 typisch gezeichnete Arten der Widderchen. Sie sind träge, fliegen schlecht und lassen sich leicht mit der Hand fangen. Auf Blüten sitzen die Falter mit dachförmig gehaltenen Flügeln und nach vorn gestreckten Fühlern. Sie werden von den meisten Tieren verschmäht (Geschmack?). Die Raupen meist an Schmetterlingsblütlern. Sie verpuppen sich in einem glänzenden gelblichen Gespinst an Pflanzen.

2 Wintersaateule, *Agrotis segetum*, Familie Eulen (Noctuidae). In Färbung und Zeichnung äußerst veränderlich. 2 Generationen von Mai bis November. In vielen Lebensräumen, z. B. Feldern und Wiesen. Die Raupe frißt an Wurzeln und Blättern verschiedener Pflanzen; sie überwintert. Großer Schaden an Kulturpflanzen, z. B. durch Fraß an Gemüse, Hackfrüchten und Wintersaaten. Im Gebiet etwa 500 schwer unterscheidbare Eulen.

3 Hausmutter, *Noctua pronuba*, Familie Eulen (Noctuidae). Vorderflügel in Färbung und Zeichnung sehr variabel, häufig auch bläulichgrau. Fliegt von Ende Mai bis September. An vielen Stellen. Die polyphage Raupe frißt z. B. an Gräsern, Löwenzahn, Gemüse, Knöterich. Sie überwintert. Der Falter tagsüber gern in Häusern (Name!). *Noctua fimbriata* (3a) hat eine ähnliche Lebensweise.

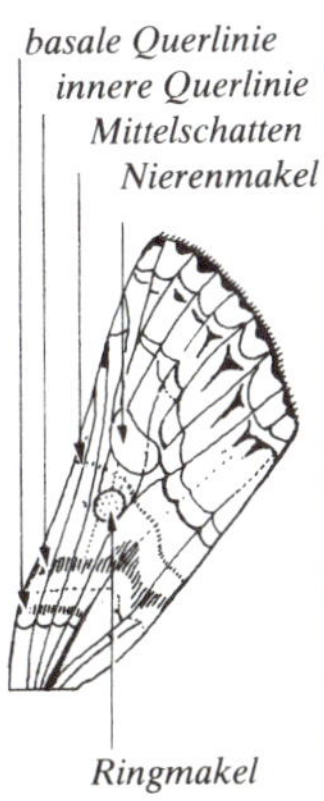

Vorderflügel einer Eule

4 Kieferneule, *Panolis flammea*, Familie Eulen (Noctuidae). Vorderflügel bräunlich oder rötlich und teilweise mit grünlichgrauen Tönen. Fliegt von März bis Mai. In Nadel- und Mischwäldern, besonders in sandigen Gebieten. Die Raupe frißt an Kiefern, auch an Fichten. Kieferneulen besuchen nachts Blüten, z. B. Weidenkätzchen. Tagsüber sitzen die Falter an Zweigen. In manchen Jahren in Massen in Kiefernwäldern. Dann durch Raupenfraß sehr schädlich.

5 Rotes Ordensband, *Catocala nupta*, Familie Eulen (Noctuidae). Fliegt von Juli bis Oktober. In Gehölzen, an Bäumen und Gebüschen in Gewässernähe, in Gärten usw. Die Raupe frißt an Weiden und Pappeln.

6 Gammaeule, *Autographa gamma*, Familie Eulen (Noctuidae). In der Färbung veränderlich. Name nach dem γ-förmigen Zeichen auf den Vorderflügeln. Fliegt von Mai bis September; im Gegensatz zu den anderen Eulen auch tagsüber. An vielen Stellen, gern auf Feldern und in Gärten. Die polyphage Raupe frißt an den verschiedensten Pflanzen, z. B. Klee, Kohlarten, Tabak und Taubnesseln. Manchmal an Kulturpflanzen schädlich. Die Raupe überwintert bis Mai. Etwa ab Juli fliegen Gammaeulen aus dem Süden über die Alpen ein. Von ihren Nachkommen wandern im Herbst viele zurück.

7 Krebssuppe, *Scoliopteryx libatrix*, Familie Eulen (Noctuidae). Fliegt von Juni bis Oktober. Überall, wo Weiden und Pappeln stehen (Futterpflanzen der Raupen). Eine der wenigen Eulen, die als Falter überwintern; deshalb manchmal in Kellern anzutreffen.

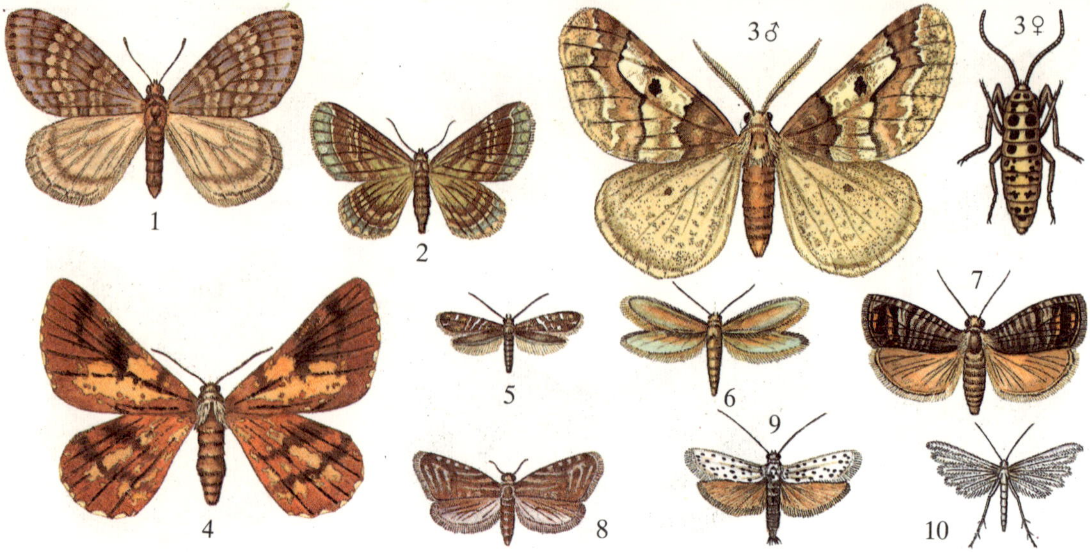

1 Gemeiner Frostspanner, *Operophtera brumata*, Familie Spanner (Geometridae). ♀ nur mit Flügelstummeln. ♂ fliegt abends und nachts; von Oktober bis Dezember. In Gärten und Wäldern. Die Raupe frißt im Mai/Juni an Obst- und anderen Laubbäumen. Sie spinnt Blätter und Blüten an Zweigenden zusammen. Schädling. Das Ei überwintert. Im Gebiet etwa 400 Arten der Familie.

2 Apfelblütenspanner, *Chloroclystis rectangulata,* Familie Spanner (Geometridae). Fliegt besonders im Juni. Hauptsächlich in Gärten mit Obstbäumen. Die Eier überwintern. Die Raupe frißt im April/Mai vornehmlich an Apfel und Birne einzeln in zusammengesponnenen Blüten. Schädlich.

3 Großer Frostspanner, *Erannis defoliaria*, Familie Spanner (Geometridae). ♀ flügellos. Fliegt ab September in Gärten, Wäldern usw. Die Eier überwintern. Die Raupe frißt gesellig an Laubbäumen. Schädlich.

4 Kiefernspanner, *Bupalus piniarius*, Familie Spanner (Geometridae). ♀ heller und undeutlicher gezeichnet. Färbung und Zeichnung variabel. Einer der wenigen Spanner, der auch tagsüber fliegt. Von Mai bis Juli in Kiefern- und Nadelmischwäldern. Die Raupe frißt von Juli bis Oktober bevorzugt an Kiefern. Verpuppung im Boden. Sehr schädlich.

5 Fliedermotte, *Caloptilia syringella*, Familie Miniermotten (Gracillariidae). Fliegt in der Dämmerung an Fliederbüschen (1. Generation im Mai, die 2. im Juli–August). Die Raupen minieren anfangs in Fliederblättern, größere fressen auf den Blättern. Mehrere Raupen fertigen gemeinsam einen Blattwickel an. Erwachsen seilen sie sich dann ab. Die Puppe überwintert.

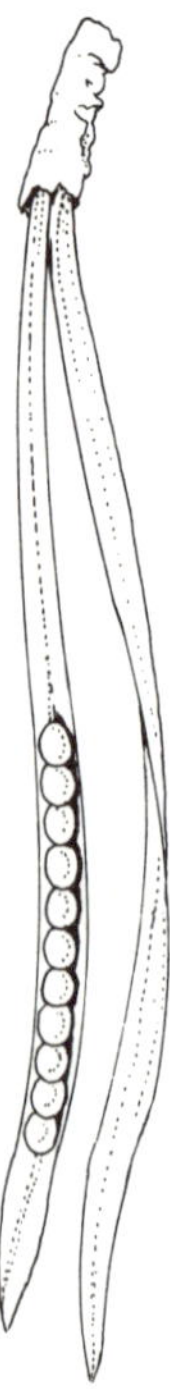

Eigelege des Kiefernspanners

6 Kleidermotte, *Tineola bisselliella*, Familie Echte Motten (Tineidae). In Wohnungen. Die auch tagsüber herumfliegenden Motten sind ♂♂ oder die ♀♀, die ihre Eier bereits abgelegt haben. Die Jagd auf sie ist also zwecklos. ♀ legt die Eier an verborgenen Stellen. Die Raupe frißt Wolle, Federn und Haare. Sie baut sich eine Wohnröhre, die mit umhergeschleppt wird. Die Mundwerkzeuge der Falter sind verkümmert.

7 Apfelwickler, *Laspeyresia pomonella*, Familie Wickler (Tortricidae). Fliegt meist in 2 Generationen von Mai bis September. ♀ legt die Eier auf Früchte und Blätter. In 1–2 Wochen schlüpft die Raupe, die sich bis zum Apfelkerngehäuse durchfrißt (»Obstmade« »wurmstichiger« Äpfel). Nach etwa 4 Wochen spinnt sie sich zur Überwinterung in Verstecken ein. Obstschädling.

8 Pflaumenwickler, *Grapholitha funebrana*, Familie Wickler (Tortricidae). Eng verwandt mit der Gattung *Laspeyresia.* Die Raupe frißt in den Pflaumen.

9 *Yponomeuta padellus*, Familie Gespinstmotten (Yponomeutidae). ♀ legt die Eier in Häufchen an die Knospen von Obstbäumen. Die jungen Raupen überwintern und spinnen im Frühjahr »Nester«. Schädlich.

10 Federgeistchen, *Pterophorus monodactylus.* Fliegt ab Juni.

WIRBELTIERE Vertebrata
FISCHE Pisces

1 Hecht, *Esox lucius*, Familie Hechte (Esocidae). Meist um 60 cm lang. Schnauze platt, Rückenflosse weit hinten. Färbung je nach Umwelt relativ verschieden. Junge Hechte oft grasgrün, hell (Grashechte). Bewohnt verschiedene Gewässertypen, geht auch ins Brackwasser. Alle Hechte sind gefräßige Räuber, die alles, was sie überwältigen können, verschlingen, selbst ihre Artgenossen. Laichzeit: Februar–Mai. Geschätzter Speisefisch. Kleine Hechte sind in Karpfenteichen gern gesehen, da sie Nahrungskonkurrenten kurz halten.

2 Bachforelle, *Salmo trutta fario*, Familie Lachse (Salmonidae). Um 25 cm, seltener bis 40 cm lang. Färbung sehr variabel. Maul kurz und abgestumpft, gedrungene Gestalt, besonders im Alter. Steht mit dem Kopf gegen die Strömung. In klaren, schnellfließenden Bächen, vor allem im Gebirge (Kaltwasserfisch). Ernährt sich räuberisch: anfangs Insekten, Krebse, Weichtiere usw., später auch größere Beutetiere (Fische). Laichzeit: Oktober–Januar. Hochwertiger Speisefisch. Verwandt ist die Regenbogenforelle *(Salmo gairdneri)*, mit rötlichem Seitenband.

3 Äsche, *Thymallus thymallus*, Familie Äschen (Thymallidae). Bis 50 cm lang. Sehr typisch ist die lange und sehr hohe Rückenflosse. In der Färbung variabel. Bewohnt klare Fließgewässer (Äschenregion). Wegen der zunehmenden Verunreinigung der Flüsse in letzter Zeit zurückgehend. Ernährt sich räuberisch; anfangs verschiedene Kleintiere, z. B. Wasserinsekten, später Jungfische und Laich. Laichzeit: März–April/Mai. Das Fleisch ist wohlschmeckend.

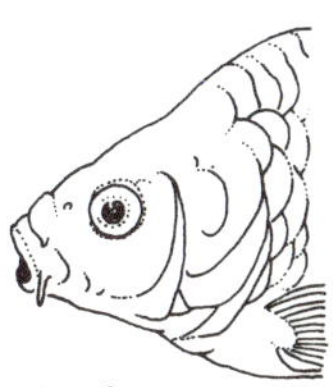
Karpfen

Hecht

4 Flußbarbe, *Barbus barbus*, Familie Karpfenfische (Cyprinidae). Bis etwa 70 cm lang. Bevorzugt den Mittellauf (Barbenregion) von Flüssen westlich der Elbe. Gesellig lebender Grundfisch, der am Tage oft versteckt und ruhig gegen die Strömung steht. Nachts auf Nahrungssuche: Kleintiere des Bodens, Abfälle, Fischbrut und Laich. Laichzeit: April–Juni. Die goldgelben Eier sind giftig.

5 Karpfen, *Cyprinus carpio*, Familie Karpfenfische (Cyprinidae). Je nach Beschuppung Schuppen-, Nackt- oder Spiegelkarpfen (im Bild von links nach rechts). Meist 30 cm lang, maximal bis 1,5 m. Ursprüngliche Heimat: China, Japan und Teile Osteuropas. Liebt ruhige, warme Gewässer mit reichem Pflanzenwuchs. Ernährung unterschiedlich: Kleintiere, Wasserpflanzen, Plankton, aber auch Gerste, Mais usw. (Zufütterung). Der Laicherfolg ist temperaturabhängig – Anzucht in besonderen flachen Teichen. Abfischung im Herbst.

6 Gründling, *Gobio gobio*, Familie Karpfenfische (Cyprinidae). Bis 18 cm lang. Körper drehrund, Schwanz seitlich zusammengedrückt. Bevorzugt die flachen Uferzonen der Seen, Bäche und Flüsse. In Ruhe am Grunde liegend. Geht auch ins Brackwasser der Ostsee. Meist in kleinen Schwärmen. Ernährt sich hauptsächlich von Kleintieren. Laichzeit: Mai–Juni. In Mitteleuropa als Speisefisch nur selten geschätzt. Nahrungsgrundlage für Raubfische.

1 Plötze, *Rutilus rutilus,* Familie Karpfenfische (Cyprinidae). Um 20 cm lang, seltener 35 cm. Oft verwechselt mit der Rotfeder. Unterscheidungsmerkmale: Plötze: Kiel zwischen Bauchflossen und Afterflosse gerundet. Augenringe meist rot. Rotfeder: Kiel scharf. Augenring gelb. Schwarmfisch ruhiger Gewässer, auch in der Ostsee. Frißt Kleintiere und Pflanzen. Fische über 20 cm nehmen auch größere Tiere auf. Laichzeit: April–Mai.

2 Rotfeder, *Scardinius erythrophthalmus,* Familie Karpfenfische (Cyprinidae). 20–30 cm lang. Typischer Schwarmfisch, der die Uferregion der Flüsse, Teiche und Seen bewohnt. Ernährt sich besonders von höheren Pflanzen. Laichzeit: Mai–Juli.

3 Schleie, *Tinca tinca,* Familie Karpfenfische (Cyprinidae). Meist um 25 cm, maximal bis 70 cm. Charakteristisch ist die stark schleimige Haut, in der die kleinen Schuppen liegen. Bevorzugt ruhige Gewässer mit schlammigem Grund, pflanzenreiche Teiche und Seen. Durchpflügt den Schlamm und ernährt sich von Pflanzen, verschiedenen Kleintieren, vorzugsweise von der Schleischnecke (*Bulimus tentaculatus,* s. S. 134). Laichzeit: Mai–Juli. Besonders in der Dämmerung aktiv. Fleisch dieses wichtigen Wirtschaftsfisches sehr beliebt.

4 Bitterling, *Rhodeus sericeus,* Familie Karpfenfische (Cyprinidae). Bis 9 cm lang. Auffallend hoher Rücken, sehr kurze Seitenlinie. ♂ zur Laichzeit prächtig gefärbt, Seiten regenbogenfarben schillernd. In ruhigen Gewässern, wo Teichmuscheln vorkommen. Allesfresser (besonders Pflanzen). Zur Laichzeit (April–Mai) führt das ♀ die hervortretende Legeröhre in die Einströmöffnung einer Teichmuschel und legt bis zu 40 Eier ab. Nach 4–5 Wochen verlassen die Jungfische die Muschel. Ein schöner und interessanter Aquarienfisch.

5 Moderlieschen, *Leucaspius delineatus,* Familie Karpfenfische (Cyprinidae). Kenntlich an der unvollkommenen Seitenlinie. Maul steht schräg nach oben. Leicht ausfallende Schuppen. Ausgesprochener Schwarmfisch, der kleine, ruhige Gewässer, auch versumpfte Gräben und Tümpel bewohnt. Ernährt sich von Kleintieren und Algen. ♀ klebt (April–Juni) ringförmige Laichbänder an Wasserpflanzen. Nur als Nahrungsgrundlage für Raubfische von Bedeutung. Beliebter Köderfisch des Anglers.

6 Karausche, *Carassius carassius,* Familie Karpfenfische (Cyprinidae). 20–30 cm lang, sehr selten bis 50 cm. In der Gestalt an den Karpfen erinnernd (auch »Moorkarpfen«). In Gewässern aller Art, selbst in kleinen, stark verschmutzten Tümpeln (geringes Sauerstoffbedürfnis); nur stark strömende Gewässer werden gemieden. Ernährt sich von Kleintieren, Pflanzen und Abfällen. Laichzeit: Mai–Juni. Die Verfrachtung von Laich durch Wasservögel ist wahrscheinlich, die weite Verbreitung wäre dadurch erklärt. Tiere aus klaren Gewässern sind sehr wohlschmeckend. Nahrungskonkurrent des Karpfens. Der Goldfisch *(Carassius auratus auratus)* stammt nicht von der Karausche ab, sondern ist mit der Silberkarausche *(Carassius auratus gibelio)* verwandt.

Rundschuppe

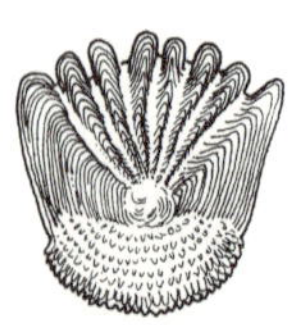
Kammschuppe

1 Blei, *Abramis brama,* Familie Karpfenfische (Cyprinidae). Meist um 40 cm lang, wenige erreichen 70 cm. Seitlich flach, Schuppen groß. Oft verwechselt mit der Güster. Wichtige Unterscheidungsmerkmale: Blei: Afterflosse lang und schmal, Augen verhältnismäßig klein. Güster: Afterflosse kürzer und breiter, Augen verhältnismäßig groß. Bevorzugt Ufer- und Bodenregion nährstoffreicher Seen und Flüsse (besonders in der unteren, langsam fließenden Zone – Bleiregion). Geht auch ins Brackwasser. Wühlt meist im Boden nach Nahrung: besonders Tubifex, Zuckmückenlarven und Schnecken. Kommt nur nachts an die Oberfläche. Laichzeit: Mai–Juli. Besonders im Norden gern gegessen. In seichten Gewässern entwickeln sich auffällig hochrückige Formen (Verbuttung).

2 Güster, *Blicca bjoerkna,* Familie Karpfenfische (Cyprinidae). Meist um 20 cm, selten bis 30 cm lang. Ansätze der Brust- und Bauchflossen rötlich (im Unterschied zum Blei, siehe dort). Ufer- und Bodenfische ruhiger Gewässer; besonders die Jungtiere oft in großen Schwärmen. Auch in der Ostsee. Ernährt sich hauptsächlich von Kleintieren (z. B. Kleinkrebsen). Laichzeit: Mai–Juni. Fleisch sehr grätenreich.

3 Döbel, *Leuciscus cephalus,* Familie Karpfenfische (Cyprinidae). Meist um 40 cm, selten bis 70 cm lang. Körper fast drehrund, Schuppen groß. Bevorzugt ruhige Fließgewässer und Seen. Jungdöbel sind Schwarmfische der oberflächennahen Schichten. Alttiere werden Einzelgänger. Allesfresser, als Alttier gefräßiger Räuber. Laichzeit: April–Juni. Fleisch grätenreich.

4 Schlammpeitzger, *Misgurnus fossilis,* Familie Schmerlen (Cobitidae). Meist 20–30 cm lang. Schuppen klein, von einer glitschigen Schleimschicht überdeckt. Körper drehrund. Vornehmlich in ruhigen und schlammigen (nährstoffreichen) Gewässern. Bodenfisch. Im Winter und bei Austrocknung der Gewässer lebt er im Schlamm vergraben (Zusatzatmung durch den Darm!). Frißt Kleintiere des Bodens, vorzugsweise Weichtiere. Laichzeit: April–Juni; interessantes Balzverhalten. Wirtschaftlich unbedeutend. Anspruchsloser Aquarienfisch.

5 Steinbeißer, *Cobitis taenia,* Familie Schmerlen (Cobitidae). Knapp 10 cm lang. Liebt besonders die Ufer klarer, feinsandiger Gewässer, auch Fließgewässer. Bodenfisch, der sich bei Gefahr schnell einbohrt. Darmatmung ähnlich 4. Frißt Bodentiere (besonders Würmer): kaut den Sand (Name!) durch und behält die Nahrung zurück. Den Sand stößt er durch die Kiemenöffnungen wieder aus. Laichzeit: April–Juni. War als Aquarien- und Köderfisch beliebt – heute bestandsgefährdet.

6 Schmerle, *Neomacheilus barbatulus,* Familie Schmerlen (Cobitidae). Meist um 10 cm lang. Bodenfisch in klaren (sauerstoffreichen) Fließgewässern; häufig unter Steinen. Bei Gefahr gräbt sie sich ein. Ernährt sich vorzugsweise von Kleintieren, aber auch von Laich. Laichzeit: April–Mai. Wirtschaftlich unbedeutend. Das fette, aber schmackhafte Fleisch wird nur in wenigen Gebieten genutzt. Aquarienfisch, der aber kaum gehalten wurde, weil er meist ruhig am Boden liegt. Bestandsgefährdet.

1 Aal, *Anguilla anguilla*, Familie Echte Aale (Anguillidae). ♀ bis 1,5 m, ♂ bis 0,5 m lang. Durchgehender Flossensaum. Bauchflossen fehlen. Fließgewässer; in abgeschlossenen Seen eingesetzt. Interessanter, einmaliger Lebenszyklus: Die geschlechtsreifen Aale (♂ etwa 9, ♀ etwa 12 Jahre Süßwasseraufenthalt) wandern flußabwärts, über den Atlantik ins Sargassomeer (dabei keine Nahrungsaufnahme); hier laichen sie in der Tiefe ab und sterben. Jungtiere wandern zurück; dabei Umwandlung in die durchsichtigen »Glasaale«, die die Flüsse aufsteigen (»Steigaale«), wobei sie zum Teil sehr schwierige Hindernisse überwinden, selbst über Land kriechen. Sehr begehrter Speisefisch.

2 Dreistachliger Stichling, *Gasterosteus aculeatus*, Familie Stichlinge (Gasterosteidae). Bis 9 cm lang. Schuppenlos, Seiten mit Knochenschildern gepanzert. (Anzahl je nach Salzgehalt unterschiedlich.) Kommt in verschiedenen Binnengewässern ebenso vor wie im Brackwasser der Ostsee. Die marinen Formen wandern auch ins Süßwasser. Umfangreiche Speisekarte: z. B. verschiedene Kleintiere, Fischlaich und Brut. Laichzeit: April–Juni. Sehr interessante Fortpflanzungsbiologie: ♂ baut Nest und lockt ♀ mit auffälligem Zickzacktanz heran. Nach dem Laichakt Brutpflege (Zufächeln von sauerstoffreichem Wasser durch ♂, Bewachung).

3 Zander, *Lucioperca lucioperca*, Familie Echte Barsche (Percidae). Maximal 1,2 m lang, meist jedoch kleiner als 80 cm. Liebt nährstoffreiche (eutrophe) Gewässer, auch in der Ostsee. Er ist ein Raubfisch der Freiwasserregion und ernährt sich von Fischen (z. B. Stint). Laichzeit: April–Juni. Sehr geschätzter Speisefisch, wird auch gezüchtet.

4 Flußbarsch, *Perca fluviatilis*, Familie Echte Barsche (Percidae). Bis 45, meist jedoch um 30 cm lang. Färbung variabel. In der Fischerei 3 Formen: Krautbarsch (Uferregion, grün), Jagebarsch (freies Wasser, hell), Tiefenbarsch (dunkel). Nicht an bestimmte Gewässertypen gebunden; auch in der Ostsee. Meist in kleinen Gruppen, Alttiere einzeln. Ernährt sich zunächst von Kleintieren, erwachsen bevorzugt er Fische und Krebse. Laichzeit: April–Mai. Schmackhaft.

5 Kaulbarsch, *Acerina cernua*, Familie Echte Barsche (Percidae). Länge bis 25 cm, die allerdings selten erreicht wird. Augen hochliegend und groß. Bei uns weit verbreitet (Uferregion), auch in der Ostsee. Meidet starke Strömungen. Oft in Schwärmen. Raubfisch und Allesfresser. Laichzeit: Mai–Juni. Das schmackhafte Fleisch wird besonders im Osten verwertet. Da er als Laichräuber und Nahrungskonkurrent auftritt, wird er kurz gehalten.

6 Wels, *Silurus glanis*, Familie Welse (Siluridae). In unseren Gewässern meist um 1 m, maximal etwa 2,5 m lang. Körper wie bei allen Welsähnlichen ohne Schuppen. In Seen und schwach strömenden Flüssen mit schlammigem Grund. Am Tage meist am Boden verborgen. Gefräßiger Räuber, der besonders Fische, Frösche, aber auch Wassergeflügel und Säuger erbeutet. Laichzeit: Mai–Juni. Fleisch schmackhaft (besonders von Jungtieren) und in einigen Gegenden gern gegessen.

Zickzacktanz des Stichlings

1 Schmalschnäuzige Seenadel, *Syngnathus typhle*, Familie Seenadeln und Seepferdchen (Syngnathidae). Bis 30 cm lang. In der Ostsee häufig, in der Nordsee selten. Bevorzugt die Seegrasregion, wo sie wegen ihrer Färbung und ihrer Gestalt kaum auffällt. »Steht« oft in vertikaler Haltung zwischen den Pflanzen. Wie die verwandten Seepferdchen treiben auch die Seenadelmännchen Brutpflege, und zwar mit Hilfe einer Bruttasche. Seenadeln ernähren sich in der Hauptsache von kleinen Krebsen.

2 Schwarzgrundel, *Gobius niger*, Familie Grundeln (Gobiidae). Mit bis zu 15 cm Länge größte Grundel im Gebiet. Die verwachsenen Bauchflossen bilden ein Haftorgan. In der westlichen Ostsee; häufig in Küstennähe, über Sandboden. Ernährt sich von verschiedenen Kleintieren und Abfallstoffen. Laichzeit: Mai–Juli. Wirtschaftlich unbedeutend.

3 Neunstachliger Stichling, *Pungitius pungitius*, Familie Stichlinge (Gasterosteidae). Bis 6 cm lang. Auf dem Rücken stehen 9–12 Stacheln, die schwächer sind als die des Dreistachligen Stichlings und den kleinen Stichling offenbar auch nur verhältnismäßig wenig vor seinen Feinden schützen. Verbreitung und Biologie ähneln denen des Dreistachlers; allerdings ist jener weit weniger häufig. Interessanter Aquarienfisch; jedoch ist er schwerer zur Fortpflanzung zu bringen als der Dreistachler. Wirtschaftlich unbedeutend.

4 Dorsch, Kabeljau, *Gadus morrhua*, Familie Dorsche (Gadidae). Als Dorsch werden die Jugendform und die erwachsene kleine Form (der Ostsee) des Kabeljaus bezeichnet. Bis 180 cm; Ostseedorsch bis 60 cm lang. Färbung je nach Biotop unterschiedlich. Hauptvorkommen an den Küsten Nordeuropas. Raubfisch, Allesfresser. Laichzeit: Januar–März. ♀ laicht mehrere Millionen Eier ab. Von großer wirtschaftlicher Bedeutung.

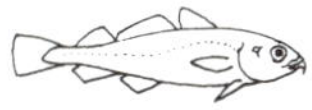

Nahrungsspektrum des Kabeljaus (Dorsches): *Fische, Weichtiere, Krebse, eigene Brut, Tange, Seegras*

5 Quappe, *Lota lota*, Familie Dorsche (Gadidae). Bis 70 cm lang. Schuppen mit bloßem Auge kaum erkennbar. Kommt hauptsächlich in Fließgewässern vor (einziger Vertreter der Familie Dorsche im Süßwasser). Nur nachts aktiv, am Tage hält sie sich verborgen. Allesfressender Raubfisch und typischer Laichräuber; die Schädlichkeit ist aber nicht klar. Laichzeit: November–Februar; in dieser Zeit bildet die Quappe große Scharen, während sie sonst ungesellig lebt. Das Fleisch ist grätenarm und wohlschmeckend, besonders geschätzt wird die Leber.

6 Flunder, *Platichthys flesus*, Familie Schollen (Pleuronectidae). Bis 50 cm lang. Im Unterschied zu der sehr ähnlichen Scholle *(Pleuronectes platessa)* Oberfläche rauh. Einige Schuppen sind zu Dornen umgebildet (z. B. am Kopf und an der Basis der Rücken- und Afterflosse). Die »Oberseite« der erwachsenen Flundern ist bei durchschnittlich 75% der Tiere die ehemalige rechte Seite, wobei der Standort eine Rolle spielt. Einige Flundern (vorrangig die jungen) gehen auch ins Brackwasser und wurden sogar in verschiedenen Flüssen gefunden. Oft in Scharen am Sandboden anzutreffen. Ernährt sich hauptsächlich von Weichtieren und kleinen Fischen.

LURCHE Amphibia

1 Teichmolch, *Triturus vulgaris*, Familie Salamander (Salamandridae). ♂ bis 11 cm lang, ♀ etwas kleiner. ♂ während der Fortpflanzungszeit mit hohem, welligem Kamm (vgl. 2). Anspruchslos, auch in sehr kleinen Gewässern, Tümpeln usw. anzutreffen. Unser häufigster Wassermolch. Ernährt sich wie alle unsere Molche von Weichtieren, Gliederfüßern usw. Laicht meist April–Mai und verläßt dann das Wasser. Larven ohne ausgesprochene Schwanzspitze; ähnlich denen des Leistenmolches *(Triturus helveticus)*, dessen ♂ sich nur durch eine auffällige Rückenleiste auszeichnet.

2 Kammolch, *Triturus cristatus*, Familie Salamander (Salamandridae). ♀ selten bis 18 cm lang, ♂ kleiner, in der Fortpflanzungszeit mit hohem, gezacktem Kamm. Gewandter Schwimmer. In nicht zu kleinen stehenden Gewässern; verbreitet, aber nicht häufig. Nach der Fortpflanzung (Frühjahr) verkriechen sich die meisten bald in Wassernähe. Larven mit spitzem Schwanz und langen Fingern und Zehen. Bestandsgefährdet.

3 Rotbauchunke, *Bombina bombina*, Familie Scheibenzüngler (Discoglossidae). ♂ mit inneren Schallblasen, die den melodischen »ung-ung«-Ruf verstärken. In sehr verschiedenen Gewässern; bevorzugt das Tiefland. Überwintert auf dem Lande (bis etwa April). Ernährt sich von Kleintieren und wird dabei durch das Vertilgen schädlicher Insekten nützlich. Paarungszeit: vor allem Mai–Juni. Larven in der Bauchmitte mit einem Kiemenloch. Bestandsgefährdet.

Pupillenformen

Bufo

Alytes

Bombina

4 Gelbbauchunke, *Bombina variegata*, Familie Scheibenzüngler (Discoglossidae). Bis 5 cm lang. Etwas gedrungener als die Rotbauchunke. ♂ ohne Schallblasen. Stimme leiser und »weiter entfernt«. Bevorzugt Hügel- und Bergland. Sehr anspruchslos, häufig in Tümpeln usw., nicht so stark an das Wasser gebunden. Paarungszeit: April–August. Larven ähnlich denen der Rotbauchunke, aber Mundfeld quer-elliptisch. Interessant ist die Geburtshelferkröte *(Alytes obstetricans)*, die als Bewohner des westlichen Hügellandes bis zum Harz vorkommt. ♂♂ tragen die Laichschnüre an den Hinterbeinen umher. Vom Aussterben bedroht!

5 Bergmolch, *Triturus alpestris*, Familie Salamander (Salamandridae). ♀ bis 11 cm lang, ♂ kleiner, während der Paarungszeit mit ungezacktem Kamm. Bauchseite einfarbig, ungefleckt! Verbreitet in fließenden und stehenden Gewässern, vor allem im Berg- und Hügelland. Sucht nach der Fortpflanzungszeit (Februar–Mai) meist Verstecke auf.

6 Feuersalamander, *Salamandra salamandra*, Familie Salamander (Salamandridae). Im Gebiet um 20 cm lang. In 2 Rassen vorkommend, der gebänderten (westlichen) und der gefleckten, die im Grenzgebiet ineinander übergehen (Thüringer Wald, Harz usw.). Charaktertier unserer Mittelgebirgswälder, aber auch in der Ebene; an feuchten Plätzen und im flachen Wasser. Ernährt sich von Würmern, Nacktschnecken und Gliederfüßern. Nachts aktiv (am Tage und im Winter versteckt). Paarung auf dem Lande. ♀ setzt im flachen Wasser ihre Kiemenlarven ab. Bestandsgefährdet.

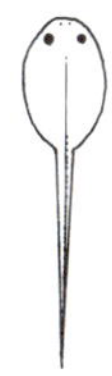
Rotbauchunke

Wasserfrosch

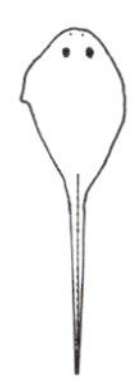
Erdkröte

Kaulquappen

1 Wechselkröte, *Bufo viridis*, Familie Kröten (Bufonidae). Im Gebiet bis 9 cm lang, ♂ etwas kleiner. ♂ mit Schallblase, trillert anhaltend hell »ürrrrr-ürrrrr«. Wärmeliebende, widerstandsfähige Art. Paarung April–Mai.

2 Kreuzkröte, *Bufo calamita*, Familie Kröten (Bufonidae). Bis 8 cm lang. Leicht kenntlich an der schmalen gelben Rückenlinie. ♂ mit großer Schallblase, ruft laut »ärrr-ärrr-ärrr«. Vermag mit Hilfe ihrer kurzen (!) Hinterbeine sehr schnell zu laufen. Bevorzugt sandige Böden. Große Widerstandsfähigkeit gegen Trockenheit. Paarung: April–Mai.

3 Erdkröte, *Bufo bufo*, Familie Kröten (Bufonidae). Im Gebiet ♀ bis 13 cm lang, ♂ kleiner. Sehr plump, Oberseite stark warzig. ♂ bringt leise, bellende Töne hervor, die wie «oäck« klingen. In sehr verschiedenen Lebensräumen anzutreffen, z. B. auf Feldern, Wiesen, sogar in Kellern. Alle hier angeführten Kröten ernähren sich von Kleintieren und werden durch die Vertilgung vieler Schädlinge nützlich. Alle *Bufo*-Arten suchen zur Paarungszeit (bei der Erdkröte März–April) das Wasser auf, wobei es zu Massenansammlungen kommen kann. Kleine schwarze Larven.
Die z. B. um Berlin sehr häufig beobachtete Knoblauchkröte *(Pelobates fuscus)* erkennt man leicht an den ungewöhnlich großen gelblichen Grabschaufeln. Sie gehört einer eigenen Familie an (Pelobatidae).

4 Laubfrosch, *Hyla arborea*, Familie Laubfrösche (Hylidae). Bis 5 cm lang. Färbung kann innerhalb kurzer Zeit wechseln: nach Grau, Braun, Schwärzlich und Gelblich. ♂ mit großer Schallblase. Stimme laut, weit hörbar, in schneller Folge »äpp-äpp-äpp« und ähnlich. Auf feuchten Wiesen, in Gräben, Gärten usw. Steigt auch auf Büsche und Bäume (Haftscheiben an Fingern und Zehen!). Ernährt sich von Insekten. Während der Paarungszeit (Frühjahr) im Wasser. Überwintert auf dem Lande. Larve mit spitzem Schwanzende. Bestandsgefährdet.

5 Teichfrosch, *Rana* kl. *esculenta*. Genetischer Bastard zwischen Kleinem Wasserfrosch *(R. lessonae)* und dem 15 cm langen, olivgrünen Seefrosch *(R. ridibunda)*. ♀ meist um 9 cm lang, ♂ kleiner. Färbung variabel. In größeren wie kleineren Gewässern. Paarung: Mai–Juni, aber auch früher und später im Jahr sind die bekannten Froschkonzerte zu hören. Bewältigt weit größere Tiere als der Grasfrosch und ist im Gegensatz zu diesem ein Tagtier, das sich gern sonnt.

6 Grasfrosch, *Rana temporaria*, Familie Echte Frösche (Ranidae). Sehr häufiger Frosch. Bis 10 cm lang. Kopf vorn stumpf, Färbung variabel, aber nie ganz grasgrün. Ziemlich schwacher Springer. In sehr unterschiedlichen Lebensräumen, auch weit entfernt von Gewässern. Während der Paarungszeit (Februar–April) und im Winter im Wasser, wo er im Frühjahr auch seine Knurrlaute hören läßt. Meidet zu starke Hitze, hält dann Sommerruhe. Ernährt sich von verschiedenen Kleintieren und lebt auf dem Lande vorwiegend als Nachttier.
Etwas kleiner ist der auf sumpfigen Wiesen, in Auwäldern usw. vorkommende Moorfrosch *(Rana arvalis)*, der durch einen braunschwarzen Fleck in der Ohrgegend auffällt.

KRIECHTIERE Reptilia

1 Zauneidechse, *Lacerta agilis,* Unterordnung Eidechsen (Sauria). Bis 24 cm lang. Besonders in sonnigen, trockenen und warmen Lebensräumen, z. B. an Böschungen, Bahndämmen und Waldrändern. Frißt verschiedene Kleintiere. ♀ legt 5–14 Eier in nicht zu trockener Erde ab. Gegen Ende September begeben sich die Tiere zur Überwinterung in die Erde; erscheinen im März–April wieder. Besonders zur Paarungszeit auffälliger gefärbt. Bestandsgefährdet. Eidechsen können bei Gefahr den Schwanz abwerfen.

2 Waldeidechse, *Lacerta vivipara,* Unterordnung Eidechsen (Sauria). Bis etwa 17 cm lang. Im Gegensatz zu anderen Eidechsen auch an feuchteren Orten und in höheren Gebirgslagen (in der Sowjetunion selbst noch jenseits des Polarkreises). Legt keine Eier, denn die Jungen schlüpfen bereits im Mutterleib. Fällt oft nur von Oktober bis Februar in Kältestarre.

3 Blindschleiche, *Anguis fragilis,* Unterordnung Eidechsen (Sauria). Etwa 45 cm lang. Auf Wiesen, an Waldrändern, in Gebüschen, an Böschungen usw. Vornehmlich an nicht allzu trockenen Stellen. Jagt meist in der Dämmerung langsame Kleintiere. Bringt bis zu 25 lebende Junge zur Welt. Überwintert in größerer Anzahl in der Erde oder in anderen Verstecken. Das völlig ungefährliche, beinlose Tier ist keine Schlange.

4 Ringelnatter, *Natrix natrix,* Unterordnung Schlangen (Serpentes). Meist etwa 1 m lang. Charakteristisch sind die 2 gelben Flecke am Kopf. An verschiedenen Orten, z. B. Gewässerufern, Böschungen, Wiesen. Jagt besonders in Gewässernähe, denn sie ernährt sich vornehmlich von Fröschen. Schwimmt und taucht gut. Paart sich hauptsächlich im April–Mai. ♀ legt die Eier in Klumpen unter verrottetem Laub oder ähnlichem ab. Die völlig harmlose Schlange wird oft mit der Kreuzotter verwechselt. Bestandsgefährdet.

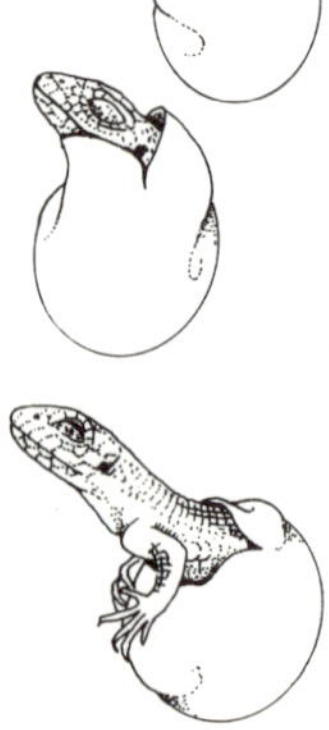

Schlupf einer Zauneidechse

5 Glattnatter, *Coronella austriaca,* Unterordnung Schlangen (Serpentes). Bis 75 cm lang. An warmen, trockenen Orten. Erbeutet besonders Eidechsen und Blindschleichen. Paart sich meist im April–Mai. Die Jungen schlüpfen während oder gleich nach der Eiablage. Sehr beißlustig und aggressiv, aber nicht giftig, also völlig harmlos! Bestandsgefährdet.

6 Kreuzotter, *Vipera berus,* Unterordnung Schlangen (Serpentes). Das größere ♀ ist bis über 80 cm lang. Zeichnung und Färbung sehr veränderlich. Besonders in sonnigen, trockenen, aber auch mäßig feuchten Lebensräumen. Bringt lebende Junge zur Welt. Jagt Mäuse, auch Eidechsen und Frösche. Die Kreuzotter tötet die Kleintiere durch das beim Zubeißen ausgespritzte Gift. Flieht den Menschen, beißt aber, wenn sie erschreckt oder bedroht wird. Giftig; ihr Biß ist für den Menschen gefährlich, aber selten tödlich. In jedem Fall ist nach einem Biß sofort der Arzt aufzusuchen. Erste Maßnahme: Blutung beschleunigen, z. B. Wunde erweitern (keimfrei!), quetschen, aber nicht aussaugen! Kurzzeitig abbinden (nie länger als 2 Stunden) und ab und zu die Abschnürung lokkern. Bestandsgefährdet.

VÖGEL Aves

1 Prachttaucher, *Gavia arctica*, Familie Seetaucher (Gaviidae). Etwa gänsegroß, bis 70 cm. Wie alle Seetaucher guter Schwimmer und Taucher, Füße mit Schwimmhäuten; auf dem Lande sehr unbeholfen. Im Fluge liegt der Rücken am höchsten. Hals lang. Stimme klangvoll, wie »krauh« und »wa-ua«. Selten zu hören. Ernährt sich von verschiedenen Wassertieren (hauptsächlich Fischen). Zugvogel, brütet in Nordeuropa, sehr selten im Gebiet.

2 Haubentaucher, *Podiceps cristatus*, Familie Lappentaucher (Podicipedidae). Etwa entengroß, 58 cm. Im Gegensatz zu den Seetauchern nur Schwimmlappen an den Zehen. An Kopfputz und Backenbart leicht kenntlich. Stimme im Frühling weit hörbar, wie »gröck-gröck« oder »köck-köck« und knarrend »ärrrr«. Liebt große, freie Wasserflächen. Fast das ganze Jahr kann er auf eisfreien Gewässern angetroffen werden. Die Nahrung besteht aus Fischen, Fröschen, Insekten, Weichtieren usw. Brutzeit: Mai–Juni. Die meisten Tiere ziehen südostwärts, wenige überwintern im Brutgebiet. Abzug ab August.

3 Zwergtaucher, *Podiceps ruficollis*, Familie Lappentaucher (Podicipedidae). Etwa amselgroß (27 cm) – unser kleinster Taucher. Stimme laut, trillernd wie »bibibibi«. Auf kleinen pflanzenreichen Gewässern; überall, selbst in Großstädten. Häufig, aber wegen seiner versteckten Lebensweise oft übersehen. Brutzeit: April–Juni. Teils im Gebiet überwinternd.

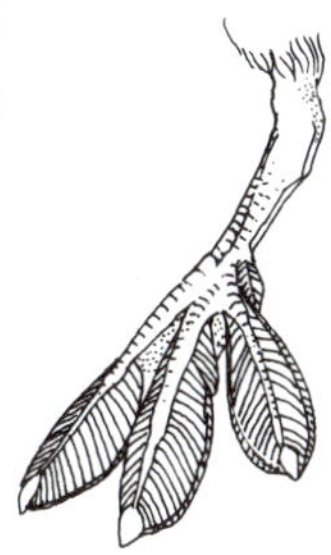
Haubentaucher

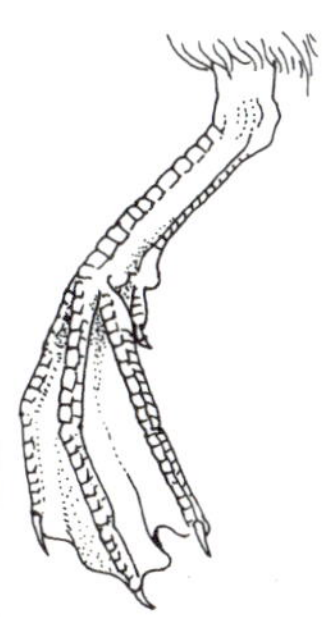
Prachttaucher

4 Rohrdommel, *Botaurus stellaris*, Familie Reiher (Ardeidae). Reichlich 0,5 m groß, wirkt sehr gedrungen. Bei Gefahr »Pfahlstellung«, durch die sie im Rohrwald nicht mehr auffällt, zumal ihr Gefieder mit der Umwelt ebenfalls harmoniert. Zur Brutzeit weithin hörbar tiefe Brummtöne wie »ü-prump« (deshalb auch Moorochse). Tagsüber verborgen und kaum zu beobachten, nachts aktiv. Ernährt sich von verschiedenen Kleintieren (Blutegel!), Fischen und Fröschen. Brütet (April–Mai) einzeln; flache Nester im Röhricht. Die Mehrzahl zieht im Winter nach Süden. Bestandsgefährdet.

5 Graureiher, *Ardea cinerea*, Familie Reiher (Ardeidae). Insgesamt 90 cm lang. Ruft wie »grack« und kreischend »kraik«. Hals im Fluge S-förmig. Bevorzugt seichte Gewässer des Flachlandes. Im Gebiet in letzter Zeit sehr zurückgegangen. Erlangt seine Beute (Fische, Frösche usw.) durch blitzschnelles Zuschnappen aus dem Stand oder aus einem geradezu behutsamen Gang. Brütet (meist März–April) gern in der Nähe von Gewässern in hohen Bäumen – Kolonien. Die Mehrzahl zieht in die Mittelmeerländer.

6 Weißstorch, *Ciconia ciconia*, Familie Störche (Ciconiidae). Um 100 cm groß. Im Fluge Hals und Beine langgestreckt (siehe aber Reiher). Bevorzugt offenes Gelände. Ernährt sich von Wirbeltieren (Fröschen, Schlangen usw.) und verschiedenen Kleintieren. Brutzeit: April–Mai; Nester groß, auf Bäumen, Felsen, Türmen und anderen Gebäuden. Überwintert in Afrika. Bestandsgefährdet.
Vom Aussterben bedroht ist der Schwarzstorch *(Ciconia nigra)*.

1 Stockente, *Anas platyrhynchos*, Familie Enten (Anatidae). Um 0,5 m groß. Im Fluge charakteristisches Klingelgeräusch. Flugbild der Gründelenten: »Weißweinflasche«. Stimme: ♂ schnarrend »räb-räb«, zur Paarungszeit hoch pfeifend, »fihb«; ♀ laut »quackquackquackquack«. Auf allen ruhigen Gewässern mit Pflanzenwuchs (besonders Schilf); selbst in Großstädten. Häufigste Ente im Gebiet. Nahrungserwerb durch das bekannte Gründeln im »Kopfstand« (Gründelenten 1–4): vorwiegend Pflanzenmaterial, aber auch verschiedene Kleintiere (z. B. Insekten, Weichtiere, Würmer). Brutzeit: März–Juni. Vor(An-)paarung bereits im Herbst des Vorjahres.

2 Krickente, *Anas crecca*, Familie Enten (Anatidae). 35 cm groß, unsere kleinste Gründelente. Fliegt schnell, geräuschlos und sehr gewandt (ändert häufig ruckartig ihre Fluglage). ♂ ruft wohlklingend »krilück« (Name!), ♀ schnell »gägägägä«. Bevorzugt pflanzenreiche verschilfte Gewässer verschiedener Art, bis ins Gebirge. Ernährung der der Stockente ähnlich. Brutzeit: Mai–Juni. Überwintert je nach Herkunft in verschiedenen Gebieten (z. B. Südeuropa).

3 Knäkente, *Anas querquedula*, Familie Enten (Anatidae). Knapp 40 cm groß, ein wenig schlanker als die Krickente. Fliegt schnell und geräuschlos. ♂ ruft häufig beim Auffliegen, »klerrrb, klerrrb« oder »schnerrrb«; ♀ »knäk« oder »knärr«. Lebensräume wie die der Krickente. Brutzeit: Mai–Juni. Nest gut verborgen am Boden, mehr oder minder nahe am Wasser. Überwintert in Südafrika, selten in Südeuropa.

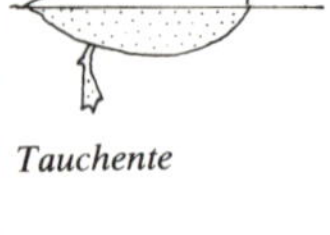

Tauchente

Gründelente

4 Schnatterente, *Anas strepera*, Familie Enten (Anatidae). Um 50 cm groß. Gefieder sehr unscheinbar und auch wenig geschlechtsspezifisch. Ein gutes Kennzeichen ist der in allen Kleidern vorhandene weiße Spiegelfleck. Flug ähnlich dem der Stockente, mit der sie überhaupt öfter verwechselt wird. Stimme beim Auffliegen ebenfalls der der Stockente ähnlich. Ansonsten pfeifend und schnell »räckräckräck«. Bevorzugt größere Gewässer mit pflanzenreichen Ufern, auch Sumpfgewässer. Hauptsächlich östlich der Elbe. Brutzeit: Mai–Juni. Im Gebiet meist Zugvogel; die Mehrzahl zieht nach Afrika.

5 Reiherente, *Aythya fuligula*, Familie Enten (Anatidae). Reichlich 40 cm groß. Prachtkleid des ♂ leicht kenntlich, ♀ fast einfarbig schwarzbraun. Fliegt mit lautem Rauschen. Flugbild der Tauchenten: »Rotweinflasche«. Pfeift leise »gügü«, ♀ knarrt laut »karrr«. Brutvogel des Nordens, aber nun zunehmend auch in Mitteleuropa. Ein ziemlich häufiger Wintergast auf allen größeren Gewässern, die nicht zufrieren; die übrigen ziehen nach West- und Südeuropa oder Afrika. Reiher- und Tafelente gehören zu den Tauchenten, die die Nahrung (Pflanzen, Fische, Wasserinsekten usw.) tauchend aus dem Wasser holen. Brütet gern gesellig. Nester in der Nähe der Gewässer, verborgen.

6 Tafelente, *Aythya ferina*, Familie Enten (Anatidae). Etwa 45 cm groß. ♀ laut schnarrend »charr«, ♂ leise pfeifend »bibi«. Bevorzugt größere verlandete Gewässer östlich der Elbe. Ernährt sich tauchend vor allem von Pflanzen. Brutzeit: Mai–Juni.

1 Graugans, *Anser anser*, Familie Enten (Anatidae). Etwa 80 cm groß (wie Hausgans), ♀ kleiner. Flug in Zugreihe oder Keil. Stimme ähnelt der unserer Hausgans: das bekannte Geschnatter. Bevorzugt große, ruhige, bewachsene Seen, offene Fluren; westlich bis zur Elbe. Unsere Brüter überwintern in den westlichen Mittelmeerländern, die nordischen schon in unserem Gebiet. Zur Zugzeit (August–September und März) häufiger zu beobachten. Nahrungssuche auf dem Lande: Keime, Gräser, Wurzeln, Sämereien und ähnliches. Von der Graugans stammt unsere Hausgans ab.

2 Saatgans, *Anser fabalis*, Familie Enten (Anatidae). Fast so groß wie die Graugans. Stimme weit hörbar, schallend »kajack« und schnarrend »angang«, aber nicht sehr häufig zu hören. Brutvogel des Nordens. Im Gebiet als Wintergast und auf dem Durchzug (von Ende September bis Anfang Mai) zu beobachten. Bevorzugt bestimmte Schlafplätze, zu denen sie nach der Nahrungssuche auf den Feldern mit Eintritt der Dämmerung wieder zurückkehrt.
Ein Wintergast an der Nordsee ist die kurzschnäblige Unterart, die Kurzschnabelgans (früher *Anser brachyrhynchus*).

3 Bleßgans, *Anser albifrons*, Familie Enten (Anatidae). 75 cm groß. Stirn (Blesse!) weiß. Stimme heller als die der Graugans, wie »ljo ljock«. Brutvogel des Nordens (Tundra-Gebiet), der sich im Herbst an unseren Küsten oft scharenweise sammelt. Ernährung ähnlich der der Graugans. Bei uns Wintergast bzw. Durchzügler von Oktober bis März/April.

Singschwan

Zwergschwan

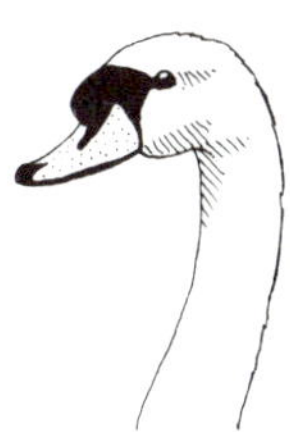

Höckerschwan

4 Brandgans, *Tadorna tadorna*, Familie Enten (Anatidae). Reichlich 60 cm groß. Entenartiges Flugbild. Stimme: tief »arra« oder »gokgok«, ♂ (fliegend) hoch pfeifend. Besiedelt das Küstengebiet. Ernährt sich von Weichtieren, Würmern, Krebsen u. ä. Tieren des Brack- und Meerwassers, aber auch von Pflanzen. Nistet in verschiedenen künstlichen oder natürlichen Höhlen. Überwintert im Brutgebiet oder im Südwesten Europas.

5 Mittelsäger, *Mergus serrator*, Familie Enten (Anatidae). Reichlich 0,5 m groß. Im Gegensatz zum Gänsesäger *(Mergus merganser)* weist das ♂ ein Kropfband auf. Flug des ♂ zischend-pfeifend. Stimme: ♂ rauh »grä« oder »grö«; ♀ schnarrend »garr«. Brütet am Meer (Mai–Juni), im Binnenland selten anzutreffen (auf dem Durchzug). Säger jagen die Beute (Fische, seltener andere, kleine Wassertiere) unter Wasser und halten sie mit den gezähnelten Schneiden des langen, dünnen Schnabels fest. Nest am Boden.

6 Höckerschwan, *Cygnus olor*, Familie Enten (Anatidae). Etwa 1,5 m groß. Flugschwarm in schräger Linie angeordnet, Hals ausgestreckt, mit metallischem, singendem Fluggeräusch. Als wilder Brutvogel auf vielen Gewässern in den nördlichen Gebieten. Häufig auf Parkteichen, Seen und an der Küste. Mit Hilfe des langen Halses, den er tief in das Wasser eintauchen kann, ernährt er sich von Wasserpflanzen und verschiedenen Kleintieren. Brutzeit: April–Mai, Nest umfangreich, dicht am Ufer. Jungtiere graubraun, erst nach einigen Jahren wie die alten gefärbt. Überwinterung im Brutgebiet, wenn die Gewässer eisfrei sind.

1 Turmfalke, *Falco tinnunculus*, Familie Falken (Falconidae). Reichlich 30 cm groß. Schwanz lang und gerade, Flügel spitz. Häufig rüttelnd. Helle »kikiki«-Rufe. Offene Fluren, Gärten, Wälder, Siedlungen. Greift die Beute (besonders Mäuse) im Sturzflug. Brütet in fremden Nestern, Felsen, Türmen usw. Brutzeit: Mitte Mai–Anfang Juni. Im Gebiet häufig Standvogel. Bestandsgefährdet ist der schnittige Baumfalke *(Falco subbuteo)*.

2 Rohrweihe, *Circus aeruginosus*, Familie Accipitridae. Reichlich 50 cm groß. Schlanke, schmale Flügel und langer Schwanz. Flug schaukelnd, oft dicht über dem Boden, mit aufgebogenen Flügelspitzen (V-förmig). Stimme nicht oft zu hören, kläglich quakend wie »kuiiih« und pfeifend »hiääh«. Bevorzugt Gewässer mit niederen Schilfbeständen. Ernährt sich hauptsächlich von Fischen, Fröschen, Kriechtieren, Vögeln, Kleinsäugern und großen Insekten. Horst meist im Röhricht nahe über oder auf der Wasserfläche. Brutzeit: Mai–Juni. Zugvogel, der im Süden überwintert.

3 Schwarzmilan, *Milvus migrans*, Familie Accipitridae. Knapp 60 cm groß. Im Gegensatz zum größeren Rotmilan *(Milvus milvus)* Schwanz nur schwach gegabelt. Im Ruderflug schwerfällig, auch rüttelnd. Trillernde Rufe, wie »hühühühühü«. Bevorzugt wasserreiche Gebiete, besonders Waldungen in Flußtälern, hauptsächlich im Flachland. Greift häufig kranke oder tote Fische und anderes Aas, seltener lebende Beute. Schmarotzt auch bei anderen Greifvögeln. Zugvogel, überwintert im Süden. Im Gebiet März–September.

Flügelspannweiten (cm)

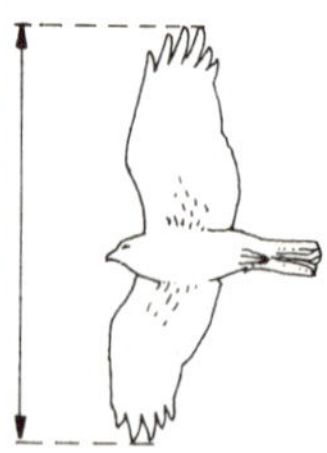

Kranich	*240*
Höckerschwan	*235*
Seeadler	*225*
Storch	*200*
Fischreiher	*170*
Graugans	*165*
Habicht	*120*
Stockente	*90*
Kiebitz	*75*

4 Habicht, *Accipiter gentilis*, Familie Accipitridae. Um 50 cm groß, ♂ kleiner als ♀. Flugbild wie das des Sperbers, aber größer. Stimme selten zu hören, »gigigigig ...« oder ein kurzes bussardähnliches »hi-ä, hi-ä«. In bezug auf den Lebensraum nicht wählerisch. Sehr gewandter und schneller Kurzstreckenjäger, der weniger sitzende als fliegende Beute schlägt. Brutzeit: März–Juni. Horste meist auf hohen Bäumen. Schäden durch Schlagen von Hausgeflügel meist übertrieben. Selten geworden. Im Gebiet sind Habichte Stand- und Strichvögel.

5 Sperber, *Accipiter nisus*, Familie Accipitridae. Bis 38 cm groß. Im Fluge: Schwanz lang und dunkel gebändert, Flügel breit und kurz. Sehr gewandter Flieger, nie rüttelnd. Ruft (»gigigig«) sehr selten. In verschiedenen Biotopen zu finden: Wälder, Parks, Gärten. Greift seine Beute meist im Fluge; verschiedene Kleinvögel (besonders Sperlinge). Oft aus dem Spähflug mit angelegten Flügeln niederstoßend. Brutzeit: Mai–Juni. Teils überwinternd, teils nach Süden ziehend. Bestandsgefährdet.

6 Mäusebussard, *Buteo buteo*, Familie Accipitridae. Etwa 50 cm groß. Färbung und Zeichnung sehr variabel. Guter Segelflieger, oft kreisend (besonders zur Balzzeit), auch rüttelnd. Schwingen breit, ebenso der kurze Schwanz (Stoß). Insgesamt plump wirkend. Laute »hiäh«-Rufe. Bevorzugt offene waldnahe Landschaften. Greift seine Beute am Boden: Kleinsäuger, Schlangen, Frösche, daneben Insekten u. ä. Etwa 4 km weites Jagdgebiet. Brutzeit: April–Anfang Mai. Überwintert meist im Brutgebiet.

1 Wachtel, *Coturnix coturnix*, Familie Phasianidae. Mit 18 cm (etwa drosselgroß) unser kleinster Hühnervogel. Schneller, schnurrender Flug dicht über dem Boden. Der bekannte und ziemlich laute Wachtelschlag ist vornehmlich abends zu hören, wie »perwerwick«. Beobachtung gelingt selten. Meist auf Getreidefeldern, Wiesen und Brachland. Ernährt sich hauptsächlich von Insekten und Unkrautsämereien. Brutzeit: Juni–Juli. Zugvogel: überwintert in Afrika. Im Gebiet Mai–September.

2 Rebhuhn, *Perdix perdix*, Familie Phasianidae. 30 cm groß. Gedrungener, rundlicher Körper, kurzer Schwanz. Hebt sich im burrenden Flug nur wenig vom Boden ab und fällt nach kurzer Strecke wieder ein. Außerhalb der Brutzeit in »Völkern«. Stimme wie »kirreck«, besonders in der Abenddämmerung. Ursprünglich Steppenbewohner, heute ausgesprochener Kulturfolger – Felder und Wiesen, nicht im Gebirge. Nimmt mehr pflanzliche (Sämereien) als tierische Nahrung (Insekten, Würmer usw.). Brutzeit: Mai–Juni, Nachgelege bis August. Standvogel, der selbst harte Winter überdauert.

3 Jagdfasan, *Phasianus colchicus*, Familie Phasianidae, ♂ 80, ♀ 60 cm groß. Kennzeichnend ist der auffallend lange Schwanz. Schwerfällig polternder Flug, guter Läufer. Während der Paarungszeit laute Rufe wie »krockkrock«. Bewohnt Auwälder, Feldgehölze, offenes Gelände mit Buschwerk. Die Nahrung besteht hauptsächlich aus Pflanzenstoffen (z. B. Beeren, Früchten, Sämereien), darüber hinaus Würmer, Schnecken usw. Brutzeit: Mai–Juni. Standvogel.

Nesthocker
(oft nackt, blind, nestgebunden)
Sperlingsvögel, Tauben, Enten, Greifvögel, Störche, Reiher

Nestflüchter
(bedunt, Augen offen)
Entenvögel, Strandläufer, Feldhühner, Seetaucher, Lappentaucher, Bekassine

4 Kranich, *Grus grus*, Familie Kraniche (Gruidae). Mit reichlich 1 m größter Vogel im Gebiet. Auffallend lange Beine und langer Hals. Im Flug (Keilflug) werden Hals und Beine ausgestreckt. Nie aufbäumend. Rufe weit hörbar: ein klangvolles, schmetternd trompetendes »Gurruh«. In sumpfigen Gebieten, Brüchen, verlandeten Seen und ähnlichem. Frißt Insekten, aber auch größere Tiere (z. B. Mäuse) und Pflanzenstoffe; bei der Futtersuche auch auf Feldern. Großes, haufenförmiges Nest an verdeckten Plätzen. Brutzeit: April–Mai. Zugvogel, der im Süden überwintert. Sammlung vor dem Abflug zu Hunderten und Tausenden. Vom Aussterben bedroht!

5 Teichhuhn, *Gallinula chloropus*, Familie Rallen (Rallidae). Reichlich 30 cm groß. Leicht kenntlich an der roten Stirnblesse. Ruft sanft »kurr«. Kopfnicken und Schwanzwippen beim Laufen und Schwimmen (wie die meisten Rallen). Fliegt selten. Bevorzugt kleine, ruhige Gewässer mit reichem Pflanzenwuchs, in dem es sich gern versteckt. Ernährt sich von verschiedenen Kleintieren und Laich, aber auch von Pflanzenstoffen. Brutzeit: April–Juli. Teilzieher.

6 Bleßralle, *Fulica atra*, Familie Rallen (Rallidae). Knapp 40 cm groß. Kennzeichnend sind der weiße Schnabel und die weiße nackte Stirnblesse. Guter Schwimmer (unter Kopfnicken). Taucht mit kurzem Kopfsprung. Schneller Flug nach langem Anlauf. Schnalzende oder bellende Rufe, oft wie »kröck, pui«. Frißt verschiedene Wasserpflanzen, Kleintiere und Laich. Brutzeit: April–Juli. Teilzieher.

1 Kormoran, *Phalacrocorax carbo*, Familie Kormorane (Phalacrocoracidae). Reichlich 90 cm groß. Watschelt unbeholfen. Im Flug wie ein schwarzes Kreuz wirkend. Häufig auf Reusenpfählen, die Flügel zum Trocknen gelüftet. Ruft selten, rauh »chrochrochro« und »krakra«. An einigen Stellen der Küste Brutvogel, früher stärker verbreitet. Frißt hauptsächlich Fische, die er durch gewandtes Tauchen erbeutet. Brutzeit: April–Juni. Häufig zur Zugzeit im Binnenland (Februar–März und August–Oktober).

2 Austernfischer, *Haematopus ostralegus*, Familie Austernfischer (Haematopodidae). Reichlich 40 cm groß. Körper gedrungen. Beine kurz. Stimme laut und scharf: »qui qui quit quit quit«. Während der eigenartigen Gruppenbalz laut trillernd. Typischer Strandvogel. Frißt vorwiegend Strandtiere (z. B. Weichtiere, Würmer, Krebse), seltener Pflanzen. Brütet frei in flachen Mulden, die oft mit Muscheln und Steinen ausgelegt sind. Brutzeit: Mai–Juni. Teilzieher, der in Südwesteuropa oder in Nordafrika überwintert. Im Gebiet April–August/Oktober.

3 Kiebitz, *Vanellus vanellus*, Familie Regenpfeifer (Charadriidae). 30 cm groß. Leicht kenntlich an dem Federschopf in allen »Kleidern«. Flug taumelnd und wuchtelnd. Tolle Balzflugspiele in der Vertikalen, dabei »chärchuit«- und »witwit-wit«-Rufe, sonst das bekannte namengebende laute »Kiewit«. Vor allem auf Wiesen, Weiden, Äckern und Verlandungsgebieten. Insekten, Larven, Weichtiere und Würmer bilden die Hauptnahrung. Nistet in schwach gepolsterter Mulde. Brutzeit: März–Mai. Teilzieher.

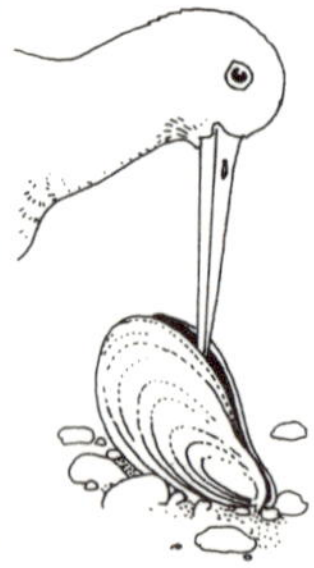

Austernfischer beim Öffnen einer Muschel

4 Goldregenpfeifer, *Pluvialis apricaria*, Familie Regenpfeifer (Charadriidae). Fast kiebitzgroß (28 cm). Stimme flötend wie »tlüh«. Bewohnt die Tundren und Moore des Hohen Nordens. In Mitteleuropa durchziehend, besonders von August bis Oktober (auf Äckern und Wiesen oft in großer Anzahl) zu beobachten. Frißt vorzugsweise Insekten und Würmer. Überwinterungsgebiete liegen im Süden. Regenpfeifer können auf dem Zuge große Strecken durchfliegen.

5 Flußregenpfeifer, *Charadrius dubius*, Familie Regenpfeifer (Charadriidae). 15 cm groß. Ähnelt dem größeren Sandregenpfeifer, aber ohne weiße Flügelbinde. Kropfband schmaler. Rufe wie »tiü« (Betonung auf der 1. Silbe), besonders im Fluge – dazwischen hell »grigrigri« u. ä. Bei der Balz melodische Triller. Vorzugsweise an kahlen, sandigen und kiesigen Flußufern. »Rollt« wie eine Kugel über den Boden (wie fast alle Regenpfeifer). Frißt Insekten, Spinnen usw. Brutzeit: Mai–Juli. Überwintert im Süden. Im Gebiet April–September.

6 Sandregenpfeifer, *Charadrius hiaticula*, Familie Regenpfeifer (Charadriidae). 20 cm groß. Mit breitem, schwarzem Kropfband. Im Flug fällt die weiße Flügelbinde auf. Lockt mit hochgezogenem Pfiff: »tui« – auf der 2. Silbe betont. Beim niedrigen Balzflug melodisches Düdeln. Am flachen, sandigen oder kiesigen Strand der Küsten, seltener an Binnenseen (auf dem Durchzug). Ernährt sich von Insekten, Larven, Kleinkrebsen und anderen Kleintieren. Brutzeit: April–Juli. Überwintert im Süden. Im Gebiet März–Oktober. Bestandsgefährdet.

1 Bekassine, *Gallinago gallinago*, Familie Schnepfenvögel (Scolopacidae). 27 cm groß. Schnabel lang, Beine kurz. Charakteristischer schneller Zickzack-Flug. Im Sturzflug (bei der Balz) entsteht durch die gespreizten Schwanzfedern ein meckerndes Wummern. Im Auffliegen ein heiseres »Ätsch«, am Boden »tücke tücke«. Bevorzugt Sumpfgebiete. Brutzeit: April–Mai. Frißt Insekten, Würmer und Pflanzenstoffe. Überwintert in Afrika. Im Gebiet März–Juli/November. Bestandsgefährdet.

2 Rotschenkel, *Tringa totanus*, Familie Schnepfenvögel (Scolopacidae). Häufigster Wasserläufer. 28 cm groß. Nistet in tiefer Mulde. Brutzeit: April–Juni. Ernährt sich von Insekten, Würmern u. ä. Überwintert hauptsächlich im Mittelmeerraum. Im Gebiet März–Oktober. Bestandsgefährdet.

3 Waldwasserläufer, *Tringa ochropus*, Familie Schnepfenvögel (Scolopacidae). 23 cm groß. Weißer Bürzel und Oberschwanz stechen von dunkler Oberseite ab. Rufe beim Abfliegen wie »dlüi« oder »djü titititit«. Besonders an Gewässern feuchter Waldgebiete. Brütet in fremden Nestern. Brutzeit: April–Juni. Die Mehrzahl verbringt den Winter im Mittelmeergebiet und in Afrika. Im Gebiet Ende März/April–August/September. Besonders zur Zugzeit anzutreffen, als Brutvogel nicht häufig. Bestandsgefährdet.

4 Flußuferläufer, *Tringa hypoleucos*, Familie Schnepfenvögel (Scolopacidae). 20 cm groß. Im Fluge fällt eine schmale, weiße Flügelbinde auf. Fliegt hastig zuckend über der Wasserfläche dahin. Im Stand häufig mit dem Körper wippend. Stimme fein, wie »hididi hididi«. Typisch für sandige oder verschlammte Flußufer und Schotterbänke. Ernährt sich von Insekten, Larven und anderen Kleintieren. Brutzeit: Mai. Überwintert vor allem in Afrika und im Mittelmeerraum. Im Gebiet April/Mai–Juli/Oktober. Bestandsgefährdet.

5 Alpenstrandläufer, *Calidris alpina*, Familie Schnepfenvögel (Scolopacidae). 18 cm, etwa die Größe eines Stars, an den er auch im Flug erinnert. Bauchschild im Frühjahr und Sommer schwarz, Kropf gefleckt. Gedrungene, bucklige Haltung. Weiche, trillernde »trü«-Rufe. Sticht Würmer, Schnecken und andere Kleintiere aus dem Boden, seltener Pflanzenstoffe. Brutzeit: April–Juni. Gesellig, häufig auch unter Kiebitzen. Auf dem Durchzuge nach dem Süden oder Südwesten (meist von Juli bis Oktober) öfter in Schwärmen. Vom Aussterben bedroht! Als Zuggast recht häufig ist der Kampfläufer *(Philomachus pugnax)*; ♂ im Brutkleid mit auffälliger Halskrause.

6 Säbelschnäbler, *Recurvirostra avosetta*, Familie Säbelschnäbler (Recurvirostridae). 43 cm, taubengroß. Durch Schnabelform und Gefiederzeichnung unverwechselbar. Flug kiebitzähnlich. Verschiedene flötende »pjütt«-Rufe. Am Meeres- und Brackwasserstrand. Ernährt sich von verschiedenen Kleintieren des Flachwassers. Nest offen und flach, schwach ausgelegt. Brutzeit: April–Juni. Sowohl als Brutvogel als auch auf dem Durchzuge (besonders in den Monaten Juli–September) im Gebiet anzutreffen. Bestandsgefährdet.

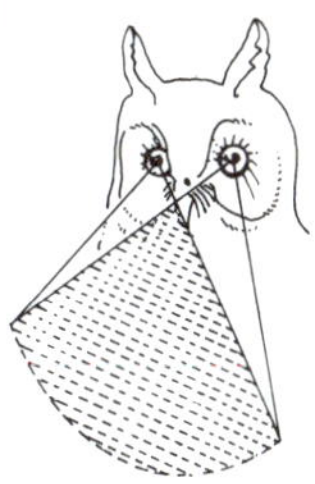

Eule

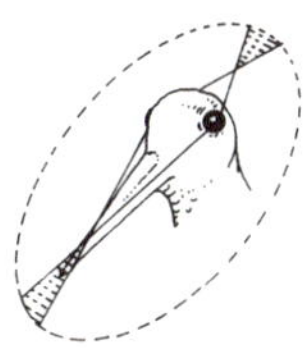

Bekassine

Sichtwinkel

1 Lachmöwe, *Larus ridibundus*, Familie Möwen (Laridae). Etwas kleiner als die Sturmmöwe (37 cm). Bekannteste und häufigste Binnenlandmöwe. Von der dunklen Gesichtsmaske des Sommerkleides bleibt im Winter nur ein kleiner Fleck in der Ohrgegend. Vorderkante der Flügel leuchtendweiß, Spitze schwarz. Stimme heiser, wie »krrjäh«. Frißt hauptsächlich Insekten und andere Kleintiere, die sie sich auch von den Äckern holt. Brutzeit: Mai–Juni. Ein Teil überwintert im Süden, andere bleiben, wenn sie gefüttert werden.

2 Silbermöwe, *Larus argentatus*, Familie Möwen (Laridae). 56 cm groß. Mantel hellblaugrau, Flügelspitzen schwarz-weiß. Schnabel mit rotem Fleck, der bei der Fütterung der Jungen als Schlüsselreiz bedeutsam ist. Ruft oft in Reihen wie »kjau«, »ga-ga-ga« und anders. Jahresvogel, der besonders die Vogelschutzinseln bewohnt und im Zunehmen begriffen ist. Ernährt sich in der Hauptsache von Krebsen und Muscheln, nimmt aber auch andere Tiere, Eier und Jungvögel usw. (»Spezialisten«). Nistet kolonieweise im Dünensand. Brutzeit: Mai–Juni.

3 Heringsmöwe, *Larus fuscus*, Familie Möwen (Laridae). 53 cm groß. Oberseite dunkel bis schwarz wie die ihr sehr ähnliche, aber größere Mantelmöwe *(Larus marinus)*. Füße im Gegensatz zu dieser gelb. Stimme rauh, wie »haha« und »agag«. An Küsten und auf dem Meer. Ernährt sich von Tieren der verschiedensten Gruppen. Nistet kolonieweise, meist auf Felsen. Brutzeit: Mai–Juni. An der Ostseeküste das ganze Jahr über zu beobachten, aber nicht häufig.

Sommerkleid

Winterkleid

Lachmöwe

4 Sturmmöwe, *Larus canus*, Familie Möwen (Laridae). Reichlich 40 cm, etwa krähengroß. Insgesamt der größeren Silbermöwe sehr ähnlich, aber ohne roten Fleck am Schnabel. Stimme erinnert an die der Lachmöwe, aber spitzer, wie »giejä« und eine Reihe anderer Rufe. Frißt verschiedene Meerestiere, Aas, Abfälle und vieles andere mehr, auch Pflanzenstoffe. Nistet in Kolonien. Brutzeit: Mai–Juni. Jahresvogel, der vor allem an den Küsten beobachtet werden kann. Nur ein geringer Teil zieht auch südwärts durch das Binnenland.

5 Flußseeschwalbe, *Sterna hirundo*, Familie Möwen (Laridae). 35 cm groß. Schnabel mennigrot und im Gegensatz zu dem einfarbig blutroten Schnabel der sehr ähnlichen, aber viel selteneren Küstenseeschwalbe mit schwarzer Spitze. Stimme kreischend, meist wie »ki-ärrr«, klingend. Brutkolonien, auch mit anderen Arten. Überwintert am Mittelmeer und weiter südlich. Im Gebiet April–Oktober.

6 Zwergseeschwalbe, *Sterna albifrons*, Familie Möwen (Laridae). Mit 22–24 cm unsere kleinste Seeschwalbe. Leicht kenntlich an der weißen Stirn (siehe auch wissenschaftlichen Namen!). Schwanzspieße relativ kurz. Stimme hart und nur wenig kreischend, wie »kitt kitt kitt« u. ä. An allen flachen, kahlen Meeresküsten, im Gebiet nicht mehr im Binnenland brütend. Nahrung ähnlich voriger Art. Nistkolonien auf Sandstrand und Geröll. Brutzeit: Mai–Juni. Als Brutvogel nicht häufig, auf dem Zug (Frühling und Spätsommer) an der ganzen Küste. Vom Aussterben bedroht!

1 Hohltaube, *Columba oenas*, Familie Tauben (Columbidae). Mit 33 cm ungefähr so groß wie die Haustaube, die von der im Mittelmeerraum vorkommenden Felsentaube *(Columba livia)* abstammt. Halsseiten tiefgrün schillernd. Heulendes Rucksen, wie »huhu ...«. Vor allem in Wäldern und Parks. Ernährt sich von sehr verschiedenen Früchten und Sämereien. Höhlenbrüter, besonders in Baumhöhlen, aber auch in Nistkästen. Brutzeit: April–Juli. Im Gebiet meist Zugvogel. Bei uns von März bis Oktober.

2 Ringeltaube, *Columba palumbus*, Familie Tauben (Columbidae). 40 cm lang. Halsfleck und Flügelvorderrand weiß. Beim Abfliegen lautes Flügelklatschen. Stimme laut, wie »grugruh-grugrugru«, oft wiederholt. Besonders an Waldrändern, in Gärten, Parks und Alleen. Frißt Sämereien, zarte Pflanzenteile, Beeren, selten Raupen. Nestmulde meist hoch in den Bäumen. Brutzeit: April–Juli. Im Gebiet März–Oktober.

3 Turteltaube, *Streptopelia turtur*, Familie Tauben (Columbidae). 27 cm groß. Schwarzweißer Halsfleck. Sanft und eintönig gurrend, ein fortlaufendes »Turr«. Besonders in lichten Wäldern, kleinen Feldgehölzen und Parks. Frißt Nadelholzsamen, Feldsämereien (Getreide) und Insekten. Dünnes Nest in ziemlich geringer Höhe auf Bäumen und Sträuchern. Brutzeit: Mai–Juli. Im Gebiet April/Mai–August/September.

4 Türkentaube, *Streptopelia decaocto*, Familie Tauben (Columbidae). 28 cm groß. Leicht kenntlich an dem schwarzen Nackenring. Stimme laut, wie »du duu du«. Vor allem in Gärten und Parks, auch in Großstädten. Sehr zutraulich. Nahrung ähnlich der der Turteltaube. Flaches Nest oft auf Nadelbäumen und an Gebäuden. Brutzeit: April–August. In der Regel im Gebiet überwinternd. Kulturfolger, ursprünglich Steppenvogel.

Mauersegler-Trupp

5 Kuckuck, *Cuculus canorus*, Familie Kuckucke (Cuculidae). Etwa taubengroß, 33 cm. Sperberähnlich, besonders im Fluge, aber auffallend langer, abgestufter Schwanz und spitze Flügel. Neben fauchenden und kichernden Tönen das allbekannte »Kuckuck« (auch 3silbig). Das Vorkommen richtet sich in erster Linie nach seinen Wirten. Bringt seine Eier nämlich in den Nestern anderer Vögel unter (dabei Anpassungserscheinungen). Der junge Kuckuck wirft die anderen Nestbewohner hinaus und läßt sich füttern. Wirtsvögel unterschiedlich, im Gebiet vor allem Gartenrotschwänzchen, Neuntöter, Grasmücken und auch Bachstelzen. Brutzeit: Mai–Juli. Ernährt sich von verschiedenen Insekten. Überwintert in Afrika. Im Gebiet April–September.

6 Mauersegler, *Apus apus*, Familie Segler (Apodidae). 17 cm groß. Äußerlich schwalbenähnlich (nicht verwandt!), aber sichelförmige Flügel und unterseits dunkel. Sehr gewandter und ausgesprochen schneller Flieger. Auf dem flachen Boden dagegen völlig unbeholfen. Scharfe, schrille Stimme, wie »sriesrie«. Überall, wo Nistmöglichkeiten sind (Höhlen, Nistkästen usw.); häufig in Städten. Ernährt sich von Luftplankton. Brutzeit: Mai–Juni. Überwintert in Afrika. Im Gebiet von Anfang Mai bis August/September.

1 Großer Buntspecht, *Dendrocopos major*, Familie Spechte (Picidae). Drosselgroß, 23 cm. Häufigster Buntspecht im Gebiet. Stimme laut, meist wie ein einsilbiges »Kix«. Allbekannt ist das Trommeln, das besonders im Frühjahr zu hören ist. In Wäldern (vorzugsweise Nadelwäldern) und Parks. Klopft im Sommer vor allem Insekten (darunter viele Schädlinge) heraus, frißt in der kalten Jahreszeit Kiefern- und Fichtensamen. Nistet in selbstgebauten Baumhöhlen. Brutzeit: April–Juni. Stand- und Strichvogel.

2 Wendehals, *Jynx torquilla*, Familie Spechte (Picidae). Reichlich sperlingsgroß, 17 cm. Baumrindenfarben mit dunklen Streifen. Monotone, durchdringende Rufreihe, wie »wiet wiet wiet ...«, alles etwa in gleicher Höhe. In Wäldern, großen Parks und Gärten. Ernährt sich hauptsächlich von Ameisen und deren Puppen. Brütet in Höhlen, auch gern in künstlichen. Brutzeit: Mai–Juni. Überwintert in Afrika. Im Gebiet Mitte April–Anfang September. Ortstreu. An der aufrichtbaren Federholle und dem schwarzweiß gebänderten Gefieder ist der Wiedehopf (*Upupa epops*) kenntlich, der einer eigenen Familie angehört.

3 Grünspecht, *Picus viridis*, Familie Spechte (Picidae). Knapp taubengroß, 32 cm. Auffallend sind der rote Oberkopf und Nacken. Laut schallende Stimme, einem Lachen ähnlich, wie »glückglückglückglück«. Nur sehr selten an Bäumen klopfend. Vorwiegend in Laubwäldern, Gärten und Parks. Nistet (und schläft – wie alle Spechte) meist in einer fertigen Höhle. Brutzeit: Mai–Juni. Ernährt sich wie 2. Standvogel, umherstreichend.

Junge Waldohreulen

4 Waldohreule, *Asio otus*, Familie Eulen (Strigidae). Etwa taubengroß, 36 cm. Kenntlich an den Federohren (Name!). Stimme wie »huh huh«, daneben Kreischen und Pfeifen. In der Balzzeit lautes Klatschen, das durch Zusammenschlagen der Flügel entsteht. Besonders in Waldrändern und in Feldgehölzen. Ernährt sich in der Hauptsache von Mäusen. Brütet in verlassenen Nestern anderer Vögel. Brutzeit: meist April. Zieht im Herbst oft nach Westen und wird dann durch nördliche Wintergäste ersetzt.

5 Waldkauz, *Strix aluco*, Familie Eulen (Strigidae). Etwa krähengroß, 38 cm. Färbung variabel, braun bis grau. Flügel breit, abgerundet; Schwanz kurz. Ruffreudig: lautes, langes »Huuuuu« (♂) und durchdringend »kiwi« oder »kjuwit«. In Wäldern, Parks und Gebäuden (Verstädterung). Jagt nachts neben vielen anderen Tieren vorzugsweise Mäuse. Baut kein Nest, bezieht Höhlen. Brutzeit: März–April. Standvogel. Dunkelbraun mit weißen Tropfenflecken ist der kleine, vom Aussterben bedrohte Steinkauz *(Athene noctua)*. Man hört sein »Guhg kwitt kwiu« auch am Tage. Sein Lebensraum ist die offene Landschaft.

6 Schleiereule, *Tyto alba*, Familie Schleiereulen (Tytonidae). Etwa taubengroß, 34 cm. Mit deutlich ausgebildetem herzförmigem Schleier, Flügel lang. Heisere, schnarchende Laute, wie »chrüü« u. ä. Meist in alten Türmen, Scheunen usw. Nach Sonnenuntergang auf Jagd, insbesondere nach Mäusen (auch Spitzmäusen) und Sperlingen – sehr nützlich! Brutzeit: meist April–Mai. Standvogel, eventuelle Züge aus Nahrungsmangel.

1 Haubenlerche, *Galerida cristata*, Familie Lerchen (Alaudidae). Reichlich sperlingsgroß, 17 cm. Leicht kenntlich an der Spitzhaube; Schwanzkanten gelbbraun (siehe aber Feldlerche). Weicher, feldlerchenähnlicher Gesang. Bewohnt Ödland, trockene Plätze (sandige Straßenränder, Eisenbahndämme u.ä.); vor allem im Winter in den Städten anzutreffen. Ernährt sich von Körnern, Insekten und Pflanzenteilen. Bodenbrüter. Brutzeit: April–Juni. Standvogel.

2 Feldlerche, *Alauda arvensis*, Familie Lerchen (Alaudidae). Reichlich sperlingsgroß, 18 cm. Sehr guter Läufer. Erdbraun, am Boden kaum zu entdecken. Schwanzkanten weiß (im Unterschied zur Heidelerche, *Lullula arborea*). Abwechslungsreicher, jubilierender Gesang, im steilen Aufsteigen; auch Nachahmungen anderer Vogelstimmen. Vor allem in fruchtbarem Kulturgelände, nie im Wald. Ernährt sich von Sämereien und Insekten. Bodenbrüter. Brutzeit: April–Juli. Zugvogel, der meist in Südeuropa überwintert. Unser frühester Rückkehrer, ♂ schon im Februar; bleibt bis November.

3 Rauchschwalbe, *Hirundo rustica*, Familie Schwalben (Hirundinidae). 18 cm groß. Kehle rotbraun, Schwanz im Unterschied zur Mehlschwalbe tief gegabelt (»Schwalbenschwanz«). Schnelles, schwatzendes Gezwitscher, dazwischen Schnurren und »wit wit«. Besonders im Raum ländlicher Siedlungen (wo auch der für den Nestbau notwendige Lehm vorhanden ist). Schwalben ernähren sich vor allem von Insekten, die sie vornehmlich im Fluge erhaschen (sehr nützlich!). Rauchschwalben jagen in tieferen Regionen als Mehlschwalben. Das Lehmnest (Viertelkugel) wird gern im Innern von Gebäuden angebracht. Brutzeit: Mai–Juli. Überwintert in Afrika. Im Gebiet März/April–September/Oktober.

Brutdauer in Tagen (ca.)

Höckerschwan	*36*
Weißstorch	*33*
Turmfalke	*28*
Stockente	*26*
Elster	*18*
Girlitz	*13*

4 Mehlschwalbe, *Delichon urbica*, Familie Schwalben (Hirundinidae). 13 cm groß. Gesamte Unterseite und Bürzel (auffallend!) weiß. Schwanz nur wenig gegabelt. Leiernder Gesang und »tschrr«. Lebensraum ähnlich dem der Rauchschwalbe, aber mehr in Städten und felsigen Gebieten. Ernährung ebenfalls wie die der Rauchschwalbe. Nistet fast stets *außen* an Gebäuden. Brutzeit: Mai–August. Überwintert in Afrika. Im Gebiet Ende April–September/Oktober.

5 Uferschwalbe, *Riparia riparia*, Familie Schwalben (Hirundinidae). 12 cm groß. Mit graubraunem Brustband und seicht gegabeltem Schwanz. Kratzende, scheuernde Töne, wie »dschrr-dschr« u. ä. Auf offenen Fluren, gern in Wassernähe. Ernährung ähnlich der der Rauchschwalbe. Nistet kolonienweise an steilen Wänden von Sand- und Lehmgruben. Brutzeit: Mai–Juli. Überwintert in Afrika. Im Gebiet Ende April–September.

6 Pirol, *Oriolus oriolus*, Familie Pirole (Oriolidae). Amselgroß, 24 cm. ♀ gelblichgrün mit grauweißer Unterseite. Spechtartiger Bogenflug. Auffallend sind die laut flötenden Töne des ♂, wie »düdlüo«; auch laut krächzend, wie »chräu« (eichelhäherähnlich, aber 2silbig). In Wäldern, Parks und Gärten. Frißt vor allem Raupen und Schmetterlinge. Brutzeit: Mai–Juni. Überwintert vorzugsweise in Ostafrika. Im Gebiet Anfang Mai–August.

1 Gartenbaumläufer, *Certhia brachydactyla*, Familie Baumläufer (Certhiidae). Kleiner als ein Sperling: 12,5 cm. Ähnlich dem Waldbaumläufer, aber durch den lauten Gesang, wie »di dieh le li le dih« (neben scharfen »tit«-Lauten) zu erkennen.
Der Waldbaumläufer *(Certhia familiaris)* hat eine weichere Stimme und den etwas kürzeren Schnabel. In Wäldern, Parks und Gärten. Sehr flinker Stammkletterer, holt Insekten aus den Borkenrissen. Nistet in Spalten u. ä. Brutzeit: April–Juni. Jahresvogel.

2 Rabenkrähe, *Corvus corone corone*, Familie Krähenvögel (Corvidae). 47 cm groß. Durchgehend schwarz. Selten im Segelflug anzutreffen. Häufig klare »arrrk«-Rufe. Bewohnt die offene Landschaft, Waldränder, Feldgehölze, ausgelichtete Wälder westlich der Elbe. Allesfresser: neben Insekten, Würmern, Mäusen, Vogelbrut usw. auch verschiedene Pflanzenstoffe. Die einzelnen Nester stehen meist in hohen Bäumen. Brutzeit: April–Mai. Stand- und Strichvogel.

3 Nebelkrähe, *Corvus corone cornix*, Familie Krähenvögel (Corvidae). Im Unterschied zur vorigen Unterart mit grauem Rumpf und östlich der Elbe verbreitet – ausgenommen die von Osten und Nordosten zuziehenden Wintergäste. Im Grenzgebiet zwischen Nebel- und Rabenkrähe treten Mischlinge auf. Lebensweise wie Rabenkrähe.

4 Saatkrähe, *Corvus frugilegus*, Familie Krähenvögel (Corvidae). 46 cm groß, purpurblauschwarz glänzend. Im Alter an der weißen Schnabelwurzel leicht kenntlich. Schlanker als die vorige Art. Ruft meist heiser »kroa«. Bevorzugt offene Ackerfluren und Feldgehölze. Auch häufig in Großstädten. Ernährung vielfältig: Insekten, Schnecken, Würmer, Früchte, Kleinsäuger und Aas. Brutzeit: April–Mai. Teilzieher.

5 Elster, *Pica pica*, Familie Krähenvögel (Corvidae). 46 cm groß. Durch das auffallend schwarzweiße Gefieder und den langen Schwanz nicht zu verwechseln. Schackernd, wie »tschackschack«, in Reihen. Im offenen Gelände, das von Baumgruppen oder Hekken durchbrochen wird. Frißt verschiedene Kleintiere, Jungvögel (!), Eier, Aas und Früchte; öfter schädlich. Brutzeit: März–Mai. Jahresvogel.

6 Eichelhäher, *Garrulus glandarius*, Familie Krähenvögel (Corvidae). Taubengroß, 34 cm. Aufrichtbare Federhaube. Oft laut kreischend: »rätsch«; ahmt auch andere Vogelstimmen gut nach. Typischer Waldvogel. Frißt Nüsse, Eicheln, Beeren und Insekten. Oft schädlich durch Nestplündern. Sammelt Vorräte (z. B. Eicheln) im Boden, dadurch Verbreiter von Pflanzen. Brutzeit: April–Mai. Strichvogel.

7 Dohle, *Corvus monedula*, Familie Krähenvögel (Corvidae). Etwa taubengroß, 33 cm. Auffallend sind der graue Nacken und der kurze Schnabel. Im Gegensatz zu den anderen Krähen ziemlich schneller Flügelschlag. Ruft hell »kjak kjak«. Als Höhlenbrüter in Wäldern und Parks – in alten Bäumen, Gebäuden (Ruinen) u. ä. Frißt verschiedene Kleintiere, Mäuse, Vogelbrut, Pflanzenkost und Aas. Brutzeit: April–Mai. Im Gebiet meist Jahresvogel.

Wandergeschwindigkeiten (km/h)

Mauersegler	*150*
Enten	*110*
Watvögel	*90*
Buchfink	*55*
Kranich	*50*
Neuntöter	*40*

1 Kohlmeise, *Parus major*, Familie Meisen (Paridae). Mit 14 cm die größte Meise. Ruft hell »pink pink«. Im Frühjahr ein einförmiger Gesang, wie »zizida zizida«. Überall in Parks und Gärten. Neben der Blaumeise häufigste Art im Gebiet. Wie alle Meisen sehr beweglich. Sucht in Zweigen und Stämmen nach Insekten. Im Winter ernährt sie sich von Sämereien und anderer Pflanzenkost. Nistet in Höhlen aller Art. Brutzeit: April–Juni. Standvogel.

2 Blaumeise, *Parus caeruleus*, Familie Meisen (Paridae). Kleiner als die Kohlmeise, 12 cm. Lockt fein »sit sit« und »tetetet«. Der Gesang ist ein glockenhelles Klingeln. In Vorkommen und Lebensweise ähnlich der Kohlmeise. Von unregelmäßigen Zügen abgesehen Überwinterung im Brutgebiet.

3 Tannenmeise, *Parus ater*, Familie Meisen (Paridae). 11 cm groß. Mit weißem Nackenfleck und grauweißer Unterseite. Lockt leise »sit sit«. Gesang einförmig, wie »size size ...«. Typischer Vogel des Nadelwaldes, selten im Mischwald. Lebensweise ähnlich der der Kohlmeise. Ebenfalls im Nadelwald lebt die oberseits bräunliche Haubenmeise *(Parus cristatus)*, die an der hellen Federhaube auf dem Kopf leicht kenntlich ist. Singt charakteristisch »zizigürr«. Den buschreichen Laubwald bevorzugen die Sumpfmeise *(Parus palustris)*, mit glänzendschwarzer Kopfplatte, und die Schwanzmeise *(Aegithalos caudatus)*, mit weißem Kopf und dem auffallend langen Schwanz.

4 Kleiber, *Sitta europaea*, Familie Kleiber (Sittidae). 14 cm groß. Auffallend laute Stimme, meist wie »twiet-twiet ...« oder ein flötendes »Tü-tü-tü«. Stammkletterer (auch kopfabwärts). In Wäldern, Gärten und Parks mit altem Baumbestand. Frißt im Sommer Insekten, im Winter Sämereien. Nistet gern in Spechthöhlen, die er sich durch Verkleben (Name!) passend macht. Brutzeit: April–Juni. Standvogel.

Nahrungsspektrum der Amsel
Insekten (z. B. Käfer, Mücken, Larven), Spinnentiere, Tausendfüßer, Würmer, Schnecken, Beeren (im Winter)

5 Zaunkönig, *Troglodytes troglodytes*, Familie Zaunkönige (Troglodytidae). Nur 9,5 cm groß. Kugelige Körperform mit kleinem Stelzschwänzchen. Sehr flink. Schnurrender, flacher Flug. Gesang (auch im Winter!) laut und feurig, mit Rollern. In Wäldern, Parks und Büschen, liebt die Wassernähe. Ernährt sich von Gliederfüßern, Beeren und ähnlichem. Brutzeit: April–Juli. Standvogel.

6 Singdrossel, *Turdus philomelos*, Familie Drosseln (Turdidae). 23 cm groß. Lockt »zip«. Abwechslungsreicher Gesang (von erhöhtem Platz aus) mit pfeifenden und flötenden Motiven, die mehrfach wiederholt werden. In Wäldern mit Unterholz, Gärten und Parks. Ernährt sich von Kleintieren, Beeren und Obst. Brutzeit: Mai–Juli. Überwintert in Südwesteuropa und Nordwestafrika. Im Gebiet März–Oktober. Verwandt ist die schakkernde Wacholderdrossel *(Turdus pilaris)*; mit aschgrauem Kopf und grauem Bürzel.

7 Amsel, *Turdus merula*, Familie Drosseln (Turdidae). 26 cm groß, ♀ dunkelbraun. Ruft laut »tack tack« und »gix gix«. Lauter, flötender Gesang. Früher reiner Waldvogel, heute bekanntester Stadtvogel. Frißt Kleintiere, Beeren und Obst. Brutzeit: April–Juli. Standvogel.

1 Braunkehlchen, *Saxicola rubetra*, Familie Drosseln (Turdidae). 13 cm groß. Mit weißem Überaugenstreif. Der unscheinbare, sehr kurze Gesang erinnert mit seinen Pfeif- und Kratztönen an den Hausrotschwanz. Typischer Wiesenvogel, der gern auf erhöhten Plätzen (Pfählen usw.) sitzt. Frißt vorzugsweise Insekten. Brütet in einem verdeckten Nest am Boden. Brutzeit: Mai–Juli. Überwintert in Afrika. Im Gebiet Ende April–August/September.

2 Gartenrotschwanz, *Phoenicurus phoenicurus*, Familie Drosseln (Turdidae). 14 cm groß. Sehr charakteristische Färbung des ♂. ♀ unscheinbarer. Gesang kurz, aber wohltönend; am Anfang »hiit tet tet« (lang-kurz-kurz). Häufiges Knicksen und Schwanzzittern. In Parks und Gärten, aber auch Wäldern. Frißt Insekten und Beeren. Baut sein Nest in allen möglichen Höhlen. Brutzeit: Mai–Juli. Trifft im April ein und zieht im September wieder nach Afrika.

3 Hausrotschwanz, *Phoenicurus ochruros*, Familie Drosseln (Turdidae). 14 cm groß. ♀ unscheinbarer, Unterseite graubraun. Häufiges Knicksen und Schwanzzittern. Gesang mit einem gepreßten Scheuern und Kratzen. Ursprünglich ein Vogel felsiger Gebirge; hat die menschlichen Siedlungen als neues Brutgebiet erschlossen. Nistet in allen möglichen Nischen der Gemäuer. Brutzeit: April–Juli. Ernährt sich von kleinen Insekten und Beeren. Überwintert in Südeuropa und Afrika. Im Gebiet März–Oktober.

4 Nachtigall, *Luscinia megarhynchos*, Familie Drosseln (Turdidae). 16,5 cm groß. Ihr Lied, mit schluchzenden und flötenden Tönen, gilt als eines der schönsten (viele Nachtigallen singen aber schlecht). Wird im Norden und Osten durch den Sprosser *(Luscinia luscinia)* vertreten. In Gärten, Parks und offenen Wäldern mit dichten urwüchsigen Büschen u. ä. (auch in Großstädten nicht selten); kein Kulturflüchter! Meist in Bodennähe; sucht hier nach Kerbtieren und Beeren. Nistet auch dicht über dem Boden. Brutzeit: Mai–Juni. Überwintert in West- und Mittelafrika. Im Gebiet von Mitte April bis etwa Mitte September.

5 Rotkehlchen, *Erithacus rubecula*, Familie Drosseln (Turdidae). 14 cm groß. Schon an Kehle und Brust leicht kenntlich. Etwas wehmütiger, sehr lauter Gesang, der besonders abends auffällt; mit Flötentönen und Trillern, außerdem ein typisches »Schnickern«. Bevorzugt dichtes Unterholz in Wäldern und Parks. Ernährt sich von verschiedenen Kleintieren und Beeren. Brutzeit: April–Juli. Überwintert meist in Südeuropa. Im Gebiet März–Oktober.

6 Gelbspötter, *Hippolais icterina*, Familie Grasmücken (Sylviidae). 13 cm groß. Gesang vielfältig, mit zwitschernden und pfeifenden Teilen, wobei häufig ein 2silbiger, qietschender Laut auffällt. Ahmt sehr viele Stimmen nach. Weit häufiger zu hören als zu sehen, da er den Aufenthalt in den Baumkronen bevorzugt. In Gärten, Parks und Laubwäldern mit Unterholz anzutreffen. Ernährt sich hauptsächlich von kleinen Insekten, aber auch von Beeren und Obst. Brutzeit: Mai–Juli. Überwintert im tropischen Afrika. Im Gebiet Anfang Mai–August.

Kohlmeise

Pirol

Goldammer

Gesänge in Noten

1 **Drosselrohrsänger,** *Acrocephalus arundinaceus*, Familie Grasmücken (Sylviidae). Mit 19 cm Länge unser größter Rohrsänger. Knarrender, auffallend lauter Gesang, wie »Karre karre kiet kiet« und ähnlich. Im Schilfgürtel der Seen und Teiche. Ernährt sich von Insekten. Brutzeit: Mai–Juni. Überwintert in Afrika. Im Gebiet Mai–August/September.

2 **Teichrohrsänger,** *Acrocephalus scirpaceus*, Familie Grasmücken (Sylviidae). Knapp sperlingsgroß, 12,5 cm. Gesang (wie auch das Gefieder) ähnlich dem des Drosselrohrsängers, aber leiser und nicht so markant. Auch in kleinen Schilfbeständen und im Ufergebüsch. Frißt kleine Insekten. Nest ähnlich dem der vorigen Art, aber kleiner. Brutzeit: Mai–Juni. Überwintert in Afrika. Im Gebiet Mai–Oktober. In dichtem Gebüsch feuchter Lebensräume, aber auch in Getreidefeldern, kommt der sehr ähnliche Sumpfrohrsänger *(Acrocephalus palustris)* vor, dessen Lied an das des Gelbspötters erinnert.

3 **Gartengrasmücke,** *Sylvia borin*, Familie Grasmücken (Sylviidae). Sperlingsgroß, 14 cm. Gesang (bis weit in den Juni hinein) laut und lang anhaltend, ziemlich gleichmäßig und schnell, mit weichen Flötentönen. In lichten buschreichen Waldzonen, in Gebüschen an Teichen. Ernährt sich von Beeren und Obst. Buschbrüter. Nest in Bodennähe. Brutzeit: Mai–Juni. Überwintert im tropischen Afrika. Im Gebiet April–September. Unterscheidet sich im Gesang von der Mönchsgrasmücke *(Sylvia atricapilla)* durch das Fehlen des lauten Schlußüberschlages. Letztgenannte Art vor allem in Laub- und Mischwald mit Unterwuchs häufig. ♂ mit auffällig schwarzer Kopfplatte.

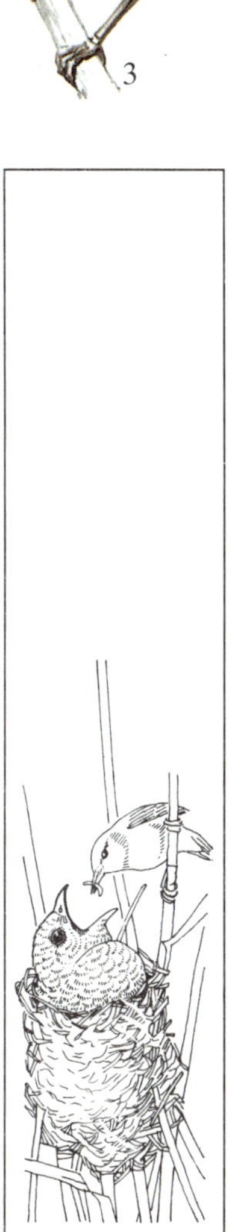

Kuckuck wird im Teichrohrsängernest gefüttert

4 **Dorngrasmücke,** *Sylvia communis*, Familie Grasmücken (Sylviidae). Sperlingsgroß, 14 cm. Gesang (häufig im kurzen Balzflug vorgetragen) kurz und hastig, ein rauhes Schwätzen. In Gebüsch und Dickicht der offenen Flur und des lichten Laubwaldes. Ernährung ähnlich der der Gartengrasmücke. Buschbrüter. Brutzeit: Mai–Juli. Überwintert in Afrika. Im Gebiet Ende April–September.

5 **Klappergrasmücke,** *Sylvia curruca*, Familie Grasmücken (Sylviidae). Etwa sperlingsgroß, 13,5 cm. Charakteristischer klappernder Gesang, der mit leisem Wispern beginnt, wie »zizizizi«, und mit lautem Klappern fortgesetzt wird. Überall, wo Hecken und Büsche stehen. Ernährung ähnlich der der Gartengrasmücke. Brutzeit: Mai–Juni. Überwintert in Mittelafrika. Im Gebiet April–September.

6 **Grauschnäpper,** *Muscicapa striata*, Familie Fliegenschnäpper (Muscicapidae). Sperlingsgroß, 14 cm. Aufrechte Haltung. Gesang unauffällig und leise, häufig mit scharfen »pst«-Lauten. In Wäldern, Parks und Gärten. Ernährt sich hauptsächlich von Insekten, die er geschickt im Flug erbeutet. Nistet in Halbhöhlen (häufig an Gebäuden). Brutzeit: Mai–Juli. Überwintert im tropischen Afrika. Im Gebiet Anfang Mai–September. Verwandt ist der Trauerschnäpper *(Ficedula hypoleuca)*: ♂ unverkennbar, mit weißer Stirn, weißen Schwanzkanten und schwarzbrauner Oberseite.

1 Weidenlaubsänger, *Phylloscopus collybita*, Familie Grasmücken (Sylviidae). 11 cm. Häufigster Laubsänger. Singt von hohen Bäumen eintönig, andauernd »zilp-zalp zilp-zalp« (danach auch »Zilp-zalp« genannt). Bevorzugt die Randgebiete der Wälder, daneben Parks und Gärten. Ernährt sich von Kerbtieren und Holunderbeeren. Brutzeit: April–Juni. Der größte Teil überwintert im Mittelmeerraum. Im Gebiet von Mitte März bis spätestens Anfang November.

2 Fitislaubsänger, *Phylloscopus trochilus*, Familie Grasmücken (Sylviidae). 11 cm groß. Im Aussehen kaum vom Weidenlaubsänger zu unterscheiden. Gesang erinnert an den des Buchfinken, aber weicher und nach hinten abfallend, ohne Triller. In unterholzreichen Wäldern (besonders Schonungen), Parks und Gärten. Ernährt sich von Insekten. Brutzeit: Mai–Juni. Überwintert im südlichen Afrika. Im Gebiet Mitte April–September. Hat nach 1945 stark zugenommen (Anlage von Schonungen).

3 Waldlaubsänger, *Phylloscopus sibilatrix*, Familie Grasmücken (Sylviidae). 13 cm groß. Im Balzflug von Ast zu Ast fliegend, dabei schwirrender Gesang, wie »sisisisisi srrrrrr« und leise, wehmütig flötend »tütütütü«. In unterholzreichen Laub- und Mischwäldern (vor allem in Buchenwäldern); bevorzugt das Waldinnere. Ernährt sich von Insekten, die er im Fluge erbeutet. Brutzeit: Mai–Juni. Überwintert in Zentralafrika. Im Gebiet Ende April–Anfang September.

4 Wintergoldhähnchen, *Regulus regulus*, Familie Grasmücken (Sylviidae). Mit 9 cm sind Goldhähnchen die kleinsten Vögel Europas. Scheitel beim ♀ nur gelb gefärbt. Feines Wispern, ansteigend und abfallend, wie »sisi« und »srisri«. Typischer Vogel des Nadelwaldes. Kaum einmal auf dem Boden zu beobachten. Außerhalb der Brutzeit in kleinen Trupps. Ernährt sich von Insekten und ihren Entwicklungsstadien. Brutzeit: April–Juni. Teils im Brutgebiet überwinternd, teils bis Südeuropa ziehend. Im Winter auch Zuzug aus dem Norden.

5 Sommergoldhähnchen, *Regulus ignicapillus*, Familie Grasmücken (Sylviidae). 9 cm groß. Vor allem durch den schwarzen Augenstreif und den weißen Überaugenstreif vom Wintergoldhähnchen zu unterscheiden. Scheitel des ♀ nur gelb. Anschwellende Tonfolge *gleicher* Höhe, markanter Schlußton. Kommt außer in Nadelwäldern auch in Laub- und Mischwäldern vor. Zugvogel, der in Nordwestafrika und in Südwesteuropa überwintert. Brutzeit: April–Anfang Mai.

6 Baumpieper, *Anthus trivialis*, Familie Stelzen (Motacillidae). 15 cm groß. Auffallender Balzgesang: von einer Baumspitze hochsteigend und mit fallschirmartig ausgebreiteten Flügeln in der Nähe wieder absinkend, dabei schnell »zizizizizizi, wittwittwittwitt, zerrrrr« und am Schluß langsam und gedehnt »ziaziazia«. In lichten Wäldern; Kahlschläge, Lichtungen und Schonungen werden bevorzugt. Ernährt sich vor allem von Insekten, Larven und Spinnen. Bodenbrüter. Brutzeit: Mai–Juli. Ein Teil überwintert bereits in den Mittelmeerländern, ein anderer Teil zieht bis nach Afrika, südlich der Sahara. Im Gebiet April–September.

1 Schafstelze, *Motacilla flava*, Familie Stelzen (Motacillidae). 16,5 cm groß. Schwanz kürzer als bei der Bachstelze. Bürzel graugrün. Lockt wie »psiäp«. Die Locktöne werden auch zu einem Gesang aneinandergereiht. Bevorzugt feuchte Lebensräume (Wiesen, Weiden, Ufer usw.). Ernährt sich von Insekten, Würmern und Larven. Nistet am Boden. Brutzeit: Mai–Juni. Unsere Schafstelzen überwintern im tropischen Afrika. Im Gebiet April–spätestens September. In der Nähe schnell fließender Gewässer des Berg- und Flachlandes hält sich gern die Gebirgsstelze *(Motacilla cinerea)* auf, die an dem langen Schwanz und dem blaugrauen Rücken kenntlich ist.

2 Bachstelze, *Motacilla alba*, Familie Stelzen (Motacillidae). 18 cm groß. Allein durch die Gefiederfärbung unverkennbar. Mit langem, wippendem Schwanz. Lockt »psirrlip«. Im offenen Kulturgelände verschiedener Art, liebt die Wassernähe. Ernährt sich von Kerbtieren. Brutzeit: April–Juli. Der größte Teil überwintert im Mittelmeerraum. Im Gebiet März–Oktober/November.

3 Grünfink, *Carduelis chloris*, Familie Finken (Fringillidae). 15 cm groß, spatzenähnlich. Auffallend sind die gelben Flügelbinden. Lautes Klingeln mit einem gedehnten, nasalen »Chriäh«. Häufig im Zickzackflug. In der offenen Landschaft mit Büschen und Bäumen, sehr häufig in Städten. Körnerfresser. Brutzeit: April–Juni. In der Regel im Brutgebiet überwinternd, umherwandernd.

4 Kernbeißer, *Coccothraustes coccothraustes*, Familie Finken (Fringillidae). 17 cm groß, gedrungen. ♀ unrein braungefärbt. Auffallend ist ein scharfes »Zicks«. Gesang leise, zwitschernd, auch klirrend und trillernd. In lichten Laubwäldern, Gärten und Parks. Hält sich gern in Baumkronen versteckt. Knackt laut hörbar Fruchtkerne, nimmt aber auch gern Knospen, Triebe (im Frühjahr) und Insekten (im Sommer). Brutzeit: April–Juni. Überwintert meist im Brutgebiet (Winterschwärme!).

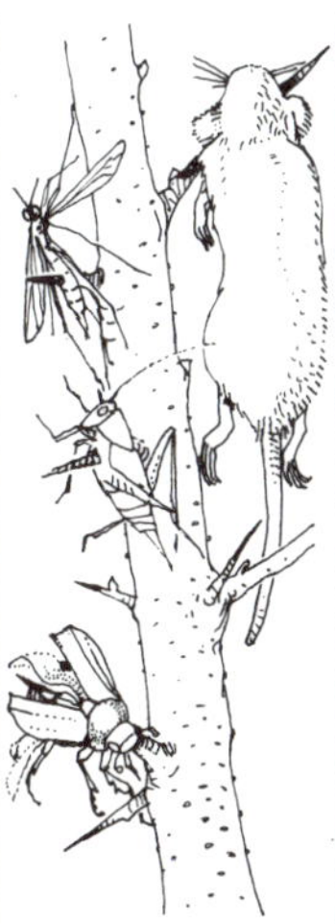

Nahrungsvorräte des „Dorndrehers"

5 Star, *Sturnus vulgaris*, Familie Stare (Sturnidae). 22 cm groß. Altvogel im Herbst weiß betupft. Typisch schreitender Gang, z. B. im Unterschied zum Hüpfen einer Amsel. Geradliniger Flug. Lockt »chprreh«. Gesang aus klappernden und pfeifenden Tönen, unter Flügelspreizen. Kann neben vielen Vogelstimmen die unterschiedlichsten Töne und Geräusche nachahmen. Bevorzugt die offene, baumbestandene Kulturlandschaft, Parks und Gärten. Ernährt sich von Kleintieren, Kirschen, Weinbeeren u. ä. Höhlenbrüter. Brutzeit: April–Juni. Teils überwinternd, teils ziehend. Nach der Brutzeit oft in Scharen. Gebietsweise im Rückgang.

6 Rotrückenwürger, *Lanius collurio*, Familie Würger (Laniidae). 18 cm groß. Bei weitem häufigster Würger im Gebiet. Wirkt plump. ♀ bräunlich gefärbt. Lockt »gäck gäck«. Gesang leise zwitschernd mit vielen Nachahmungen anderer Vogelstimmen. Guter Bioindikator einer strukturreichen Heckenlandschaft! Spießt Kerbtiere, Larven und kleine Wirbeltiere auf Dornen auf (daher auch »Dorndreher«). Nützlich! Offenes Nest niedrig in Hecken. Brutzeit: Mai–Juni. Überwintert in Afrika. Im Gebiet Mai–September.

1 Stieglitz, *Carduelis carduelis*, Familie Finken (Fringillidae). Kleiner als ein Sperling, 12 cm. Durch seine Färbung unverwechselbar. Lockt hell »didlit«, das auch in dem zwitschernden Gesang enthalten ist. Bevorzugt das offene baumbestandene Gelände, Gärten, Parks u. ä. Ernährt sich neben Insekten (viel Blattläuse) auch gern von Sämereien (sehr häufig auf Disteln und deshalb auch Distelfink genannt). Brutzeit: Mai–Juni. Jahresvogel, der im Winter in Trupps oder Schwärmen umherstreicht.

2 Erlenzeisig, *Carduelis spinus*, Familie Finken (Fringillidae). Kleiner als ein Sperling, 12 cm. ♀ ohne Schwarz im Gefieder, insgesamt grauer. Lockt langgezogen »dijeh«, fliegend schnell »tetterett«. Langer Gesang, munter schwätzend, oft mit einem »Grünfinkenton« endend, wie »didldidldidlidleidääh«. Vorzugsweise in Fichtenhochwäldern. Ernährt sich von Sämereien (besonders von Nadelbäumen, Erle und Birke), weniger von Insekten (anders die Jungtiere!). Brutzeit: April–Juli. Im Gebiet überwinternd und in Gruppen umherstreifend.

3 Bluthänfling, *Carduelis cannabina*, Familie Finken (Fringillidae). Knapp sperlingsgroß, 13 cm. ♀ ohne Rot im Gefieder. Lockt mit einem schnellen »Gäckgäckgäck«. Plaudernder Gesang mit Lockrufen und schönen Flötentönen, oft von erhöhten Plätzen vorgetragen. In Hecken, Gärten, auf Schuttplätzen usw., nicht in geschlossenen Wäldern. Ernährt sich fast ausschließlich von Sämereien, Knospen und Früchten. Brutzeit: April–Juli. Teils im Brutgebiet überwinternd, teils nach Süden abziehend.

Blaumeise

Star

Amsel

Stieglitz

typische Silhouetten

4 Girlitz, *Serinus serinus*, Familie Finken (Fringillidae). Kleiner als ein Sperling, 12 cm. Lockt klirrend »girrlitt«. Von Drähten und anderen erhöhten Plätzen aus lang andauernder, munterer Gesang schwirrender und sirrender Töne unter ununterbrochenem Kopfwenden. In Gärten, Alleen, Anlagen usw; ein Folger der Kulturlandschaften. Ernährt sich von Sämereien und zarten Pflanzenteilen. Brutzeit: Mai–Juli. Teilzieher: teils im Brutgebiet überwinternd, teils nach Südeuropa ziehend.

5 Gimpel, Dompfaff, *Pyrrhula pyrrhula*, Familie Finken (Fringillidae). Ungefähr sperlingsgroß, 15 cm. ♀ oberseits graubraun, Unterseite rosiggrau. Lockton weich und gedehnt, wie »diu«. Außerdem sanft flötend, pfeifend und knarrend. In Wäldern (meidet den reinen Kiefernwald) mit reichem Unterholz, Gärten und Parks; bis hoch ins Gebirge. Verläßt kaum die Deckung. Ernährt sich hauptsächlich von Sämereien, Knospen und Beeren. Brutzeit: Mai–Juli. Im Gebiet überwinternd und umherstreichend.

6 Fichtenkreuzschnabel, *Loxia curvirostra*, Familie Finken (Fringillidae). Mit17 cm größer als ein Sperling. Der gekreuzte Schnabel entsteht durch das seitliche Vorbeiwachsen des Unterschnabels. Benutzt ähnlich den Papageien den Schnabel auch zum Klettern. Lockt laut »gipp-gipp-gipp«. Gesang zwitschernd, knarrend und trillernd; etwas an den Grünfinken erinnernd. Besonders in den Nadelwäldern der Mittelgebirge. Frißt u. a. Fichten- und Kiefernsamen, Knospen und Blattläuse. Brutzeit: Januar–April. Im Gebiet überwinternd.

1 Buchfink, *Fringilla coelebs*, Familie Finken (Fringillidae). Etwa sperlingsgroß, 15 cm. ♀ oberseits olivbräunlich. Auffallend weiße Flügelbinden. Lockt hell »pink-pink«. Gesang laut schmetternd, mit einem Überschlag endend. Überall häufig, in Wäldern, Gärten, Parks usw. Frißt neben Insekten vorrangig ölhaltige Sämereien und andere Pflanzennahrung. Brutzeit: April–Juni. Teils überwinternd (besonders die alten ♂♂), teils nach Süden abziehend.

2 Goldammer, *Emberiza citrinella*, Familie Finken (Fringillidae). Größer als ein Sperling, 16,5 cm. ♀ nicht so leuchtend gefärbt wie das ♂. Lockt hell »zick-zick«. Charakteristischer, einförmiger Gesang, leicht einprägsam: »didididididieh«. In der offenen Flur, die mit Bäumen und Sträuchern bestanden ist; oft an Wegrändern, nicht im geschlossenen Wald (wie alle Ammern). Frißt Insekten, Beeren und Sämereien. Brutzeit: April–Juli. Überwintert im Brutgebiet.

3 Ortolan, *Emberiza hortulana*, Familie Finken (Fringillidae). Mit 16,5 cm größer als ein Sperling. ♀ insgesamt etwas heller und trüber gefärbt. Gesang erinnert an den der Goldammer, ist aber abwechslungsreicher. Außerdem wird die letzte Silbe im Gegensatz zu den meisten Goldammern nach unten gezogen. Im offenen Gelände, in Gärten, an Straßenrändern usw. Ernährt sich von Sämereien und Insekten. Brutzeit: Mai–Juni. Überwintert in Afrika. Bei uns April–September. Unscheinbarer gefärbt ist die Grauammer *(Emberiza calandra)*, ein typischer Vogel der Kultursteppe. Kurzer, klirrender Gesang, wie »zick zick … schnirrps«.

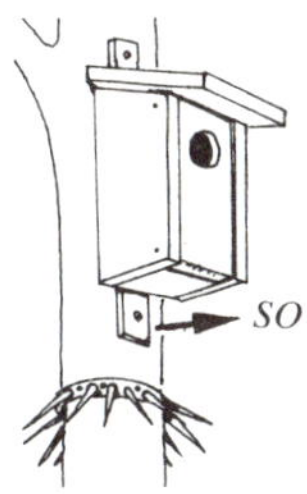

Nistkasten mit Stachelkranz gegen Katzen

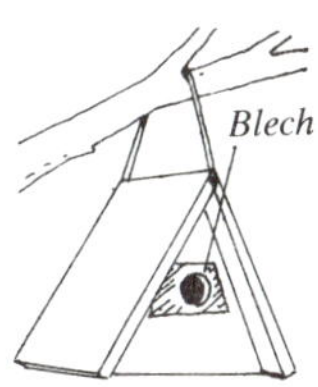

Dreieckskasten für Meisen

hygienisches Futtersilo

4 Rohrammer, *Emberiza schoeniclus*, Familie Finken (Fringillidae). 15 cm groß. ♀ mit braunem Kopf. Lockt scharf, langgezogen »zieh«. Kurzer Gesang, stammelnd und abgehackt, wie »zia tit tai zissis«. In feuchten Lebensräumen; oft neben dem Schilfrohrsänger im Rohr und Schilf der Seeufer. Ernährt sich vorwiegend von verschiedenen Kleintieren. Brutzeit: Mai–Juli. Die Populationen des Gebietes teils überwinternd, teils ziehend. Im Brutgebiet März–Oktober.

5 Haussperling, *Passer domesticus*, Familie Webervögel (Ploceidae). Knapp 15 cm groß. Im Gegensatz zum Feldsperling ohne Wangenfleck. Schwätzt abwechslungsreich, aber am häufigsten hört man das bekannte Schilpen, oft auch »tetetet«. In der Nähe von Siedlungen immer häufig; Haussperlinge wurden zu den typischen Kulturfolgern und sind aus menschlichen Siedlungen jeglicher Art nicht mehr wegzudenken. Frißt Sämereien, weniger Insekten. Stellenweise schädlich. Brutzeit: April–August. Überwintert im Brutgebiet, aber kälteempfindlich (häufig in warmen Schlafnestern).

6 Feldsperling, *Passer montanus*, Familie Webervögel (Ploceidae). 14 cm groß. Mit dunklem Wangenfleck. Beide Geschlechter etwa gleich, zierlicher als der Haussperling. Am häufigsten sind »tetet«-Töne zu hören. Seltener als der Haussperling. Bevorzugt die offene Flur: Obstplantagen, Waldränder, Gärten usw. Ernährt sich von verschiedenen Sämereien und Körnern; Insekten, besonders für die Jungen. Brutzeit: April–Juli. In der Regel im Brutgebiet überwinternd, aber weiter umherstreichend als der Haussperling.

SÄUGETIERE Mammalia

1 Igel, *Erinaceus europaeus*, Ordnung Insektenfresser (Insectivora). Körper 22–29 cm lang. Stachelkleid mit etwa 16 000 Stacheln. Im Gesicht und an der Unterseite Haare. Oft in Gärten, Gebüschen und Hecken. Hauptsächlich in der Dämmerung und nachts aktiv. Baut ein Nest aus Laub, Gras u. a. Rollt sich bei Gefahr zusammen. Beim Überqueren von Straßen wird er oft überfahren. Frißt Kleintiere, nesthockende junge Mäuse sowie Früchte als Beikost. Wirft 1–2mal im Jahr meist 7 Junge. Hält Winterschlaf. Nützlich.

2 Maulwurf, *Talpa europaea*, Ordnung Insektenfresser (Insectivora). 12,5–15 cm, Schwanz bis 2,8 cm lang. Samtiges Fell ohne Strich. Meidet starke Nässe und sehr trockenen Sandboden. Besonders auf Wiesen und in Gärten. Gefräßig, jagt in unterirdischen Gängen Insektenlarven und andere Kleintiere. Frißt keine Pflanzen. Wintervorrat aus Regenwürmern, die durch Biß gelähmt werden. Kein Winterschlaf. Gutes Riechvermögen. ♀ wirft meist 4–5 Junge. Nützlich durch Schädlingsvertilgung, Schaden gering.

3 Waldspitzmaus, *Sorex araneus*, Ordnung Insektenfresser (Insectivora). 6,5–12 g, Körper 6,5–8,5 cm. Rote Zahnspitzen. Im Sommer oben dunkelbraun, im Winter schwarzbraun. In Wäldern, Gebüschen und auf Wiesen. Frißt Kleintiere. Am Tage und nachts aktiv. Jährlich 3–4 Würfe mit je 5–10 Jungen. Nützlich. Für die Spitzmäuse wäre die Bezeichnung Spitzrüßler besser, da sie ja keine Mäuse (Ordnung Nagetiere) sind.

Spitzmaus

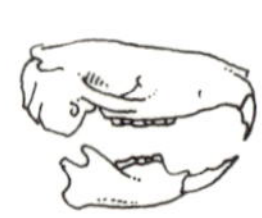

Maus

4 Zwergspitzmaus, *Sorex minutus*, Ordnung Insektenfresser (Insectivora). 3–5 g schwer. Körper 4,5–6 cm, Schwanz 3,2–4,6 cm lang. Rote Zahnspitzen. Nach der in Südeuropa vorkommenden Etrusker-Spitzmaus das kleinste Säugetier. Die dritte *Sorex*-Art im Gebiet, die Alpenspitzmaus, ist selten.

5 Wasserspitzmaus, *Neomys fodiens*, Ordnung Insektenfresser (Insectivora). Körper 7–9,6 cm, Schwanz 4,7–7,7 cm lang. Die größte im Gebiet vorkommende Spitzmaus. Mit roten Zahnspitzen, gekieltem Schwanz und Schwimmborsten an den Hinterfüßen. An verschiedenen Gewässern. Schwimmt und taucht sehr gut. Der eingefettete Pelz ist im Wasser von einer Lufthülle umgeben. Jagt im Wasser meist Kleintiere. Wirft jährlich 2–3mal je 4–11 Junge. Wird etwa 1,5 Jahre alt. Die zweite, sehr ähnliche *Neomys*-Art ist selten.

6 Feldspitzmaus, *Crocidura leucodon*, Ordnung Insektenfresser (Insectivora). Körper 6–9 cm, Schwanz 3–4 cm lang. Mit weißen Zahnspitzen. Mehr an trockenen Orten als die rotzähnigen Spitzmäuse. Auf Feldern, in Gärten und Hecken. Im Winter mehr in der Nähe von und in Gebäuden. Hauptsächlich dämmerungs- und nachtaktiv. Frißt Kleintiere und kleine Wirbeltiere. Durch Schädlingsvertilgung nützlich. ♀ wirft mehrmals im Jahr je 3–9 Junge. Die Hausspitzmaus ist ihr zum Verwechseln ähnlich. Bei ihr ist aber die hellere Unterseite nicht scharf von der dunkleren Oberseite abgesetzt. Alle Spitzmäuse werden z. B. von Katzen totgebissen, aber nicht gefressen (Geruch!); Greifvögel und Schleiereulen hingegen verzehren sie.

1 Großes Mausohr, *Myotis myotis*, Ordnung Fledermäuse (Chiroptera). Körper 6–8 cm, Schwanz 5–6 cm lang. Flügelspanne 35–43 cm. Ruht am Tage, dabei kopfabwärts hängend. Im Sommer oft Kolonien von ♀♀ in Dachstühlen (Wochenstuben!), ♂ einzeln. Winterschlaf der ♂♂ und ♀♀ in Kolonien in Höhlen, Stollen und Gewölben. Über 200 km weite Wanderflüge. Orientierung nach dem Gehör (Echolotung mit Ultraschall). Jagt nachts im Fluge Insekten. Bei ungünstigem Wetter meist kein Ausflug. Sehr nützlich. Wirft im Jahr meist nur ein Junges, das in etwa 1,5 Jahren geschlechtsreif wird. Lebensdauer etwa 12 Jahre. Vom Aussterben bedroht. Im Gebiet über 20 schwer unterscheidbare Fledermausarten.

2 Großer Abendsegler, *Nyctalus noctula*, Ordnung Fledermäuse (Chiroptera). Körper 6–8 cm, Schwanz 5–5,4 cm lang. Flügelspanne 30–38 cm. In Baumhöhlen und in Gebäuden. Ruht am Tage. Jagt gewandt im Wipfelbereich der Waldbäume Insekten (Schädlingsvertilger). Fliegt bereits vor Einbruch der Nacht. Orientierung nach dem Gehör (Radarprinzip!). Wanderflüge vom Sommer- zum Winterquartier (bis 750 km). ♀ wirft jährlich 1–2 Junge. Hält wie alle Fledermäuse Winterschlaf.

3 Braunes Langohr, *Plecotus auritus*, Ordnung Fledermäuse (Chiroptera). Körper 4,2–5 cm, Schwanz bis 5 cm lang. Flügelspanne 23–25,5 cm. Die Ohren werden in Ruhe gefaltet angelegt. Im Sommer in Baumhöhlen und Gebäuden, im Winter in Kellern, Stollen usw. Jagt z. B. um Wohn- und Stallgebäude sowie in Obstgärten Insekten. Nützlich. Manchmal werden Fledermäuse aus Aberglaube und Unkenntnis der Lebensweise getötet.

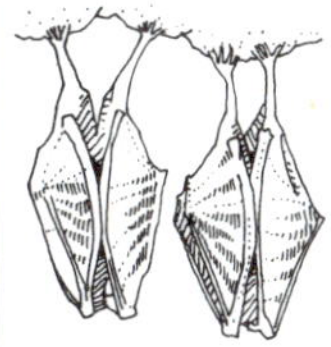

Fledermaus im Winterschlaf

Nisthilfe für Fledermäuse (Längsschnitt)

4 Zwergfledermaus, *Pipistrellus pipistrellus*, Ordnung Fledermäuse (Chiroptera). Körper 3,3–4,5 cm, Schwanz 2,6–3,6 cm lang. Flügelspanne 18–21 cm. Im Sommer in Baumhöhlen, in Nistkästen, in und an Gebäuden. Im Winter in Felsenhöhlen, Baumhöhlen und Gebäuden. Oft in Spalten. Gesellig.

5 Wildkaninchen, *Oryctolagus cuniculus*, Ordnung Hasentiere (Lagomorpha). Bis 45 cm lang, etwa 2 kg schwer. Im Unterschied zum Feldhasen ist der Kopf rundlich, die Ohren sind kürzer, stets aufgerichtet und ohne schwarze Spitzen. Nicht in dichten Wäldern, auf feuchten Böden und im Gebirge. Gräbt sich, meist kolonienweise, Wohnbauten; gesellig. Hauptsinn Gehör. Bei Gefahr flüchtet es in Sprüngen in Deckung, sonst meist »Hoppeln«. Viele Feinde. Verluste durch Myxomatose. Frißt Pflanzen. Im Winter durch Rindenfraß schädlich. Wirft bis über 5mal im Jahr je 4–12 nackte und blinde Junge. Wird 10 Jahre alt.

6 Feldhase, *Lepus europaeus*, Ordnung Hasentiere (Lagomorpha). Bis 65 cm lang, 3,5–5 kg schwer. Mit schwarzen Ohrspitzen. Fast überall, besonders im Kulturland. Das einzeln lebende Tier ruht mit offenen Augen (im Schlaf geschlossen!) und wirft in einer Mulde (»Sasse«). Flüchtet springend (bis 80 km/h); sonst »Hoppeln« oder »Rutschen«. Hört und riecht sehr gut. Frißt Pflanzen. Wirft etwa 4mal im Jahr 1–5 behaarte und sehende Junge.

1 Eichhörnchen, *Sciurus vulgaris*, Ordnung Nagetiere (Rodentia). Körper bis 23,6 cm, Schwanz bis 20 cm lang. Im Gebiet unterschiedlich gefärbt: oberseits rotbraun oder braunschwarz. In Wäldern und Parks. Klettert und springt hervorragend. Frißt Baumsamen sowie Früchte, Knospen, Eier, Jungvögel usw. Bei Massenauftreten schädlich. Wintervorräte in Verstecken. ♀ wirft 2mal im Jahr je 3–8 blinde Junge im kugeligen Nest (Kobel). In ihm längere Zeit bei ungünstiger Witterung, aber kein Winterschlaf! Feinde sind z. B. Habicht und Baummarder.

2 Biber, *Castor fiber*, Ordnung Nagetiere (Rodentia). Körper bis 1 m lang. An bewaldeten Gewässerufern. Im Gebiet wieder etwa 1800 Elbebiber besonders im Großeinzugsgebiet der Mittleren Elbe. Baut Uferhöhlen, Dämme, Burgen und Kanäle. Schwimmt und taucht ausgezeichnet (bis 15 min!). Der abgeplattete Schwanz (Kelle) wird zum Rudern und Steuern benutzt. Nachts aktiv. Frißt Pflanzen und Baumrinde. Bäume werden mit Hilfe der Nagezähne als »Bauholz« und Winternahrung gefällt. Kein Winterschlaf. Bestandsgefährdet. Die in Pelztierfarmen gehaltenen Nutrias, fälschlich Biber genannt, gehören einer anderen Nagerfamilie an.

3 Siebenschläfer, *Glis glis*, Ordnung Nagetiere (Rodentia). Körper 13–18 cm. Im Laubwald, in Obstgärten und in waldnahen Gebäuden. Baut sich in Baumhöhlen, Nistkästen und frei im Geäst kugelförmige Nester. Dämmerungs- und Nachttier. Frißt vorwiegend Samen von Bäumen sowie Obst, Insekten, Kleinvögel u. a. ♀ wirft jährlich meist 3–6 Junge. Hält von Oktober bis Mai Winterschlaf in Erdlöchern (Name!). Bestandsgefährdet. Ebenso der weiter im Gebiet auftretende Schläfer, die Haselmaus, während der Gartenschläfer zu den geschützten seltenen Arten zählt.

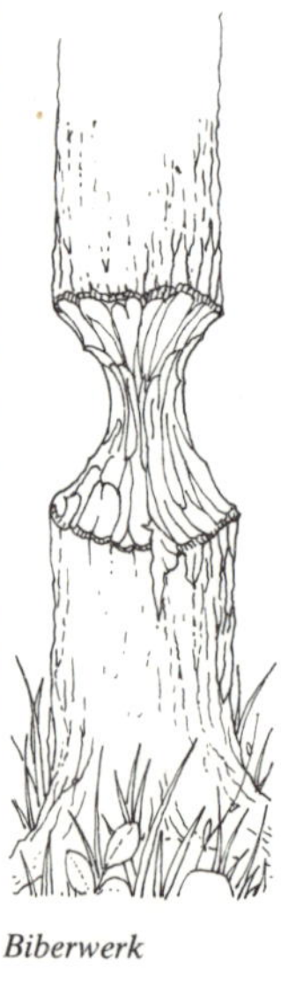

Biberwerk

4 Feldhamster, *Cricetus cricetus*, Ordnung Nagetiere (Rodentia). Körper 20–34 cm, Schwanz 2,5–6,5 cm lang. Auf Feldern mit Löß- und Lehmboden. Fast ausschließlich in der Ebene oder in niederen Lagen. Vor allem nachts aktiv; auch am Tage und in der Dämmerung zu beobachten. Bau des ♀ besteht aus der Nestkammer und den Vorratskammern. Hat mehrere Schlupf- und Fallöcher. Lebt ungesellig. Allesfresser, der sich jedoch mehr pflanzlich ernährt. Trägt mit Hilfe der Backentaschen Wintervorräte ein (etwa 15 kg), denn der Winterschlaf wird unterbrochen. ♀ wirft 2–3mal im Jahr durchschnittlich 4–12 nackte und blinde Junge. Wird von Raubtieren und Greifvögeln verfolgt. Starker Rückgang des Hamsters durch die intensive Bodenbearbeitung.

5 Bisamratte, *Ondatra zibethica*, Ordnung Nagetiere (Rodentia). Etwa Wildkaninchengröße, Schwanz bis 25 cm lang. An pflanzenreichen Gewässern. In der Dämmerung und nachts aktiv. Schwimmt und taucht sehr gut. Frißt Wasserpflanzen, gelegentlich Weichtiere. Ihr Vorkommen ist z. B. an umherschwimmenden, abgebissenen Pflanzenteilen erkennbar. ♀ wirft 3–4mal jährlich, meist 7–8 Junge. In Nordamerika beheimatet. 1905 bei Prag ausgesetzt. Heute in vielen europäischen Ländern. In Mitteleuropa gefährlicher Schädling (besonders durch Unterwühlen von Dämmen).

1 Rötelmaus, *Clethrionomys glareolus*, Ordnung Nagetiere (Rodentia). Körper 8,5 bis 11 cm, Schwanz 3,5–5,5 cm lang. Die Farbe des Rückenfells variiert von fuchsrot bis rotbraun. In und an Wäldern, Gebüschen. Klettert gut. Seltener werden flache Gänge gegraben. Nest dicht unter der Erde oder auf dem Boden in Verstecken. Frißt Samen, Pflanzen, Früchte, Kleintiere. Legt Wintervorräte an. ♀ wirft etwa 3mal im Jahr meist je 3–5 nackte und blinde Junge. Lebt bis 20 Monate. Bei Massenauftreten Forstschädling. Soll beim Warnruf der Meisen flüchten.

2 Erdmaus, *Microtus agrestis*, Ordnung Nagetiere (Rodentia). Körper etwa 9,5–12 cm, Schwanz 3–4,7 cm lang. Der Feldmaus und der Nordischen Wühlmaus sehr ähnlich. Die Feldmaus ist bräunlichgrau bis grau, die Erdmaus mehr dunkelbraun. Ihr Fell ist langhaarig und lockerer. In Wäldern, Gebüschen, an Ufern und in Sümpfen. Nur im offenen Gelände, wenn dieses dicht von Pflanzen bedeckt ist. Die oberirdischen Gänge unter dem Gras. Deshalb wenig zu sehen. Frißt hauptsächlich Pflanzen. Schädigt die Forstwirtschaft durch Rinden- und Triebfraß.

3 Feldmaus, *Microtus arvalis*, Ordnung Nagetiere (Rodentia). Körper 9–12 cm, Schwanz bis 4 cm. Im offenen Gelände vornehmlich auf Äckern, Wiesen, Gärten und Straßenböschungen. Wie bei allen Wühlmäusen alle 3–4 Stunden ein Wechsel von Aktivität und Ruhe. Lebt in Kolonien. Die weitverzweigten Gänge mit Nest- und Vorratskammern meist in geringer Tiefe. Im Winter z. B. gern in Scheunen. Auch unter dem Schnee sind umfangreiche Laufgänge zu finden. Frißt Pflanzen. Vermehrt sich stark: ♀ wirft im Sommer in Abständen von 3 Wochen je 4–7 (bis 13!) nackte, blinde Junge. Bereits saugende junge ♀♀ werden gedeckt! Wird im Durchschnitt 4,5 Monate alt (in Gefangenschaft 3 Jahre!). Bedeutender Schädling. Wird z.B. von Raubtieren, Greifvögeln und Eulen verfolgt.

4 Schermaus, Große Wühlmaus, *Arvicola terrestris*, Ordnung Nagetiere (Rodentia). Auch als »Wasserratte« bekannt. Körper 12 bis 20 cm, Schwanz 6–13 cm lang (kürzer als bei Ratten). Färbung veränderlich, auch schwarz. In Gärten, auf Wiesen und Äckern, gern an Gewässern. Weitverzweigte, meist dicht unter der Erdoberfläche verlaufende Gänge mit Nest- und Vorratskammer. Frißt Pflanzen. ♀ wirft 3–5mal jährlich je 2–9 (auch bis 14!) Junge. Sehr schädlich, selbst ältere Bäume werden durch Wühlen und Wurzelfraß vernichtet.

5 Gelbhalsmaus, *Apodemus flavicollis*, Ordnung Nagetiere (Rodentia). Körper 9,8 bis 11,6 cm, Schwanz 9–12,7 cm lang, meist länger als der Körper. Mehr im Wald als 6. Nachts aktiv. Klettert gut. Flüchtet in weiten Sätzen. Nest in Baumhöhlen oder im Boden. Ernährung, Fortpflanzung ähnlich 6. Forstschädling.

6 Waldmaus, *Apodemus sylvaticus*, Ordnung Nagetiere (Rodentia). Körper 8,2–10,8 cm, Schwanz 7–10 cm lang. Im Wald, Gebüsch und auf trockenen Wiesen, östlich der Elbe mehr auf Äckern. Der Bau ist tief in der Erde. Nachts aktiv. Frißt z.B. Samen, Pflanzen und Insekten. ♀ wirft 3–5mal im Jahr je 2–8 Junge. Forstschädling.

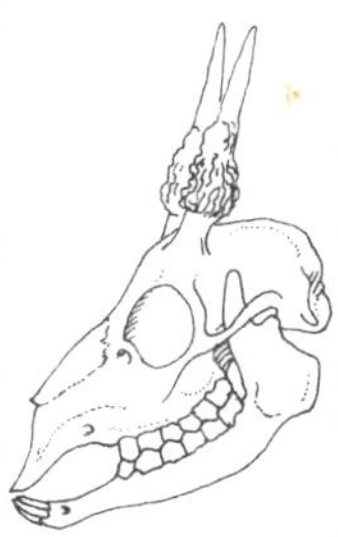

Rehschädel

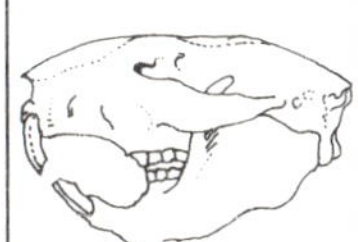

typischer Nagerschädel

1 Brandmaus, *Apodemus agrarius*, Ordnung Nagetiere (Rodentia). Körper 8–11,5 cm, Schwanz 6,5–9,2 cm lang. Mit typischem schwarzem Rückenstrich. An feuchten Orten, an Waldrändern usw., im Sommer auch auf Feldern. Im Winter häufig in Scheunen. Frißt Pflanzen und Tiere. ♀ wirft bis zu 4mal jährlich meist je 6–7 Junge. Schädling.

2 Hausmaus, *Mus musculus*, Ordnung Nagetiere (Rodentia). Körper 7,8–10,2 cm, Schwanz 8,2–9 cm lang. Für sie ist der muffige Geruch typisch. In Gebäuden, im Sommer auch auf Äckern. Sie ist vorwiegend dämmerungs- und nachtaktiv. Nimmt jede menschliche Nahrung auf. Kann sich auch rein tierisch (in Schlachthöfen) oder pflanzlich (in Getreidesilos) ernähren. Bildet Großfamilien. Das Nest aus verschiedenen zernagten Materialien. Jährlich zahlreiche Würfe (Tragzeit 23 Tage) von meist je 4–8 nackten und blinden Jungen. Schädling.

3 Wanderratte, *Rattus norvegicus*, Ordnung Nagetiere (Rodentia). Körper 19–27 cm, Schwanz 13–23 m lang (im Gegensatz zur Hausratte immer kürzer als der Körper). Die schwarze Form ist seltener. In Gebäuden, in der Kanalisation, auf Schuttplätzen, an Gewässern usw. Schwimmt und taucht ausgezeichnet. Sehr anpassungsfähig. Gräbt weitverzweigte, flache Erdbaue. Wenn keine Fluchtmöglichkeit besteht, greift sie sogar Hunde und Menschen an. Frißt Pflanzen und Tiere und nagt selbst an lebenden Tieren. Tötet Hauskaninchen und Junggeflügel; vernichtet Gelege von Bodenbrütern. ♀ wirft 2–3mal jährlich meist je 6–9 Junge. Wanderratten leben in Familienverbänden mit Rangordnung. Es gibt Rudel von 200 und mehr Tieren. Krankheitsüberträger.

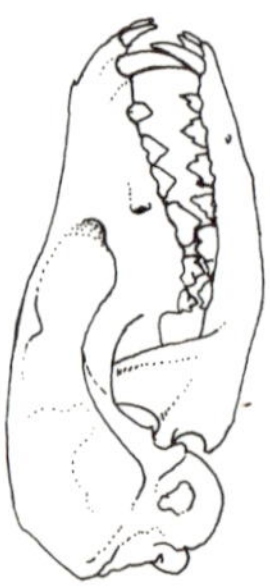

typischer Raubtierschädel

4 Hausratte, *Rattus rattus*, Ordnung Nagetiere (Rodentia). Körper 16–23,5 cm lang. Der Schwanz (19–24 cm) ist länger als der Körper. Kleiner und meist glatteres Fell als die Wanderratte. Tritt graubraun und schwarz gefärbt auf. In Gebäuden, besonders auf Böden. Klettert ausgezeichnet. Ernährt sich hauptsächlich pflanzlich. Vermehrt sich nicht ganz so stark wie die Wanderratte, aber wie sie an fast alle Orte verschleppt. Ratten werden besonders von Mardern, Hunden, Hauskatzen und Eulen verfolgt.

5 Baummarder, *Martes martes*, Ordnung Raubtiere (Carnivora). Körper 40–53 cm, Schwanz 23–28 cm lang. Meist mit gelblichem, ungegabeltem Kehlfleck. Fast nur im Wald. Klettert ausgezeichnet. Verstecke auf Bäumen. Frißt verschiedene Säuger, besonders Eichhörnchen, Vögel, Kleintiere sowie Beeren und Bucheckern. Paarung (Ranzzeit) im Juli–August. ♀ wirft im April/Mai meist 3–5 Junge.

6 Steinmarder, *Martes foina*, Ordnung Raubtiere (Carnivora). Körper 40–50 cm, Schwanz 23–27 cm lang. Sieht fast wie der Baummarder aus, ist aber schwerer und plumper und mit weißem, unten gegabeltem Kehlfleck. Nicht nur im Wald, oft in und an Ortschaften (Dachböden!). Besonders in der Dämmerung und nachts aktiv. Verstecke z. B. in Gebäuden und hohlen Bäumen. Ernährung wie 5, jedoch mehr Früchte, und die Nahrung wird bevorzugt am Boden gesucht. Ein guter Rattenfresser. Vermehrung wie 5.

1 Hermelin, *Mustela erminea*, Ordnung Raubtiere (Carnivora). Körper 21,5–29 cm, Schwanz 8–13 cm lang. ♀ kleiner als ♂. Das Winterfell ist bis auf das schwarze Schwanzende weiß. An verschiedenen Orten z. B. in Gebüschen und an Gewässerufern. Jagt vor allem Kleinsäuger (z. B. Wühlmäuse). Viele Beutetiere (z. B. Hamster) werden bis in den Bau verfolgt. ♀ wirft 4–9 Junge. Stellt zwar jungen Hasen und Bodenbrütern nach, der Nutzen aus der Schädlingsvertilgung hebt den angerichteten Schaden bei weitem auf.

2 Mauswiesel, *Mustela nivalis*, Ordnung Raubtiere (Carnivora). Körper 11–24 cm, Schwanz 3,5–7 cm lang. ♀ wesentlich kleiner als ♂. Überhaupt das kleinste Raubtier. Das Schwanzende ist nie schwarz. Im Gebiet ist das Winterfell selten weiß. Weniger an feuchten Orten als das Hermelin. Jagt nachts und auch am Tage vorwiegend Mäuse, die es wegen seiner geringen Größe bis in deren Bau verfolgen kann. Das Nest ist in verschiedenen Verstecken. ♀ wirft wahrscheinlich einmal jährlich 5–7 Junge. Da das Mauswiesel durch Vertilgen von Mäusen sehr nützlich wird und kaum Schaden anrichtet, meint Zimmermann, daß sein Erschlagen nur ein Zeichen von Dummheit ist.

3 Iltis, *Putorius (Mustela) putorius*, Ordnung Raubtiere (Carnivora). Körper 35–44 cm, Schwanz 13–19 cm lang. ♀ kleiner als ♂. Im Gegensatz zum kleineren Hermelin auf der Unterseite schwarz sowie gedrungener gebaut. Kennzeichnend ist das helle Gesicht mit der dunklen Maske. Fast überall, besonders gern an feuchten Orten und in der Nähe von Ortschaften (überwintert oft in Gebäuden). Dämmerungs- und nachtaktiv. Bodenbewohner. Klettert kaum. Schwimmt gut. Frißt kleinere Säuger (z. B. Ratten, Schermäuse), Vögel, Frösche und Fische. Legt sich Vorräte an. ♀ wirft meist 4–5 Junge. Entleert bei Gefahr seine Stinkdrüsen.

4 Dachs, *Meles meles*, Ordnung Raubtiere (Carnivora). Körper 70–85 cm, Schwanz 11–18 cm lang. Bärenähnlicher Vertreter der Marder. Vornehmlich im Wald. Gräbt sich geräumige Baue. Hauptsächlich nachts auf der Suche nach Kleintieren (Insekten und deren Larven, Schnecken, Würmer), Mäusen sowie Früchten, Pilzen und Kulturpflanzen. ♀ wirft 1–5 Junge. Kein echter Winterschläfer (also kein starkes Absinken der Körpertemperatur), hält aber einen langen Ruheschlaf. Der Schaden (z. B. Vernichten von Bodenbrütergelegen) ist gegenüber dem Nutzen (Schädlingsvernichtung) gering.

5 Rotfuchs, *Canis (Vulpes) vulpes*, Ordnung Raubtiere (Carnivora). Körper 64–76 cm, Schwanz 35–44 cm lang. Färbung veränderlich. Fast überall; Wald, Gebüsch müssen in der Nähe sein. Hört, riecht und sieht sehr gut. Äußerst vorsichtig. Jagt im Umkreis von 6–8 km, aber nicht in unmittelbarer Nähe des Baues. Frißt Mäuse, Kleintiere, Niederwild, Geflügel und Früchte (pflanzl. Nahrung bis zu 20 %), auch Aas. Jährlich etwa 4–8 Junge. Rüde (♂) unterstützt Fähe (♀) bei der Aufzucht. Nützlich als Schädlingsvertilger (Mäuse!) und durch das Fressen kranker Tiere. Pelztier. Schaden beim Niederwild relativ gering. Da Füchse häufig tollwütig sind (Ansteckungsgefahr!), ist eine starke Bejagung notwendig.

Sommerkleid

Winterkleid

Hermelin

1 Wildschwein, *Sus scrofa*, Ordnung Paarhuftiere (Artiodactyla). Körper bis 185 cm lang. ♂ (Keiler) bis 200 kg. Gern an feuchten Orten (suhlt sich im Schlamm). Am Tage häufig im Dickicht unserer Wälder. Die umherziehenden Rudel (»Rotten«) wühlen bei der Nahrungssuche mit Hilfe der ständig nachwachsenden Eckzähne den Boden auf. Das Wildschwein frißt Eicheln, Feldfrüchte, verschiedene Pflanzen, Kleintiere, Mäuse, Aas. Es zerstört dabei landwirtschaftliche Kulturen, vertilgt auch Forstschädlinge. Ausgezeichnete Sinnesleistungen (besonders Geruch). ♀ (Bache) wirft im Frühjahr meist 3–9 Junge (Frischlinge, auf gelblichem Grund braune Streifen). Scheue Tiere, aber ♀♀, die ihre Jungen bedroht sehen, können für den Menschen sehr gefährlich werden.

2 Rothirsch, *Cervus elaphus*, Ordnung Paarhuftiere (Artiodactyla). Körper bis 2 m, Schwanz etwa 15 cm lang. Bis 200 kg (Geweih bis 8 kg), ♀ (Hirschkuh) ist kleiner. Im Winter grau. Nur ♂ (Hirsch) mit Geweih und dunkler Halsmähne. Jedes Jahr im Februar/März wird das Geweih abgeworfen und ist bis Juli nachgewachsen. Waldtier. Vornehmlich nachts und in der Dämmerung ziehen die Rudel zum Äsen auf Felder und Wiesen. Der Rothirsch frißt Pflanzen, Früchte, Rinde und Blätter. ♀ wirft (»setzt«) im Juni oder Juli ein Junges, selten zwei.

3 Reh, *Capreolus capreolus*, Ordnung Paarhuftiere (Artiodactyla). Körper 130 cm, Schwanz nur 2–3 cm lang. Bis über 25 kg schwer. Das »Gehörn« (zoologisch Geweih) ist geperlt und hat meist je 3 Enden. Es wird im November/Dezember abgeworfen und bald erneuert. ♀ ohne Geweih. Färbung im Winter mehr grau. Um den After weißlich (Spiegel). In Wald, Feld und Gehölz. Frißt verschiedene Pflanzen und Früchte. ♀ (Ricke) wirft im Mai–Juni meist 1–2 Junge (Kitze), unabhängig davon, ob die Paarung im Juli oder erst am Jahresende erfolgte (bei der Befruchtung im Sommer entwickelt sich der Embryo langsamer). Anfangs folgt das Kitz der Mutter nicht auf der Flucht. Kitze nie berühren, da sie sonst von der Ricke nicht wieder angenommen werden!

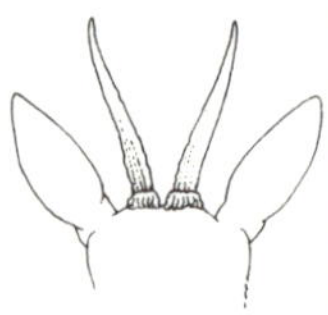

1jähriger Spießer

2jähriger Gabler

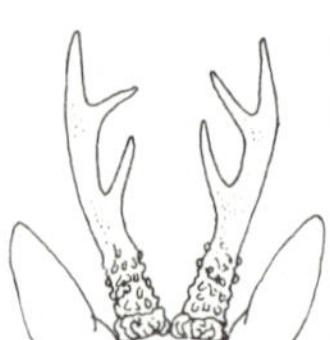

3jähriger Sechser

Reh-„Gehörne“

4 Damhirsch, *Cervus (Dama) dama*, Ordnung Paarhuftiere (Artiodactyla). Körper bis 155 cm, der im Gegensatz zum größeren Rothirsch immer lebhaft bewegte Schwanz 16–19 cm lang. ♂ (Schaufler) bis über 100 kg schwer. Meist rotbraun gefleckte, auch hellere und dunklere und einfarbige Formen. ♀ (das »Tier«) geweihlos. Bevorzugt die Wälder der Ebene. In der Lebensweise dem Rothirsch ähnlich.

5 Gemse, *Rupicapra rupicapra*, Ordnung Paarhuftiere (Artiodactyla). Körper bis 1,4 m, Schwanz 7–8 cm lang. ♂ und ♀ mit Gehörn (Krickeln). Im Gebirge, z. B. Alpen; im Schwarzwald, Bayrische, Allgäuer und Schwäbische Alp sowie im Elbsandsteingebirge eingebürgert. Lebt in Rudeln. Klettert hervorragend. Springt weit und sicher. Frißt Pflanzen. Meist nur ein Junges. Seit etwa 1900 wurde an einigen Orten Europas ein Wildschaf, das Mufflon *(Ovis ammon musimon)*, angesiedelt. In den Alpen wieder eingebürgert ist der etwa ziegengroße Steinbock *(Capra ibex)*. Seine Hörner sind beim ♂ bis über 1 m lang.

Pflanzen, Tiere, Spuren ...

AUFBAU GRASARTIGER PFLANZEN

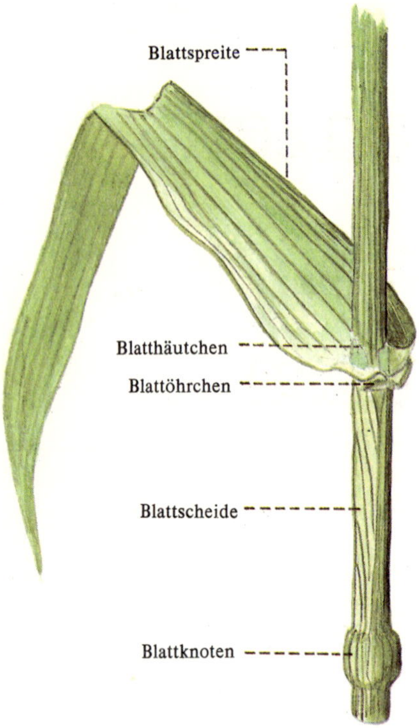

Grasblüte

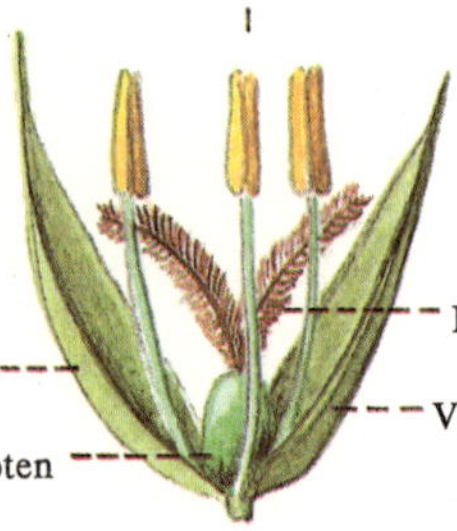

zweiblütiges Ährchen

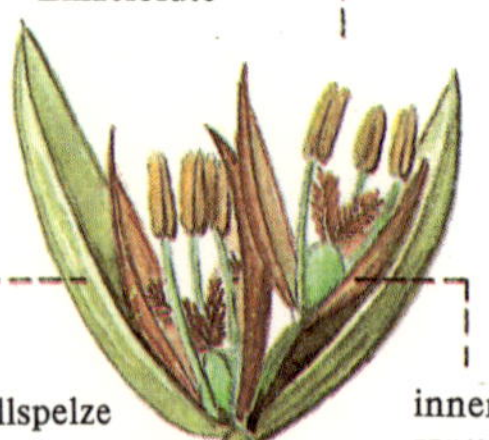

Seggenblüte

Binsenblüte

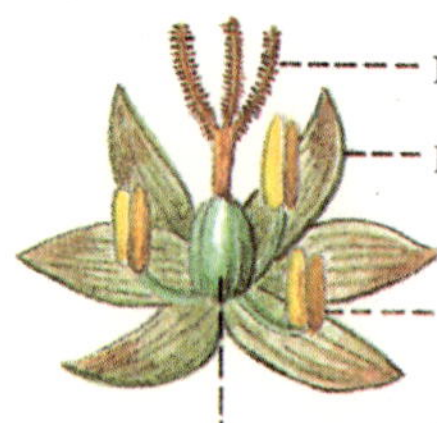

Simsenblüte

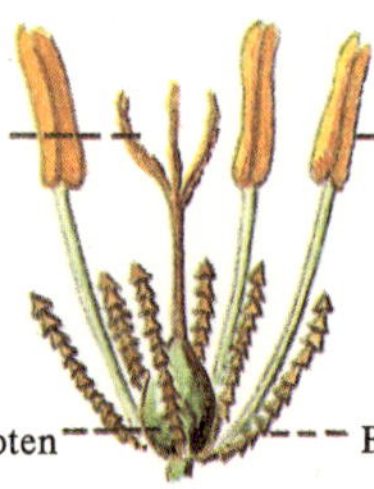

Wollgrasblüte

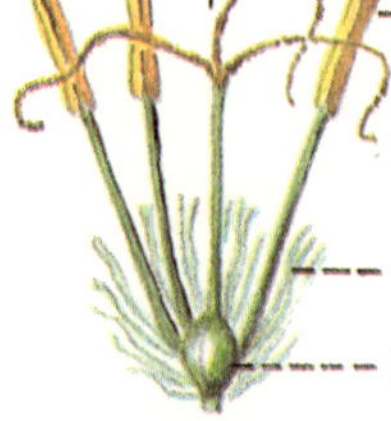

TYPISCHE BLATTFORMEN (AUSWAHL)

1 Pechnelke
gegenständig

2 Schmalblättriges Weidenröschen
wechselständig

3 Weiße Taubnessel
kreuzgegenständig

4 Klebkraut
quirlig

5 Breitwegerich
grundständig

6 Herzblatt
stengelumfassend
herzförmig

7 Beinwell
herablaufend
lanzettlich

8 Sternmiere
sitzend
linealisch

9 Gundermann
lang gestielt
nierenförmig

10 Brennessel
kurz gestielt
länglich-herzförmig

TYPISCHE BLATTFORMEN (AUSWAHL)

1 Tollkirsche
eiförmig
ganzrandig

2 Guter Heinrich
spießförmig
ganzrandig

3 Zaunwinde
pfeilförmig
ganzrandig

4 Frauenmantel
gelappt
gezähnt

5 Sterndolde
handförmig geteilt
gezähnt

6 Schwarze Platterbse
paarig gefiedert

7 Süßholztragant
unpaarig gefiedert

8 Weißklee
dreizählig

9 Kuhblume
fiederspaltig

10 Mädesüß
unterbrochen
gefiedert

KNOSPEN VON BÄUMEN UND STRÄUCHERN

1 Schwarzpappel

2 Zitterpappel

3 Hainbuche

4 Stieleiche

5 Gemeine Roßkastanie

6 Bergulme

7 Rotbuche

8 Schwarzerle

9 Grauerle

10 Roteiche

11 Gemeine Hasel

12 Feldulme

13 Hängebirke

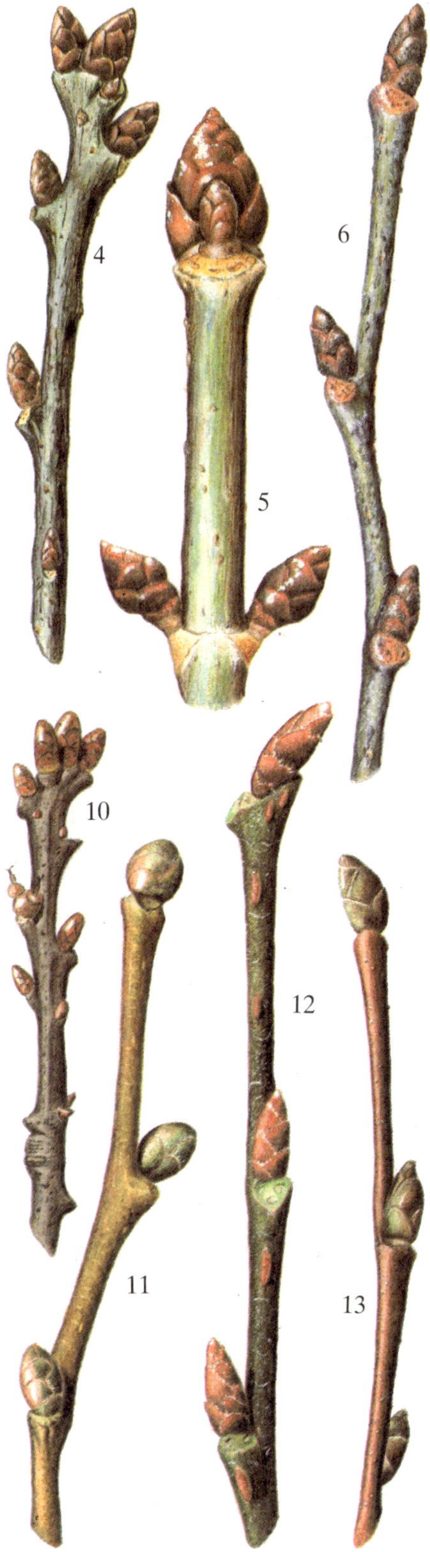

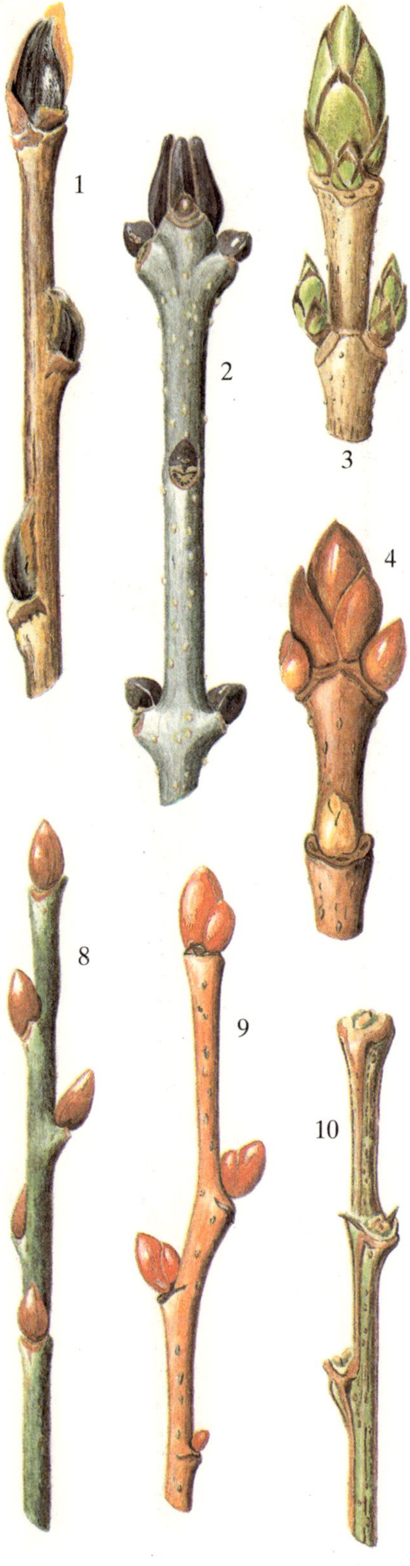

KNOSPEN VON BÄUMEN UND STRÄUCHERN

1 Eberesche

2 Gemeine Esche

3 Bergahorn

4 Spitzahorn

5 Wildapfel

6 Wildbirne

7 Gewöhnliche Traubenkirsche

8 Salweide

9 Winterlinde

10 Robinie

11 Rote Heckenkirsche

12 Vogelkirsche

13 Kornelkirsche

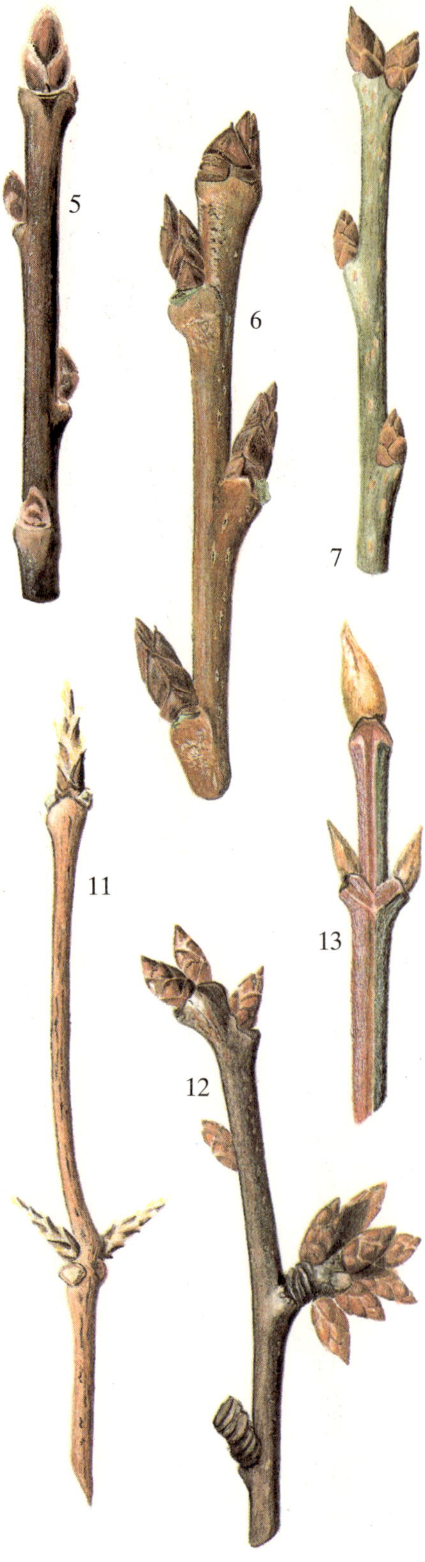

KNOSPEN
VON
STRÄUCHERN

1 Purgierkreuzdorn

2 Blutroter Hartriegel

3 Schwarzdorn

4 Schwarzer Holunder

5 Europäisches Pfaffenhütchen

6 Gemeiner Schneeball

7 Gemeiner Liguster

8 Faulbaum

9 Sanddorn

10 Zweigriffliger Weißdorn

11 Bergholunder

12 Gemeiner Seidelbast

13 Berberitze

14 Wolliger Schneeball

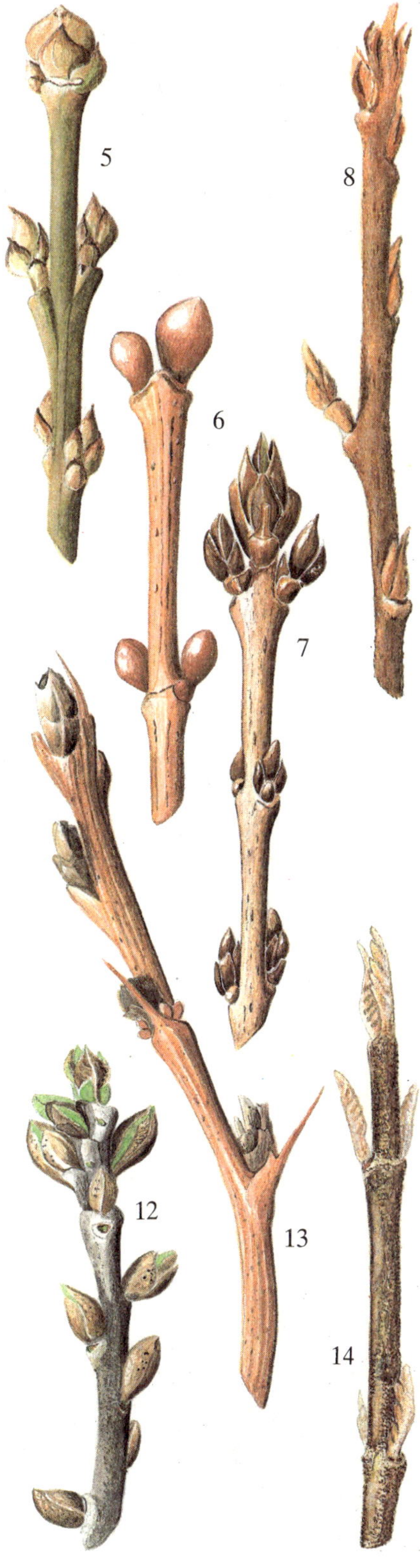

BORKEN VON BÄUMEN

1 Europäische Lärche

2 Hainbuche

3 Gemeine Fichte

4 Hängebirke

5 Waldkiefer

6 Schwarzerle

7 Eibe

8 Stieleiche

9 Schwarzpappel

10 Rotbuche

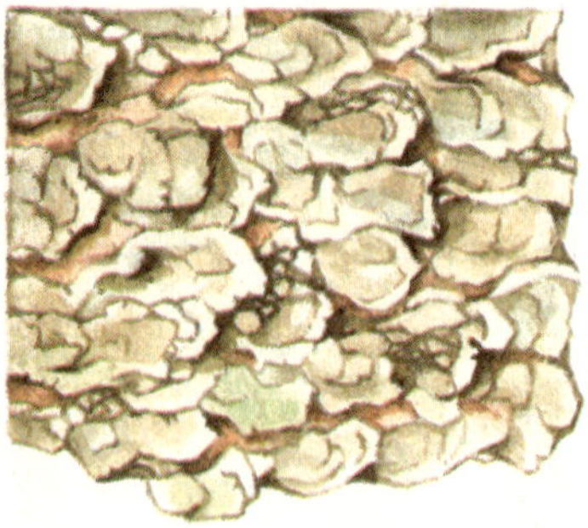

1

2

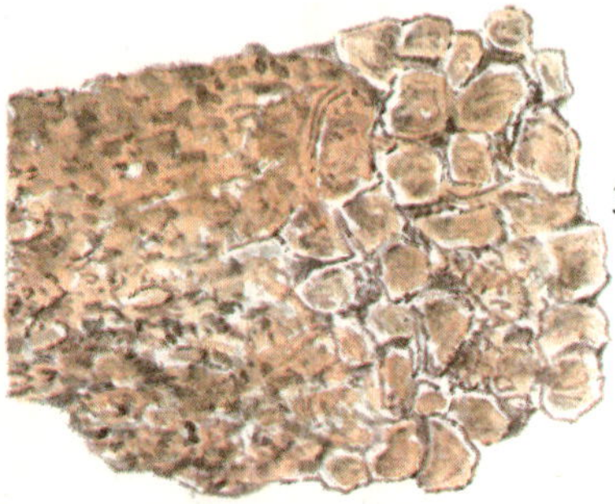

3

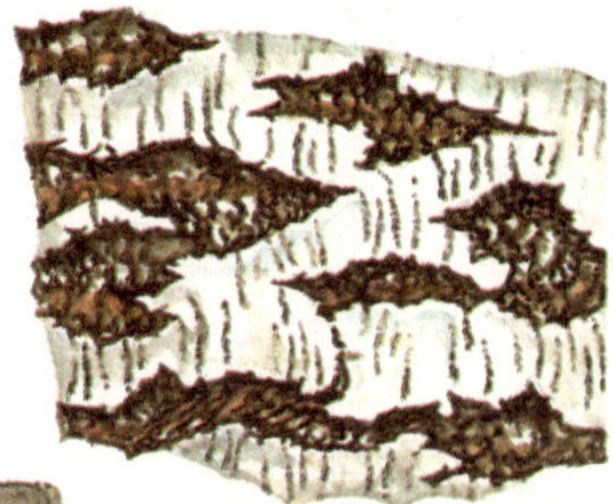

4

5

6

7

8

9

10

BORKEN VON BÄUMEN

1 Bastardplatane

2 Winterlinde

3 Gemeine Roß-
kastanie

4 Gemeine Esche

5 Bergahorn

6 Eberesche

7 Spitzahorn

8 Robinie

9 Feldahorn

1

2

3

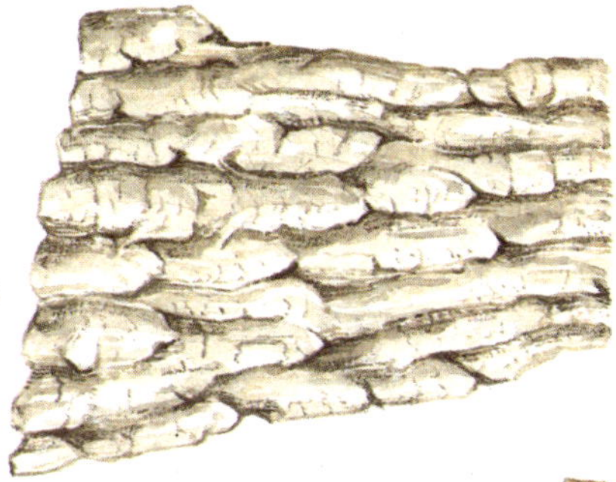
4

5

6

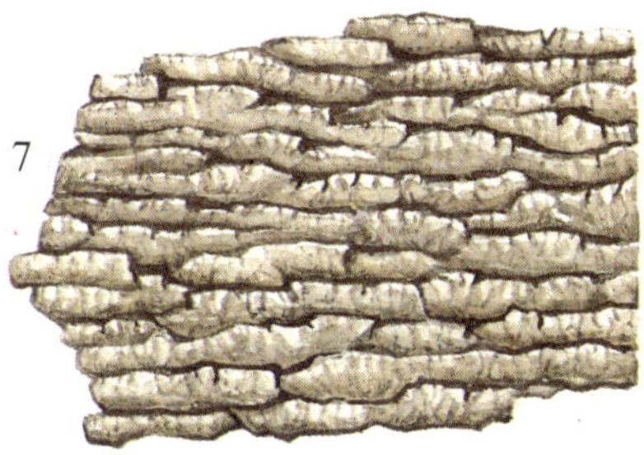
7

8

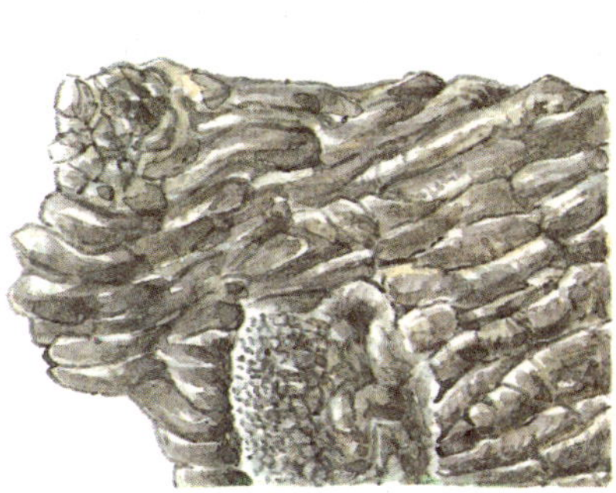
9

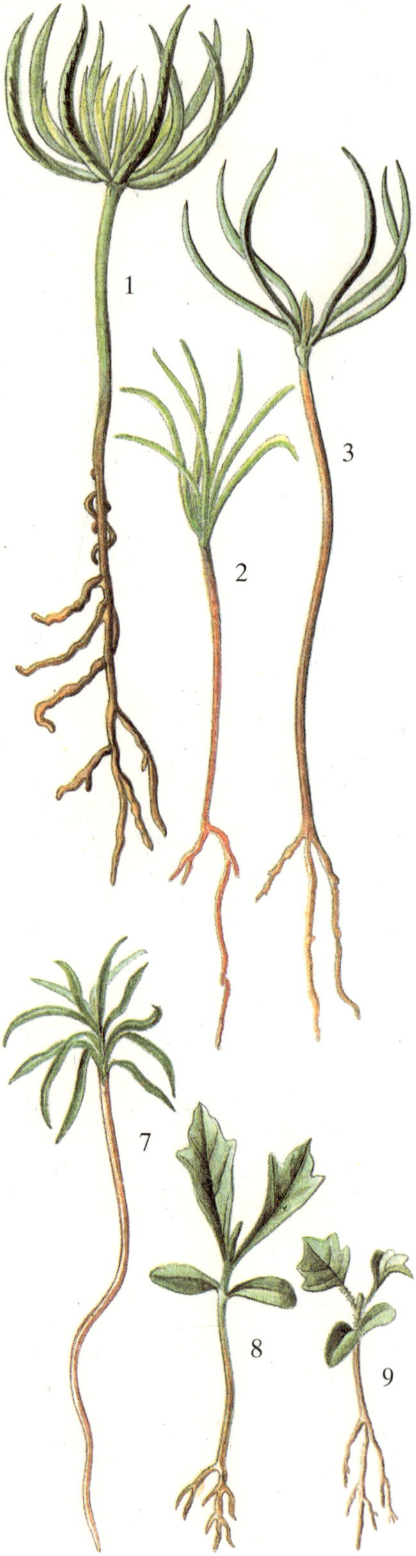

KEIM-PFLANZEN VON BÄUMEN

1 Gemeine Fichte

2 Europäische Lärche

3 Waldkiefer

4 Rotbuche

5 Hainbuche

6 Gemeine Esche

7 Eibe

8 Bastard-platane

9 Hängebirke

10 Spitzahorn

11 Winterlinde

12 Bergahorn

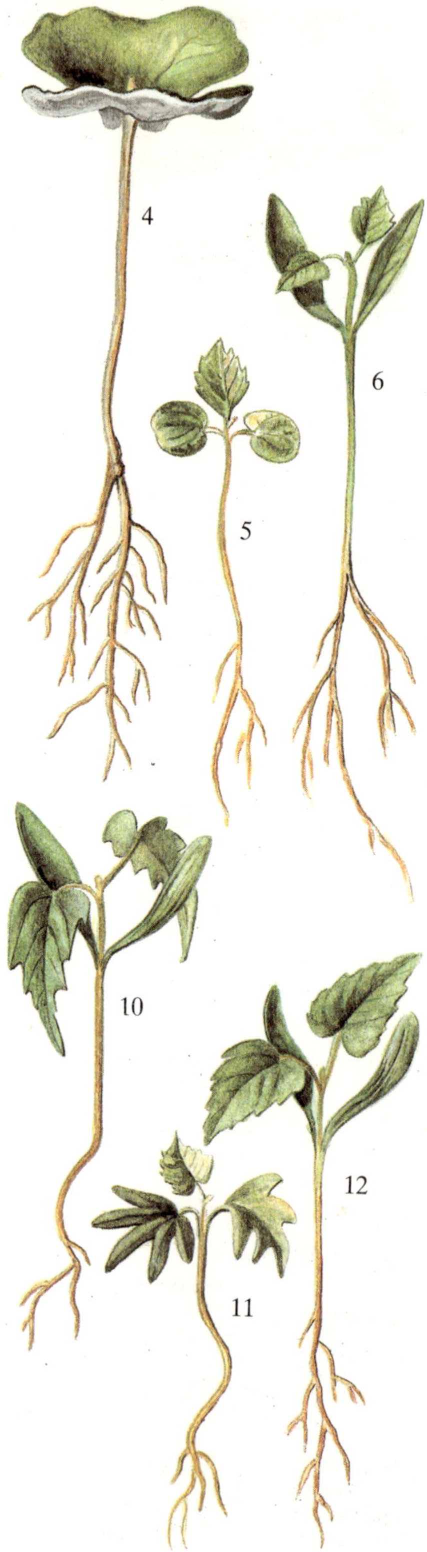

1

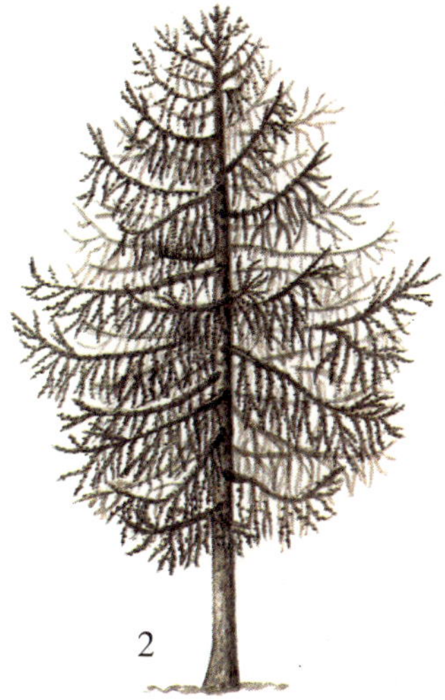

2

BAUM-SILHOUETTEN

1 Weißtanne

2 Europäische Lärche

3 Gemeine Fichte

4 Gemeiner Wacholder

5 Waldkiefer

6 Roßkastanie

3

4

5

6

BAUM-SILHOUETTEN

1 Schwarzpappel (Pyramidenform)

2 Hainbuche

3 Bergahorn

4 Rotbuche

5 Feldahorn

6 Stieleiche

1

2

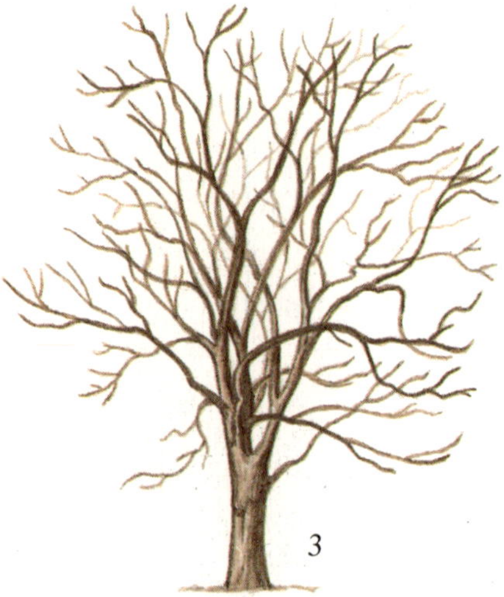

3

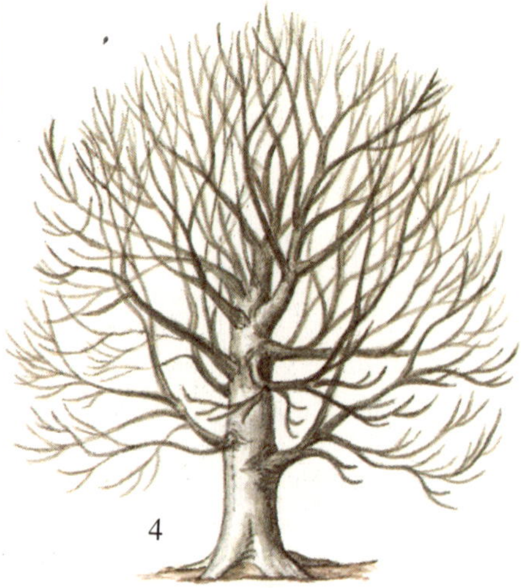

4

5

6

BAUM-SILHOUETTEN

1 Hängebirke

2 Robinie

3 Schwarzerle

4 Gemeine Esche

5 Bastard-platane

6 Winterlinde

1

2

3

4

5

6

LARVEN IM WASSER

1 Taumelkäfer
Hinterleibssegmente mit 10 Paar Tracheenkiemen; im Schlamm

2 Schwimmkäfer
zwischen Pflanzen, oft an der Wasseroberfläche hängend

3 Wasserkäfer
seitlich mit kurzen Anhängen

4 Wassertreter
in nährstoffreichen Gewässern

5 Steinfliege
2 Hinterleibsanhänge; im fließenden Wasser

6 Eintagsfliege
3 Hinterleibsanhänge

7,8 Kleinlibelle
3 Hinterleibsanhänge

9 Großlibelle
5 Hinterleibsanhänge

10 Stechmücke
hängt an der Wasseroberfläche

11 Zuckmücke
im Schlamm

12 Schlammfliege
jüngere Larven schwimmend

13 Köcherfliege
Larve herausgezogen

14 Köcherfliege
Verwendung verschiedenster Baumaterialien

15 Schwebfliege
»Rattenschwanzlarve«; meist auf dem Schlamm des Gewässerbodens

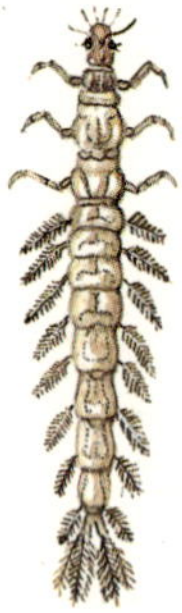
1

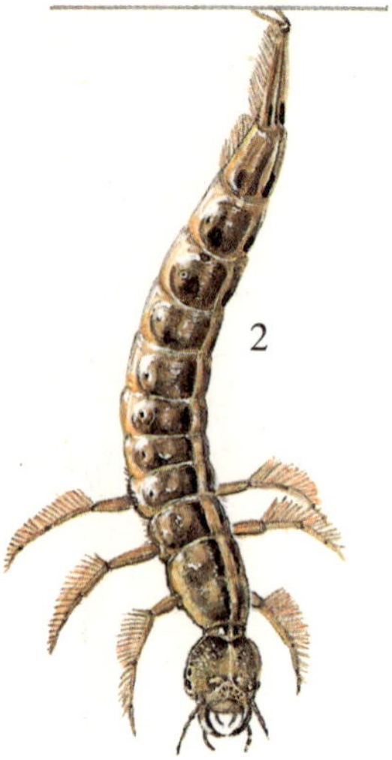
2

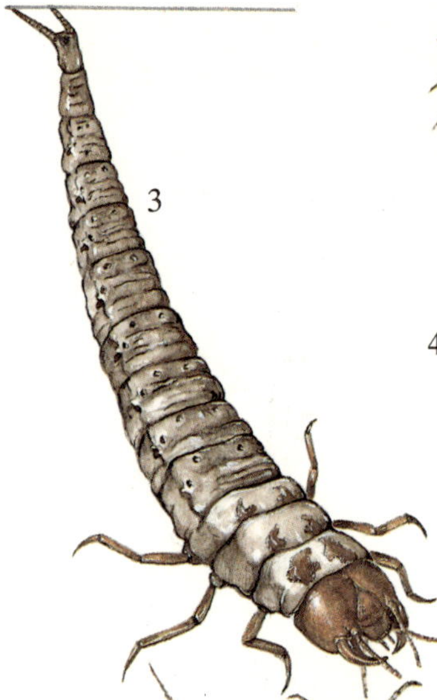
3

4

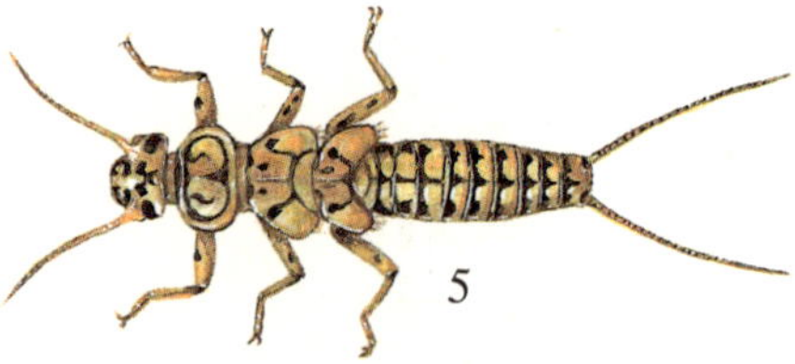
5

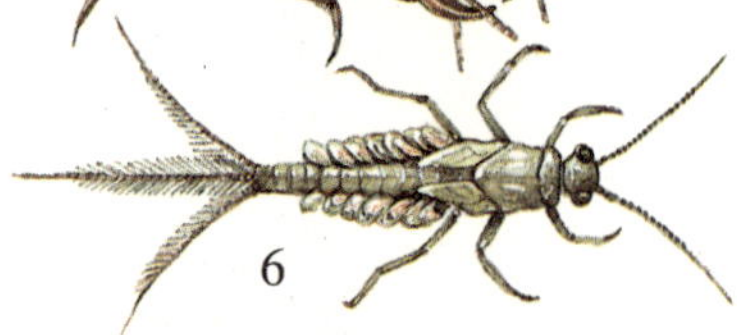
6

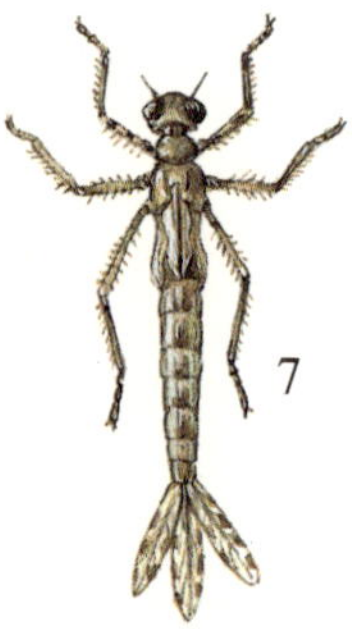
7

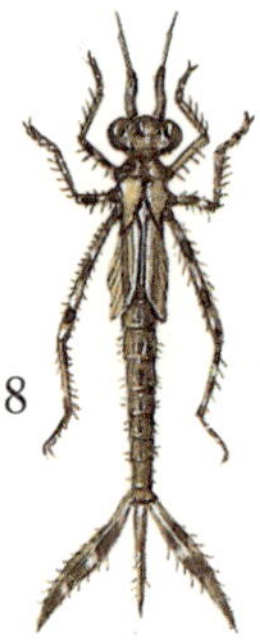
8

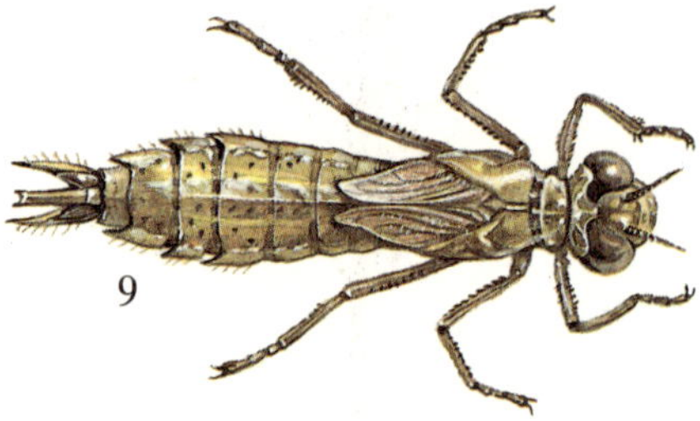
9

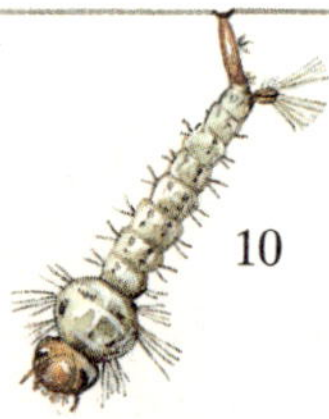
10

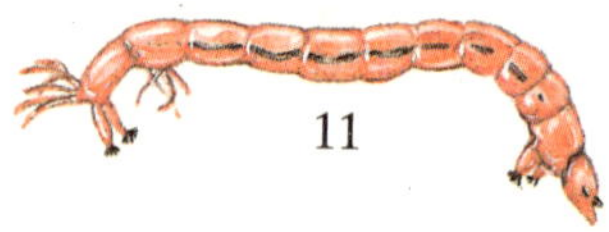
11

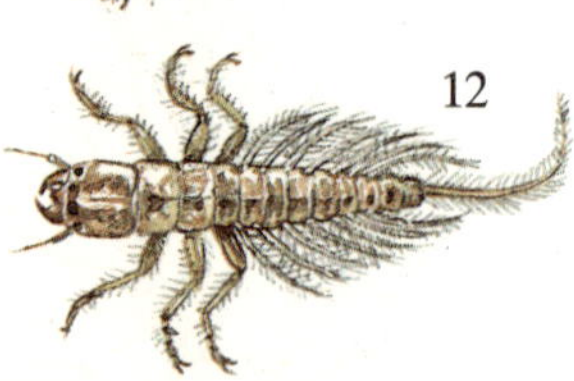
12

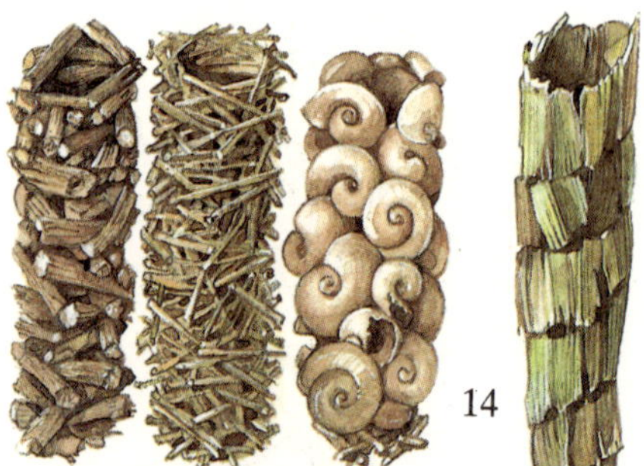
14

15

13

LARVEN DER BODENSCHICHT

1 Laufkäfer
Hinterleibsanhänge verschieden lang, schnell laufend

2 Leuchtkäfer
verlassen nachts ihre Verstecke

3 Kurzflügler
rasch laufend, Hinterleib oft nach oben gebogen

4 Malachidenkäfer
weißlich bis rötlich behaart

5 Skorpionsfliege
etwas raupenähnlich (Beinstummel am Hinterleib)

6 Aaskäfer
Raupenjägerlarven am Boden, Rübenaaskäferlarve an Pflanzen, viele an Tierleichen

7 Bremse
ringförmige Verdickungen (Kriechschwielen), einige Arten im Wasser

8 Weichkäfer
fein und dicht behaart

9 Schnake
derb, walzig, das letzte Segment bei Störung der Larve als »Teufelsfratze« sichtbar

10 Schnellkäfer
»Drahtwurm«, harter, glatter, glänzender Körper

11 Blatthornkäfer
»Engerlinge«, weich, typische Krümmung

12 Erdeulenraupe
nackt, am Tage in der Erde

1

2

3

4

5

6

7

8

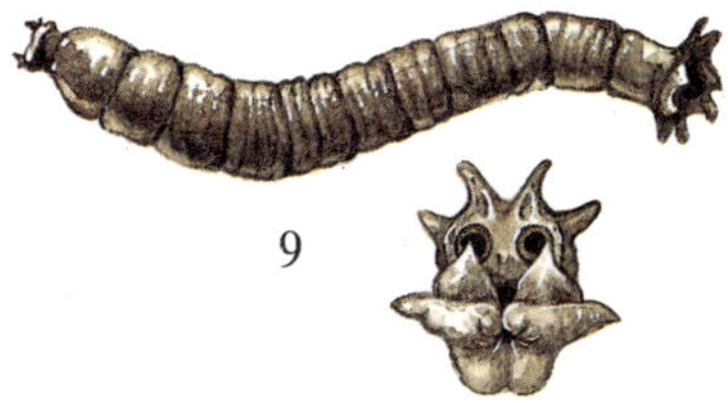

9

10

11

12

1

2

LARVEN IN ORGANISMEN UND MATERIALIEN

1 Aaskäfer
an Tierleichen, engerlingsartiger Typ (z.B. Totengräber)

2 Aaskäfer
an Tierleichen, asselförmiger Typ (z. B. *Silpha obscura*); zwischen beiden Larventypen Übergänge

3 Rüsselkäfer
ohne Beine, mit Kriechwülsten; in Blütenknospen, Samen, Stengeln, Wurzeln

4 Scheinbockkäfer
in Stengeln krautiger Pflanzen, auch im morschen Holz

5 Borkenkäfer
ohne Beine, weich; in Rinde und Holz, meist an bestimmten Baumarten

6 Buntkäfer
jagt meist unter der Rinde

7 Pochkäfer
»Holzwürmer«, mit Beinen; z.B. in Möbeln

8 Himbeerkäfer
»Himbeermade«, 6 Beine!

9 Prachtkäfer
in der Rinde und im Holz, Bohrmehl oft »wolkig« verteilt

10 Feuerkäfer
unter der Rinde von Stubben

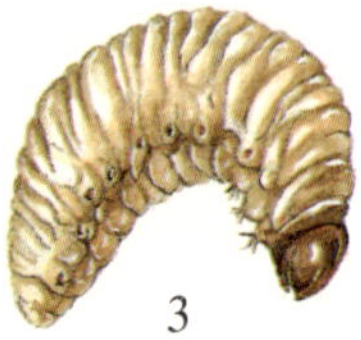

3

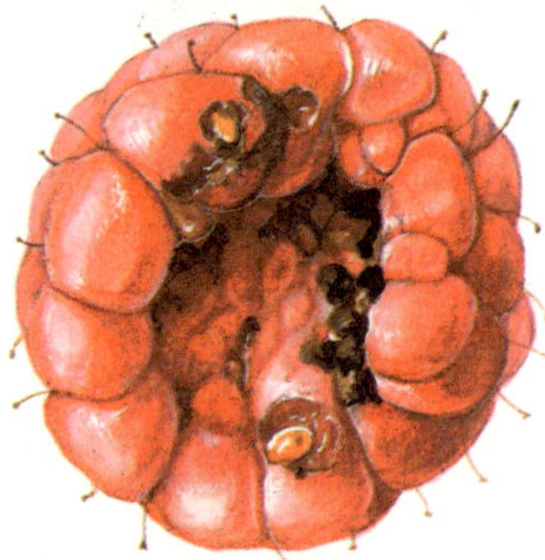

8

4

5

6

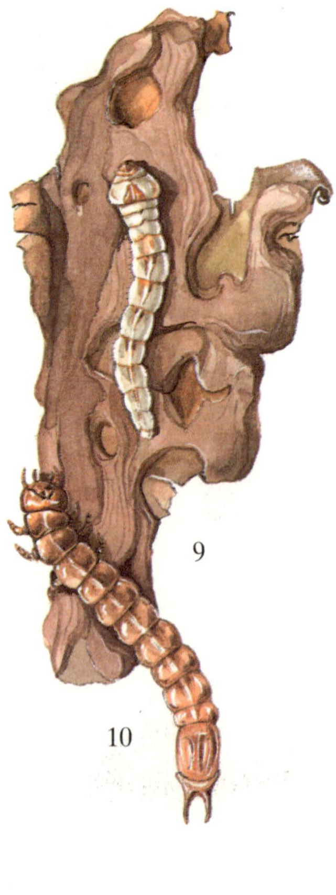

9

10

7

LARVEN IN ORGANISMEN UND MATERIALIEN

1 Speckkäfer
an tierischen Produkten, oft in Wohnungen

2,3 Bockkäfer
Kriechwülste; in Holz, unter Rinde

4 Blattkäfer
Blattkäfertyp, der in Blättern und anderen Pflanzenteilen miniert (z. B. Erdflöhe)

5 Schwarzkäfer
drahtwurmähnlich; unter Rinde, die »Mehlwürmer« in Getreidevorräten

6 Holzwespe
ohne Afterfüße; in krankem und gefälltem Holz

7 Schmetterling
Familie Wickler; in Früchten und anderen Pflanzenteilen

8 Wespe/Biene
soziale Faltenwespen und Bienen

9 Fliege
verschiedene Fliegenfamilien; im Dung, an Fleisch, in Tieren und Pflanzen

10 Wasserkäfer
Arten, die in und an Kot leben, einige auch unter Laub u. ä., Beine sehr kurz oder fehlend

11 Stutzkäfer
jagt die in und an Kadavern lebenden Kleintiere

1

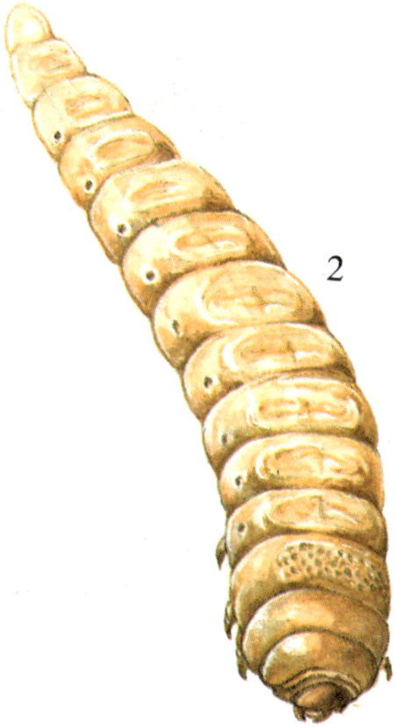
2

3

4

5

6

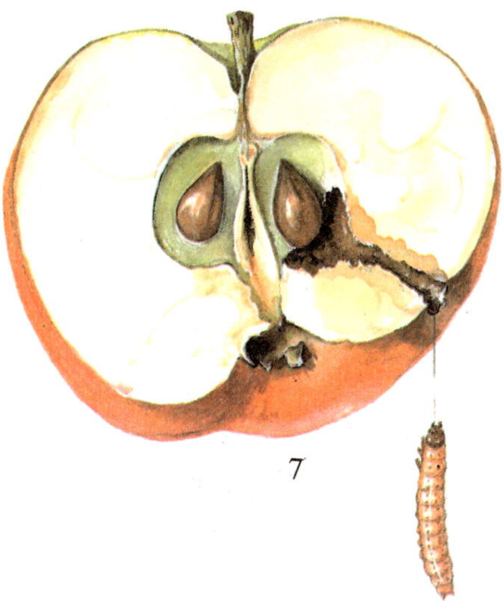
7

8

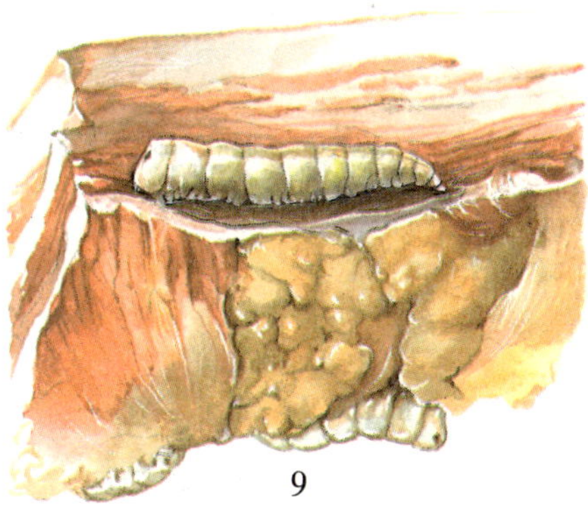
9

10

11

1

2

LARVEN AN PFLANZEN

1 Laufkäfer
mehr oder weniger asselförmig; Larve des Puppenräubers auf Bäumen, andere in der Bodenschicht

2 Blattkäfer (Kartoffelkäfer)
kurzbeinig, Färbung verschieden

3 Blattkäfer
Überzug aus Kot auf dem Rücken; dieser Typ bei Blatthähnchen und Schildkäfern

4 Marienkäfer
langbeinig, meist blaugrau

5 Glanzkäfer
Färbung verschieden; in Blüten, unter Baumrinde

6 Schmetterling
Raupe meist 5 Paar Bauchfüße (Spannerraupen nur 2!)

7 Blattwespe
Afterraupe, 6–8 Paar Bauchfüße

8 Kamelhalsfliege
flink vor- und rückwärts laufend

9 Gespinstblattwespe
ohne Bauchfüße! An Kiefern, Fichten, Obstbäumen

10 Florfliege »Blattlauslöwe«

11 Schwebfliege
auch grünlich; oft unter Blättern

12 Wanze
nach jeder Häutung den Erwachsenen ähnlicher

3

4

5

6

7

8

9

10

11

12

1

2

3

4

5

6

7

8

RAUPEN AN PFLANZEN

groß und prall, ausstülpbare Nakkengabel

1 Schwalbenschwanz
2 Segelfalter
3 Apollo

Augenfalter
längsgestreift, schwach behaart; an Gräsern

4 Damenbrett
5 Mauerfuchs
6 Großes Ochsenauge
7 Kleiner Heufalter

Weißlinge
meist grün mit Längsstreifen; vorwiegend an Kreuz- und Schmetterlingsblütlern

8 Großer Kohlweißling
9 Kleiner Kohlweißling
10 Baumweißling
11 Aurorafalter
12 Zitronenfalter
13 Goldene Acht

Zahnspinner
oft bizarr mit zweispitzigem Hinterende

14 Kamelspinner
15 Mondfleck
16 Gabelschwanz

9

10

11

12

13

14

15

16

RAUPEN AN PFLANZEN

Eulen
glatt, kaum sichtbar behaart, sehr variabel in Form und Farbe

1 Wintersaateule
2 Krebssuppe
3 Gammaeule
4 Rotes Ordensband
5 Hausmutter
6 Kieferneule

Wollraupenspinner
meist dicht behaart, ähnlich wie Schadspinner

7 Ringelspinner
8 Kiefernspinner

Bärenspinner
oft deutlich lang und glänzend behaart, Kopf glänzend und glatt

9 Brauner Bär

Spanner
ein Paar Bauchfüße und Nachschieber – typischer Raupengang

10 Gemeiner Frostspanner
11 Apfelblütenspanner
12 Großer Frostspanner
13 Kiefernspanner

Schadspinner
sternförmig beborstet *(Lymantria)* oder mit akkuraten Pinselgruppen *(Orgyia)*
14 Schlehenspinner
15 Schwammspinner
16 Nonne
17 Goldafter

1

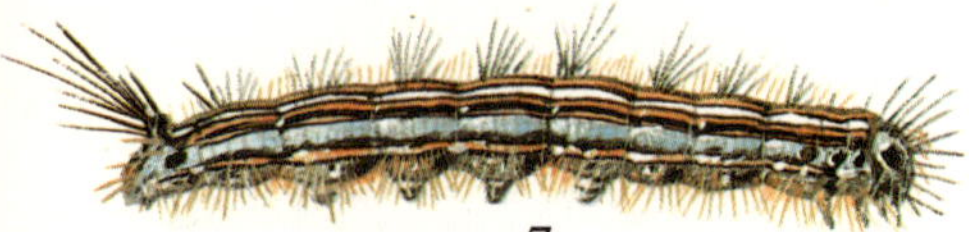
7

2

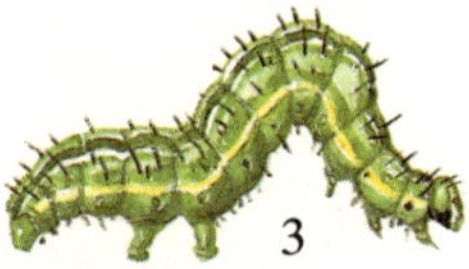
3

4

5

6

8

9

10

11

12

13

14

15

16

17

RAUPEN AN PFLANZEN

Edelfalter
viele mit Dornengürtel, andere mit behaarten Zapfen auf den Segmenten; auf Brennnessel, Wegerich

1 Admiral
2 Distelfalter
3 Kleiner Fuchs
4 Großer Fuchs
5 Trauermantel
6 C-Falter
7 Tagpfauenauge
8 Gemeiner Scheckenfalter
9 Großer Perlmuttfalter
10 Kaisermantel
11 Landkärtchen

Widderchen
dick, »asselförmig«, auffällig punktierte Reihen, Kopf einziehbar; z.B. an Winden

12 Gemeines Blutströpfchen

Bläulinge
entfernt »asselförmig«, dreistreifig, Kopf sehr klein; an verschiedenen Pflanzen

13 Gemeiner Bläuling
14 Kleiner Feuerfalter
15 Dukatenfalter

Schwärmer
deutliches Horn auf 11. Segment, nach hinten verdickt

16 Ligusterschwärmer
17 Kiefernschwärmer
18 Pappelschwärmer
19 Wolfsmilchschwärmer
20 Totenkopf

1

3

7

6

INSEKTEN-
PUPPEN

1 Schmetterling
Mumienpuppe; meist in der Bodenschicht, z.B. Eulen, Schwärmer, Spanner, Augenfalter

2 Schmetterling
Gürtelpuppe; oft an Ästen, z.B. Weißlinge

3 Schmetterling
Stürzpuppe; z.B. bei verschiedenen Tagfaltern

4/5 Schmetterling
Kokon; an Pflanzen, Seidenspinner (4), Schadspinner (5)

6 Käfer
freie Puppe; bei den meisten Käfern

7 Käfer
Mumienpuppe; Marienkäfer und einige Blattkäfer

8 Käfer
Puppenwiege; bei einigen Käfern, z.B. unter der Rinde im Holz bei den Bockkäfern

4

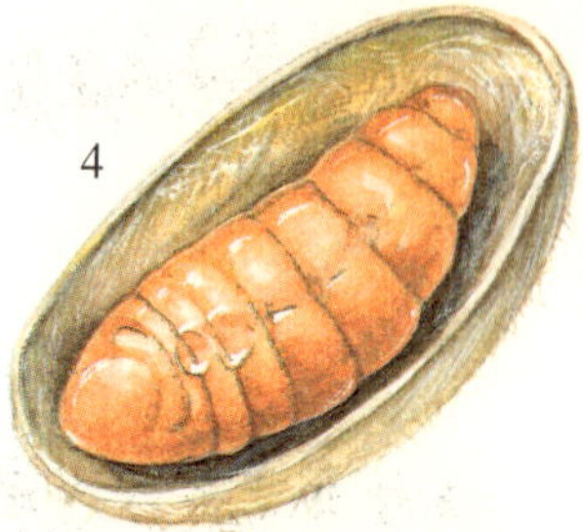

5

2

8

1

2

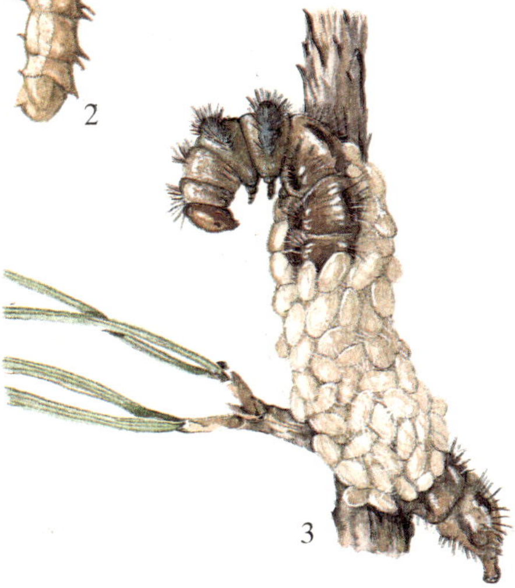

3

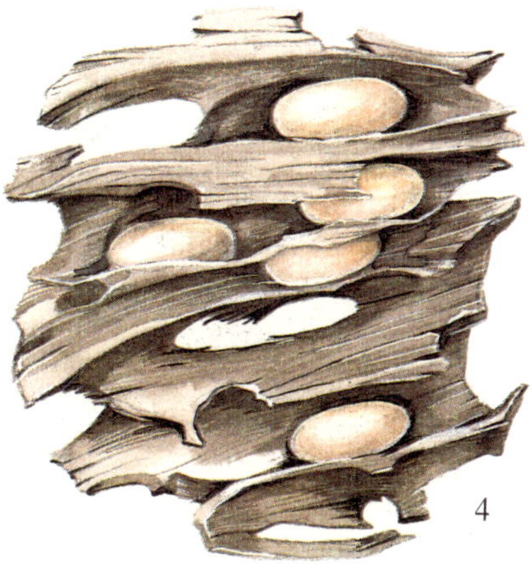

4

INSEKTEN-PUPPEN

1 Blattwespe
Kokon meist in der Erde (Buschhornblattwespe oft an Kiefern)

2 Schnake
Puppe im Boden

3 Schlupfwespe
in und an verschiedenen Insekten und deren Entwicklungsstadien

4 Ameise
Kokon, oft fälschlich als »Ameisenei« bezeichnet

5 Holzwespe
freie Puppe; in krankem und gefälltem Holz, fast immer ohne Kokon

6 Wespe
freie Puppe; meist in Nestern

7 Fliege
Tönnchen; im Dung, am Boden usw.

8 Mücke
Mumienpuppe, die häufig an der Wasseroberfläche hängt

9 Netzflügler
freie Puppe; oft in Puppenwiegen an Bäumen und in der Erde

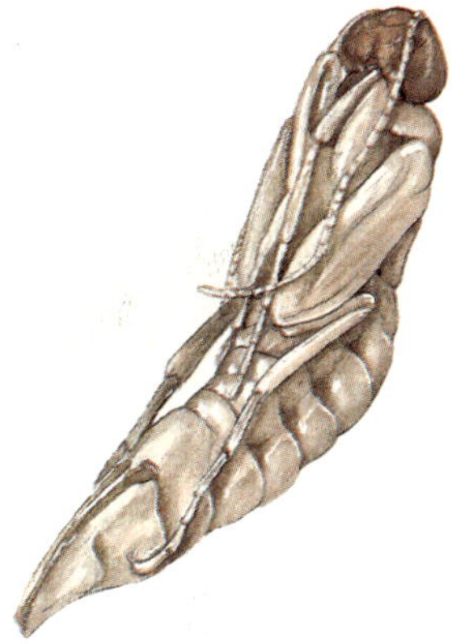

5

6

7

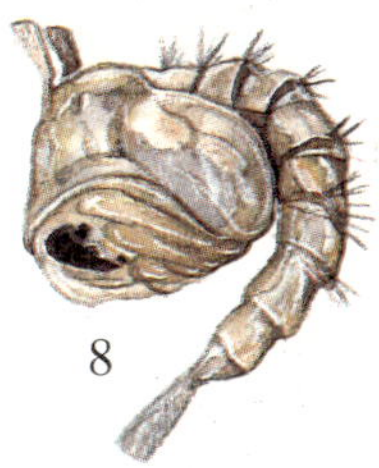

8

9

GALLEN

1 Gallen der Gallmücke Hartigiola annulipes in der Regel am Mittelnerv (an Buche)

2 Gallen der Buchengallmücke Mikiola fagi; bei der Reife (Spätherbst) abfallend

3 Ananasgalle der Kleinen Fichtengallenlaus (Adelges laricis)

4 Ananasgalle der Großen Fichtengallenlaus (Sacchiphanthes abietis)

5 Linsengallen der Eichenlinsgallwespe (Neuroterus quercusbaccarum)

6 »Seidenknöpfe« der Gallwespe Neuroterus numismalis

7 gestreifte Gallen der Gallwespe Cynips longiventris

8 Galläpfel der Gallwespe Cynips quercusfolii

9 Galle der Gallmücke Harmandia loewi, meist kräftig dunkelrot

10 »Schlafapfel« der Rosengallwespe (Diplolepis rosae)

FRASS-
SPUREN

1 Waldmaus

2 Eichhörnchen
ähnlicher Fraß beim Kiefernzapfen (2 b)

3 Buntspecht
oft in Rindenspalten verkeilt
Spechtschmiede (4)

5 Rötelmaus
oft gehäuft an verborgenen Plätzen, »sauber« benagt

6 Gelbhalsmaus
Spurenkranz der Oberzähne sichtbar

7 Buntspecht

8 Eichhörnchen

9 Haselnußbohrer

10 Ulmensplintkäfer

11 Buchdrucker

12 Großer Waldgärtner

13 Kleiner Fichtenbastkäfer

14 Gemeiner Pochkäfer

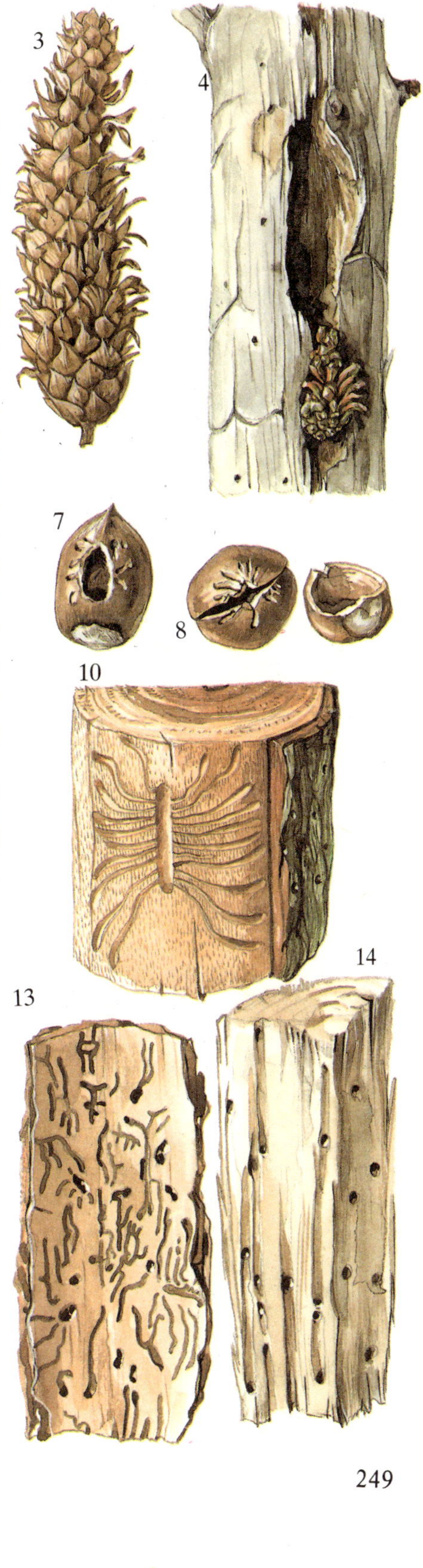

1

3

5

NESTER
DER HAUT-
FLÜGLER

1 Sächsische Wespe
aschgrau mit farbigen Streifen, ∅ um 20 cm, meist 4 Waben; hängt frei von der Decke in Schuppen usw. Stirbt schon im August aus

2 typischer Aufbau eines Wespennestes

3 Hornisse
röhrenförmige Längsskulptur; gelblich bis ockerfarben. In hohlen Bäumen, Mauernischen u.ä. Meist 5 Waben

4 Deutsche Wespe
Nest im Boden (seltener an anderen dunklen Orten); im Unterschied zur Gemeinen Wespe Hülle mit muschelförmiger Skulptur – »Taschen«. Meist 7 Waben

5 Gallische Wespe
eine hüllenlose Wabe, meist dunkelgrau. Ähnliche Nester bei anderen *Polistes*-Arten

6 Hummel
»unordentlicher« Gesamteindruck

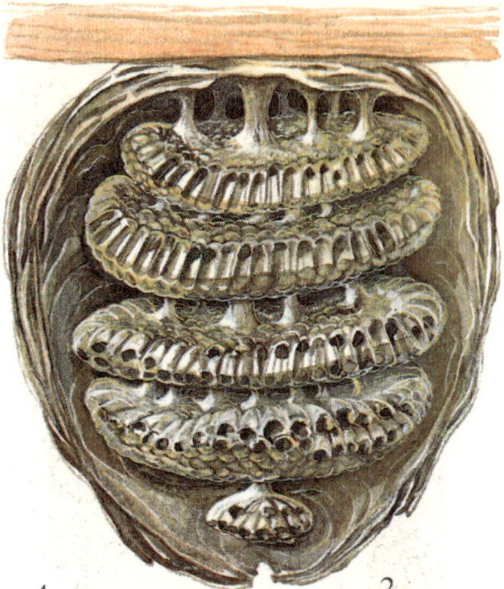

4 2

6

1

LAICH IM WASSER

1 Molche
einzeln in Blattwinkeln

2 Laubfrosch
Klumpen etwa walnußgroß

3 Frösche (Rana)
bei Grasfrosch auffällig vom Grunde aufsteigend

4 Kröten (Bufo)
1–4reihig, oft meterlang

5 Unken
meist in kleinen Klumpen

2

3

4

5

1

2

DIE EIER DER VÖGEL
(natürliche Größe)

1 Haubentaucher
zunehmend bräunlich; durch Auflagerungen oft inselartig rauh. Lappentauchereier sind glanzlos und polwärts stark verjüngt.

2 Stockente
Schale matt, grünlich bis oliv. Eier anderer Enten ähnlich einfarbig

3 Sandregenpfeifer
kreiselförmig, glatt (wie bei allen Regenpfeifern); hellere und dunklere Formen. Stumpfer Pol immer stärker gefleckt

4 Lachmöwe
Schale feinkörnig, Färbung sehr variabel, dunkel gefleckt. Möweneier sind fast glanzlos.

5 Bleßralle
Schale matt, schwarz punktiert. Eier anderer Rallen ähnlich

3

5

4

DIE EIER DER VÖGEL

1 Mäusebussard
Flecken gelb- bis rotbraun. Eier vieler Greifvögel deutlich rundlich und glanzlos

2 Waldkauz
Eier der Eulen weiß und rundlich (bei der Schleiereule länglicher)

3 Saatkrähe
Zeichnung variabel

4 Jagdfasan
bräunlich bis blaugrau (Rebhuhnei ähnlich). Fasaneneier glatt und glänzend

5 Buntspecht
Spechteier weiß, glatt und ± rundlich

6 Bekassine
Eier der Schnepfenvögel (meist 4!) kreiselförmig bis oval mit guter Tarnfärbung

7 Ringeltaube
Taubeneier (2!) weiß mit schwachem Glanz

1

2

3

4

5

6

7

1

2

3

4

DIE EIER DER VÖGEL

1 Bachstelze
Punktierung dunkelgrau bis bräunlich, Stelzeneier sind glatt und glänzend

2 Baumpieper
farblich äußerst variabel, oft dicht gefleckt

3 Neuntöter
farblich sehr variabel, kranzartige Fleckung am stumpfen Pol für viele Würger (u.a.) typisch

4 Feldlerche
Eier der Haubenlerche ähnlich

5 Rauchschwalbe
Eier der Mehlschwalbe weiß

6 Gartenrotschwanz
Eier des Hausrotschwanzes weiß

7 Gelbspötter

8 Drosselrohrsänger
Eier des Schilfrohrsängers feiner gefleckt, Rohrsängereier glatt und glänzend

9 Zaunkönig

5

6

7

8

9

2

4

6

9

DIE EIER DER VÖGEL

1 Gartengrasmücke
Grasmückeneier glatt, glänzend und grau oder braun gefleckt

2 Fitislaubsänger
Eier der Laubsänger weißlich und ± stark rötlich gefleckt oder gepunktet

3 Sommergoldhähnchen
Eier des Wintergoldhähnchens weit weniger rot

4 Amsel
Grundfärbung variabel

5 Singdrossel
Punktierung oft verstärkt am stumpfen Pol

6 Star

7 Goldammer
typische Kritzel (auch bei anderen Ammern), besonders am stumpfen Pol

8 Buchfink
typische Brandflecken

9 Kohlmeise
Meiseneier (*Parus*-Arten) weiß mit rötlicher Fleckung

10 Haussperling
Färbung sehr variabel

1

3

5

7

8

10

1

2

GROSSE NESTER IN BÄUMEN

1 Elster
Nest mit lockerer Dachhaube. Oft mit Erde verfestigt und ausgestrichen

2 Saatkrähe
oft größere Kolonien in benachbarten Bäumen. Nester mit Erde verfestigt und ausgepolstert. (Optisch ähnliche Kolonien bei Graureiher und Kormoran)

3 Schwarzstorch
Nest anfangs klein, jährliche Größenzunahme. Mit Erde durchsetzt

4 Mäusebussard
Nestmulde mit Mulm, Moos usw. Andere Greifvögel mit ähnlichen »Horsten«; Sperber – länglicher Horst nahe am Stamm; Milan – mit Papier- und Stoffresten. (Bei Falken und Eulen im allgemeinen kein eigener Nestbau)

5 Kormoran
meist ein sperriger Knüppelhorst. Brütet auch am Boden

6 Ringeltaube
Tauben bauen sparsame, lichte und flache Nester aus Reisern (2 Eier!)

3

4

5

6

NESTER AN TEICH UND SEE

1 Haubentaucher
knapp $^1/_2$ m ∅, ziemlich freistehend; aus Wasserpflanzen. Ähnliche Nester bei anderen Lappentauchern

2 Höckerschwan
großer Haufen aus Schilf, Rohr und anderen Pflanzen

3 Stockente
häufig im Schilfgürtel, selten weiter vom Gewässer entfernt. Schilf, Gräser und Dunen. Ähnliche Nester in flachen Mulden bei anderen Enten

4 Drosselrohrsänger
ähnliche Nester bei anderen Rohrsängern

5 Lachmöwe
oft in großen Kolonien, seichte Mulde, ausgelegt mit Pflanzenmaterial

6 Sandregenpfeifer
kleine, unscheinbare Mulde, frei angelegt. Manchmal mit Muschelschalen. Ähnlich bei anderen Regenpfeifern

1

2

3

4

5

6

KLEINE NESTER IN BAUM UND STRAUCH

1 Pirol
oft an waagerechter Astgabel; kunstvolles Hängenest, tiefnapfig und sehr stabil

2 Goldhähnchen
in Nadel- und Mischwäldern; im dichten Gezweig, oft am Astende

3 Singdrossel
typisch die glatt ausgestrichene, feste Mulde, holzfarben; oft in ca. 2 m Höhe

4 Buchfink
vergleichbare Nester bei anderen Finkenvögeln; wie auf eine Reisigunterlage aufgesetzt

5 Gartengrasmücke
ähnlich locker und sperrig bei anderen Grasmükken; nicht sehr hoch in Sträuchern und Gebüschen

6 Grauschnäpper
mit verschiedenen zarten Materialien ausgelegt. Oft direkt am Stamm

1

2

3

4

5

6

1

2

3

4

5

6

7

NESTER AM BODEN

1 Rebhuhn
besonders an Feld- und Wiesenrändern, ausgelegt mit Blättchen und Halmen. Fasanen brüten häufiger an Waldrändern.

2 Rotkehlchen
am Boden oder auch höher; aus Halmen, Moos und Tierhaaren, ein etwas lockerer Napf bei der Nachtigall

3 Zaunkönig
dickwandig und kugelförmig; aus Blättern, Moos, Gras usw. ♀ polstert mit Federn aus.

4 Feldlerche
Lerchen brüten im offenen Gelände.

5 Fitislaubsänger
Nest aus Wurzeln, Stengeln, Moos. Beim Zilpzalp mit Federn, beim Waldlaubsänger mit Haaren ausgelegt. Typisch für die Laubsänger der backofenförmige Bau mit seitlichem Eingang

6 Bachstelze
nistet an verschiedenen gedeckten Orten; verwendet besonders Gräser, Halme und Haare. Insgesamt recht »unordentlich«

7 Baumpieper
sehr gut am Boden verborgener Napf

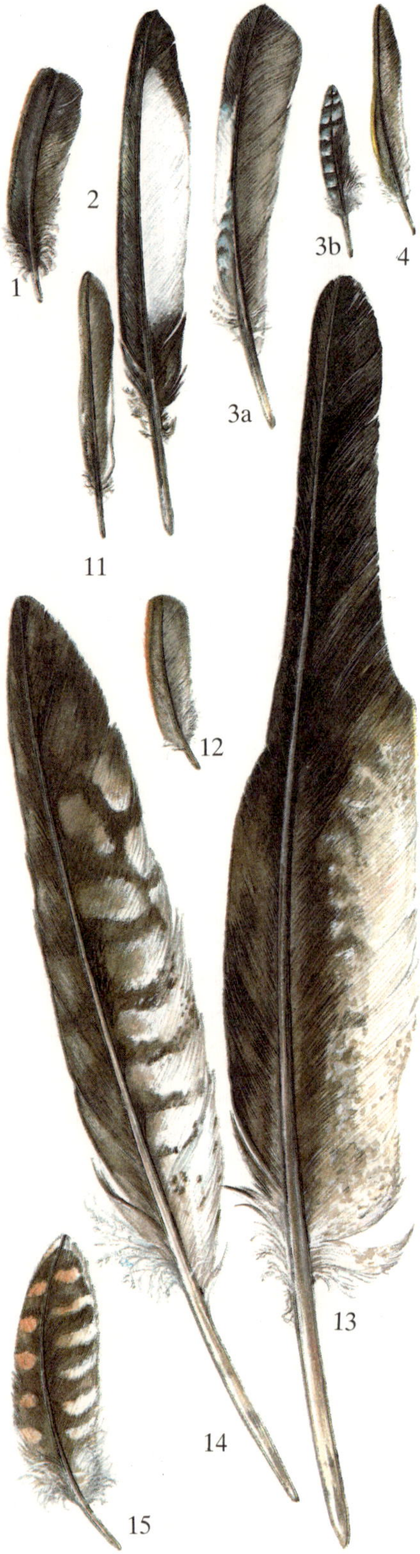

FEDERN

1 Star,
Armschwinge

2 Elster,
Handschwinge

3 Eichelhäher,
Armschwinge (a),
Flügel-
deckfeder (b)

4 Goldammer,
Handschwinge

5 Buntspecht,
Armschwinge

6 Grünspecht,
Armschwinge

7 Grünfink,
Handschwinge (a),
Schwanzfeder (b)

8 Stieglitz,
Handschwinge (a),
Schwanzfeder (b)

9 Krickente,
Spiegelfeder (a),
Brustfeder (b)

10 Bleßralle,
Armschwinge

11 Kleiber,
Handschwinge

12 Neuntöter,
Amschwinge

13 Rotmilan,
Handschwinge

14 Mäusebussard,
Handschwinge

15 Turmfalke,
Armschwinge

16 Fasan,
Handschwinge (a),
Schwanzfeder (b)

17 Stockente,
Spiegelfeder

18 Waldohreule,
Handschwinge

19 Waldkauz,
Handschwinge

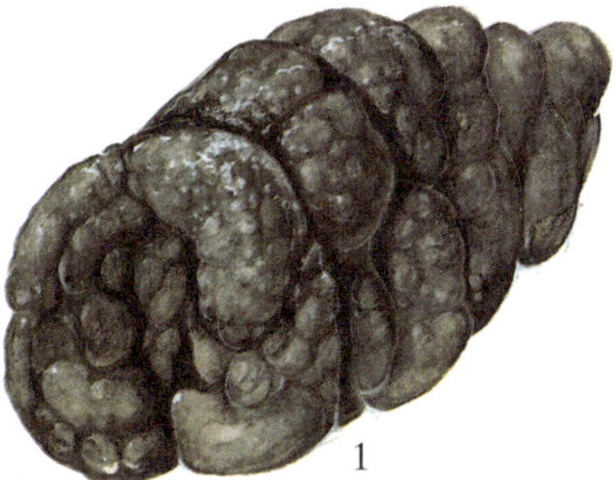

1

2

3

7

8

9

11

12

TIER-LOSUNGEN

1 Wildschwein

2, 3 Hase, Kaninchen
beim Hasen etwas platter und größer, auch heller

4 Hirsch
eichelförmig (a), im Winter einzeln und hart (b). Breiig und fladig: Hirschlosung zur Brunftzeit
4c Hirschkuh

5 Damhirsch

6 Reh

7 Fuchs
ähnlich wie beim Hund, häufig mit Mäusehaaren, Raubtiergeruch

8 Marder
(beim Steinmarder sehr unangenehmer Geruch)

9 Igel
blauschwarz, glänzend, bleistiftstark; mit Körnern und Insektenteilen

10 Fasan
walzen- bis birnenförmig, am dicken Ende weißlich

GEWÖLLE

11 Greifvögel
fast keine Knochenreste

12 Neuntöter
klein, mit Insektenresten

13 Eule
mit Federn, Haaren und Knochen!

14 Krähenvögel
mit Pflanzenresten und Steinchen

4a

4b

4c

5

6

10

13

14

BAUTEN UND BAUE

1 Eichhörnchenkobel
innen Gras und Moos

2 Nest der Zwergmaus
selten in Höhen von mehr als 1 m

3 Kaninchenbau
vor den Löchern oft losgegrabene Erde

4 Fuchsbau
oft am Südhang gelegen; fächerförmige Erde vor dem Bau

5 Maulwurfshaufen
Winter- und Wurfnest unter der Erde. Haufen der Schermaus flacher und mit Gras vermischt

6 Rattenloch
durch Untergraben sinkt die Oberfläche ein

1

2

3

4

5

6

FÄHRTEN

1 Wildschwein
Doppeltritte in Schritt und Trab

2 Dachs
typischer Sohlengänger

3 Eichhörnchen

4 Hase
im Tempo wächst der Abstand der 4er-Spuren

5 Igel
typischer Sohlengänger im Schritt

6 Reh
im weichen Boden auch Abdrücke der Afterklauen

7 Rothirsch

8 Fuchs
deutliche Krallenabdrücke

9 Steinmarder
Sprungspur bei hohem Tempo hasenähnlich

1

2

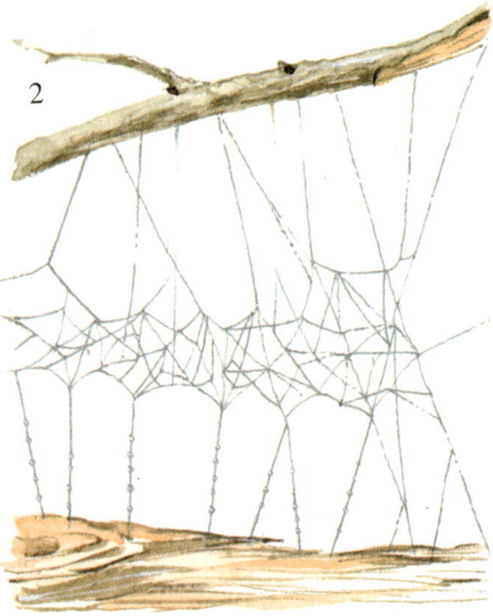

3

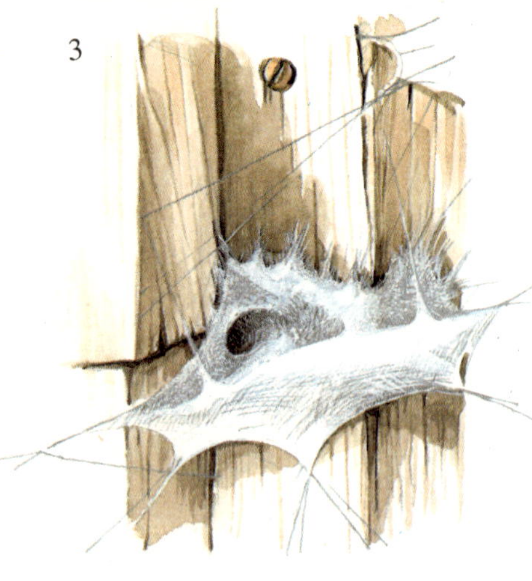

SPINNEN-
NETZE

1 Deckennetz mit Spannfäden u. Stolperfäden: Baldachinspinnen

2 Deckennetz bzw. Haubennetz mit Klebfäden nach unten: Kugelspinnen, z.B. Fettspinne

3 Trichternetz mit Gespinströhre: Trichterspinnen, z.B. Winkelspinne, Labyrinthspinne (ähnlich bei Sechsaugenspinnen)

4 Radnetz mit geschlossener Nabe; die meisten Radnetzspinnen, z.B. Kreuzspinne

5 Radnetz mit offener Nabe: Herbstspinne, Streckerspinne (diese mit einer Speichenzahl unter 20)

6 Radnetz mit Zickzackband: Zebraspinne

4

5

6

Register

B

F

G

H

I

J

K

O

P

Q

R

S

X

Y

Z

Milan
Bussard
Habicht
Sperber